本书系国家社科基金艺术学西部项目"新疆造型艺术中多元一体文化特征及实践研究"（21EA198）的阶段性成果

微言大义
——语言人类学理论与实践

刘 明 主编

刘丹航 高良敏 副主编

学苑出版社

图书在版编目（CIP）数据

微言大义：语言人类学理论与实践 / 刘明主编 . — 北京：学苑出版社，2024.4

ISBN 978-7-5077-6934-0

Ⅰ.①微… Ⅱ.①刘… Ⅲ.①人类语言学－研究 Ⅲ.① H0

中国国家版本馆 CIP 数据核字（2024）第 070533 号

出 版 人：洪文雄
责任编辑：周　鼎
出版发行：学苑出版社
社　　址：北京市丰台区南方庄 2 号院 1 号楼
邮政编码：100079
网　　址：www.book001.com
电子信箱：xueyuanpress@163.com
联系电话：010-67601101（营销部）、010-67603091（总编室）
印 刷 厂：廊坊市印艺阁数字科技有限公司
开本尺寸：787mm×1092mm　1/16
印　　张：41.5
字　　数：732 千字
版　　次：2024 年 4 月第 1 版
印　　次：2024 年 4 月第 1 次印刷
定　　价：680.00 元

献给业师地木拉提·奥迈尔

刘明（主编） 新疆喀什人，祖籍浙江永康。清华大学社会学博士。新疆师范大学博士生导师、博士后合作导师、美术学院教授，主要从事文化人类学研究。研究兴趣有石窟艺术、冬奥设计、中亚节俗、商人伦理、劳工交往、移民搬迁、新疆社会等议题。

近年来，在《开放时代》《世界民族》《民族教育研究》《清华社会学评论》《新疆师范大学学报》《中南民族大学学报》《西南民族大学学报》等刊物上发表学术论文30余篇；出版专著《迁徙与适应：帕米尔高原塔吉克族民族志》《转型与交往：一个工厂的劳工民族志》，文集《新疆民族学人类学理论与实践》《新疆人类学民族学书斋与田野》，编著《通往文化传播之路》，主编《通往学术传承之路》《通往学术志业之路》《通往民心相通之路》等。

2021—2023年主持并完成新疆社会科学基金"文化援疆工作机制与成效研究"，2017—2022年主持并完成国家社会科学基金"跨境民族塔吉克族同源节日民俗与文化认同研究"，2014—2016年主持并完成新疆社会科学基金"新疆社会转型中维汉劳工交往调查"，2010—2014年主持并完成国家社会科学基金"帕米尔高原塔吉克族的迁徙与文化适应调查研究"。曾荣获自治区第九届哲学社会科学论文三等奖和第三届国家民委民族问题研究优秀成果著作类二等奖。

刘丹航（副主编） 新疆伊犁人。新疆师范大学历史与社会学院在读博士生，主要从事民族学和音乐学研究。2022年荣获"万叶杯"论文征集评选活动一等奖，首届新疆高校文艺评论大赛研究生组优秀奖。在《民族教育研究》《中国民族报》《新疆社科论坛》《实事求是》《新疆地方志》等刊物上发表学术论文近10篇，参与并完成厅局级课题1项，主持并完成校级研究生科研创新项目1项。

高良敏（副主编） 清华大学国际与地区研究院助理研究员，人类学博士，主要从事东部非洲相关的医学人类学、全球健康等研究。曾为坦桑尼亚依法卡拉健康研究所访问学者，哥伦比亚大学公共卫生学院驻坦桑尼亚、马拉维办公室的合作研究者，肯尼亚阿迦汗大学访问学者及乌干达麦克雷雷大学访学。自 2015 年起多次赴坦桑尼亚、肯尼亚、卢旺达、乌干达、马拉维等国家和地区进行田野调研。

在《中山大学学报（社会科学版）》《开放时代》《社会学评论》及 *BMJ-Global Health*、*Globalization and Health* 等中英文期刊发表过多篇非洲相关学术论文，著有《缄默之疾：坦桑尼亚艾滋病流行的人类学研究》，主编《作为田野的全球：清华大学地区研究拾年巡礼》，主持国家社会科学基金一般项目 1 项。

FOREWORD | 前 言

人类学是研究人类社会和文化的学问。广义人类学包括体质人类学、考古人类学、语言人类学和文化人类学（民族学）。语言人类学是从语言的视角研究人类学，系四大分支之一。语言作为文化资源、社会实践、历史记忆和话语权力，是人类最具辨识性的特征，也是最为复杂的符号交流系统。学术脉络上，语言人类学又有描述语言学、历史语言学和与社会文化相关联的语言。

作为语言人类学的经典著述，博厄斯的《美洲印第安语言手册》（1911）、马林诺夫斯基的《基里维纳语的分类小品词》（1920）和《原始语言中的意义问题》（1923）、爱德华·萨丕尔的《论语言》（1921）和《语言作为科学的地位》（1929）、沃尔夫的《科学与语言学》（1940）向人们打开了民族文化的钥匙，这些学术作品重视语言对社会的阐释和表达。随着格尔兹将语言作为社会实践，即文本和意义之网；布迪厄又把语言看作是无意识、无主体的惯习；福柯的权力话语乃至吉登斯的结构双重性等都视语言具有特殊价值。时至今日，如果我们将研究重心放在语言的来源，似乎只能走向语言构拟和无法实证的猜测推演之路。沃尔夫假说（语言相对论）又在语言、文化和思维的迷雾中驻足而迟迟未能解决。从索绪尔颇具启发的能指、所指两分到皮尔斯征象、对象、释义三元的创见，我们也深深感受到认知语言学具有广泛的发展空间和理论潜力可供探赜。

2000—2004年本科阶段，我悄悄溜进民族学研究生的课堂，最喜欢聆听地木拉提·奥迈尔老师讲述巴别塔的传说和信达雅的译释。地木拉提老师强调要扎根田野，学习、记录并准确翻译田野对象的语言和文化。同时，他还开设国际音标记音法的小课为我们储备研究工具。2005—2007年硕士阶段，地木拉提老师着意培养我们口译和笔译能力，曾先后让我为（德）托马斯·侯普（Thomas Hoppe）、（墨西哥）帕特里克·约翰松（Patrick Johansson）、（美）特伦斯·特纳（Terence Turner）、（德）白瑞斯（Berthold Riese）等知名学者翻译实践。2008—2011年在预科系工作，我更加注重语言习得和偏误分析研究。2012—2020年在国际文化交流学院从事对外汉语（汉语国际教育）教学和科研工作，我将对研究生的学术培养锚定在语言和文化传播方向。

在近十年的硕士学位论文指导过程中，我们格外重视语言实践和田野调查研究。2014级贾玮琼只身前往吉尔吉斯斯坦东部卡拉库尔市，于2016年撰写《吉尔吉斯斯坦伊塞克湖州孔子课堂汉语言文化传播现状》。2015级陈瑶婵在台北市进行调研，于2017年完成《中国传统节日认知状况调查——以台湾中国文化大学日韩籍留学生为例》。2015级胡雅雯在塔吉克斯坦杜尚别实地调研，于2017年完成《汉塔亲属称谓对比研究及其对汉语教学的启示》。2016级李晓闻撰写《初级阶段汉语国际教育教师课堂语言传播效果调查研究——以新疆师范大学非学历留学生为例》。令人高兴的是，上述学位论文已于2018年收录在由知识产权出版社出版的《通往文化传播之路》中。

薪尽火传，品质接续。2016级娜迪热·多力坤的《汉语水平对跨文化交际能力的影响研究——以新疆师范大学中亚留学生为例》、玛日曼的《中亚留学生汉语社会称谓语使用现状调查——以新疆师范大学为例》和赵健的《吉尔吉斯斯坦奥什国立大学孔子学院学习者中华才艺需求分析调查研究》收录在学苑出版社出版的《通往学术传承之路》的文集里。2017级周萍英的《武汉来华留学生创业过程中语言服务现状调查研究》、刘霁莹的《中亚留学生手机汉语词典App使用现状调查研究》收录在学苑出版社出版的《通往学术志业之路》一书中。此外，还有2018级邹倩倩的《塔吉克斯坦来华留学生对中国传统节日的认知现状调查》。

青蓝相继，赓续前行。摆在读者面前的这本书里，语言服务议题《乌鲁木齐Z医院语言服务现状调查研究》系2020级学术型硕士张小玉的毕业论文，《苏州园林语言服务现状调查研究》系2018级学术型硕士李啸天的学位论文。语言规划主题《河北蔚县学龄前儿童家庭语言规划研究》是2019级学术型硕士梁嘉睿的毕业论文。在汉语国际教育研究领域，有2018级程佳佳的《"一带一路"倡议认知现状调查研究——以新疆师范大学汉语国际教育专业为例》、李秀明的《青岛大学留学生京剧认知现状调查》和依扎特·阿仁的《来疆留学生电影作品需求现状调查研究》；2020级赵鹏辉的《汉语国际教育专业学生专业认知现状调查——以A大学为例》和李梦丽的《汉语国际教育专业学生中华传统文化调查——以二十四节气为例》。显而易见，自2013年中国国家主席习近平提出共建"一带一路"倡议以来，语言的全球化、汉语范畴知识与认知以及中华文化接触愈发凸显。

初心不忘，使命牢记。愿将此书献给业师地木拉提·奥迈尔教授，感恩先生将语言学的广阔天地传道授业扎根心田。我对来自所带研究生的启发表示真挚的感谢！这些优秀的学生包括贾玮琼、肯孜巴耶娃·卡米拉（吉尔吉斯斯坦）、迪丽库硕（塔吉克斯坦）、陈瑶婵、胡雅雯、洪惠珍（韩国）、沃合多娃·法尔依达（塔吉克斯坦）、李晓闻、娜迪热·多力坤、赵健、玛日曼、拉黑莫娃·斯多拉波努（塔吉克斯坦）、周萍英、李啸天、刘霁莹、邹倩倩、木合买特（塔吉克斯坦）、米基德（蒙古国）、梁嘉睿、程佳佳、依扎特·阿仁、达木丁（蒙古国）、张小玉、李梦丽、赵鹏辉等。

言近旨远，上下求索。以《微言大义》为题，采自《汉书·艺文志》"昔仲尼没而微言绝，七十子丧而大义乖"，即语言精微、道理深刻。本人学术尚浅，志业之心犹诚。学术研究中，我得到新疆师范大学历史与社会学院在读博士研究生郭世杰、刘丹航和梁琦的支持，表示由衷感谢！学术交流中，我们得到青海民族大学关丙胜教授、新疆艺术学院雷嘉彦教授、中央美术学院吴小虎副教授的诸多帮助；新疆师范大学美术学院李勇教授、李文浩教授、王静副教授和孔倩倩老师的诸多关心；音乐学院巴吐尔·巴拉提教授、杨志刚副教授、谢万章副教授、王倩和满尔哈巴老师的诸多鼓励，特致谢忱！我们希望有更多的学术同人一起助力！由于本人学术水平和科研能力有限，书中难免有疏漏和不妥之处，敬请专家、学者和读者们批评指正，不吝赐教。

刘　明

2023 年 8 月于蜗牛咖啡

CONTENTS 目 录

语言服务

乌鲁木齐市 Z 医院语言服务现状调查研究 ·················· 张小玉 / 003

苏州园林语言服务现状调查研究 ························· 李啸天 / 094

语言规划

河北蔚县学龄前儿童家庭语言规划研究 ··················· 梁嘉睿 / 185

汉语国际教育

"一带一路"倡议认知现状调查研究
——以新疆师范大学汉语国际教育专业为例 ············· 程佳佳 / 251

汉语国际教育专业学生专业认知现状调查
——以 A 大学为例 ····································· 赵鹏辉 / 313

汉语国际教育专业学生中华传统文化调查
——以二十四节气为例 ································· 李梦丽 / 374

来疆留学生电影作品需求现状调查研究
——以新疆师范大学为例 ····························· 依扎特·阿仁 / 459

青岛大学留学生京剧认知现状调查 ······················· 李秀明 / 532

语言观察

回顾与展望：中国塔吉克语研究评述 ········· 刘丹航 / 603

帕米尔高原中国塔吉克社会和文化研究述评 ········ 刘　明 / 618

心中留有对他者的美好：《缄默之疾》随笔 ········ 高良敏 / 630

将缄默作为方法
　　——评读《缄默之疾——坦桑尼亚艾滋病流行的人类学研究》······ 刘　明 / 646

语言服务

乌鲁木齐市 Z 医院语言服务现状调查研究

张小玉

摘　要：语言服务存在于生活的诸多领域中，医院作为公共服务行业，不仅需要提供医疗服务，还需要通过语言服务辅助医疗服务的完成。本文对乌鲁木齐市 Z 医院医护人员的语言服务现状、语言服务环境建设现状、语言服务相关制度的建设状况进行了调查，采用问卷、访谈、观察等研究方法对 Z 医院的 10 位医生、10 位护士、20 位患者进行了访谈，对 103 位患者进行了问卷调查，对大量的医患沟通实例进行了观察。调查发现，Z 医院语言服务的特色表现为语言服务过程中普通话标准、检查报告的电子化留存专业且全面、医护人员着装干净整洁、语言服务环境规划整洁有序、导医指示类标牌设置符合患者实际需求、标牌中的语言规范性强、相关语言服务制度体现了人性化特点、医院行为文化中语言服务意识突出等特点。Z 医院语言服务也存在着不足之处，主要体现为：医护人员的礼貌用语使用有待加强、医护人员语言服务个体差异性大、安慰性的体触语较少、语言服务环境中各类标牌占比差异大、语言标牌的语码取向不成规律、宣传类语言服务有待加强、部分语言服务设施需要优化升级、相关语言服务制度未落实到位、现有的语言服务制度存在感低等问题。

本研究对 Z 医院医护人员语言服务、语言服务环境建设、语言服务相关制度建设提出了建议。希望通过该项调查，对医院语言服务和其他行业的语言服务提供参考意见，为后续的研究提供参考。

本文的创新之处体现为，第一，对医院语言服务的研究维度进行了整合和重新划分，通过医护人员语言服务实践、医院语言服务环境建设、语言服务制度建设三方面进行了研究，为医院语言服务的研究提供了新疆区域的案例和参考。第二，将医护人员语言服务的研究范围进行了进一步细分，在非语言沟通的板块中将服饰、界域语、体触语纳入研究范围，研究分类更为细致。

关键词：语言服务；医院；现状调查

一、绪论

（一）研究背景

随着我国经济实力的增长，语言服务行业也呈现出蓬勃发展的态势。自 2008 年北京奥运会之后，我国的语言服务产业乘着时代的快车得到了快速发展。一方面，以语言翻译、语言培训等形式为依托的语言服务推进了我国国际传播能力，促进了我国面向世界的话语体系的构建；另一方面，语言服务作为依附在商业、医疗、法律等各行业领域的服务工具和手段已经逐渐进入了普通人的生活，并且随着我国居民生活水平的提高而受到越来越多的重视。

语言服务可以很好地体现语言生活，同时也是人民群众提高语言生活质量必不可少的一环。在全球化、信息化的大背景之下，语言服务不仅在我国政治、经济、文化建设等方面发挥着重要作用，也为促进相关行业领域发展、提高人民群众生活质量发挥着积极作用。因此，语言服务也被越来越多的行业当作提升自身市场竞争力的重要手段，特别是对于餐饮、美容美发等服务性行业来说更是具有无可替代的作用。对于医院这类公共服务行业来说，语言服务的质量则直接关系到该行业的服务质量，优质的医院语言服务不仅可以提升患者的就诊质量，帮助患者和医护人员建立更好的关系，增强患者对医疗服务的信任和满意度，减少医患纠纷和医患矛盾的发生，也能提高医疗服务的质量和效率。

在医疗行业中，医患关系一直是社会各界关注的重点。截止到 2023 年 3 月，中国裁判文书网中有关医疗纠纷的文书就超过了 27000 篇。有媒体报道，医患矛盾的出现，80% 以上都是沟通问题造成的。有关医患矛盾的研究早已成为我国医患关系研究领域中的研究热点。[1] 这也从侧面反映出，我国医疗水平进步的同时，医院的语言服务未能满足患者及其家属的需求。医疗行业语言服务水平的提升对于医患双方的良好沟通和医患关系的促进均具有积极意义。良好的语言服务不仅能够帮助病人改善病情，还能促进社会和谐，减少医闹、医患纠纷等不良事件发生。因此，有必要对医院的语言服务现状进行研究，并根据服务现状提出相关建议，帮助医院提升语言服务水平，降低医患纠纷产生的可能性，促进医患关系良性循环和社会和谐发展。

李宇明曾指出，研究不同领域语言的不同特点，既可以丰富和发展语言学自身，

---

[1] 游咏，唐志晗，杨璐，王婧，莫靓. "医患矛盾"大数据与医学人文素质教育的交融机制探讨[J]. 继续医学教育，2020，34（9）：52-54.

也可以使社会语言生活健康发展。① 因此，研究医院的语言服务，不仅能够对当今医患关系存在的问题进行调查和思考，还能为语言学研究增添新的色彩。

（二）研究目的和意义

1. 研究目的

本文对新疆乌鲁木齐市Z医院的语言服务进行调查研究的主要目的是：通过调查Z医院的语言服务现状，发现Z医院语言服务中存在的问题和特点为医院语言服务提供切实可行的建议，帮助提升医院语言服务水平；在增加医疗行业语言服务研究个案的同时，对现有研究内容进行整合和再划分，尝试从实践、环境建设、制度建设三个方面分析医院的语言服务情况。

2. 研究意义

理论意义：语言服务作为一个学术概念在我国提出后，相关学者大都将目光聚焦在语言翻译服务的研究及相关人才培养方面。有学者认为，我国语言服务研究"有广无深"且内容相对零散，虽然涉及的领域广泛，但相关研究成果只有零星几篇。除此之外，当前国内各行业语言服务的个案研究数量少，且涉及医院的相关研究不多。目前医疗行业和语言相结合的研究大多是从医护视角出发，根据行业经验进行的总结②，缺少从语言学角度出发进行的客观研究。由此，本文拟通过对Z医院的语言服务情况的研究，为行业语言服务的研究增加个案。从语言学的角度出发，对医院的语言服务进行研究，在丰富医疗行业领域语言服务研究成果的同时，为语言服务理论框架的完善提供帮助。

3. 实践意义

语言、药物和手术刀被医学之父希波克拉底称为医生的三件法宝。③ 医术的精湛与否固然重要，但是医务人员提供的语言服务是否合适也直接影响了医疗服务的质量。由于医生面对的大多是身体不舒服的病人，这时如果不做好语言服务，首先就会对病人的心理造成打击，严重的还有可能对病人造成心理影响和并发症。④ 因此，医院的服务语言应该引起更多的重视。研究Z医院的语言服务有利于医院了解自身存在的语言服务问题，帮助医院健全和完善语言服务的相关制度，增强医务人员语

---

① 李宇明，周建民."领域语言研究"开栏引言[J]. 江汉大学学报，2004，（2）：5.
② 靳嘉铭. 当前我国医患沟通的伦理困境研究[D]. 锦州医科大学，2019.
③ 沈慧勇. 用好医生的"第一件法宝"[J]. 中国医院，2010，（12）：1.
④ 金爱萍. 浅谈医疗服务中的语言艺术[J]. 赤峰学院学报，2007，（1）：109–110.

言服务意识,从而帮助提高医院语言服务的质量。

我国新时代语言文字工作的重要任务之一,就是通过语言文字工作的开展,构建和谐的社会环境。[①]医院作为关乎人民生活的重要行业,对于构建和谐的社会环境具有重要意义。因此,本文立足于Z医院的语言服务研究,通过语言服务的各方面观察并分析帮助医院提升语言服务水平,能够使患者拥有相对舒适的就诊体验,有利于减少医患矛盾的发生。此外,其他医院也可以参照本文对Z医院的研究结果,对各自存在的语言服务问题进行对照和反思,进而提升行业整体的语言服务水平。这对促进医患关系和谐、促进社会和谐具有重要意义。

(三)文献综述

1. 语言服务研究的脉络梳理

通过阅读语言服务的相关研究成果,可以总结出三种主要的研究类型:第一,语言服务的理论研究,主要是对语言服务理论本身的研究与思考,对理论进行辨析、分类、阐述或促进理论本身发展的研究。第二,专业语言服务的研究,主要是将语言作为服务的主要产品内容的研究,如语言培训、语言翻译、语言技术服务等。第三,行业语言服务研究,主要是各行业中将语言作为辅助手段进行该行业的核心服务的研究。医院的语言服务研究属于第三种:行业语言服务研究。

(1)语言服务的理论研究

在国内,提到语言服务就不得不提到屈哨兵先生。他对语言服务的研究不断做出思考和总结,使得语言服务这一学术概念在我国逐渐发展起来。国内的语言服务作为一个学术概念被正式提出就是2005年屈先生在"世博会语言环境建设国际论坛"中以"语言服务"为题进行的发言中。但是"语言服务"这一概念自提出以来,其概念内容还没有完全的定论,许多学者都曾对"语言服务"做出过界定,但内涵及外延都各有不同。需要指出的是,我国的语言服务概念相较于国外的语言服务概念更为宽泛。一些学者认为语言服务就是语言翻译及其相关衍生产品,另一些学者则在承认这一概念的同时,将有语言参与的服务活动称为语言服务。虽然语言服务的具体定义仍在讨论,但对其概念的总结大致如下。

语言服务有广义和狭义之分,狭义的语言服务也是最初的语言翻译服务。随着

---

① 赵沁平. 构建和谐语言生活 弘扬中华优秀文化[N]. 中国教育报,2007-09-09,(1).

行业的发展和科技的进步,传统的语言翻译逐渐衍生出相关的产品和服务内容。此外,科学技术的发展使得传统的语言服务逐渐和互联网、计算机技术相结合,形成现在的语言翻译产品、语言翻译软件等。广义的语言服务既包括国家层面的语言服务,例如制定某项语言政策、编纂词典等,也包括各行业领域的语言服务,如医院的语言服务、旅游业的语言服务、餐饮业的语言服务等。语言服务既包括微观的,也包括宏观的,可以是有偿的,也可以是无偿的,但它一定是由提供方和接受方共同参与完成的,且一定是以语言为形式、为语言而服务的。

除了对语言服务概念的研究以外,国内许多学者对语言服务的内涵、特征、理论等方面做出了思考。

屈哨兵(2007)对语言服务的学科归属、基本属性、基本类型做出了思考与描述,指出语言服务具有服务性、规约性、主导性三种基本属性,并提出要素类型、领域类型、成品类型、职业类型四种分类方式。[①]之后又提出了语言服务概念系统的五个组成部分,分别是语言服务的资源系统、业态系统、领域系统、层次系统、效能系统。这五个部分将语言服务概念进行了全面的划分,对后来的语言服务研究提供了良好的理论基础。[②]邵敬敏(2012)对"语言应用"与"语言服务"进行了对比和分析,指出语言服务具有为他性、实践性、实效性三个主要特色,认为语言服务具有光明的前景。[③]李德鹏、窦建民(2015)根据我国的现实情况提出了我国语言服务存在的困境,并思考了相关问题的解决路径。[④]李现乐(2016)对语言服务的价值形态及其各自的显性、隐性价值了分析与思考。[⑤]仲伟合、许勉君(2016)通过文献梳理,对我国语言服务研究的现状和问题进行总结和思考,准确地概括了语言服务现有的问题,并对语言服务未来的发展进行了构想。[⑥]2016年,屈哨兵《语言服务引论》一书问世,书中全面且详尽地介绍了语言服务的范围与边界等相关问题,内容主要围绕语言服务资源、业态、领域、层次、效能五个方面展开。[⑦]该书是语言服务领域的第一本专著,为语言服务后来的研究奠定了重要的理论基础。

---

① 屈哨兵. 语言服务研究论纲[J]. 江汉大学学报, 2007, (6): 56–62.
② 屈哨兵. 语言服务的概念系统[J]. 语言文字应用, 2012, (1): 44–50.
③ 邵敬敏. "语言服务业"与"语言服务学"[J]. 北华大学学报(社会科学版), 2012, 13 (2): 4–7.
④ 李德鹏, 窦建民. 当前我国语言服务面临的困境及对策[J]. 云南师范大学学报(对外汉语教学与研究版), 2015, 13 (2): 63–68.
⑤ 李现乐. 语言服务的显性价值与隐性价值——兼及语言经济贡献度研究的思考[J]. 语言文字应用, 2016, (3): 114–123.
⑥ 仲伟合, 许勉君. 国内语言服务研究的现状、问题和未来[J]. 上海翻译, 2016, (6): 1–6+93.
⑦ 屈哨兵主编. 语言服务引论[M]. 北京: 商务印书馆, 2016.

国外的"语言服务"研究目前还没有形成系统的理论，通过对"Language Service"一词的检索结果进行筛选的分析，可以发现国外语言服务相关的研究大致可以分为：基于"LEP"的语言服务研究、基于语言的服务性视角的研究。需要指出的是，基于"LEP"的语言服务研究是将语言服务作为扫除少数族裔就医时的语言障碍的工具。Au M、Taylor、Gold（2009）[1]，Schiaffino、Al-Amin（2014）[2]，DeCamp、Kuo（2013）[3]等人的研究都将语言服务当作通过一些方法或手段消除语言障碍的服务。而基于语言的服务性视角的研究探究的是语言种类、语言选择对于服务质量和服务满意度之间的联系，将语言和服务联系起来看。Holmqvist、Vaerenbergh（2013）[4]，Bell（2013）[5]，Choi、Liu、Mattila（2019）[6]等人都是从语言的服务性出发对语言进行的研究，与先前基于LEP提出的语言服务具有本质上的区别，这些成果对于语言服务研究具有重要意义。

虽然国外语言服务研究起步早、成果丰富，但语言服务相关理论尚未构建完整，真正有关"语言服务"即"language service"的相关理论研究不多，以"Language Service"为关键词进行的研究多是指代消除语言隔阂的语言翻译服务以及围绕语言服务性进行的语言与顾客满意度之间的研究。缺少对研究框架和理论本身的建构，导致语言服务这一概念及其内涵的模糊性。

通过文献梳理，可以知道国内语言服务的理论研究有以下几个特点。

第一，从时间上看，国内对于语言服务本身概念、内涵、特征的思考和总结一直持续到近几年。这也从侧面反映出语言服务概念仍处于不断完善和发展中。

第二，从研究视角看，不同的研究视角决定了不同学者对语言服务的不同定义，广义视角出发的语言服务研究涉及的研究领域也更宽泛。

这些研究和思考可以看作是学界对语言服务理论的摸索与开拓，是语言服务研

---

[1] Au M, Taylor E F, Gold M R. Improving access to language services in health care: A look at national and state efforts[M]. Mathematica Policy Research, Incorporated, 2009.

[2] Schiaffino M K, Al-Amin M, Schumacher J R. Predictors of language service availability in US hospitals[J]. International Journal of Health Policy and Management, 2014, 3(5): 259.

[3] DeCamp L R, Kuo D Z, Flores G, et al. Changes in language services use by US pediatricians[J]. Pediatrics, 2013, (2): 396–406.

[4] Holmqvist J, Van Vaerenbergh Y. Perceived importance of native language use in service encounters[J]. The Service Industries Journal, 2013, (15–16): 1659–1671.

[5] Bell M L, Puzakova M. Y Usted Social influence effects on consumers' service language preferences[J]. Journal of Business Research, 2017, (72): 168–177.

[6] Choi S, Liu S Q, Mattila A S. "How may i help you?" Says a robot: Examining language styles in the service encounter[J]. International Journal of Hospitality Management, 2019, (82): 32–38.

究未来发展壮大的重要奠基石。

专业语言服务研究现状：

专业语言服务是将语言作为服务的主要产品内容，如语言培训、语言翻译、语言技术服务等，专业语言服务的终端产品是语言。

国内专业的语言服务研究数量相对丰富，因为这类语言服务研究开始得早。随着2008年北京奥运会的举办，越来越多关于"语言服务"的研究开始出现，且多数都是围绕语言翻译、翻译产品、语言教育等部分进行的研究，并随着国家政策和科技的发展逐渐与"一带一路""互联网+"等话题相结合，呈现出多样性特点。郭晓勇（2010）[1]，王传英（2014）[2]，王宇波、李向农（2016）[3]，李宇明（2015）[4]，王立非、崔璨（2020）[5]等人从不同视角对专业语言服务发展进行了研究。专业语言服务在我国的研究涉及各种视角，且研究方法逐渐多样化，这些研究将语言服务和时代发展背景相结合，进行了发展模式、人才培养等问题的思考，对行业语言服务的进一步发展具有重要意义。但是国内专业语言服务研究存在以下几点问题。

第一，国内专业语言服务研究大多是针对英语或外语的语言服务研究，关于国内弱势群体语言服务的研究比较少。

第二，从研究方法上看，实证研究比较少，多数研究是根据现实情况做出的思考和总结，相关研究尚待深入、科学地进行调查。

第三，从研究视角看，虽然语言服务实现了跨学科研究，但是并没有拓宽研究视角，也未形成相关视角的系列研究成果和理论框架。

（2）行业语言服务研究现状

行业语言服务是在某一特定的行业领域的核心服务中将语言作为服务的工具和手段，这类语言服务的终端产品不是语言，但需要语言作为辅助手段进行该行业的核心服务。行业语言服务的研究范围比专业语言服务的研究范围宽泛得多，并且，随着社会的发展，行业语言服务呈现出了日渐活跃的特点。对于行业语言服务的研究，国内外有不同的特点。

---

[1] 郭晓勇. 中国语言服务行业发展状况、问题及对策——在2010中国国际语言服务行业大会上的主旨发言[J]. 中国翻译, 2010, (6): 34-37.
[2] 王传英. 语言服务业发展与启示[J]. 中国翻译, 2014, (2): 78-82.
[3] 王宇波, 李向农. 语言服务与"互联网+"的深度融合[J]. 华中师范大学学报, 2016, (5): 87-93.
[4] 李宇明. "一带一路"需要语言铺路[J]. 中国科技术语, 2015, (6): 62.
[5] 王立非, 崔璨. "一带一路"对外贸易中的语言服务便利度测量实证研究[J]. 语言文字应用, 2020, (3): 26-35.

国内最初的行业服务语言的研究多是围绕服务人员进行相关服务时的语言表达注意事项、礼貌用语的使用等方面展开的。这些方面的研究者有史建华、贾震玲（1994）[1]，刘运祥、李成修等（2006）[2]，黄晓露（2004）[3]。该类研究大多是相关从业人员从自身工作经验出发做出的经验总结，其研究无论是深度还是专业性都不够。之后越来越多的学者开始对各行业的语言服务现状展开调查，进行研究框架的探索和研究示范。沈佩（2016）[4]，董杉（2012）[5]，李宝贵、尚笑可（2017）[6]，王天才（2011）[7]，吴海玲（2018）[8]，贾婷婷（2017）[9]，王晓军、朱豫（2021）等人研究了图书馆、银行、出租车、酒店餐饮等行业的语言服务。除了这些领域以外，医院语言服务作为行业语言服务中不可或缺的一部分受到越来越多学者的关注。屈哨兵认为，医疗行业的语言服务包括门诊、护理、问诊、心理咨询、处方、药品说明书等，不同的学者对不同的方面进行了研究。

国外语言服务比较重视语言在不同行业领域的重要意义，少有直接以"语言服务"为题展开的相关行业的语言服务研究。不少学者对语言服务与商务环境、旅游业、酒店业、广告业等行业之间的关系及其影响进行了研究。[10]Chan（2019）[11]，Bruyel、Antonio（2015）[12]，Berybe、Elisabeth（2021）[13]，Yener、Taolu（2020）[14]等人分别对语言服务与商务、语言服务与旅游业、服务与酒店行业、语言服务与广告业等进行了研究。

---

[1] 史建华，贾震玲. 银行柜台服务语言艺术[J]. 山西财经学院学报，1994，(6)：108+98.

[2] 刘运祥，李成修，林乐良，尹爱田，汤敏. 医院人性化服务语言在我院的实施[J]. 中国医院，2006，(9)：2-4.

[3] 黄晓露. 谈高校图书馆服务语言艺术[J]. 玉林师范学院学报，2004，(4)：135-137.

[4] 沈佩. 语言服务视角下的银行语言状况调查[D]. 扬州大学，2016.

[5] 董杉. 沈阳市出租车行业语言服务现状调查研究[D]. 沈阳师范大学，2012.

[6] 李宝贵，尚笑可. 出租车行业语言服务现状调查——以大连市为例[J]. 辽宁师范大学学报，2017，(4)：110-119.

[7] 王天才. 浅谈酒店餐饮服务语言的标准及运用技巧[J]. 商业文化，2011，(8)：207.

[8] 吴海玲. 餐饮行业语言服务调查研究[D]. 扬州大学，2018.

[9] 贾婷婷. 浅析图书馆读者服务中的语言服务[J]. 内蒙古科技与经济，2017，(9)：142-143.

[10] 张文，沈骑. 近十年语言服务研究综述[J]. 云南师范大学学报：对外汉语教学与研究版，2016，(3)：10.

[11] Chan C. Long-term workplace communication needs of business professionals: Stories from Hong Kong senior executives and their implications for ESP and higher education[J]. English for Specific Purposes, 2019:68-83.

[12] Bruyel-Olmedo A, Juan-Garau M. Minority languages in the linguistic landscape of tourism: the case of Catalan in Mallorca[J]. Journal of Multilingual & Multicultural Development, 2015, (6):1-22.

[13] Berybe G A, Hanggu E O, Wellalangi M B R. The Awareness Towards Quality of Service From Homestay Providers In Premium Tourism Destination[J]. Syntax Literate; Jurnal Ilmiah Indonesia, 2021, (4):1705-1717.

[14] Yener D, Taolu M. Does the Use of Foreign Languages in Different Types of Products Lead to Different Consumer Perception?[J]. Journal of International Consumer Marketing, 2020, (35):1-13.

语言服务在国外各行业的研究多是围绕语言的服务性展开的。国外语言服务所涉及的研究领域广泛，且大量研究都与其他学科交叉，具有较强的跨学科属性。这也说明了语言服务研究的灵活性与广泛性。正如屈哨兵所说的，"任何行业只要拿语言来做事就会涉及到语言服务"。但通过文献梳理也可以发现国外语言服务研究有以下问题：第一，以"Language Service"为关键词进行的研究多是指代消除语言隔阂的语言翻译服务以及围绕语言服务性进行的语言与顾客满意度之间的研究；第二，语言的服务性研究在各行业领域均有体现且形式多样。不同领域的语言服务结合了不同领域特点，体现了这一概念跨学科的灵活性。但是这样的特性也使得对语言服务的研究难以构建一个标准框架，只能根据各行业的特点逐步进行研究框架与范式的探索。

2. 医院语言服务的相关研究

（1）国内研究

语言与医疗服务的关系研究：

金爱萍（2007）指出语言对于医疗服务的重要作用，如语言使用不当，可能会起到消极作用，甚至造成严重后果，医务人员应当掌握语言艺术，以便更好地为患者的健康服务。[1] 苗乃勇、任爱香（2008）指出患者不仅需要肉体上的治疗，也需要言语上的抚慰。认为医护人员应该掌握与患者沟通的技巧，做到耐心、热情，用合适的语气和态度与患者沟通。张巧兰（2011）指出非语言沟通中环境设计、面部表情、仪表着装、身体姿势、空间距离的注意事项及其在医患沟通时的重要作用。[2] 李艳（2008）[3]、赵峰（2006）[4]分别指出，康复治疗师和社区卫生服务人员在工作中应注重语言艺术，充分利用语言的价值为患者进行医疗服务，培养良好的人文素质，做到言谈举止得体，并使自己的语言规范通俗易懂。吕英（2010）认为体态语在医患沟通的过程中可以达到拉近医患距离、帮助患者消除心理障碍、使医患配合得更好的作用。医务人员要学会利用微笑、目光、手势等标准和规范的体态语言为门诊患者服务。[5]

---

[1] 金爱萍. 浅谈医疗服务中的语言艺术[J]. 赤峰学院学报, 2007, (1): 109-110.
[2] 张巧兰. 非语言沟通技巧在医疗服务中的应用[J]. 总装备部医学学报, 2011, (2): 111-112.
[3] 李艳, 张长杰, 王晶. 浅谈康复治疗师在医疗服务中的语言艺术[J]. 中国康复理论与实践, 2008, (10): 999-1000.
[4] 赵峰, 梁栋, 姜秀贤. 社区卫生服务医护人员医疗工作中的语言艺术[J]. 中国社区医师, 2006, (6): 85.
[5] 吕英. 试论体态语言在门诊医疗服务中的运用[J]. 卫生职业教育, 2010, (13): 150-152.

医院语言服务人才培养的研究：

严跃红、龚艳晖等（2020）[①]、孙韬，孙珉丹等（2020）[②]、王宇娟（2021）[③]、李檬、张雪群等（2021）[④]认识到沟通能力对医务人员的重要意义，于是开始思考医学生、住院医师等相关医务人员的语言沟通能力培养，并从课程设置、临床实践、模拟演练等多方面提出解决策略。这一部分是对语言服务人才培养模式的思考，通过实验得出科学的人才培养方案。该类研究对于笔者后期进行写作分析具有重要的参考价值。

医疗机构、医院的语言服务研究：

李现乐、龚余娟（2015）调查了10个不同城市的不同类型的医院30余家，主要是从医务人员的语言服务、医院管理中的语言服务和患者对语言服务的需求三个方面进行调查。其中包括医务人员的口语、书面语、语言服务意识和态度；医院和语言服务有关的管理及相关服务规则的制定与实施；最后通过患者对医护人员口语、书面语、医院管理以及对医护人员的期许发现患者的语言服务需求及医院存在的语言服务方面的问题。[⑤]李少康（2018）对西安、郑州地区的医务人员的口语语言服务情况进行了描写和分析，运用会话分析的方法结合调查问卷对医务人员礼貌用语的使用、服务语言的选择和医学术语的使用，通过分析患者的需求和医务人员的语言服务情况对比出需求差异。[⑥]郑洪波、黄丽萍（2021）对上海市闵行区内所有的医疗机构的导医台进行调查分析，对相关医疗机构导医服务台工作人员进行了问卷调查和访谈，围绕导医台工作人员的语言服务对象、语言服务内容、语言服务能力、语言服务意识进行研究，结合导医台语言景观中存在的问题以及医院语言服务培训的调查，对导医台存在的语言服务问题进行归纳，并针对这些问题提出了具体的建议。[⑦]韩雪峰、胡雪婵（2019）国产医疗产品研究包括药品试剂展示语言、医疗器械

[①] 严跃红，龚艳晖，邱瑞华，程全伟．提高医学生医患沟通能力的途径和方法［J］．中国医学教育技术，2020,（1）：20-23.

[②] 孙韬，孙珉丹，钱楚岳，刘婷婷，王婉宁．住院规培医师医患沟通能力培养的探讨［J］．吉林医学，2020,（9）：2304-2305.

[③] 王宇娟．住院医师规培中医患沟通能力培养的成效研究［J］．大学，2021,（9）：149-150.

[④] 李檬，张雪群，李岚，虞朝辉，厉有名，陈沛．消化内科住院医师规范化培训中医患沟通能力培养的思考［J］．中国继续医学教育，2021,（24）：115-118.

[⑤] 李现乐，龚余娟．医疗行业语言服务调查研究［J］．中国语言战略，2015,（2）：97-109.

[⑥] 李少康．医务人员口语语言服务现状及对策研究［D］．陕西师范大学，2018.

[⑦] 郑洪波，黄丽萍．导医语言使用状况调查［C］//语言生活皮书——上海语言生活状况报告（2020），2020：68-77.

展示语言、软件类产品展示语言研究，总结了医疗展示语言的特点，并指出该类型的研究具有促进行业内部健康发展等意义。①

上述研究是医院服务语言研究较为典型的代表，学者们从医务人员的口语、导医台的语言服务情况和语言景观、医疗产品的语言特点等方面做出了研究。龚余娟的《医疗行业语言服务调查研究》一文为医院语言服务的研究提供了良好的开端，文章的研究角度为笔者提供了启示，具有良好的示范意义。

通过文献梳理，可以看到，国内的行业语言服务研究涉及的领域越来越宽泛，但是仍然存在以下问题。

第一，在语言服务理论研究方面，仍然处于探索和完善阶段。当前国内不同学者对于语言服务的定义还未达成一致，有关语言服务的广义和狭义范围需要进行权威的定义。

第二，在专业语言服务研究方面虽然已经有了一定数量的研究成果，但是研究内容主要是针对英语翻译或者外语翻译，少有对国内弱势群体的语言服务研究。与国外相比，实证研究较少，导致许多研究不够深入。

第三，在行业语言服务研究方面有广无深，研究领域虽然范围广，但是部分研究未能进行深入、全面的调查，且由于各行业研究内容、侧重点各有不同，未能形成统一的研究框架。可以说，国内行业语言服务的研究仍然处于发展阶段，各行业语言服务的研究有待深入开展，社会语言生活的优化也需要各行业语言服务的提升。

第四，在医疗行业语言服务方面研究成果不多，前期的研究多是围绕语言在医疗服务过程中的重要性展开的，且这类研究大多是经验总结或个人思考，未能充分结合语言学与医疗服务的实际过程，因此研究方法较为单一，研究内容缺少深度。后期对医院语言服务的研究缺乏系统性，没有人对某一类型的医疗语言服务展开系列、完整的研究。就研究广度来说，现有研究未能涉及医院语言服务的所有内容。对比中外医疗行业语言服务内容，国外对医院服务环境的研究更早且更丰富，而当前国内的医疗行业语言服务未能很好地发掘语言服务环境的内涵。

（2）国外研究

对医院语言服务的研究：

国外对医院语言服务的研究大多是基于"Limited English proficiency"（LEP）的

---

① 韩雪峰，胡雪婵. 基于医疗行业的展示语言研究初探[J]. 现代信息科技，2019，(21)：184–186.

人群进行的语言服务，这类语言服务主要是指帮助少数族裔的人解决就医时的语言隔阂问题。Schiaffino、Al-Amin（2014）提出，美国的少数族裔由于英语水平有限而面临着更大的健康风险，医疗机构需要给这部分群体提供语言服务以解决她们就医时遇到的语言障碍[1]。DeCamp、Kuo（2013）通过对600多名儿科医生的调查，研究儿科医生2004—2010年间语言服务的变化，指出这期间儿科医生使用语言服务的情况并没有明显改善，但在有医疗报销的地区，口译员的使用比例会更高[2]。MK Schiaffino、A Nara（2016）指出少数族裔因为面临就医时的英语沟通障碍而无法就医，通过数据分析发现医院的所有权和所在区域的不同，语言服务的情况也不同[3]。

这一部分的语言服务似乎具有两重属性，它既充当了语言产品，又充当了医院医疗服务得以开展的媒介。虽然是在医疗行业发生的语言服务，但就其本质来说，这类语言服务提供的还是翻译服务，这一点是国外医院语言服务和国内医院语言服务最本质的区别。

对医务人员语言的研究：

Dimatteo、Taranta等（1980）提出医生的非语言技能与患者满意度之间存在着联系[4]。Fleitas（2003）指出了护理过程中的语言具有不可忽视的重要作用，护士的语言在病患护理中具有解释、安慰等重要作用[5]。Kozimala（2016）通过定量研究的方法对医患之间的非语言沟通进行了研究，发现在检查过程中，医生的距离、眼神、面部朝向等因素在医患沟通中具有重要作用[6]。

可以看到，对于医务人员的研究，既有口语的研究，也有非语言行为的研究，但是这些研究都是医生从医学、心理学角度出发进行的研究，并没有从语言角度出发考量医务人员的语言服务特点，而是重在论述这些语言行为对医学治疗产生的积极影响。

---

[1] Schiaffino M K, Al-Amin M, Schumacher J R. Predictors of language service availability in US hospitals[J]. International Journal of Health Policy and Management, 2014, (5):259.

[2] DeCamp L R, Kuo D Z, Flores G, et al. Changes in language services use by US pediatricians[J]. Pediatrics, 2013, (2):396-406.

[3] Schiaffino M K, Nara A, Mao L. Language Services In Hospitals Vary By Ownership And Location[J]. Health Aff, 2016, (8):1399-1403.

[4] Dimatteo M R, Taranta A, Friedman H S, et al. Predicting patient satisfaction from physicians' nonverbal communication skills.[J]. Medical Care, 1980, (4):376-387.

[5] Fleitas J. The power of words: examining the linguistic landscape of pediatric nursing[J]. MCN: The American Journal of Maternal/Child Nursing, 2003, (6):384-388.

[6] Kozimala M. Influence some chosen elements of nonverbal communication used by the doctors for patients' satisfaction after the examination[J]. Progress in Health Sciences, 2016, (1):7-18.

对医院服务环境的研究：

Bitner（1992）首次指出了物理环境在服务环境中的重要性，并构建了一个概念框架，该框架旨在考察物理环境在服务中的作用，他将服务景观定义为影响服务组织中的客户和员工行为的物理环境[1]。之后便有许多学者尝试对医院的服务景观进行研究。Fadda（2019）指出物理环境对于医院整体服务质量的重要意义，通过医院的设施、病房颜色、人性化设计、降噪、隐私、照明等方面，综合评估了医院的物理环境[2]。Hamed、El-Bassiouny等（2019）通过定量研究，分析了医院的服务景观对于住院患者幸福感的影响，认为医院服务景观主要包括艺术和视觉两个方面，其中包括对医院绿色植物、安全和卫生、病房气氛、路标等因素的考量[3]。Han、Kang（2018）通过对医院服务景观研究的论文梳理，确定了服务景观的因素，并尝试构建了医院服务景观的研究框架[4]。可见，医院的环境在服务过程中扮演着重要角色，医院环境中承载着大量信息的文字类载体也发挥着医院语言服务的作用。

通过国内外语言服务的对比可以发现，国内语言服务作为一个正在发展的分支需要更多个案研究充实其研究成果，而医院语言服务作为行业语言服务中的重要内容更需要开展相关研究。因此，本文希望通过对医院语言服务进行研究，通过将语言、环境、制度等因素结合起来进行分析和讨论，以获得更全面的研究结果，在帮助医院提升语言服务水平的同时，帮助实现医疗行业语言服务研究的快速发展。

（四）理论基础和概念界定

1. 理论基础

有关语言服务，特别是行业语言服务的研究还未构建起一个权威的研究框架，因为不同领域的语言服务的构成内容与表现形式并不是均质的，而是具有不同的业态与特征，所以造成了各领域语言服务研究程式的不统一。医院语言服务的研究需

---

[1] Bitner M J. Servicescapes: The Impact of Physical Surroundings on Customers and Employees[J]. Journal of Marketing, 1992, (2):69–82.

[2] Fadda J. Quality of healthcare: A review of the impact of the hospital physical environment on improving quality of care[J]. Sustainable building for a cleaner environment, 2019:217–253.

[3] Hamed S, El-Bassiouny N, Ternès A. Hospital servicescape design for inpatient wellbeing[J]. Services Marketing Quarterly, 2019, (1):1–32.

[4] Han J, Kang H J, Kwon G H. A systematic underpinning and framing of the servicescape: Reflections on future challenges in healthcare services[J]. International Journal of Environmental Research and Public Health, 2018, (3): 509.

要结合医院的特点进行研究框架的构建。屈哨兵提出语言服务水平要从语言服务意识和语言服务行为两方面进行测评。[①]但是医院的语言服务具有其特殊性，所以需要结合该行业自身的特点进行研究框架的构建。因此，笔者拟在语言服务行为、语言服务环境建设和医院语言服务相关制度的基础上，结合医疗语言学和医患沟通的相关内容进行调查。

通过对相关文献内容的梳理和总结发现，当前对医院语言服务的研究大多是围绕医务人员的语言服务现状、语言服务意识、语言服务环境、语言服务制度的制定和落实这几个方面进行的。笔者通过整合和归类，将医院的语言服务研究划分为医护人员的语言服务实践、医院语言服务环境建设、医院语言服务制度建设三个方面。其中，语言服务实践围绕口语、书面语、体态语三个方面进行，每一个方面又包括若干个细则。

语言服务的实践实际上就是在医院这个空间中发生在医患之间的口语、书面语、体态语。现有的研究主要参照姜学林（1998）《医疗语言学初论》[②]中有关医务人员口语、书面语和体态语的划分方式。但是姜学林对医务人员体态语的分类并不细致，只是简单地将体态语划分为目光、微笑、手势、体姿。因此，笔者又参照了史瑞芬（2008）《医患沟通技巧》中的医生非语言沟通的主要形式。她所提出的非语言沟通的主要形式有：服饰语、体姿语、界域语、表情语、手势语、体触语。[③]这套分类更为细致，能够帮助笔者后期进行更细致的调查分析。

目前对医院语言服务环境的研究非常少，现有研究多是将语言服务环境单独进行研究，笔者认为，在医院的语言服务环境中承载着大量的文字符号，应该放在书面语中进行专门的分析。因此，笔者结合现有的研究，将从口语、书面语、体态语三个方面进行研究。其中，口语包括医务人员的话语、环境中为患者服务的有声语言，包括广播、视频等；书面语包括医护人员手写或开具的病历、检查单、药单、环境中的各类指示牌、宣传牌等；体态语包括医务人员的服饰、体姿、手势、界域、表情、体触等。笔者将通过这三个维度对医护人员的语言服务实践进行研究。

---

① 屈哨兵主编. 语言服务引论［M］. 北京：商务印书馆，2016.
② 姜学林. 医疗语言学初论［M］. 北京：中国医药科技出版社，1998.
③ 史瑞丰. 医患沟通技巧［M］. 北京：人民军医出版社，2008.

2. 概念界定

（1）语言服务概念界定

关于语言服务的概念，国内不同学者做出了不同的定义：

屈哨兵（2007）提出，关于语言服务目前还没有一个统一的标准，狭义的语言服务一般指的是语言翻译服务，广义的语言服务是指所有以语言作为工具或项目内容而开展的服务。[①] 李宇明（2005）提出，语言服务就是利用语言及其所有衍生品满足宏观、中观、微观各个层级的需要。[②] 赵世举（2012）认为，语言服务是行为主体以语言文字为内容或手段为他人或社会提供帮助的行为和活动。并根据行为主体提供的语言服务内容不同，将语言服务分为：编纂字典、制定语言文字规范和标准、建立语料库等的语言知识服务；合成语音技术、语言加工处理、机器翻译技术等语言技术服务；语言翻译器、文字编辑软件文字阅读器等语言工具服务；4.配音、播音、语言咨询等语言使用服务；口吃矫正、失语症治疗等语言康复服务；6.外语教育、语言培训等语言教育服务。[③] 郭龙生（2012）认为，语言服务是主体因为语言、为了语言、通过语言而为客体工作。[④] 袁军（2014）认为，语言服务是解决人与人交流中的障碍或以提供直接的语言信息转换服务、帮助语言进行转换的技术、工具、知识、技能等方式帮助人们完成信息处理的行为。[⑤] 陈鹏（2014）认为，语言服务的外延和语言行为一样大，但语言行为一旦具备服务的目标和对象且以语言活动的形式进行了服务，这种语言行为就变成了语言服务。从语言服务实践来看，各行业的语言服务就是它的现实应用。[⑥] 李现乐（2018）将当前学界基本认可的概念归纳为广义和狭义两种，狭义的语言服务是早期以翻译服务为代表的语言服务。广义的语言服务分为专业语言服务和行业语言服务，专业语言服务是指语言翻译、语言培训等方面的服务。[⑦] 行业语言服务是以语言作为工具或手段的形式，伴随着行业专业服务而存在的语言服务。[⑧] 语言服务还存在宏观和微观两个层面，宏观的语言服务包括国际语言

[①] 屈哨兵. 语言服务研究论纲[J]. 江汉大学学报, 2007, (6): 56-62.
[②] 李宇明. 语言服务与语言消费[J]. 教育导刊, 2014, (7): 93-94.
[③] 赵世举. 从服务内容看语言服务的界定和类型[J]. 北华大学学报, 2012, (3): 4-6.
[④] 郭龙生. 论国家语言服务[J]. 北华大学学报, 2012, (2): 12-19.
[⑤] 袁军. 语言服务的概念界定[J]. 中国翻译, 2014, (1): 18-22.
[⑥] 陈鹏. 行业语言服务的几个基本理论问题[J]. 语言文字应用, 2014, (3).
[⑦] 李现乐. 语言服务研究的若干问题思考[J]. 云南师范大学学报, 2018, (2): 51-57.
[⑧] 陈鹏. 行业语言服务的几个基本理论问题[J]. 语言文字应用, 2014, (3).

服务、国家语言服务，微观的语言服务包括社区、家庭等方面。[①]

关于语言服务，不同学者从不同视角、维度出发做出了不同定义。本文拟采用李现乐（2018）对语言服务的定义。本文所研究的医院语言服务，属于该定义中语言服务广义概念中的行业语言服务。医院是语言服务的提供者，患者则是语言服务的接受者。医护人员将语言作为提供问诊、护理、引导等活动的手段，达到相应的服务目的；医院通过各类文字形式以达到引导、介绍、提示等目的，这些都可以看作是语言服务的具体表现。

（2）医院语言服务

由于各行各业语言服务的形式、特点不同，所以医院语言服务所包含的内容也有其独特性。屈哨兵在《语言服务引论》一书中对医疗领域的语言服务有过专门的论述，他指出，门诊、护理、问诊、心理咨询、处方、药品说明书等都可以看作是医疗领域的语言服务。陈鹏（2014）曾指出，任何行业的语言服务都应该包括口头表达、书面文字、环境标识、综合表现四种形式。本文的语言服务研究指的是在医院这一空间中产生的，存在于门诊、护理、问诊等各个环节中的语言服务形式：口语、书面语、体态语。

（五）研究设计

1.研究对象

本文的研究对象是位于乌鲁木齐市的Z医院。该医院始建于1934年，是一所大型综合性三甲医院，且名列全国十大省立医院，连续6年荣获国家卫生健康委"全国进一步改善医疗服务示范医院"。Z医院是新疆医科大学、石河子大学医学院和安徽医科大学的临床教学医院，同时也是中国国际紧急救援中心、亚洲国际紧急救援中心定点医院。该医院年门诊诊疗273余万人次，设有56个临床科室、13个医技科室、18个行政职能部门，是全国"优质护理服务示范工程"重点联系医院。该医院除了一个主要院区以外，还包括1个分院、3个保健站、2个服务点。该医院的主院区无论在设施还是医疗资源方面都十分完备，患者数量多，地理位置优越，在疆内是具有代表性的综合性医院，有助于更好地开展语言服务研究工作，且研究结果对于同类型、同等级的公立医院来说，具有较好的借鉴意义。

[①] 屈哨兵.语言服务引论[M].北京：商务印书馆，2016：6.

Z医院的服务对象不仅包括乌鲁木齐的市民，还有来自新疆各地州、周边省份的患者。其中既包括不同的民族和年龄段，也包括不同的职业和文化程度。因此，医护在面对不同背景的患者时需要对语言服务方式做一些调整，以便进行更好地服务。对不同的患者，提供的语言服务，既要简洁高效，又要能够被患者理解。

笔者拟选取Z医院的主院区作为主要研究空间，以Z医院主院区的医务人员和患者或患者家属为研究对象。需要指出的是，由于医院内部职责分工明确，有的虽然在医院工作，但其工作较少与患者直接来往，如药剂师、化验检验人员等。在医院与患者接触最多的是门诊、住院、影像检查的医生、护士以及收费窗口的结算人员。因此，笔者的观察和研究对象为门诊、住院、影像检验的医生、护士和结算窗口的工作人员。观察以上人员在进行服务时的语言服务情况，从口语、书面语、体态语等方面对其语言服务现状进行观察与评价。

由于医院语言服务的服务对象是患者及患者家属，因此，患者对医院语言服务的感受、评价至关重要。考虑到许多患者是由家属陪同，家属对于医务人员的语言服务感受有时比患者本人更直接和清楚。因此，在调查时，笔者会根据患者的实际情况选择对患者或其家属进行调查。笔者拟对医院的门诊和住院患者或患者家属进行问卷、访谈和观察，跟随患者的看病流程，如导医、问诊、检查、缴费等过程，观察其间与医务人员发生的语言沟通并记录，最后对患者进行问卷调查，来了解患者对Z医院语言服务的评价及建议。

2. 研究内容

为了探究Z医院医务人员的语言服务情况以及服务水平是否满足患者的需求，笔者将从医护人员语言服务现状、医院语言服务环境、医院语言服务制度三个方面进行研究。由于语言服务一定是由供给方和接受方共同参与完成的，因此，本文将从医患双方角度出发，通过观察、问卷、访谈等方式对Z医院医护人员语言服务实践、医院语言服务环境建设、医院语言服务制度建设三方面进行调查研究。

首先，对医护人员口语语言服务的研究包括医务人员在服务过程中所说的话语，主要考察的是他们在医疗服务期间的语言选择、礼貌用语的使用、专业术语的使用、不良语言的使用以及语气和态度等方面。书面语的研究主要包含三个方面的内容：一是医务人员所书写的内容，包括病历、处方等。观察医务人员在与患者及其家属交流时的体态语，留意她们的服饰、体姿、手势、界域、表情、体触，通过观察量表进行记录和分析。

其次，对医院语言服务环境建设的研究主要包括对医院公共、开放区域所包含的文字、符号、图画的标牌内容进行收集、整理和分析。统计不同类型标牌的占比，分析医院在标牌设置时的偏向并分析整体语言环境及不同类型语言标牌的语码选择、语言规范、媒介形式。

最后，收集 Z 医院和语言服务相关的规章制度，将语言服务有关的内容摘录出来并进行分析，考察 Z 医院对于医院服务的规范情况。通过访谈，了解医护人员对本院语言服务相关规定的知悉程度。

3. 研究思路

笔者通过阅读语言服务相关文献确定研究内容，参考已有的研究成果，整合出适合本研究的分类框架和研究方法。本研究将通过问卷调查法、访谈法、观察法对研究对象的语言服务情况进行调查和分析。研究思路大致如下。

首先，将 Z 医院的语言服务中的口语、书面语、体态语纳入语言服务实践的范畴，通过问卷、访谈、观察等形式进行调查和分析。观察和收集医务人员与患者及患者家属沟通时的相关内容，同时对医院环境中的语言标牌进行收集。收集 Z 医院语言服务有关的规章制度，通过了解医护人员对于语言服务的知悉程度，分析医院对于语言服务管理的重视程度。

其次，对问卷数据进行分析，对访谈资料和观察内容进行整理和分析，对语言标牌内容进行整理和分析，对相关语言服务制度进行筛选、摘录。

最后，根据分析结果所呈现的问题进行相关思考，研究 Z 医院在语言服务的各个方面有何特点及缺点，并提出针对性解决措施，以帮助院方提升语言服务水平，满足患者语言服务需求。

4. 研究方法

本研究的研究目的是调查 Z 医院的语言服务现状，主要围绕医务人员提供的语言服务、医院语言服务环境建设、医院语言规章制度的制定和落实三部分内容进行调查研究。

（1）*观察法*

笔者对医院语言服务的研究主要是通过实地观察。医护人员在进行医疗服务的过程中不可避免地使用语言、动作等方式，而这些行为大多是可观察到的。最重要的是，考虑到一些调查问题对医务人员来说较为敏感，不适合作为问卷的形式出现。因此，笔者拟通过观察量表进行观察和记录。本研究需要观察记录的有两个方面：一是医护人员在服务过程中的口语、书面语、体态语;二是医院环境中承载着服务功能的文字载体,如标牌、指引标志、宣传海报等。笔者将在了解医患交流实际情况的过程中做到不参与医患之间的交流,以第三人视角和中立的态度进行观察和记录。

(2) 访谈法

对于医院语言服务的相关问题不能仅仅依靠问卷来呈现,还需要通过访谈对其深层原因进行了解。因此,需要对医院的相关工作者进行访谈来了解真实情况。对观察过程中出现的一些情况进行访谈,了解其背后的原因,帮助进行事实的挖掘和后期建议的提出。笔者拟采取半开放型访谈,在访谈过程中,根据实际情况,及时调整访谈顺序、内容,同时采取录音的方式,将访谈对话进行记录,并在后期写成文字资料。

(3) 问卷调查法

本次调查主要针对患者或患者家属发放问卷,通过问卷星手机扫码作答的方式进行,共发放了103份问卷,从医护人员的语言服务现状以及医院语言服务环境两个方面进行了问卷设计。问卷中除了患者的基本信息以外,还包括了患者对医护人员口语、书面语、体态语以及语言服务环境等内容,这些内容中又分别设置了不同的项目,帮助笔者对医院的语言服务相关情况进行调查。

二、Z医院医护人员语言服务现状

随着人民生活水平的提高和国家医疗体制的改革,越来越多人会注重就医过程的体验。除了达到预期的治疗效果以外,治疗过程中的语言服务体验也至关重要。患者在接受治疗的过程中会受到医务人员的语言影响,合适的语气、音量、态度和适当的肢体语言能够让患者在就医时适当地缓解焦虑,这对患者病情的恢复和治疗无疑是有帮助的。此外,良好的语言服务也有助于形成和谐的医患关系,使患者获得安全感和心理上的满足感,从而促进社会和谐。

医院的语言服务包括语言服务的提供者和接收者,因此,本文将从医护人员和患者两个角度进行调查和分析,较为全面地对Z医院的语言服务进行评价。笔者将对Z医院医护人员从语言服务实践、医院语言服务环境建设、医院语言服务制度三个维度进行分析。

医院语言服务作为医院服务患者的重要形式，对于患者的就医体验和病情恢复都有着重要作用。医护人员的挂号、询问、检查、诊断等环节都依赖语言这一媒介进行表达。可以说，医护人员工作的开展离不开语言服务的辅助，患者对相关信息的接收也离不开合适的语言服务。好的语言服务，不仅可以表达医护人员基本的语义，使患者对自身的病情有较为全面的理解，还能在一定程度上减轻患者的焦虑，使其能够最大程度的放松，以较好的心理状态面对接下来的治疗以及治疗后的生活。

本部分将围绕乌鲁木齐市 Z 医院语言服务的现状进行，从医护人员语言服务实践、医院语言服务环境建设、医院语言服务制度三个方面进行分析。

（一）Z 医院语言服务实践现状

笔者将研究重点放在 Z 医院是基于该医院的整体医疗水平、医院规模、医院等级等因素综合决定的。笔者主要对 Z 医院门诊各科室的医护人员的语言服务情况进行观察和访谈。化验、检查部门的医生和护士由于极少与患者直接交流，而多数是在封闭的检查室里进行相关工作，因此不在笔者的研究对象内。此外，笔者还对前来各科室就诊和检查的患者进行了问卷调查和访谈。本着自愿填写的原则，通过问卷星线上填写的方式，共计回收问卷 103 份，有效问卷 103 份。

表 1-1 问卷调查对象基本情况

项目	分类	人数	百分比（%）
性别	男	51	49.5
	女	52	50.5
年龄段	18 岁以下	1	1
	18～25	24	23.3
	26～30	46	44.7
	31～40	23	22.3
	41～50	2	1.9
	50 岁以上	7	6.8
文化程度	初中及以下	2	1.9
	高中或中专	9	8.7
	大专（含高职）	9	8.7
	本科	55	53.4
	硕士及以上	28	27.2

1. 医护人员口语服务现状

口语服务作为医护人员语言服务最直接的体现形式扮演着重要的角色。口语服务中的语言选择、礼貌用语的使用、专业术语的使用、语气、说话态度等方面都能够体现医护人员的语言服务情况。口语服务涉及医患双方,其中既包括医护人员的实际服务情况,也包括患者对医护人员口语服务的实际情况的评价。

(1) 语言选择

由于Z医院位于乌鲁木齐市,且其患者来自新疆各地。因此,该医院的医护人员不可避免地需要面对不同民族的患者。有些少数民族患者受过教育或居住在城市中,汉语水平较好,有些则常年居住在南疆地区,汉语水平较差。此外,不同方言背景、文化程度、年龄的患者均对医护人员的语言服务提出不同的要求。面对不同的患者,医务人员有时需要使用肢体语言或其他方式进行辅助交流。但是在大多数情况下,医护人员需要主动使用普通话与患者进行交流。

新疆是多民族聚居的地区,同时也是人口籍贯背景复杂的地区。因此,方言和少数民族语言的多样性决定了普通话的社会认可度高于其他方言和少数民族语言。加上国家对普通话的推广日益重视,在医院这类公共场所使用国家通用语已经是一件自然而然的事情。但也是由于民族的多样性和籍贯背景的复杂,新疆产生了普通话的变体:"新疆普通话"。[①] 医护人员作为服务广大患者的重要社会角色,不仅要具备良好的医术,还要讲好普通话,以达到治病和进行良好的语言示范的双重效果。掌握较为标准的普通话,是医护人员语言服务的一种体现。

表1-2 医护人员普通话情况

	给我挂号、打针的护士普通话很标准	给我看病的医生普通话很标准
平均值	4.52	4.47
方差	0.639	0.698
最大值	5	5
最小值	1	1

通过对调查结果的统计分析可以发现,绝大多数患者认为医生和护士的普通话都很标准,且护士的普通话标准这一项的平均分仅为4.52,医生的普通话标准认可率

---

① 高莉琴. 新疆的语言状况及推广普通话方略研究[M]. 北京语言大学出版社,2006.

达到了 4.47。普通话这一方面的方差均在 0.6~0.7，说明患者对医护人员普通话的标准程度评价较为一致。患者在与医护人员交谈时，并不能通过专业的普通话测评标准去评价医护人员的普通话是否标准，只能通过就医过程中大致的感受去评价他们的普通话是否标准。因此，只要没有很明显的方言、少数民族口音或者不影响患者对于其表达内容的理解，患者都会在这一项钩选"同意"或者"非常同意"。

通过对医护人员的访谈，笔者发现，Z 医院医护人员在语言服务过程中会以普通话为首选，个别科室对医护人员使用普通话有要求：

笔者：您在与病人交流时，一般是对方以您的语言为主，还是您以对方的语言为主？

护士1：在和别人交流的过程中，是以国语为主，只说国语，不说其他的语言，然后我们会尽可能地说比较直白的，尽量避免医学术语，是说一些让病人能听懂的话。一般不会去说方言，就是会说汉语。以患者能听懂的方式就是避免医学术语。

笔者：只说国语，是因为医院方面有对这方面进行要求吗？

护士1：医院是要求我们说汉语的，然后最好还能再说一点维语（"维吾尔语"的简称，访谈对象为了方便，简称"维语"）。所以有一段时间，我们学习了一些简单的维语，我自己也会说那么一两句。

笔者：您在与病人交流时，一般是对方以您的语言为主，还是您以对方的语言为主？

护士4：我们科室当时规定的，但我忘了是不是医院规定的了，但我们科室是这样规定的：如果在护士站或公共场合不是在给病人做翻译的情况下，如果说了他们的用语，就会罚 200 元，有这样的惩罚……我们工作人员是要说汉语的。病房是这样子，就算是少数民族，如果他们那边儿就是少数民族，说话沟通也比较好一点的话，会说国语的，除非他们少数民族说话不太流畅，他们还是会说他们流畅的语言，不会说是一上来就说少数民族语言。

从护士1的谈话中可以看出，Z 医院对医护人员与患者交谈时的语言选择有要求。在推广普通话的背景下，医院作为公共服务场所，对医护人员的语言使用做出规定，这是无可厚非的。结合护士1和护士4的访谈可以看到，医院对于医护人员的语言使用有一个统一的规定，但是各个科室落实的情况不同。有的科室在医院规定的基础上采取了相应的措施进行督促与落实，有的科室则没有这种措施。但是，通过观察笔者发现：Z医院医护人员与患者交谈时，大都使用汉语普通话或者是新疆普通话。但是在面对一些没有汉语基础的少数民族时，医护会使用简单的少数民族词汇进行辅助以帮助获取患者的相关信息。有些医生则是会找懂少数民族语言的患者或同事帮忙翻译。

笔者：您工作期间有没有遇到过说话完全听不懂的病人，您是怎么处理的？
护士1：有遇到过，然后这个时候就要找个会汉语也会维语的翻译。
笔者：这个翻译，是你们会找其他的病人来做，还是找科室的少数民族同事呢？
护士：只要是会说维语和汉语的，不管是病人也好，还是科室的同事也好，都是可以的。
护士5：遇到过完全听不懂的，然后第一个是先找病人，找能翻译的翻译，更多的是让他能说清楚他的诉求。还有一个是我比画，手舞足蹈，或者就是比如说他要喝水，那就拿水杯，拿那个问他，然后要么就指，要么就是上厕所，这样就是连比画带猜，能看懂汉字的就写汉字。

通过访谈可以看出，对于能够听懂普通话的患者，医护人员尽量使用汉语进行交流。对于完全听不懂普通话的老人群体，医护人员会通过寻找翻译、使用简单的少数民族词汇、肢体语言等方式帮助双方进行沟通。这种方式能够大大提升医患的沟通效率，以便最快地完成相关问题的解答和病情的诊断。

（2）礼貌用语的使用

礼貌用语的使用是语言服务好坏的重要体现。在一般的行业特别是服务行业中，礼貌用语的使用是服务态度的直接体现。银行、商场、各类服务行业的服务规范中明确表示了礼貌用语的重要地位，他们通常需要在迎客环节就使用礼貌用语与顾客或客户进行沟通。但是医院的语言服务与其他行业有所不同，医院作为治疗伤病的场所，需要医护人员根据不同的伤病情况调整会话的方式。例如，在病患急症的情况下来不及问候与称呼，往往会直接切入正题，关注患者的病症而放弃打招呼、礼貌用语等内容。此外，患者来到医院是希望得到医生的治疗或解惑，虽然现在的医患关系已经由原来的医生是"上帝"，向病人是"上帝"转变，但现实是，目前的医患关系中，医方依然占据主导地位，拥有更高的地位，患者作为寻求帮助和治疗的一方，仍然处于从属地位。[①] 医生的职业、身份等因素决定了其在医患的权势关系中处于优势地位和强势角色。这一原因也决定了大部分医生在没有要求的情况之下不会主动使用礼貌用语，而更多的是患者作为弱势角色的礼貌用语使用。[②]

表 1-3 医护人员礼貌用语使用情况

	轮到我时，护士会主动跟我打招呼	轮到我时，医生会主动跟我打招呼	护士跟我说话时，会使用"请""您""不客气""再见"等礼貌用语	医生跟我说话时，会使用"请""您""不客气""再见"等礼貌用语
平均值	3.77	3.81	3.37	3.5
标准偏差	1.05	0.95	1.066	1.018
最小值	1	1	1	1
最大值	5	5	5	5

通过数据统计发现，当提及医生、护士是否会主动和自己打招呼时，分别只有27.2%和25.2%的患者选择了非常同意。同时，只有14.6%和18.4%的患者非常同意医生和护士在同他们交谈时使用了"请""您""不客气""再见"等礼貌用语。在统计平均值时发现，在主动打招呼和使用礼貌用语方面，护士的分数均略低于医生，二者分别是3.77和3.81。医护双方在礼貌用语的使用方面的平均分数分别为3.37和3.5，二者均有较为明显的降低。此外，对于主动打招呼和礼貌用语的使用方面，患者的评价结果显示出的标准差都比较大。这说明，患者对医护人员的礼貌用语和打招呼方面的评价满意度波动比较大。这可能是由于患者面对的是不同的医护人员以及医护人员不同的工作状态。

通过观察，笔者发现医生和护士在实际工作中具有各自的特殊性。Z 医院的上班时间为上午 10：00 至 13：00，下午 15：30 至 19：00，患者首先需要在分诊台挂号、取号、核验核酸码、行程码等材料。由于门诊开门时间早，许多患者很早就来门诊等候，然而医生和护士是按照固定时间上班的。即使患者到得早，护士也会选择在上午 10 点之后再进行挂号、预约等服务。因此，在正式开始上班之前，分诊台前就早早地排起长队。分诊台一般会配备 2 个护士，其中，一个护士负责为患者办理相关

[①] 罗家有，曾嵘. "病人选择医生"与医生角色转换[J]. 中国医师杂志，2004，(10)：1431-1432.
[②] 江结宝. 权势关系中弱势角色的礼貌语言特点初探[J]. 语言文字应用，2005，(4)：52-56.

手续，完成预约凭证的打印或挂号服务，另一位护士负责对就诊区域进行秩序的维护，确保叫到名字的患者才能进去，其他患者则在等候区域各位就座等候。个别区域，如抽血化验的区域会配备3个护士，由于血液化验的部门承担着门诊所有科室的抽血任务。因此，该区域会聚集大量的患者，如果不能高效地完成抽血凭证排队和打印、抽血秩序的维护，将会造成较大的麻烦。

  笔者：一般来说，病人找你们是他们先打招呼，还是你们先打招呼？为什么？
  护士4：一般是病人先找我们打招呼，因为我们太忙了，有时候没有时间去环顾四周，去发现谁朝我们这走来，或者是去发现有病人往我们这走来，是为了找我们之类的。
  笔者：一个分诊台一天大约要处理多少位患者，这个您有过估算吗？
  护士4：300到500个。
  笔者：有时候人很多，会有点顾不上对吗？
  护士5：因为目前我现在在监护室，一个人管四个病人，有时候五个，一般都能解决到，因为监护室在观察到每个人的病情，每个人的诉求，吃完喝水，少小便，不舒服，病情变化，这样都会观察到，都能照顾到，但如果在病房的话，会照顾不上，如果有家属的话，家属还能照顾上，一般就都是他们来到护士站找我们这样。
  笔者：我看有时候很多人围着一个护士或者医生问问题。
  护士5：对，确实就是，尤其在护士站的时候，会有很多病人，要是扎堆来问，那就会特别忙。

根据访谈，笔者得知每个导医台每天要接待300-500位患者，工作期间比较忙碌，护士的工作是基础而繁杂的，从上班开始就要面对大量的患者进行挂号预约，加上之前防疫规定的实施，使得每位患者在挂号环节需要花费的时间更多，查看核酸报告、行程码等环节加长了每位患者的等待时间，同时也使护士的任务越来越重。此外，笔者在观察中经常能看到护士在和一位患者说话、其他患者围过来问问题的情况。笔者通过实地观察，收集到了以下对话材料：

患者1：到三楼，到三楼，三楼在哪？三楼在哪？

患者2：挂他的号。

护士6：就这下去就是3楼，3楼第一个前台他给你的……

患者2：挂那个何××何老师的（号）。

分诊台电话铃声响起。

护士6：（接过就诊卡，开始办理挂号）。

患者3：烧伤科在几楼挂号呢？

护士6（对患者2说）：你还没交钱，交完钱，下午3:30过来。

患者2：我现在直接手机上可以交钱，差多少？我早上去交了200。

护士6：120，卡上只有25块钱。

患者2：那行，直接你现在给我开了，我现在直接手机上就……

护士6：开不了，你这个卡上没有钱，我开不了。喂，你好B超。

患者2：我现在手机上一交，就给你交上了。

护士6：（接电话）嗯……我这边是B超室，你叫啥名字？我刚跟他说了，他打回来了，然后明天约了个四维彩超，明天确定来吗？

患者2：要交多少钱？

护士6：（接电话）嗯……可以可以……那就是……行呢行呢可以，然后如果是你能来的话，你提前跟我说一声。对，明天的，上午做，一般都是上午，好嘞，好的，好好，再见。

患者2：好了，我已经交成功了。

护士6：好的，好。

患者2：麻烦你，我已经交成功了，看，刚交的。

护士6：稍等一下。（拨电话）对患者8说：你这个是三楼的。

患者4：三楼？

护士6：沉默2秒（电话接通）喂？××，这边有一个彩超，我不小心刷上了。（对面挂断）欸？啥意思？这样吧，你到三楼去，B超前台，你给他说，楼上人已经给我扣费了，你给我个号就行了。

患者4：好，谢谢。

护士6：没事。

通过观察，笔者发现对话发生的这一时刻共有四位患者在护士周围与她交谈或等待她做出回应。与患者1的对话还没结束，就被患者2打断，且在护士为患者1办理挂号业务的同时，电话响起，患者3加入对话，询问烧伤科门诊的位置，护士并未作答，患者4在护士台等候办理。这种情况下，护士还来不及结束上一段对话，下一位患者就已经开口询问或提出自己的要求了。因此，难以保证她们会主动跟患者打招呼，更无法保证她们会说"请""不客气"等礼貌用语。

通过询问，笔者得知，上午10：00-12：00最忙，下午快下班的时候人最少。

大约在中午12：00之后，患者的数量会逐渐减少，这时候分诊台的压力会大大减少。大多数患者都拿到了预约小票，在等候区等待屏幕叫号，在此期间去分诊台找护士挂号或咨询，会发现她们能够主动询问患者的需求，并能实现一对一的对话。这种情况下的护士明显会具有更多的耐心。

医生的工作环境比护士更"清净"一些。Z医院的医生诊室都是按照不同的科室划分出的独立区域。该区域中存在若干个独立的诊室供医生使用。每个诊室外配备了2-3个椅子供等候的患者就坐。Z医院实行"一医一患"的制度，明确规定，一个医生只能允许一名患者进入诊室。这一制度既是为了配合防疫规定，也是为了保障医生的工作环境。因此，在理想的情况下，每位患者都等前一位患者问诊结束后再进入诊室，这时的医生就有足够的时间去询问患者的需求，主动和患者打招呼。但是根据笔者观察，在上午11点左右时，第一波去检查的患者拿到检查单并返回医生诊室，询问医生相关的检查结果，这时就会有不止一位患者在诊室的情况出现。这类患者往往不需要排队就能够直接进入诊室，当后面排队的患者看到有人直接进入诊室时，也会跟着进入诊室，防止自己被插队。这种情况下就会导致医生无暇与患者进行打招呼、道别等行为。

医生在诊室中接诊的病人是通过叫号次序和医生的实际空闲时间进行叫号的，一般一位患者结束或者即将结束，医生就会在电脑上操作，呼叫下一位患者候诊或进入诊室。因此，医生有更多机会完整地完成：与患者打招呼、询问病情、诊断、开具处方或检查、与患者告别等流程。因此，医生一般会在下一位患者开口之前主动询问"你是咋了？""你哪不舒服？"等问题代替"您好""请坐"等打招呼的话语。患者会将这种行为视为打招呼的方式。笔者在访谈过程中遇到过一位患者认为这种方式也算是一种打招呼的方式，具体访谈内容如下：

笔者：您挂号或者检查或者进入诊室的时候，他们会不会主动跟您打招呼？比如说问好或者是主动询问你怎么了，或者是让你坐下之类这样子？

患者9：会有，因为咱们现在在这边的医院整个都是排队拿号进，然后进去之后是上一个号出来，然后下个号再进去，所以这个时候医生相当于是单人服务单人看诊，然后你进去会有问好，会主动叫我们过去坐一下，会有这种情况。

笔者：你有没有遇到过医生诊室里有很多其他患者的情况？

患者9：有，有时候等不及的话，我们会进去，像前面没有看完，然后我们就已经进去了，或者说我们在那里正在问诊的时候，后面会有其他的病人进到病房里面。

笔者：医生会去维护诊室的秩序吗？

患者9：对，因为现在的医生医学学生都比较稀缺，然后医生比较稀缺，但是学生是有的，一个医生可能会带一个到两名学生，这时候学生会辅助维持秩序。

笔者：您挂号检查或者进入诊室的时候，他们会主动跟您打招呼问好吗？

患者10：会。

笔者：如果他们主动跟您问好的话，您会有什么样的感觉？

患者10：感觉就挺正常的，因为好像一般都会主动去问一下。你好，又怎么了，就都会问一下怎么了，哪儿不舒服。都会主动去询问原因，是他们职责。

笔者：他们会跟您说，您好、请坐、再见这种话吗？

患者10：这种的应该就没有那么标准的，可能会更口语化一些，我就觉得"怎么觉得不舒服了？"，类似这种。可能"你好"这种会比较生硬，没有，不太会有这种，情况出现。

通过访谈，可以看出，医生相较于护士，医生在工作环境方面更有优势，因此，他们在礼貌用语和主动打招呼方面评分更高。

（3）专业术语的使用

医生和护士作为受到过医学专业系统教育的人，使用的语言更具有医学的专业性，他们的脑海中存在大量的专业医学术语。但是在现实工作的场景中，如果只是针对患者的情况生硬地抛出几个医学术语，那么医患之间的沟通一定会存在根本上的隔阂。加上患者本身就具有不同的文化水平和方言背景，不考虑患者的文化水平和理解能力，而使用医学术语，只会使患者感到疑惑和不解。因此，医护人员在与患者沟通时不能总是使用复杂深奥的医学术语。

表1-4 医护人员专业术语的使用情况

	当我和护士说话时，很少遇见不理解的医学术语	当我和医生说话时，很少遇见不理解的医学术语	当我遇到不理解的医学术语时，护士会主动给我解释	当我遇到不理解的医学术语时，医生会主动给我解释
平均值	3.86	3.69	3.63	3.89
标准偏差	0.95	0.95	1.057	0.896
最小值	1	1	1	2
最大值	5	5	5	5

通过数据对比，可以发现，相较于和护士交流，患者在和医生交流时更容易遇见不理解的医学术语，73.7%的人认为护士在与他们交谈时很少说不理解的医学术语，65%的人认为自己在就医过程中很少遇见医生说不理解的医学术语。按照李克特五度量表的赋分原则，可以计算出二者的平均分分别为3.85和3.69，这说明了医生在和患者沟通时相对较多使用医学术语的情况。但是通过数据可以发现，医生比护士更具有解释医学术语的意识。通过提问"当我在就医期间遇到不理解的医学术语时，护士／医生会主动给我解释"这一问题时，分别有63.1%的患者同意或非常同意护士会主动为他们讲解医学术语，75.8%的患者同意或非常同意医生会主动为他们讲解相关医学术语，二者之间存在12.7%的差距，且其平均分分别是3.63和3.89。

笔者：您在工作时有没有哪些术语是需要您再一次跟病人解释的？

医生1：这个很少，基本上没有，因为我们跟病人解释病情之类的，基本上都会用大白话，就是用他们能听懂的方式跟他们交流。

笔者：有些病人可能看不懂病历或者检查单上的一些专业术语，这种情况，您认为应该怎么解决？

医生2：尽量用通俗一点的语言大概解释一下。

医生4：……看病只是你的专业技能，但是有了沟通之后，病人才能够更依赖你，更信任你。不然的话，你不会沟通的话，就可能就导致即使你很会看病，但是你说话，什么都特别横，特别不尊重，也或者说，讲的都是一些专业术语，病人也听不懂，或者是根本不给病人表达的机会。这样他还是不会信任你的，他还是觉得这个大夫不行。

护士1：病人可能会看不懂，但是我们会有一些我们的那个医生会专门的，在病人的检查结果出来之后，会专门去跟你去沟通、跟你解释，所以病人完全不用担心这块看不懂，或者是专业术语不懂这样子的东西。

护士3：做出解释，然后先给他讲的检查是什么，然后再给他检查，如果还是听不懂，可以找同病房的人，他们以病人的角度，会更容易理解一些。还有，如果是因为我表达不清的话，我可以找大夫，让大夫他们自己解释，或者就是以最简单的，举例来说明。

综上所述，可以发现就这些访谈对象而言，他们都有意识将患者可能会不理解的医学术语以大白话的方式表达出来。Z医院的医生比护士更容易说专业的医学术语，但是医生解释医学术语的意识比护士强。需要关注的是，有关医学术语的使用与解释方面，患者的评价存在较大波动，个体之间的差异显著。

（4）语气

除了上述内容以外，医护人员语言服务的礼貌性还有另一个重要表现，即医护人员是否在患者面前讲粗话。文明的语言使用不仅有助于人际关系的和谐，也有助于医患关系的和睦，反之则会激起很多矛盾，甚至会加剧病人的病情，造成医患之间的隔阂。

表1-5 医护人员语言服务态度

	看病期间，我从未遇见过护士对我或其他患者讲粗话	看病期间，我从未遇见过医生对我或其他患者讲粗话	和护士说话时，她们的语气总是很好	和医生说话时，他们的语气总是很好
平均值	4.06	4.15	3.66	3.84
标准偏差	0.927	0.923	1.005	0.86
最小值	1	1	1	2
最大值	5	5	5	5

通过数据统计发现，Z医院有78.6%和84.5%的患者同意或非常同意护士和医生从未在她们面前讲粗话。但是通过统计结果可以看到，仍然有一小部分的患者对医护人员讲粗话的行为表示不确定或表示目睹过医护人员讲粗话。

除此之外，医护人员说话的语气对患者来说也至关重要，语气、语调都是医护人员沟通中的重要组成部分，直接影响了医患沟通的结果。同样的一句话会被不同的语气赋予不同的表达效果，当医护人员用反问、不耐烦等语气对患者说话时，他们感受到的是指责和批评，会因此产生失落、伤心等不良情绪。[1]

通过调查发现，有71.9%的患者同意或非常同意医生对患者讲话时总能保持很好的语气，仅有59.2%的患者同意或非常同意护士对患者讲话时总能保持很好的语气。结合以上这四个问题的均值来看，可以知道患者对于医护人员从不对患者讲粗话的认可率较高，对医护分别达到了4.15和4.06，而对于医生和护士的语气这一组问题的平均值较小，分别为3.84和3.66，医生的认可率均大于护士。该组问题的标准差仍然有较大差异，这是可能是由于只要患者在就诊过程中感受到了医生的不耐烦或者目睹了医护人员讲粗话会产生较为深刻的印象，给该选项的评分就会偏低。这种情况虽然存在于个别情况，但是对整体的影响会比较大。

在访谈过程中，有医生表示："沟通时候的语气还是很重要的，因为病人他本来已经生病了，就很焦虑，然后又很担心，如果你态度再不好的话，就是火上浇油，也不利于他的病情的恢复，态度肯定是要端正。"同时也有护士表示："是的，语气非常重要，我平时的时候也会注意语气。因为如果很多事情都是你去指导患者去做，如果说你的语气太强硬的话，就会变成命令，别人听了会非常不舒服。"医生和护士在访谈中都能认识到语气的重要性，一方面，他们认为语气不好不利于患者的病情恢复，另一方面，强硬的语气会让患者感觉到被命令，这两种情况都是不利于医患沟通的。但是在实际工作过程中，还是会存在个别的医生语气不好导致了患者对他整体评价很差，例如，该医院用于收集患者意见的意见簿上有这样的意见：

"内分泌科郭××大夫态度差，医生的医德有待提高"。

"×××护士：病人家属非常满意与感谢这位护士，态度好，服务贴心"。

"心脏科余××大夫态度太差了，他没看我妈的病，还有跟护士吵架，理都不理地走了，他不是合格的大夫。医院不要这种人留在医院，我们也害怕看病"。

同样是该医院的医生或护士，有些医生和护士有耐心、服务好，有些则令患者失望和生气，患者感知到的某个医生或护士的服务情况很大程度上影响了他们对Z

---

[1] 黄玲. 医患沟通中的影响因素探讨与分析[J]. 中国社区医师, 2020, (10): 190+192.

医院语言服务水平的评价。

（5）说话音量

医患沟通除了沟通内容十分重要以外，沟通的音量也需要格外注意。首先，医护人员需要在不同的情境下注意自己的音量大小，在谈论涉及病人隐私的话题时，需要将声音调整到合适大小，而不应该大声讲出患者病情，使门外等候的其他患者听到。其次，如果处在嘈杂的环境中，医护人员在告知患者类似地点、注意事项等与隐私无关的信息时，仍然保持较小的声音时，会使患者无法听清相关信息而感到焦虑或不耐烦。因此，医护人员需要根据实际情况合理地控制声音的大小。根据表1-6可以看出：

表1-6 医护人员说话声音大小

	护士和我说话时，我总能听得清	医生和我说话时，我总能听得清	护士会注意保护我的隐私而使自己说话的声音保持在合理的大小	医生会注意保护我的隐私而使自己说话的声音保持在合理的大小
平均值	3.87	3.98	3.84	3.94
标准偏差	0.813	0.779	0.926	0.873
最小值	2	2	2	2
最大值	5	5	5	5

医生和护士讲话声音的大小评价分在3.98和3.87，在隐私保护的方面，医生和护士的平均分分别为3.94和3.84。就标准差来看，医生的音量的控制和保护隐私的意识比护士高，虽然其内部也存在较大波动，但医生这一部分的整体评价均高于护士。

相较于护士，医生和患者讲话的音量更容易被患者听清，且医生在降低音量保护病人隐私方面的评价更高。通过观察，笔者发现这种现象是由医护不同的工作环境造成的。从接待的患者数量来说，分诊台的护士要处理大量的病人，一个分诊台可能承担着多个科室的病人签到任务。每天前来分诊台签到的患者多达上百个。这时候的分诊台充当着"交通枢纽"的角色，将大量的患者进行分类，以确保后续就诊的有序进行。因此，这时候的分诊台不可避免地需要面对较大的人流量和较为嘈杂的环境。

笔者在观察期间注意到，人流量最大的时间为每天上下午上班的前两个小时。这一时间段内患者在问问题以及护士在回答问题时会存在彼此听不清的情况，因此，当护士说话声音太小时，患者一般会通过再次询问来确认答案，这样会降低护士和患者的沟通效率，影响患者的就医体验。其次，医生和护士不同的工作环境也导致了护士的声音更容易被嘈杂的人声掩盖。Z 医院的分诊台均位于相关科室的门口，门诊的六层楼中，每一层固定的几个点位均设有分诊台，每层楼有 4 个分诊台，每个分诊台分管着 1-8 个科室不等。分诊台斜后方是通往该分诊台管理的各科室诊室，正对面则是较为宽阔的大厅，大厅中摆放着座椅供候诊患者休息暂坐。

此外，每一层还有分设的门诊缴费结算窗口，方便患者就近结算的同时，也分散了一楼结算区域的压力。但也正是以上种种原因，使得就医患者和结算患者不得不在大厅逗留。在人流量大的情况下，该楼层不同科室的患者加上宽阔的空间，使得噪音被放大，护士在这种工作环境下很难始终保持声音的洪亮。

医生的工作环境比护士好。如上所述，医生需要面对的患者更少，每位医生每个上午或者下午只需要面对一定量的病人，在号约满的情况下，一般的医生每次出诊只放 30-40 个号，这意味着每位医生的工作期间最多只需要接触 40 位病人，在

图 1-1　医院分诊台

图 1-2　患者休息区

预约不满的情况下会更少。此外，Z 医院实行了较为严格"一医一患"制度，只有叫到号的患者能够进入诊室或在诊室外面等候。因此，医生一次只需要面对一个病人，且医生具有让其他患者在诊室外等候的权力。如果有患者进入诊室，医生会请他在诊室外等候，以保证诊室的安静，同时也可以保护患者的隐私。

患者 9："有时候等不及的话，我们会进去，像前面没有看完，然后我们就已经进去了，或者说我们在那里正在问诊的时候，后面会有其他的病人进到病房里面。"

通过观察，笔者发现，医生诊室也存在少量病人等候的情况。这种情况通常是因为前患者占据了过多的时间，下一位患者来不及等候，或者是因为下一位患者认为自己只想找医生看一眼检查结果，无须占用太多时间，所以直接进入诊室。但即使是这种情况，仍然能够使医生的诊室保持在相对安静的状态，这种环境下的医生讲话即使不用很大的音量，依然能够被患者听清，且能够相对较好地保护患者的隐私。因此，医生和护士在上述问题的分值上存在差异。

当被问到您认为什么时候医护人员的声音应该大一些、什么时候应该小一些时，有患者表示："声音大，如果说需要我们去记的，比如说一天吃几次药，去哪个地方看什么，或者是说一些注意事项，可以声音大，但声音大和态度严肃，这个是有区别的，你声音可以大，但是你态度不能太过严肃，声音小的话，建议是在说病情的时候，一个是为了病人的隐私着想，还有一个因为本来病人来看病，他可能本来就处于一个焦虑的状态，如果你在说他的病情的时候声音还特别大，他可能就不太容易会接受，就希望你再说说病情，包括说治愈或者是这些方面的话，就是能够声音小一点就温和一点。"还有患者表示："这个没有什么特别的偏好，反正我能听清就行。如果是涉及到您的隐私这一类的时候，只要我听见就行了。"患者希望医护人员能够在保持态度和善的前提下，在适当的时候，大声一些，在涉及自己的病情等隐私方面的时候，小声一点。

2. 书面语言服务现状

（1）挂号环节的书面语言服务

Z医院在预约、就诊、检查、取药等环节均使用了电子化流程。患者能够通过手机或自助挂号机器进行预约，也可以通过服务台进行现场预约。预约完成后，可以来到分诊台进行签到，此环节中，护士会在核实相关信息之后，为患者打印出一张

图1-3 医院自助挂号机

票，票上写有患者姓名、预约的医生姓名、诊室、科室等信息。患者需要凭票进入诊室，并在进入诊室之后，将小票交予医生之后，开始面诊环节。此环节没有多余的书面材料参与，患者进入诊室仅需要一张小票即可。这张小票具有双重作用，一是帮助患者确定自己的顺序信息和诊室信息，一是帮助医生确定患者身份的同时，防止患者插队或者遗漏。

（2）面诊环节的书面语言服务

病历：

患者来到诊室时，医生会照例询问患者的症状，同时再刷就诊卡，在电脑上输入患者的病历，将病人相对口语化和不清晰的描述，转化为具体、专业的术语。由于Z医院统一采用电子病历，所以这时候患者是看不到自己的病历的，多数患者只有在住院治疗、出院打印病历时才能看到自己的病历。一般情况下，医生会口头给患者一个诊断结论或者初步诊断结论，除非患者要求，否则医生一般不会将门诊患者的病历打印出来。

和以前相比，现在大多数医院都使用了电子病历，这种形式有两个优点：一是方便医院建立病人的电子病历库，方便病历的留存，也方便医院结合病历进行疾病发展情况的诊断；二是避免了医生写字潦草，病人看不清、看不懂的情况。有医生在访谈中表示：

"肯定是电子病历比较更好一点，因为它不仅方便，而且看起来也比较整洁。效率也更高一点。""当然是电子病历更好，因为电子病历有一个统一的标准，不会因为手写的字迹乱而看不清楚，而且电子病历大大地节省了我们工作的时间，提高我们的效率。""这个其实病历上写的东西，一般我们都会跟病人沟通到，然后如果病人还是有不懂的地方，可以再来问我们，咨询我们，我们一般都会给他们留电话，比如说办公室的电话之类的，有问题随时给我们打电话咨询。"

对于电子病历的普及，患者表示：

"纸质病历，他可能写得更详细一点，医生可能自己写也比较顺手，能把实际情况多写一点。但是电子病历这个是相当于留档备案的，而且是大家都可以看到，所以他这个就可能涉及存在，写的时候要注意用词用语，包括一些细节的事，可能就不能写得那么详细，而且它有些病，电子病历它不是让你手输，它是钩选，钩选的情况下，还有些情况就不是那么标准，有些病历的病情不是那么标准，但是电子病历字比较好认，所以说各有优劣，而且电子病历比纸质病历要方便。""电子病历更好,纸质病历太容易丢了,也不利于保存电子病历,我觉得一个是有一个建档的这么一个好处,而且本来身体变化就是一个延续的,它数据什么的,电子账保存的话,也比较方便查看。但是如果是陪家里的老人的话,这个会要,因为要来之后,会是对病情的一个诊断。"

可以知道,电子病历对于医护人员来说是非常便利的,同时也使整个医院各个科室的病历书写更加统一、规范。对于大多数患者来说,电子化的留存方便了病历的保存,防止丢失,但是电子病历描述病情不详细且对老年病人来说不方便获取。

检查单:

有潜在问题的患者会被要求做一些影像或化验检查。医生会开具一张或几张检查单,告诉患者去相应的楼层进行化验。该检查单上一般显示的是:检查项目、患者姓名、科室、床号、门诊号、年龄、性别、族别、检查项目、检查号、检查部位、检查目的,及特殊要求、病史摘要、临床诊断、辅助检查、申请医师、检查医师、温馨提示等内容。患者能够自行阅读该申请单,但是申请单是给检查医师及分诊台护士看的凭据,其默认的接收对象是检查医师,目的是帮助检查医师快速了解患者的基本情况,从而使其有针对性地对患者进行检查,患者在这一过程中只承担着传递这一单据的角色。

有些患者可能还存在不理解为什么要进行某些检查的时候,这种情况就需要医生给予耐心的讲解或者自觉地讲解,以消除患者的顾虑。有的患者表示:"医生在开具处方或者检查单之后,有时候会说明为什么要做这个检查"。"有时候,如果有一会我就问了做这个是看什么的,他到时候会说"。"会说这项检查是干什么用的,然后有些可能检查涉及到的本来的带着名词就不为大家所熟悉,所以我们就不太清楚,但是这个检查会起到什么样的作用,包括是对我病情有什么帮助,他是会告诉我的。"一部分医生在给病人开具检查的过程中会主动解释开具某些检查的原因:"对,我们会跟病人交代,到底为什么做这些检查,做这些检查的目的是什么,因为我们开检查都会根据患者的症状来,比如说患者头昏什么的,双下肢乏力,然后问完了以后,我们会跟病人说,我们暂时考虑是什么疾病,比如说考虑脑梗后循环缺血,然后我们会做脑袋的检查,然后如果说是脑袋检查,一般是磁共振会比CT看得更清楚一点,对脑梗方面,我们会解释为什么做磁共振,而不是做CT,然后都会一一跟病人交代清楚。"对于有些医生不主动解释为何开具相关检查的情况,有医生表示:"有可能是医生当时比较忙,然后问完病史以后,就直接让病人去护士站那边等待抽血，然后检查，就直接去开医嘱了，那就是略过了这个步骤，或者就是病人当时也没有去询问为什么要做检查，然后医生可能也懒得解释，就直接略过了。""大医院一般都会，很忙，而且有可能是连着来了两三个病人，可能开完医嘱直接去询问下一个病人，或者有些医生可能就是懒得解释，也是性格问题。""很多，比如说什么什么检查，他说过一次，然后等他做的时候，我们发给他检查时候，他还要再给他说一次，说完之后，他去做的时候，他只知道有这个检查，他还会再问一次到底什么检查，然后你就会给他讲，这个检查和别的检查不一样，没有说重复去做什么之类的，会耐心的解释。还有比如说一些疾病，健康宣教，都会反复地跟他们说。"因此，医生也并不能在所有时候保证给患者讲解清楚为什么开具相关检查，同时，也并不是所有医生都能做到主动给患者讲解检查开具的原因。患者想要了解具体的原因，应该主动询问医生，并让医生意识到患者对于这件事情的重视。

（3）检查环节的书面语言服务

患者取得检查单后，需要去超声或抽血科室的分诊台进行签到。抽血处的护士会在核验信息、询问患者是否未吃饭喝水之后打印一张小票给患者。小票上的信息只有一个五位数数字，通过屏幕叫号方式进行，患者需要凭票抽血检查。如果患者需要进行的是超声、CT、核磁等检查，则需要在分诊台签到后，由护士在其申请单上粘贴一张含有条形码的预约信息，其中包括检查时间、预约的类型、序号、患者基本信息、费用、检查项目及部位、预约时间等信息。该部分以贴纸的形式粘贴在申请单上，将一同交给检查的医师。

检查完成后，医师会通知患者20-30分钟后在自助打印机上取结果。患者通过刷就诊卡在自助机器上打印检查结果，同时，患者也可以在手机或小程序上查询到自己的检查结果。检查报告书有很多种，最常见的是超声检查报告书和血项化验结果。超声检查报告书显示的内容有：患者基本信息、科室、临床诊断、超声所见内容、超声提示。由于这类检查的书面形式都比较专业，所以患者一般看不懂这类信息。下方的超声信息则是患者能够看懂的、整个检查最重要的、同时也是有问题的地方或结论。通过超声所见和超声分区两个部分，患者能够对自身情况有一个最基本的认识，但受限于知识和专业，多数患者并不能科学地认识到某一问题的实际情况，在缺乏医学知识的情况下，只看超声提示，会造成患者的担心，这时候就需要医生进行后续的讲解，帮助患者正确认识自己的健康状况。

血项检查报告显示的内容有：患者的基本信息，临床诊断、送检医生等信息。

化验结果通过三线表的方式呈现，表头分别是序号、项目名称、结果、参考值、单位。结果通过"↑"或者"↓"的箭头，提示某项结果异常，否则一切正常。患者可以通过血项化验，初步了解自己的问题，但是对于每个项目所代表的具体含义还不清晰。通过观察，笔者收集到一段有关患者和医生的对话。患者 11 的乳腺彩超检查结果提示：双侧乳腺形态欠规整，结构紊乱，分布不均匀。双侧乳腺增生 BI-RADS-US-1 类。患者对于这个提示的严重性并不知晓，于是询问医生：

患者 5：我是早上的号，然后我的复查结果它（检查单上）说形态性规则结构紊乱这个有没有问题？

医生 9：我给你看，早上去看是啥问题，左边有点刺痛。对，你看你现在就说明你现在没有问题。好吧，你刺痛单纯的雌激素引起的，激素分泌出现波动也会影响的。

患者 5：他疼的时候，我需不需要吃点什么？

医生 9：疼的时候，你不要害怕，啥药也不用吃，过两天，他就不疼了。

患者 5：我主要是有点害怕。

医生 9：你不要光关注它，一疼，你就老想他，你越想它越疼，那轻微一点疼给你放大了。

医生并未详细解释超声提醒上看起来消极的词语具体的轻重程度，只是自行判断这种症状没有影响或者十分轻微且没有过多风险。除了这个例子以外，还有患者表示，自己检查单上的显示的卵巢囊肿、血项检查的一些异常箭头，医生都是看了一眼之后就说没问题，但是患者本人却十分担心这些异常提示。针对这个问题，有医生在访谈中表示："像囊肿这些东西，卵巢囊肿、肝囊肿之类的就是就跟水肿一样，它可以自行吸收，暂时不需要管它，不需要特殊治疗，除非你有症状，或者它大到一定程度以后才可能需要手术治疗，然后这个一般就是定期复查就可以了，或者就是它后面可以自行吸收。然后一些血项的检查的话，它一个血项是有很多小类，一般主要是看那其中的几个比较重要的，其他的一般都是没有什么临床意义的。就是不需要去深究，它就像正常人，如果查的话，可能也有一些箭头，但是就是完全没有影响。"因此，医生对于检查结果的衡量具有一定的专业性，他们并非把所有异常提示都当作重大疾病来对待，一些普通人看起来不得了的诊断，在他们眼里，只是可以被吸收掉的轻症，因此不必深究。

（4）取药环节的书面语言服务

做完检查之后，患者拿着化验结果进入医生诊室，医生会根据实际情况判断患者是否需要后续治疗及服药。针对需要服药的患者，医生会为其开具电子处方，患者通过窗口或手机缴费后，即可去一楼药房取药。取药先是在自助服务机器上刷卡取号，自助机器会吐出一张小票。小票上的信息包含：患者姓名、就诊卡号、药品名称及数量。患者拿到小票，即可在等候区域等待叫号，Z医院采取电子屏幕叫号的方式，轮到某个患者时，会直接呼叫，例如："请许*豪到四号窗口取药。"患者听到自己的名字时，去对应窗口取药。配药窗口的工作人员会核对患者信息、药品名称、数量等内容，确认无误后，将药品交给患者。

通过上述就诊流程中的书面语言服务可以发现，Z医院的书面语言服务多以电子化的方式进行，患者可以通过手机随时随地查看自己的报告，智能化程度较高。电子病历方便快捷，大大提高了医生的工作效率，但是患者对于自己病情的诊断主要依靠检查单和医生的口述，病历的作用只是便于医生查看和记录，患者却看不到

图1-4 取药等候区

自己的病历了。此外，由于检查结果的专业要求，患者有时无法根据检查单的结果对自己的病情进行科学的认识和判断，对于检查结果上的异常提示会产生不必要的担心。

3. Z 医院医护人员非语言沟通状况

非语言沟通也是医护人员语言服务的重要方面。它不以语言为载体，以服饰、姿势、表情、空间距离等作沟通媒介进行信息传递，但是它仍然传递着语言表达所需要的信息。因此，作为医护人员语言服务的重要辅助手段和重要内容，非语言沟通的内容也需要被重视，以更好地评价医护人员的语言服务情况。艾伯特梅拉比有一个著名的公式：人际沟通 =7% 语言 +38% 语音 +55% 表情。通过这个公式可以看到非语言沟通在人际沟通中的重要作用。在医患沟通时，由于受到各种因素的影响，医护人员不可避免地使用一些肢体语言进行辅助表达，因此有必要对医护人员的非语言沟通内容进行分析。

有关医护人员的非语言沟通，不同的学者有不同的界定，笔者采取的是史瑞芬对医生非语言沟通的形式，分别为：服饰语、体姿语、界域语、手势语、体触语。笔者将从以上几个方面分别展开研究。

（1）服装语

服饰是人仪表的重要组成部分，医护人员作为特殊的职业群体有其专门的工装，医生主要是穿白大褂，护士则是护士帽、白色上衣、白色长裤、白色平底鞋。医护人员的工作服是他们身份的象征，干净整洁的工装不仅是干净卫生的体现，也是医护人员责任和尊严的体验。患者看到整洁、大方的医护工装，会增加对医护人员的信任。

表 1-7 医护人员服饰语

	给我挂号、治疗的护士总是衣着干净、整洁	给我看病的医生总是衣着干净、整洁
平均值	4.27	4.35
标准偏差	0.744	0.682
最小值	1	1
最大值	5	5

通过分析可以发现，患者对 Z 医院医护人员的衣着整洁情况非常满意，两项平

均分分别为 4.27 和 4.35，达到了较高的水平，且标准差都在 0.75 以内，说明患者对于医护人员的衣着评价较为一致，均保持比较高的认可。

笔者通过观察发现，Z 医院在食堂入口处张贴了"禁止穿白大褂进入食堂"的标语。通过询问相关工作人员，笔者得到的答复是："我们进食堂的时候会有这个禁止白大褂进入，因为白大褂也比较脏，食堂毕竟是吃饭的地方。"在患者看来，禁止穿白大褂进入食堂可能是为了保持白大褂的整洁，但实际上是为了防止医护人员将细菌病毒携带到食堂。通过访谈 Z 医院的医护人员，医生表示：医院对白大褂或者护士服和鞋子的清洁频率没有明确的规定，但是基本上我们都是会一周换一次，有专门的清洁人员会来收。护士表示："我们的那个服装和鞋子都是由医院统一发放的，然后医院统一给我们清洗，也是非常方便的。就比如说每周的周二、周四，我们就可以把脏的白大褂扔到指定地点，然后由医院统一收集清洗消毒后给我们送回来，鞋子也是每年一双。对于这个衣服和鞋子，医院肯定是要求有清洁的。"由此可以看出，Z 医院医护人员服饰卫生的整洁是院方统一管理和解决的结果，这一行为保障了医护人员在繁忙的工作期间不必为工装的整洁担心。

（2）体姿语

人们常用"坐有坐相，站有站姿"来规定坐姿和站姿。医护人员作为服务方，需要时时注意自己的行为，其中就包括坐姿和站姿。倘若接待病患的护士和医生坐的时候翘着二郎腿、抖腿、晃脚，则会给人一种轻慢、目中无人的形象，如果把腿分得太开太远也是不雅观的。因此，医护人员需要尽量保持自己的坐姿和站姿合理大方，尽量避免不雅的坐姿和站姿。

表 1-8 医护人员的体姿语

	给我挂号、治疗的护士总是保持得体的坐姿/站姿等姿态	给我诊治的医生总是保持得体的坐姿/站姿等姿态
平均值	4.1	4.16
标准偏差	0.786	0.697
最小值	2	2
最大值	5	5

通过数据统计，可以发现，患者对于医护的坐姿和站姿评价的平均分差距不大，但是对于护士的坐姿和站姿等姿态评价的内部差异较大，标准差为 0.786。Z 医院的

医护人员由于面对着的是不同的工作环境，所以产生的情况也会不同。

在访谈中，护士表示："和患者沟通时会注意自己的站姿或者坐姿。比如如果手背在后面讲，病人会有压力。如果特别劳累的话，会找个东西先靠一下，那也是站着说。""这是要视情况而定，一般都是患者过来找我，问我在干什么的时候，比如说我是他过来找我的时候，我是站着的，那我会站着给他解答，如果说他过来找我的时候，我是坐着的，我会坐着给他解答。我们的工作性质比较特殊，一般都是下了班儿才会去缓解自己的劳累，才会去坐一会儿或者怎么样。平时工作也是比较忙的。""医院有规定就是有人来的时候要起立，这是礼貌问题，但也不是每天都强调，只是有这个规定"。医院对护士接待患者的礼仪有规定，但是并不时时强调，因此，护士需要考虑到自己站姿和坐姿的得体性，但具体的执行情况并没有进行。医生的情况有所不同，访谈中，医生表示："这个看不同的病人不一样，就是比较轻的患者，我就是正常的站着跟他沟通，如果是比较严重的，坐轮椅的话，而且老年人听不清楚的，我们会蹲在他的旁边，对着他的，在他耳边跟他沟通。非常劳累的情况下，可能我会叫他叫别人，如果方便的话，叫别人去办公室，你坐下一起坐下，然后沟通，如果不方便的话，就是在床边，就是在病房边，然后可能会坐在他的床边，然后跟他沟通。"他们考虑更多的是如何与患者交流比较方便。

医生的工作时间内大多处于诊室内，并且坐在电脑前，当患者进入诊室时，医生需要刷患者的就诊卡，将患者信息刷出后，询问患者的情况，同时将相关信息录入电子病历中。这个过程中，医生是坐着的，且由于面前有桌子遮挡，医生的腿部不容易被患者看见，医生也能够在为病人诊断期间保持良好的坐姿，只要没有出现明显的抖腿、二郎腿等姿势，患者都会认为该医生保持了较好的姿势。而护士的工作情况大有不同。由于分诊台具有维护秩序和为患者预约、对患者进行分流等重要任务，一般会由一位护士办理挂号预约等业务，承担该业务的护士一般是坐在椅子上，且位于分诊台之后的，患者通过分诊台只能看到护士的上半身；另一位护士承担维护秩序，控制进入诊室的人数，确保进入诊室的人是屏幕上叫到号码的人，承担该业务的护士一般站在旁边或在诊室走廊的入口不远处。由于患者比较多，她们需要保持大部分时间都站在入口附近维持秩序，确保每个诊室门口等候的患者在两个以内。因此，这类护士通常由于长时间站立而需要偶尔斜靠在分诊台边或者门边。

办理挂号预约业务的护士后期也会在患者较少的时候做自己的事情，例如靠在椅子上查阅手机等。护士由于直接暴露在患者的视野中，其一举一动都很容易被患者注意到，尤其是患者在大厅等候区等候时，更会对护士的一举一动格外注意。因此，护士更需要在工作的时间注意自己体姿的雅观和得体。

(3) **手势语**

手势语是人们表情达意的重要动作之一。手势语中的情绪性手势、表意性手势、象形性手势、象征性手势等内容都在医患沟通中有所体现。通过调查，笔者发现，有近88%的患者不反感医生在与其沟通时使用手势进行讲解或者指导。其中，有76.7%的人认为护士总是合理地使用手势进行指引和讲解，74.7%的患者认为医生总能合理地利用手势为其讲解病情、病因等问题。该问题中的统计中，医生的平均分略低于护士的平均分。这可能是由于医生在给患者讲解病情的时候较少使用手势的原因。医生在病人进入诊室之后需要进行刷就诊卡、检查、初步诊断、书写病历、开具检查单和处方等工作，因此，她们手头需要忙的事情比较多，一般不会停下来专门进行讲解，多数情况下会直接用言语表达相关内容，较少使用手势进行讲解。而护士由于处于暴露的环境中，经常会被患者问路，这时候她们多会用手势帮助患者指路，有时候来不及回答或者十分疲惫的时候也会直接用手势代替口语。通过观察，也能够发现，护士所作的手势多为示意性手势，用来指方向。医生的手势多为象形性手势，通过手势比划事物的形状特点。护士4："我觉得在除非是指路的情况下，你用点手势可以，但是正常平时沟通的时候用手势是没有什么太大的用处的。"

不少医护人员表示，在合适的时候使用手势语有助于患者更好地理解医护人员的意思，有时候可以解决语言隔阂的问题：

护士2：对，用手势或者动作会更有效，因为这是人的基本本能。而且在语言不通或者互相听不懂的情况下，手势会更有助于理解。还有这个更形象。

医生2：这个（手势语）对我来说是会有一定的帮助的，因为我不会说方言或者少数民族语言，然后他们，我一般我们科室的都是一些老年的病人，都是听不太懂普通话，如果我进行一定的手势的话，会方便他理解。

医生5：我觉得（手势）可以帮助患者更好理解，就像你用肢体语言一样，在解释的过程当中会更加的形象。

（4）表情语

表情是反映内心世界的生动写照，它能帮助人们在表情达意的同时传递更细微的信息。表情是仅次于语言的一种交际手段。日常生活中，人们用微笑和眼神的交流传递信息。对于医患双方来说，表情既能传达患者对自身疾病的认知状况的心理状况，也能展现出医生对患者的重视。

表1-9　医护人员的表情语

表情语	最小值	最大值	均值	标准偏差
给我挂号、治疗的护士总是能在跟我说话的同时看着我	2	5	3.77	0.91
给我诊治的医生总是能在跟我说话的同时看着我	1	5	3.99	0.822
给我挂号、治疗的护士从未有过厌恶、不耐烦的表情	1	5	3.6	0.984
给我诊治的医生从未有过厌恶、不耐烦的表情	1	5	3.84	0.998

首先需要关注的是目光的交流，目光能够表达细微、精密的情感。患者对于Z医院护士和医生的平均分分别为3.77和3.99，医生的平均分略高于护士。同时，对于"医护人员从未有过不耐烦"这一项问题的回答中，护士的均值为3.6，医生的均值为3.84。因此，从整体上来说，医生更容易在与患者交谈时进行眼神的交流，护士则比医生更容易产生厌恶和不耐烦的表情。

这一现象可能是由于医生和护士不同的工作环境和工作内容造成的。医生在诊室内和患者进行一对一的交流，虽然病历录入会在问诊的前期分走医生很多的注意力，但是如果患者与医生交流的时间足够长时，大部分医生是会专注地与患者进行沟通的。"这（眼神的交流）还是很有必要的，眼神和表情的交流，你要体现出眼神要坚定，然后表情也要坚定，要有自信，病人才会相信你，才会相信你能治好他，然后他的心情也会变好，也会有助于他的病情的康复。"而护士在这一方面则有自己的苦衷，不少护士明白眼神交流对于患者的重要意义，但是由于门诊分诊台需要接待的病人太多，因此会发生顾不上眼神交流的情况。

笔者：您认为，和病人沟通时有没有必要和他们进行眼神和表情的交流？为什么？

护士4：有，你可以从别人的眼睛里看出来，他是否听懂你说话，是否明白了你的意思。

笔者：我注意到有些分诊台护士有时候并不会和患者进行眼神交流，您觉得这是为什么呢？

护士4：太忙了，眼睛看不过来，或者太累了。

笔者：一个分诊台一天大约要处理多少位患者，这个您有过估算吗？

护士4：300到500个。

由访谈内容可知，门诊护士的工作量是很大的，她们每天要接待的病人很多，为了保证效率，她们只能以最快速度完成相关服务。而住院区域的护士由于收治的病人有限，所以不会存在大批量患者排队等候的情况，相应地，她们能给患者的关注也更多。

护士5：因为目前我现在在监护室，一个人管四个病人，有时候五个，一般都能解决到。因为监护室在观察到每个人的病情，每个人的诉求，吃完喝水，大小便，不舒服，病情变化，这样都会观察到，都能照顾到。但如果在病房的话，会照顾不上，如果有家属的话了，家属还能照顾上，一般就都是他们来到护士站找我们这样。

笔者：我看有时候很多人围着一个护士或者医生问问题。

护士5：对，确实就是，尤其在护士站的时候，会有很多病人，要是扎堆来问，那就会特别忙。

（5）体触语

体触语是传达信息的手段，也是重要的心理支持。适时、适当的体触有助于医护人员传递出对患者的关心，达到安慰患者的效果。体触可以分为友谊性体触、职业性体触和礼仪性体触。其中，医生的职业性体触主要包括为患者听诊、触诊、叩诊等行为，护士的职业性体触则是帮助患者翻身、搀扶患者下床活动等。笔者对Z医院医护人员体触语的调查情况如下表：

表 1-10 医护人员的体触语

	我希望医生和护士能够在合适的时机用拍拍肩膀、胳膊、手背等方式给我安慰和鼓励	给我挂号、治疗的护士会在合适的时机用轻轻拍拍肩膀、胳膊、手背等方式给我安慰和支持	给我诊治的医生会在合适的时机用轻轻拍拍肩膀、胳膊、手背等方式给我安慰和鼓励
平均值	3.71	3.42	3.41
标准偏差	1.081	1.133	1.106
最小值	1	1	1
最大值	5	5	5

通过问卷调查，笔者发现，有 60.2% 的患者希望医生能够在合适的时机用拍拍肩膀、胳膊等方式给予自己安慰和鼓励。而分别只有 48.6% 和 48.5 的患者同意或非常同意护士和医生会在合适的时机给予他们类似拍拍肩膀、手背等方式的安慰。这说明不少患者没有或几乎没有感受到过医护人员的体触安慰。值得注意的是，该问题的平均分较低，患者对医生和护士的满意度均在 3.5 分以下，且医生略低于护士，这可能是由多种因素导致的。

护士 1：（给病人）更多的是言语上的安慰，言语上的安慰比肢体的更有用。比起拍肩膀和就是触摸一下胳膊来说，医生的专业性和医生对这个病情的客观判断，更能使病人感觉到安心。而且你说的拍肩膀、拍胳膊这些行为，在我们的行为准则中是不被允许的。

笔者：准则要求了不能有其他的接触？是基于保护患者，还是保护医生而制定的这项准则呢？

护士 1：就是规定了患者和医护人员之间有要保持一定的距离，就是我们会学，我们之前学过就是一个最佳，最佳的距离是一米，好像是保护双方。是人际交往中的一个最佳的亲密距离，那个距离并不是为了保护谁是一个恰当合适的一个距离。

护士 5：会（有安慰性的接触）的，比如昨天有一个爷爷，他是气管插管，插完管，拔完管以后，病人神志不太清，然后他儿子过来，以为这个老爷爷是不想理我们，想着他家属来会理家属，结果家属来也不怎么理，然后他这个家属就很难过，就哭了，然后我们就会给他安慰，说没事，他只是这一会儿会不舒服，就然后对像拍一拍他这样子安抚一下。

医生3：这种是会有的，就像比如是那种中风偏瘫的病人，如果他的肢体的肌力比之前是恢复了，比之前更好一点，更强了一点了以后，我们也会拍拍他的肩膀，然后给他竖大拇指，鼓励他要坚持，要加油之类的，这个也是我们主任带我们这么做的。

医生5：临床太忙了，一般除了和病情相关的事情以外，其他的事几乎就是不会有接触。如果有需要特别沟通的地方，会专门去跟他沟通的，否则一般的话，没有额外的接触。

首先，医生和护士并不会无差别地对所有患者进行职业性体触以外的体触，有的是因为一些患者并不希望医护人员和自己发生身体接触。其次，医院对医患之间的接触有不成文的规定，除了必要的接触以外，尽量减少与患者的接触。但是这一情况在医生和护士的群体中有较大差异。通过上面的访谈可以看出，不同科室、不同性格、不同工作环境的医护人员在这一方面都有所不同，医护这两个群体内部也存在不同。

（二）Z医院语言服务环境建设现状

公共场所物理空间中的语言标牌是语言服务的载体，同时也是语言服务的表现形式和实现途径。[①] 通过现场的观察，笔者收集到了Z医院环境中的语言景观标牌，经过整理，共得到了176种语言标牌的信息。笔者按照其具体功能将这些数据分为导医指示类、宣传普及类、激励暗示类、艺术赏析类、提示警示类五个类别。分别从这些标牌的分类统计、语码取向、语言失范、媒介形式等方面进行研究，结合患者对Z医院环境中语言服务的评价进行分析。

1.不同功能类型标牌数量分布情况

Z医院标牌按照不同的功能统计结果如下：

由图可知，Z医院的提示警示类标牌数量最多，有72个；其次是导医指示类，有52个；宣传普及类有46个；剩下的激励暗示类有5个，艺术赏析类只有1个。其中，导医指示类多是有关就医流程、检查室、科室位置、进出口等位置信息和流程

---

① 王晓军，朱豫. 旅游景区的语言景观与语言服务研究——以天津五大道景区为例[J]. 语言服务研究，2021：127-206.

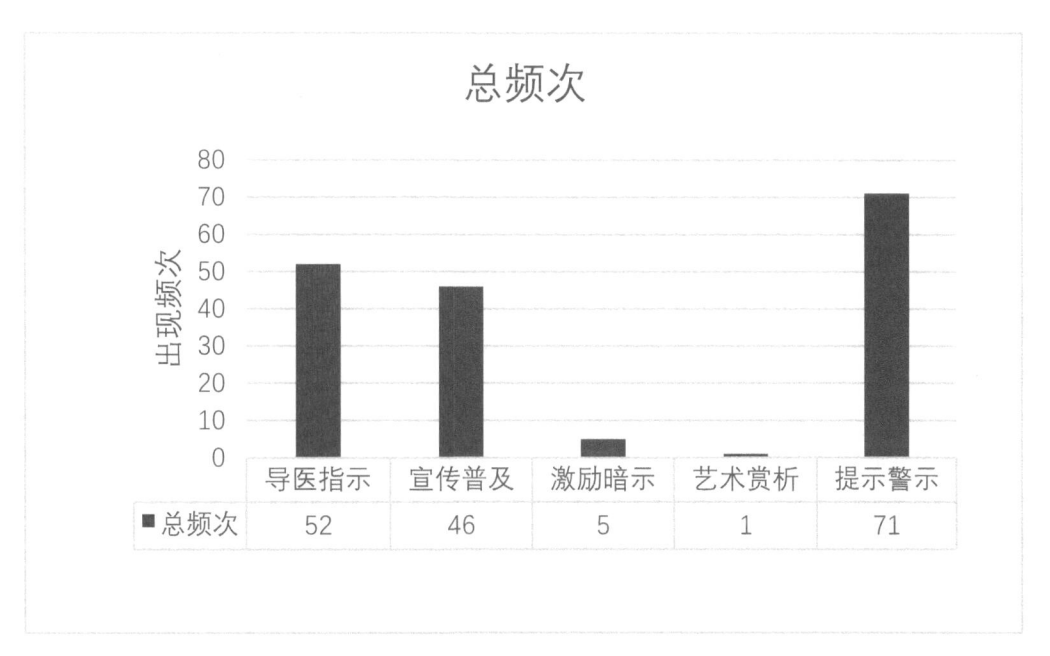

类型	导医指示	宣传普及	激励暗示	艺术赏析	提示警示
总频次	52	46	5	1	71

图 1-5 不同类型标牌的频次统计

信息的内容；宣传科普类的标牌内容主要有医生的介绍及宣传类、医院文化的宣传类、疾病知识的预防科普类；激励暗示类主要是对心理健康、道德和法律等内容重要性的强调与激励；艺术赏析类的数量很少，是与保护环境的相关图片及名言警句鉴赏；提示警告类主要是各科室对患者就医的提示警告、对潜在危险和风险的警告、对门诊就诊须知的提示警告、对一些地点及就诊时间的提示。

笔者：您会注意到医院的激励类海报文字的内容吗？比如说一些张贴的心灵鸡汤这种鼓舞人心的。

患者12：这家医院很少，我没有注意到。基本上没有。

笔者：您觉得这些是有必要去张贴和存在的吗？

患者12：我觉得可以在卫生间搞一些，因为卫生间可能有些人调整情绪或干啥的，可能都比较喜欢进卫生间，其实可以在那里面搞一些，但其他的我觉得没必要，为啥，本来一个标识也都挺多的，在搞一些加一些乱七八糟，其实比较容易让人啥，然后不太会有人会看，除非一些固定的科室，或者是像什么心理室精神科这种可以搞一些，我觉得没有问题。

其实，我觉得他们可以加一些科普类的比较科普类的东西可以在自己科室搞一搞，如果有空余的地方，比如说像妇科上面的有一些比较常见的，比如说像宫颈糜烂这种，有些人认为是大病，有些人认为它不是病，类似这种举个例子，它其实是可以做一个科目，不会解释的，让病人在就诊期间做一个等候的时候，可以了解一下基本信息，也可以缓解一下心理焦虑，就是对这种常见类的科学技术已经掌握得比较啥的，我觉得这些是可以做那啥的。另外我还有一个点，我是觉得可以把某些科室的一些特定的技术做一个呈现，比如说引进的飞秒类似这种，我可能说得不够专业，类似这种，他可以展示在科室外面，是让患者对现在的科学技术有一个了解，然后就对自己战胜病情可能会有一个更好的帮助，我觉得高科技类的或者与时俱进的东西。

2. 各类型标牌语码取向

Z医院面向全疆各地州及各族人民，同时也具备接诊外籍患者的资质。因此，语言环境中标牌的语言种类也需要关注，如图1-6所示。

由图可知，Z医院各类型标牌中使用汉语的占绝大多数，共计124个；其次是汉语+维吾尔语的标牌，共计40个。汉语+英语的标牌数量非常少，共计9个，汉语+英语+维吾尔语的标牌最少，只有2个。由图可知，"汉语+维吾尔语"的标牌在导医指示类标牌中占比最大，在提示警示类标牌中占比次之，但是在艺术赏析类标牌中完全不存在。因此可以看出，Z医院各类标牌的语码取向不一致，不同类型的标牌也不能够保证某一类标牌语码取向的统一。

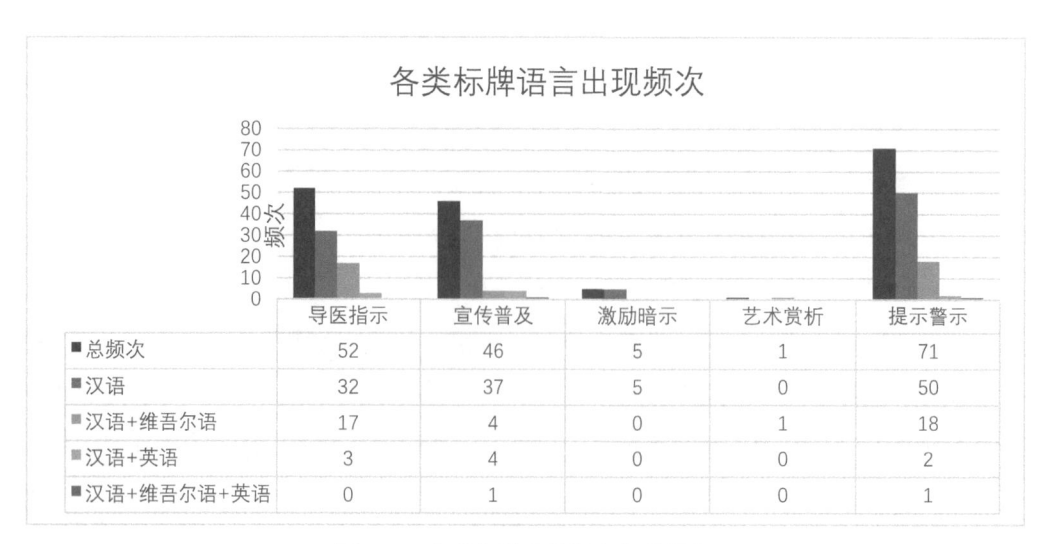

各类标牌语言出现频次	导医指示	宣传普及	激励暗示	艺术赏析	提示警示
总频次	52	46	5	1	71
汉语	32	37	5	0	50
汉语+维吾尔语	17	4	0	1	18
汉语+英语	3	4	0	0	2
汉语+维吾尔语+英语	0	1	0	0	1

图1-6　各类标牌中的语言出现频次

媒介形式

媒介	背景+立体字	电子屏幕	广告板	海报	卡片	立式广告牌	立式桌牌	A4纸张	贴纸
频次	15	4	41	6	10	40	15	7	37

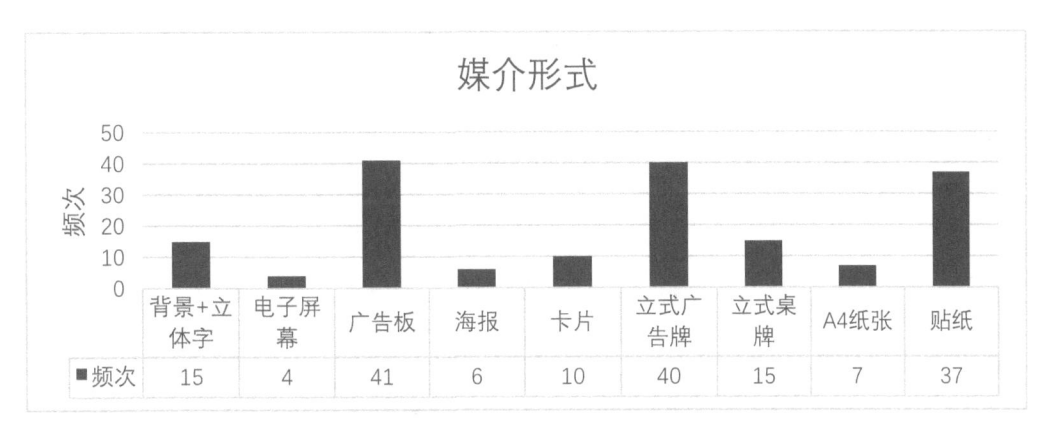

图 1-7 语言标牌的媒介形式统计

3. 语言规范使用情况

公共场所语言文字的使用是城市语言生活的直接体现，也是语言风貌和文明程度的体现。[①] 当公共空间存在不规范的语言现象时，会影响大众对该部门或该行业的印象和好感。Z医院在语言的规范使用方面表现较好，在收集到的所有样本图片中，没有发现错别字、拼音拼写、英文拼写等问题。因此，Z医院在这方面的语言服务内容较好。

4. 媒介形式

不同的信息需要不同的媒介表达，因此，医院语言服务中使用的媒介形式也较为丰富。经过统计，Z医院语言信息的表达媒介共有9种，其中包括：背景+立体字、广告板、海报、卡片、立式广告牌、立式桌牌、A4纸张、贴纸，统计结果如图所示：

数量最多的媒介形式为广告板，共计41种，其次是立式广告牌和贴纸，分别为40种和37种。数量最少的是电子屏幕类、海报类和A4纸张类，分别为4种、6种和7种。以上每一种媒介形式都有其固有的优点和缺点。例如，广告板、立式广告牌、立式桌牌这类的媒介形式更耐磨，不易损坏，有助于保护标牌本身的完整性，确保相关信息的完整传达。广告板张贴在墙面上，由于面积足够大，色彩、文字足够醒目，更容易得到患者的重视，吸引患者的目光。同时，立式广告牌和立式桌牌又具有灵活性的特点，可以根据需要进行位置的移动。背景+立体字的形式更适合固定在某一位置，它的优点是依托墙面的宽阔空间，可以将字体放得足够大，以满足患者阅读的需要。电子屏幕的优势在于，它表达的内容可以即时更换。在Z医院，

---

① 汪磊，方玮玲，黄舒欣，彭子彦，杨静敏，王绮琪. 公共场所语言文字使用情况［C］. 语言生活皮书——广州语言生活状况报告（2018），2018：25-38.

图 1-8　走廊墙壁的宣传广告板

图 1-9　立式广告牌

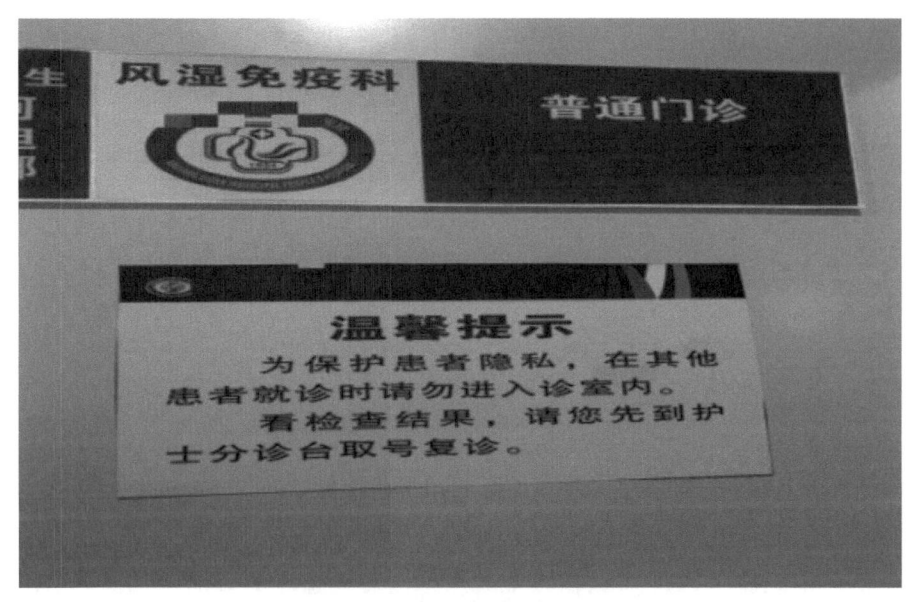

图 1-10 墙壁张贴的广告贴纸

电子屏幕类的媒介一般用于叫号,极少数电子屏幕用来提醒相关注意事项,但是这类包含文字较多的信息对电子屏幕的尺寸有较高的要求,否则会导致患者看不清屏幕上的文字。

在数量最多的三种标牌中,广告板中宣传普及类的内容最多,数量为 27,占比 65.8%,导医指示类有 8 个,占比 19.5%,提示警告类 6 个,占比 14.6%;立式广告牌中提示警告类最多,共计 16 个,占比 40%,导医指示类 13 个,占比 32.5%,宣传普及类 10 个,占比 25%,激励暗示类只有 1 个,占 2.5%;贴纸中提示警示类内容最多,共 28 个,占 75.6%,其他类别共占 24.4%。可以看出,宣传普及类的信息主要通过广告板的方式展现,这种方式有助于图文并茂地展现相关信息,同时,由于广告板的版面较大,有利于相关信息清晰、全面地展现在患者面前。其次,提示警告类的信息主要通过贴纸和立式广告牌的方式呈现,这可能是由于贴纸的成本低于广告板等形式,能够较好地对突发的情况进行提示和警示,立式广告牌随意挪动的特点也使得这种形式更加经济和灵活。

5. 患者对 Z 医院语言服务建设的评价

除去 Z 医院语言服务建设的客观情况以外,患者对医院语言服务建设的评价也至关重要。笔者通过问卷调查的方式对导医指示类、宣传普及类、激励暗示类、艺术赏析类的服务情况做了简要调查。

表 1-11　各类型语言标牌的服务效果统计

	该医院的指路标识清楚，我能按照指引准确找到目的地	该医院的科普、宣传内容让我准确地获取到相关医疗知识和医生出诊信息	该医院激励和鼓舞人心的标牌和标语能够对我起到激励和鼓励作用	会关注并欣赏医院内艺术赏析的标牌或装饰
平均值	4.18	3.99	3.78	3.83
标准偏差	0.764	0.88	0.989	0.912
最小值	1	2	2	2
最大值	5	5	5	5

通过表 1-11 可以看到，患者对 Z 医院导医指示类的语言服务项目满意度最高，且内部差异性也是四个内容中最小的。此外，患者认为该医院的科普、宣传内容能够让他们获取到相关医疗知识和医生的出诊信息。患者对 Z 医院的激励、鼓励类标语标牌的实际作用的满意度为 3.78，对院内艺术赏析类的标牌或装饰的注意度为 3.83，处于较高的需求水平。

表 1-12　患者就医期间最关注的标牌类型统计

患者就医期间最关注的标牌类型	频率	百分比（%）
导医指示类	68	69
宣传普及类	16	15.5
激励暗示类	3	2.9
艺术赏析类	1	1
提示警示类	15	11.6

通过表 1-12 可知，患者在 Z 医院就医期间最关注的标牌类型为导医指示类，占比为 69%。说明 Z 医院最应当大力建设和完善的语言服务标牌的类型为导医指示类，其次是宣传普及类和提示警示类，最后是激励暗示类和艺术赏析类。当然这并不代表后者不重要，结合上文的统计结果来看，患者在就医过程中除了会关注导医指示类内容以外，对其他三类标牌也保持着较高的关注度。

（三）Z 医院语言服务相关制度建设

良好的语言服务离不开规章制度的约束与管理，不同行业的规章制度侧重点不同，其中语言服务所占的地位和篇幅也有所不同。例如，银行柜员的语言服务要求和医院医护人员的语言服务要求必然是不同的。笔者通过收集相关规章制度发现，Z 医院有关语言服务的规章制度较少，有关语言服务相关的内容在总的规章制度中所占比例少，通常是一笔带过。以笔者收集到的 Z 医院摆放在服务台的《医疗机构从业人员基本行为规范》为例：

1.《医疗机构从业人员基本行为规范》

① 以人为本，践行宗旨。坚持救死扶伤、防病治病的宗旨，发扬大医精诚理念和人道主义精神，以病人为中心，全心全意为人民服务。

② 遵纪守法，依法执业。自觉遵守国家法律法规，遵守医疗卫生行业规章和纪律，严格执行所在医疗机构各项制度规定。

③ 尊重患者，关爱生命。遵守医学伦理道德，尊重患者的知情权和隐私权，为患者保守医疗秘密和健康隐私，维护患者合法权益；尊重患者被救治的权力，不因种族、宗教、地域、贫富、地位、残疾、疾病等歧视患者。

④ 优质服务，医患和谐。言语文明，举止端庄，认真践行医疗服务承诺，加强与患者的交流与沟通，积极带头控烟，自觉维护行业形象。

⑤ 廉洁自律，恪守医德。弘扬高尚医德，严格自律，不索取和非法收受患者财物，不利用职业之便谋取不正当利益；不收受医疗器械、药品、试剂等生产、经营企业或人员以各种名义、形式给予的回扣、提成，不参加其安排、组织或支付费用的营业性娱乐活动；不骗取、套取基本医疗保障资金或为他人骗取、套取提供便利；不违规参与医疗广告宣传和药品医疗器械促销，不倒卖号源。

⑥ 严谨求实，精益求精。热爱学习，钻研业务，努力提高专业素养，诚实守信，抵制学术不端行为。

⑦ 爱岗敬业，团结协作。忠诚职业，尽职尽责，正确处理同行同事间关系，互相尊重，互相配合，和谐共事。

⑧ 乐于奉献，热心公益。积极参加上级安排的指令性医疗任务和社会公益性的扶贫、义诊、助残、支农、援外等活动，主动开展公众健康教育。

2.《病区管理制度》

病区由护士长全面负责管理，科室各级医护人员配合护士长履行管理职责，共同做好病区管理工作。

病区环境应保持清洁、整齐、安全、安静、舒适。工作人员必须做到"四轻"，即走路轻、关门轻、操作轻、说话轻。

病区使用医院统一标识、指示、警示牌，各种标识应醒目、清晰、明确、温馨、整洁，使用规范。病区走廊、各出入口、通道保持通畅、安全。

病区设施安全、规范，物品放置有序，位置固定。病区仪器、设备未经护士长同意，不得随意外借挪用。

病室内物品和床位摆放整齐，位置固定，病床单元齐全、整洁。污染被服及时更换。

保持病室内清洁卫生，空气清新，每日湿扫两次，病房每日通风两次，病房每日通风两次。

为保障病区安全，病区禁止吸烟，禁止使用电炉、明火。

病区固定资产账物相符，定期清点，有记录。

病人住院期间不得随意离开病房。探视陪护人员应严格遵守医院探视陪护制度，不得在病区内大声喧哗。

每月召开患者沟通交流座谈会，征求意见，有记录。

3.《医院行为文化》

医院行为文化是医院全体成员共同遵守的行为准则，Z医院倡导医护人员为病人多说一句话：入院时多说一句话，使病人感到温暖；出院时多说一句话，使病人顺利办好手续；操作前多说一句话，让病人少走冤枉路；操作后多说一句话，使病人知晓放心；检查前多说一句话，让病人少走冤枉路；留标本前多说一句话，使病人一次完成；为安全多说一句话，避免病人意外伤害；为康复多说一句话，让病人增添信心。

4.《2023年护理服务行为规范查验表》

仪容仪表：

着装：着装整洁，戴燕式护士帽，穿护士鞋，夏季穿肉色或白色袜。

仪表：仪表端庄大方，淡妆上岗，不散发，不佩戴首饰，不留长指甲及不做美甲。

举止：精神饱满，举止文雅，姿态端正，工作时手机调震动状态，工作场所不吃零食，不聊天，进病房主动敲门，工作中做到"四轻"保持病区安静。

入院指导：

护士面带微笑，起立迎接新病人，给患者和家属留下良好的第一印象。

备好床单位，护送病人到床前，妥善安置，并通知医生完成入院时体重、生命体征收集。

主动进行自我介绍，入院告知，向病人或家属介绍管床医生和护士、病区护士长，介绍病区环境、作息时间、查房时间，及相关管理规定。

应答呼叫器及时。

治疗、护理中不做有损于患者利益的事，注意保护患者隐私。

沟通交流：

主动与患者交谈，消除其不良情绪，使患者建立积极的就医心态。

热情接待患者，耐心、细致地解答患者或家属提出的问题，直至患者或家属满意。

告知住院患者医院有关的规章制度：住院须知，探视、陪护制度，与疾病相关的康复知识等。

对沟通障碍的患者，护士应使用手势、表情、眼神等非语言性沟通方式或书面语言进行有效沟通。

执行各项操作均需履行告知义务。

与患者交谈时，不得坐病床上，认真听患者讲话，适当地回答或提问。

语言态度：

微笑服务，微笑要发自内心，亲切自然。

主动迎接来访、入院、就诊患者、礼貌称呼，耐心解答遇到帮助的问题。

工作时不谈论与工作无关的内容，不谈论患者的隐私，并保守患者秘密。

尊重患者的人格和权利，隐私，对患者一视同仁。

态度和蔼，语言文明，解释耐心。

电话礼仪：

及时接听工作电话，报科室名称，解释到位，使用结束语。

及时接听，语调温和，语速和语音适中，用文明用语。

通话尽量简明扼要，时间不宜过长。

拿起电话听筒，就不要与他人交谈，更不要随便说笑。

在岗不玩手机，在进行各类操作时禁止接打手机。

出院指导：

责任护士接到患者出院医嘱30分钟内通知患者及家属。

告知患者，针对患者病情及恢复情况进行出院指导，包括办理结账手续方法。

出院注意事项、带药指导，饮食及功能锻炼，遵医嘱通知患者复诊时间及地点，联系方式等。

听取患者住院期间的意见和建议。

护送患者到电梯口或大门口，鼓励患者，祝患者康复出院。

对患者床单位进行常规清洁消毒，特殊感染病人按院内感染要进行终末消毒。

结果：着装规范，仪表端庄；护理服务行为规范，符合职业要求；无有效护理，服务态度投诉。

由以上Z医院公布的行业制度规范情况可以看出，Z医院主要是对医务人员工作的合法性、医德、工作态度等方面做出了要求。其中，对医务人员语言服务管理的要求有"优质服务，医患和谐。言语文明，举止端庄，认真践行医疗服务承诺，加强与患者的交流与沟通，积极带头控烟，自觉维护行业形象"一条，内容包括语言文明、行为举止得体合理、加强与患者的沟通、维护行业形象等内容。这一条的规范对象包含Z医院所有医疗性质的从业人员，既包括了医护人员的语言文明，也对其行为举止进行了规定。虽然只有简单的一条，但是对医务人员的基本言语和行为进行了规定。

Z医院设立的有关病区管理的制度中对语言服务提出的要求为"工作人员必须做到'四轻'，即'走路轻、关门轻、操作轻、说话轻'"、"病区使用医院统一标识、指示、警示牌，各种标识应醒目、清晰、明确、温馨、整洁，使用规范。病区走廊、各出入口、通道保持通畅、安全"、"每月召开患者沟通交流座谈会，征求意见，有记录。"该项制度面向病区所有医护人员,主要医务人员在病区的说话音量、各类标识、标识、警示牌的清晰和规范做出了规定。此外,该制度还规定了每月召开患者沟通交流座谈会,征求意见并记录在册。该项制度体现了Z医院对患者意见的重视,及其对医务人员服务情况的反馈。

Z医院的行为文化是:提倡医护人员为病人多说一句话。该行为文化很好地展现了语言服务中的内容,即推崇优质的语言服务态度,从多说一句话中体现出人文关怀的特点。其中包括:通过多说一句话安抚患者情绪、增添患者信心,减少病人在就医时的麻烦,使患者对自身的病情更加清晰,打消患者的顾虑,等等。不仅关注患者外在的需求,也关注到了患者内在的需要。可以看出,Z医院的行为文化从人文关怀的角度出发,旨在更好地为患者服务,而服务的方式,恰恰是通过"多说一句话"这一行为。

值得注意的是,Z医院制定的有关护理行为规范的自查表中,通过仪容仪表、入院指导、沟通交流、语言态度、电话礼仪、出院指导等六个方面对本院护理服务进行对照和规范。这六个板块中包含了语言服务中的语言态度、禁忌语的约束、仪容仪表、文明用语、隐私保护等多项内容,很好地体现了Z医院对语言服务的重视。除了上述内容以外,笔者并未收集到Z医院专门针对医护人员言行举止方面的具体规范。

(四)Z医院语言服务综合情况

除了对医护人员语言服务具体情况调查以外,患者对医护人员及Z医院整体的语言服务情况所做的评价也是不容忽视的。患者在就医过程中是否得到了相应的心理安慰,医生和护士是否能够在短暂的面诊期间使患者解开病情的疑惑、减轻他们的担忧,这些都是语言服务的重要体现。

表1-13 Z医院语言服务整体情况评价

	通过医生和护士讲解,有关我病情的疑惑完全解开了	通过医生和护士的讲解,我的担忧减少了	给我挂号、治疗的护士很擅长讲解病情	给我看病的医生很擅长讲解病情
平均值	3.87	3.84	3.59	4.03
标准偏差	0.836	0.837	1.024	0.81
最小值	2	2	1	2
最大值	5	5	5	5

通过结果的统计可以看到，多数患者在 Z 医院就诊结束后认为医生和护士的讲解完全解开了他们对于病情的疑惑，该内容的满意度为 3.87 分。此外，患者对于自身病情的担忧有所减少，该项满意度有 4.03 分。值得注意的是，在"擅长讲解病情"这一部分中，医生的满意度高于护士，且显示出了较大差异。二者分别为 3.59 分和 4.03 分。因此，Z 医院在以上三个方面的语言服务表现较好。虽然 Z 医院医务人员语言服务的各个维度存在一定的内部差异，但总体来说呈现出了较高的满意度。这一部分体现出的是患者就医时需要解决的核心问题和需求，患者来到医院就医，其他的服务形式都是为患者治愈、答疑解惑而服务的，如果最核心的问题没有解决，会直接影响到患者对该医院的整体评价。

表 1-14 患者选择意愿

	频率	百分比
语言服务好，价格略高的医院	94	91.3
语言服务差，但是收费低的医院	9	8.7
总计	103	100

由表 1-14 可知，在这一问题的选择中，有 91.3% 的患者选择了语言服务好，价格略高的医院，只有 8.7% 的患者选择了语言服务差，但是收费低的医院。这说明，绝大多数患者还是更希望医院具有更好的语言服务水平。但也有患者表示，所谓价格高，语言服务好的医院，他们的收费不能高出太多，否则还是会选择价格低的医院："看稍微高一些是高多少？是按照每次诊费像我们挂号费十几元，他如果只是再加个十几元，我觉得无所谓，但是如果说是从问诊费一直到医生开的药，整个上涨幅度到 100 元，我觉得我会选择医术一样的，而相对便宜的这一家。""收费更高一些，看高多少，如果说高的太多，我可能也不会选。"因此，普通人可以接受的因为服务态度上涨的费用是有一定限度的，如果超出原本的价格较多，患者将不会考虑选择价格高但语言服务好的医院。但是如果医院能够将价格调整至大多数患者可接受的范围时，许多患者都愿意选择语言服务好的医院。

当问到"您认为这家医院的医务人员有必要参加语言服务培训"时，有 28.1% 的患者表示"同意"或"非常同意"，71.9% 的患者认为 Z 医院的医护人员没有必要参加语言服务培训。通常，优质的语言服务会和更高的价格挂钩。有些患者可能会认为语言服务好的医院更具有吸引力，有的则认为花费的金钱才更值得关注。针对这个问题，患者和医护人员在访谈中表现出截然不同的态度，患者都希望医护人员能够参加语言服务的培训，医生和护士则表示没必要参加语言培训服务。

  患者：这个我觉得是相对还是有必要的，因为更有助于我们跟病人交流，跟病人沟通良好的沟通，然后也可以避免很多医患矛盾。

  患者：有必要，因为确实有些医生护士的素质和耐心需要提高一下。

  患者：很有必要，就是整个的素质还是有些参差不齐，有些医生可以跟患者保持一个良好的沟通，但是有些医生他并不能够，还是该甩脸甩脸，该干啥干啥，我觉得还是有必要的，就是紧紧神也好。

  医生：没有必要，病人的素质各不相同，具体情况得具体处理，不可能统一用模式化的语言。

  医生：目前没有，这样子的就是专门的定期的培训，但是可能我印象当中可能有过类似这样的培训，就是一次，会通知在这个大的会议室，有0.5分儿的学分儿，大家可以去听，就这样的情况，好像是有过。而且这种就是沟通更多的是在实践当中，就是基本上我们作为下级大夫是最先碰到的，最先碰到这样子，这样子的各种情况，……或者是教我们怎么做这样子，所以通过这种短暂的培训可能会没有……可能，你在每一次遇到问题之后，直接的这个解决对你的印象更为深刻……所以说，我觉得可能没有必要专门去开设这样的一个课程。你专门开设的话，他最多举一些极端的例子来告诉你怎么弄，因为在大多数的情况下，你干上几年，你基本上就知道，大多数你都可以处理了。

  护士：没有必要，但是我们院好像之前培训过。肯定是有必要的，我们医院好像之前组织过，但是我没有参加。

  笔者：你们对于这种培训是如何看待的？会不会觉得占用自己的时间，或者觉得没用？

  护士：大家心里肯定会这样想，但是不会说出来。因为大家都没有表达出来，所以我也不太清楚他们心里到底会怎么想，可能怎么样想的人都有。但是我们平时的工作也确实特别忙，一般像我们上班时候搞这样的培训，我们能参加的人也比较少，因为得有人来管病房。参加这些培训，有的时候是医院强制要求，每个科室就会出上门一两个人去。

护士：我觉得没必要，专门提供语言培训，我觉得有惩罚措施就好了，不需要培训。

最后，在对医院整体的语言服务水平打分中，具体的分数分布情况如表 1-15：

表 1-15 患者对 Z 医院语言服务水平的打分

您会给这家医院整体的语言服务水平打几分？		
分值	频率	百分比（%）
0	1	1
1	1	1
2	2	1.9
3	26	25.2
4	49	47.6
5	24	23.3
总计	103	100

由表 1-15 可知，患者对 Z 医院语言服务给出的最多的分数为 4 分，占比 47.6，5 分和 3 分占比较为接近，分别为 23.3% 和 25.2%。给 2 分、1 分、0 分的占比极少，三者共占百分比约 3.9%。由此可以看出，多数患者对 Z 医院的医护人员语言服务情况、语言服务环节建设等方面保持较高的满意度，只有四分之一左右的患者表现出了一般及较低的满意度。

当问道"您心目中优秀的医务工作者"，您会想到哪几个词语时，不同患者的回答生成了词云，如图 1-11、图 1-12 所示：

可以看到，出现频率最高的词语为"耐心"，频次为 31 次；其次是"白衣天使"和"专业"，出现频次分别为 24 和 20 次。"耐心"指的是医护人员在与病人交流时，能够好好地解答他们的问题，态度友善，不会出现不耐烦的情况，这是一种语言服务态度的重要体现，也是工作态度的重要体现。

患者认为，优秀的医务工作者应该是有耐心的、专业的、是能够奉献自己帮助他们减轻病痛的白衣天使，这反映出了患者对医护人员能力的要求与期盼。

图 1-11 优秀医务工作者联想词词云 1

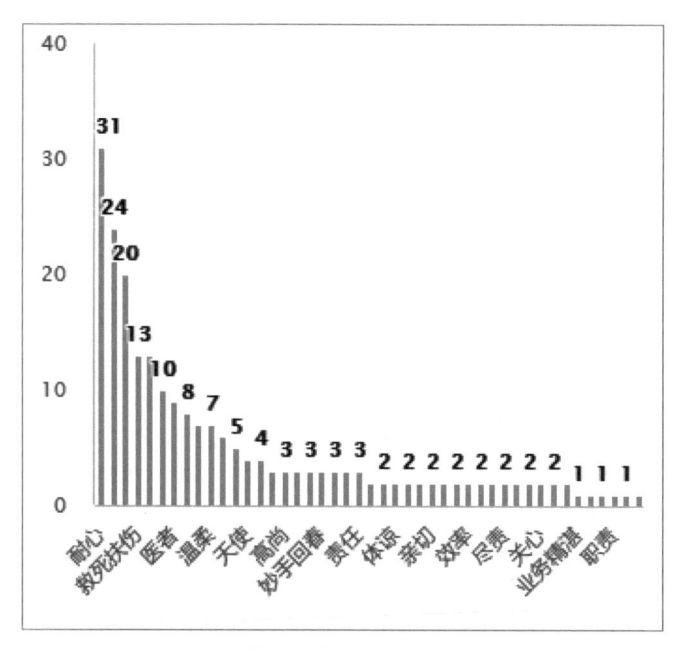

图 1-12 优秀医务工作者联想词词云 2

（五）小结

本部分主要从医护人员的语言服务情况、Z 医院的语言服务环境建设、Z 医院语言服务的制度建设几个方面进行了分析，并对 Z 医院语言服务的综合情况进行了讨论。

医护人员的语言服务情况方面，可以发现在各个维度上患者对于医生的评价均高于护士，评价最高的分别为 Z 医院医护人员的着装和讲普通话的情况；评价最低的分别是医护人员讲礼貌用语和使用体触语两个方面。

语言服务环境建设方面，Z 医院的语言标牌媒介形式多样，院内未发现标语、标牌的失范现象，且院内最多的标牌类型为导医指示类，该类型标牌也是最符合患者实际需要的类型，但是不同类型标牌的语码取向不统一。

语言服务制度建设方面，未发现专门针对语言服务制定的相关制度规范，相关管理制度中有少量地有关语言服务的内容，但是其医院文化体现了较强的语言服务意识。

总的来看，Z 医院语言服务的综合情况较好，但是也存在评价极端不同的个案，笔者认为这是医护的个人素质和情况决定的。同时也看出患者对于良好语言服务的需求，并认为"耐心"是一个优秀医务工作者的重要素质。

三、Z 医院语言服务的特色

语言服务不仅体现在医务人员的言行举止中，还体现在语言服务的建设与相关规章制度的制定、执行上。Z 医院作为新疆本土的综合性三甲医院，其发展不仅需要合格的医疗设施和过关的医术，还需要相应的语言服务增强整体的服务水平，帮助患者获得相对安心的就医体验。本部分将会结合前期调查结果，分析 Z 医院语言服务方面的特色和经验。

（一）医护人员语言服务的特色

1. 语言服务过程中普通话标准

Z 医院医护人员整体普通话较为标准，患者对其普通话的评价较为一致，满意度也很高。分别有 97.1% 和 95.2% 的患者同意或者非常同意医护人员讲话时的普通话很标准。这说明，大部分医生和护士都能够和患者进行较为标准的普通话交流。这也说明 Z 医院的医护人员能够依托较好的普通话水平为各种方言背景和语言背景的患者服务，能够在与患者沟通时使用较为标准的普通话进行交流。这一特点决定了 Z 医院的语言服务能够较为中立地为所有方言和语言背景的患者服务，在语音上不会存在难以理解的问题。

"这次过去中医科的医务人员有几个，主要是一个引导的医务台的一个工作人员，没有什么口音,然后医生是咱们维吾尔族医生,然后稍微有一点口音,但是不影响普通话,听得很清晰"。"大部分都很标准的,新疆人的普通话感觉都很标准,一些少数民族医生可能会有一点点口音,可以听出来是少数民族医生,但是不影响我理解,其实那种(少数民族)医生可能和一些汉语不好的病人沟通更方便一些,挺好的,我觉得"。

2. 检查报告的电子化留存专业且便捷

就医过程中的检查结果与报告是医院语言服务的重要内容之一。随着新技术进入各行各业,医院也同其他行业一样采取了诸多电子化服务方式。例如,就诊各个流程的预约与检查结果的查看,均可通过手机、自助服务机器进行操作。检查结果和诊断结果通过这种方式呈现,是医院语言服务的一项重要结果。与传统单一的纸质检查结果和病历相比,就诊全过程的电子化升级使患者有了更多选择,方便了患者相关就诊、检查记录的留存。

Z医院推出的小程序和公众号很好地承担了语言服务的角色,帮助患者随时随地查询自己的历史检查记录,检查结果可以长期保留在小程序的个人账户中,患者可以通过手机查询检查记录,形成历时的直观对比,生成个人电子档案。对于年轻人来说,这种电子化方式无疑是方便、快捷的。而对于老人来说,则可以选择将纸质检查结果打印出来并自行保存,方便日后查看。患者表示:"报告在手机上都能查到,想啥时候看,就啥时候看,也不用到处找那张纸了。""我们一家几口人的就诊卡都在我手机上绑着,我比较操心,这样子的话,基本上有什么检查,我在这边都能看到"。

3. 医护人员着装干净整洁

服饰语作为医护人员语言服务的一个内容也是不容忽视的,干净的白大褂或护士服给人一种专业、值得信赖的感觉。通过调查,笔者发现,Z医院医护人员的装着普遍干净整洁,这可能是得益于医院对于工装的统一清洗制度。结合第二章患者对Z医院医护人员着装的评价,Z医院医生和护士在这一维度的平均分分别为4.27和4.35,可以看出Z医院在衣着方面表现较好。

笔者:刚才为您服务的医务人员,他们有没有衣着有污渍或者不整洁的情况?

患者10:没有。

笔者：您觉得医务人员有必要保持衣着整洁吗？

患者10：有，衣着不整洁，就感觉不是很卫生，会有担心有没有这种卫生不好的情况下，如果是住院或者是啥的，会不会存在其他感染？

患者13：你一说整洁，就觉得你比较专业一些，你整个就感觉可能不管视觉上或者是心情上肯定都会好一些。本来你来看病，如果说你再遇到一个什么不整洁的，你就首先会觉得专不专业，就会觉得会有这方面的信任问题，但如果他把自己收拾的比较利索，你肯定就会觉得相对专业一些，对他们的技术可能更会更加信赖一些。

（二）语言服务环境建设特色

语言环境整体规划合理是Z医院语言服务环境建设的一个重要特点，主要体现在语言服务空间规划整洁、语言环境建设满足患者实际需要、相关语言服务信息表达规范性强等方面。

1. 语言服务环境规划整洁有序

服务环境的整洁与否直接影响着患者的就诊体验。Z医院主要采取蓝绿色的配色，主要颜色有蓝绿色、青蓝色等介于蓝色与绿色之间的颜色，由深到浅，规划整齐合理。通过观察，笔者发现大到分诊台背景或者巨幅广告板，小到一个通知栏或小标签，都使用了这种统一的配色，有些则是在特定的底板上加上Z医院统一的花纹边框，在保证了严肃性的同时，体现出了较强的统一性，给人一种舒适、平静的感受，同时也使得整个空间更和谐统一。除此之外，Z医院每个区域摆放的标牌、桌面立牌等文字性内容都有固定的顺序。每个分诊台，无论信息多少，始终按照统一的顺序进行摆放。实际摆放情况如图1-13和1-14所示。

如图所示，每个科室门口都会放置特别提醒、重要通知、友情提示、告知栏、重点专家等重要信息。这些信息被依次、有序地摆放在分诊台两侧。摆放有序且醒目，且均采用可移动的立式标牌，方便随时收起或调整位置。下班之后，分诊台的护士会将这些标牌进行整理或收起，以便明天继续使用。

此外，告知栏中的信息也规划合理、整洁。如图1-15、1-16所示：

以上两张图片来自于Z医院任意不同的两个分诊台前的告知栏。可以看到，告知栏有部分信息内容一致，例如："军人依法优先""用掌医，享便捷""温馨提示""预约电话""健康大讲堂预告"等信息。除此之外，还存在不同科室的特色信

图 1-13　分诊台指示牌 1

图 1-14　分诊台指示牌 2

图 1-15　医院公共区的告知栏 1　　　　图 1-16　医院公共区的告知栏 2

息,例如"产科门诊注意事项""X 科室专家出诊表"等内容。由此可见,无论是整体上还是细节上,Z 医院都有意地对相关语言信息进行了规划和管理,使得这些信息能够整齐地呈现在患者面前,从而能够更好地为患者进行语言服务。

2. 导医指示类标牌符合患者的实际需求

Z 医院的语言环境中存在导医指示类、宣传普及类、激励暗示类、艺术赏析类、提示警示类五种语言服务类型。通过数据统计发现,最多的是提示警示类,其次是导医指示类。提示警示类较多为分散的类型,其中有危险警示的,也有就医提示的,它在五种类型中属于综合的类别。在问卷调查中,当笔者问到他们最关注哪一类语言服务标牌时,80.6% 的患者都选择了导医指示类,这与 Z 医院现实的建设情况保持了一致性。"很有用。医院那么大,你肯定要通过各种导视牌去做(检查),现在本来做检查和看医生好多地方都是分开的,那些(导医)标识非常重要。""我觉得是有用的,因为现在医院非常大,而且人也特别多,进去之后,如果没有一个具体的指示,我可能需要转很久,才能找到我想去的科室,所以这个非常有用。"也说明该医院明白患者所需,能够抓住语言服务重点进行环境建设,在导医指示方面的语言服务下了功夫。

3. 环境中的语言服务信息表达规范性强

通过对Z医院语言服务环境中的标牌和标识进行调查和统计，在收集到的173例样本中，均未发现语言失范现象。虽然语言标牌数量多，但是均能保持基本的语义正确，避免了歧义、错别字等问题的发生。此外，89.3%的调查对象都同意或非常同意Z医院的指路标识清晰，使他们能够准确地找到目的地。因此，Z医院能够在患者最关注的方面做好最基本的语言服务，通过清晰、准确的导医信息，提供正确就诊方向与就医流程，这是最基本也是最能体现医院语言服务态度的关键环节。语言环境中规范的信息表达体现了Z医院对语言环境整体规划的合理性与严谨性。

（三）语言服务制度特色

1. 相关语言服务规定体现了人性化特点

在推广普通话、规定医护人员在公共场合必须讲国语的前提下，Z医院并没有完全忽略少数群体的语言需求，在保证整体讲普通话的同时，还在门诊一楼设立了一个双语导医台。该导医台位置明显且比其他门诊的到岗时间提早一小时。这个特殊导医台的设立旨在帮助汉语水平较差的少数民族进行导医和相关问题的回答。双语导医台的设立体现了Z医院的人性化和关照少数民族群体的特征。在贯彻公共场合讲国语的原则下，能够为少数民族群体提供一个沟通交流的"小窗口"，不但方便了少数群体就医，也提升了医院的效率，是人性化的体现。

此外，Z医院还放置了意见簿，方便患者反馈意见，针对意见簿中的维吾尔语意见和问题反馈，找专人翻译成汉语标注在页面后，并使用维吾尔语进行回复。图1-17、图1-18关注了少数民族群体在就医过程中遇到的问题，积极倾听各族群众的意见。每一条意见下面都有相关人员书写的回复并标注该问题的解决措施和患者的后续态度。

这些措施既解决了国语不好的少数民族患者在就医过程中遇到难题，也减少了分诊台护士的工作压力。

除了关注少数民族群体的语言翻译需求以外，还关注了老年人使用自助服务机的问题。通过观察笔者发现，Z医院有两种自助服务机器的页面，一种是面向大众的，另一种是老年人专用的，如图1-19、1-20所示。

由于设备使用不熟练或根本不会使用的问题，导致许多老年人在获取检查报告或进行处方查询等问题的时候显得手足无措，很多老人对这使用这类机器感到紧张。

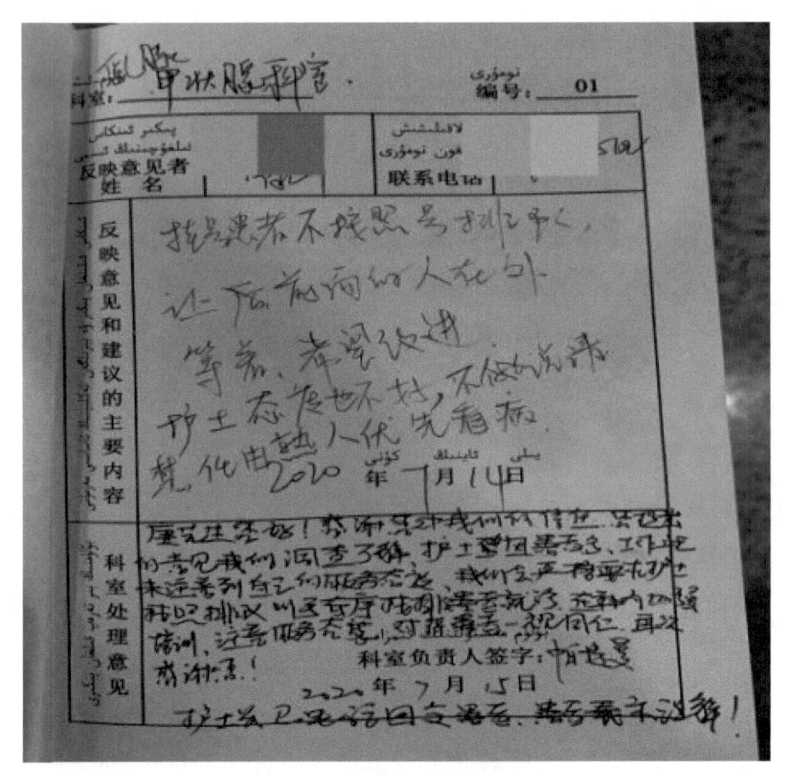

图 1-17　意见反馈信息簿 1

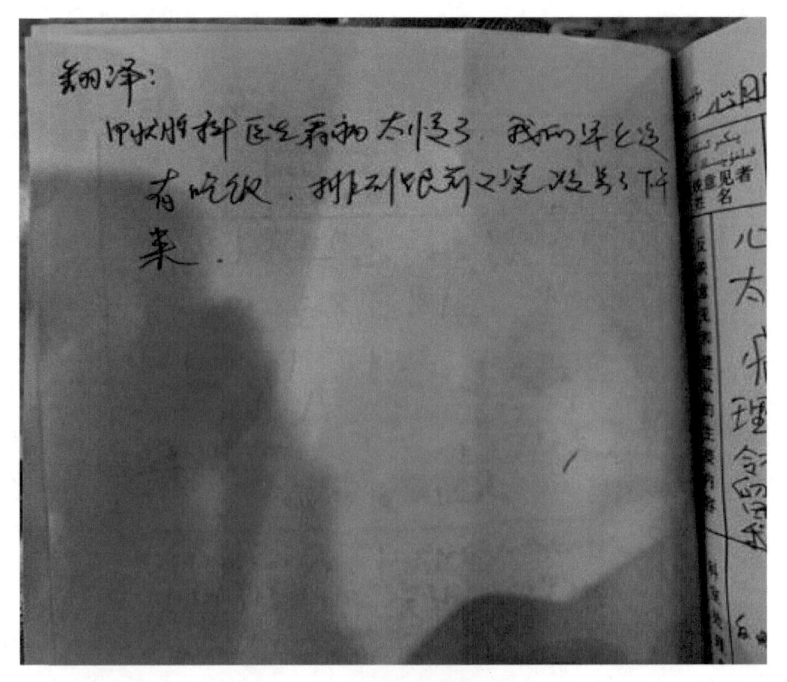

图 1-18　意见反馈信息簿 2

图 1-19　老人自助服务机导航界面　　　　图 1-20　老人自助服务机功能界面

老年人专用机旁边会有志愿者站岗，志愿者无偿为需要帮助的患者进行打印的相关操作，使用老年人专用自助机可以很好地解决老年人不会操作的问题。Z 医院设置老年人专用自助机，不仅保障了老年人在人流量大时能及时使用自助机，还帮助老年人解决了不会打印报告等技术性问题。通过志愿者的指引，老年人不用担心门诊充值、报告打印等问题，体现了 Z 医院的人语言服务的人性化特点。

2. 医院行为文化中的语言服务意识突出

在语言服务相关制度方面，Z 医院推崇"医护人员为病人多说一句话"的医院文化，希望通过医护人员在患者就医过程中多说一句话减少患者的麻烦、消除患者的疑虑、增添患者的信心、温暖患者的内心。此外，在各项工作制度和管理制度中都强调了语言文明以及语言的重要性，注重倾听患者的反馈，与患者进行交流。Z 医院还在门诊一楼设有医患沟通办，负责倾听患者意见，受理建议。患者在就医过程中有不满意的地方，可以通过拨打院内投诉电话进行投诉。

> 护士："医患沟通办属于社工部，是接受患者投诉的地方。接受患者投诉，然后追访，然后情节严重的给医护人员定罪。有效投诉科室和冲突者要受惩罚

的，比如扣钱、挨骂。最怕投诉了，要是医护人员过错得挨批评、扣钱。"

从这些内容可以看出，Z医院上级领导认识到了语言服务的重要性，医患沟通部门作为管理医护人员服务态度和服务行为的部门具有绝对的权威性和约束作用。这些都体现出了Z医院在制度、管理等层面的语言服务意识。

（四）小结

通过对Z医院语言服务情况的分析，笔者发现其语言服务方面的特色。主要通过医护人员的语言服务特色、医院语言服务建设的特色以及医院的语言服务制度特色进行阐述。

医护人员的语言服务特色主要体现在：一、语言服务过程中普通话标准，问卷调查显示，分别有97.1%和95.2%的患者同意或者非常同意医护人员讲话时的普通话很标准，医护人员能够依托较好的普通话水平为各种方言背景和语言背景的患者服务。二、检查报告的电子化留存专业且便捷，Z医院推出的小程序和公众号很好地承担了语言服务的角色，帮助患者随时随地查询自己的历史检查记录，检查结果可以长期保留在小程序的个人账户中。患者可以通过手机查询检查记录，形成历时的直观对比，生成个人电子档案。三、医护人员着装干净整洁。

语言服务环境建设方面的特色主要表现为：语言服务环境规划整洁有序，无论是整体的配色，及卫生状况，还是各科室门口标牌的摆放、展板上的内容，都有较强的统一性，其位置、内容整齐，是统一要求的结果；导医指示类标牌符合患者的实际需求，在问卷调查中，患者关注最多的标牌类型为导医指示类标牌，而Z医院对于导医指示类的标牌确实非常重视，有患者表示在这家医院从未有过导医指示类标牌指向错误的情况；环境中的语言服务信息表达规范性强，在收集到的语言服务标牌中未发现失范现象，整体的语言文字呈现较为专业，没有错字、歧义等内容。

语言服务制度特色方面主要表现为：相关语言服务规定体现了人性化特点，双语导医台、老年人专用自助服务机、志愿者服务均体现了Z医院制度人性化的一面；医院行为文化中的语言服务意识突出；Z医院推崇"医护人员为病人多说一句话"的医院文化，表明了Z医院对人性化服务的重视，同时也体现出了Z医院对优质语言服务的推崇。

四、Z 医院语言服务存在的问题

金无足赤，每个行业的语言服务都存在不同的问题。需要注意的是不同的行业对应不同的评价标准，医院的语言服务评价需要在患者的实际体验中产生，它不同于患者去理发、购物或旅游，因此患者在意的内容也不同。这一部分主要是根据 Z 医院实际存在的问题进行分析，以方便后续提出相关对策。

（一）医护人员语言服务存在的问题

1. 医护人员的礼貌用语使用有待加强

通过问卷调查，笔者发现评价最低的项目为医护人员礼貌用语的使用。当问到：护士/医生跟我说话时，会使用"请""您""不客气""再见"等礼貌用语时，患者给出的答案平均分为护士 3.37、医生 3.5。这一选项的分数在整个问卷中评分最低，这也反映出患者普遍对医护人员礼貌用语的使用情况有所不满。

> 笔者：他们会跟您说：您好、请坐、再见。这种比较礼貌的表达方式吗？
>
> 患者 13：这种的应该就没有那么标准的，可能会更口语化一些，我就觉得怎么混得不舒服了，类似这种可能你会比较生硬，没有不太会有这种词语出现。
>
> 患者 10：一般不会，除非他（医生）当时不忙，不然根本顾不上说这些，而且就算他们闲了也不会说"你好"这种词，最多先问下你"怎么了""你是什么问题"这种话。

因此，受到忙碌程度或者医护人员性格的影响，Z 医院医护人员礼貌用语的使用相较于其他方面表现得较为不足。访谈发现，有的医生会使用"你哪不舒服""你怎么了"这类话语直接开始病情的询问而略过了打招呼的礼貌用语，这是出于效率考虑的结果。

2. 医护人员语言服务个体差异性大

不同医生和不同护士的服务水平都不一样。通过调查发现，即使是医生也有语言服务情况较差的现象出现，护士的群体中仍然有人能够在百忙之中保持较好的语言服务。产生这种情况的因素很多，即使是同一位医生或者护士，在面对不同的患者时，他们的语言服务情况都是不同的。因此，Z 医院的医务人员语言服务并未呈现稳定的好评，而是在众多满意中存在着一些不满意的情况。例如：

  患者：你好，我刚在那刷了，它出来那个影像，但是没有单子。B超，昨天我看星期二做的。

  护士：（沉默10秒）没有。

  患者：刚刚在那出来了，我看到屏幕上有，它打印没有出来东西结果。

  护士：这周二吗？

  患者：这周二，就这周二。昨天没来，就今天去。刚那女的也是，她也是刷得出来，可以看到跟我一样见，结果也是不出单子。

  护士：（接电话）喂，行呢，好呢好呢，好，拜拜。

  护士：你周二为啥不取？

  患者：老人，弄回去了。

  护士：现在都找不到了。

  患者：刚刚我还看到了，那个机子它打印不出来东西，它不出结果，后面一个女的操作也一样的，也是屏幕上的结果出来了，他就没有打印出来，不出结果，不出单子，我刚刷的时候看到了我都。

  护士：我知道了，阿姨，别急，我得给你查，我打出来才是最重要的，我不打出来的话，咋弄呢？

  护士：叫啥？

  患者：贾××。

  护士：因为我们这要找呢，不是说所有病人都能留下，我给你打出来才是最重要的，光说机子上，我连5年前我生孩子的我都能找到，但是一样也打不出来。所以为啥说你们每一次做完要拿。拿不上，万一打不出来，耽误你们的看病呀。

  患者：谢谢。（拿上单子离开）

  中途患者：在刚才就看到这个画面了。

  护士：可笑的，哎，现在的人，自己的单子不拿来了都……

  患者2：辛苦了，辛苦了。

  护士：我要今天打不出来的话，就搞笑了，那就别看了。

  患者2：你们中午没下班是吗？

护士：不下班。

从上述对话可以看出，该护士对患者的服务态度并不热情。一开始，只是简短地回复患者的请求。整个人也是懒洋洋地支撑在桌面上，甚至在患者离开后，仍然跟下一位患者吐槽上一位患者不及时取走检查结果，并且对患者喋喋不休地讲述感到不耐烦。患者在自助服务机器上打印不出结果，所以就近求助了导医台的护士，这也是情理之中的事情。从整个对话来看，该护士有能力为患者解决这个问题，能够从系统中打印出这份检查单。但是，在沟通过程中，她并没有明确告诉患者"我查到了"，或者给予患者"我现在帮你打印""稍等一下"这类答复，而是说："因为我们这要找呢，不是说所有病人都能留下，我给你打出来才是最重要的，光说机子上，我连5年前我生孩子的我都能找到，但是一样也打不出来。所以为啥说你们每一次做完要拿。拿不上，万一打不出来，耽误你们的看病呀。"患者从护士的这句话中无法确切地知道到底能不能打印出检查单，但是随后护士已经将检查单打印好了。患者的要求达到了，但是护士并未安抚患者的焦急情绪，也没有直接了当告诉患者可以打印而减少患者的疑惑。因此，这种情况也说明，该护士并未做好相应的语言服务，该医院的语言服务存在着各种各样的差异。

3. 安慰性的体触语较少

体触语也是医护人员语言服务的一项内容，动作可以传达一些语言无法表达的内容，对于一部分患者来说，他们希望自己在难过、悲观的时候被医护人员拍拍肩膀或手臂安慰。在问卷调查中，有60.2%的患者同意或非常同意自己希望在就诊过程中被医护人员使用简单的"拍拍肩膀""胳膊"等方式安慰。而在实际的就诊过程中，分别只有48.6%和48.5%的患者同意或非常同意自己曾被医生或护士以上述的方式安慰了。因此，患者在体触语的期待和实际情况中存在一定的差距。通过访谈，有医护人员表示：

笔者：除了治疗、检查等必要的接触以外，您还会在什么情况下和病人接触？例如，安慰，提示等情况？

医生5：临床太忙了，一般除了和病情相关的事情以外，其他的事几乎不会有接触。如果有需要特别沟通的地方，会专门去跟他沟通的，否则一般的话，就是没有额外的接触。

医生8：病人情绪不稳定的时候安抚。

笔者：是会通过肢体接触的方式安抚吗？比如拍拍手臂或者肩膀、后背这种？

医生8：是的，拍拍肩膀或者后背。

通过以上两位医生的访谈可以看出，医生对是否以这种方式进行安慰没有统一的标准。有的医生因为忙碌或不习惯和病人发生额外的肢体接触，有些医生或护士则会处于同情和鼓励等多种因素给病人安慰。

（二）语言服务环境建设方面存在的问题

1. 语言服务环境中各类标牌占比差异大

就门诊楼而言，存在最多的标牌类型是提示警示类和导医指示类，激励暗示类和艺术赏析类只占3.3%，其他类别共占96.7%。虽然患者对导医指示类的标牌关注度最高，但并不代表他们完全不重视其他类型的标牌。患者来到医院，本身就有心理压力和焦虑情绪，如果医护人员因为工作繁忙而疏于安抚患者的焦虑和悲观情绪，那么医院就需要为患者提供一个疏导情绪的场所或通过标牌进行鼓励和暗示。笔者在访谈时提及患者是否会注意到激励暗示类的标牌时产生了以下对话：

笔者：您会注意到医院的激励类海报文字的内容吗？比如说一些张贴的心灵鸡汤这种鼓舞人心的。

患者12：这家医院很少，我没有注意到。基本上没有。

笔者：您觉得这些是有必要去张贴和存在的吗？

患者12：我觉得可以在卫生间搞一些，因为在卫生间可能有些人调整情绪或干啥的，可能都比较喜欢进卫生间，其实可以在那里面搞一些……其实我觉得他们可以加一些科普类的，比较科普类的东西可以在自己科室搞一搞，如果有空余的地方，比如说像妇科上面的有一些比较常见的，比如说像宫颈糜烂这种……让病人在就诊期间做一个等候的时候，可以了解一下基本信息，也可以缓解一下心理焦虑，就是对这种常见类的科学技术已经掌握的比较啥的，我觉得这些是可以的。还可以将某些科室的一些特定的技术做一个呈现，比如说引进的飞秒类似这种，我可能说的不够专业，类似这种他可以展示在科室外面，是让患者对现在的科学技术有一个了解，然后就对自己战胜病情可能会有一个更好的帮助，我觉得科高科技类的或者与时俱进的东西。

患者在就诊过程中几乎看不到激励暗示类的标牌。笔者认为，激励暗示类的标牌虽然不是看病时首要关注的标牌，但也是不可缺少的。患者来到医院就诊，难免有一部分人会有情绪低落、失望甚至绝望的情绪。如果医院忽视了对这类患者的关注，不但会影响患者的康复，还有可能使患者产生更为消极的情绪。因此，医院不应该忽略这类的语言服务需求。就像这位患者所说，有些患者选择在卫生间调节情绪，医院可以在保护整体空间整洁的前提下，在卫生间放置一些激励暗示类的标牌，帮助患者建立信心和勇气，完成自我的心态调节。

2. 语言标牌的语码取向不成规律

据统计，Z医院的语言服务标牌中共有"汉语""汉语+英语""汉语+维吾尔语""汉语+英语+维吾尔语"四种语码组合类型。四种类型无规律地分布在各种类型的语言标牌中。其中，数量最多的是"汉语"，占70.8%，然后是"汉语+维吾尔语"占22.8%，最后是"汉语+英语"及"汉语+英语+维吾尔语"，分别占5.1%和1.1%。通过观察对比，不难发现，"汉语"的标牌比较新，"汉语+维吾尔语"的标牌普遍比较旧，如图1-21所示。

可以明显地看到，对于提示小心烫伤的内容有重复，且"汉语+英语+维吾尔语"的标牌明显早于"小心烫伤　请勿倒杂物"的标牌。相较于旧标牌，新标牌强调的内容更多，但使用的语言种类变少了。这种改变，我们可以将它视为普通话推广的原因和结果，然而图1-22又推翻了这一说法：

该提示的张贴时间为近三年，但依旧使用了"汉语+维吾尔语"的方式。我们可以将这种行为理解为：使用更多的语言进行提示，有助于更多的患者能够看懂、读懂相关提示，从而避免违反医院的防疫要求，或使得患者不错过这类重要信息。但是通过查看所有提示警示类文字提示后，笔者发现，并不是所有警示提示类标牌都使用了多语的方式进行制作。由图1-23、1-24所示，当院方提示患者保持安静时，采用了"汉语+英语"，且加上了图片辅助理解，警示孕妇、儿童注意辐射风险时使用了汉语的标牌，加上了图画以帮助所有人理解。

以上四张图均为提示警示类的语言服务内容，但是它们使用的语言各不相同。除了汉语之外，对第二种语言的使用没有固定的选择，对于英语的使用更是无法确

图 1-21　电茶炉上的标牌

图 1-22　座椅上的标牌

图 1-23 双语图片标牌

图 1-24 放射科检查室标牌

081

定有无。可以看出，对于 Z 医院语言服务标牌的建设没有统一语言使用标准，对于第二语言的使用与否、使用哪一种都没有固定规律。

3. 宣传类语言服务有待加强

通过观察笔者发现，Z 医院门诊楼有关宣传科普类的内容不足。在现有的宣传科普类样本材料中，有关医院院训、价值观念以及消防安全的宣传科普占据该部分内容近一半，剩余内容才是有关医学技术、医生介绍。患者来到医院是治疗疾病的，他们最关注的内容在于自己的疾病是什么样、哪些医生擅长治疗我的疾病以及自己能选择哪些医生。因而，对应到现实情况中会发现，Z 医院有关疾病科普、医生介绍的语言服务不够，各科室对医生的介绍仅限于个别的特需专家，对于一些特色的专家和手术技术介绍不足。

有患者在接受访谈时表示："因为医生的介绍都很优秀，但是分不出来这些实际上在一线的医术的好坏。"患者虽然能够在小程序或科室门口看到医生的相关介绍，但是由于介绍内容无法直接体现出医生的实际水平，这会使第一次来就诊的患者在

图 1-25　科室专家介绍牌

选择医生时感到困惑。

4. 部分语言服务设施需要优化升级

Z医院所有需要叫号的环节都采取屏幕叫号的方式进行，因为屏幕更适合处理大量的变动信息。Z医院问诊、检查、取药等环节均使用电子屏幕叫号的方式进行且均使用统一尺寸的电视屏幕展示。作为语言服务的关键设施，Z医院的叫号屏幕较小，患者距离屏幕有5-10米的距离。屏幕每次呼叫两遍患者的序号和姓名并在此期间将患者的姓名最大化显示，五秒钟之后还原成小字体，统一展示各个诊室的就诊人姓名和序号。许多中老年患者因为担心看不到屏幕上面的字而守在屏幕附近，因为坐在后排很容易看不清屏幕上的问题而错过就诊提示。

此外，在观察中笔者发现，个别门诊会利用电子屏幕展示提示信息。如图1-26所示：

图1-26中左边的屏幕用来展示抽血患者的序号，右边的屏幕展示的是一些注意事项。由于字体较小，患者很难看清，必须走到屏幕前才能正常阅读该屏幕上的文

图1-26 叫号显示屏与叫号提示

字。且由于留白多、画面过于简单，该屏幕很难被患者注意到。因此，不合适的屏幕尺寸会影响患者对于相关信息的获取，使患者不得不保持紧绷的状态以避免错过自己的就医提示。

（三）语言服务制度方面存在的问题

1. 相关语言服务制度未落实到位

通过对相关制度的整理，Z 医院对病区管理制度中有一项规定为：每月召开患者沟通交流座谈会，征求意见，有记录。通过笔者对 Z 医院医护人员进行访谈，笔者询问了 Z 医院有关患者沟通交流座谈会的具体情况得到了以下回答：

> 笔者：你们每个月都会举行患者沟通交流座谈会吗？
> 护士：没有，但是会举行健康讲座之类的。

通过访谈可知，Z 医院虽然制定了患者沟通座谈会的制度，但是并未很好地落实。患者能够通过拨打投诉电话对不满意的服务进行投诉，但并不是时时都能打通。针对这个问题有患者表示：

> 患者13："今天挂内分泌科，排了三个小时的队没有叫到我的号，中间半个小时没叫号，问护士说正常叫着呢。过了十分钟，还是没叫号。问了另一个护士，另一个护士说主任开会去了，过会儿就回来，快到下班了，还是没有回来，再次问护士台，说主任出去了……请问出去之前不把名下的号看完吗？就这么随意离开吗？投诉了，没有后续了。诊室投诉无门，他们放到电梯口的那个'一站式'（投诉电话）里的电话根本没有人接。"

该现象可以反映出，Z 医院虽然设立了医护人员服务态度的监管部门和投诉渠道，但是并没有对该部门给予足够的重视或者对该部门的监督有所缺失，致使患者在投诉的时候发生了上述这种无人接听以及无人受理的情况。

2. 现有的语言服务制度存在感低

通过一段时间以来对 Z 医院相关工作制度的收集，笔者在门诊大厅、诊室、病区均未找到专门的有关医护人员语言服务的制度。通过对医护人员的访谈，笔者发现 Z 医院医护人员对于本院语言服务的相关制度也并不了解。

> 笔者：您所在的医院有医务人员语言使用方面的规定吗？具体实施了吗？是否有相应的奖惩措施？医院的规范管理条例中有提倡使用行业文明用语（要求或提倡使用的工作用语）吗？
>
> 医生：这个据我了解应该是没有的，主要就是一个态度问题，需要有一个良好的态度跟病人沟通，其他具体的语言用法规定没有。
>
> 医生：没有这方面的规定，但是这些，临床实验的过程当中，你都有上级大夫，上级大夫都会教你怎么沟通的，教你怎么说的，你沟通不了的，搞不定的，还有上级大夫在，所以这是就作为了一个，就像你在临床上不断学习，提升临床业务能力，同时也在不断提升你的沟通技巧的一个能力。没有专门在这方面的规定或者是实施或者奖罚措施这些。因为我们是临床科室，当然以服务为主的科室肯定会有要求，比如说患者服务中心，或者是什么，其他的一些对外的窗口可能会有要求，这个具体我不太清楚。
>
> 医生：有宣传，要求医务人员使用礼貌用语，但是没有奖惩措施。
>
> 护士：他这方面的规定好像还没有，但是文明用语是每个行业都是，都是那个潜规则、潜规定，不成文的规定就是文明用语。医院里面最重要的、对病人影响最大的还是医务工作者的态度。文明用语倒还行，就是医院，要给病人一种亲和的感觉，而不是说你是一个多文明，怎么怎么样。

通过访谈，笔者发现，Z 医院对医护人员言行举止的统一的规范准则存在感较弱，可能确实存在相关的规定，但是一些医护人员并不清楚，也不了解。因此，可以看出 Z 医院在语言服务相关制度的制定、贯彻和实施方面存在一定的问题。

笔者对比了其他与 Z 医院等级相似的综合性三甲医院，发现另一家 Y 医院对本院职工的行为规范做了明确的规定。该医院对本院职工的仪表、举止行为、文明用语、服务要求等方面制定了明确的行为规范，并张贴在医院走廊处，起到了时时提醒和警示的作用。因此，对比 Y 医院，会发现 Z 医院在员工行为规范方面缺少一个明确的规范，或者未能将已有的规范张贴公示起到提示和警示的作用，在医护人员心中的存在感低。

图 1-27　医院员工基本行为规范

（四）小结

本部分结合访谈和图片资料对 Z 医院语言服务存在的问题进行了分析并阐述了问题存在的原因。主要从医护人员的语言服务情况、语言服务环境建设情况、语言服务制度建设情况三个方面进行了总结。

医护人员的语言服务情况方面，主要有医护人员的礼貌用语使用有待加强，医护人员语言服务情况个体差异大、安慰性质的体触语较少。

医护人员礼貌用语的使用受到患者数量和医生性格等因素的影响。患者表示，有些医生会利用"你哪里不舒服了"或者"你怎么了"这种话语代替打招呼问好的行为。其次，医护人员语言服务个体差异大的情况主要体现在不同的医护人员服务态度差异大，有些医护人员耐心和善，有些则态度较差，被患者投诉或与患者直接发生激烈口角。最后，医护人员除了职业性质的体触之外，很少发生安慰性体触，对于该问题，不同的医护人员具有不同的观点，大部分访谈对象表示不会对病人发生额外的体触行为。

语言服务环境建设方面的问题主要是各类型语言标牌的占比差异大、语言标牌的语码取向不成规律、宣传类语言服务有待加强、部分语言服务设施需要优化升级等问题。首先，笔者发现，Z医院的导医指示类、宣传普及类、提示警告类、激励暗示类和艺术赏析类标牌中，激励暗示类和艺术赏析类的标牌只占所有标牌的3.3%，占比太小。通过访谈，笔者发现，有一些患者对激励暗示类标牌存在需求，但是她们却很少在Z医院见到此类的标牌。其次，Z医院各类标牌的语码取向不成规律，整体的语码取向不规律的同时，对于不同类型的标牌也未做到语码的统一。表现为"汉语""汉语+维吾尔语""汉语+英语""汉语+英语+维吾尔语"等组合形式混合呈现，对于语码的选择不够明确。再次，对于宣传类的语言服务有些欠缺，主要表现为两个方面：一是整体环境侧重于导医指示类的语言服务，但是宣传类语言服务作为其中的重要内容未能呈现得更好；二是Z医院对于科室医生的介绍不够清晰，除特需专家以外，其他医生的介绍缺少重点和新意，有患者表示无法从简单的医生介绍上看出医生医术的好坏。最后，Z医院虽然整体的语言服务设施优良且现代化，但是一些设施还需要进行升级，主要是叫号显示屏幕小，不方便近视及老年患者清晰地查看显示屏。

语言服务制度方面存在的问题主要表现为相关语言服务制度未落实到位、现有语言服务制度存在感低两个方面。首先，笔者通过调查发现Z医院一些科室病区管理的条例中存在医患沟通交流座谈会的规定，但是通过访谈发现该类座谈会并没有照常、按时举办。此外，Z医院的患者一站式服务中心也存在电话经常打不通的情况，虽然患者服务中心对于医院医护人员具有较强的约束性，但是其自身缺乏一定的约束。其次，笔者通过调查未找到Z医院专门的语言服务制度或管理条例，对比同规模、同等级的其他医院，Z医院语言服务方面的规则少，缺少专门针对医护人员言行举止的规则。通过访谈发现，医护人员对于院方制定的言谈举止方面的规定了解不多，这在一定程度上说明了Z医院相关制度在医院整体环境中和医护人员的意识中存在感较低。

五、Z医院语言服务的相关思考及建议

医患沟通离不开语言服务的支持，患者来到医院寻求的不仅仅是纯粹的医学器械治疗和药物治疗，还需要医护人员良好的语言服务扮演"安慰剂"和"镇定剂"的

作用。不可否认的是，Z医院在语言服务方面存在着诸多优势，但其中也不乏一些不足之处。我们需要针对其中的不足之处进行思考，提出切实可行的建议。本部分将立足前一部分中提出的问题，提出有针对性的意见和建议，帮助Z医院语言服务行为优化和制度的完善。

（一）针对医护人员语言服务的思考和建议

Z医院医护人员在语言服务诸多维度的评价上存在差距，患者对医生的评价均高于对护士的评价，但是不同的医护人员语言服务的风格、偏高都有所不同。整体来说，Z医院医护人员在语言服务过程中礼貌用语和体触语的使用体现出的满意度最低。因此，需要提出相应的对策解决上述问题。

1. 合理开展语言服务培训

针对医护人员语言服务差异大的问题，院方可以制定更加科学的语言服务培训制度。因为并不是所有医护人员都存在语言服务的问题，院方只需要对语言服务有问题的医护人员进行培训即可。这样既可以解决语言服务情况个体差异大和群体差异大的问题，还能够避免耽误其他医护人员的时间。院方可以针对语言服务行为设置便捷的投诉方式。通过核实和之后对相关医护人员进行语言服务的培训，帮助他们增强语言服务意识，注意自己的行为说话方式，以消除或缩小语言服务个体和群体差异大的问题，增强患者的满意度。

2. 重点强调礼貌用语的使用

医护人员的文明用语、礼貌用语直接关系到语言服务的效果，Z医院医护人员对礼貌用语的使用需要加强。因此，还需要在服务培训中强调文明用语、礼貌用语的使用，注意避免使用禁忌语。可以创新培训的方式，通过角色互换等方式体会病人感受，特别是针对有过语言服务方面投诉经历的医护人员，应该着重培训她们，而对于体触语这种有争议的语言服务行为，可以举办讨论会或开展临床试验进行简要试点，总结出一套合适的体触语的行为和原则。

3. 加强对医护人员语言服务行为进行的监督

任何制度和规定的落实都需要有人监督才能落实。但是对于医护人员的监督不能太紧也不能太松。Z医院可以加大语言服务监督的力度，借鉴其他行业的语言服务监督方法，对医护的语言服务工作进行监督。具体监督方式可以为：增加意见反馈渠道，对医护人员形成隐形的制约，以更好地规范他们的语言服务行为。还可以学习其他行业的监督方式，例如派相关部门的人伪装成患者进行语言服务和整体服务态度的调查。有了监督，医护人员才能够更加认真地对待患者，同时也能够提供更好的语言服务。此外，对医护人员服务行为的监督还需要依赖患者，患者对医护人员做出的真实评价，能够反映医生真实的服务态度。医院相关部门应该真正了解患者的就医需求与就医感受，建立多渠道的投诉、反馈机制，帮助患者进行相关问题的投诉和建议。医院通过收集这些数据，可以较好地掌握医护人员的服务行为，可以帮助院方了解并采取后续措施进行改进，同时，患者反馈渠道的拓宽也会使医护人员提高语言服务意识，优化自己语言服务态度，注意自己的言行举止，从而达到更好的语言服务效果。

（二）针对语言服务环境的思考和建议

优质的语言服务离不开硬件设施的支持，Z医院的语言服务设施环境整体较好，硬件设施也相对充足且现代化，但是对于相关资源的分配与硬件设施的利用问题存在不均衡和不合理的现象。因此，可以从以下几个方面进行改善：

1. 增加宣传科普类和激励暗示类内容

Z医院的语言服务环境中除了提示警示类内容以外，最多的是导医指示类标识，其他的类型都比较少，特别是激励暗示类和艺术赏析类。通过访谈，可以发现患者仍然有调节情绪的需要，他们希望院方通过在特定场合放置激励暗示类标牌帮助自己或者其他患者进行情绪的安抚。因此，笔者认为，Z医院应该适当增加一些激励暗示类标牌，充分利用卫生间、楼梯间、出口等位置，给患者一种温暖的情绪关怀。

除了激励暗示类内容以外，宣传普及类也是需要院方关注的重点。Z医院的宣传普及类标牌中有许多内容都是关于医院文化的宣传，对于新技术、医生的介绍比较少。患者来到医院就医，最关注的莫过于医生的水平、擅长的方向以及某些疾病的治疗信息和相关科普。但是在门诊楼中，有关医生的介绍方式和类别很局限：一类是对于"最美医生"的宣传；一类是对于"特需专家"的宣传。对于普通的专家介绍较少，对普通医生的介绍更是没有。因此，笔者建议Z医院应该在分诊台周边增加这类的宣传，考虑到Z医院比较注重导医大厅环境的整洁，笔者认为可以在每个科室导医台后方增加一块电子屏幕，采用滚动展示的方式对不同的医生进行擅长方向的介绍，帮助患者找到最适合自己的医生。对于相关的医学技术和医学常识科普也可以通过这种方式进行展示，既能做到灵活更新，又能使患者在等候期间打发时间，了解相关医学常识。

2. 统一不同类型标牌中的语码选择

语言标牌是患者在医院获取信息的重要渠道之一，合理的语码设置能够方便患者在就医时少走弯路、规避风险，同时也能提高院方的工作效率。面对 Z 医院语言标牌中语码分布混乱的现象，笔者认为院方应该对医院环境中的标牌进行统一的规划。一方面，及时撤下老旧、破损的标牌，对同一位置有重复信息的标牌进行筛选和取舍。另一方面，院方应该综合语言政策和患者的实际需求，尽快确定哪类标牌使用双语或多语，哪类标牌不需要使用双语或多语，根据患者的实际情况确定是否使用英语或哪类标牌使用英语。例如，作为提示患者保持安静的标牌采用英语和汉语，会导致英语发挥的效果低，造成一定的浪费。

3. 优化语言服务环境建设和硬件设施

采用电子屏幕显示信息具有一定的优越性，这种方式灵活、便捷，但是对显示屏幕的大小有一定的要求。当小屏幕展示过多的文字信息时，会缩小字体，患者很难在等候区的椅子上看清，也就很难接受到院方想要传达的信息。此外，电子屏幕叫号展示时间短、字体小等问题也对老年患者不够友好。因此，笔者建议医院应该对当前的电子屏幕进行部分升级。除去取药区域的电子屏幕以外，其他区域的电子屏幕都应该增大屏幕尺寸，这样就可以放大字体，帮助患者更清晰地看到自己的名字，同时也给增加宣传普及类内容提供了硬件上的可能。此外，应该灵活利用升级版的大屏幕，通过大屏幕实现导医、宣传、通知、提示等内容，既方便患者获取相关信息，也便于院方宣传相关内容、介绍院方特色。屏幕尺寸越大，患者越能够被屏幕的内容吸引，院方的宣传效果也会更好。

（三）对语言服务制度的思考和建议

1. 加强对医护语言服务行为的监督

患者在就诊过程中遇到服务态度差或者不合理的现象时，可以通过拨打投诉电话解决。这本来是保障患者权益、提升院方服务水平的一项举措，Z 医院设立投诉监管部门的初衷也是如此。但是有患者反映一站式投诉电话打不通、没人接这种情况也说明了 Z 医院对相关业务不够重视。因此，笔者认为，Z 医院应当加强医院监督部门的工作力度，至少保证日间工作时间的在岗状态。同时拓宽语言服务及各项服务的反馈渠道，例如：增加意见簿、意见箱，同时也可以利用二维码的方式扫描反馈意见。通过多渠道的拓展，广泛收集患者的意见，通过专人的归纳整理结合实际情况进行整改。语言服务不是表面功夫，只有认真听取意见并积极寻找解决方法，才能走得更远。

对于不同科室举办患者交流会的落实情况也应该实时监督，住院患者在院期间有大量的时间面对医护人员，这时候的语言服务将会影响病人的心情甚至后续的康复。病人住院期间对医院的语言服务会有更深的体会，更适合作为医院发现自身问题，改善相关语言服务的重要突破口，因此，Z医院应该将医患交流座谈会推行下去。

2. 增强相关语言服务制度的存在感

语言服务制度作为直接约束语言服务的措施具有十分重要的意义。如果只是停留在制度和规则的制定而不去监督和落实，那么制度就形同虚设。Z医院的语言服务制度存在一定的缺失，在病区、诊室、门诊大厅等地方均未发现专门针对服务行为的规范。但是我们不能直接断定Z医院不存在这一规范制度，通过医护人员的访谈可以看出，医院职工也有很多不了解这一制度，因为他们日常工作中没有看到类似的规定。有些医护人员所说的规定只是自己科室的规定或者一些口头要求的规定。针对这一现象，笔者认为，Z医院有必要对相关语言制度和规范进行院内的宣传普及，也可以像Y医院一样将这项规定张贴在某些特定位置，增强该制度的存在感，从而对医护人员的语言服务行为起到一定的提醒和约束作用。

（四）小结

针对Z医院语言服务存在的问题，笔者通过分析，结合实际提出了相应的建议以供参考，该部分围绕Z医院医护人员的语言服务、语言服务环境建设、语言服务制度三方面存在的问题提出建议和对策，以期帮助Z医院提升语言服务水平，更好地服务患者。

首先，针对医护人员语言服务情况提出的建议有：一、合理开展语言培训服务，不是无差别地集体培训，也不是一概不管，应该对有投诉历史的医护人员进行语言服务培训。此外，培训的内容应该贴合医护工作的实际情况，帮助医护人员在提供医疗服务的同时更好地提供语言服务。二、重点强调礼貌用语的使用，由于患者对Z医院医护人员的礼貌用语使用情况满意度较低，无论出于什么原因，都应该引起院方的重视，并根据实际情况建议医护人员合理使用礼貌用语。三、加强对医护人员语言服务行为的监督，增强监督力度，主要是通过患者评价和院方走访等方式进行，扩宽患者监督投诉的渠道，对那些态度恶劣的医护人员形成制约。

其次是针对语言服务环境提出的建议：一、根据患者的需要，增加宣传科普类和激励暗示类的内容，可以帮助院方更好地宣传介绍自己，也可以帮助患者更好地了解到相关医疗信息。激励暗示类内容则是一部分患者情感上需要的内容。二、统一不同类型标牌中的语码选择，无论选择哪种语码都应该至少保持某一类型标牌中语码的一致。三、优化语言服务环境建设和硬件设施，将门诊叫号的电子屏幕升级为更大的屏幕，使患者看得清、听得清屏幕上的名字和内容。

最后，对 Z 医院语言服务制度的建议：一、加强对医疗语言服务行为的监督，已经有明确条文公示的语言服务相关制度应该积极落实，院方可以监督相关科室和院区来落实这些规定。二、增强相关语言服务制度的存在感，通过张贴已有的语言服务相关制度或专门制度，使医患双方对该规则多一份了解，同时也使医护人员增强语言服务的意识。

六、结语

良好的医患关系离不开语言服务的支持。因此，本次调查以乌鲁木齐市 Z 医院的语言服务为切入点，通过 Z 医院医护人员的语言服务实践情况、语言服务制度建设情况及语言服务环节建设等情况，结合观察、问卷调查和访谈，进行全面分析。在现实情况的基础上，分析 Z 医院语言服务各方面存在的特点和不足，并针对不足提出具有可行性的建议。希望能够通过该项语言服务的调查结果对相关医疗行业的语言服务建设及完善起到参考作用。

本文通过问卷调查和观察的方式，对医护人员的语言服务情况进行了调查分析，利用问卷星提供的线上问卷进行的患者对医护人员语言服务满意度的调查。主要围绕口语、书面语、体态语三个维度进行医护人员语言服务实践情况的分析。调查过程中使用访谈法对患者和医护人员进行访谈，对相关问题进行深入挖掘，同时对医护人员的服务过程进行观察，发现其中的特点和不足之处。此外，通过问卷和观察两个方面的综合情况分析 Z 医院语言服务环境建设情况和相关制度的情况。

对于 Z 医院医护人员的语言服务方面，本研究主要结合观察、访谈、问卷的方式对 Z 医院医护人员的口语、书面语、体态语等方面进行了详细分析。结果显示，Z 医院医护人员的普通话水平、衣着等方面令患者满意，但在礼貌用语的使用和体触语方面的评价较低。医院统一采用电子化病历和检查报告的电子化留存，具有方便快捷的效果。

在语言服务环境建设方面，笔者通过实地调研和观察，发现 Z 医院对于语言标牌的粘贴和摆放具有一个统一的标准和顺序，整体环境舒适整洁。笔者将现有的语言标牌分为五类，分别为导医指示类、宣传普及类、激励暗示类、艺术赏析类、提示警示类五种类型。本研究就其语言使用情况、语码种类、宣传媒介三个方面进行了详细分析。结果显示，Z 医院对于提示警示类和导医指示类的语言服务建设更为全面，对于宣传普及、激励暗示、艺术赏析类的语言服务建设有待完善。此外，Z 医院各类标牌的语言规范性强，没有错别字、歧义句，但不同标牌的语码取向不一致，形成了汉语为主，英语、维吾尔语与汉语组合无规律的情况。

在语言服务制度建设方面，笔者通过查找 Z 医院有关"语言"的规章制度和医院文化内容，发现 Z 医院的医院文化体现了较强的语言服务意识，但其他有关语言服务的规章制度仍然有所欠缺或存在感过低。部分科室存在语言服务相关制度落实不到位的情况，医护人员对院方言行举止方面的规定了解比较少。现有制度主要局限于病人处理等问题的，对语言服务的制度建设有待加强。

受个人知识水平、科研能力和调查对象及调查范围的限制，本文的分析还存在诸多不足之处。本次调研的研究对象调查不够深入，对问题的观察缺乏新颖的角度，对问题的解读和分析浅显，不够全面。但还是希望通过本文对医院语言服务现状的研究提供一定的参考。

苏州园林语言服务现状调查研究

李啸天

摘 要：语言服务是指通过语言文字、语言产品、语言技术等所进行的各种服务，具有实践性强的特点。本文通过对苏州园林景区语言服务建设现状、苏州园林工作人员语言服务、游客的语言服务需求情况进行调查，采用观察、问卷调查和访谈等研究方法，在此基础上分析苏州园林语言服务的特色与不足之处，并对苏州园林语言服务建设提出建议。笔者希望通过该项调查研究，对包括苏州园林在内的旅游行业的语言服务建设、调整以及优化起到借鉴作用。

本文第一部分介绍研究背景、目的及意义、文献综述、研究设计和创新之处；第二部分分析了苏州园林景区语言服务建设的现状，包含景区语言服务的内容和景区语言管理两个方面；第三部分以91名苏州园林工作人员为调查对象，对其语言使用、语言服务的意识和水平等方面进行分析；第四部分归纳概括出苏州园林语言服务人员用语规范、服务环节全面细致以及服务方式现代高效三个方面的特点；第五部分对243名苏州园林游客的语言服务需求进行调查，分析了游客对有声语言服务和无声语言服务的需求；第六部分分析了苏州园林景区语言服务建设、工作人员语言服务水平以及与游客沟通三个方面存在的问题；第七部分从优化景区语言服务建设、加强工作人员语言培训、完善游客反馈收集服务三个方面提出建议。

本文的创新之处：一是基于调查提出旅游领域语言服务的三个类别；二是从提供方和需求方两个角度对苏州园林语言服务进行全面分析。本文不足之处在于对苏州园林工作人员和游客调查不够全面。

关键词：语言服务；苏州园林；现状调查

一、绪论

（一）研究背景

党的十九大报告强调要坚定文化自信，建设社会主义文化强国。作为新时代国家文化战略，提高国家文化软实力的重要性不言而喻。语言是文化的载体，是人类最重要的交际工具和思维工具。研究表明，80%的信息是由语言文字来承载并传递的，语言与文化的关系密不可分。《国家中长期语言文字事业改革和发展规划纲要（2012—2020年）》提出要利用好语言资源的文化、经济价值，积极发展语言产业，为社会提供多样化语言服务。

早在1986年，我国全国语言文字工作会议提出要加强语言文字的基础研究和应用研究，做好社会调查和社会咨询、服务工作。2012年12月，教育部和国家语委提出："建设语言文字应用咨询服务平台，利用现代信息技术等多种手段，为社会提供语言文字政策法规、规范标准和语言文字使用等的咨询服务。"[1]

语言服务具有巨大的经济潜力。瑞士日内瓦大学经济学家弗朗斯瓦·格林（Francois Grin）教授研究发现：瑞士语言的多样性，每年可创造约500亿瑞郎收入，约占瑞士国内生产总值的10%[2]。在我国，语言服务产业起步较晚，但人口红利和国家扶持使得我国语言服务产业发展迅速。目前，我国的语言服务产业正处于重大战略机遇期，在国内社会、经济飞速发展的背景下，语言服务产业是典型的知识经济、低碳经济、绿色经济，低耗能、无污染、科技附加值高等优点使得语言服务产业不但具有促进国民经济增长的经济效益，而且具有服务语言生活的社会效益，同时能够带动文化产业等相关领域的繁荣发展。当今人们对旅游的需求急剧增长，旅游行业，尤其是文物和文化遗产类旅游景点，往往需要对景点历史、文化背景的文字展示或宣传介绍等语言服务。语言学研究应重视旅游行业的语言服务，通过语言层面的服务来提高文化旅游行业的服务质量，优化调整旅游产业结构和服务现状。旅游行业语言服务水平一定程度上体现了一个景区整体的服务意识及服务水平，同时语言服务发展产生的语言需求、文化消费、语言产业链等现象更是值得我们去深入研究，挖掘背后的社会、经济、文化价值。

"江南园林甲天下，苏州园林甲江南"，中国四大园林中，苏州的拙政园和留园

---

[1] 李宇明. 语言服务与语言产业[J]. 东方翻译, 2016, (4).
[2] 贺宏志, 陈鹏. 语言产业引论[M]. 北京：语文出版社, 2013.

独占其二。自1997年起，拙政园、留园、环秀山庄、网师园、狮子林、耦园、沧浪亭等9座古典园林被联合国教科文组织列为《世界遗产名录》。苏州园林无论是国际知名度，还是在国内旅游界，都堪称风景名胜区的典范。笔者在调研中也观察到游客前往苏州旅游必定前往苏州园林，以苏州园林为代表的旅游收入为苏州经济繁荣发展做出了巨大贡献。因此，本研究决定以分布于苏州的众多园林为研究对象，以苏州园林语言服务现状为主要研究内容。苏州园林是含蓄蕴藉的，其本身蕴含的文化内涵需要景区语言服务来宣传、介绍给游客，同时更加需要语言服务来推广和继承。目前苏州园林的语言服务建设还存在较多问题，具体不仅体现在对外宣传过程中苏州园林景点名称、园林介绍的翻译失误等现象，而且国内游客游园过程中都普遍存在"看不明白""摸不清""听不懂"等问题[①]。因此，在向广大游客展现苏州园林这一世界文化遗产的魅力时，应当注重景区所提供的语言服务，本研究的意义也因此呼之欲出。

（二）研究目的及意义

1. 研究目的

苏州园林作为世界文化遗产而享誉世界，吸引了全国乃至世界各地无数的旅游者。苏州园林在为游客带来精神文化盛宴的同时，肩负着承载和传播中国园林文化的使命，做好苏州园林语言服务工作十分重要。当前包括苏州园林在内的旅游业发展存在一系列问题，诸如主体服务意识和服务水平不高、产业结构待优化、与国际接轨能力较低等。针对这些现象和问题，本调查研究希望通过对具有代表性的各大苏州园林为研究对象，调查了景区内宣传、指引、介绍三大类语言服务建设情况，并根据景区所提供语言服务的形式进行分类；其次从游客的语言服务需求和对景区提供各项语言服务满意度的反馈等方面进行分析，双向了解该景区语言服务的真实情况，并分析和揭示了其存在的特点和问题；最后针对这些问题，综合运用语言学知识思考分析并对苏州园林景区语言服务提出优化策略。

2. 研究意义

（1）理论意义

本研究的理论意义在于丰富应用语言学下语言服务相关研究，是语言服务理论

---

① 文文. "听懂"苏州园林，需要重新掂量导游的分量[N]. 苏州日报，2017-11-02，（A07）.

在旅游行业的探索性研究。语言服务理论的成熟和发展离不开各行各业语言服务的进一步调查研究，因此，本调查研究在丰富和拓展应用语言学和语言服务理论的内涵和外延方面起到一定积极作用。本研究是在语言服务理论指导下对新时代下蓬勃发展的以苏州园林为代表的旅游行业的进一步调查、分析和优化，是语言服务应用层面的微观研究。

此外，本研究在旅游产业探索、开发和利用语言资源的新形式和新作用的基础上，在理论上构建语言服务在旅游领域的研究视角和模式。某种程度上也是应用语言学学科与旅游管理学科的交叉研究。

（2）实践意义

本研究的实践意义首先体现于促进苏州园林旅游行业语言服务意识和水平的提升。本研究以景区语言服务建设——语言服务现状、工作人员以及游客为切入点，针对景区语言服务建设中的语言服务状况（主要为宣传类语言服务、指引类语言服务以及介绍类语言服务）的调查可以直观地了解到目前苏州园林旅游行业语言服务的实际情况，尤其是讲解员和安保等工作人员语言能力、语言服务意识和水平等。而针对游客对景区语言服务需求和反馈调查可以探寻目前苏州园林景区语言服务建设中存在的问题以及需要改进的环节，以此为借鉴，从而切实有效地推动旅游业语言服务意识和水平的提升。

其次，通过为语言服务提供方和管理方建言献策，该研究有利于旅游行业语言服务规范标准的制定与实施和语言服务提供方语言管理水平的提升。行业的健康发展离不开强有力的制度规范进行制约和保障。虽然有关旅游行业语言服务标准规范的条例规定已相继出台，旅游行业也自主制定了相应的员工语言使用要求，但这些规范要求往往只关注于语言使用的部分方面，并非完整考虑到语言服务的口头语言、书面语言和体态语言等诸方面。

本项调查研究涉及苏州园林语言服务的诸多方面，以及游客对于这些服务的需求和满意度反馈，研究结果有利于推动苏州园林以及其他旅游行业制定与实施全面的规范标准，以期帮助苏州园林旅游行业语言服务提供方和管理方更好地为游客提供语言服务，提高游客口碑、增加游客数量，从而增加经济效益，为优化和完善以苏州园林为代表的旅游行业的宣传、指引和介绍等具体语言服务工作提供新思路。

（三）文献综述

1. 关于语言服务研究的脉络梳理

本文所使用的"语言服务"概念并非指语言翻译服务，而是通过语言文字、语言产品、语言技术等所进行的各种服务[1]。由此可见，语言服务更加侧重于社会实践。

（1）国外研究综述

首先需要说明的是，国外"语言服务"（Language Service）概念的指向比较明确，主要指语言翻译服务[2]。笔者收集文献时，通过在"Google Scholar""ScienceDirect""Wiley""Springer"等英文数据库中键入"Language Service"关键词检索，得到的围绕"语言服务"这一理论或者学术概念本身展开的研究几乎空白。但从语言的服务性来看，国外的语言服务研究具体落实各个领域之中。根据张文、沈骑（2016）的观点，国外的语言服务研究主要体现在四个领域：语言服务与商务环境、语言服务与休闲旅游业、语言服务与酒店业、语言服务与广告业[3]。

语言服务在商务环境中具体主要表现为以高效沟通为目的语言培训类服务。William Kordsmeier, Joe Arn & Betty Rogers（2000）通过调查跨文化企业的人力资源经理们发现，外语能力是员工雇佣、晋升和保留决定的主要考虑因素，同时企业会将大学水平的语言课程作为语言培训的主要来源[4]。Mirjaliisa Charles & Rebecca Marschan-Piekkari（2002）研究发现，跨国公司子公司间的横向沟通面临着问题和挑战，文章根据受访者提供的沟通难题，有针对性地为公司的语言培训服务建言献策[5]。Roberta H. Krapels & Barbara D. Davis（2003）通过电话对公司代表进行访谈，揭示公司用人职位表中"沟通技巧（Communication Skills）"的具体考量指标，并对商务方面的相关教育工作提供了启示（类似如 Mary Bambacas & Margaret Patrickson, 2009[6]）。Reinhard Hünerberg & Andrea Geile（2011）同样提到了商务中对员工语言意

---

[1] 屈哨兵主编. 中国语言服务发展报告（2020）[M]. 北京：商务印书馆, 2020.参考李宇明为该书所作序言《语言服务的实践品格》.

[2] 屈哨兵. 语言服务视角下的中国语言生活研究[J]. 北华大学学报（社会科学版）, 2011,（10）.

[3] 张文, 沈骑. 近十年语言服务研究综述[J] 云南师范大学学报（对外汉语教学与研究版）, 2016,（3）.

[4] William Kordsmeier Joe Arn & Betty Rogers. International Perspective: Foreign Language needs of U.S. Business [J]. Journal of Education for Business, 2000, (1).

[5] Mirjaliisa Charles, Rebecca Marschan-Piekkari. Language Training for Enhanced Horizontal Communication: A Challenge for MNCs[J]. Business Communication Quarterly, 2002, (6).

[6] Mary Bambacas, Margaret Patrickson. Assessment of communication skills in manager selection: some evidence from Australia[J]. Journal of Management Development, 2009, (2).

识的培训问题[1]。

语言服务在休闲旅游业中主要表现为休闲旅游业所提供的多语种服务。Joy Davies（2000）通过调查欧洲的国际旅游业，提出休闲和旅游业员工要提高服务，应当用好自己的语言或者第二语言来与客户交流[2]。Danielle Drozdzewski（2011）通过在波兰游学来学习波兰语的留学生的考察，分析了留学生学习的原因和影响，揭示了波兰的语言旅游市场发展现状[3]。除此之外，语言服务在休闲旅游业应用中另一种体现则是语言景观。Antonio Bruyèl-Olmedo & Maria Juan-Garau（2015）调查了西班牙当地旅游胜地巴利阿里群岛帕尔玛湾的语言景观中的少数民族语言——加泰罗尼亚语在旅游地语言景观中的特殊地位和作用[4]。

语言服务在酒店业当中则体现为酒店员工的招待用语（Hospitality Language）、语言能力和沟通技巧方面。George M. Bluea & Minah Harun（2003）根据对英国南安普顿四家酒店的调查，对酒店"招待用语"进行界定并揭示其发展，同时就相关语言培训工作做了建议[5]。Mary Dawson, Juan M. Madera & Jack A. Neal（2014）通过调查酒店业员工沟通满意度，对已有语言培训提出了高效沟通的策略[6]。

语言服务在广告业主要体现为在广告中使用双语或母语对比外语分别对广告效果造成的影响。Jungsun ahn & carrie la ferle（2008）提出英文作为品牌名以及韩文为正文广告为提高品牌知名度和广告效果的有效策略[7]。Stefano Puntoni，Bart De Langhe，Stijn M. J. Van Osselaer（2009）探究全球化背景下通过使用双语广告所产生的效果来揭示语言如何对营销传播的情感感知产生影响[8]。Nuria Alonso García，Piotr

---

[1] Reinhard Hünerberg & Andrea Geile. Language awareness as a challenge for business[J]. Language awareness, 2012, (1).

[2] Joy Davies(2000). A study of language skills in the leisure and tourism Industry[J]. The Language Learning Journal, 2007, (8).

[3] Danielle Drozdzewski & Andrea Geile. Language Tourism in Poland[J]. Tourism Geographies, 2011, (6).

[4] Antonio Bruyèl-Olmedo A, Maria Juangarau M. Minority language in the linguistics landscape of tourism: the case of Catalan in Mallorca[J]. Journal of Multilingual Development, 2015, (6).

[5] George M Blue, Minah Harun.Hospitality language as a professional skill[J]. English for Specific Purposes, 2003, (1).

[6] Mary Dawson, Juan M. Madera，Jack A.Neal. The Influence of Hotel Communication Practices on Managers' Communication Satisfaction with Limited English-Speaking Employees[J]. Journal of Hospitality & Tourism Research, 2014, (4).

[7] Jungsun Ahn, Carrie La Ferle. Enhancing Recall and Recognition for Brand Names and Body Copy: A Mixed-Language Approach[J]. Journal of Advertising, 2008, (3).

[8] Stefano Puntoni, Bart De Langhe, Stijn M. J. Van Osselaer. Bilingualism and the Emotional Intensity of Advertising Language[J]. Journal of Consumer Research, 2009, (6).

Chelminski, Eva González Hernández（2013）通过对墨西哥一所大学学生调查发现本土品牌挑选广告语言时，相比英语、西班牙语更能唤起消费者的爱国情绪、语言自豪感和民族中心主义[①]。

除了上文提到的四个行业之外，随着全球化进程加快，不同的语言生活存在不同的语言问题和语言需求，需要不同的语言资源，因此需要接受不同的语言服务。[②]语言服务在医疗、教育等其他行业或领域也有所应用。

在医疗行业中，作为治疗手段的语言疗法广泛应用于治疗失语症、口吃等语言障碍，以及孤独症、缄默症等精神心理障碍疾病。Julie E. Dockrell, Geoff Lindsay, Becky Letchford & Clare Mackie（2006）通过对英格兰和威尔士的"语言治疗（Speech and Language Therapy，简称 SLT）"展开调查，对129份问卷和39名SLT经理的访谈过程进行分析，根据SLT具体实施情况并参考当地教育局提倡的政策，呼吁关注语言障碍儿童的教育问题[③]。而在教育行业中，几乎所有的外语教学都可以看作语言服务在教育领域的体现，其中通过调整教学模式提高学生语言能力、培养多层次语言服务人才更是广受国外学者关注。Claudia Bahamonde（1999）提出将特殊教育领域的知识和实践（特别是基于实验室的合作教学模式）应用到双语教学中，分析该模式对教育不同语言学习者的优势，以及将其与现有双语模式相结合的策略[④]。Mihaly Laki（2007）分析了匈牙利对于外语教学服务市场及人才的需求的原因和发展演变。[⑤]

其次，研究方法方面，主要是定量研究、定性研究或者两者结合的研究方法。William Kordsmeier Joe Arn & Betty Rogers（2010）结合分层抽样和随机抽样，定量分析了通过邮件收集的问卷来调查美国企业的外语需求[⑥]。Danielle Drozdzewski

---

① Nuria Alonso García, Piotr Chelminski, Eva González Hernández.The Effects of Language on Attitudes Toward Advertisements and Brands Trust in Mexico[J]. Journal of Current Issues & Research in Advertising, 2013, (1).

② 李宇明. 语言服务与语言消费[J]. 教育导刊，2014，(7).

③ Julie E. Dockrell, Geoff Lindsay, Becky Letchford & Clare Mackie.Educational provision for children with specific speech and language difficulties: perspectives of speech and language therapy service managers[J]. International Journal of Language & Communication Disorders, 2010, (12).

④ Claudia Bahamonde. Teaching English Language Learners: A Proposal for Effective Service Delivery Through[J]. Journal of Educational and Psychological Consultation, 1999, (1).

⑤ Mihaly Laki. Evolution of the Market for Foreign Language Teaching Services in Hungary[J]. Post-Communist Economies, 2007, (3).

⑥ William Kordsmeier Joe Arn & Betty Rogers. International Perspective: Foreign Language needs of U.S. Business[J]. Journal of Education for Business, 2000, (1).

（2011）通过介入观察定性分析了移民和语言学习对波兰语言旅游的影响[1]。而Julie E. Dockrell，Geoff Lindsay，Becky Letchford & Clare Mackie（2006）则通过分析问卷和访谈，将患有特定语言障碍的儿童病因与教育问题联系在一起并提出了治疗建议[2]。

（2）国内研究综述

语言服务理论研究：

国内语言服务在成为专门的学术概念，或在学理上被正式提出与接受之前，"语言服务"曾被服务业一些领域的研究所提及，原因在于语言具有工具效能，而各行各业往往离不开语言交流。概言之，最初的"语言服务"是服务业追求服务效率或经济效益而重视语言使用的"服务语言"研究。这一时期的研究并非真正意义上应用语言学视角的语言服务研究，而是仅仅关注语言所依附的具体服务领域交际过程的注意事项。

根据李宇明（2016）的观点，"语言服务"首次被当做学术概念正式提出是于2005年9月上海市语委举办"世博会语言环境建设国际论坛"上，屈哨兵与会以"语言服务"问题发言并提倡将其作为应用语言学的概念进行专题研究[3]。随后，屈哨兵（2007）正式提出，要建立应用层面上较为全面的语言服务体系，同时要建立理论层面相适应的语言服务研究框架[4]。这是国内学者第一次从构建学科理论的高度来重新审视"语言服务"这一学术话题。随后，2008年北京奥运会和2010年广州亚运会顺利举办，这一时期对语言服务人才需求急剧上升，在这之前，我国"语言服务"的研究体现为语言翻译服务。为了满足2008年奥运会语言服务的需要，王会赛、卢石（2008）提出了语言服务的运营管理，认为语言服务应该提供诸如需求分析、笔译口译服务、机动语言服务等内容[5]。2009年广州亚组委和广东外语外贸大学共同组建"广州亚运会多语言服务中心"也助推了翻译语言服务的建设。郭晓勇（2010）提出"语言服务系统"包括"翻译与本地化服务、语言技术工具开发、语言教学与培训"等内容[6]。随着人们认识和研究的深入，"语言服务"这一理论的建设开始逐渐超越翻译

---

[1] Danielle Drozdzewski & Andrea Geile. Language Tourism in Poland[J]. Tourism Geographies, 2011,(6).
[2] 同①。
[3] 屈哨兵主编. 语言服务引论[M]. 北京：商务印书馆，2016，(1). 出自李宇明为《语言服务引论》所作序文：《学术须回应社会之重大关注——序屈哨兵等〈语言服务引论〉》。
[4] 屈哨兵. 语言服务研究论纲[J]. 江汉大学学报（人文科学版），2007，(6).
[5] 王会赛，卢石. 北京奥运会语言服务刍议[J]. 山东体育学院学报，2008，(2).
[6] 郭晓勇. 中国语言服务行业发展状况、问题及对策——在2010中国国际语言服务行业大会上的主旨发言[J]. 中国翻译，2010，(6).

服务的局限，进入理论和实践的深入研究。

首先迎来的是学理上的突破，关于"语言服务"的定义和内涵，各专家、学者分别发表了自己的观点。从提供语言服务的主体或者分宏观与微观研究来看，徐大明（2008）从宏观层面论述语言服务，认为语言服务指国家为人民提供的语言服务，是国家所提供的全部服务的一部分[①]。较为全面的观点则是将语言服务分宏观和微观两个层面来看其含义，李现乐（2010）提出"微观层面的语言服务主要是指一方向另一方提供以语言为内容或以语言为主要工具手段的有偿或无偿、并使接收方从中获益的活动；宏观层面的语言服务是指国家或政府部门为保证所辖区域内的成员合理、有效地使用语言而做出的对语言资源的有效配置及规划、规范"[②]。从广义和狭义两个方面看语言服务的话，陈鹏（2014）从服务的动机出发，提出了广义的语言服务概念，即任何一种语言行为都可能是语言服务。一种语言行为如果有明确的服务对象和服务目标，它就是一种服务行为[③]。而袁军（2014）则相对地从语言服务各业态与翻译的关系，以及语言服务宗旨的角度给出了狭义上的语言服务的定义，认为语言服务是通过直接提供语言信息转换服务和产品，或提供语言信息转换所需的技术、工具、知识、技能，帮助人们解决语际信息、交流中出现的语言障碍的服务活动[④]。李现乐（2018）后又提到"目前得到学界基本认可"的语言服务的概念：狭义的语言服务指语言翻译服务，以及与此相关的本地化服务等；广义的语言服务是以语言及语言产品满足他人或社会需求的活动行为[⑤]。笔者赞同李现乐所提语言服务概念的广义狭义之分。

不同的研究视角及分类标准决定了"语言服务"研究内容与层次的不同。最早关注语言服务分类和具体概念系统的是屈哨兵，先后提出了语言服务研究的四种类型——语言要素、行业领域、服务成品、职业角色，以及语言服务的五个概念系统——语言服务资源系统、语言服务业态系统、语言服务领域系统、语言服务层次系统、语言服务效能系统（屈哨兵a，2007[⑥]；屈哨兵b，2012[⑦]）。赵世举（2012）从服

[①] 徐大明. 语言资源管理规划及语言资源议题[J]. 郑州大学学报（哲学社会科学版），2008，(1).
[②] 李现乐. 语言资源和语言问题视角下的语言服务研究[J]. 云南师范大学学报（哲学社会科学版），2010，(5).
[③] 陈鹏. 行业语言服务的几个基本理论问题[J]. 语言文字应用，2014，(3).
[④] 袁军. 语言服务的概念界定[J]. 中国翻译，2014，(1).
[⑤] 李现乐. 语言服务研究的若干问题思考[J]. 云南师范大学学报（哲学社会科学版），2018，(2).
[⑥] 屈哨兵. 语言服务研究论纲[J]. 江汉大学学报（人文科学版），2007，(6).
[⑦] 屈哨兵. 语言服务的概念系统[J]. 语言文字应用，2012，(1).

务内容着手,将语言服务分为语言知识服务、语言技术服务、语言工具服务、语言使用服务、语言康复服务这六种类型[①]。贺宏志、陈鹏(2014)等根据语言在服务中的主导性,将语言服务分为专业语言服务(提供专业语言产品)和行业语言服务(伴随于各种服务行业之中),其中专业语言服务还可以进一步分为盈利性语言服务和非营利性语言服务[②]。李德鹏(2015)将语言服务分为政治服务、经济服务、文化服务三类[③]。李现乐(2016)从语言经济的视角考量语言服务的市场化程度、受关注度,以及效益可量化程度,将语言服务分为具有显性价值的语言服务和具有隐性价值的语言服务[④]。屈哨兵(2016)根据服务对象的层次,将语言服务分为宏观和微观两方面——宏观层面的如国际语言服务、国家语言服务、族际语言服务;微观层面的如方言社群、家庭层面语言服务等[⑤]。

李琳、王立非(2019)通过计量分析的方式对我国语言服务研究(2008—2017)分析发现,我国语言服务研究最热点为语言政策与语言规划研究,且构建理论、观点经验、评述类等非实证类研究方法占到78%(实证占22%),混合型实证研究[⑥]数量不足,但逐渐增加[⑦]。此外,李现乐(2018)提及我国主要矛盾,在人民日益增长的美好生活需要中,丰富多彩的社会语言生活是重要的一个方面,而构建健康、和谐、丰富多彩的社会语言生活,离不开多样化、高质量的语言服务[⑧]。因此,从事微观层面,尤其具体行业的语言服务研究具有重要意义。

具体行业语言服务的实践研究:

行业服务用语包罗万象,涉及导游语言、交通语言、金融语言、培训语言、餐饮语言等等。这些行业活动中的语言虽然不是服务的最终产品,却切实关系到行业的服务质量和城市的文明程度。随着学界语言研究的深入,对行业语言服务的研究也逐渐呈现多样化、科学化特点。

---

① 赵世举.从服务内容看语言服务的界定和类型[J].北华大学学报(社会科学版),2012,(3).
② 贺宏志,陈鹏.语言产业引论[M].北京:语文出版社,2013:54.
③ 李德鹏,窦建民.当前我国语言服务面临的困境及对策[J].云南师范大学学报(对外汉语教学与研究版),2015,(2).
④ 李现乐.语言服务的显性价值与隐性价值——兼及语言经济贡献度研究的思考[J].语言文字应用,2016,(3).
⑤ 屈哨兵主编.语言服务引论[M].北京:商务印书馆,2016.
⑥ 作者提到的混合型实证研究指调研、问卷调查、田野调查、访谈、非介入式观察与统计分析相结合的研究方法.
⑦ 李琳,王立非.基于计量可视化的我国语言服务研究十年现状分析(2008—2017)[J].山东外语教学,2019,(5).
⑧ 李现乐.语言服务研究的若干问题思考[J].云南师范大学学报(哲学社会科学版),2018,(2).

有关行业服务语言的研究可以追溯到20世纪80年代初。最初的行业服务语言研究是服务业领域柜台营业员交流用语的"语言美"和"艺术性"问题（夏美岩，1983[①]；蔡士英，1985[②]；王加明，1986[③]等）。这一时期的行业语言研究，还停留在简单的现象描述和考查方面，研究范围较窄，更非语言学或应用语言学视角的专门研究。

随着时代的发展，行业语言服务的研究进一步深入，研究领域进一步扩大，行业语言服务研究开始运用语用学交际原则或社会语言学方法，去深入看待行业服务中的语言使用，从而促使行业机制更好运作。

从目前国内各行业语言服务研究现状来看，主要集中于医疗行业、广告业、出租车行业、住宿业、餐饮业、银行业、旅游行业、教育行业、图书馆等事业单位及政府机关等。金爱萍（2007）指出，语言是医疗服务的载体和手段，医疗语言具有专业性和服务性的特征，提出医疗语言具有"救命"和"致命"的双重效果，医疗人员在服务过程中要注意语言的运用[④]。童珊（2008）从仿拟这一修辞手法的分类入手，分析仿拟在广告语言中的应用，探讨了仿拟在广告中的修辞效用[⑤]。李宝贵、尚笑可（2017）在问卷调查的基础上对大连市出租车行业的语言服务进行了分析，并针对该行业存在的问题，从政府、出租车公司、出租车司机，以及乘客四个角度提出自己对该行业语言服务的改进建议[⑥]。张文（2017）通过对成都涉外五星级酒店提供的外语服务进行调研，从酒店语言规划的显性规划者和隐性规划者两方面出发，分析了酒店规划政策和文件、外籍客户对语言服务的需求以及评论网站的内容，提出了存在的问题和改进建议[⑦]。王天才（2011）主要探讨并分析了酒店餐饮服务的重要性和要求、餐饮部员工服务语言的标准化和运用技巧等[⑧]。沈佩（2016）调查了上海、扬州、宣城三座经济发展有梯度的城市的40多家银行，通过分析银行提供的语言服务状况及消费者对银行信息传递、情感态度和银行语言管理三个方面的评价两方面，

[①] 夏美岩. 柜台服务中要讲究语言美[J]. 山西财经学院学报，1983，(3).
[②] 蔡士英. 营业员的语言艺术[J]. 商业研究，1985，(11).
[③] 王加明. 掌握语言艺术 搞好优质服务——谈谈商业服务性语言的语法、修辞特点[J]. 江苏商论，1986，(S1).
[④] 金爱萍. 浅谈医疗服务中的语言艺术[J]. 赤峰学院学报（自然科学版），2007，(1).
[⑤] 童珊. 浅谈广告语言中的仿拟修辞[J]. 商场现代化，2008，(26).
[⑥] 李宝贵，尚笑可. 出租车行业语言服务现状调查——以大连市为例[J]. 辽宁师范大学学报（社会科学版），2017，(4).
[⑦] 张文. 酒店外语服务规划研究[D]. 上海外国语大学，2017.
[⑧] 王天才. 浅谈酒店餐饮服务语言的标准及运用技巧[J]. 商业文化（上半月），2011，(8).

揭示了银行业语言服务存在的问题及原因[①]。南春玉、臧瑞楠等（2016）分析了西安景区语言服务的问题、优点、专业名词音译规范和景区语言服务商业运作模式[②]。邢欣、张全生（2016）从语言为"一带一路"倡议服务的角度出发，探讨了中亚国家的语言需求，以及提出"紧缺专业语言培训服务""汉语教学服务""讲好中国故事"和"网络信息国家安全"四个方面做好语言服务工作[③]。袁冬梅（2013）对高职图书馆工作人员服务语言的语用原则与技巧进行了探讨[④]。

其中，需要格外关注的是与本研究密切相关的旅游行业的语言服务研究，研究大多数集中表现为"旅游话语"和"语言景观"两类研究。《中国语言生活状况报告》（2006）关于语言服务方面专门刊登了"旅游服务语言状况"专题[⑤]。田海龙（2012）专门从话语角度出发研究旅游和话语的相互作用，理论方面提出基于话语的旅游研究，而实践方面分别围绕话语与旅游网站、旅游景点、旅游服务、旅游营销进行分析研究[⑥]。冯捷蕴（2017）基于多维话语分析理论，聚焦"TripAdvisor"网络平台的3830篇外国游客的故宫游记，探讨了外国游客关于故宫旅游形象的感知，并根据游客游览时存在的问题提供参考建议[⑦]。旅游行业的语言景观研究比较典型的有陈丽诗（2020）从语码的取向、呈现形式和风格特征等语言景观分析维度对中国五岳风景名胜区语言指引服务现状所做的调查[⑧]。

综上所述，关于语言服务这一理论，国内外的研究程度和关注点存在一定差异。就笔者所查阅的文献来看，国外语言服务研究总体表现为研究领域较广、研究方法多样等特征；而国内相关研究则表现为理论概念不统一、研究内容领域政策导向性强、研究方法单一等特征。其次，国内本身关于语言服务理论的内涵及外延说法不一，而理论概念不统一则不会形成唯一固定的分析方法和分析框架。此外，国内语言服务研究大多是紧密贴合当下的时事政策、社会需要和国家战略来开展的，从当前语言服务的研究层级上来看，主要为宏观国家层面的语言服务研究。国内语言服务研究应当在

---

① 沈佩. 语言服务视角下的银行语言状况调查[D]. 扬州大学, 2016.
② 南春玉, 臧瑞楠, 李肖肖, 祝明月, 王永昕. 西安市代表性景区语言服务分析[J]. 艺术科技, 2016, (8).
③ 邢欣, 张全生. "一带一路"倡议下的语言需求与语言服务[J]. 中国语文, 2016, (6).
④ 袁冬梅. 高职图书馆服务语言原则与技巧的探讨[J]. 兰台世界, 2013, (17).
⑤ 郭熙. 《中国语言生活状况报告》十年[J]. 语言文字应用, 2015, (3).
⑥ 田海龙等. 旅游话语研究：理论与实践[M]. 北京：外文出版社, 2012.
⑦ 冯捷蕴, 皇甫俊凯. 故宫旅游形象的新媒体研究——基于TripAdvisor在线游记的话语分析[J]. 现代传播（中国传媒大学学报）, 2017, (5).
⑧ 屈哨兵主编. 中国语言服务发展报告（2020）[M]. 北京：商务印书馆, 2020：69.

关注宏观层面的同时，多关注微观层面各行业、不同领域的语言服务研究。随着人们对各行业服务需求的不断提高，语言服务研究也会因此不断发展壮大。

2.关于苏州园林语言服务的相关研究

本文关注对象为苏州园林旅游行业，研究的具体对象为苏州园林的语言服务情况。通过查阅相关文献，剔除研究苏州园林的图示语言、装饰语言等建筑领域设计语言相关文献，目前苏州园林语言服务研究主要有两类：一是苏州园林语言翻译服务书面研究；二是苏州园林的导游及解说系统服务口语研究。

第一类研究对应语言服务概念中的狭义语言服务，即语言翻译服务，以及与此相关的本地化服务等。该类研究主要围绕苏州园林的景点名称、园林介绍、相关丛书等，从美学文化、语用理论、翻译失误等角度进行汉英翻译研究。典型研究有孙瑾（2008）揭示苏州园林景点的名称翻译过程中应当遵循和注重的通用原则及文化因素，强调苏州园林翻译服务要注重表现的文化内涵[1]。有些则是关注翻译服务的理论应用和失误，如陶潇婷（2014）通过对苏州园林景点名称的翻译实践，印证并细化了生态翻译学理论"适应/选择"研究，并强调该理论应用要兼顾读者需求和理解能力[2]。此类研究数量较多且理论性较强，研究数量占据笔者所收集文献的主要部分（陶潇婷，2006[3]；崔菁，2011[4]；刘慧仪，2014[5]；裴素华，2018[6]；等等）。

第二类研究则是多从旅游体验角度入手，调查导游及解说系统的口语服务情况。宋玉芹（2017）就苏州园林网师园的英语导游讲解情况做了现状调查分析并提出优化对策，以求准确、完美传播园林文化[7]。李成杰（2017）从游客体验的角度对苏州园林景区的解说系统进行了较为全面的分析并给出了优化对策[8]。此外，《苏州日报》评论员文文（2017）特别撰写评论强调导游质量对于游客听懂园林的重要性[9]。可以看出，以上研究或评论数量相当有限，且模式上大多基于旅游业游客体验的基础上对导游解说系统进行调查和研究。

---

[1] 孙瑾. 苏州园林景点的名称翻译与文化缺失[J]. 安徽文学（下半月），2008，（4）.
[2] 陶潇婷. 基于三维转换的苏州园林景点名称英译研究[J]. 内蒙古农业大学学报（社会科学版），2014，（3）.
[3] 陶潇婷. 从语用翻译角度看苏州园林景点中名英译[D]. 苏州大学，2006.
[4] 崔菁. 接受美学视角下苏州园林介绍英译之研究[D]. 苏州大学，2011.
[5] 刘慧仪. 文人·写意·山水园—苏州园林旅游丛书汉英翻译实践报告[D]. 东北大学，2014.
[6] 裴素华. 苏州园林标志牌英译语用失误研究[J]. 湖北函授大学学报，2018，（17）.
[7] 宋玉芹. 网师园英文导游讲解服务研究[J]. 旅游纵览（下半月），2016，（12）.
[8] 李成杰. 基于旅游体验视角下景区解说系统优化探讨——以苏州园林为例[J]. 旅游纵览，2017，（10）.
[9] 文文. "听懂"苏州园林，需要重新掂量导游的分量[N]. 苏州日报，2017-11-02，（A07）.

通过以上两类研究，可以看出，现有研究为中英翻译和旅游视角的研究，而从广义语言服务的研究视角，专门以语言学或应用语言学视角为对苏州园林语言服务情况整体全面的调查研究几乎为空白，因此本文的研究也就具有一定的先创性。本研究将选取语言服务与文化资源丰富的苏州园林开展调查，以苏州园林各项具体语言服务内容进行调研，通过实地调查、问卷结合访谈等方法，力求揭示苏州园林语言服务的全貌，同时结合游客对苏州园林语言服务的具体需求，从"供求"两方面双向分析该景区语言服务的特点和不足，并提出相应的调整对策和参考建议。通过以上研究，笔者希冀对苏州园林旅游行业提升服务质量和服务水平起到借鉴作用，乃至充分发挥语言服务在文旅产业中的重要作用。

（四）研究设计

1. 研究思路

本研究通过查阅语言服务相关文献确定研究内容和研究范围，通过实地调研观察、问卷调查结合访谈的方法，来对苏州园林的语言服务情况进行描述和分析。研究思路大致如下：

首先，通过实地调研，观察记录苏州园林景区所提供的各类语言服务，进行必要的语音和文本内容的收集和整理和描述。同时对相关工作人员进行问卷调查、访谈，了解该语言服务提供方的情况，揭示其语言服务的相应环节和主要内容。通过对苏州园林景区语言服务内容、环节的描述和分析，按照苏州园林语言服务的表现形式进行类型学的分类，抽象概括出三种语言服务的类型。

其次，再从语言服务的接受方——游客，这一群体出发，通过问卷调查和访谈来了解游客对苏州园林现有语言服务的态度及满意度等，以整理出游客对景区语言服务的真实需求。

最后，通过整合"供需"两个维度，对前面章节语言服务提供方和语言服务接受方的调查分析，结合考量苏州园林语言服务的具体环节、服务主体、服务平台、服务风格、服务水平和质量等因素，分析得出苏州园林语言服务的优点和不足之处。最终结合以上发现的苏州园林语言服务存在的各种问题，有针对性地提出具体的调整建议和优化对策。

本项研究从微观层面选取旅游行业领域的个案——苏州园林，通过对其语言服务层面的研究，达到对苏州园林旅游业，乃至对其他文旅产业的语言服务的建设、调整以及优化以期起到借鉴作用。

2. 研究内容

本研究选取语言服务与文化资源丰富的苏州园林开展调查，以苏州园林所提供的各项具体语言服务为调查对象，根据实地调查揭示该景区语言服务参与的三个环节——宣传类语言服务、指引类语言服务、介绍类语言服务三个方面，并按照苏州园林语言服务的不同表现形式进行整理、分类、描述和分析。

为了探究语言服务在苏州园林景区服务中发挥的作用，以及考察当地语言服务质量和水平是否达到了游客的心理预期，是否满足游客对苏州园林各项服务的语言需求。本研究根据服务行为本身具有的双向性，分别从语言服务提供方和语言服务接受方两个维度出发，通过观察、问卷调查和访谈等方法，对苏州园林景区语言服务的建设情况、工作人员语言服务的现状、游客对苏州园林语言服务的需求进行分析，总结归纳出苏州园林语言服务的优点和不足之处，并根据相应情况提出对园林语言服务的调整建议和优化对策。

笔者希冀通过该项语言服务调查研究，揭示旅游领域语言服务具体应用的同时，从"供需"两个层面构建语言服务在各领域的研究框架。达到对苏州园林景区旅游行业，乃至对其他领域语言服务的建设、调整以及优化起到借鉴作用。

3. 研究方法

本研究在借鉴部分已有研究的研究思路和研究方法的基础上，主要采用观察和访谈、语篇及话语分析等方法进行调查研究。结合实地调查，考察苏州园林旅游行业语言服务的实际状况，通过对苏州园林语言服务情况的较为全面的描写和分析，揭示苏州园林旅游行业语言服务的主要类型，通过游客对该景区语言服务的需求反馈，找出景区语言服务具备的优点和存在的问题，从而提出苏州园林整体服务的优化建议。

观察法：

考虑苏州园林景区语言服务的实时性、多样性和复杂性，实地观察苏州园林语言服务情况对本研究而言是不可或缺的。本研究采用观察法的同时，尽量不参与工作人员与游客的交际过程，以观察者身份做好语料和文本收集。即观察记录苏州园林景区服务建设情况，以及整理收集工作人员在与游客接触时真实的语言情况。一方面，针对苏州园林提供的各项具体语言服务，本研究需要通过观察对所得信息进行记录。另一方面，通过观察可以有效避免服务人员填写问卷时没有如实填写的情况，以及检测问卷是否真实反映语言服务情况。

问卷调查法：

服务过程是由服务的提供方和接受方共同参与形成的，因此具有双向性。苏州园林语言服务同样具备语言服务提供方和语言服务接受方，即以工作人员为主体的苏州园林景区和游客群体。本研究主要对游客和景区工作人员采取问卷调查，结合灵活访谈的形式。游客调查方面，笔者通过腾讯问卷共计回收 243 份有效问卷，调查对象全部为笔者通过询问确认身份后的景区游客。所有数据导出后使用 SPSS 22.0 进行数据分析，采用 Cronbach's Alpha 系数检验证实调查问卷的信度。问卷总体的 Cronbach's Alpha 系数为 0.740，大于 0.7，说明正式调查问卷信度较高。同时，由表 2-1 可知，单个题目的 Cronbach's Alpha 系数均大于 0.7，说明正式问卷调查数据具有较高的可靠性，量表信度较好。因疫情期间景区工作人员工作要求、人员数量等因素影响，景区工作人员共回收有效问卷 91 份，同时笔者通过对工作人员进行了深度访谈，以保证调查的可靠性。

表 2-1 项总计统计量

序号	删除项目后的标度平均值	删除项目后的标度方差	校正后项目与总分相关性	项目删除的克隆巴赫系数
x1	56.79	54.968	−0.085	0.745
x2	56.81	54.71	−0.013	0.743
x3	55.77	53.492	0.03	0.751
x4	54.77	47.724	0.335	0.728
x5	53.38	46.691	0.505	0.711
x6	53.52	44.945	0.568	0.703
x7	54.34	43.375	0.583	0.699
x8	54.86	47.397	0.416	0.719
x9	54.67	47.023	0.455	0.716
x10	53.87	45.66	0.514	0.709
x11	56.16	56.113	−0.163	0.766
x12	55.68	54.374	−0.032	0.755
x13	55.5	53.714	0.044	0.747
x14	55.72	55.845	−0.143	0.766
x15	53.83	48.628	0.486	0.717

续表

序号	删除项目后的标度平均值	删除项目后的标度方差	校正后项目与总分相关性	项目删除的克隆巴赫系数
x16	53.97	48.243	0.451	0.718
x17	53.81	47.994	0.522	0.713
x18	53.76	47.538	0.51	0.713
x19	53.74	48.009	0.569	0.711

访谈法：

笔者作为访谈者，直接向受访者（包括6名景区工作人员和16名游客）提问进行研究所需资料的收集。本研究采取的访谈形式为半开放型（半结构型）访谈，笔者根据访谈提纲和受访者实际回答情况，灵活调整提问问题和顺序，以保证访谈顺利进行，并将录音材料转写，并整理访谈结果。

（五）创新之处

本研究的创新之处体现在理论和实践两个方面：从理论方面来看，现有的旅游行业的语言学研究大多是翻译服务、旅游话语和语言景观三类研究，本研究直接以语言服务为研究主题和视角，通过田野调查归纳出苏州园林语言服务的三个方面——宣传类语言服务、指引类语言服务、介绍类语言服务，并根据语言服务的表现形式进行分类。从实践方面来看，本研究着眼语言服务"供"和"需"两个方面，通过对景区语言服务建设、工作人员语言服务以及游客的语言服务需求情况，结合观察、问卷调查和访谈来全面调查分析，在此基础上提出对苏州园林语言服务的调整建议和优化对策，同时也希冀通过该项语言服务调查研究，对文旅行业以及其他领域语言服务的建设、调整以及优化起借鉴作用。

二、苏州园林景区语言服务建设情况

"上有天堂，下有苏杭"。苏州山水自古便是游览胜地，其优美的自然环境，发达的社会经济，丰富的文化艺术，使得苏州园林景区具备坚实的物质基础和文化资源。一直发展延续到今天，苏州园林能够成为世界文化遗产，离不开其所折射的中国政治、经济、文化的发展进程。苏州园林历史悠久，最早可以上溯至公元前6世纪春秋时期吴王的园囿，后发展于晋唐，繁荣于两宋，全盛于明清，苏州园林是"取法自然"的典范，可以说造园过程与自然山水密切相关。1997年12月，联合国教科文组织世界遗产委员会第二十一届会议将拙政园、留园、网师园、环秀山庄列入《世界遗产名录》，其后于2000年11月又将沧浪亭、狮子林、艺圃、耦园、退思园列入其中。正如世界遗产委员会的评价："没有哪些园林比历史名城苏州的园林更能体现出中国古典园林设计的理想品质，咫尺之间再现乾坤，苏州园林被公认是实现这一设计思想的典范。这些建造于11至18世纪的园林，以其精雕细琢的设计，折射出中国文化中取法自然而又超越自然的深邃意境。""模山范水"的苏州园林，是中国园林的典型代表。以拙政园、留园、狮子林、网师园等多个为典型例证的苏州园林群体，自1997年起先后被联合国教科文组织列入《世界遗产名录》，苏州园林成为人类共同的文化瑰宝，更是苏州繁荣文旅事业上浓墨重彩的一笔[1]。

据苏州市统计局已公布的数据，苏州2019年实现旅游总收入2751亿元，接待国内外游客13609万人次，其中以苏州园林为代表的旅游收入更是为苏州经济繁荣发展做出了杰出贡献[2]。即使受疫情影响，2020年8月苏州园林系统景区入园人次高达63万，比7月份增长60%。其中，拙政园、留园、狮子林、耦园分别增长63%、72%、54%、197%[3]。苏州园林旅游行业是典型的服务业，其中苏州园林语言服务旨在通过提供各种语言方面的服务以满足游客群体旅游过程中产生的语言需求。语言作为沟通交际的主要媒介，在旅游整个过程中发挥着重要作用，可以说苏州园林文旅事业的繁荣离不开语言服务的支持。屈哨兵提出，旅游领域语言服务大多具备推介性质，即宣传、介绍、指引三个目的贯穿旅游语言服务的始终[4]。本章将围绕苏州园林语言服务建设情况，根据语言服务的功能进行分类，概括出苏州园林语言服务的三个主要环节，分别是宣传类语言服务、指引类语言服务和介绍类语言服务，并根据具体调查情况分析最有代表性的语言服务活动。

---

[1] 参考苏州园林绿化管理局官网发布的园林概览。http://ylj.suzhou.gov.cn/szsylj/ylgk/nav_wztt.shtml.

[2] 数据来源：苏州市统计局发布的《2019年苏州市国民经济和社会发展统计公报》。索引号：014149017/2020-00020.

[3] 搜狐新闻《苏州推"1元游园林"：激发旅游业复苏，寻求门票外增长点》。https://www.sohu.com/a/418913173_260616.

[4] 屈哨兵主编. 语言服务引论[M]. 北京：商务印书馆，2016：219.

（一）宣传类语言服务

宣传对景区的重要性不言而喻。好的宣传不仅可以吸引游客产生游园的渴望，而且更是园林景区文化的一部分。笔者在实地调研和与游客访谈的过程中，发现苏州园林的宣传语言服务比较单薄。当笔者问及"为什么选择来苏州园林游玩？"，有2名受访游客表示通过手机旅游出行类APP（"美团""马蜂窝"）搜索到了相关信息，有2名游客表示因为学习过《苏州园林》这篇课文，6名游客表示因其他原因来到苏州，顺便游览苏州园林。有3名游客直接提到"苏州园林还需要什么宣传""没看到有什么宣传"。在笔者实地调查的过程中，苏州园林景区提供的宣传类语言服务主要是宣传手册和官方微信公众号两种宣传服务。

1. 宣传类语言服务的形式内容

苏州园林景区自发的宣传类语言服务主要包含两种[①]，一种是宣传手册，主要放置在各大园林的游客服务中心或者园林入口处，供游客自取使用；另一种是官方微信公众号，游客可以通过景区内随处可见的告示牌或者宣传手册扫码，从而使用微信APP添加的各大苏州园林官方公众号，接收苏州园林随时推送的各类宣传介绍资讯。

（1）宣传手册

宣传手册是景区对游客提供的一种服务，而言语活动参与其中形成了苏州园林景区语言服务的一部分。宣传手册不仅为各游客提供了关于景区的必要信息，更为游客的出行提供了方便快捷的服务，在一定程度上反映了苏州园林景区的服务水平，景区的形象也通过宣传册构建出来。笔者调查了拙政园、狮子林、留园、网师园、耦园、怡园、沧浪亭、环秀山庄、虎丘名胜风景区9个景点，通过前往游客服务中心寻找或咨询入口工作人员索要的方式，共收集了20本有关苏州、各大苏州园林以及园林相关的文化艺术活动的宣传手册（包含一份文明旅游倡议书）。各景点与宣传册具体对应情况如下表所示：

[①] 从主体来看，宣传分官方自发组织的宣传和第三方旅游公司推出的宣传两种。

表 2-2　苏州园林景区宣传手册概况

园林名称	宣传册数量	主要内容
拙政园	1	周边景区分布地图、拙政园游览示意图
狮子林	2	一、狮子林主要景点介绍、游览示意图； 二、"狮子林·指柏轩游园会"活动宣传
留园	3	一、周边景区分布地图、留园游览示意图； 二、留园吴文化演出活动宣传介绍； 三、留园景区讲解服务介绍
网师园	2	一、周边景区分布地图、网师园游览示意图； 二、网师园"游园惊梦"演出活动宣传
耦园	0	
怡园	0	
沧浪亭	1	周边景区分布地图、沧浪亭景点游览示意图
环秀山庄	1	周边景区分布地图、环秀山庄景点游览示意图
虎丘名胜风景区	3	一、周边景区分布地图、虎丘名胜风景区游览示意图； 二、中共苏州市虎丘山名胜风景区管理处总支部委员会基本情况介绍、"海棠花红"先锋阵地展示宣传； 三、虎丘山名胜风景区管理处文明旅游倡议书
其他	7	苏州当地旅游推荐和市内艺术活动等

由上表可知，苏州园林各景区的宣传手册布置情况不一，其中耦园、怡园并未设置景区的宣传手册。具体理由，笔者询问工作人员得到的回复是"宣传册被拿完了"，但笔者并未在耦园见到陈列或放置宣传册的柜台或架子。笔者认为各园林应做到"一园一册"，诸如拙政园这样客流量大的景区可以效仿留园、狮子林放置更多活动宣传册，以起到各大园林相互间扩大宣传的作用。除此之外，虎丘山名胜风景区管理处签署并发放的文明旅游倡议书值得所有园林景区借鉴，以起到维护景区环境、引导游客文明游园的作用。

以下为部分宣传册图片：

（2）微信公众号

随着智能手机以及应用软件的普及，在当今的大数据时代，越来越多的游客会使用"三微一端"（微信、微博、微视频和客户端）来使得整个旅游过程变得轻松便

图 2-1　苏州园林景区宣传册示例

捷。其中，微信交际软件因为其广泛的用户、高效的沟通方式、简单的操作方式，备受当今智能手机用户的青睐。在几乎人人都会使用微信软件的今天，苏州园林各景区也都创立了自己的官方微信公众号。

以下为笔者调查到的苏州园林各景区官方微信公众号的运营情况：

表2-3 苏州园林景区官方微信公众号运营信息

	官微名称（微信号）	运营/账号主体	提供服务选项
拙政园	拙政园（zzyguide）	苏州市拙政园管理处	名园导览（环秀山庄、游园攻略、语音讲解、游客须知、园林书房）；网上预约（预约购票、退票服务、拙政问雅）；身边服务（服务短号、高铁查询）
狮子林	苏州狮子林（szshizilin）	苏州狮子林管理处	旅游服务（导览地图、识文辨景、语音导览、主题书柜）；门票预订（门票预订、订单详情）；走进怡园（怡园婚纱摄影）
留园	留园（suzhouliuyuan）	苏州市留园管理处（苏州园林档案馆）	预约票务（留园预约购票、艺圃预约购票、查询退票、游客须知）；互动体验（留园导游、讲解服务、留园VR、识文辨景、品赏留园）；资讯分享（兰台世界、分享相册、园林碑片拓片展）
网师园	网师园（suzhouwangshiyuan）	苏州市网师园管理处	视听园林（渔隐往事、网师全景）；游园服务（景区概况、了解网师、网络购票）
沧浪亭	苏州沧浪亭（sz_clt）	苏州市网师园管理处	无
耦园	苏州耦园（ouyuangd）	苏州市耦园管理处（苏州市东园管理处）	相识耦园（爱情文化、耦园动态、视频欣赏、园林公益）；相恋耦园（耦园追梦、双照楼茶室、水乡摇橹船、预约服务）；相知耦园（网上购票、云游耦园、导游讲解、游客须知、ENGLISH）
怡园	无	无	无
环秀山庄	无	无	无
虎丘名胜风景区	虎丘景区（suzhoutigerhill）	苏州市虎丘山风景名胜区管理处	景区概况（720°虚拟游）；旅游服务（乐游虎丘、在线预约）

表中统计信息显示，怡园和环秀山庄没有自己独立的官微，购票服务依托苏州旅游总入口以及第三方购票服务平台（如美团、苏州好行等），在购票服务入口缺失导致游客流量可能减少的情况下，怡园和环秀山庄在官微宣传服务上更加需要有所

加强。

综合以上两种宣传类语言服务，宣传手册和官方微信公众号分别对应了线下和线上两种宣传路径，使得苏州园林景区的服务渠道不至于单一化。从形式和内容上来看，各大苏州园林景区的宣传手册具备一定的标志性和一致性，突出苏州园林景区宣传类语言服务的统一性、一致性，而官方微信公众号则稍显凌乱，尤其是在提供服务种类和内容上具有较大差异。

2. 宣传服务中的语言使用情况

在分析苏州园林景区提供的两类宣传服务语言文字使用情况时，考虑到宣传手册和官方微信公众号形式上的差异，将采取不同的分析角度去分析。

（1）宣传手册语言使用情况

有研究者借助酒店的宣传册的多语种使用、语言失范、宣传册是否体现服务特色三个方面来分析酒店的旅游服务质量[1]。考虑到"宣传册是否体现服务特色"过于主观，有鉴于此，笔者决定从宣传手册的语言种类、语言规范两个方面来分析苏州园林宣传语言服务的情况。

在语言种类方面，笔者共收集到的20份苏州园林景区宣传手册中，只有11份宣传手册使用了外语。在11份使用外语的宣传手册中，其中10份为中英双语宣传手册，1份为英语宣传手册。值得特别关注的是，在10份中英双语宣传手册中，仅1份出现了中、英、韩、日四种外语，且涉及外语的信息仅为地图导览中的地点翻译。如图2-2所示：

在语言规范方面，苏州园林景区各管理委员会提供的官方宣传手册均无汉字错别字、英文翻译不规范等现象，但第三方旅游公司或产业集团推出的苏州园林周边活动宣传手册存在语言使用失范问题，主要体现为两个方面：一是使用了错别字；二是汉译英不规范。

可以通过笔者收集的一个典型文本来分析，在姑苏园林控股集团印发的活动宣传手册中，宣传的活动为在网师园上演的名为"游园惊梦"的演出。其形式主要是演出活动的节目单，手册封面语言文字内容为"网师园""游园惊梦""不入园林怎知春色如许"三块内容组成。打开后，手册内分别印上了昆曲《游园惊梦》的游园唱词和惊梦唱词，手册背面为《游园惊梦》精品节目单"8个节目及对照的英文翻译。

---

[1] 田海龙. 旅游话语研究：理论与实践[M]. 北京：外文出版社，2012.

图 2-2　中英韩日四语宣传手册

手册内部具体内容如下：

游园唱词

【皂罗袍】

原来姹紫嫣红开遍，

似这般都付与断井颓垣，

良辰美景奈何天，赏心乐事谁家院？

朝飞暮卷，云霞翠轩，

雨丝风片，烟波画船，

锦屏人忒看得这韶光贱！

【好姐姐】

遍青山啼红了杜鹃，

那荼蘼外烟丝醉软，

那牡丹虽好，他春归怎占的先？

闲凝眄生生燕语明如剪，

听呖呖莺声溜的圆。

惊梦唱词：

柳梦梅（白）

姐姐我和你那答儿讲话去。

杜丽娘（白）

哪儿去？

柳梦梅（白）

喏！

（山桃红牌）

转过这芍药栏前，

紧靠着湖山石边，

和你把领扣松，衣带宽，

袖稍儿温着牙儿苫也。

则待你忍耐温存一晌眠。

柳梦梅、杜丽娘

（山桃红牌）

是哪处曾相见？相看俨然，

早难道好处相逢无一言。

（柳梦梅、杜丽娘同下）

从宣传手册所展示的文本来看，内容出自明代汤显祖所作《牡丹亭》改编而成的昆曲唱词，作为唱词由昆剧演艺者唱出，也可以理解为剧本。笔者通过将宣传册原文与《牡丹亭》原文以及戏剧网提供的《牡丹亭》唱词[①]比较后，发现游园唱词的曲牌[皂罗袍]一段中"锦屏人忒看得这韶光贱！"句存在错别字，该句古诗学习网解释为"只有像我这样被阻隔在深闺中的女子，才辜负了这大自然的美好春光啊！"因此"得"应更改为"的"。除此之外，惊梦唱词曲牌[山桃红]"袖稍儿温着牙儿苫也"一句表面意思是袖子碰到牙齿，结合具体情景应该是用袖子捂着嘴偷笑的意思。其中的"温"为动作，应更改为"搵"，参考汉典网给出的"搵"的释义，其有"用手按住"和"贴近"的意思。除使用错别字之外，该宣传手册对于两个部分昆曲唱词的曲牌名

---

① 参考戏剧网昆曲《牡丹亭》唱词. http://www.xijucn.com/html/kunqu/20110903/28587.html.

前后设置的文本格式也不一致，前面游园唱词部分曲牌名统一使用标点符号"【 】"加以标注，如"【皂罗袍】"、"【好姐姐】"。而惊梦唱词部分的昆曲曲牌名则使用标点符号"（ ）"，且加上汉字"牌"来标注，如"（山桃红牌）"。这种前后文字处理格式和标点符号不统一的宣传文本，难免给游客以形式随意、内容敷衍的感觉。

第二个语言使用不规范的方面为英汉互译问题。具体内容如下：

《游园惊梦》精品节目单

Program List of Performance "the Dream in Visiting the Garden"

1. 江南丝竹：《金蛇狂舞》《姑苏行》，丝竹合奏

southern Chinese silk and bamboo music: "Golden snake crazy dance" "Journey to suzhou" "Orchestral ensemble"

2. 昆曲：《十五贯》之《访鼠测字》

Kunqu opera: "Vist Lou Ashu on inferring word meanings" of "Fifteen strings of Coins"

3. 苏州评弹：《枫桥夜泊》《赏中秋》

Suzhou Pingtan: "Night mooring at Maple Bridge" "Enjoy the full moon in the Mid Autumn Festival"

4. 古筝舞蹈：《高山流水》

Chinese zither& Chinese classical dance: "High mountains and running rivers"

5. 昆曲：《牡丹亭》之《游园》

Kunqu opera: "Travelling in the Garden" of "The Peony Pavilion"

6. 昆曲：《牡丹亭》之《惊梦》

Kunqu opera: "The dream interrupted" of "The Peony Pavilion"

7. 箫独奏：《枉凝眉》，《女儿情》

Xiao solo: "Do not knit the brows" "Daughter love"

8. 古琴香道：《良宵引》

Guqin music: "Tune for a peaceful night"

其中节目一的"江南丝竹"翻译为"southern Chinese silk and bamboo music"过于生硬，且容易让外国游客误解，参考网络解释，江南丝竹是流行于江苏南部、浙江

119

西部、上海地区的丝竹音乐的统称，演奏团的乐器主要由二胡、扬琴、琵琶、三弦、秦琴、笛、箫等丝竹类乐器组成，故得名。"silk and bamboo music"直接让人联想到使用丝绸或击打竹子发声来演奏乐曲。中国特有的乐器应当采用与后文一致的翻译方式，如乐器箫译为"Xiao"，古琴译为"Guqin"，江南丝竹也可以翻译为"Jiangnan Sizhu"或者"Southern Chinese Sizhu"。且节目一的英语名称的首字母需要大写。

第二处英汉互译不规范之处为节目二《访鼠测字》，讲述了苏州知府况钟假扮"观枚测字"的算命先生，到高桥暗访尤二命案隐情，在城隍庙巧遇真凶赌棍娄阿鼠。娄阿鼠内心惶惶，况钟遂巧言探询，终于让真相水落石出的故事。根据其大致内容可知"访"为"拜访"之意，英语对应单词"Visit"，宣传手册里"Vist"为拼写错误。

根据笔者调查的游客对苏州园林景区宣传语、广告中的语言规范的在意程度显示，游客普遍对宣传类语言服务中的语言规范比较在意。

由图 2-3 可得，有超 7 成的游客在意苏州园林景区宣传语、广告中的语言规范，有 17% 的游客持无所谓的态度，而只有极少数游客选择不在意，说明游客普遍在意苏州园林景区宣传语、广告中的语言规范。

（2）官方微信公众号的语言使用情况

官方微信公众号更多采用文字宣传的方式，宣传对象主要是面对国内游客，尤其是使用微信公众号服务的游客群体，其中包括一些会使用微信公众号服务的外国

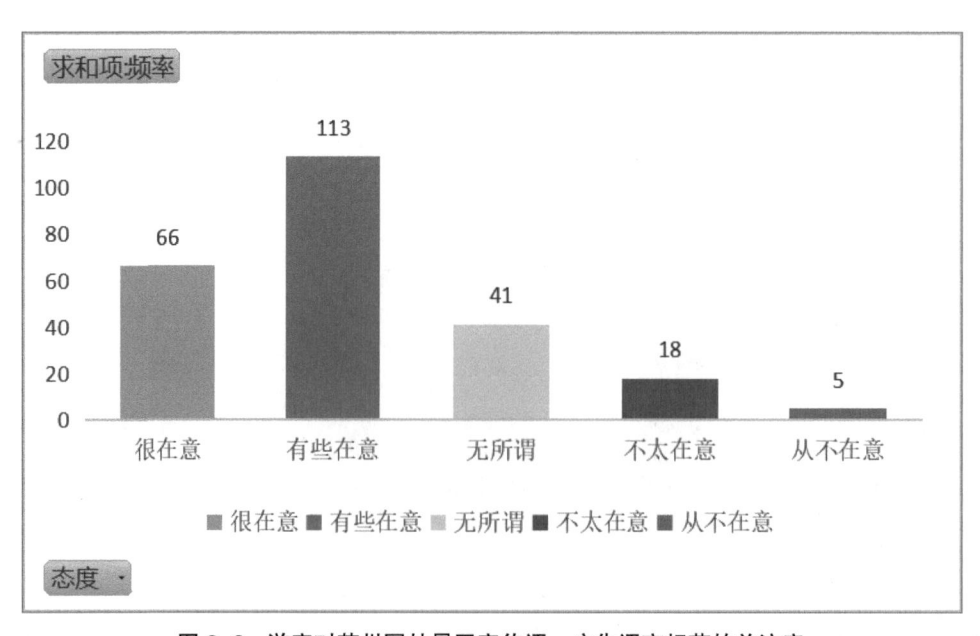

图 2-3　游客对苏州园林景区宣传语、广告语言规范的关注度

友人。为便于客观统计，笔者分析微信公众号宣传服务的语言使用情况所选择的分析对象统一为苏州园林各景区官微下设"服务"选项（详细选项内容参见表2-3）内的宣传介绍类文本，分析角度主要从文本数量、是否有外语文本、文本内容主题、宣传效果（阅读量）四个方面，通过对苏州园林7大景区的官方公众号进行统计，形成结果见表2-4。

表2-4 苏州园林景区官方公众号服务中宣传文本语言使用情况

园林名称	文本数量	外语文本数量	文本内容主题	宣传效果（阅读量）
拙政园	2	0	环秀山庄宣传；拙政园游园攻略	宣传文本一：10万+；宣传文本二：10万+
狮子林	9	0	走进怡园（包含8个景点的宣传文本）	园林简介1.1万；玉延亭2402；拜石轩3027；画舫斋2382；碧梧楼凤馆1825；面壁亭1743；小沧浪2468；石厅琴室1864 藕香榭2474
留园	4	0	留园历史；艺圃；盆景艺术；留园攻略	留园历史：7368
网师园	3	1	网师园历史；网师园相关特色活动；网师园攻略	宣传文本一：4747；宣传文本二：2800；宣传文本三：5387
沧浪亭	0			
耦园	6	1	耦园爱情文化；耦园追梦活动宣传；耦园双照楼茶室宣传；耦园水乡摇橹船宣传；云游耦园APP宣传；英文宣传	文本一：5571；文本二：4178；文本三：1667；文本四：1716；文本五：1204；文本六：427
虎丘名胜风景区	3	1	虎丘攻略（英文版对照翻译）；虎丘风采；著名景点	文本一：5.8万；文本二：1.8万；文本三：4.4万

由上表我们大致可以看出只有网师园、耦园、虎丘3个景区的官方微信公众号提供了英文版的宣传文本，可以看出其他园林官方公众号服务在外语宣传方面存在不足。与此同时，笔者注意到耦园充分发挥了官方微信公众号的宣传作用，提供外语（英语）服务的同时，将耦园的文化、园内主题活动、旅游产业服务多方面进行全

面宣传。值得商量的是，此处的阅读量和官方微信公众号服务质量没有直接的关系，而是和园林本身规模、知名度和对应园林管理处对微信公众号的宣传力度等多方面因素有较大关系。

总的来说，官方微信公众号和宣传手册两种宣传途径各有特色与侧重，两者的差异不仅表现在线上—线下的形式和服务内容上，更体现在两者的宣传对象和宣传目的方面。宣传手册的宣传对象不仅面对国内游客，而且会着重考虑国际游客群体，因此苏州园林宣传手册在语言种类中至少使用了中文和英语两种语言。微信公众号的宣传对象主要为国内游客，客观原因在于国外游客对于微信 APP 的使用少之又少。宣传目的方面，宣传手册注重一次宣传，旨在让游客对苏州园林景点信息有全局性、总览性的了解；微信公众号则注重二次宣传，旨在通过不停地更新推文，来让游客持续接受景点信息，从而对苏州园林各景点有更加细致、深入和全面的了解。

（二）指引类语言服务

苏州园林景区的指引类语言服务分为工作人员口头指引以及景区内部随处可见的语言标牌两部分组成，两类指引服务对游客游园提供了重要的信息，同时其规范化和文明程度也成为苏州园林景区的文明程度象征。但鉴于景区工作人员个体差异大，且口头语言指引内容纷繁复杂，需要借助第四章景区工作人员服务语言情况数据进行定量分析，因此本节重点考察分析苏州园林景区的语言标牌类指引服务，具体包括景区的景点名称标牌、导引指示牌、文明标语牌、景区告示牌等。本次调查共收集了 568 个语言指引标牌，其中虎丘 147 个，拙政园 83 个，狮子林 77 个，留园 67 个，耦园 64 个，沧浪亭 58 个，网师园 40 个，环秀山庄 32 个。笔者参考语言景观研究方法，从语码取向、语码呈现形式两个方面来分析苏州园林景区指引类语言服务的情况。

1. 指引类语言服务语言选择

根据研究者提出的语言景观相关理论，语码取向指的是双语或多语标牌中反映出语言社区地位高低的各种语言间的优先关系。[①]568 个标牌样本大致可以分为单语标牌、双语标牌和多语标牌，各自示例可以参考以下图片：

苏州园林景区指引标牌总共使用了汉语、英语、日语、韩语、法语五种语言，

---

① 尚国文，赵守辉. 语言景观研究的视角、理论与方法［J］. 外语教学与研究，2014，（2）.

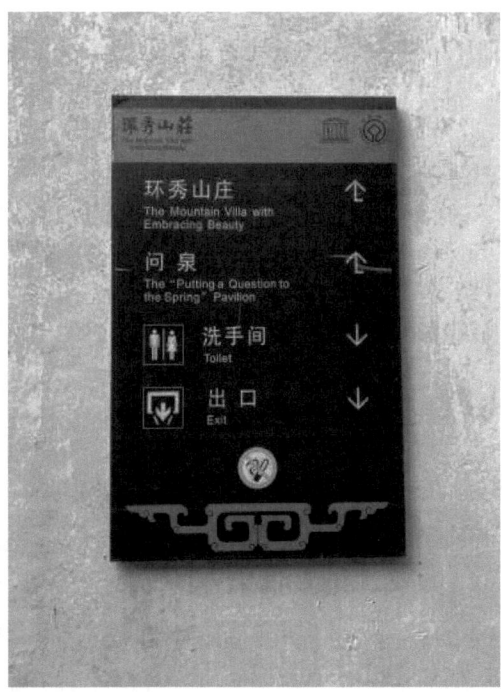

图 2-4 多种语言标牌示例

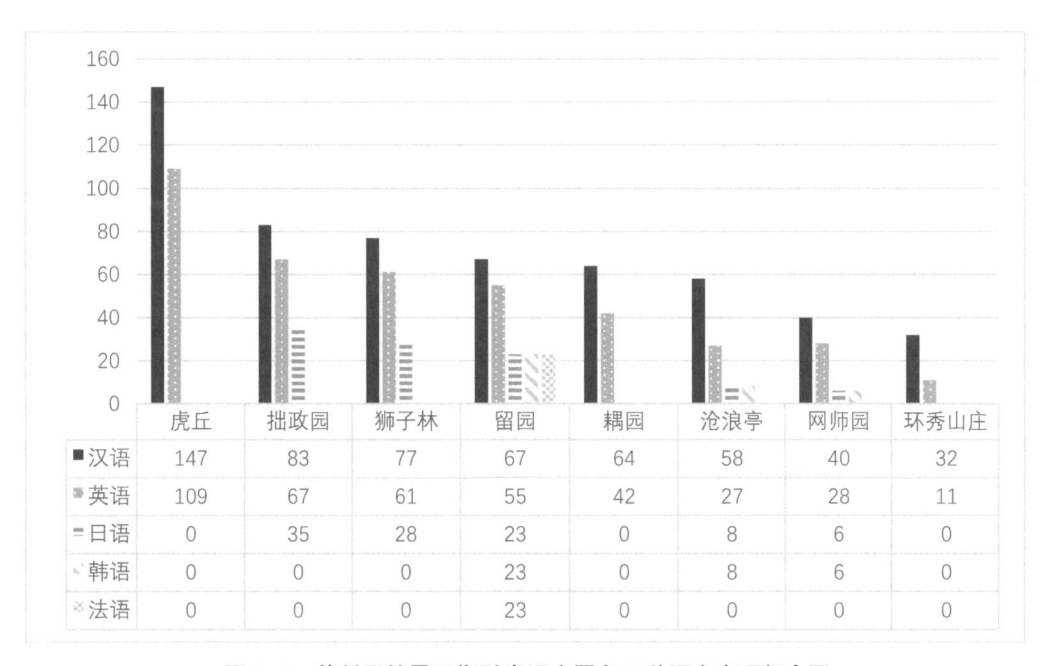

	虎丘	拙政园	狮子林	留园	耦园	沧浪亭	网师园	环秀山庄
■ 汉语	147	83	77	67	64	58	40	32
▦ 英语	109	67	61	55	42	27	28	11
═ 日语	0	35	28	23	0	8	6	0
◣ 韩语	0	0	0	23	0	8	6	0
▨ 法语	0	0	0	23	0	0	0	0

图 2-5 苏州园林景区指引类语言服务 5 种语言出现频次图

各语言在苏州园林景区出现使用频次如图2-4所示：

由图可知，留园不愧为吴中第一名园，指引类语言服务使用了5种语言，种类最全；其次是沧浪亭和网师园，两个景区都使用了4种语言；其后是拙政园和狮子林，都使用了3种语言；剩下的虎丘、耦园以及环秀山庄只使用了2种。

2. 指引类语言服务文字形式

苏州园林景区的指引牌的汉字形式比较单一，除园林场馆名称题字之外，其余全部为简化字，且字体大多使用隶书和黑体两种字体。且字体单一的现象同样出现在网师园、留园、环秀山庄、耦园、沧浪亭、狮子林等园林之中，以上各园情况从左往右如图2-6所示：

由上图可知，苏州园林景区指引标牌文字比较规范，没有出现异体字、生僻字等汉字使用不当的现象，符合国家语言文字政策的要求。但考虑到苏州园林自身的文化特质为"文人写意园林"，苏州园林更应当是"艺术生活的典范"[①]。因此苏州园林语言服务可以更多地从汉字形体的设计角度出发，去充分挖掘字体设计和汉字书写的形态美，从而契合苏州园林景区的人文特色，营造苏州园林独具魅力的文化氛围。例如"拙政园VR馆"场馆名称题字别具一格，恰好可以为苏州园林各指引牌字体设计带来启示。

综上所述，不管是语言的语码取向，还是汉字的呈现特征，苏州园林景区的指引类语言服务情况都暴露出了不足之处。语言选择方面，各园林景区国际化水平并不一致；而文字形式方面，苏州园林各景区又表现得过于保守和单调化。

（三）介绍类语言服务

关于介绍类语言服务，对应旅游管理研究相似概念为"旅游解说系统"，是指通过第一手的实物、人工模型、景观及现场资料向公众介绍关于文化和自然遗产的意义及相互关系的过程，以实现资源、游客、社区和管理部分之间的交流。[②] 然而笔者更多关注的并非解说资源或是管理过程，而是以介绍性语言为服务载体的讲解形式与内容。笔者主要以调查所得的手机扫码电子讲解服务和导游解说服务两个方面为研究的主要内容。

---

① 江苏省旅游局编. 走读江苏：江苏经典景点导游词[M]. 北京：中国旅游出版社，2012，(6)：134.
② 唐鸣镝. 景区旅游解说系统的构建[J]. 旅游学刊，2006，(1).

图 2-6　苏州园林指引标牌文字呈现形式示例

1. 介绍类语言服务的形式内容

苏州园林提供的介绍类语言服务主要有两种形式，一是电子讲解服务，二是人工导游解说服务。两者都是对各苏州园林景点进行历史人文性的介绍，区别在于提供讲解服务的主体和讲解语言风格的差异。

（1）电子讲解服务

笔者在苏州园林景区调查到的电子讲解服务主要有两种，一是自助式电子讲解机器，另一种为手机扫码讲解。第一种电子讲解机器一般为景区内提供的供游客有偿租赁的机器讲解服务，该项服务可以由游客在相应游客接待处或景区内机器柜台自行扫码并一定支付费用获得，该类机器主要为游客介绍所在园林的历史、建筑、人文相关景点信息，具备基本的定位并切换讲解内容的功能。以下为笔者与狮子林游客接待处租赁机器负责人员的访谈片段：

【狮子林游客服务中心接待人员A，男，30岁】

笔者：您好，向您咨询一下这边的导游讲解机器有外国游客可以用吗？

访谈对象A：有英文的。

笔者：那我其他外国朋友如果过来，有日本的、意大利的，那怎么办呢？

访谈对象A：那没办法，只有英文和中文两种。

笔者：好的，谢谢。目前狮子林这边还有讲解员吗？

访谈对象A：不好意思，现在都预约完了，都在讲解呢。

笔者：您可以租用这边的讲解机器。但是现在讲解机器也租完了，今天游客上万了，实在是人太多了。目前只有英文的了。

笔者：那我租用英文的（机器）使用，里面有中文吗？

访谈对象A：还是别租了，租了也听不大懂，里面有专业词汇。我估计是这么回事儿啊，因为这是公司的机器，和我们单位不一样。

笔者：哦，那你们单位的情况是？

访谈对象A：哦，我们就是讲解员已经全部出去了。

笔者：那一共有多少位讲解员？

访谈对象A：八位。

笔者：大概什么时候回来呢？

访谈对象A：这个时间还真讲不准。现在的游客量，你光走一圈，就需要四五十分钟。

  笔者：那你们单位提供讲解器吗？

  访谈对象 A：没有，不好意思。

  笔者：那请讲解员价格方面怎么收费呢？1 到 5 人是 80（元）。

  笔者：公司那边的讲解器呢？

  访谈对象 A：中文 25（元）一个，英文 50（元），时间不限。

由访谈内容可知，苏州园林景区提供的外语类电子讲解机器只有英文一种语言的。为此，笔者特意调查了同样提供电子讲解机器的留园、拙政园，所得结果如出一辙。

苏州园林景区提供的第二种电子讲解服务为手机扫码讲解。游客只需入园之前扫描景区门口张贴的二维码，便可自动链接到讲解界面，或者需要关注该园林景区的官方微信公众号，便可聆听手机电子讲解。以下两段访谈分别为笔者在虎丘名风景区和沧浪亭对讲解服务咨询处工作人员的访谈：

【虎丘风景名胜区讲解服务咨询处接待人员 Q，女，23 岁】

  笔者：您好，这边的导游回来了吗？

  访谈对象 Q：稍微等一会儿。

  笔者：这边的讲解免费和收费的两种讲解服务是分开的是吗？收费的是怎么收费？

  访谈对象 Q：十个人以内 200。现在需要等将近两个小时，因为现在讲解都被请到山上讲解去了。

  笔者：那这边总共有多少个讲解员呢？

  访谈对象 Q：十几个吧。

  笔者：那全都去讲解了吗？

  访谈对象 Q：对，都没有吃饭。

  笔者：哦，辛苦了，辛苦了。

  笔者：那 10 个人以上呢？

  访谈对象 Q：多一个人加 10 块钱。15 个人封顶。

  笔者：那一般请讲解的都是以旅游团的形式来请吗？

没有，都是散客。

笔者：那为什么人多，价格反而上去了呢？感觉人多的话，服务受到一定的限制，每个人交的钱应该少了才对。

访谈对象Q：没有，这边景区规定两个人是200，九个人也是200，十个人以内都是200，11个人就是210。

笔者：嗯，那11个人的话，一个人要交210，还是总共呢？

访谈对象Q：总共。

笔者：那这边的话，讲解是带耳机听，还是怎么讲？

访谈对象Q：拿扩音器讲。

笔者：那下一班免费讲解是什么时候？

访谈对象Q：中午11:30。您预约了吗？没有预约的话，只能再等下一班了。或者您用手机软件听讲解，五块钱一个语音包，边走边听的。讲解的内容是一样的，而且可能更多一点，需要扫码购买。具体方法，扫宣传册二维码扫进去，点语音导览，然后付款，就可以听讲解了。

【沧浪亭接待处，接待人员D，女，37岁】

笔者：您好，这里有讲解员讲解服务吗？

访谈对象D：没有，现在就是电子的。就扫宣传册的二维码进入服务，就可以听了。

笔者：就沧浪亭没有（讲解员讲解服务）吗？

访谈对象D：沧浪亭和可园。其他园子就不知道了。现在因为节假日期间人多嘛，人工讲解，怕来不及。平时是有的。

笔者：沧浪亭和可园吗？对的。反正您手机扫码就可以听电子语音讲解。

由访谈可知，虎丘名胜风景区和沧浪亭都提供了手机扫码讲解服务，但虎丘的手机扫码讲解服务需要收取5元的费用，而沧浪亭的是免费的。根据访谈内容，大致推测沧浪亭手机扫码讲解服务免费的原因可能为吸引游客前往沧浪亭游园。此外，考虑沧浪亭自身规模和游客量，手机扫码讲解服务收费的话，沧浪亭游客购买讲解服务的情况也不会乐观，综合考虑，不如免费。有两点值得说明的是，两个景区提供的手机扫码电子讲解服务都只有中文语音讲解，其次目前沧浪亭的官方微信公众号已下架电子讲解服务。

(2) **人工解说服务**

与前文提到的电子讲解服务相对应的另一种介绍类语言服务是人工解说服务。人工解说服务有两种服务类型,一种是有偿的导游即时讲解服务,另一种是无偿的导游定时免费讲解。其中导游即时讲解服务有汉语普通话和英语两种解说语言服务,而导游定时免费讲解仅有汉语普通话一种。以下为笔者收集到的拙政园和狮子林人工讲解服务公示的图片为例:

由图可知,拙政园和狮子林的景区讲解服务公示情况各有特色。从公示形式上来看,拙政园的景区服务讲解公示主要有两种,第一种是悬挂在墙上的实物展牌,第二种是滚动播放的电子显示屏;而狮子林的景区讲解公示仅有一种,为实物展牌。

从公示数量上来看,拙政园的景区讲解服务公示有2个,而狮子林的景区讲解服务公示则仅有1个。

从公示内容上来看,拙政景区讲解服务公示的实物展牌提供了公示标题、讲解路线及时间、讲解收费价格、投诉和监督热线四块主要内容。拙政园景区讲解服务公示的电子显示屏提供了公示标题以及包含"定时免费讲解服务""即时收费讲解服务""友情提示"在内的服务说明两块内容;而狮子林的讲解服务公示则提供了公示标题、讲解人员花名册、讲解路线及时间、免费讲解时间、收费讲解标准四块主要内容。

从公示文本的语言种类来看,拙政园和狮子林的景区讲解服务公示都提供了英文版本的外语翻译。

笔者接下来以拙政园景区的人工导游定时讲解服务为例,对苏州园林导游讲解服务的具体内容和情况进行分析。讲解文本内容是笔者对拙政园景区秋香馆内导游人员的讲解进行录音,后根据原文讲解转录出来的文字材料,具体内容如下:

> 各位游客,我们为大家提供了一段定点园林文化讲解,时间都不长,6到7分钟,但是呢,对于你们的游览,肯定有一定的帮助和收获,所以大家不管时间呢,我建议都可以跟上听一下、了解一下,先到的呢,空地往前站,稍微有点空位给其他游客。接下来呢,我们讲解正式开始。
>
> 首先呢,非常欢迎各位来到拙政园,拙政园的建造于明朝正德四年,公元1509年,到目前为止,511年的一个历史,总占地呢78亩,苏州的占地面积最

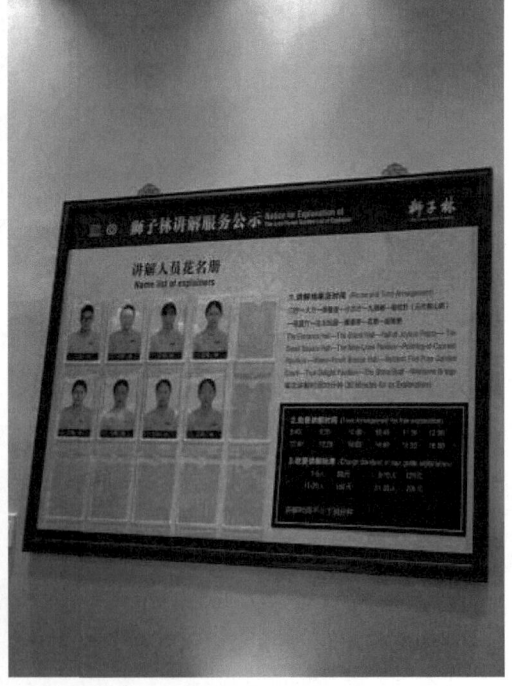

图 2-7　苏州园林人工解说服务公示示例

大的私家花园。那么这个园林呢以 2 条白色的长廊分割为三部分，东、中、西三个花园，现在大家所在的是面积最大的东部花园，以田园风光为主，所以建筑很少。接下来主游方向由东往西去逛，东部花园过一条白色的长廊，整个园林造景的精华——中部花园，当时原主人家的会客厅观景赏景的一片。那么再往前走，最小的西花园，建筑呢很精美，曾经的是一些小姐秀楼唱曲听曲的一个地方，到头呢是我们的盆景园。

那么这么大、这么好看的园子，当年由谁来建造的，第一位园主人至关重要，没有他，就没有如今的园子，这位蓝色官服戴官帽的（手指展牌），王献臣，记住他的名字，一开始在朝廷做官监察御史，有点像现在的纪检委，当年工作的职责向皇帝检举揭发贪污腐败，做官没有能力的一些人，为人的正直很有才干，但是当时的朝廷黑暗，宦官当道，得罪了很多人，所以两次遭人排挤打压，被贬官之后呢，对官场仕途心灰意冷。后来辞官呢，回到了苏州，买下了当年的大宏寺遗址，修建的园子取下名字叫拙政园，那么"拙政"这两个字到底是什么意思呢？他出自于西晋潘岳的一段《闲居赋》"筑室种树，灌园鬻蔬，以供朝夕之膳，此亦拙者之为政也"[①]，简单一点解释，说了这个人比较笨，不太适合在朝廷里面当官啊，适合回家去做个农夫种种地、养养花来过我一天天的生活，这才是我应该做的一个正经事，归隐田园的意思。回家后的王献臣花下了近 16 年左右的时间设计和造园，当然可惜的是这么好看的园子自己没有享受几年，便生病去世了。后来这个园子呢，被儿子不孝子，一夜豪赌输给了别人，从此呢拙政园走上了一个不断换主人的道路，五百多年分分合合，这个园子呢，换下了近 32 位园主人，那么到底哪些人住进过这里呢？比方说当时的忠王李秀成，江苏巡抚副李鸿章，吴三桂的女儿女婿，江南名妓柳如是、赛金花，《红楼梦》的作者曹雪芹等人，可以说是非富即贵。一个园林好不好看？其实设计师的功劳至关重要，这位园林的第一任设计师，大家并不陌生，电影、电视经常看到，文徵明，江南四大才子之一，很有才华的一个人，诗、书、画呢三绝，而且是苏州吴门画派的开创人物。很多人说这个园子为什么这么漂亮？专家认为啊，当年的拙政园就是从文徵明的山水画中走出来了一个世外桃源，以画来入园，造就了如今的园林。

经常听到园内的游客逛了半天啊会说，这个园子没有我想象当中的那么大。

[①] 潘岳《闲居赋》原文片段：于是览止足之分，庶浮云之志，筑室种树，逍遥自得。池沼足以渔钓，春税足以代耕。灌园鬻蔬，供朝夕之膳；牧羊酤酪，俟伏腊之费。孝乎惟孝，友于兄弟，此亦拙者之为政也。

500多年前王献臣第一次造园的时候,拙政园占地是230多亩,现在的3倍左右,所以您细心逛完园子呀,你会发现里面找不到古时候的人们吃饭睡觉的一个地方,因为当时呢它们被破坏了,所以原址上修建了如今的园林博物馆、苏州博物馆、忠王府等等,当年那一片呢也属于这个园子。所以很多人好奇要问,现在的拙政园是一个旅游景区,500多年前这里没有遭受破坏,他其实是一个大户人家,那么里面有大人、小姐、丫鬟、仆人,他们在里面怎么生活休闲度过一天,如果在当时我们来做客的话,那么原主人怎么来招待大家?接下来第二个厅堂利用高科技复活这个500多年前的园林。

后面呢还有2-3分钟左右的讲解,包括游园路线、出入口,需要了解的,我们自行跟上。节假日的人数比较多,不可能等大家到齐再进行讲解,所以您需要了解的,我建议大家自己跟好,听完再继续游园,接下来我们继续听讲解的朋友往后门口走。

很明显,虽然以上这段文字是苏州园林拙政园景区提供的免费定点人工讲解服务,但仔细分析,我们能够发现该段讲解服务的话语策略营销目的非常明显。话语策略是指为了达到某种目的而系统使用语言的方式策略。在旅游领域,常用的话语策略有语言文字策略、声响策略、多媒体策略。[1]笔者参考国外批评话语分析学者提出的关于语言文字策略的指示性、互文性、及物性、行为施动者以及信息提示五个维度,对以上讲解示例文本进行分析。[2]

首先,指示语策略方面,主要从时间、空间、称谓指示语三个角度来看,时间指示语该导游多次使用如"6-7分钟"用来指示讲解时间的长短、"明朝正德四年""公元1509年""511年"连用三个时间指示语,只为表示拙政园的历史悠久,后文"500多年前"反复出现,目地同样如此,同时利用时间上的久远营造一种历史悠久、古今变迁从而引起游客的对500多年前园主人生活的好奇心。空间指示语方面,"这个园子"顺江将游客从500年前的拙政园带回到了现在的园子。称谓指示语,如介绍拙政园第一任设计师文徵明时,连用"江南四大才子""吴门画派创始人"等身份来称呼,为的就是凸显文徵明的艺术才华不同凡响,从而表示拙政园的艺术文化

---

[1] Graham M.S.Dann.The language of tourism: a sociolinguistic perspective.Wallingford: CAB International Publication, 1996: 171–210.

[2] Wodak R, Meyer M. Methods of Critical Discourse Analysis.London: Sage, 2001:1–13.

之美。

其次，互文性方面，主要表现为引经据典。该导游在介绍园主人王献臣时，引用了西晋文学家潘岳所作《闲居赋》的赋文："于是览止足之分，庶浮云之志，筑室种树，逍遥自得。池沼足以渔钓，春税足以代耕。灌园鬻蔬，供朝夕之膳；牧羊酤酪，俟伏腊之费。孝乎惟孝，友于兄弟，此亦拙者之为政也。"大意则是因此我恪守知止知足的本分，收敛起富贵的念头，在乡间盖房植树，过起逍遥自在的生活。池塘的鱼足以供我垂钓，舂米为税足以使我耕田，灌园卖菜，用以供给早晚的饭食；牧羊囊乳用以供给伏腊祭祀的费用，孝顺父母，友善兄弟，这也是不善做官的人在做官啊。通过引用《闲居赋》以此表明王献臣当时归隐后的性格和处世哲学。同时从语言与文化的角度来看，增加了导游解说语言的文学性，同时也将古人寄情山水的文化通过诗词歌赋充分表达了出来。

及物性策略方面，西方语言学家将英语动词及物性分为物质过程、心理过程、关系过程、行为过程、言语过程、存在过程六个方面[1]；而中国语言学家普遍认为汉语动词虽然没有及物或不及物的区分，但及物性规律同样存在。我们在上述讲解的文本中发现动词及物性策略方面，导游并没有过多的涉及和使用，而是通过语气词"呢"或者省略的方式将部分谓语动词省略，这也是导游口头讲解的特殊性的一种体现。比如"总占地呢（是）78亩"，"苏州的占地面积最大的私家花园"，"那么再往前走，最小的西花园"等。

行为施动者策略方面，也就是导游讲解中主语的使用策略。我们可以发现从讲解的第二段正文开始，每一段讲解的主语都很清晰明确。第二段是苏州园林拙政园本身；第三段是园主人，主要是王献臣；最后第四段是游客。而这清晰分明的三类主语正是导游解说关联的两个重要对象——园林和游客。可以看出导游的解说词在施动者策略方面是经过精心加工的。

最后是信息提示策略，也就是关注讲解文本中小句的主位。比如说介绍拙政园第一任设计师文徵明时，讲解员介绍文徵明，"文徵明，江南四大才子之一，很有才华的一个人，诗书画呢三绝，而且是苏州吴门画派的开创人物。"这里介绍了文徵明的多重身份，都是小句，且都使用了无标注性主位。都是指向文徵明。这样的使用可以让游客对文徵明的多种文化艺术成就了然于心，从而关注苏州园林拙政园建筑

---

[1] Halliday. An introduction to functional grammar. Beijing: Foreign Language Teaching and Research Press, 2000:143.

的艺术和文化方面。

通过对拙政园景区的人工导游定时讲解的分析，我们可以看出苏州园林导游讲解服务语言在话语策略使用方面还是经过精心安排的，旅游文本措辞的核心不是告知，而是说服[1]。苏州园林讲解类语言服务的核心同样是通过语言去说服游客，使游客对苏州园林的建筑、艺术和文化魅力深信不疑。

2. 介绍类语言服务的语言风格

通过以上两种形式介绍性语言服务的分析，我们可以发现两者的语言风格是截然不同的。以同样介绍拙政园整体布局的两种讲解服务为例进行比较：

（电子讲解服务）拙政园是私家园林，因此是宅园结合的，住宅位于园的南面，花园内则是散点布局、自由灵活、不拘一格的，着重显示纯自然的天成之美，显示人与大自然的亲近和融合，是人与自然相和谐的典范创造。

（人工解说服务）首先呢，非常欢迎各位来到拙政园，拙政园的建造于明朝正德四年，公元1509年，到目前为止，511年的一个历史，总占地呢78亩，苏州的占地面积最大的私家花园。那么这个园林呢以2条白色的长廊分割为三部分，东、中、西三个花园，现在大家所在的是面积最大的东部花园，以田园风光为主，所以建筑很少。接下来主游方向由东往西去逛，东部花园过一条白色的长廊，整个园林造景的精华——中部花园，当时原主人家的会客厅观景赏景的一片。那么再往前走，最小的西花园，建筑呢很精美，曾经的是一些小姐秀楼唱曲、听曲的一个地方，到头呢是我们的盆景园。

通过以上对比可以发现，两种介绍性语言服务语言风格方面各有特点。电子讲解服务的语言精练，用词准确具有概括性。比如"宅院结合"很好地概括了人工解说服务的大篇幅文字介绍。相比之下，人工解说服务则显得语言口语化，可以拉近与游客的距离。如"非常欢迎各位来到拙政园"之类的礼貌用语能够给游客带来良好的印象，从而增加对导游的好感，引起游客聆听解说的兴趣。

---

[1] 马晓京. "恩施旅游形象"文本的话语分析——关于"中国旅游新发现：湖北恩施"的个案研究[J]. 广西经济管理干部学院学报, 2014, (1).

三、苏州园林工作人员服务语言及管理情况

调查笔者将目光集中于最具代表性的几大苏州园林,主要是拙政园、狮子林、留园、虎丘名胜风景区、耦园、网师园、沧浪亭、环秀山庄景区。其他诸如怡园、可园、艺圃等景点因为景点面积、典型性、知名度和游客客流量极小等原因,不便开展调查,因此没有囊括在笔者的调查范围内。调查对象主要为苏州园林各景区游客服务中心的窗口人员、景区接待和咨询处的接待人员、景区内的志愿服务人员和安保人员等。本次调查本着自愿填写的原则,通过腾讯问卷线上填写的方式,共计回收问卷91份,有效问卷91份。

表 2-5 被调查人员的基本情况

		人数	百分比(%)
性别	男	24	26.4
	女	67	73.6
年龄	20 周岁以下	18	19.8
	20–35 周岁	46	50.5
	36–50 周岁	23	25.3
	50 周岁以上	4	4.4
文化程度	初中及以下	18	19.8
	高中(含中专)	18	19.8
	大专(含高职)	37	40.7
	本科	18	19.8

(一)工作人员语言使用情况

在苏州园林景区工作人员提供服务的过程中,工作人员通过语言来沟通是最常用、也是最具效率的交际方式。笔者的调查主要对苏州园林景区工作人员与游客交际过程所涉及的语言能力及语言选择来开展调查的。语言能力是语言学研究最常用的概念之一,笔者这里讨论的"语言能力"并非乔姆斯基所讨论的"语言天赋"或"语言知识",而是与其他人类认知能力一样,是人们用以应对日常生活情景的基础性能力[1]。语言能力放入具体的苏州园林景区语言服务语境之中,表现为直观的普通话水

---

[1] 刘小涛著. 语言能力和语言知识[M]. 上海:上海大学出版社,2018:9.

平和外语能力。因此,针对这一部分,笔者调查了苏州园林景区工作人员的普通话使用水平、外语能力以及工作岗位、文化程度和普通话、外语水平之间关联程度。

1. 普通话使用和普通话水平

鉴于苏州园林景区的游客来自中国乃至世界各地,而中国各地区有各地自己的方言,普通话作为各地游客沟通的重要交际工具,其重要性不言而喻。因此普通话是景区工作人员所必须具备的基本语言服务能力。首先是被调查的苏州园林景区工作人员工作及用语基本情况,如表2-6所示:

表2-6 被调查人员的工作及用语基本情况

		频率 n=91	百分比
从事的工作岗位	从事窗口售票	13	14.3
	从事接待咨询	22	24.2
	从事安保工作	23	25.3
	从事景点讲解	16	17.6
	从事志愿服务	17	18.7
从事该工作时长	1年及以下	20	22
	1到3年	37	40.7
	3到5年	32	35.2
	5年及以上	2	2.2
在工作中主要使用的语言	普通话	87	95.6
	苏州话	1	1.1
	外语(如英语、日语等)	3	3.3

调查数据显示,在苏州园林景区工作人员之中,从事的工作岗位为窗口售票的占到总体的14.3%,从事接待咨询的占到总体的24.2%,从事安保工作的占到总体的25.3%,从事景点讲解的占到总体的17.6%,从事志愿服务的占到总体的18.7%。从事工作时长中大部分人集中在1-5年这个时间段,极少人在5年以上。在工作中,绝大部分人主要使用普通话,极少数人使用苏州话和外语,且根据笔者了解,一般在工作中使用的主要语言为外语的为专门为国外游客讲解苏州园林的导游人员。

表2-7 苏州园林景区工作人员的普通话情况

		频率	百分比（%）
认为自己的普通话如何	非常标准	65	71.4
	比较标准	25	27.5
	一般	1	1.1
是否参加过普通话测试	是	32	35.2
	否	59	64.8
普通话测试结果	一级甲等	0	0
	一级乙等	5	15.6
	二级甲等	19	59.4
	二级乙等	8	25

由表2-7可知，在笔者所调查的苏州园林景区工作人员中，大多数人自认为自己的普通话非常标准，占到总体的71.4%，只有极少数人认为自己的普通话一般。而其中仅有35.2%的人参加过普通话测试，在参加的人中，达到二级甲等的人最多，占到参加人数的59.4%，极少数人达到一级水平。

表2-8 不同工作岗位服务人员是否参加过普通话水平测试的情况（%）

		是否参加过普通话水平测试		总计
		是	否	
工作岗位	从事窗口售票	30.8	69.2	100
	从事接待咨询	36.4	63.6	100
	从事安保工作	4.3	95.7	100
	从事景点讲解	100	0	100
	从事志愿服务	17.6	82.4	100

X^2=41.493，p<0.001

笔者对苏州园林景区不同工作岗位的服务人员与是否参加过普通话水平测试进行交叉表卡方检验，结果发现，是否参加过普通话水平测试与工作岗位有关，X^2=41.493，p<0.0001。从各工作岗位人数分布来看，从事景点讲解的服务人员参加过普通话水平测试的人数比例最高，占到该工作岗位调查人数的100%，其次是从事接待咨询工作的服务人员，占到调查人数的36.4%，最少是从事安保工作的服务人员，只占到调查人数的4.3%。由此可见，工作性质上越需要使用普通话来讲解景点或接

待游客的岗位，其对景区服务人员普通话水平的要求则越高。

表2-9 不同工作岗位服务人员的普通话水平测试结果情况（%）

		普通话水平测试结果				总计
		一级甲等	一级乙等	二级甲等	二级乙等	
工作岗位	从事窗口售票	0	0	50	50	100
	从事接待咨询	0	12.5	50	37.5	100
	从事安保工作	0	0	0	100	100
	从事景点讲解	0	25	75	0	100
	从事志愿服务	0	0	33.3	66.7	100

由表2-9可知，从事景点讲解岗位的服务人员，普通话水平测试结果在二级甲等以上的人数比例最高，占到调查人数的100%，其次是从事接待咨询的服务人员，占到调查人数的62.5%，最少的是从事安保工作的服务人员，在参加过普通话测试的人员中，其普通话水平测试结果全为二级乙等，说明苏州园林景区对从事讲解和接待服务的工作人员普通话水平要求较高，对安保人员的普通话水平要求则较低。

2. 外语能力

苏州园林景区工作人员的外语能力决定着景区工作人员面对外国游客所能提供的外语服务水平，同时也与苏州园林语言服务的国际化程度息息相关。笔者调查了苏州园林景区的工作人员在工作时间的外语使用情况，主要从使用频率、使用外语语种以及自身的外语水平三个方面来考量苏州园林景区工作人员的外语能力，结果如下表2-10所示：

表2-10 苏州园林景区工作人员外语使用情况

		频率 n=91	百分比（%）
在工作中使用外语的频率	经常说	3	3.3
	有时候说	5	5.5
	偶尔说	11	12.1
	很少说	26	28.6
	完全不说	46	50.5
在工作中一般使用哪种外语	英语	44	97.8
	其他	1	2.2

续表

		频率 n=91	百分比（%）
外语水平	非常标准	2	4.4
	比较标准	20	44
	一般	19	41.8
	不太标准	4	8.8

由表 2-10 的调查结果可以了解到，在景区所有提供服务的工作人员之中，在工作中使用外语的频率有过半人选择了完全不说，有 28.6% 的人很少说，极少数的人经常说，说明外语的使用频率在工作中总体不高。除去完全不说外语的样本，其余工作中会使用到英语的景区工作人员在工作中一般使用的外语为英语，只有 1 人选择了其他外语语种，外语水平主要集中在比较标准和一般。需要特别说明的是，笔者衡量工作人员外语水平时主要考虑外语使用者的语音方面，因为在园林景区工作人员提供语言服务时，主要是通过口语来交际的，而如果考虑词汇量、语法使用等角度，则显得与本研究内容有所脱离，且问卷调查题量设置也不允许详细询问此类问题，只好通过简单语音面貌的自评来衡量景区工作人员的外语水平。不过，在笔者与一位会使用英语的景区安保工作人员的个案访谈中，当笔者问及该工作的人员的外语水平，其回答倒是有些出乎笔者意料。访谈相关片段如下：

受访者信息：东北街拙政园南大门处，安保人员 Z，男，42 岁

笔者：先生，你好，打扰啦，请问您。是这边的安保人员，是不是？

访谈对象 Z：是的。

笔者：这边是南大门，是吗？

访谈对象 Z：拙政园的南出口。

笔者：就是一天所有的游客都会从这个出口出了，是吗？

访谈对象 Z：还有个东出口。

笔者：但是游客须知上说只能从 5:00 之后才能从东出口出来，是吗？

访谈对象 Z：呃，其他时间也可以出来，一直开到 5:00 或者 5:30。

笔者：还有就是请问你们这边平时外国游客多吗？

访谈对象 Z：多呀，疫情之前很多，现在也有。

笔者：那大概都有哪些国家的呢？

访谈对象Z：各个地方各个国家都有。根据我印象中的情况来看，遇到的有意大利的、美国和德国的。具体情况的话，我不是票房的，我也不太清楚。

笔者：一般别的国家的游客入园会出示自己的签证或者护照嘛？

访谈对象Z：用护照的话要去票房卖票。嗯，综合服务厅。

笔者：哦，我在园子里面也遇到了其他安保人员。你们提供的语言服务一般有哪些语言呢？会英文或者其他国家的语言吗？

访谈对象Z：嗯，会的，我只会英语。如果一般外国人问我票房在哪里？我会说："Ticket office, go straight! One hundred meters."或者他们问 toilet、bathroom，或者会问 exit、Entrance，进口出口。

笔者：哦，就是一般几个常用的重要的地点，您会告诉他们位置，是吗？

访谈对象Z：对，反正游客肯定是问进出口、洗手间、票房一类的。

笔者：哦，那其他国家语言呢？

访谈对象Z：这就不会了。

从笔者访谈时的情况来看，就外语能力方面而言，这位安保人员，无论是语音面貌，还是词汇使用、语法规范方面，都能够达到解答外国游客咨询旅游相关地点问题的基本要求。

除此之外，笔者还分析了不同工作岗位的景区服务人员在使用外语和对应外语能力上的差异情况。如下表所示：

表 2-11　不同工作岗位服务人员在工作中使用外语频率的情况（%）

		在工作中使用外语频率					总计
		经常说	有时候说	偶尔说	很少说	完全不说	
工作岗位	从事窗口售票	0	7.7	15.4	76.9	0	100
	从事接待咨询	0	18.2	22.7	27.3	31.8	100
	从事安保工作	0	0	8.7	13	78.3	100
	从事景点讲解	18.8	0	6.3	12.5	62.5	100
	从事志愿服务	0	0	5.9	29.4	64.7	100

由表 2-11 可知，从事景点讲解岗位的服务人员在工作中使用外语的频率最高，

选择"经常说"外语的工作人员占到调查人数的18.8%；从事窗口售票岗位的工作人员选择"完全不说"外语的人数比例最低；从事安保工作的服务人员选择完全不说外语的人数比例最高。由此可见，在工作中使用外语频率较高的岗位主要集中在景点讲解、窗口售票和接待咨询，而安保人员的外语使用频率则较低。

下表则是在使用外语的工作人员中，不同工作岗位服务人员对应的外语水平情况：

表2-12 不同工作岗位服务人员的外语水平情况（%）

		外语水平				总计
		非常标准	比较标准	一般	不太标准	
工作岗位	从事窗口售票	0	23.1	61.5	15.4	100
	从事接待咨询	0	64.3	35.7	0	100
	从事安保工作	16.7	50	16.7	16.7	100
	从事景点讲解	16.7	83.3	0	0	100
	从事志愿服务	0	0	83.3	16.7	100

由上表可知，在苏州园林景区所有使用外语的服务人员中，外语水平在比较标准及以上的所占人数比例最高的为从事景点讲解岗位的服务人员，占到该工作岗位调查人数的100%；其次是从事安保工作的服务人员，占到调查人数的66.7%，最少是从事志愿服务的工作人员。由此可见，不同工作岗位对外语掌握水平的要求不同，其服务人员的外语水平也不同。

（二）工作人员语言服务意识及水平

苏州园林旅游行业属于公共服务行业，而苏州园林景区的工作人员通过使用语言来接待游客，并以此作为服务游客的主要方式，其前提便是要有相应的语言服务意识和正确的服务态度[1]。有鉴于此，笔者通过问卷调查了苏州园林景区工作人员对行业文明用语、服务禁忌语的态度和使用情况以及语言服务不周经历，通过他们对以上三个方面的认知和态度，综合分析苏州园林景区工作人员的语言服务意识及水平。

---

[1] 李现乐. 语言服务与服务语言[D]. 南京大学，2011.

1. 对行业文明用语的态度和使用

提倡文明礼貌用语，说话讲究文明是各行各业，尤其是服务性行业职业道德的重要内容之一[①]。服务人员在景区日常工作过程中使用的礼貌用语以及对于使用礼貌用语行为本身所持的态度，是反映工作人员语言服务意识的重要标准。

礼貌用语的范围很广，有学者将其归为十个大类，分别是称呼语、见面语、招呼语、道别语、介绍语、感谢语、道歉语、赞美语、谦让语、委婉语。[②] 根据苏州园林景区工作人员用语实际情况，笔者调查了苏州园林景区工作人员对于诸如"您好""谢谢""对不起"等日常礼貌用语的态度和使用情况，调查结果如下表所示：

表2-13 工作人员使用"您好""谢谢""对不起"等日常用语的情况

		频率	百分比（%）
平时工作中是否有必要使用"您好""谢谢""对不起"等日常用语	很有必要	76	83.5
	有必要	14	15.4
	无所谓	1	1.1
平时工作中是否会使用"您好""谢谢""对不起"等日常用语	经常说	45	49.5
	有时候说	33	36.3
	偶尔说	11	12.1
	很少说	2	2.2

由上表可得，在苏州园林景区的工作人员之中，绝大多数人认为在平时工作中很有必要或有必要使用"您好""谢谢""对不起"等日常用语，只有极少数人对此无所谓；有一半左右的人在平时工作中经常使用"您好""谢谢""对不起"等日常用语，选择"有时候说"的占到总体的36.3%，选择"偶尔说"的占到总体的12.1%，只有2.2%的人选择很少说。说明大多数人重视平常工作中礼貌用语的使用，但是面对游客时，需要在具体场景中使用礼貌用语的言语行为却不够理想。

在笔者前往苏州园林拙政园调研时，亲身经历了拙政园入口处的安保人员用扩音器反复告知游客拙政园景区门票售罄的场景，以下喊话内容的原话：

"这边是拙政园啊，有票的进门，没票的到别的地方去玩了啊。"

而几米之外的拙政园游客服务中心也用电子广播循环播放通知内容，广播录音

---

① 童之侠. 当代语言学[M]. 北京：中国传媒大学出版社，2016.
② 黄文清. 服务语言艺术[M]. 北京：高等教育出版社，2003.

语语音使用了男女声分别朗读,循环播报以下内容:

"各位游客,今日拙政园门票已售完。请未购票的游客不要前往。您可前往附近的平江路耦园戏曲博物馆、苏州丝绸博物馆、苏州美术馆等地参观游览,感谢大家的理解和配合。"

不管是称呼语方面,游客服务中心使用的为"各位游客""您",对比安保人员使用的称呼语"有票的",或者敬词方面,"请"的使用与否,还是委婉语方面"感谢大家的理解和配合"等规范文明用语的使用,游客中心工作人员提供的语言服务意识和水平都比安保人员的高得多,显得更加的得体规范、合乎礼仪。

2. 对行业服务禁忌语的态度和使用

服务禁忌语主要指服务行业提供语言服务过程中话语、措辞方面的忌讳。苏州园林景区工作人员在为游客提供语言服务时,需要和不同国家、不同地区、不同阶层的游客交际,如果在提供语言服务的过程中不加以注意自己所使用的服务禁忌语,就可能引起游客情绪上的反感,甚至触怒游客,从而影响对苏州园林景区的评价和形象。

笔者调查了景区工作人员对于一些景区比较常见的服务禁忌语的态度和使用,具体情况见下表所示:

表2-14 工作人员对于服务禁忌语的态度和使用情况

		频率	百分比(%)
工作中是否有必要禁用这些服务用语(如"不知道,问别人去""自己不会看吗"等)	很有必要	65	71.4
	有必要	24	26.4
	无所谓	1	1.1
	不太必要	1	1.1
在工作中是否会使用这些服务用语(如"不知道,问别人去""自己不会看吗"等)	有时候说	1	1.1
	偶尔说	6	6.6
	很少说	18	19.8
	完全不说	66	72.5

由上表可得,在苏州园林景区工作人员中,对于"工作中是否有必要禁止使用这些服务用语(如"不知道,问别人去""自己不会看吗"等)",绝大多数人认为有必要或很有必要,只有极少数人认为不太必要;对于"在工作中是否会使用这些服务用

语，大多数人选择完全不说，19.8% 的人选择很少说，而只有极少数人选择有时候说，说明大多数人对于避免用服务禁忌语的态度是重视的，但行为上没有落实，做到杜绝使用，还是会存在使用服务禁忌语的现象。

在工作人员提供语言服务的过程中，使用服务忌语或者语言使用不当时，便可能会造成语言服务不周的情况。笔者调查了苏州园林景区工作人员语言使用不当而得罪游客的情况，调查结果参考下表：

表 2-15　景区工作人员因为语言不当而得罪游客的情况

		频率	百分比（%）
是否会因为语言使用不当而得罪游客	偶尔会	9	9.9
	极少会	30	33
	完全不会	52	57.1

由表 2-15 可知，大部分被调查的景区工作人员完全不会因为语言使用不当而得罪游客，有 33% 的人选择了"极少会"，小部分人选择了偶尔会因为语言使用不当而得罪游客。对于这一调查结果，根据笔者与众多游客的访谈基本可以证实这一调查结果的可靠性。绝大多数的游客访谈中提到自己与遇到的工作人员沟通过程中，没有发生过不愉快的现象。

表 2-16　景区工作人员回忆得罪游客的原因情况

		响应 N	百分比（%）	个案数的百分比（%）
上次得罪游客大概的原因	您对对方使用的称呼（如"阿姨""大妈"等）引起了对方的不满	5	6.8	13.2
	您使用了粗话、脏话或其他话语	1	1.4	2.6
	说话的态度、语气、语调或声音大小让对方感到不满	27	37	71.1
	您的话语让对方觉得啰唆、拖泥带水	4	5.5	10.5
	您未能提供对方想要知道的信息（如对方提了四个问题，您只回答了两个）	14	19.2	36.8
	您传递了错误信息	7	9.6	18.4
	您的表情过于严肃，被对方提及，或引起对方不满	10	13.7	26.3
	您的举止、体态不当，引起对方不满	5	6.8	13.2

调查数据显示，关于"上次得罪游客，大概出于什么原因？"，调查的工作人员得罪游客的原因主要集中在三个方面：说话的态度、语气、语调或声音大小让游客感到不满；未能提供游客想要知道的信息（如游客提了四个问题，服务人员只回答了两个）；景区工作人员的表情过于严肃，被游客提及，或引起游客不满，均占到个案数的20%以上，而因为"使用了粗话、脏话或其他话语"得罪游客的情况人数最少。

以下为苏州园林景区工作人员的年龄和工作时间与语言服务不周的关联度分析：

表2-17 工作人员年龄和工作时间与语言使用不当得罪过游客经历关联度（%）

		您会因为语言使用不当而得罪游客吗？			总计
		偶尔会	极少会	完全不会	
年龄	20周岁以下	0	11.1	88.9	100
	20-35周岁	0	41.3	58.7	100
	36-50周岁	26.1	34.8	39.1	100
	50周岁以上	75	25	0	100

$X^2=40.04$，$p<0.0001$

		您会因为语言使用不当而得罪游客吗？			总计
		偶尔会	极少会	完全不会	
工作时间	1年及以下	0	20	80	100
	1到3年	10.8	37.8	51.4	100
	3到5年	15.6	37.5	46.9	100
	5年及以上	0	0	100	100

$X^2=8.696$，$p=0.191$

由上表可知，对不同年龄段景区工作人员与因为语言使用不当而得罪游客的频率进行交叉表卡方检验，结果发现，因为语言使用不当而得罪游客的频率存在年龄差异，$X^2=40.04$，$p<0.0001$。从各年龄段人数分布来看，20周岁以下的景区工作人员中选择完全不会因为语言使用不当而得罪过游客的人数比例最高，占到该年龄段调查人数的88.9%，其次是20-35周岁的服务人员，占到调查人数的58.7%，最少是50周岁以上的服务人员。由此可见，不同年龄段因为语言使用不当而得罪过游客的频率不同，并且年龄越大，得罪过游客的情况也增加的现象。这种情况可能性有两种，一种是单纯的年龄因素导致，另一种是年龄越大，工作时间越长，因此得罪游客的概率也大。

因此笔者对不同工作时间的服务人员与因为语言使用不当而得罪游客的频率进行交叉表卡方检验，结果发现，因为语言使用不当而得罪游客的频率与工作时间之间不存在显著差异，X^2=8.696，p>0.05。从不同工作时间的人数分布来看，工作时间在 5 年及以上的服务人员选择完全不会因为语言使用不当而得罪过游客的人数比例最高，占到该年龄段调查人数的 100%，其次是工作时间在 1 年及以下的服务人员，占到调查人数的 80%，工作时间在 3 到 5 年的服务人员所占的人数比例最少。由此可见，因为语言使用不当而得罪过游客的发生频率，大多集中在工作时间为 1-5 年的服务人员上。所以并非工作时间越长，得罪顾客频率越高。因此可以得出结论，工作人员年龄越大，得罪过游客的情况越明显。

以下为苏州园林景区不同岗位和不同文化程度的工作人员因为语言服务不周而得罪游客的情况分析：

表 2-18　不同工作岗位服务人员曾得罪过游客原因的情况（%）

		得罪游客的原因							
		您对对方使用的称呼（如"阿姨""大妈"等）引起了对方的不满	您使用了粗话、脏话或其他话语	说话的态度、语气、语调或声音大小让对方感到不满	您的话语让对方觉得啰嗦、拖泥带水	您未能提供对方想要知道的信息（如对方提了四个问题，您只回答了两个）	您传递了错误信息	您的表情过于严肃，被对方提及，或引起对方不满	您的举止、体态不当，引起对方不满
工作岗位	从事窗口售票	0	0	83.3	0	16.7	33.3	33.3	33.3
	从事接待咨询	10	0	70	20	60	0	30	0
	从事安保工作	15.8	5.3	73.7	10.5	31.6	26.3	21.1	15.8
	从事景点讲解	0	0	100	0	0	0	0	0
	从事志愿服务	50	0	0	0	50	0	50	0

由表 2-18 可见，对于"记忆中上次得罪游客，大概出于什么原因？"这一调查问题，在有过因为语言服务不周得罪游客经历的景区工作人员中，从事窗口售票的服

务人员大多选择了"说话的态度、语气、语调或声音大小让游客感到不满",占到个案数的83.3%;从事接待咨询的工作人员得罪过游客的原因主要集中在"说话的态度、语气、语调或声音大小让游客感到不满"以及"未能提供游客想要知道的信息(如游客提了四个问题,服务人员只回答了两个)",分别占到个案数的70%和60%;从事安保工作的服务人员大多选择了"说话的态度、语气、语调或声音大小让游客感到不满",占到个案数的73.7%;从事景点讲解的服务人员全部选择了"说话的态度、语气、语调或声音大小让游客感到不满";而从事志愿服务的工作人员主要集中在"对游客使用的称呼(如"阿姨""大妈"等)引起了游客的不满""未能提供游客想要知道的信息(如游客提了四个问题,服务人员只回答了两个)"和"表情过于严肃,被游客提及,或引起游客不满"。由此可见,不论何种工作岗位,得罪过游客的原因大多集中在说话的态度、语气、语调或声音大小方面。

下表为苏州园林景区不同文化程度的工作人员因为语言服务不周而得罪游客的情况分析:

表2-19 不同文化程度的服务人员曾得罪过游客原因的情况(%)

		得罪游客的原因							
		您对对方使用的称呼(如"阿姨""大妈"等)引起了对方的不满	您使用了粗话、脏话或其他话语	说话的态度、语气、语调或声音大小让对方感到不满	您的话语让对方觉得啰嗦、拖泥带水	您未能提供对方想要知道的信息(如对方提了四个问题,您只回答了两个)	您传递了错误信息	您的表情过于严肃,被对方提及,或引起对方不满	您的举止、体态不当,引起对方不满
文化程度	初中及以下	18.8	6.3	75	0	31.3	25	25	18.8
	高中(含中专)	20	0	60	40	40	20	20	0
	大专(含高职)	0	0	80	10	40	10	40	20
	本科	14.3	0	57.1	14.3	42.9	14.3	14.3	0

由表2-19可知,在有过因为语言服务不周得罪游客的景区工作人员中,所有文

化程度的景区工作人员几乎都有超过半数的个案选择了"说话的态度、语气、语调或声音大小让游客感到不满"。除此之外，在所有文化程度的工作人员中，有相当数量的个案出现"未能提供游客想要知道的信息（如游客提了四个问题，服务人员只回答了两个）"和"表情过于严肃，被游客提及，或引起游客不满"两种情况。由此可见，说话的态度、语气、语调或声音大小、未能提供游客想要知道的信息（如游客提了四个问题，服务人员只回答了两个）以及表情过于严肃这三种导致语言服务不周的原因并不会因为文化程度而产生较大差异。

（三）景区语言管理情况

要想提供一个规范合理、全面完备的苏州园林景区语言服务，除了依靠景区工作人员的自身具备的语言服务意识和水平，更加离不开苏州各大园林管理处制定行业规章制度、主动肩负起培训的职责。为了解苏州园林管理处对工作人员语言服务的管理情况，笔者进行了相关调查，主要分析了解到的景区实际提供的语言服务相关规章制度，同时从景区园林管理处是否提供或要求使用行业文明用语以及贵单位是否有强调避免使用"服务忌语"（明确要求工作中不能使用的话语）两种情况来分析语言服务管理的实际落实情况。

1. 景区语言服务规章制度

公共服务行业的规范离不开规章制度的保障，其中语言服务的参与其中发挥的作用更加不可忽视。《国家中长期语言文字事业改革和发展规划纲要2012—2020》更是将重点工作放在推进公共服务行业的语言文字规范化工作上。根据笔者的调查，几乎所有的苏州园林景区都出台了相应的景区行业规章制度，但在笔者收集到的苏州园林各景区公开的行业服务规范之中，特别强调了语言文字规范行为方面要求的内容却寥寥无几。以拙政园、网师园以及虎丘名胜风景区的行业规范为例：

《苏州拙政园景区行业规范》

为进一步加强苏州市旅游行业政风行风建设，发挥旅游景区同业自律作用，进一步树立苏州市A级旅游景区诚信守约的良好形象，特公开服务承诺如下：

① 遵守国家的法律、法规和有关规定，加强行风建设，确立诚信意识，提高服务质量。

② 崇尚旅游职业道德，遵循自愿，公平、诚实、信用的原则，不采取不正

当手段招徕客源，开展公平竞争。

③ 工作人员持证上岗，着装整洁，仪表大方，举止文明，熟悉岗位业务，规范操作。

④ 讲解人员服务态度热情，文明用语，礼貌待客，讲解服务规范。

⑤ 游客服务中心与景区同步开放，确保专人值守，服务内容明确公示，服务项目明码标价，定期征求游客意见，不断提高服务水平。

⑥ 发挥自身特色，配齐、配足安全设施、设备和器材，严格遵守特种游乐设备保养规定和操作规程，消除事故隐患，保证游客安全游览。

从业人员职业道德操守：

为加强全市旅游景区政风行风建设，现制定全市旅当景区从业人员职业道德操守如下：

遵纪守法，自尊自强；爱岗敬业，忠于职守；

宾客至上，热情服务；精益求精，技艺精湛；

诚实守信，品德高尚；团结协作，创先争优。

《网师园管理处社会行业规范制度》

为了进一步提高服务质量，为游客提供更加优美的环境、优质的服务、优良的秩序，树立苏州市AAAA级旅游景区诚信守约的良好形象，特公开行业规范如下：

无论天气状况如何和游客多少，保证按时开放。如特殊情况，可延长服务时间。

园内工作人员佩证上岗，文明礼貌待客，禁说服务忌语，杜绝与游客争吵斗殴。

园内实行全日保洁制，主要景点跟踪保洁，茶室限时保洁（茶室在五分钟内保洁）。

经营网点文明经商，明码标价，保质保量，不强行兜售商品，维护消费者合法权益。

按时提供中文免费导游讲解。

为游客提供红十字药箱、针线包等便民服务设施。

确保上级各种优惠政策执行。

《苏州市虎丘名胜风景区游客中心管理办法》

服务宗旨　以人为本　游客至上　服务第一

国家 AAAAA 级旅游景区服务承诺：

为进一步加强苏州市旅游行业行风建设，发挥国家 AAAAA 级旅游景区同业自律作用，进一步树立苏州市 AAAAA 级旅游景区诚信守约的良好形象，特公开服务如下：

① 遵守国家的法律、法规和有关规章，加强行风建设，确立诚信意识，提高服务质量。

② 崇尚旅游职业道德，遵循自愿、公平、诚实、信用的原则，不采取不正当手段招徕客源。

③ 工作人员持证上岗，着装整洁，仪表大方，举止文明，熟悉岗位业务，规范操作。

④ 讲解人员服务态度热情，文明用语，礼貌待客，讲解服务规范。

⑤ 游客服务中心与景区同步开放，确保专人值守，服务内容明确公示，服务项目明码标价，定期征求游客意见，不断提高服务水平。

⑥ 发挥自身特点，配齐、配足安全设施、设备和器材，严格遵守特种游乐设备保养规定和操作规程，消除事故隐患，保证安全游览。

工作人员职业道德规范：

遵纪守法，自尊自强；爱岗敬业，忠于职守；宾客至上，热情服务；

精益求精，技艺精湛；诚实守信，品德高尚；团结协作，创优争先；

工作人员服务规范管理制度：

① 在规定的作息时间内坚守岗位，不擅自离岗。

② 做好对中心现场的卫生管理工作和设备管理工作。

③ 实行微笑服务，讲普通话，使用文明礼貌用语。

④ 工作期间，着工作服，仪表端正，注意形象。

⑤ 热情为游客义务咨询，耐心为游客解答难题。

⑥ 积极主动介绍景区情况。

⑦ 收集并了解游客的心理动态和对景区的建议。

⑧ 讲究方法，注意效果避免矛盾，处处时时维护景区形象。

游客咨询服务规定：

① 仪容、仪表整洁，使用文明敬语。
② 举止端庄大方，服务态度和蔼。
③ 解答咨询主动、热情、耐心、细致、周到。
④ 服务意识浓厚，主动提供游客所需咨询服务。
⑤ 服务后续工作认真负责，落到实处。

值班长制度：

① 值班长实行八小时值班制，必须坚守工作岗位，履行职责，不得擅自离岗，发现问题及时处置。

② 值班长必须熟悉本中心各部门情况，基本了解各部门工作环节。③ 值班要加强中心整体的巡视工作，处理各类突发事件，发现安全隐患及时反馈到主管部门，立即整改落实，紧急情况可采取断然措施，并同时上报主管部门，④ 值班长负责中心当日的投诉和对外接待工作，确保中心每日工作顺利开展。

值班日志制度：

① 值班长要作好当日中心各项服务记录日志，真实反映当日中心情况和发生的问题，以及处理落实情况。

② 当日不能处理的问题在交接班时，必须向次日值班长介绍情况，但负责问题的处理。

突发事件应急处理制度：

按照应急预案迅速开展应急处置工作，组织人员疏散和物资抢救，力争把损失和影响降到最低程度。

① 及时上报景区管理处突发公共事件应急处理指挥部。
② 掌握人员伤亡和财产损失情况，及时向应急处理指挥部报告现场事件、事故处置和抢救情况。
③ 协助公安、消防、安监等部门做好对事故现场的监控与管理，维护事故现场秩序。
④ 协助有关部门做好对事件事故的调查取证工作和对肇事者的监控工作。

由以上各园林管理处公布的行业规范情况可以看出，不同景区行业规范存在差异。具体来分析，拙政园设立的规章主要对工作人员的公开服务和职业道德两方面做出了要求，其中对工作人员的提供的语言服务管理要求仅有"讲解人员服务态度热情，文明用语，礼貌待客，讲解服务规范"一条，管理内容为服务人员的礼貌态度、文明用语两方面，并且管理对象仅针对从事景点讲解工作的人员。

网师园设立的规章制度对语言服务提出的要求为："园内工作人员佩证上岗，文明礼貌待客，禁说服务忌语，杜绝与游客争吵斗殴。"篇幅虽短，但规章要求比较明确，管理对象覆盖面广，为网师园内所有工作人员，管理内容也比较具体，为园内工作人员的态度用语文明要求、禁用服务忌语以及避免与游客发生争执三个方面。

虎丘名胜风景区的管理规章最为全面细致，其中包含了公开服务、工作人员职业道德规范、服务规范管理制度、游客咨询服务规定、值班长、值班日志、突发事件应急处理等各种制度内容及要求，语言服务方面管理要求涉及到语气态度、文明用语、普通话和微笑等肢体语言、主动提供介绍类语言服务等方面，管理对象也不仅仅局限于讲解人员，还包括其他持证上岗人员、值守人员等。

2. 员工对语言服务要求的知悉程度

为了解景区对语言服务管理的具体实施情况，笔者对苏州园林景区工作人员发放问卷，从员工角度来了解语言服务管理规范和制度是否真正在景区工作人员之中落地生根。笔者调查主要从工作人员所在单位是否提倡或要求使用文明用语、是否强调避免使用服务忌语两个方面开展调查，具体调查结果如下表所示：

表2-20 单位是否提倡文明用语的情况

		频率	百分比（%）
贵单位是否提倡（或要求）使用行业文明用语（或工作用语）	有	72	79.1
	没有	4	4.4
	不清楚	15	16.5

由上表可知，在所调查的苏州园林各景区工作人员的反馈中，有近80%的工作人员表示所在单位有提倡或要求使用行业文明用语的相关规章制度，有共计20%的人表示"没有"或"不清楚"，其中，只有极少数人选择"没有"。这一调查结果也可以大致看出苏州园林景区对景区工作人员应组织过服务过程中使用文明用语相关内容的培训。

表 2-21 单位是否强调避免使用服务忌语的情况

		频率	百分比（%）
贵单位是否有强调避免使用"服务忌语"（明确要求工作中不能使用的话语）	有	56	61.5
	没有	14	15.4
	不清楚	21	23.1

由表 2-21 可得，被调查的景区工作人员中，有 61.5% 的样本选择贵单位有强调避免使用"服务忌语"（明确要求工作中不能使用的话语），但明确表示"没有"强调避免使用服务忌语的人数较表 2-20 中表示"没有"提倡或要求使用行业文明用语的人数有所上升。这一数据或许可以得出苏州园林管理方对于避免使用服务忌语的强调有一定不足之处。

综上所述，苏州园林景区管理方对于工作人员服务用语的使用方面是持重视态度的，也确实组织安排过景区工作人员语言服务内容方面的相关培训和教育工作，但员工对单位语言服务相关要求的知悉程度却远远不够。

四、苏州园林游客对景区语言服务的需求分析

本章着眼语言服务"供需"两侧中的需求方，即游客的角度来调查苏州园林游客对于景区语言服务的需求以及满意度。一方面可以了解游客真正的语言服务需求，方便苏州园林景区及相关行业做好语言服务的改进完善工作，另一方面可以对包括景区和工作人员在内的语言服务提供方所做调查结果进行验证，增加文章调查的完整性、科学性。

本次对苏州园林景区游客语言服务需求的调查通过腾讯问卷共计回收 243 份问卷，形式为自愿扫描二维码在线填写，调查对象全部为笔者通过询问确认身份后的景区内游客。问卷总体的 Cronbach's Alpha 系数为 0.740，大于 0.7，说明正式调查问卷信度较高。除此之外，笔者还在问卷调查的基础上，对 16 名游客进行了深入的访谈。

表 2-22 被调查游客的基本情况

人口变量	类别	N	百分比
性别	男	114	46.9
	女	129	53.1
年龄	20 周岁以下	29	11.9
	20-35 周岁	170	70
	36-50 周岁	31	12.8
	50 周岁以上	13	5.3
文化程度	初中及以下	8	3.3
	高中（含中专）	23	9.5
	大专（含高职）	46	18.9
	本科	138	56.8
	硕士及以上	28	11.5

在笔者调查的游客中，男性有 114 人，占总体的 46.9%，女性有 129 人，占总体 53.1%；年龄在 20 周岁以下的有 29 人，占总体的 11.9%，20-35 周岁的有 170 人，占总体的 70%，36-50 周岁的有 31 人，占总体的 12.8%，50 周岁以上的有 13 人，占总体的 5.3%；文化程度为初中及以下的有 8 人，占 3.3%，高中（含中专）学历的有 23 人，占总体的 9.5%，大专（含高职）学历的有 46 人，占 18.9%，本科学历的有 138 人，占 56.8%，硕士及以上学历的有 28 人，占 11.5%。

（一）游客对有声语言服务的需求

有声语言，又称"口语""口头语言"，是服务用语中使用最多、最重要的交际形式。有学者认为旅游服务语言是一种由有声语言和无声语言构成的应用性突出的专业语言[1]。无声语言主要是形体语言和书面语，其在语言服务过程中同样是不可或缺的。笔者调查了游客在苏州园林景区游玩过程中对景区提供的有声语言服务的需求情况，主要从游客对普通话和文明用语两方面的需求情况展开。

1. 游客语言选择方面的需求

对于游客的语言选择调查，主要是调查游客在普通话和方言之间的语言选择，

---

[1] 刘德秀. 略论旅游服务语言艺术[J]. 西南师范大学学报（人文社会科学版），2002，(5).

既包括游客对工作人员使用语言的选择,也包括游客自身去交流时所用的语言选择。根据下表2-23结果来看,不同地区的游客选择还是客观存在差异的。

表2-23 "希望景区工作人员使用哪种语言与您交流?"的情况分布

		频率	百分比
希望景区工作人员用哪种语言(或方言)与您交流?	普通话	236	97.1
	苏州话	4	1.6
	其他方言	3	1.2

由表2-23可得,绝大部分游客希望苏州园林景区工作人员用普通话与自己交流,占总体的97.1%,仍有极少数游客希望景区工作人员使用苏州话和其他方言与自己交流。

笔者访谈的过程中遇到过一位游客就景区工作人员的普通话和方言的使用问题向笔者表达了不满情绪,具体内容如下:

地点:拙政园、狮子林附近的旅游专线车站

访谈对象:Z,63岁,男

笔者:您在这边玩的时候,遇到问题时,有问过这边的工作人员吗?

访谈对象Z:有。

笔者:那您觉得他们普通话说得怎么样?

访谈对象Z:他们应该说普通话,说当地话,我就听不懂。

笔者:有说苏州话的情况是吗?

访谈对象Z:有。

笔者:那他们说苏州话的时候,是跟别人交流,还是跟您交流?

访谈对象Z:我要问他话的话,他就跟我说。

笔者:就讲了苏州话是吗?

访谈对象Z:嗯。

笔者:他可能以为您是当地人。

访谈对象Z:他们应该都不管什么情况都用普通话,这点很不好。

笔者:那他们态度怎么样就给您指路或者回答您问题的时候,态度怎么样?

访谈对象Z:不咋地。

笔者：也不咋地是吗？那感觉有点不舒服，是什么情况呢？他们表现的怎么样？

访谈对象Z：好像有点……排外吧。

笔者：就觉得听口音，您不是本地人，有点排外？

访谈对象Z：有这种情况。

表2-24 "主动与景区工作人员沟通时，您会使用哪种语言？"的情况分布

		频率 n=243	百分比
主动去与景区工作人员沟通时，您会使用哪种语言？	普通话	239	98.4
	苏州话	2	0.8
	其他方言	2	0.8

由表可得，绝大多数游客主动去与景区工作人员沟通时，会使用普通话，占总体的98.4%，只有极少数游客会使用苏州话和其他方言与工作人员交流。

由以上分析可知，游客在语言选择方面的需求几乎全部都选择了普通话，但仍有极少部分游客希望景区工作人员用方言进行沟通或者自己主动使用方言与工作人员进行交际，其具体原因，笔者无从得知，但推测可能是在普通话使用方面遇到困难的游客，且多以中老年人群为主。

2. 游客对文明用语的需求

笔者调查了游客对于景区工作人员使用文明用语的需求情况，主要从游客对于文明用语的是否在意和是否因此感到愉快两方面的游客对语言服务的敏感度（积极和消极类）情况出发。

由图2-8可知，在是否在意景区工作人员使用礼貌用语上，大部分（75%）游客属于在意及以上范围，有小部分游客选择"无所谓"，只有少数（8%）游客属于不在意范围，说明游客普遍在意景区工作人员使用礼貌用语。

由图2-9可得，当游客在面对问题"在游玩过程中，您会因为景区工作人员的礼貌用语或说话得体而感到愉快吗？"时，过半数游客选择"经常会"，有三成左右的游客选择"有时会"，有一成左右的游客选择"偶尔会"，只有少数游客选择"很少会"和"完全不会"。说明大多数游客会因为苏州园林景区工作人员的礼貌用语或说话得体而感到愉快。

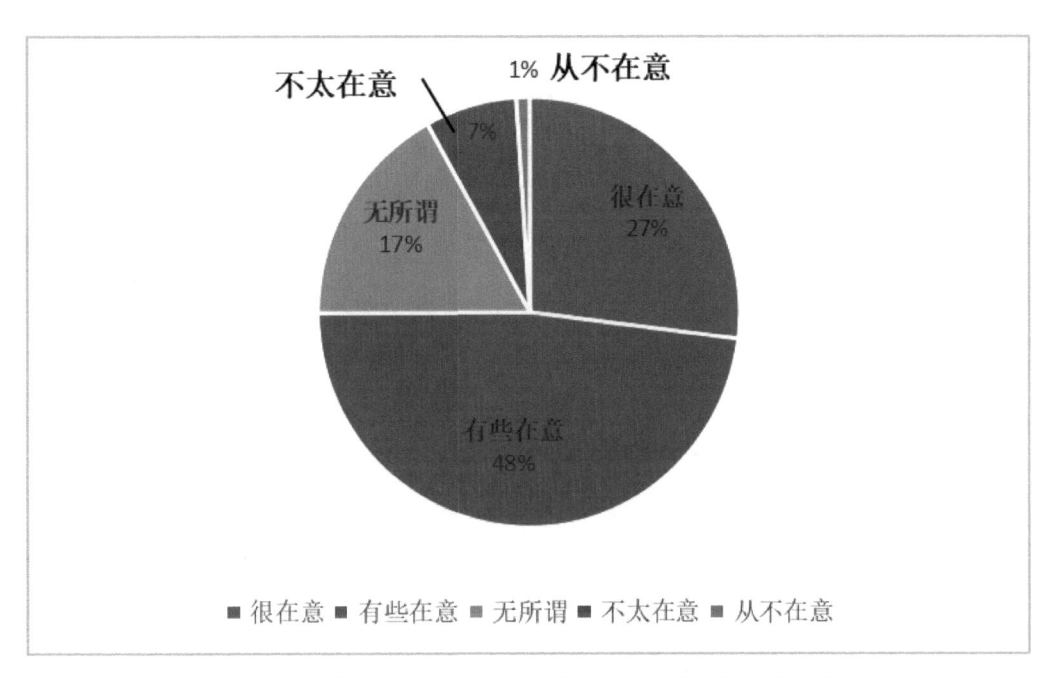

图 2-8 "您是否在意景区工作人员使用文明用语？"的情况分布

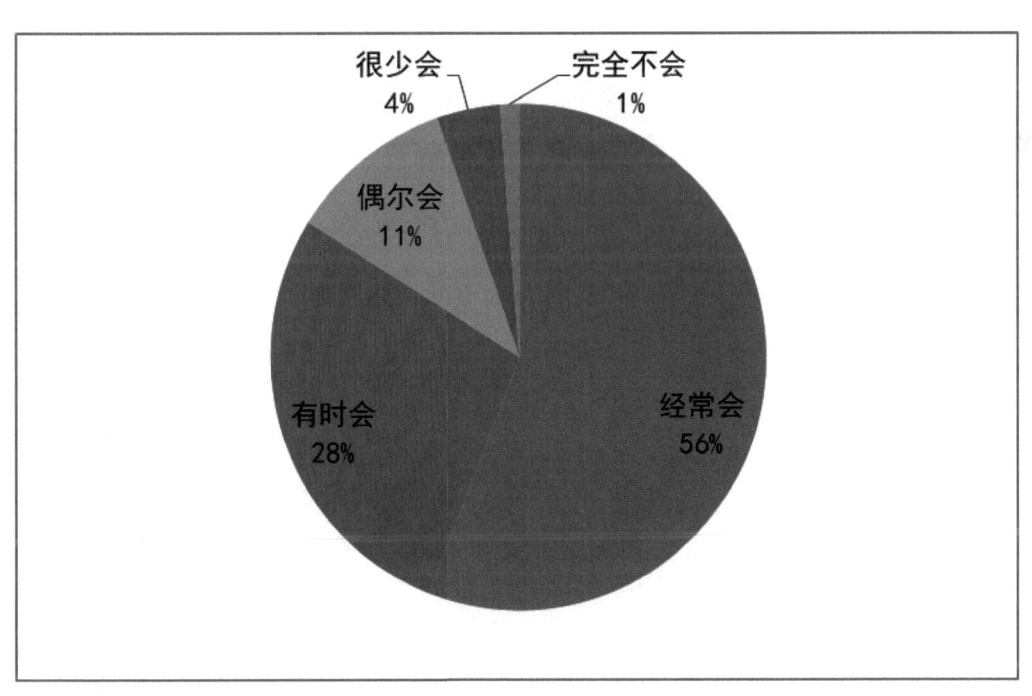

图 2-9 "您会因为景区工作人员的礼貌用语或说话得体而感到愉快吗？"的情况分布

此外，笔者还从诸如文明用语的积极类语言服务对立面——消极类语言服务去分析游客对此的态度，笔者根据实际情况设计的消极类语言服务主要有对游客使用的称呼不当，对游客使用粗话、脏话或其他粗鄙话语，鄙视、讽刺等语气态度，语调激昂或声音过大，语言啰嗦重复，对游客提供的信息不足，对游客提供了错误信息七种情况，具体调查结果如下图所示：

从上表的游客态度频次发布大致可以看出，游客"很愤怒"的态度主要集中在（由高到低）工作人员使用粗话、脏话或其他粗鄙话语，语气态度为鄙视、讽刺等以及为游客提供了错误信息这三种情形，频次都超过了100；而"生气"的情况主要集中在（由高到低）工作人员提供了错误信息，语调激昂或声音过大以及提供的信息不足三个方面，频次均超过了50；游客"不高兴"的情况也较多，主要是因为语言啰嗦重复，提供的信息不足以及使用称呼不当三种情况，频次都在100左右；游客选择"有点不舒服"的情况主要集中在对游客使用称呼不当，提供的信息不足，语调激昂或声音过大以及语言啰嗦重复等情形，频次较少，平均在40左右；游客表示"无所谓"的情形普遍不多，最多的为对游客称呼不当。

以下分别为游客受到消极语言服务时态度在游客性别、年龄和文化程度三个变量上差异情况的补充说明，设置游客态度得分时，1-5分别对应"无所谓""有点不舒服""不高兴""生气""很愤怒"，得分越高，表示工作人员的消极语言服务引起

	鄙视、讽刺等语气态度	对您使用粗话、脏话或其他粗鄙话语	对您使用的称呼不当	对您提供了错误信息	为您提供的信息不足	语调激昂或声音过大	语言啰嗦重复
■求和项:很愤怒	154	175	35	101	29	66	23
■求和项:生气	47	27	45	72	54	64	43
■求和项:不高兴	17	22	95	37	103	57	107
■求和项:有点不舒服	14	14	36	26	41	35	45
■求和项:无所谓	11	5	32	7	16	21	25

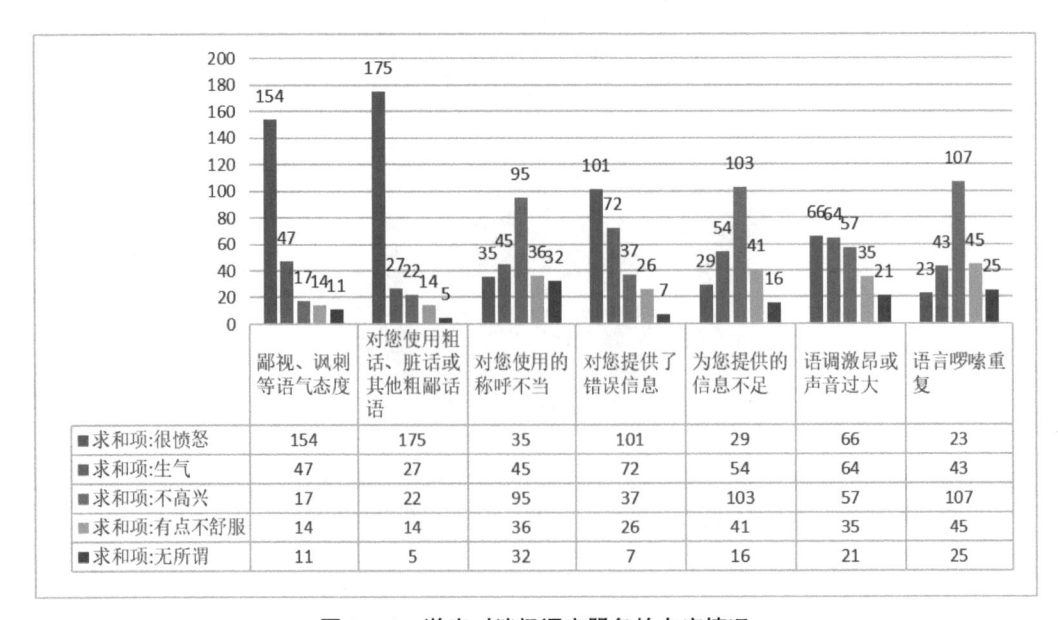

图 2-10　游客对消极语言服务的态度情况

的抵触情绪越明显。

表 2-25　游客态度在性别上的差异分析

	性别	n	平均值	标准差	t	p
态度	男	114	3.568	0.979	−1.074	0.284
	女	129	3.687	0.706		

由表 2-25 可得，男性游客态度得分为 3.57±0.98，女性游客态度得分为 3.69±0.71。对游客态度在性别上的差异进行独立样本 T 检验，结果发现，游客态度在性别上不存在显著差异，t=−1.074，p=0.284>0.05。

表 2-26　游客态度在年龄上的差异分析

年龄段	N	平均值	标准差	F	p	LSD
20 周岁以下	29	3.8867	0.57699	5.077	0.002	2<1，2<3，2<4
20-35 周岁	170	3.5	0.90354			
36-50 周岁	31	3.894	0.6821			
50 周岁以上	13	4.1429	0.34007			

由表 2-26 可得，游客态度在年龄上存在显著差异，F=5.077，p<0.01。进一步事后比较发现，处于 20-35 周岁年龄段的游客其态度得分显著低于其他年龄段的游客，因此 20-35 周岁的年轻人群体对消极语言服务的抵触情绪越轻微，而 50 周岁以上的老年人对消极语言服务的抵触情绪更大。

表 2-27　游客态度在文化程度上的差异分析

文化程度	N	平均值	标准差	F	p	LSD
初中及以下	8.000	4.071	0.561	3.925	0.004	3<1，3<2，3<4，3<5
高中（含中专）	23.000	3.839	0.849			
大专（含高职）	46.000	3.227	1.091			
本科	138.000	3.697	0.728			
硕士及以上	28.000	3.674	0.816			

由表 2-27 可得，游客态度在学历上存在显著差异，$F=3.925$，$p<0.01$。进一步事后比较发现，文化程度为大专（含高职）的游客其态度得分显著低于其他文化程度的游客，也就是说调查结果显示大专（含高职）游客的抵触情绪较低。

综上可以看出，游客对于景区工作人员的服务语言，尤其是文明用语方面具有一定的语言服务需求，同时对各类消极类语言服务具有不同程度的抵触心理，两者综合可以反映游客对苏州园林景区工作人员语言服务的敏感度，可以理解为一种语言服务的接受意识。这些调查结果也侧面说明了苏州园林景区需要工作人员的有声语言服务上倾注足够的重视。

（二）游客对无声语言服务的需求

无声语言服务由体态语和书面语两部分构成，体态语主要是通过服务人员的仪容仪表以及姿态动作来传递服务信息的伴随语言，是伴随在景区工作人员有声语言服务之中的，起到一定的辅助性交际作用。而书面语在苏州园林景区的服务情境之下则融入到具体的宣传类语言服务、指引类语言服务以及介绍类语言服务的文字文本类服务形式之中。笔者在具体的调查过程中，就游客对苏州园林景区工作人员提供语言服务时的表情语言、形体语言方面的需求情况，以及对书面语服务的满意度三个维度进行调查分析。

1. 游客对体态语的需求情况

在无声语言服务之中，景区工作人员给游客最为直观的印象是通过表情和肢体动作来传达的。不管是面对来自五湖四海的不同游客，其带着地方方言语音变体的普通话一时让工作人员无法准确理解，还是工作人员自身的"苏式"普通话对双方顺利沟通造成了困扰，服务人员的微笑、友善的表情和柔和的肢体动作都能第一时间弥补双方口头语言差异带来的沟通障碍，让游客缓解紧张情绪，甚至减少因为游客拥挤排队等候、景区寻路等问题导致的烦躁不安。

笔者通过调查游客对苏州园林景区工作人员表情的态度，借此来了解游客对表情这一无声语言的感知情况，从而判断游客是否有此类需求。具体调查情况如下图所示：

由图 2-11 可得，有超 7 成左右的游客在意景区工作人员服务时的表情，有 23% 的游客持无所谓的态度，而只有极少数游客选择不在意，说明游客普遍在意景区工作人员服务时的表情。

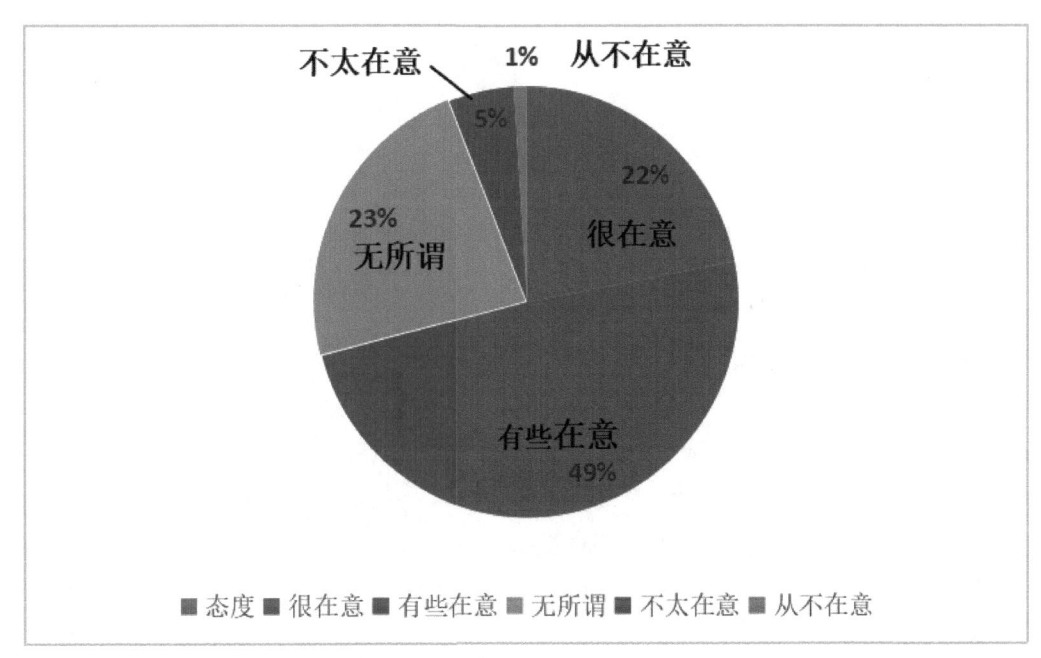

图 2-11 "您是否在意景区工作人员为您服务时的表情?"的情况分布

在年龄、性别、文化程度诸多变量中，笔者的调查结果显示了性别这一变量与是否在意景区工作人员服务表情语言有关，下表为具体情况：

表 2-28 不同性别游客对景区工作人员表情语言的在意情况（%）

		你的性别		总计
		男	女	
您是否在意景区工作人员为您服务时的表情（如微笑、严肃等）？	很在意	39.6	60.4	100
	有些在意	48.7	51.3	100
	无所谓	48.2	51.8	100
	不太在意	66.7	33.3	100
	从不在意	0	100	100

X^2=5.86，P=0.049

笔者对游客的性别和是否在意景区工作人员的表情语言服务之间做了相关分析，X^2=5.86，P<0.05，说明游客的性别与对景区工作人员的在意程度存在边缘显著差异。从游客性别分布来看，60.4%的女性选择"在意"景区工作人员为您服务时的表情，而 66.7%的男性选择了"不太在意"景区工作人员为您服务时的表情。而选择中间

图 2-12 苏州园林景区工作人员坐姿

图 2-13 两位工作人员站姿对比示例

语言服务

"有些在意"和"不太在意"的男女游客人数分布相对持平。由此可见，女性相对来说更加在意景区工作人员为您服务时的表情。

除此之外，笔者还调查了除表情语言之外的另一种表达情感的无声语言——形体语言。形体语言主要表现为景区工作人员在与游客沟通过程中伴随的手势、坐站姿等。服务行业人员采用不同的形体语言的给人的感觉是完全不一样的。可以从笔者随手拍摄的苏州园林景区工作人员的照片直观感受到这种区别：

上面的照片中，图 2-12 的景区接待人员坐姿端正，背部挺直，即使低头写字时，头部依旧保持微微抬起，这样端正的坐姿可以给游客以一种业务能力突出、待客悉心认真的感觉；而图 2-13 中两张为景区工作人员两类站姿的对比。第一位服务人员前后岔开着腿、站姿随意，面对游客的提问甚至没有将身体转过来面对游客，而是扭头回答游客的问题，给人以一种随意、缺乏耐心的感觉。而第二位讲解人员站姿端正、手势优雅，即使没有游客与她直接交流，这位工作人员依然保持笔直的站姿和落落大方的手势。因此，为了解游客对景区工作人员形体语言的需求情况，笔者对游客进行了调查，下图展示了具体调查结果：

由图 2-14 可得，有超 6 成左右的游客在意景区工作人员服务时的体态，有 32% 的游客持无所谓的态度，而只有极少数游客选择不在意，说明游客普遍在意景区工作人员服务时的体态。

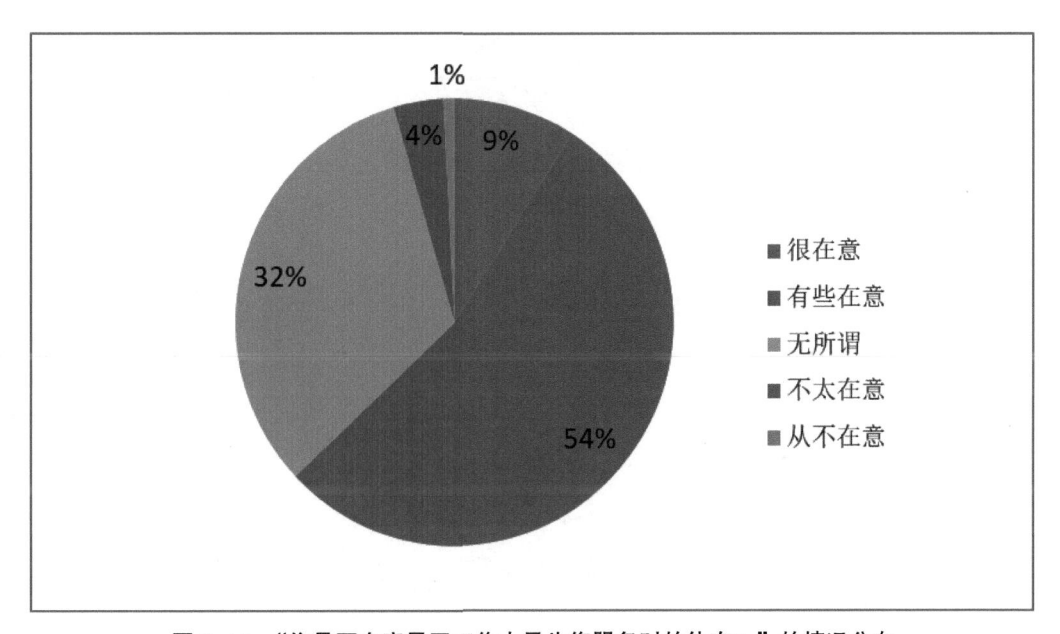

图 2-14 "您是否在意景区工作人员为您服务时的体态？"的情况分布

综上可知，无论是景区工作人员服务时的表情语言服务，还是形体语言，对于体态语服务，游客心中或多或少都存在一定的需求。这也表明苏州园林景区的工作人员在工作中也需要加强对工作人员体态语方面的要求，来更好地为景区游客服务。

2. 游客对景区语言服务建设的满意度

景区语言服务建设内容是笔者根据实地调研情况总结归纳出的最有代表性的三类语言服务，主要为宣传类语言服务、指引类语言服务和介绍类语言服务。笔者围绕这三块语言服务的内容，主要从对景区工作人员的景区整体宣传的语言风格、指路牌内容、文明标语、历史文化相关展览内容以及整体语言服务的满意度五个维度对游客进行了相关调查。

对苏州园林景区的满意度调查五道题中，1–5分别表示非常不满意和非常满意，分数越高表示满意度越高。

表2-29　游客满意度的描述性统计

	n	最小值	最大值	平均值	标准偏差
满意度	243	1	5	4.007	0.721

由表2-29可得，游客对苏州园林景区语言服务建设的满意度得分为4.01 ± 0.72，高于中间值2.5，说明游客普遍对景区语言服务建设的满意度处于中等偏上水平。

表2-30　游客各项满意度情况分布

项目	满意度类别	N	百分比
苏州园林景区整体宣传语言风格的满意度	非常不满意	4	1.6
	不满意	1	0.4
	一般	51	21
	满意	122	50.2
	非常满意	65	26.7
苏州园林内的指路牌的内容的满意度	非常不满意	8	3.3
	不满意	6	2.5
	一般	52	21.4
	满意	123	50.6
	非常满意	54	22.2

续表

项目	满意度类别	N	百分比
苏州园林内的文明标语的满意度	非常不满意	2	0.8
	不满意	7	2.9
	一般	49	20.2
	满意	112	46.1
	非常满意	73	30
苏州园林历史文化相关的展览内容的满意度	非常不满意	6	2.5
	不满意	6	2.5
	一般	37	15.2
	满意	110	45.3
	非常满意	84	34.6
苏州园林语言服务的整体情况的满意度	非常不满意	2	0.8
	不满意	7	2.9
	一般	30	12.3
	满意	133	54.7
	非常满意	71	29.2

由上表可知，游客对苏州园林景区整体宣传语言风格的满意度、园林内的指路牌的内容的满意度、园林内的文明标语的满意度、园林历史文化相关的展览内容的满意度、园林语言服务的整体情况的满意度持满意及以上选项的超过7成，只有极少数部分游客选择不满意或非常不满意，说明整体上，游客对苏州园林景区语言服务各方面建设情况持满意态度。

表2-31 游客对苏州园林的满意度在性别上的差异分析

	性别	n	平均值	标准差	t	p
态度	男	114	3.988	0.814	−0.377	0.707
	女	129	4.023	0.630		

由表2-31可知，男性游客满意度得分为 3.99 ± 0.81，女性游客满意度得分为 4.02 ± 0.63。对游客满意度在性别上的差异进行独立样本T检验，结果发现，游客满意度在性别上不存在显著差异，$t=-0.377$，$p=0.707>0.05$。

表2-32　游客对苏州园林的满意度在年龄上的差异分析

年龄段	N	平均值	标准差	F	p
20周岁以下	29	4.172	0.575	2.510	0.059
20-35周岁	170	4.044	0.722		
36-50周岁	31	3.742	0.777		
50周岁以上	13	3.785	0.737		

由表2-32可得，游客满意度在年龄上不存在显著差异，F=2.510，p=0.059>0.05。从满意度平均得分上看，年龄段在20周岁以下的游客对苏州园林的满意度得分为4.17±0.58，年龄段在20-35周岁的游客对苏州园林的满意度得分为4.04±0.72，年龄段在36-50周岁的游客对苏州园林的满意度得分为3.74±0.78，年龄段在50周岁以上的游客对苏州园林的满意度得分为3.79±0.74。其中，20周岁以下的游客满意度最高，30-50周岁的游客满意度最低。

表2-33　游客对苏州园林的满意度在文化程度上的差异分析

文化程度	N	平均值	标准差	F	p
初中及以下	8.000	3.800	0.355	1.640	0.165
高中（含中专）	23.000	3.826	0.899		
大专（含高职）	46.000	3.926	0.878		
本科	138.000	4.106	0.659		
硕士及以上	28.000	3.857	0.721		

由表2-33可得，游客对苏州园林语言服务建设的满意度在学历上不存在显著差异，F=1.640，p=0.165>0.05。从满意度平均得分上看，游客学历为初中及以下的对苏州园林的满意度评分为3.80±0.36，游客学历为高中（含中专）的对苏州园林的满意度评分为3.83±0.90，游客学历为大专（含高职）的对苏州园林的满意度评分为3.93±0.88，游客学历为本科的对苏州园林的满意度评分为4.11±0.66，游客学历为硕士及以上的对苏州园林的满意度评分为3.86±0.72。其中，本科学历的游客满意度评分最高，初中及以下学历的游客满意度评分最低。

本章重点对游客的口头语言服务和无声语言服务两方面需求以及对景区语言服务建设情况的满意度方面做了调查分析，结果显示，在对口头语言服务需求方面，游客对工作人员的普通话、文明用语有一定要求，而对消极负面的语言服务也有相当的抵触情绪，尤其是年龄较大的游客群体。其次，在对无声语言服务需求方面，游客大多会注重工作人员进行语言服务时的体态语等方面。最后是游客对苏州园林景区语言服务建设情况的满意度方面，游客整体满意度呈现为中等偏上水平，具体表现为"满意"，即园林景区语言服务建设还有进步空间。因此，通过本章的分析，了解了游客真实的语言服务需求，也方便苏州园林景区及相关行业有针对性去开展语言服务的改进完善工作。

五、苏州园林语言服务的特色与不足

一个全面完整、周到细致的语言服务，不仅体现在对工作人员的口语、体态等各方面的严格要求方面，还体现在景区所使用的语言服务方式方法合理、满足游客真正的需求，更加反映于景区扎实完善、不断丰富景区自身的语言服务内容和环节之中。苏州园林景区之所以广受国内外游客的欢迎，很大程度上源自于苏州的经济社会发展，园林自身的历史文化积累和已经存在的社会影响。只有通过不断地与时俱进改进创新，去多观察思考苏州园林本身的特点与存在的问题，多了解游客群体的需求与看法，才能避免游客产生诸如"尽兴而来、失望而归"的感受的现象，从而保证园林景区文旅行业正面积极地发展，在保护与开放中继承与传播苏州园林文化。本章将根据前期调研结果，着眼语言服务方面，对苏州园林景区服务的特点与不足进行分析，为后续提出对策建议做好铺垫。

（一）苏州园林语言服务的特色

根据笔者实地调研和观察，对景区语言服务建设情况进行田野调查、对工作人员以及游客发放问卷和访谈情况，决定综合从语言服务人员专业性、语言服务的内容环节以及语言服务方式三个方面的特色进行概括总结。

1. 语言服务人员专业性强

苏州园林景区的工作人员，基本上全都肩负着服务游客的工作职责，无论是窗口售票人员、接待咨询人员、景点讲解人员、安全保护人员，或是志愿服务工作者，他们的核心工作就是服务游客，解决游客在景区游览时面临的各种问题和突发事件。因此，评价苏州园林景区的语言服务工作的好坏，应当关注景区服务人员的语言服务意识和服务水平两方面。通过前文的调查，我们可以发现苏州园林景区工作人员的语言服务意识较强、岗位语言服务专业化程度高等特点。

（1）语言服务意识较强

语言服务意识相较于语言服务水平是一个抽象概念，在苏州园林语言服务的情境中，其落实到具体的服务工作之中主要通过自觉使用普通话、自觉使用行业文明用语、避免使用服务忌语三个方面来体现。

通过对景区的工作人员调查，我们可以发现98.9%的工作人员认为自己的普通话是达到标准程度的，并且在景区工作人员群体中，只有1.1%的人表示平时在工作中会主动使用苏州方言。从这些数据我们可以发现，苏州园林的工作人员在自觉使用普通话为游客服务方面的语言服务意识是比较强的。其次是使用文明用语方面，尤其是问候语、道歉语、感谢语等日常文明用语，通过调查苏州园林景区工作人员对于诸如"您好""谢谢""对不起"等日常礼貌文明用语的态度，其中认为存在使用必要的工作人员占到了接近99%的比例。关于对服务忌语的使用态度，97.8%的工作人员认为有必要杜绝使用譬如"不知道，问别人去""自己不会看吗"等一类的服务忌语。综合以上三个方面的情况，我们可以判断苏州园林景区工作人员的语言服务意识是比较强的。

（2）语言服务专业化程度高

语言服务专业化程度主要是指苏州园林景区不同的岗位对工作人员语言能力和水平的要求是不一样的。根据调查，我们了解到苏州园林景区主要有四类岗位的工作人员随时为景区游客提供语言服务，主要是窗口售票人员、接待咨询人员、安保人员、景点讲解人员和志愿服务人员。根据进一步数据调查，我们发现安保人员中参加过普通话水平测试的只有4.3%，而从事景点讲解的讲解员100%参加过普通话水平测试，并且普通话水平测试结果达到二级甲等及以上的为100%。在外语能力方面，负责接待咨询的工作人员认为自己的外语使用达到标准的人员达到64.3%，而该项对应的景点讲解人员则是达到了100%。从以上苏州园林景区不同岗位工作人员的普通话水平和外语能力两方面情况来看，苏州园林景区岗位人员语言服务专业化程度是比较高的。

2. 语言服务环节全面细致

苏州园林景区语言服务的环节可以从宏观整体和微观局部两个方面来看，宏观整体的语言服务环节，笔者通过田野调查认为可以分为三个方面，主要是宣传环节的语言服务、指引环节的语言服务以及介绍环节的语言服务。其实旅游行业内任意的一个服务行为本身都具有推介性质,可能包含了多重意图在里面,但我们必须拿捏主体,从服务行为的主要方面去分析。

宣传环节的语言服务主要是通过景区随处可见的宣传手册和随处可扫描二维码关注的"官微"两种路径来实现的。分别综合了线上和线下、云端和现场两种宣传方式。在智能手机普及的社会,线上宣传俨然成为了苏州园林景区宣传工作的主战场。就比如笔者调研时扫二维码添加的各园林官方微信公众号,几乎每天都会推送园林风光、散文游记、历史文化等主题的园林故事进而宣传园林,吸引游客前往游园,也方便游客了解园林最新资讯。

指引环节的语言服务主要是通过景区工作人员的口头指引和景区内的语言景观类标牌两部分来实现的。口头指引一般体现在日常工作人员与游客简短的"咨询—答复"过程之中,且集中表现为咨询交通、询问票价、询问场所等情况,而苏州园林景区的语言景观类标牌具体包括景区的景点名称标牌、导引指示牌、文明标语牌、景区告示牌等,在景区内随处可见,也是帮助游客接受指引的主要服务内容,大量的标牌确实帮助游客解决了游览过程中的众多难题,同时也促进游客更好地游园。

介绍环节的语言服务主要是以介绍性语言为服务载体的讲解形式与内容,主要是手机扫码电子讲解服务和导游解说服务两块主要内容。电子讲解主要是自助式服务,分电子讲解机器和手机端服务两种,而导游解说分无偿和有偿两种,都是对游客所在景区进行历史、建筑、文化、艺术等全方面的介绍,游客可以根据自身的情况选择任意适合自己的讲解服务。

微观局部的语言服务的环节可以理解为三大环节的语言服务任意一个具体环节的服务流程。以预约无偿的景区导游讲解为例的话,则是要与接待人员沟通表明想听景点讲解的意愿,进行登记并与工作人员签署相关仪器设备的使用协议,随后讲解人员会带领预约游客游览并进行景点的讲解。

从以上各环节可以看出苏州园林景区的语言服务是非常全面周到的,充分为游客游览园林提供了各类语言相关的便利条件,或者说语言的参与在景区服务中随处可见并且发挥了至关重要的作用。

3.语言服务方式现代高效

苏州园林语言服务的方式综合采用了线上和线下相结合、科技与传统服务结合的方式,实现了景区语言服务的现代化和高效性。在宣传方面,苏州园林景区除了通过使用旅游景区景点的宣传手册之外，还通过创建线上官方微信公众号平台的方式，游客只需要通过随身携带的智能手机，就可以享受公众号通过网络推送的各种旅游攻略、园林文化宣传、最新活动咨询等内容。

更为关键的是，通过线上的宣传或是利用电子机器进行讲解服务一类的方式，实现了科技赋能，大大提高了景区工作效率，高效准确地解决了游客在景区的各类难题和各种需要。比如常规预约景区内部的导游讲解服务可能需要等待半小时以上，在可能会有导游空闲，前来带队。而现在只需要利用手机扫码关注官方微信公众号，或者通过直接扫描电子讲解机器柜台上张贴的二维码，就可以租赁电子导游机游览景区。综上，可见苏州园林景区的服务形式是相当现代高效的。

（二）苏州园林语言服务的不足之处

分析完苏州园林语言服务的特色之后，我们也要客观看到苏州园林语言服务本身存在的一些问题。笔者经过对园林景区进行田野调查，通过问卷调查和访谈，认为苏州园林景区存在的问题主要集中在景区语言服务的建设、景区工作人员以及游客沟通与反馈渠道三个方面。

1. 景区语言服务建设质量有待提高

语言服务建设质量主要是苏州园林景区语言服务建设的质量，不足之处涵盖了苏州园林景区宣传、指引、介绍三类语言服务质量存在的问题。在这三类语言服务中，笔者暂不讨论三类语言服务中工作人员存在的问题，而是着眼于园林自身建设情况，如宣传文本、指引类标牌字体、讲解服务功能等存在的问题，并对此一一加以分析。

（1）宣传文本语言问题

苏州园林景区宣传类文本主要载体为宣传手册以及微信公众号推送的引流文章。其中官方微信公众号因为推文数量庞大，内容更新快而不便进行统计，因此不在笔者分析的范围之内，因此笔者重点分析宣传手册存在的语言方面的问题。宣传文本语言问题主要是有两个方面：

宣传手册多语服务单一化。根据笔者的收集整理的苏州园林景区宣传手册中，只有11份宣传手册使用了外语。在11份使用外语的宣传手册中，其中10份为中英双语宣传手册，1份为英语宣传手册。而在10份中英双语宣传手册中，仅1份出现了中、英、韩、日四种外语，且涉及外语的信息仅仅为地图导览中的地点多语翻译。

由此可见，苏州园林景区宣传手册的翻译服务存在仅使用英语的单一化现象。第二，宣传手册语言使用规范需要加强。苏州园林周边活动宣传手册存在语言使用失范问题，主要体现为两个方面：一是使用了错别字，如引用景点相关文化类文本时对错别字不加甄别、随意使用；二是汉译英不规范，如首字母不大写、单词拼写错误等现象。总之，苏州园林景区相关宣传文本存在的问题需要管理方用更加严谨、专业的语言服务态度去对待语言服务建设中的质量问题。

（2）指引标牌语言失范现象

苏州园林景区的指引牌翻译存在较多问题，如英文大小写使用混乱、前后字体大小不一、英文翻译不统一、国际化失衡等失范现象。

英文大小写使用混乱现象，如"卫生间"翻译"Public restroom"，应改为"Public Restroom"，而翻译不统一现象体现为同一个景区内的事物或场所，英文使用不统一，比如"卫生间"，在不同的指引牌上分别使用了"Public Restroom""Restroom""Toilet""Washroom"等，虽然意思上说得通，但这类语言现象使用给游客造成语言使用比较随意的感觉。字体大小不一现象，如图示例中"南出口"翻译中"SOUTH"和"EXIT"字体大小不一。国际化失衡主要苏州园林景区指引标牌总共使用了汉语、英语、日语、韩语、法语5种语言，各语言在苏州园林景区使用频次差别很大，如留园的指引牌使用了5种语言，种类最全，而耦园以及环秀山庄只使用了2种。具体情况见图片示例：

（3）讲解服务语言选择少

景区提供的介绍类语言服务主要是两种形式，一种是电子讲解，另一种是真人讲解。但是两种形式的讲解服务都只有英语版本的讲解，可供前来景区游览的游客选择的语种少之又少，而部分园林甚至并没有提供人工讲解服务。如果景区人工讲解提供多语种服务需要投入的人力资本和资金运营成本较大，投资回报比低，那景区设置电子讲解机器是不是可以针对此问题进行完善，不然电子讲解机器的存在只是缓解人工讲解压力，并没有充分发挥出电子讲解机器中语言翻译技术的优势。

2. 工作人员语言服务实践水平有待提高

通过上文对苏州园林景区工作人员的语言服务特色分析，可以了解到苏州园林景区的工作人员的语言服务意识普遍较强。然而具备了相应的语言服务意识并不代表在具体语言服务实践的过程中会提高自己的语言服务水平。在使用文明用语方面，不到一半的工作人员选择"经常说"。在使用行业服务忌语方面，有接近三成的景区

图 2-15　苏州园林指引标牌语言失范示例

工作人员有使用服务忌语现象。

在笔者与游客的访谈中，了解到一位游客向笔者反映的景区工作人员处理普通话和方言关系方面存在的问题，具体访谈片段如下：

笔者：您在这边玩的时候，遇到问题时，有问过这边的工作人员吗？
游客：有。
笔者：那您觉得他们普通话说得怎么样？
游客：听不大懂，他们应该说普通话，说当地话，我就听不懂。
笔者：有说苏州话的情况是吗？
游客：有。
笔者：那他们说苏州话的时候，是跟别人交流，还是跟您交流？
游客：我要问他话的话，他就跟我说。
笔者：就讲了苏州话是吗？
游客：嗯。
笔者：他可能以为您是当地人。
游客：他们应该不管什么情况都用普通话，这点很不好。

从访谈情况来看，景区工作人员在提供语言服务的过程中没有正确处理好普通话和方言的关系，工作时间应当随时随地使用普通话与游客以及同事交流，以保证工作人员语言服务的专业性。

而在笔者前往苏州园林拙政园调研时，亲身经历了拙政园入口处的安保人员用扩音器反复告知游客拙政园景区门票售罄的场景，以下为喊话内容的原话：

"这边是拙政园啊，有票的进门，没票的到别的地方去玩了啊。"

称呼语方面，安保人员对游客使用称呼语的为"有票的"，而敬词方面"请"、委婉语方面"感谢大家的理解和配合"等规范文明用语的缺失无不表明着苏州园林景区部分工作人员的语言服务水平还有待提高。

3.景区游客反馈信息收集服务较为缺乏

在笔者对游客进行访谈的过程中，发现有6位访谈对象是通过"美团"为主的APP来完成购票的，同时他们在访谈的过程中表示通过美团平台上用户的评价以及其他譬如"马蜂窝"APP上用户的旅游经历分享才决定购票游园的。这些访谈示例从侧面反映了景区与游客间的沟通，以及游客对景区的反馈环节是通过第三方软件或平台来完成的。这也恰恰说明了苏州园林语言服务中缺乏设置为广大游客提供游园反馈的官方渠道。另一方面，也反映了游客中心相关语言服务工作的缺失，即缺乏宣传、邀请广大游客前往游客中心专门的反馈场所对景区内各项服务设施和服务情况进行反馈的途径。诸如此类的沟通环节和游览反馈渠道的缺失，一定程度上可以缓解部分游客游园后可能产生的不满情绪。笔者在访谈中也收集到了一些，如宣传类语言服务方面：

游客1：我看牌子上不是说今天不都得预约吗？
笔者：对，预约。
游客1：没预约上，就在外头转。
笔者：哦，您没预约上是吧？
游客1：我都不知道要预约，还以为付钱买票就能进……

从该访谈片段可以看出苏州园林存在景区门票预约信息宣传缺位的问题。对于景区的需要提前预约的讯息并没有做好前期广泛的宣传告知，从而导致以上述访谈对象为例的游客白跑一趟的情况。

在指引类语言服务方面：

游客2：我认为唯一不满的就像很多景区有一个大的图，比如说这边是狮子园林，显示你现在到哪里，你想去哪里可以看，这个大图没有。
笔者：可能是没有。
游客2：没有就让人很难受，我不知道我走到哪里。他景区的指路牌只是有一个箭头，就到哪怎么走，但是没有一个大的总地图。
笔者：还是指路牌一类的指示牌不明确。
游客3：嗯，其实这个园林里边的路线，其实它那个牌子也挺稀。
笔者：标路牌很少。
游客4：游园路线比较不清晰。
笔者：游园路线是吗？
游客4：对，而且他那个图也做得很潇洒，感觉好像看得不是很懂。

笔者：有时候看了和没看一样？

游客4：我不知道，因为本身也不懂嘛，这种园林怎么去欣赏它，然后它应该会有一个最佳的那种路线在里面。但实际情况就是可能他这张图摆在这里，大家看了跟没看一样，也不知道该怎么玩就是怎么去欣赏。

笔者：那您在游园的时候觉得他里面文明标语一类的，你有注意到吗？比如说不要践踏草坪或者是那种。

游客5：有啊。

游客6：有一个"禁止攀爬"，然后爬假山的时候，我永远记得那一句"禁止攀爬"。

笔者：您想动手动脚爬假山？

游客6：没有，只不过拍照的时候刚好放在景框里。

笔者：有点碍事了？

游客6：对，你知道有点碍事了！

笔者：看来影响你游园了，算吗？

游客6：影响到我拍照了，但不影响我游园。

游客5：其实它是比较现代的一个东西。

游客6：对，指示牌有点突兀。

从以上三个访谈片段可以看出苏州园林景区的指引服务还是不够到位。一是缺乏总的指引图；二是部分指示牌设计不够清晰明了；三是指示牌放置位置不够合理的问题。

在介绍类语言服务方面：

游客7：讲解服务，我觉得他有一些内容上我觉得是不够吸引，而且我觉得我不知道这个行业它背后内幕是怎么样的，但是我觉得很多故事编出来的。这种我觉得是因为它是人造的一种文化。我觉得缺乏一些真实性，我就没什么感觉了，就觉得听不听无所谓，反正都是人家编出来。

从以上访谈片段，我们可以看出景区安排的讲解服务内容的设计与游客之间的需求存在差距。并有做到提前充分了解顾客对讲解服务内容方面的需求，只是一味

175

求新求奇，从而产生了讲解内容对游客吸引力不够，讲解服务与游客需求脱节的问题。

本章综合分析了苏州园林景区语言服务的特色与存在的问题。在景区语言服务的特色方面，苏州园林景区工作人员语言服务意识较强、语言服务专业化程度高，服务环节全面周边，服务方式现代高效。而景区语言服务的不足之处体现在：

一、贯穿宣传、指引和介绍环节的景区语言服务建设质量有待提高；二、工作人员语言服务水平有待提高；三、景区对游客游园反馈信息的收集服务较为缺乏。下一章节将着重从以上方面进行思考并提出针对性建议。

六、苏州园林语言服务的有关思考和建议

语言作为景区与游客沟通并提供服务的主要媒介而发挥着重要作用，可以说苏州园林文旅事业的繁荣离不开语言服务的支持。不可否认的是，苏州园林作为苏州文旅产业繁荣发展的代表，无论是景区本身的语言服务建设质量，还是景区工作人员具备的语言服务意识与能力水平，都是苏州园林景区语言服务的突出优势。但同时我们也要客观看到其中存在的不足之处，并加以解决完善。因此，本章将立足前一章节中提及的苏州园林景区语言服务方面存在的问题，思考分析并有针对性地进行笔者认为的解决对策和优化建议。

（一）完善景区语言管理工作

语言管理是指（声称）拥有特权的人或团体为改变语言领域中人们的语言实践或语言信仰所做的努力或工作[①]。而苏州园林语言服务作为公共领域下的语言服务，更离不开景区管理方对景区内的语言服务设施建设和工作人员的语言服务实践进行规划和管理，从而指导服务人员更好地为游客提供良好的服务环境、塑造维护苏州园林的良好形象，进而带动相关行业进一步繁荣发展。面对苏州园林语言服务呈现的一系列问题，笔者认为可以从景区语言服务设施的优化以及共走人员语言服务内容的培训两方面着手解决问题。

---

① ［以］博纳德·斯波斯基著；张治国译；刘海涛审订. 语言规划经典译丛　语言管理[M]. 北京：商务印书馆，2016，（4）.

1. 优化景区语言服务建设

苏州园林景区语言服务设施建设方面的问题主要体现在宣传、指引、介绍三个方面,因此笔者也将从这三个方面提出针对性建议。

(1) 加强宣传文本内容审核,提供多语对照服务

苏州园林宣传文本主要指宣传手册与官方微信公众号平台的推文。首先需要优化的是宣传手册服务。宣传手册的是通过设计、印发、布置等多环节的前期准备才能实现投放于游客服务中心或者景区进行宣传的方式,因此具有人力成本高、资金投入大等特点,但同时也因为其本身形式的特殊性和纪念意义而被游客长时间使用甚至收藏。游客参考阅读的过程中,就难免会注意到文本内容可能存在的错别字、语句不通顺以及其他语用方面的问题,因此苏州旅游管理部门、各大园林管理处就需要在宣传手册的准备环节之中加大对文本内容方面的审核,尤其是宣传内容涉及到历史典故、文学艺术作品和语言文化等相关内容时,可以多咨询相关领域学者专家意见,避免出现误导游客大众的内容,确保宣传内容的真实性和严谨性。

其次是丰富宣传文本的多语对照,根据笔者上文中对此问题的分析,苏州园林作为世界文化遗产,驰名中外,每年吸引各国游客前来参观,然而却只是提供英语版本的对照翻译。英语的语言权势地位固然高,然而其他语言也应当充分考虑,要做好大数据收集工作,根据前来参观的各国游客人群比例,进而列出苏州园林各景区语言服务方面的"语言权势排名",进而选取排名靠前的语言,准备相应宣传文本的多语对照服务。

(2) 完善指示牌服务,做好设计与投放工作

在指引类语言服务之中,指引牌是数量最多、影响游客最直接的指引服务。其语言内容与设计方面存在不少问题。根据前期问题分析,苏州园林景区的指引牌需要加强语言规范、语种选择两方面的调整。首先为语言规范方面,要注意撤换景区内现有存在语言规范问题的指示牌,更新指示牌时要注意英文首字母的大写、字体大小的统一、翻译规范、同一景区内的同一场所或相同性质功能的场所应当使用同一种翻译。语种选择上参考上文提出的各景区语言服务方面的"语言权势排名",在指示牌大小、设计等因素允许的前提下,确保语种使用尽量丰富,避免以指示牌为代表的语言指引服务国际化水平失衡、语种使用单一化。

其次设计与投放方面,根据部分游客的反馈,一方面,苏州园林景区的指示牌设计本身不够清晰明了,针对这一问题,笔者认为应该针对指示牌中的元素进行完善，并做好景区内同一地方多个指示牌的呼应，有条件可以对一个园林内整体的指示牌进行统一设计，聘请专业的设计团队对指示牌设计进行把关。另一方面，针对指示牌投放位置不合理的现象，园林管理处可以确保园林内主推景点和场景附近"零指示牌"，选择在周边较远的放置相应指示牌，确保游客舒适的审美、拍照等游园体验。

（3）把关讲解内容，提供定制化、参与式讲解

虽然每位游客对景区讲解游客对讲解内容的反馈不一，但我们不能对游客已经存在的诉求置若罔闻。笔者了解到游客对于苏州园林讲解内容的真实性和千篇一律表示缺乏聆听的兴趣。对此，笔者认为可以通过提供定制化的讲解服务，让游客参与其中，跟随游客的兴致喜好和游园情况进行讲解，而非采取带着游客长龙"逛街"的方式，按照既定路线进行内容和形式固定的讲解，一方面尊重游客自主游园的意愿，另一方面可以充分调动游客探索园林的积极性和求知欲。

2. 加强工作人员语言培训

苏州园林景区工作人员的语言服务水平不单单取决于个人自身具备的语言能力和水平，更加离不开园林管理方开展的各项有针对性地培训和学习工作。因此需要管理方对工作人员的语言服务工作进行进一步的培训和指导。

苏州园林景区管理处可以从以下三个方面对工作人员的服务语言开展培训：

（1）改善语言面貌

语言面貌的培训要贯彻两个方面，首先是有声语言方面的培训，一是对服务人员普通话咬字吐音的训练；其二便是注意副语言的使用技巧，副语言是指伴随有声语言出现的一种特殊语言现象[1]。主要从旅游服务中最常用的语调、语速、重音、停顿、笑声五个方面进行训练。

其次是无声语言方面的培训，主要是景区工作人员的体态语方面，体态语在交际中起到修饰、渲染以及强调的作用，同时通过对景区工作人员眼神、表情手势和身体姿态的进一步指导培训，可以帮助工作人员与游客更好沟通、交流感情，减少工作沟通过程中冲突与矛盾的发生。

（2）熟悉文明用语

对景区工作人员文明用语方面的培训可以从称呼语、见面语、招呼语、道别语、

---

[1] 黄文清. 服务语言艺术[M]. 北京：高等教育出版社，2003.

介绍语、感谢语、道歉语、赞美语、谦让语、委婉语等方面进行全面的培训。重点要让工作人员掌握一些景区服务情境下常用的礼貌语词,比如像"您好""请""谢谢""对不起""再见"这类全国通用的"十字文明用语",最重要的是要烂熟于心,并且能够养成使用习惯,切实落实到具体景区工作的服务情境之中。

(3) 了解服务禁忌语

北京市、上海市、铁道部、国内贸易部等部门与《光明日报》等联合发文,将50句严重损害中华民族形象的语言定为"服务忌语"。此举措得到全国各行各业反响热烈,盛赞这是"净化服务空气,促进社会主义精神文明"的积极举措。[①]以此为鉴,对景区服务人员的培训不仅要规范使用文明用语,还要明确作为服务人员不应该说什么,比如"不知道,问别人去""自己不会看吗"等服务忌语应当在培训内容中被列入"服务用语黑名单",只有明确正面和负面两方面培训要求,才能真正让工作人员在具体的工作实践中,将语言服务落实到位,切实提高景区工作人员的语言服务水平。

(二) 构建游客反馈信息收集服务

笔者在对游客进行访谈的过程中,了解到游客对景区提供的各种服务是有着不同声音的,其中不乏一些对景区提供的各类语言服务问题的反馈,然而苏州园林景区管理方并没有与游客进行沟通的意思。就比如景区的门票预约信息宣传工作,正是因为宣传途径大多指向于景区内部,过于单一,才使得很多游客到了景区门口才被告知没有余票,可见景区迫切需求与外界联动,拓宽宣传途径。同时,对于景区的各项服务,如果只是仅仅从景区自身的角度出发思考如何提升服务能力,倒不如广开民意,从游客提供的反馈与建议出发,构建游客反馈信息的收集服务机制。

正如笔者在前文问题分析所提到的那样,游客对景区的反馈环节大多是通过第三方软件或平台来完成的,说明苏州园林语言服务中缺乏设置为广大游客提供游园反馈的官方渠道,这也反映了园林管理处和游客中心的语言服务工作缺乏邀请广大游客前往专门的反馈场所对景区内各项服务设施和服务情况进行反馈的途径。

笔者认为,如果苏州园林景区有相关的沟通服务渠道,应当充分进行此项工作的开放宣传,汇聚游客心声;如果没有,笔者建议可以通过设立官方专门的游客反

---

① 黄文清. 服务语言艺术 [M]. 北京:高等教育出版社, 2003.

馈处或线上反馈平台，安排相关工作人员登记收集或利用大数据技术在线进行游客意见的收集，并根据反馈及时进行调整苏州园林的语言服务工作。

七、结语

　　语言服务是一门学问，更是社会实践活动[①]。旅游行业是典型的服务行业，与语言活动息息相关。而语言服务研究的初衷就是去回应语言生活中的现实问题。语言作为沟通交际的主要媒介，在旅游整个过程中发挥着重要作用，可以说苏州园林文旅事业的繁荣离不开语言服务的支持。因此，本次调查研究以苏州园林的语言服务为切入点，旨在通过对景区语言服务建设、工作人员语言服务能力和水平以及游客的语言服务需求等情况，结合观察、问卷调查和访谈来全面调查分析，在此基础上分析苏州园林的特色与不足之处，并对苏州园林语言服务提出调整建议和优化对策，同时也希冀通过该项语言服务调查研究，达到对其他文旅产业的语言服务的建设、调整以及优化起到借鉴作用。从行业往外延伸到国家层面，语言服务能力既是国家语言能力的重要组成部分，同时又是国家语言治理的重点参考标准。国家语言能力建设和语言治理水平的提高，离不开各行各业语言服务的进一步调查、建设和完善。

　　在本次调查的过程中，语言服务的实践品格在本研究中得到了充分的体现。笔者重点前往拙政园、狮子林、虎丘名胜风景区、留园、耦园、网师园、沧浪亭、环秀山庄八个园林考察，并根据腾讯问卷提供的在线问卷进行景区游客语言服务需求和满意度以及工作人员语言服务情况两方面的调查，在调查过程中，笔者根据想要深挖的问题再次进行游客与工作人员的访谈，结合观察所了解到的景区语言服务建设进行综合分析，形成了苏州园林景区语言服务建设的现状、游客语言服务的需求、景区语言服务特色与不足以及相关思考建议等方面的内容。

　　在苏州园林语言服务建设方面，笔者根据实地调研和观察，对苏州园林提供的各种语言服务活动进行观察，根据景区语言服务的功能与目的进行分类，得到了景区最主要的三种语言服务类型，分别是宣传类语言服务、指引类语言服务和介绍类语言服务。本研究就宣传类语言服务的路径、形式与内容，语言使用情况进行详细

---

　　① 屈哨兵主编. 中国语言服务发展报告（2020）[M]. 北京：商务印书馆，2020，（05）.

分析。对于指引类语言服务，本研究重点分析语言选择、文字形式两方面内容。对于介绍类语言服务，本研究主要就电子讲解服务和人工导游解说两种形式的介绍类服务进行了分析。

对于苏州园林工作人员的服务语言方面，本研究主要根据问卷结合访谈的方式对苏州园林景区工作人员的语言使用、语言服务意识及水平以及景区对工作人员的语言管理情况进行了详细分析，结果显示工作人员的语言服务意识较高，但语言服务具体实践水平有待提高，此外苏州园林的语言管理规章制度方面以及员工所反映出的管理制度落实方面还有待加强。考虑到服务是双向的，因此本研究除了对语言服务的提供者进行分析之外，要对景区游客的语言服务需求进行了分析，结合问卷以及访谈结果，本研究从游客对口头语言服务、无声语言服务两方面进行数据分析，结果显示苏州园林游客普遍对口头语言服务和无声语言服务比较在意。

结合语言服务提供方和语言服务接受方双方的调查结果，本研究在此基础上归纳概括，总结出苏州园林语言服务的特色与不足之处。苏州园林语言服务的特色体现在工作人员语言服务意识强、专业化程度高，而服务环节方面表现出全面周便的特点，服务形式也采用线上和线下、科技与传统结合的方式显得现代高效。而苏州园林语言服务的不足之处表现为宣传、指引、介绍三个环节的景区语言服务建设质量有待提高、工作人员语言服务实践水平有待提高以及游客沟通反馈渠道较为缺乏三个方面。

本研究针对苏州园林表现出的不足之处，有的放矢地提出了对策和优化建议。主要围绕完善景区的语言管理工作和构建景区与游客双向沟通机制两个方面进行，希望通过苏州园林语言服务这项调查研究，来对旅游行业以及其他文旅产业的语言服务工作开展提供一个可供参考的意见，真正发挥应用语言学下语言服务研究的实践价值，为旅游行业等公共服务领域需要重视语言服务这一论断提供第一手调查数据和理论支撑。

必须说明的是，由于笔者调查对象范围大，且自身调研能力和知识水平的限制，本次调查研究在调查内容和调查方法上仍有较多需要改进的地方。对部分现象的分析和问题的解读不够全面细致、直击本质。此外，问卷调查中也有很多因素是无法控制，且难以避免的，诸如工作人员是否完全对照自身情况填写，游客需求因人而异，且随时代发展进步而千变万化。这些都是需要笔者或者语言服务实践研究不断去探索和努力的。但笔者还是竭尽全力于疫情期间全程佩戴口罩做好疫情防控的情况下，完成了为期数月的预调研和现场调查工作，衷心希望本研究能为国内行业语言服务调查研究添砖加瓦，为当代应用语言学开拓研究领域和视野做出微薄贡献。

语言规划

河北蔚县学龄前儿童家庭语言规划研究

梁嘉睿

摘　要：随着语言规划研究的发展，家庭语言规划等微观语言规划研究开始兴起。以蔚县蔚州镇为例，通过发放问卷调查了蔚县某两所大型幼儿园的学龄前儿童家庭语言规划情况。通过对数据进行整体分析，该文对蔚县学龄前儿童家庭语言规划三方面，即语言意识、语言管理和语言实践进行了论述。总的来说，在蔚县学龄前儿童家庭语言规划中，普通话处于首要地位，其次是英语，再次是方言。具体来说，在语言意识和语言管理上，首先是普通话，其次是英语，再次是方言；在语言实践上，几乎只有普通话和方言，且两者使用比例相近。通过对数据进行交叉分析，该文对影响家庭语言规划的内部因素进行阐述，并以此为切入点，选择不同家庭进行访谈。该文分析认为父母的职业、学历、收入对学龄前儿童普通话和英语的期望影响更大，籍贯和在蔚县定居时间的长短对普通话和方言期望水平影响更大。社会、经济、政策、教育等外部影响因素使得普通话和英语在家庭语言规划中的地位提高，随即方言的地位有所下降。

通过调查，该文认为在未来十年或二十年里，新一代蔚县人在日常生活中主要使用方言和普通话，在家庭语言规划的语言实践中，英语的使用比例会增多，语言管理中对各种语言的管理更具计划性。并且，该文认为蔚县学龄前儿童家庭语言规划的特点是属于社会行为，目的性较强、计划性不强的一项长期社会实践活动。这种特点或可能是经济欠发达地区家庭语言规划的共同特点。

该文的创新之处有两点，第一点在于关注到经济欠发达地区的家庭语言规划情况。第二点在于着重调查了家长在家庭语言规划中的行为，分析影响家长进行语言规划的主要因素。同时该文也存在不足之处：蔚县家庭语言规划中存在的主要问题与相应的解决措施没有进行深刻阐述分析。

关键词：家庭语言规划；学龄前儿童；河北蔚县

一、引言

（一）研究背景

对语言进行规划，其实从古至今一直存在。但"语言规划"这一术语的产生以及对语言规划进行研究的历史还比较短。不过由于其实用性和功能性较强，语言规划研究迅速发展。如今，学界对于"语言规划"的命名除使用"语言规划"外，还使用"语言政策""语言规划与政策"等多种形式，本文统称为"语言规划"。

中国语言规划主要的研究内容受早期中国的语文运动、语文改革内容影响。中国语言规划研究可分为两个阶段。一是20世纪50年代至70年代，以语言的地位规划为主，目的是实现语言平等，保障民族语言权利，选择、推广全民共同语，实行文字改革。二是20世纪80年代至今的改革发展阶段，以语言的本体规划为主，目的是加强语言文字规范化标准化、普及普通话、加强语言文字信息处理管理等。因此，我们能够看出，中国的语言规划研究具有很强的传承性与阶段性特点。[①] 中国语言规划研究发展至今，研究领域不断拓宽。语言规划理论研究、语言政策制定、少数民族语言规划、汉语方言与普通话的关系、普通话推广、语言教育、语言生态等是语言规划研究的热门话题。

随着语言规划研究的不断推进，微观语言规划研究得到重视。根据周庆生对微观语言规划的阐述并结合文献梳理可以发现，学校的微观语言规划、家庭的微观语言规划、社区的微观语言规划在中国有一定的研究。以外语教育、对外汉语教育、少数民族语言、方言为研究主题的，或以大学生、中学生、小学生、学龄前儿童等为研究对象的微观语言规划在中国的研究中较为常见。本文旨在从家庭语言规划这一微观语言规划角度对蔚县蔚州镇学龄前儿童家庭进行家庭语言规划调查。

蔚县是河北省张家口市最南端的一个辖县，处于河北省西北部，太行山西侧。地理坐标东经114°11′~115°04′，北纬39°33′~40°12′。东倚北京，西接山西广灵，南临保定，北枕张家口。南北距离71.25公里，东西距离74.55公里，面积3220平方公里。[②] 根据蔚县人民政府官网2021年1月6日发布的数据显示，目前蔚县总人口50万人，下辖22个乡镇，561个行政村。[③] 蔚县历史脉络悠久、文化底蕴深厚、交

---

① 陈章太. 语言规划研究[M]. 北京：商务印书馆，2005.
② 蔚县地方志编纂委员会. 蔚县志[M]. 北京：中国三峡出版社，1995.
③ 蔚县人民政府. 蔚县行政区划[EB/OL].（2021-1-6）[2021-5-15］. http://www.zjkyx.gov.cn/syscolumn/zjyx/xzqh/index.html.

通条件便利、区位优势明显，从1994年列入《国家八七扶贫攻坚计划》的国家级贫困县到2020年宣布脱贫攻坚胜利，成功摘掉了贫困的帽子，社会发展的速度肉眼可见。而社会的发展必然会引起语言的变化。

根据《中国语言地图集》的记录，蔚县方言属官话区—冀鲁官话—保唐片—涞阜小片。笔者作为蔚县本地人，通过日常观察发现现在家庭对儿童的语言教育，尤其是普通话的培养十分重视，出现不少儿童只会讲普通话的现象。蔚县语言文字工作委员会也致力于推广普通话的工作中。学龄前儿童指未及入学年龄的儿童。在我国，儿童入学的年龄为6周岁，因此我国学龄前儿童的年龄为3-6岁。3-6周岁的学龄前儿童正处于在幼儿园进行学习的年龄阶段，儿童的语言能力在学校能够得到系统地培养，家长对儿童语言培养的付出也更多。家长认为蔚县方言在交际中的地位如何，是否认为孩子有必要掌握蔚县方言，普通话和方言之间如何取舍，家长对于作为国际通用语言的英语又持何种态度等问题都值得探讨。

因此，本文拟通过调查蔚县县城驻地蔚州镇的学龄前儿童家庭语言规划情况，了解学龄前儿童的父母在生活中使用何种语言，对不同的语言持何种看法，用哪些方法引导孩子的语言使用。除此之外，结合调查数据以及访谈内容分析有哪些因素会影响到家长的规划，试图总结蔚县学龄前儿童家庭语言规划的特点。

（二）研究目的

社会发展瞬息万变，语言作为社会交际的一种重要手段也在迅速地发生变化。而对语言进行规划是促使语言发生变化的一个重要因素。在显性层面上，有国家针对普通话推广采取的各项政策措施，有为保护保存方言而开启的语保工程。在隐性层面上，家长因社会发展、国际交流日益加深、收入的增加、职业的影响等因素对孩子普通话、英语和方言的使用有了更多的自己的思考。

本文主要分析隐性层面上的家庭语言规划。拟通过对蔚县蔚州镇学龄前儿童家庭语言规划情况进行调查，了解其家庭语言意识、语言管理和语言实践三方面，分析其现状与影响因素，以期家长能够更加了解家庭语言规划，并针对自己的家庭情况进行更好的语言规划，提高儿童语言能力，促进儿童语言发展。同时根据调查结果对新一代蔚县人的语言态势进行预测。

除此之外，笔者认为蔚县这一类的县级行政单位作为发展程度居中，即发达水平不如城市，但比大部分农村发达水平高，处于经济社会快速发展的阶段，其家庭语言规划与城市的家庭语言规划或有不同。因此，笔者希望通过对蔚县学龄前儿童家庭语言规划的调查，尝试寻找发达程度较低的地区学龄前儿童的家庭语言规划特点。

（三）研究意义

1. 理论意义

一方面，通过对现有文献的梳理发现家庭语言规划研究已经关注到儿童的语言使用问题。有些学者关注留守儿童的家庭语言规划，有些学者关注城市移民儿童家庭语言规划，有些学者关注海外儿童华文学习家庭语言规划，有些学者关注国内某城市儿童的家庭语言规划。在研究国内某城市的儿童家庭语言规划中，研究对象主要是广州、杭州等一线城市的儿童。原因是这些一线城市发展速度快，人口流动性高，方言、普通话、英语等语言和语言变体的地位以及在儿童中的使用情况都值得研究。但本文将调查点放在经济发展程度不高的县级行政单位，将该地的学龄前儿童家庭作为调查对象。是因为关注到家长对孩子的语言培养愈发重视，尤其现在学龄前儿童的父母基本都是经历过高等教育的群体，他们对孩子的语言培养比上一代大部分学历较低的父母更有想法。所以笔者认为，对儿童家庭语言规划的研究不应集中在城市里，也应该关注到县城、乡镇、农村等更宽广的领域。

另一方面，在之前的家庭语言规划当中，研究者主要侧重于学生的语言行为、语言态度等，本文更侧重父母对于不同语言及语言变体的看法，如何处理不同语言及语言变体等。因此，本文拟通过对蔚县学龄前儿童家庭语言规划情况进行调查，了解当前蔚县学龄前儿童家庭，尤其是父母在方言、普通话与英语上的语言意识、语言管理和语言实践。在此基础上，结合广泛的数据调查和重点访谈，分析影响家庭语言规划的因素。

就本文而言，研究丰富了国内家庭语言规划的研究内容和角度，同时或可为其他经济发展程度欠发达地区的语言研究带来新思考。

2. 现实意义

一方面，社会、学校、家庭对普通话和英语的重视程度很高，而家庭作为儿童教育的主要阵地之一，自然需要制定家庭教育计划。家庭语言规划或许不是家长刻意制定的规则，或许不是每个家长都了解的领域，但在家庭教育中一定会体现出家长的语言意识、语言管理和语言实践，进而也能够反映社会对家庭语言教育的意识。因此，本文调查蔚县学龄前儿童家庭语言规划，有利于了解在当代社会背景下，学龄前儿童家庭主要是家长的语言意识、语言管理和语言实践，以期对父母进行更好的家庭语言规划提供参考，对学校进行语言教育提供帮助，对政府制定宏观语言规划与语言政策提供有用信息，对蔚县儿童语言发展提供助力。

另一方面，蔚县方言在方言中并不是强势方言，随着社会经济的发展，蔚县方言或许最终会退出历史舞台。本文拟通过对蔚县家庭语言规划的调查了解方言在学龄前儿童中的使用情况，对方言保护提出相关建议，以期引起社会对方言的重视。

二、研究基础

（一）概念界定

1. 语言规划

关于是何人在何时首次提出"语言规划"这一术语的说法有两种。一个说法是1957年在美国哥伦比亚大学的研讨会上，语言学家Uriel Weinreich（尤里埃尔·瓦恩里希）提到了"语言规划"这一术语。另一个说法是1959年，Einar Haugen（艾纳·豪根）在文章《在现代挪威规划一种标准语言》里介绍了"语言规划"这一术语。而Haugen（豪根）本人也认为是Weinreich（瓦恩里希）首次提出的"语言规划"。

关于"语言规划"的定义，Haugen（豪根）将其定义为"一种准备规范的正字法、语法和词典的活动，旨在指导非同质言语社区中的书面和口头语言应用"。之后在《语言学和语言规划》一文中，Haugen（豪根）又对"语言规划"的定义进行了补充，他认为可将语言规划定义为对语言变化的评价，语言规划是社会规划中的一部分。其他学者也对语言规划的定义做出了解释。刘海涛在《语言规划和语言政策——从定义变迁看学科发展》一文中梳理了1959—2005年语言规划和语言政策文献中关于语言规划的定义。Fishman（费什曼）认为，语言规划是确定、描写对语言的决策过程，及其严重性和迫切性，需要明确的解决办法，要求一种对已有问题能提供并鉴别可替换解决方案的行动理论。《中国大百科全书·语言文字卷》中解释道，语言规划是"国家或社会团体为了对语言进行管理而进行的各种工作的统称"。[1]陈章太认为，综合对语言规划的各种定义与语言规划内容来看，基本认为语言规划是指政府

---

[1] 刘海涛. 语言规划和语言政策——从定义变迁看学科发展[C]. 第四届全国社会语言学学术研讨会论文集. 2004: 55-60.

或社会团体为了解语言在社会交际中出现的问题,有目的、有计划、有组织地对语言文字及其使用进行干预与管理,使语言文字更好地为社会服务。[①]

语言规划研究发展至今,其主要研究内容和研究问题得到许多学者的解释。如徐大明将现代社会的语言规划分为以下五个问题:标准化、书写系统的创造、语言材料编写、语言现代化、多语现象。陈章太解释语言规划的具体内容为:贯彻、体现国家在语言文字方面的政策;确定语言地位,协调语言关系;制定语言文字及其应用的规范标准和法规规章;加强语言文字的规范化、标准化;确定语言规划实施办法等。[②]孙炜从语言规划的地位规划和本体规划两种分类介绍了语言规划的具体内容。地位规划主要包括:制定语言政策;选择、确定标准语、共同语或官方语言;协调语言关系;保障语言权力。本体规划主要包括:全民共同语和民族标准语的推广和规范;改革文字;为只有口语而没有书面语的语言创制文字;制定与推行文字规范标准;新词语的整理与规范;术语的规范化和标准化。[③]但纵观前人对语言规划研究内容的概括,相差无几。

关于语言规划的分类,语言学家 Heinz Kloss(海因茨·克劳斯)依据语言规划的级别、方法、终极目标、目标语言、功能和特性六个范畴,将语言规划分为十二种类型。一般而言,地位规划与本体规划是语言规划分类中最常见的一种。[④]语言的地位规划是指语言规划时为语言文字确定应有的、合适的地位,即它们在社会中的地位,并协调各种语言关系。语言本体规划是指对语言文字本身所进行的规范化和标准化,其目的是改善和增强语言文字的社会功能。[⑤]

另外,语言规划主要有约定俗成与从俗从众相结合、行政干预与语言调控相结合、学术规范与辞书指导相结合、宣传引导与媒体示范相结合、重视个人作用与名人影响五种基本方法。语言规划主要有调查、选择规范、使规范法典化、推广规范、完善功能、评估六种基本步骤。语言规划主要包括四项基本原则,即科学性原则、稳妥性原则、经济性原则和政策性原则。[⑥]

---

① 陈章太. 语言规划研究[M]. 北京:商务印书馆,2005.
② 徐大明. 当代社会语言学[M]. 北京:中国社会科学出版社,1997.
③ 孙炜. 社会语言学导论[M]. 北京:世界知识出版社,2010.
④ 孙炜. 社会语言学导论[M]. 北京:世界知识出版社,2010.
⑤ 陈章太. 语言规划研究[M]. 北京:商务印书馆,2005.
⑥ 孙炜. 社会语言学导论[M]. 北京:世界知识出版社,2010.

2. 家庭语言规划

语言规划研究领域发展至今，不少人都认为语言规划可以在宏观、中观和微观的层面上发生。家庭语言规划则属于微观语言规划的内容。

家庭语言规划（Family Language Policy，简称FLP）是指"在家庭范围内家庭成员之间与语言相关的明确和公开的规划，提供如何管理、学习和家庭内部语言协商的综合研究"。[①]

家庭语言规划研究历史不长，但研究内容涉及很多方面，尤其关注复杂的家庭语言生活，如父母说不同的语言，家庭内部的第一语言与社区语言不一致，父母希望子女掌握外语、传承语或其他语言等情况。许多学者对家庭语言规划影响因素的关注点在于内部因素，如李英姿认为"父母关于儿童语言学习的目标、态度或者意图的考察是家庭语言规划研究最重要的方面之一"，有一些学者认为探究家庭语言规划的影响因素也应该关注到外部因素，如尹小荣提出影响家庭语言规划的外部因素有社会、政治、经济、教育等方面[②]；李琳认为家庭语言规划的外部因素有社区、学校、社会语言环境等方面。[③]

从语言规划的定义、内容、性质、任务等方面可以看出，家庭语言规划并不是主流语言规划研究，但不少学者都提出了家庭语言规划的重要，如Haas（哈斯），Spolsky（斯波斯基），Canagarajah（卡纳加拉贾）等。他们认为家庭语言规划可能比宏观层面上制定的语言规划更能发挥作用，更有利于达到语言规划的目的。前人学者提出语言规划研究有显性与隐性的区别，而家庭语言规划属于隐性规划。而隐性规划可以反映显性规划的效果。

（二）研究现状

1. 语言规划研究综述

"语言规划"属于社会语言学的研究范畴，也属于应用语言学的研究领域。"语言规划"在历史上由来已久，如秦始皇统一六国文字就可以视为语言规划，"语言规划"但正式成为一门科学还是在第二次世界大战后。由于二战后一些新独立国家需要确

[①] 李英姿. 家庭语言政策研究的理论和方法[J]. 语言战略研究，2018，(1)：58-64.
[②] 尹小荣，李国芳. 国外家庭语言规划研究综述（2000—2016）[J]. 语言战略研究，2017，(6)：68-79.
[③] 李琳，廖诗意. 家庭语言规划国内研究述评（2003—2019）[J]. 淮北师范大学学报（哲学社会科学版），2020，(5)：58-63.

定标准语，制定语言规范，一些发达国家需要解决移民造成的语言多样化等社会问题，各个国家都需要对语言进行规划。因此，"语言规划"这门科学得以产生。

本文以"语言规划"+or+"语言政策"为检索条件，使用 CNKI 内嵌工具分析了从 2000 年至 2021 年国外有关语言规划的研究文献。通过对检索结果的分析发现，在国外，2000—2020 年语言规划研究总体上呈上升趋势，2021 年未收录完毕。其中，"Current Issues in Language Planning"（《语言规划的当前问题》）、"Language Policy"（《语言政策》）、"Language Problems and Language Planning"（《语言问题和语言规划》）、"International Journal of the Sociology of Language"（《语言社会学国际期刊》）、"Journal of Multilingual and Multicultural Development"（《多语和多文化发展期刊》）、"International Journal of Bilingual Education and Bilingualism"（《双语教育和双语制国际期刊》）、"Language and Education"（《语言与教育》）、"European Journal of Language Policy"（《欧洲语言政策杂志》）、"Language Matters"（《语言问题》）、"Language in Society"（《社会语言》）、"Politics and Government Week"（《政治与政府周》）、"Multilingua"（《多语言》）、"Journal of Language, Identity and Education"（《语言、身份与教育杂志》）、"Southern African Linguistics and Applied Language Studies"（《南非语言学和应用语言研究》）中收录有关语言规划或语言政策的文章较多，收录数量均在 50 篇以上。另外，剑桥大学出版社出版的 "Annual Review of Applied

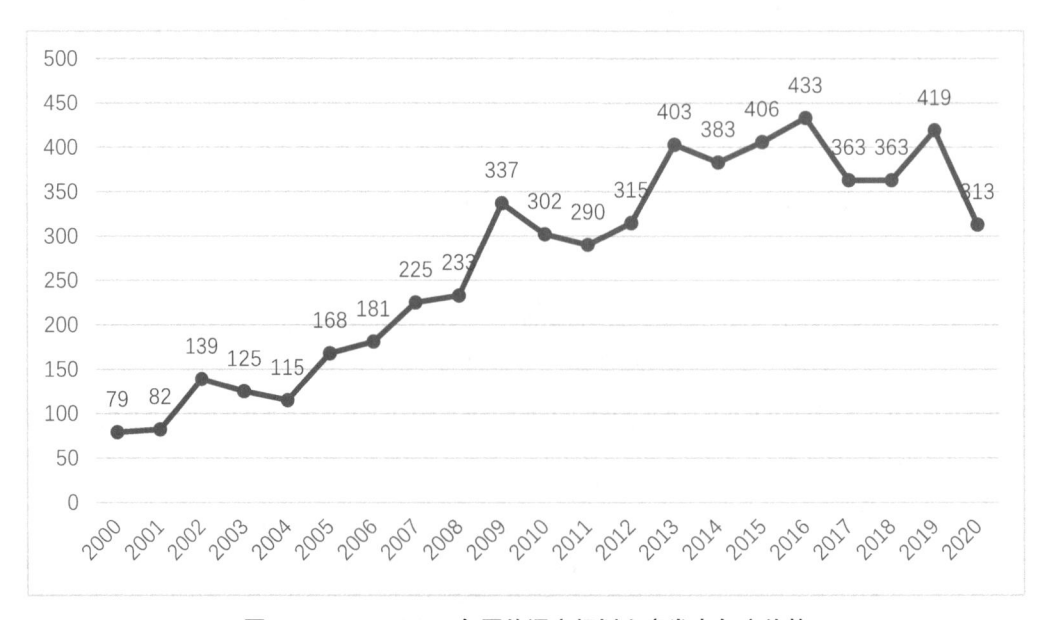

图 1-1　2000-2020 年国外语言规划文章发表年度趋势

Linguistics"（《应用语言学年鉴》）也是语言规划与语言政策研究的代表刊物之一。

根据检索文献的关键词分析，发现国外语言规划研究比较关注的问题有以下几点：第一，语言与教育，如双语、多语、少数民族语言、家庭语言、不同教育阶段的语言教育等；第二，世界各国、各地区的语言政策等；第三，全球化背景下的语言发展；第四，语言的地位与本体规划，如标准化等。在某些文献中可能同时涉及以上多个问题。

在国内，西周时期的"书同名"被视作最早的语言规划，但1984年我国成立了语言文字应用研究所，特别是创办了《语言文字应用》刊物，标志了语言规划在中国正式成为一门学科。语言规划研究在中国发展迅速，关于语言规划的文章大多刊登在《语言文字应用》《语言战略研究》《语言政策与规划研究》《语言政策与语言教育》《语言规划学研究》《语文建设》《现代语文》等刊物及一些大学学报上。

本文以"语言规划"+or+"语言政策"为检索条件在CNKI检索了2000年至今的相关文献，并使用CNKI内嵌工具对文献进行可视化分析，总结出近20年语言规划研究趋势和现状。

如图1-2所示，国内语言规划研究总体呈上升趋势，说明语言规划研究在近20来受到越来越多的重视，尤其在2015年前，每年的文献发表数量基本处于递增的状态。图1-3呈现了近20年有关语言规划文献的40种主要主题，图1-4呈现了近20年有关语言规划文献的40种次要主题。综合主要主题和次要主题看来，国内语言规

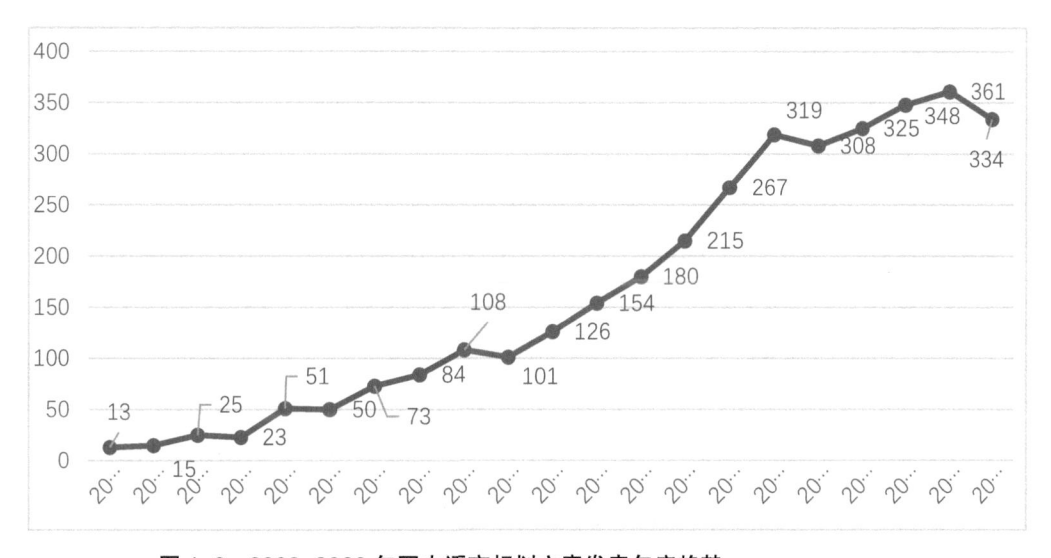

图1-2　2000-2020年国内语言规划文章发表年度趋势

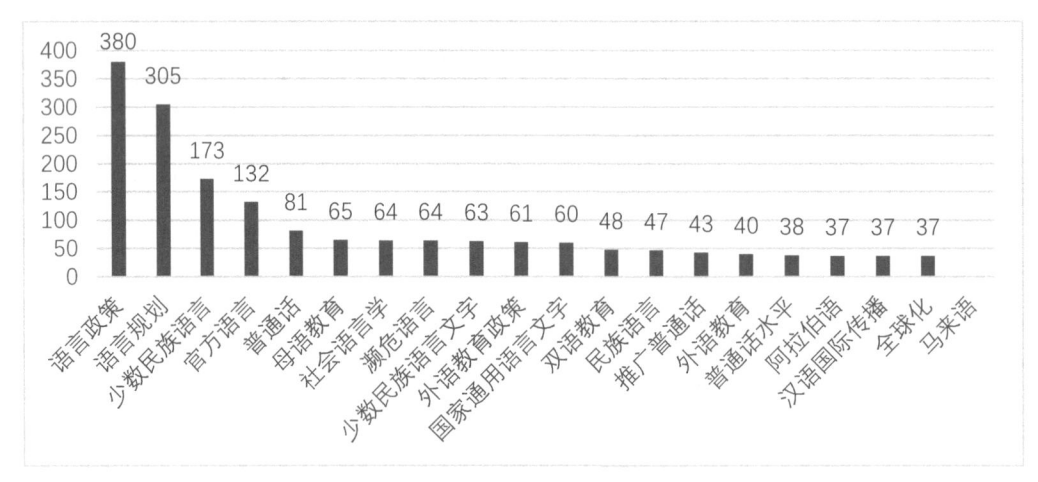

图 1-3 主要主题分布

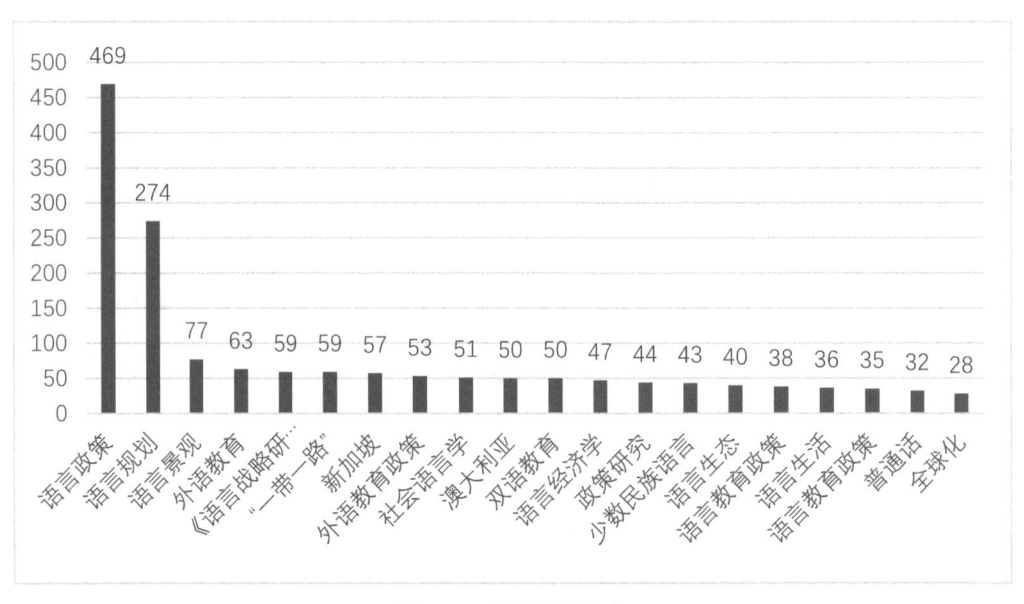

语言政策 380；语言规划 305；少数民族语言 173；官方语言 132；普通话 81；母语教育 65；社会语言学 64；濒危语言 64；少数民族语言文字 63；国家通用语言文字 61；外语教育政策 60；双语教育 48；民族语言 47；推广普通话 43；外语教育 40；普通话水平 38；阿拉伯语 37；汉语国际传播 37；全球化 37；马来语 37

图 1-4 次要主题分布

语言政策 469；语言规划 274；语言景观 77；外语教育 63；《语言战略研究》 59；"一带一路" 59；新加坡 57；外语教育政策 53；社会语言学 51；澳大利亚 50；双语教育 50；语言经济学 47；政策研究 44；少数民族语言 43；语言生态 40；语言教育政策 38；语言生活 36；语言教育政策 35；普通话 32；全球化 28

划研究主要包括语言与语言教育、语言生态、语言资源、语言使用、全球化、家庭语言规划、语言战略等。其中，笔者发现国内语言规划与语言经济学、语言景观等研究产生交叉。

总的来看，国内语言规划主要包括以下三方面的研究内容：第一，对语言规划理论的研究；第二，对各国语言政策的研究；第三，对语言与语言教育的研究。

第一，对语言规划理论的研究。语言规划作为一门学科，必须拥有自己的理论，同时为保持这门学科的生命力，必须不断丰富和发展自己的理论。因此，有不少学者关注和研究国内外语言规划理论。总的来说，因为语言规划理论首先是在国外出现的，所以国外语言规划理论研究比国内要丰富一些。国内学者大多引荐国外理论或在国外理论的基础上形成符合我国特色的理论。目前，关于语言规划理论有 Haugen（豪根）的语言规划过程理论、Cooper（库珀）的语言规划变量理论、Jernudd（杰努德）和 Neustupný（纽思图普尼）的语言管理理论、Kaplan（卡普兰）和 Baldauf（巴尔多夫）的语言生态系统模型等。语言规划过程理论也称为 2×2 矩阵框架，语言规划变量理论也称为八问方案，语言管理理论在中国通常也被叫做语言资源规划管理和语言生活的管理。

第二，对各国语言政策的研究。本文在此使用的"语言政策"这一表述，是将"语言政策"专指国家制定的关于语言的法律法令、规定、条例等政策性文件。国内语言规划研究中，不少学者关注我国语言政策的制定，以及其他各个国家或地区制定的语言政策。本文通过对现有文献的梳理，发现我国学者对美国、加拿大、新加坡、澳大利亚、俄罗斯、马来西亚、吉尔吉斯斯坦、哈萨克斯坦等国家的语言政策研究较多。其背后原因主要因为这些国家或地区的语言政策具有一定的代表性和典型性。

例如二战结束后，美国涌入大量移民人口，语言种类也相应得充分起来。美国需要解决官方语言、印地语等土著语与移民语言之间的关系。澳大利亚需要处理的语言问题与美国比较相似，需要解决英语与移民语言、土著语言的问题，但澳大利亚语言政策的制定工作较为成熟，被国内国际所认可，许多专家学者值得国内学习参考。加拿大则是需要解决英语与法语的关系。学者对俄罗斯语言政策的研究主要集中在前苏联时期的语言政策，这一时期苏联需要处理俄语与其他联邦国家的语言，而且苏联解体对其他国家制定语言政策提供了经验和教训。对于新加坡、马来西亚等东南亚国家语言政策进行研究的主要原因是这些国家有过殖民历史，国家独立后需要重新制定官方语言，而且华语在这些国家中占有一定地位。另外，许多学者研究过中国建国以来的语言政策，如周庆生在《中国语言政策研究七十年》中阐述了中国语言政策研究的四个时期，并从文字改革、语言规范化标准化信息化、语言立法、语言保护、语言服务和语言能力、语言战略及语言政策流变七个方面详细梳理了中国语言政策发展脉络。[①] 在对中国的语言政策的研究当中，港澳台地区因其历史渊源，当地的语言政策在中国具有特殊性和典型性，学者们对港澳台地区的语言政策也给

---

① 周庆生. 中国语言政策研究七十年[J]. 新疆师范大学学报（哲学社会科学版），2019，（6）：60-71+2.

予了较高的关注。

第三，对语言与教育的研究。其实语言与教育也离不开语言政策的制定，但这一部分的研究内容较多，本文将其归为一类阐述。国内语言规划研究中的语言主要是标准语、少数民族语言、方言三者，教育主要包括双语教育、外语教育、普通话推广、汉语国际教育或不同教育阶段的教育问题等。

以上就是国内外语言规划研究的大致内容。语言规划研究的范围广，每个研究领域都拥有自己的理论基础，研究方法大多根据具体研究问题使用定量或民族志、深入观察等定性的研究方法。我国在建国之初的语言规划研究重点在制定语言政策上，之后将关注点逐渐转移到中观或微观的语言规划上来。比如在知网上查到有关家庭语言规划的文献是从 20 世纪 80 年代开始的。下面，笔者将对国内外家庭语言规划研究进行述评。

2. 家庭语言规划研究综述

笔者以"家庭语言政策"、"家庭语言规划"为检索词在 CNKI 上进行搜索，并使用 CNKI 内嵌工具对数据进行分析，发现国外关于家庭语言规划研究的论文数量呈现总体上升的趋势。"Journal of Multilingual and Multicultural Development"(《多语和多文化发展期刊》)、"Language Policy"(《语言政策》)、"International Journal of multilingualism"(《多语制国际期刊》)、"International Journal of Bilingual Education and Bilingualism"(《双语教育和双语制国际期刊》)是收录有关家庭语言规划文献数量较多的期刊。

"Family Language Policy between the Bilingual Adcantage and the Monolingual Mindset"(《双语优势与单语思维之间的家庭语言政策》)认为在育儿方面，双语家庭比单语家庭具有一定的优势，但一些双语家庭在语言实践方面存在一定的问题。文章论述了双语家庭在语言实践方面存在的问题并提出了相应的建议，旨在突破单语主义在教育中的局限性，突出了家庭语言规划的重要性。[①] "Making Sense of Family Language Policy: Japanese-English Bilingual Children's Creative and Strategic Translingual Practices"(《家庭语言政策的意义：日英双语儿童创造性和战略性的跨语言实践》)使用民族志的质性研究的方法，对英国日英多语种家庭进行深入调查，旨

---

① Ingrid P, Livia G. Family language policy between the bilingual advantage and the monolingual mindset[J]. International Journal of Bilingual Education and Bilingualism, 2018:1–14.

在批判分析单一语言政策在语言实践中体现出来的缺点。①"Family language policy in the City of Zanjan: a city for the forlorn Azerbaijani"(《赞詹市的家庭语言政策：被遗弃的阿塞拜疆人的城市》)使用访谈法，对伊朗赞詹市13个阿塞拜疆—波斯语双语家庭进行了调查，主要了解他们在语言意识、语言实践、阿塞拜疆语和波斯语的语言管理，探索其语言保持和语言转换过程，调查发现父母及其子女对民族语言阿塞拜疆语的能力和知识在下降，且在家中转向使用波斯语的现象源于家庭所处的不利语言生态。② "A Bourdieusian perspective on child agency in family language policy"(《家庭语言政策中儿童中介的布尔迪乌斯视角》)对在新西兰的埃塞俄比亚和哥伦比亚难民家庭进行了长达三年的调查，使用深入观察和访谈的方法，记录自然发生的家庭互动，调查了这些家庭中的儿童中介问题。文章认为使用布尔迪厄斯的结构和代理框架理论能够解释儿童中介问题，且认为"分裂惯习(cleft-habitus)"这一概念能够为讨论儿童不同文化社会化的影响提供有效工具。另外，从实践角度来看，把孩子和父母一起作为目标可能更有利于促进语言保持。③ "Understanding the Complexities of Transnational Family Language Policy"(《理解跨国家庭语言政策的复杂性》)关注跨国家庭的语言学习、保持和使用情况。文章对已有相关文献进行了论述分析，重点关注跨物理地理移动、家庭以及家庭语言政策的一个或多个组成部分，提出建议扩展家庭语言规划理论框架，即FLP理论框架的跨国家庭语言术语，分析总结了这一提议对家庭语言政策的影响。④ "Language ideologies and (im) moral images of personhood in multilingual family language planning"(《多语家庭语言规划中的语言意识形态和人格(非)道德形象》)使用来自多语种中亚家庭的数据，运用话语分析和叙事研究，说明父母如何借助语言意识来证明他们关于子女教育和语言接触的决定。⑤

总的来说，在研究内容上，双语、双语教育、多语、多语教育、儿童语言发展

---

① Danjo, Chisato. Making sense of family language policy: Japanese-English bilingual children's creative and strategic translingual practices[J]. International Journal of Bilingual Education & Bilingualism, 2018:1–13.

② Mirvahedi S H, Jafari R. Family language policy in the City of Zanjan: a city for the forlorn Azerbaijani[J]. International Journal of Multilingualism, 2021.

③ Revis M. A Bourdieusian perspective on child agency in family language policy[J]. International Journal of Bilingual Education and Bilingualism, 2019, (1–2):177–191.

④ HIRSCH, TIJANA, LEE, JIN SOOK. Understanding the complexities of transnational family language policy[J]. Journal of multilingual & multicultural development, 2018, (9/10).

⑤ Catedral L, Djuraeva M. Language ideologies and (im) moral images of personhood in multilingual family language planning[J]. Language Policy, 2018.

是国外家庭语言规划研究关注的一些重点；在研究方法上，大多数研究采取定性研究、定量研究或定量与定性相结合的方法，如上文提到的民族志、访谈、深入观察、话语分析、叙事研究等。国内也有学者对国外家庭语言规划研究进行梳理分析，如李丽芳（2013）从研究主题、研究角度和研究对象等方面对国外家庭语言政策研究进行分析，认为国外家庭语言规划研究以跨语言、跨文化的移民家庭为主，集中在双语或多语现象较普遍的移民社区[1]；尹小荣，李国芳（2017）从时间、对象、方法、内容等方面分析了2000—2016年三家国外期刊收录的关于家庭语言规划研究的文章，阐述了家庭语言规划研究经常使用的五种理论，具体包括民族语言活力理论、语言管理理论、言语适应理论、社会资本理论和语言社会化理论[2]；尹小荣，李娜（2021）主要针对国外家庭语言规划研究方法进行梳理分析，总结出国外家庭语言规划使用的研究方法，即非材料性研究与实证研究，其中实证研究又分为量化研究、质化研究和混合研究。[3]

国内家庭语言规划研究起步较晚，从2017年开始，国内家庭语言规划研究的数量才较为可观。《语言战略研究》是国内家庭语言规划研究发表的主要期刊。《语言文字应用》《语言政策与规划研究》以及云南师范大学、暨南大学等大学的学报上也刊登了一些有关家庭语言规划的研究。

李国芳在《加拿大华人家庭语言政策类型及成因》中通过对加拿大四个华人家庭长期观察，描述四个家庭不同的家庭语言政策，归纳出加拿大华人家庭语言政策的连续发展模式，并从社会、社区环境因素，父母因素，儿童的个体能动性三个方面分析了加拿大华人家庭语言政策形成的原因。[4]《美国中西部城市华人移民家庭的语言规划研究》同样使用质性的研究方法，深入调查了四个华人移民家庭，了解分析这四个家庭的语言使用状况，主要包括日常的语言行为、为了保持汉语，家庭所作的努力、家庭成员对英语和汉语的看法以及家庭成员的身份认同这四个方面，并进一步讨论了二代移民的身份认同、语言理念、语言行为之间的关系。[5]《新加坡华人家庭语言规划及认同研究》使用质性研究为主，质性研究与量性研究相结合的研究方

---

[1] 李丽芳. 国外家庭语言政策研究现状分析[J]. 云南农业大学学报（社会科学版），2013，（5）：87-90.
[2] 尹小荣，李国芳. 国外家庭语言规划研究综述（2000—2016）[J]. 语言战略研究，2017，（6）：68-79.
[3] 尹小荣，李娜. 聚焦家庭语言规划近二十年来的研究脉络与方法[J]. 江汉学术，2021，（4）：106-115.
[4] 李国芳，孙苗. 加拿大华人家庭语言政策类型及成因[J]. 语言战略研究，2017，（6）：46-56.
[5] 梁德惠. 美国中西部城市华人移民家庭的语言规划研究[J]. 云南师范大学学报（对外汉语教学与研究版），2020，（2）：77-84.

法，将参与式观察、访谈方法，将参与式观察、访谈和问卷三种手段结合起来，对新加坡本土华人家庭、新移民华人家庭、新移民和本土华人跨国家庭三种类型的家庭进行调查。调查的重点在于这些家庭的语言使用类型、语言管理模式以及语言意识形态、认同情况。[①]《印尼巴淡华人家庭语言规划调查》使用量性研究为主、质性研究与量性研究相结合的方法，通过大量的问卷调查、个别的访谈以及日常观察的手段，对印尼巴淡华人家庭语言规划进行调查。通过了解印尼巴淡华人家庭在多语环境下的语言意识、语言实践情况和语言管理，总结他们家庭语言规划的基本模式。[②]《缅甸华人家庭语言规划研究》运用 Spolsky（斯波斯基）的语言规划理论，定量与定性相结合，对缅甸曼德勒地区的华人家庭进行调查。通过了解这些家庭语言规划的语言意识形态、语言管理和语言实践，归纳缅甸华人家庭语言规划的特征、成因和发展趋势，并提出相关的建议和启示。[③]《华文教育中的家庭语言政策驱动机制和影响分析》使用质性研究的方法，对国内某大学华文专业本科一年级的 17 位华裔学生进行调查，并结合个人民族志的材料对华文教育中家庭语言政策的影响进行分析，强调了家庭语言政策在华文教育中的重要性，认为应当提高华侨华人家庭的语言意识，增强华文教育资源，加强家庭语言政策研究。[④]

国内有关少数民族家庭语言规划的研究成果比华侨华人家庭语言规划研究成果少。刘易婷《广西少数民族家庭语言规划研究》运用 Spolsky（斯波斯基）的语言规划理论，对广西具有代表性的壮族、侗族、苗族、瑶族、仫佬族 5 个少数民族家庭进行调查。作者使用定量研究，调查这些家庭语言规划的语言意识、语言实践、语言管理三个方面，描述其语言能力、语言使用情况、语言态度和语言管理，分析影响家庭语言使用的因素，包括父母因素、年龄因素和生活环境。最后归纳了广西少数民族家庭语言使用的变化趋势，并对其家庭语言规划提出了建议和启示。[⑤] 王莲《贵州台江苗族家庭语言政策调查研究》使用 Spolsky（斯波斯基）的语言规划理论，以定量研究为主，辅以定性研究，对苗族家庭的家长进行调查，了解其家庭语言使用情况、语言实践、语言意识形态与语言管理。最终通过对数据的分析，得出贵州台江苗族家庭的普通话使用量超过苗语，其家庭语言实践和语言管理并不受家长的语言意识

---

① 薛炜俊. 新加坡华人家庭语言规划及认同研究[D]. 暨南大学, 2019.
② 范立立. 印尼巴淡华人家庭语言规划调查[D]. 暨南大学, 2019.
③ 李璇. 缅甸华人家庭语言规划研究[D]. 南京大学, 2020.
④ 白娟. 华文教育中的家庭语言政策驱动机制和影响分析[J]. 语言战略研究, 2019, (4): 81-89.
⑤ 刘易婷, 孙瑞. 广西少数民族家庭语言规划研究[J]. 北部湾大学学报, 2020, (9): 88-95.

形态的支配，而是受社会语言管理意识和行为的影响。①尹小荣《锡伯族家庭语言态度的代际差异研究》通过发放问卷调查了新疆察布查尔锡伯自治县的148个锡伯族中小学生及其家长对锡伯语的语言态度，主要包括对锡伯语的态度、语言社会优越性的评价以及语言发展动力三个方面，发现两代人对锡伯语的语言态度有明显的不同，认为应重视微观语言规划，尤其多语社区的成员。②王晓玲《裕固语在家庭中的传承》通过访谈、家庭访问、家庭语言实践观察记录表的方式，深入调查了肃南县的一个裕固族家庭的语言使用情况，并分析该家庭语言实践的原因。③孟雪凡《少数民族家庭语言政策个案研究》运用Spolsky（斯波斯基）语言规划理论，从语言意识、语言管理和语言使用三个维度，使用访谈、观察、语言生活记录的方式，调查了大理一家四代同堂的白族家庭语言使用情况。通过分析调查结果，作者总结了白族家庭成员语言代际差异，分析了产生代际差异的原因。④

邹春燕《广州客家家庭方言代际传承研究》运用家庭语言规划理论，使用半结构式访谈、观察、视频录音等定性研究的研究方法，对广州的3个客家家庭语言使用情况进行调查，了解客家方言在祖孙三代中的变化，探究形成变化的因素。⑤朱晔《推普环境下的上海方言家庭代际传承个案研究》使用民族志的定性研究方法，对上海6个一家三代家庭进行调查。作者主要调查了家庭语言意识，了解这六个家庭的语言使用情况，从宏观（社会）、微观（学校、社区、家庭）层面分析产生这种使用情况的原因。⑥冀芳《西北地区留守儿童家庭语言状况研究》运用Spolsky（斯波斯基）语言规划理论，使用定量研究为主、定性研究为辅的研究方法，对西北地区的留守儿童家庭进行大规模调查。作者通过发放问卷、深度访谈等手段收集数据，从语言意识形态、语言管理、语言实践三个方面对调查家庭的家庭语言规划进行分析，并针对儿童语言能力发展提出相关建议。⑦刘群《"无方言"家庭语言规划状况调查与研究》以定量研究为主、定性研究为辅，调查了湖北襄阳364个"无方言"家庭的语言

---

① 王莲. 贵州台江苗族家庭语言政策调查研究[J]. 贵州民族研究，2019，(4)：190-195.
② 尹小荣，李国芳. 锡伯族家庭语言态度的代际差异研究[J]. 语言战略研究，2019，(2)：31-41.
③ 王晓玲. 裕固语在家庭中的传承——以肃南县一个裕固族家庭的语言使用状况为例[J]. 河西学院学报，2020，(3)：21-27.
④ 孟雪凡. 少数民族家庭语言政策个案研究[D]. 云南师范大学，2019.
⑤ 邹春燕. 广州客家家庭方言代际传承研究[J]. 语言战略研究，2019，(2)：23-30.
⑥ 朱晔，焦卓菁. 推普环境下的上海方言家庭代际传承个案研究[J]. 天津外国语大学学报，2021，(2)：98-107+161.
⑦ 冀芳. 西北地区留守儿童家庭语言状况研究[J]. 西部学刊，2021，(7)：10-14.

使用情况。通过分析数据，描述了这些"无方言"家庭在语言使用上的变化趋势，并总结出现"无方言"家庭的原因。[①] 吕斌《城市移民家庭的语言规划研究》运用语言社会心理学、语言管理、语言生态、家庭语言规划研究模式等理论，定量研究与定性研究相结合，对无锡市青阳镇某小学的学生进行调查。作者调查的目的在于论证语言态度与语言实践之间没有必然相关性。[②]

总体而言，国内家庭语言规划在研究内容上，主要围绕华人家庭、少数民族家庭、方言家庭等。华人家庭语言规划研究主要围绕华文教育、语言使用、语言认同、语言意识等几个角度；少数民族家庭语言规划与方言家庭语言规划主要围绕语言教育、语言使用、语言认同、语言意识、语言管理、代际传承与差异等。可见，家庭语言规划研究与社会语言学等领域结合紧密。在理论基础上，Spolsky（斯波斯基）的语言规划理论框架运用最为广泛。大部分前人学者从语言意识、语言管理、语言实践三个维度描述语言使用情况，分析语言使用发展趋势，总结变化发展的原因，并提出相应建议。也有一些前人学者将调查重点放在某一个或两个维度上。在研究方法上，国内家庭语言规划研究有些使用定量研究，有些使用定性研究，也有些使用定量与定性相结合的研究方法。定量研究主要使用问卷调查的方法，通过发放大量问卷，收集数据，使用 SPSS 等软件进行分析。定性研究主要根据研究问题选择合适的研究对象使用访谈、观察、记录、民族志等方式进行调查，得出相关结论，提出相应建议。

国内也有不少学者对国内家庭语言规划研究进行整体的分析，如刘群（2017）将国内家庭语言规划的研究内容分为少数民族语言调查和少数民族家庭语言、汉语方言使用调查和家庭语言、语言教育和家庭语言三方面[③]；李琳，廖诗意（2020）对2003年至2019年国内的家庭语言规划研究进行梳理，发现研究多使用问卷法结合访谈法，研究对象多集中于西北部少数民族地区和沿海经济发达地区[④]；姜竹盈，冯俊杰（2021）提出国内家庭语言规划的研究内容主要是传承民族语、传承汉语方言、注重外语教育和学习普通话四个方面，研究方法上向质性研究和历史研究转变。[⑤]

---

① 刘群. "无方言"家庭语言规划状况调查与研究[J]. 湖北文理学院学报，2019，（9）：53-56.
② 吕斌. 城市移民家庭的语言规划研究[D]. 上海外国语大学，2017.
③ 刘群. 国内家庭语言规划研究评述[J]. 湖北文理学院学报，2017，38（06）：61-64.
④ 李琳，廖诗意. 家庭语言规划国内研究述评（2003—2019）[J]. 淮北师范大学学报（哲学社会科学版），2020，41（5）：58-63.
⑤ 姜竹盈，冯俊杰. 国内家庭语言政策与规划研究述评[J]. 科教导刊，2021，（5）：181-182+192.

总的来说，国内家庭语言规划研究起步晚，发展空间很大。研究的理论基础大多运用的是 Spolsky（斯波斯基）的语言规划理论，理论基础较单一，需要加强理论研究；研究内容有待丰富；研究领域有待拓宽；研究方法上应该定性深入进行定性研究，相较国外许多扎实的定性研究，国内家庭语言规划的定性研究较为薄弱。下面，本文将对以学龄前儿童为调查对象的研究进行分析。

3. 以学龄前儿童为研究对象的家庭语言规划研究现状

通过在 CNKI 上进行穷尽式搜索，国内以学龄前儿童为调查对象的家庭语言规划研究主要有以下几篇文章值得参考。

李倩的硕士论文《广州多方言家庭学龄前儿童语言规划情况调查》根据人口普查结果，选择了广州市天河区作为调查区域，通过抽样发放问卷，作者调查了调查对象的年龄、性别、职业、收入、学历、籍贯、家乡方言、自身语言状况、家庭语言数量、主导语言，以及希望孩子学好哪种语言和语言规划的做法等信息。通过对调查结果进行分析，作者认为学龄前儿童父母的籍贯、职业、收入、学历、性别、在粤时间长短是影响家庭语言规划的有效因素，而学龄前儿童父母的年龄差异及其居住的地段对家庭语言规划影响不大，属于无效因素。[①]

周贝《杭州市区学龄前儿童家庭语言规划状况调查——以父母学历大专以上背景的家庭为对象》使用问卷调查和访谈两种方法，将杭州市西湖区、拱墅区、余杭区和滨江区四个区作为调查区域，调查学龄前儿童家长性别、籍贯、年龄、职业、学历、家庭年平均收入、来杭时间、孩子年龄等基本信息，了解学龄前儿童家长的语言能力、对孩子的语言期望以及对孩子语言水平培养的主要途径等。通过分析调查数据发现，由于国家推广普通话政策的引导、语言使用价值的引导、文化认同感等原因，越来越多的家长注重孩子语言习惯的培养。[②]

康晓娟《海外华裔儿童华语学习、使用及其家庭语言规划调查研究——以马来西亚 3～6 岁华裔儿童家庭为例》将视角放在华文教育上，调查了马来西亚 100 个 3～6 岁的华裔儿童家庭，作者通过发放问卷，主要了解被调查家庭儿童和家长的基本情况，包括儿童的性别、年龄，家长的性别、年龄、职业、家庭收入、学历等。还了解了被调查家庭中家长的自身语言状况，家长与儿童使用华语或方言进行交际

---

① 李倩. 广州多方言家庭学龄前儿童语言规划情况调查［D］. 暨南大学，2012.
② 周贝，肖向一，刘群. 杭州市区学龄前儿童家庭语言规划状况调查——以父母学历大专以上背景的家庭为对象［J］. 湖北科技学院学报，2018，38（1）：89-94+116.

的频率与场合以及家长对儿童学习华语的期望和采取的相应措施等,并通过分析调查数据对儿童华文教育提出相应启示。[①]

同样,李鑫的硕士论文《泰国华裔和非华裔3-6岁儿童家庭语言生态、语言规划与语言学习状况对比研究》也将视角放在华文教育上,调查了泰国华裔与非华裔3-6岁儿童的家庭,主要了解儿童的学习动机、学习目标,调查华裔与非华裔家庭的语言规划情况,从而分析华裔与非华裔家庭的语言规划对儿童语言学习的影响。[②]

总体而言,以学龄前儿童为调查对象的研究主要使用的是语言规划理论、语言生态理论、多重语码等理论基础,使用定量与定性相结合的研究方法,运用问卷和访谈的方法获取调查数据,并通过对数据进行总体分析和交叉分析得出结论。

蔚县对外来人口的吸引力远不比广州、杭州等一线城市,不具备典型的多方言情况,因此研究非蔚县方言在学龄前儿童家长的语言意识、语言实践和语言管理中的情况必要性不大,但可以将使用非蔚县方言的学龄前儿童家长对待蔚县方言的态度等数据作为参考。

因此结合对文献的分析与本文研究问题,本文拟运用Spolsky(斯波斯基)的语言规划理论,即语言规划包括语言意识、语言管理和语言实践三方面,使用定量研究为主,定性研究为辅的研究方法,主要研究学龄前儿童家长对蔚县方言、普通话、英语的语言意识、语言管理和语言实践现状,其中语言意识可以从家长对各种语言及语言变体的评价、价值、学习的必要性等维度分析,语言管理可以从家长对不同语言及语言变体的选择、管理策略、时间投入、财力投入等维度分析,语言实践可以从学龄前儿童对不同语言及语言变体的学习效果、家长与孩子的语言使用等维度进行分析。分析家长的性别、年龄、收入、学历、学科背景、职业、籍贯、本地居住时间,儿童的年龄、性别、年级等内部因素以及社会、政策、经济、教育等外部因素是否会影响家庭语言规划。最终找到蔚县学龄前儿童家庭语言规划的特点,并对新一代蔚县人的语言态势进行预测。

[①] 康晓娟. 海外华裔儿童华语学习、使用及其家庭语言规划调查研究——以马来西亚3~6岁华裔儿童家庭为例[J]. 语言文字应用, 2015, (2): 10-18.
[②] 李鑫. 泰国华裔和非华裔3-6岁儿童家庭语言生态、语言规划与语言学习状况对比研究[D]. 华侨大学, 2019.

（三）以 Spolsky（斯波斯基）语言规划理论为中心的理论基础

从上一节的研究现状中可以看出，有许多理论运用在家庭语言规划的研究当中。Spolsky（斯波斯基）的语言规划理论是家庭语言规划研究中常用的一种理论。Spolsky（斯波斯基）提出一个言语社区的语言规划可以分为三部分：语言实践，是对语言库中各种语言变体所做的习惯性的选择模式；语言意识，是对语言本身和语言使用的信念，语言意识也成为语言信仰或语言意识形态；语言管理，是通过各种语言干预、规划或管理的方法来改变或影响语言实践的具体行为。① 语言意识从语言实践中的来，又可以影响语言实践，语言管理可以改变语言意识，语言实践是为语言管理提供工具，同时也是语言管理的目标。Spolsky（斯波斯基）提出的理论在家庭语言规划研究中得到了充分地运用。在家庭语言规划中，育儿者如何看待语言属于语言意识；父母与子女在日常生活中使用某种语言交流属于语言实践；采取什么措施保持、传承或者放弃某种语言则属于语言管理。②

本文研究的侧重点在于分析家长在家庭语言规划中的行为。笔者认为语言意识、语言管理和语言实践三个部分能够反映出家长在家庭语言规划中的思维、行动以及结果。因此选择 Spolsky（斯波斯基）的语言规划理论作为本文的理论基础。拟通过使用 Spolsky（斯波斯基）的语言规划理论描述蔚县学龄前儿童家庭语言规划情况，分析影响家庭语言规划的因素，并试图通过对蔚县学龄前儿童家庭语言规划的调查，找到其特点规律并对新一代蔚县人语言态势进行预测。

三、研究设计

（一）研究对象

首先，根据以往对家庭语言规划影响因素的研究成果，笔者认为家长的性别、年龄、收入、学历、学科背景、职业、籍贯、本地居住时间，学龄前儿童的性别、年龄、年级以及社会、政策、经济、教育等因素可能会对家庭语言规划产生影响。因此笔者选择蔚县县域内发展水平最高的县政府驻地蔚州镇，即蔚县县城作为调查地点。

---

① 博纳德·斯波斯基，张治国译. 语言政策：社会语言学中的重要议题[M]. 北京：商务印书馆，2011.
② 李英姿. 家庭语言政策研究的理论和方法[J]. 语言战略研究，2018，3（1）：58-64.

其次，考虑到尽可能使研究覆盖到整个蔚县县城，笔者通过调查选择了蔚州镇前进路第三幼儿园和蔚县第一幼儿园作为具体的调查点。原因是这两所幼儿园是蔚县县城学生人数较多的幼儿园，且蔚县第一幼儿园是目前蔚县县城办学规模最高，办学条件最好的幼儿园。因此笔者认为，这两所幼儿园在县城具有较典型的代表性，样本数据基本能够代表蔚县蔚州镇全体学龄前儿童家庭。

再次，在研究对象的选择上，笔者尽量做到对两所幼儿园的学龄前儿童家庭全覆盖。通过与幼儿园园长进行充分沟通，使各班班主任配合笔者将电子问卷发放给各班学生家长，以保证问卷的回收率和有效率。

最后，在访谈对象的选择上，笔者根据对调查问卷的分析结果，选择不同情况的家庭进行深入访谈，兼顾到低、中、高不同收入水平的家庭；兼顾到家长的不同情况，包括 20 岁、30 岁、40 岁不同年龄段；从小学到博士不同学历层次；政府工作人员、教师、医生、个体户、企业职工、自由职业者、农民、无业者等不同职业；来自方言区或是来自普通话地区等。但并不是一种情况的家庭只访谈一个家庭，在访谈数量上，笔者尽可能做到多访谈。截至论文初稿完成，笔者已访谈了 50 个家庭，其中有较清晰的语言规划或在语言使用上有较明显的代际差异的家庭具有一定的典型性和代表性。

（二）研究思路

本文通过对已有文献进行梳理后选择运用 Spolsky（斯波斯基）的语言规划理论，即语言规划的三方面——语言意识、语言管理、语言实践，作为理论基础，使用定量研究为主，定性研究为辅的研究方法。基于上述理论基础与研究方法，结合本文研究问题并参考前人使用的调查问卷与访谈提纲制作本文调查问卷与访谈提纲。

本文参考的调查问卷和访谈提纲主要来自《广州多方言家庭学龄前儿童语言规划情况调查》《广州市小学生家庭语言规划调查》《城市移民家庭的语言规划研究》这三篇文章。在制作出调查问卷与访谈提纲后，笔者首先选择 10 个家庭进行预调查，针对预调查结果进一步修改调查问卷和访谈提纲。

接下来是选择具体调查点。笔者通过了解蔚县蔚州镇幼儿园生源情况，选择蔚县第一幼儿园和蔚州镇前进路第三幼儿园作为本次研究的具体调查点。在与幼儿园方进行沟通后，笔者将制作出的调查问卷以电子问卷的形式，通过布置家庭作业的形式发放给家长。在收回问卷后，对调查数据进行统计分析，并根据调查结果选择具有代表性的家庭进行深入访谈。本次调查使用腾讯问卷制作电子问卷，并使用腾讯问卷内置程序与 SPSS 软件 21.0 版本对样本数据进行分析。

（三）研究方法

本文以 Spolsky（斯波斯基）的语言规划理论为基础，使用定量研究为主，定量与定性相结合的研究方法。笔者拟通过对在蔚县第一幼儿园和蔚州镇前进路第三幼儿园上学的学龄前儿童家庭语言规划情况进行全面调查，尽量调查覆盖到所有学生的家庭，并根据实际情况深入调查部分家庭，从而分析蔚县学龄前儿童家庭语言规划现状与影响因素，归纳蔚县学龄前儿童家庭语言规划的特点，并对新一代蔚县人的语言态势进行简单预测。

具体而言，本文主要使用以下三种研究方法：

1. 问卷调查法

本文参考前人使用的调查问卷，根据具体研究问题进行修改，制作出适合本文使用的调查问卷。考虑到大部分调查对象可能对家庭语言规划不了解，因此问卷用语设计得尽量通俗易懂。

总的来说问卷分为两个部分，第一部分是关于调查对象的基本信息，包括家长的性别、年龄、收入、学历、学科背景、职业、籍贯、本地居住时间以及儿童的年龄、性别、年级等。这一部分主要调查影响家庭语言规划的内部因素，具体调查维度是根据对文献的梳理以及本文具体研究问题制定出来的。第二部分是调查家庭语言规划情况。第二部分又分为三个方面。第一方面是调查家庭语言意识的部分，主要目的是了解调查对象对待蔚县方言、普通话、英语的态度，对三者社会价值的评价以及对学习三种语言及语言变体的必要性等；第二个方面是调查家庭语言管理部分，主要目的是了解调查对象如何进行语言管理，如何干预孩子学习和使用蔚县方言、普通话、英语；第三个方面是调查家庭语言实践的部分，主要目的是了解家庭语言使用情况以及语言管理的效果。

笔者通过与幼儿园方进行协调，使用腾讯问卷将调查问卷制作成电子问卷，并以家庭作业的形式发放给家长，以保证数据的回收率和有效率。通过大量收集并分析数据，阐述蔚县幼儿园儿童的家庭语言规划情况，分析影响家庭语言规划的因素。

2. 访谈法

根据调查数据，依据不同收入层次、不同学历层次、不同籍贯等选择具有代表性的家庭进行深入访谈。访谈提纲参考前人使用的提纲进行修改。本文拟设计三个访谈提纲针对三个不同的群体。第一个是针对家长，主要根据调查问卷，详细了解家长具体使用何种手段和方法干预孩子的语言学习和语言使用，对目前家庭语言实践的看法，以及了解家长制定家庭语言规划的深层原因。第二个是针对孩子，由于调查问卷的调查对象是家长，因此有必要通过访谈了解儿童对蔚县方言、普通话、英语的看法，以及孩子对家长制定的语言规划的看法，用以补充或佐证调查数据。第三个是针对幼儿园教师。因为老师作为家庭外部成员，是与学生接触最紧密的群体之一，能够长期观察到许多不同家庭的语言状况，所以了解老师的看法或许会收到横看成岭侧成峰的效果。对教师的访谈内容主要包括幼儿园教师对如今学龄前儿童家庭语言使用情况的了解和分析，提出第三方意见和看法。

3. 观察法

笔者通过与幼儿园方进行协调，在孩子上下学之际，长期观察接送家长与孩子，了解家长与孩子日常沟通使用的语言。另外，在访谈过程中，观察家长与孩子的语言使用情况，结合访谈结果验证访谈数据的真实性。笔者利用本地人的便利条件，深入观察学龄前儿童家庭，了解家长和孩子的语言意识、家长对孩子的语言管理以及语言实践，使调查数据更具真实性、客观性、科学性。

（四）创新之处

第一，国内对家庭语言规划研究主要集中在少数民族、华人华裔或国内一线城市的家庭中，对于经济欠发达的地区鲜少关注。其实，汉语方言在中国分布广泛，各地都在为社会发展做出努力。在这一过程中，这些地区的语言生活必将发生变化。因此，本文选择蔚县这一县级行政单位作为调查点，关注经济欠发达的方言地区在发展的过程中家庭语言发生着怎样的变化。

第二，通过对文献的梳理，笔者发现许多家庭语言规划研究分析语言代际情况。笔者考虑到家长在家庭教育中的主导地位，因此着重调查家长在家庭语言规划中的行为，分析影响家长做出语言规划的主要因素。

四、蔚县学龄前儿童家庭语言规划现状调查

（一）样本分析

本研究的样本来自蔚县蔚州镇前进路第三幼儿园和蔚县第一幼儿园的学生家长。本次发放问卷675份，收回问卷607份，回收率90%，其中有效问卷438份，有效率72%。有效率不高是因为在169份无效问卷中，有133份问卷在选择第一规划语言、第二规划语言和第三规划语言中出现重复的现象。笔者通过大量的走访发现，出现这样的现象是因为一部分家长认为普通话和方言是他们在进行家庭语言规划时主要考虑的两个规划语言，英语或者其他语言不在考虑范围之内，还有一部分家长认为普通话和英语是家庭语言规划中最主要的两种语言，方言不在考虑范围之内，因此无法做出第三个选择。为调查方言、普通话、英语在家庭语言规划中的情况，笔者将这133份问卷视为无效问卷，但这133份无效问卷仍然从侧面反映出一些问题，具体内容笔者之后详细阐述。

样本基本情况如下：

性别：样本中的女性人数居多，共362人，占总数的82.6%；男性人数较少，共76人，占总数的17.4%。

年龄：25岁及以下的家长人数最少，共2人，占总数的0.5%；26-30岁的家长60人，占总数的13.7%；31-35岁的家长人数最多，共221人，占总数的50.5%；36-40岁的家长104人，占总数的23.7%；41岁以上的家长51人，占总数的11.6%。

职业：政府机关，事业单位75人，占总数的17.1%；企业中高层管理/技术人员22人，占总数的5%；律师，记者，教师，医生86人，占总数的19.6%；普通职员61人，占总数的13.9%；私营企业主/个体户94人，占总数的21.5%；农民41人，占总数的9.4%；自由职业27人，占总数的6.2%；其他职业32人，为无业人员，占总数的7.3%。

文化程度：博士或硕士3人，占总数的0.7%；大学本科132人，占总数的30.1%；大专139人，占总数的31.7%；中专46人，占总数的10.5%；高中24人，占总数的5.5%；初中84人，占总数的19.2%；小学10人，占总数的2.3%。

家庭年平均收入：5万及以下的家庭168个，占总数的38.4%；5万及以上

15万及以下的家庭243个，占总数的55.5%；15万以上30万以下的家庭21个，占总数的4.8%；30万以上50万及以下的家庭6个，占总数的1.4%。

居住生活情况：从小生活在蔚县的有397人，占总数的90.6%；从小生活在非蔚县话的方言区的有27人，占总数的6.2%；从小生活在普通话地区的有14人，占总数的3.2%。在蔚县定居2年以下的有6人，占总数的1.4%；2-5年的有13人，占总数的3%；6-10年的有16人，占总数的3.7%；10年以上的有403人，占总数的92%。说明目前蔚县学龄前儿童家长的地域构成单一，以蔚县本地人为主，且大多在蔚县生活时间较长。

总的来说，本次样本中女性占大多数，31-35岁年龄段的家长占总数的一半，职业分布广泛，文化程度主要集中在大学本科和大专，家庭年平均收入5万及以上15万及以下家庭约占总数的一半，绝大多数被调查者为蔚县本地人。

(二) 结果分析

家庭语言规划包括语言意识、语言管理和语言实践三个方面。以下主要通过数据来分析蔚县学龄前儿童家庭语言规划这三方面的情况。

1. 语言意识

首先，本研究调查了蔚县学龄前儿童家长对方言、普通话、英语的态度。当被问到对蔚县方言的评价和看法时，14.84%的家长表示"很好听很美妙"；9.36%的家长认为"有一点好听"；39.04%的家长对蔚县方言表示"没感觉无所谓"；23.74%的家长表示"有一点不好听"；13.01%的家长表示"太土了，特别不好听"。从图1-5中可以看出，学龄前儿童家长对蔚县方言的评价整体偏低。同样，当被问到使用非蔚县方言的家长如何看待自己的方言时，16.85%的家长表示"很好听很美妙"；14.13%的家长认为"有一点好听"；38.59%的家长认为"没感觉无所谓"；22.28%的家长表示"有一点不好听"；8.15%的家长表示"太土了，特别不好听"。在访谈中，笔者经常听到的关于蔚县方言的评价有以下两种，一种是"蔚县话有啥好听的，土哄哄的"，另一种是"没啥感觉，就是人们说的话呗"。

这表明蔚县学龄前儿童家长对方言的态度基本相同，使用非蔚县方言的家长对自己方言的评价略高于使用蔚县方言的家长，但对于方言的整体态度基本相同，即

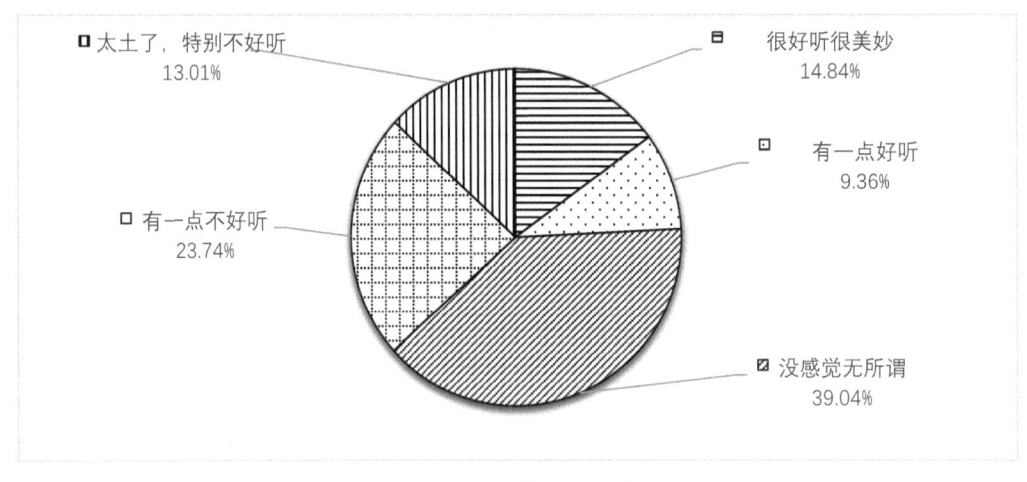

图 1-5　家长对蔚县方言的评价

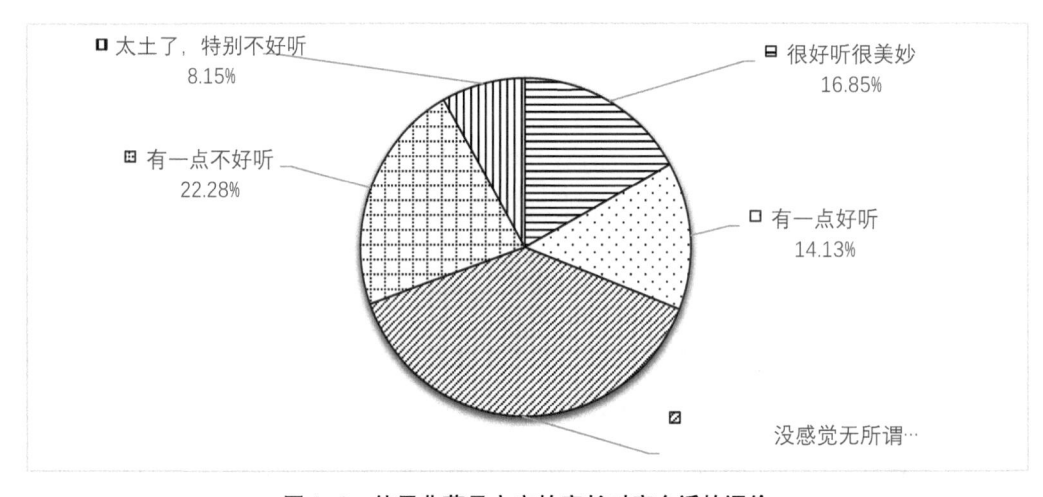

图 1-6　使用非蔚县方言的家长对家乡话的评价

在情感上大多数家长对方言持消极的态度。

当被问到对普通话的评价时，82.38%的家长表示"很好听很美妙"；9.36%的家长表示"有一点好听"；7.99%的家长表示"没感觉无所谓"；0.27%的家长表示"有一点不好听"，无人选择"特别不好听"。这说明蔚县学龄前儿童家长对普通话的评价很高，明显高出对方言的看法。在访谈中，多数家长对普通话表达了欣赏和喜爱的态度。例如："普通话挺好听的，去外地就觉得人家说的话可洋气了，再听听咱们说的，就觉得挺土的，像个山汉。""感觉电视里的主持人啊，或

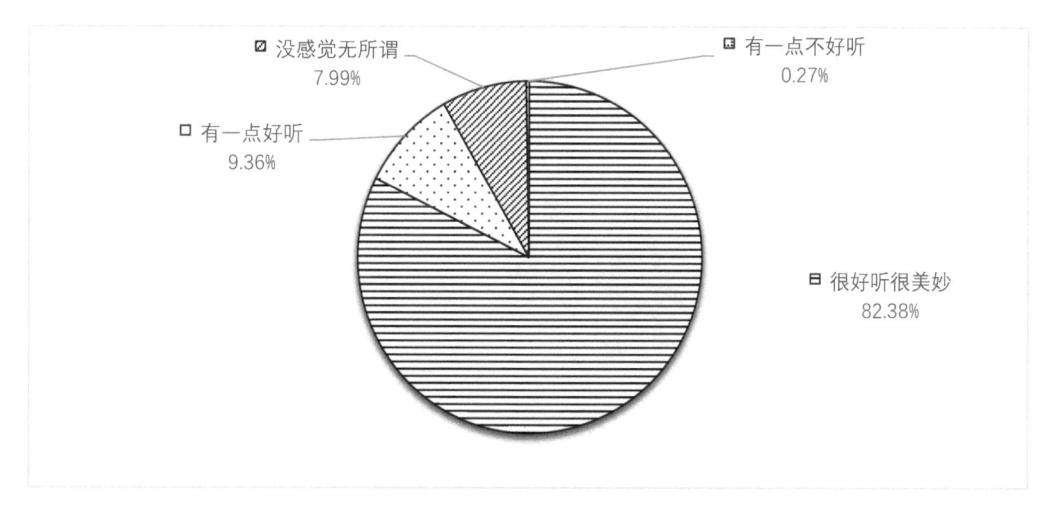

[图表：家长对普通话的评价
- 没感觉无所谓 7.99%
- 有一点不好听 0.27%
- 有一点好听 9.36%
- 很好听很美妙 82.38%]

图1-7 家长对普通话的评价

者电视剧里面那些配音演员啊，他们说的普通话都可好听了。"

当被问到对英语的评价时，41.1%的家长表示"特别好听"；20.55%的家长表示"很好听"；30.14%的家长表示"没感觉，无所谓"；1.6%的家长表示"很不好听"；6.62%的家长表示"特别不好听"。大多数家长对英语持积极态度。在访谈中，也有不少家长表示了积极的看法。如："英语不好的听起来也不好听，但是听那些外国人说英语就怪好听的，嘟噜嘟噜的，就跟唱歌一样。""我喜欢看欧美电视剧，特别碰到喜欢的还会反复看好几遍，有时候就会想，我怎么以前就没有好好学习英语。现在看到那些英语特别厉害的人就特别羡慕，觉得他们特别酷。"

总的来说，蔚县学龄前儿童家长对方言、普通话、英语三者的情感态度从高到低依次是普通话、英语、方言。

其次，本研究对蔚县学龄前儿童家长关于方言、普通话、英语三者的价值评价进行了调查，包括社会经济中的价值与文化身份认同中的价值。其一，如图1-9所示，大多数蔚县学龄前儿童家长认为，在当下的经济和日常生活中，普通话具有重要的作用。家长认为普通话作为国家通用语，在经济生活和日常生活中都承担着不言而喻的作用。"学好普通话走遍中国都不怕。不说去外地要讲普通话，就连在咱们县也经常碰到外地人，还有外地人来这边做生意做买卖，都得靠

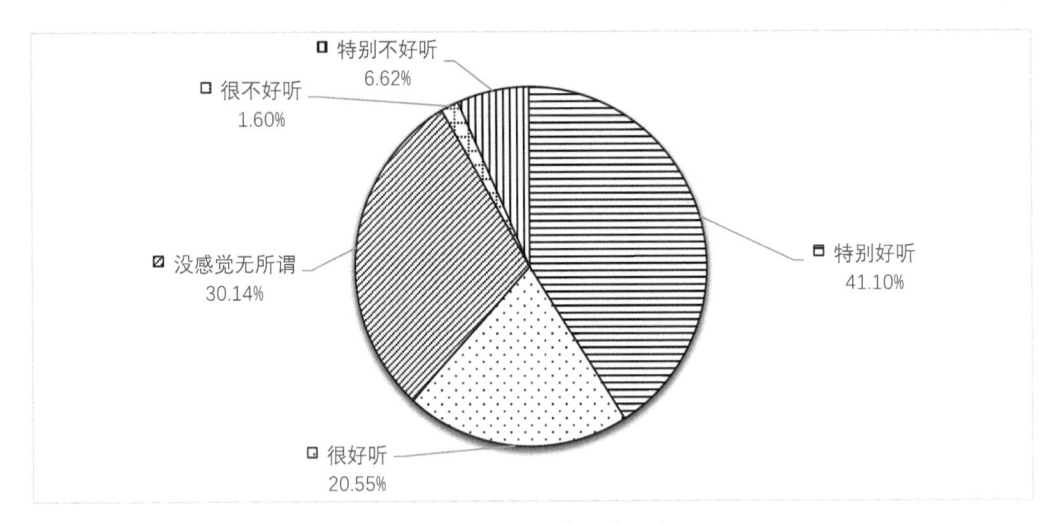

图 1-8　家长对英语的评价

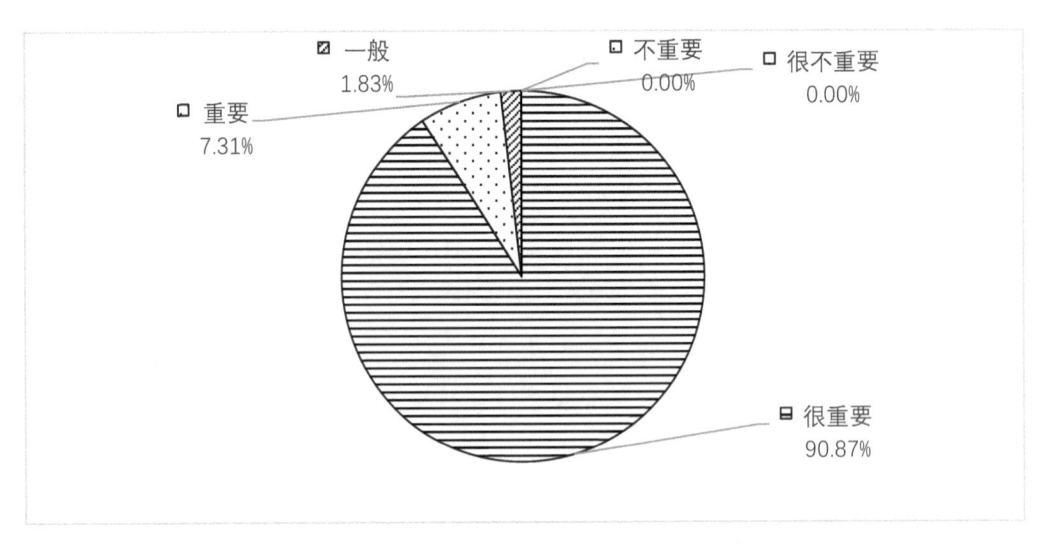

图 1-9　家长认为普通话在生活中的重要性

普通话。"一位教师说:"国家大力发展普通话,也是为了让国家的经济更好。大家都会说普通话才能各地之间做买卖。"

如图 1-10 所示,大多数家长认为方言在社会经济生活中有很大的作用,但其重要程度明显低于普通话。家长认为在蔚县,方言具有很重要的作用,但在未来生活中,并不看好方言继续占优势,认为其作用会逐渐变小。"在蔚县用蔚县话还是比较方便。虽然有外地人在蔚县生活,但是他们都习惯了蔚县话,也不用刻意说普通话。而且有些人会认为你一个蔚县人不说蔚县话,说普通话,是在装样子，人家不乐意理你。但是现在社会发展那么快，以后肯定还得靠普通话交流，你看现在小孩儿不都有好多不说蔚县、话说普通话吗？我觉得以后说普通话的人比说蔚县话的人多是一个必然的趋势。"

笔者调查了英语在生活中的重要性，但因为多数家长认为在蔚县英语并没有在经济或日常生活中具有重要地位，所以大多数家长认为英语在经济和日常生活中的作用比较小，尽管将来英语的作用会不断提高，但普通话仍然占据最重要的地位。但家长充分肯定了在全国范围内，尤其是经济社会发展程度较高、国际化较高的地区，英语具有重要作用。"在蔚县，说实话，英语作用也不大。我们公司前几年进了一个985毕业的研究生还是英语专业的，来了之后也没怎么用英语。在蔚县，英语也就是一块儿敲门砖，真正用得到的地方还是比较少的。不像大城市人家有跟外国人做生意的，肯定需要用英语交流。现在社会发展这么快，谁知道以后是什么样子，说不定蔚县经济发展起来之后，也得靠英语跟别人交流。""英语是很重要的，虽然在蔚县不怎么能用到，但是以后肯定用得到，比如以后疫情稳定了的话，该出国学习的学习，该出国工作的工作。现在世界各国之间交流太频繁了，不会英语是不行的。""英语肯定是很重要的呀，之前我去上海旅游的时候，在一个银行里面看到有个小伙子用特别标准的英语在和旁边的老外说话，哎哟，我觉得一方面是人家真的厉害，另一方面也说明在上海不会说英语会吃亏，会说英语才能在社会上扎稳脚跟。我觉得现在大城市都是这样子的。"

其二，笔者调查了家长对方言的文化价值与身份认同的看法。大部分家长对

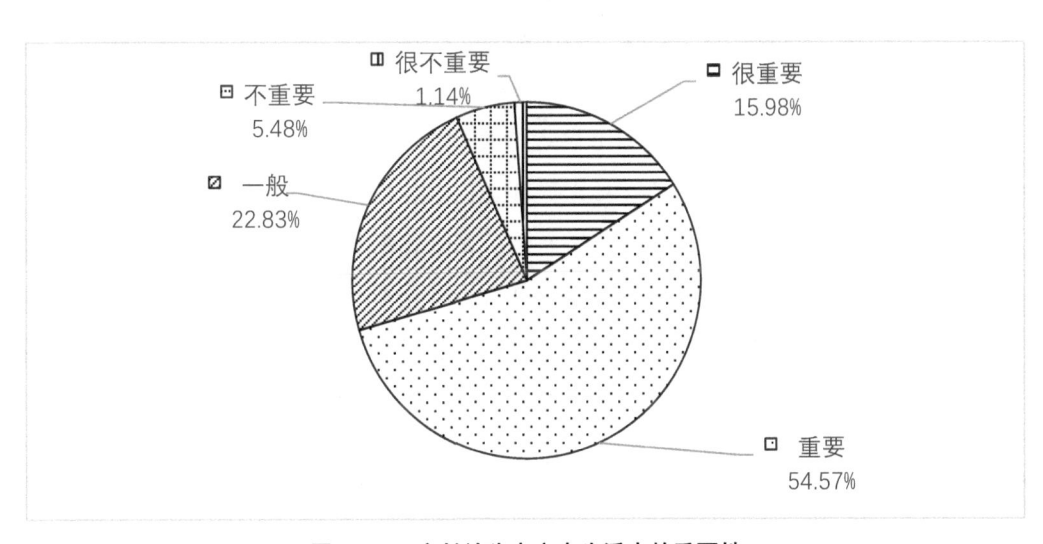

图1-10 家长认为方言在生活中的重要性

很不重要 1.14%
很重要 15.98%
不重要 5.48%
一般 22.83%
重要 54.57%

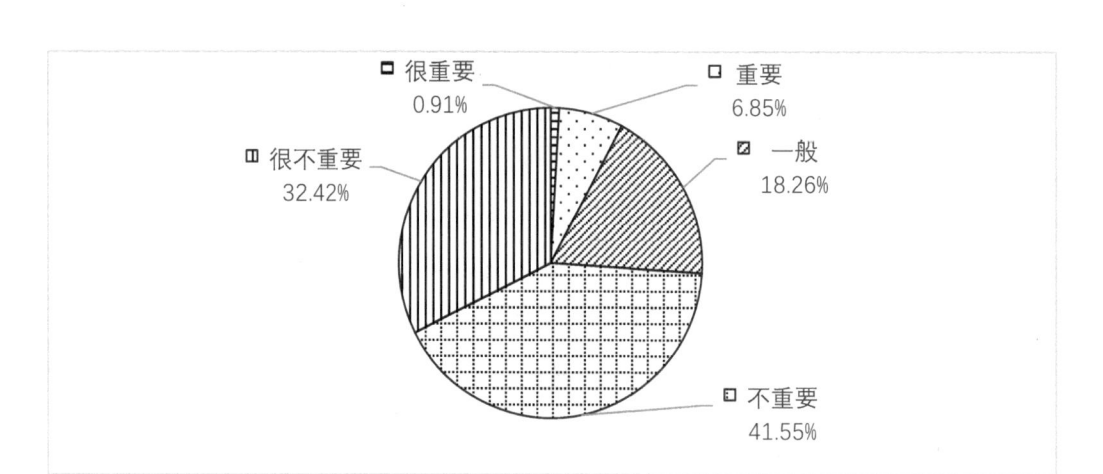

```
                很重要              重要
                0.91%              6.85%
    很不重要                            一般
    32.42%                            18.26%


                                    不重要
                                    41.55%
```

图 1-11　英语在生活中的重要性

方言的文化价值持有消极的看法。如图 1-12 所示，他们认为，剪纸、打树花等地方文化具有很高的文化价值，但方言的文化价值并不大。"咱们县最出名的就是剪纸了，之前不是还在世博会上展出过吗。或者是一些旅游景点，好多外地人都喜欢去暖泉看打树花。但是这方言感觉没什么特殊的，好多外地人都能听得懂蔚县话，也就有一些词和普通话说的不一样。"再如图 1-13 与图 1-14 所示，大部分家长认为蔚县方言是一种身份认同的象征，但在生活中的重要性并不是很大。究其原因一方面是方言确实能够代表一个人身份的象征，但由于蔚县方言属于弱势方言，这种身份的象征与认同在实际生活中的作用并不大。"我们在外地做生意的时候，也有老乡群，有些是一开始就知道这个人也在外地，有些是生意往来的时候听到对方说蔚县话，知道是老乡就拉进群里，互相有个照应。""我们孩子从小在北京长大的，到了上学的年纪才回来的，所以也不会说蔚县话，但是我觉得她也没有因为不会说蔚县话在学校受欺负，可能因为现在社会比较开放，而且现在学校不说蔚县话的小孩儿挺多的，也不是什么新鲜事。""我小时候上学班里有个转学生不会说蔚县话，我们就一直问她是不是外地人，她一直跟我们说她是蔚县人，但还是有很多人不信，问她到底是哪儿的。但现在有很多小孩子都不会说蔚县话，也就没有人问是不是外地人了。""其实也没有必要用会不会说蔚县话来证明自己是不是本地人吧，再说证明了又怎么样，又不是人家北上广的感觉要用自己的口音来证明自己的出身。"

总的来说，家长认为普通话在经济和日常生活中的价值很大，占据非常重要的

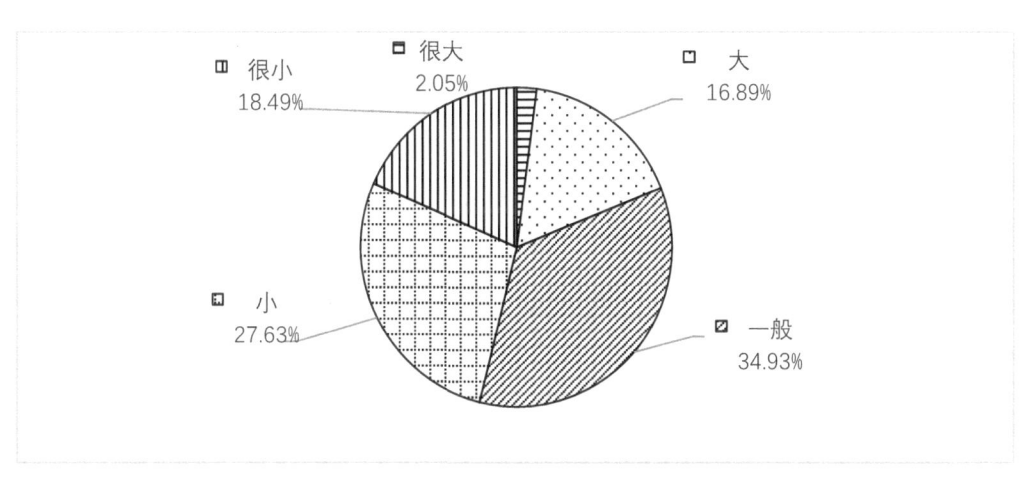

图 1-12　家长认为方言的文化价值大小

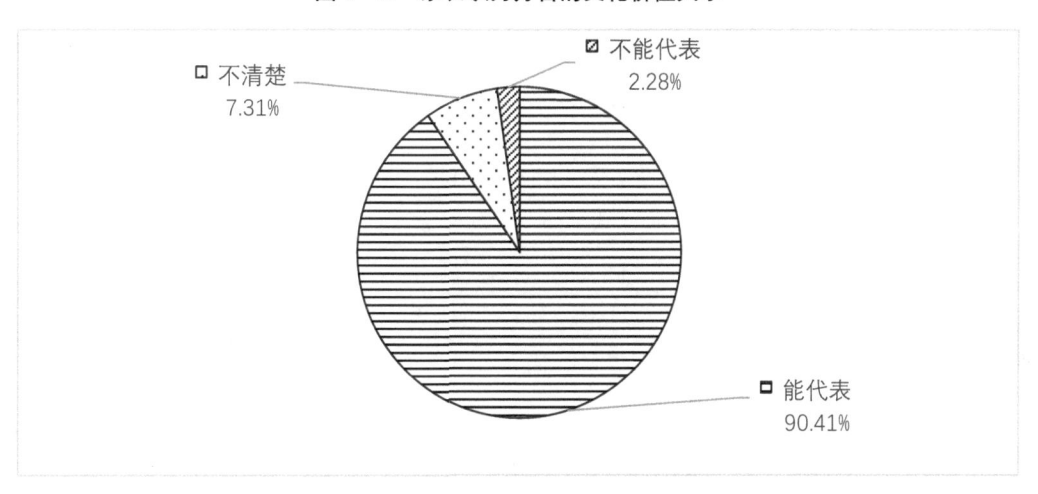

图 1-13　蔚县方言是否能代表身份象征

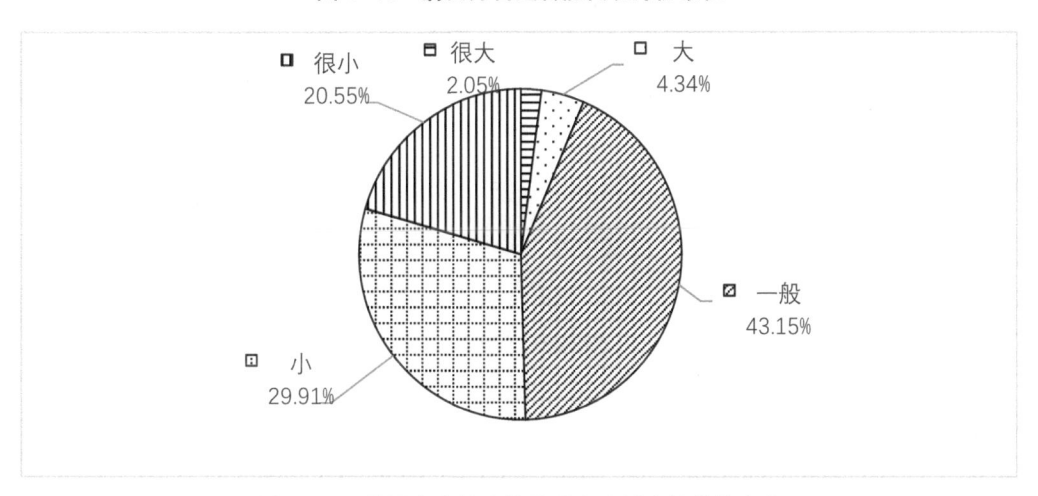

图 1-14　蔚县方言的身份认同在生活中的价值大小

215

地位，且以后仍然会保持这样的地位不动摇。方言在当前蔚县的经济和日常生活中仍然具有很大的作用，但是蔚县方言属于弱势方言，在蔚县学龄前儿童家长的心中认为其文化与身份认同所带来的价值并不大，未来势必会走向衰退。而且英语在蔚县的经济和日常生活中的作用非常小，但随着社会的发展，英语的地位一定会有所提高。在蔚县学龄前儿童家长看来，三种语言及语言变体的价值在蔚县范围内进行排列从高到低依次是普通话、方言、英语，在全国范围内排列从高到低依次是普通话、英语、方言。

再次，通过调查发现蔚县学龄前儿童家长关于孩子是否有必要学习方言、普通话、英语了解到，蔚县学龄前儿童家长认为孩子学习普通话的必要性最高，其次是英语，再次是方言。由于孩子目前生活在蔚县，家长还是希望孩子能够在一定程度上掌握蔚县方言，但学习的必要性远低于普通话。对于非蔚县籍的父母，大多人希望孩子使用自己的家乡话进行简单交际即可，学习的必要性同样较低。

表 1-1 家长对孩子学习方言、普通话、英语的必要性看法

	特别大	大	一般	小	特别小
蔚县方言	16.9%	14.6%	31.7%	25.3%	11.4%
非蔚县方言	8.9%	11.4%	40.3%	32.2%	7.2%
普通话	81.7%	17.6%	0.7%	0.0%	0.0%
英语	53%	34.9%	5.5%	6.2%	0.5%

除此之外，通过分析之前阐述的 133 份无效问卷，同样可以看出蔚县学龄前儿童家庭对方言、普通话、英语的态度。在这 133 份问卷中，有 92 份问卷选择普通话和英语作为家庭语言规划的两种语言，有 41 份问卷选择普通话和方言作为家庭语言规划中使用的语言。

综上所述，通过调查蔚县学龄前儿童家长对方言、普通话、英语三者的情感态度评价、价值评价以及不同语言及语言变体学习的必要性等，一定程度上反映出家长的语言观，即普通话是最重要的，且必须掌握学习的，其次英语也应该有所掌握，而方言的作用越来越小，掌握的程度不需要很高。

2. 语言管理

本研究将方言、普通话和英语这三种语言及语言变体对于蔚县学龄前儿童最重要的语言作为家庭语言规划的三种备选语言，调查了蔚县学龄前儿童家庭对这三种

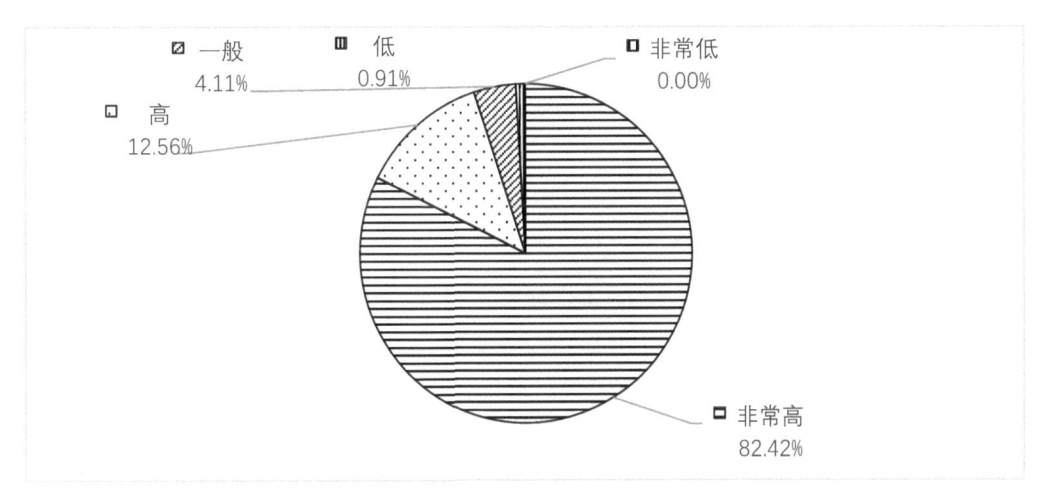

图 1-15 家长对孩子掌握第一规划语言的要求

语言及语言变体的语言管理。

在第一规划语言的选择上，85.8% 的家长选择了普通话，其次是 13.2% 的家长选择了方言，再次是 0.9% 的家长选择了英语。通过调查发现，家长选择第一规划语言时主要考虑到孩子与周围群体的交流是否方便、以后工作是否需要以及是否有利于培养孩子的语言能力。如图 1-15，家长对孩子掌握第一规划语言的要求也较高。

研究发现，家长要求孩子在生活中普遍使用第一规划语言。比如对父母、（外）祖父母、兄弟姐妹、老师、同学朋友等需要使用第一规划语言，在学校、公共场所、家里和社交软件等场合需要使用第一规划语言。在孩子使用第一规划语言与家长交流时，47% 的家长表示一直使用该语言与孩子进行沟通；28.8% 的家长表示经常使用该语言与孩子沟通；13.2% 的家长表示使用该语言与孩子沟通的频率一般；10.5% 的家长表示偶尔使用该语言；0.5% 的家长表示完全不会使用该语言。"我们尽可能和孩子说普通话，也会鼓励孩子和我们说普通话，想着这样会让孩子习惯在生活中说普通话，也能够提高他们普通话的能力。""不止在家里，其实在外面也有很多人说普通话，比如商场那些导购不管普通话说的好不好都会说普通话，还有一些稍微高档的店，店员都会用普通话。所以我们也鼓励孩子和他们用普通话沟通，这样又锻炼了孩子的胆量，又能够让他一直保持在普通话的环境里。"

在第一规划语言学习的财力投入方面，73.7% 的家长表示没有产生过额外投入；14.8% 的家长表示额外投入力度在年均 2000 元以下；10% 的家长表示额外投入力度在年均 2000-5000 元之间；0.9% 的家长表示额外投入力度在 5000-10000 元之间；

0.5%的家长表示额外投入力度在年均10000元以上。通过访谈得知，大多数学龄前儿童对第一规划语言的学习都是在家里或者学校完成的，因此没有产生过额外的财力投入。"学普通话当然是在学校跟着老师学习了，咱们县还没有什么校外的机构教普通话的，也就是有练口才的课外班，但主要还是靠学校老师教。""平时为了哄孩子，会用手机给孩子听一些故事，现在有手机真的是很方便。也鼓励孩子用普通话再把故事给我们讲一遍。""有老师教普通话就够了，我觉得现在老师们的普通话都挺好的，如果额外再让孩子学普通话，有点耽误时间，可以用学普通话的时间去学习别的嘛。"

在第一规划语言学习的时间投入方面，77.9%的家长表示没有给孩子规定每天使用多长时间；6.8%的家长表示规定孩子每天需要使用2小时以下的第一规划语言；5.3%的家长表示规定孩子每天需要使用3-6个小时的第一规划语言；3%的家长表示规定孩子每天需要使用6-10个小时的第一规划语言；3.2%的家长表示规定孩子每天需要使用10小时以上的第一规划语言；也有3.9%的家长表示孩子每天是否使用第一规划语言都无所谓。访谈中，大部分家长表示："说话怎么规定时间，我就要求他但凡能用普通话的都用普通话。"

总的来说，大多数学龄前儿童家长考虑到孩子未来生活的需要，选择普通话作为第一规划语言，要求孩子在生活中普遍使用普通话进行交流。方言作为在蔚县交流的主要语言之一，也有部分家长选择让孩子仍以方言为日常交际语言。大多数家长对孩子第一规划语言的要求和期望很高，同时为了让孩子更好地掌握第一规划语言，会在生活中尽量多地使用该语言与孩子进行交流。而英语在大多数家长眼中只是孩子在学校需要学习的课程，学习英语的目的更多是在于提升分数，在生活中的实用性没有普通话和方言高，家长也很难给孩子提供较好的语言环境，因此少有家长将其作为第一规划语言。在学习投入上，由于大部分家长认为普通话在学校有老师教授，方言在家中和父母学习，不需要再通过其他渠道学习，因此在财力投入上并不高。其次因为大多家长要求孩子在日常生活中普遍使用第一规划语言，所以也没有刻意规定孩子每天使用第一规划语言的时长。

在第二规划语言的选择上，59.6%的家长表示将英语作为家庭语言规划的第二规划语言，其次是26.7%的家长选择方言，再次是12.8%的家长选择普通话。值得注意的是，因为多数家长将英语作为第二规划语言的原因是英语是一门重要的课程，学习是为了提升学习成绩，所以并没有要求孩子在生活中使用。而且通过调查分析发现，当孩子使用英语与家长进行沟通时，很少有家长能够比较熟练地使用英语与孩子交流。选择方言作为第二规划语言的家长要求孩子在日常生活中普遍使用。如图1-16所示，家长对孩子的第二规划语言要求也较高，但要求普遍比第一规划语言低。

在财力投入方面，66.4%的家长表示没有产生过额外投入；22.4%的家长表示额外投入力度在年均2000元以下；10.3%的家长表示额外投入力度在年均2000-5000元之间；0.7%的家长表示额外投入力度在5000-10000元之间；0.2%的家长表示额外投入力度在年均10000元以上。通过访谈了解到孩子学习第二规划语言的主要方式是在学校由老师教授或者参加课外辅导班，在家中有些家长会通过电子读物、英文动画片等方式培养孩子的英语能力。"孩子现在还小，就想多让他参加一些兴趣班，比如画画、跳舞、声乐啥的，英语的话，幼儿园给安排的课程我觉得是够的。""我家孩子每周有半天的时间在校外学英语，在家里我也会从手机软件上给她看英语的视频或者听一些英语的故事，让她跟着读。总的来说，我觉得学英语不是幼儿园小孩子花钱最大的地方。"

在时间投入方面，选择英语作为第二规划语言的家长，要么要求孩子每天说两小时以下的英语，要么没有任何要求，孩子说不说英语或者说多久的英语都可以。选择方言或普通话作为第二规划语言的家长，一般不会对孩子规定时间。"为了孩子以后的英语成绩，从小培养他的英语能力还是很重要的。所以除了在学校上英语课之外，我还要求他回家之后至少读半个小时的英语，像学的对话啊，故事啊啥的，跟着录音反复读。""英语不好学啊，如果小时候底子打得好，以后英语学起来也不

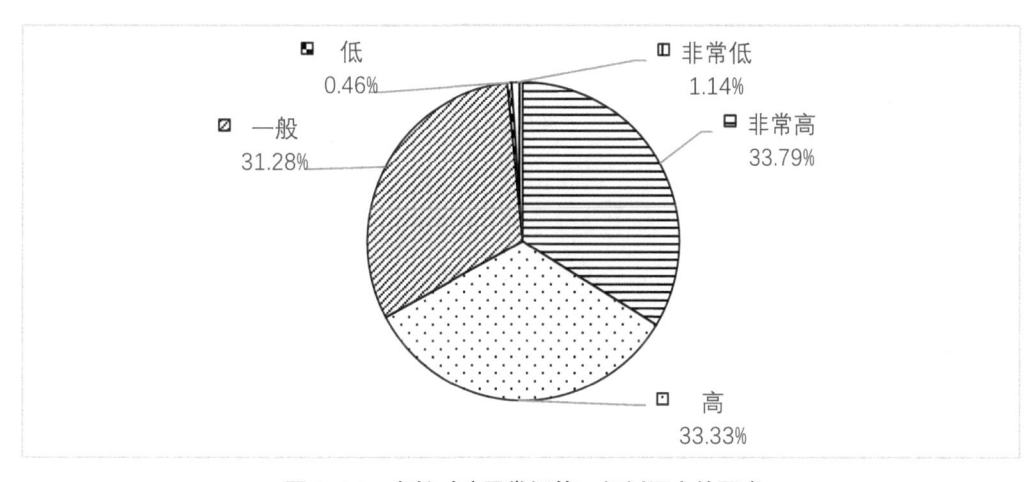

图1-16 家长对孩子掌握第二规划语言的要求

费劲。所以自从孩子上了学之后，我对他要求一直很严格，早上起来，至少读半小时的英语，最好是读一个小时，晚上回家也要学一个小时，要出声大声地说。""我们的英语都不太好，其实也不知道该怎么去要求和训练她，就让她在学校好好跟着老师学，周末送到辅导班再跟着校外老师学，好好完成老师交代的作业，英语应该也差不了，我们也不敢瞎掺和。"

总的来说，学龄前儿童家长考虑到孩子的学习成绩这一实际问题大多选择英语作为第二规划语言。但同时由于没有良好的语言环境，家长并不会要求孩子在生活中使用英语进行交际。孩子学习英语的方式大多在学校或者辅导机构中，因此第二规划语言的财力投入比第一规划语言的财力投入要多一些。在时间的投入上，有些家长为了培养孩子语言能力，要求孩子每天朗读英语读物，因此在时间上会有一定的规划，但总体时间投入较少。

而选择方言作为第二规划语言的家长，主要考虑到孩子目前生活在蔚县，具有掌握方言的必要性。但尽管要求孩子在日常生活中普遍使用方言，孩子也往往更倾向使用普通话。因为方言作为第二规划语言在使用中的频率会低于第一规划语言，家长往往会引导孩子更多地使用第一规划语言。

将普通话作为第二规划语言的家庭较少，只占总数的12.8%。与将普通话作为第一规划语言的家庭相比，区别主要在于前者没有刻意要求或引导孩子在生活中广泛使用普通话，孩子可以自己选择使用普通话还是方言。

关于第三规划语言的选择，有64.2%的家长将方言作为家庭语言规划的第三规划语言，其次34.7%的家长选择了英语，再次0.5%的家长选择了普通话，另外还有0.6%的家长选择了其他语言，如韩语、德语等。笔者发现，无论是将方言、普通话还是英语作为第三规划语言，家长对其的重视程度都是最低的，大多学龄前儿童家长没有考虑过任何具体规划，规划具有很大的随意性，财力投入和时间投入上较少。对于方言，孩子只需要在生活中潜移默化掌握方言。对于英语和普通话，孩子只需要跟着老师的节奏进行学习。至于孩子每天是否会使用第三规划语言进行交流，时间长短等，家长并不会关心。同时在调查过程中也发现不少家长对第三规划语言方面的问题反馈时间较长，内容含糊。如图1-17所示，家长对孩子掌握第三规划语言的要求是最低的。

综上所述，家长重视孩子的普通话教育。除了孩子在学校中学习普通话之外，家长会通过电视、电子读物等方式增加孩子学习普通话的时间，也会在生活中鼓励

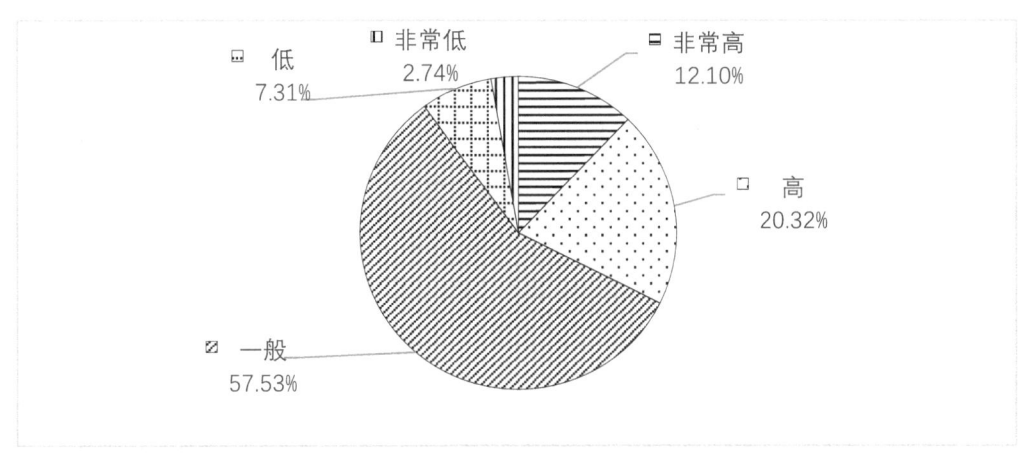

图 1-17　家长对孩子掌握第三规划语言的要求

孩子多使用普通话进行交流，甚至有些家长会要求孩子不要讲方言，家长也会主动使用普通话与孩子进行交流。在普通话教育中，普遍存在财力投入不高，但时间投入较高的现象。对于孩子的英语教育主要存在财力投入较高，但时间投入不高的现象。孩子学习英语主要以课堂学习为主，包括学校系统学习和课外辅导机构学习。由于缺少语言环境，家长大多不会使用英语与孩子进行沟通，但有些家长会规定孩子在家中学习英语的时间。在方言的语言管理上，存在财力投入和时间投入都不高的现象。孩子在潜移默化中掌握方言，家长也会引导孩子更多使用普通话，减少方言的使用次数。同时也可以看出，家长对第一规划语言的关注度是最高的，其次是对第二规划语言的关注，对第三规划语言的关注度是最低的。

3. 语言实践

根据上文中所描述的语言意识和语言管理，笔者调查了蔚县学龄前儿童的实践情况。

从孩子学习第一规划语言的状态来看，70.3%的家长表示孩子喜欢第一规划语言；0.9%的家长表示孩子不喜欢第一规划语言；28.8%的家长表示没有关心过孩子是否喜欢第一规划语言。同时，71.5%的家长表示孩子在学习第一规划语言时处于享受学习的状态；2.1%的家长表示孩子在学习第一规划语言时处于较为痛苦的状态；26.5%的家长没了解过孩子的状态，表示无所谓。通过访谈，笔者发现家长对孩子学习第一规划语言的状态的看法与孩子自身对学习第一规划语言的状态的看法基本一致。例如有些家长表示："我每次鼓励孩子说普通话或者纠正孩子的普通话，孩子都很乐意的，我说的不标准的时候，他还会来主动纠正我的。"孩子对于学习普通话也十分积极："就是喜欢说普通话嘛，爸爸妈妈会和我说普通话，幼儿园老师会和我说普通话，我们老师说得可好了，还有动画片里面那些小动物们说的普通话特别好玩。"

从孩子学习第一规划语言的效果来看，18.9%的家长认为孩子完全达到了家长对第一规划语言的要求；34.5%的家长认为孩子达到了家长要求的75%以上；25.8%的家长认为孩子达到了家长要求的50%以上；9.6%的家长认为孩子达到了要求的25%以上；11.2%的家长表示孩子未达到要求的25%。不少家长表示："总体来说，还可以，但是有些音还不太标准，比如前后鼻音不标准啊，还是可以听出来的，我觉得还可以更好一点。"

从孩子学习第二规划语言的状态来看，56.8%的家长认为孩子喜欢学习第二规划语言；2.3%的家长认为孩子不喜欢学习第二规划语言；40.9%的家长表示没有了解过孩子的感受。同时51.4%的家长认为孩子学习第二规划语言时处于享受的状态；5.3%的家长认为孩子学习第二规划语言时处于较为痛苦的状态；43.4%的家长表示没有了解过孩子学习的状态。"应该还是比较喜欢的吧，反正孩子基本上每次去上英语课还是挺积极的，主要现在老师教的灵活，孩子乐意去听。"同样，也有家长表示不了解孩子的状态。"哎呀，这个说不好，但是学习嘛，乐不乐意都得学。"孩子大多表示喜欢学英语："喜欢听老师讲课，不喜欢写作业，老师讲课有趣。"选择方言作为第二规划语言的家长大部分不了解孩子的状态，许多家长表示："这有什么喜不喜的呢？"而孩子大多不清楚自己学习方言的状态。

从孩子学习第二规划语言的效果来看，11%的家长认为孩子完全达到了家长对第二规划语言的预期；13.9%的家长表示孩子达到了家长预期的75%以上；17.1%的家长表示孩子达到了家长预期的50%以上；13.9%的家长表示孩子达到了家长预期的25%；44.1%的家长认为孩子没有达到家长预期的25%。许多家长表示孩子的第二规划语言还有进步空间。"很显然，孩子现在还小，只是学了一些皮毛。""他们现在的蔚县话只是能够进行一般的对话，有时候蔚县话说着说着就不知道怎么说了，或者就拐到普通话上了。可能因为平常太过于注重普通话的培养吧，也可能孩子小，很多词还不会说，总之，我觉得孩子的蔚县话还不太行。"

从孩子学习第三规划语言的状态来看，41.3%的家长认为孩子喜欢学习第三规划语言；3.7%的家长认为孩子不喜欢学习第三规划语言；55.1%的家长表示没有了解过孩子的感受。同时，35.6%的家长认为孩子学习第三规划语言时处于享受的状态；3.6%的家长认为孩子学习第三规划语言时处于痛苦的状态；60.8%的家长表示没有了解过孩子学习的状态。

从孩子学习第三规划语言的效果来看，15.1%的家长认为孩子完全达到了家长的预期；11%的家长表示孩子达到了预期的75%以上；14.6%的家长表示孩子达到了预期的50%以上；8.7%的家长表示孩子达到了预期的25%以上；50.7%的家长认为孩子没有达到预期的25%。

通过对以上数据进行分析，笔者认为因为蔚县学龄前儿童家庭的第一规划语言主要是普通话或方言，是从出生便开始接触的语言，学习难度较低，所以在学习过程中主要呈现出的是积极的状态，学习效果较好，家长的满意度较高。第二规划语言主要是英语，学习难度较高，因此孩子的学习状态和学习效果总体没有第一规划语言高，家长的满意度也较低。第三规划语言主要是方言，家长普遍对第三规划语言的重视程度不高，很多家长没有了解过孩子学习的感受和状态，对孩子的学习效果不太满意。

另外，笔者调查了蔚县学龄前儿童与家长在日常生活中使用的语言。如图1-18所示，绝大部分家长从小接触并使用的语言是蔚县方言，其次分别为普通话和非蔚县方言。现在，家长在日常生活中使用的语言仍以蔚县方言为主，其次分别为普通话和非蔚县方言，但蔚县方言的占比从86.99%到83.11%略有下降，普通话的占比从7.31%到14.84%略有提高，非蔚县方言的占比从5.71%到1.6%略有下降，其中有两名家长选择"其他"，表示在日常生活中既需要经常使用普通话，也需要经常使用蔚县方言。

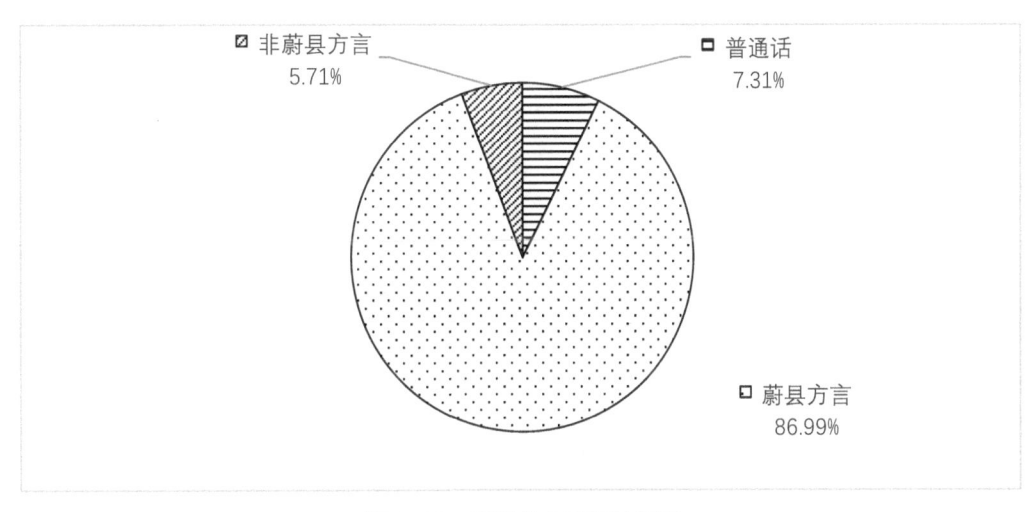

图1-18　家长从小掌握的语言

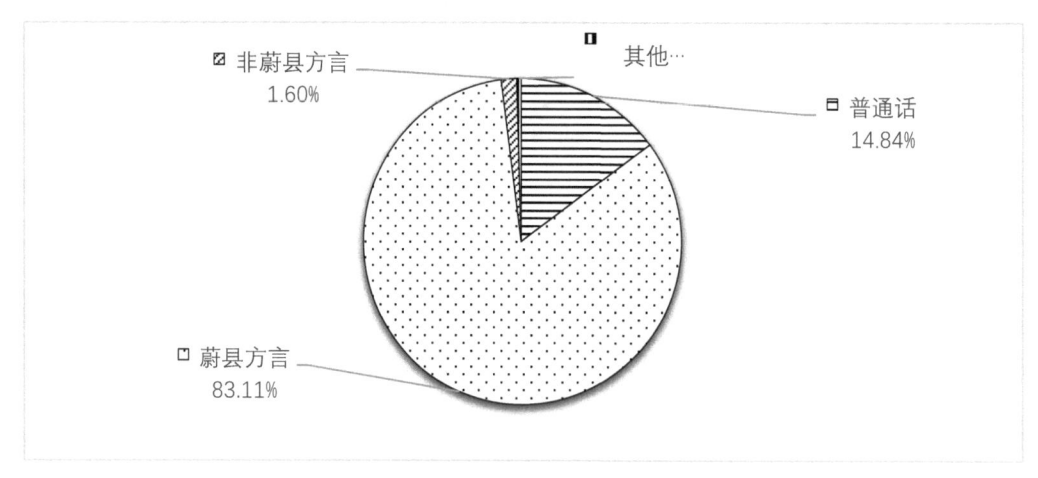

图 1-19　家长现在日常使用的语言

这说明，随着社会的发展，普通话在日常交际使用中越来越频繁，但蔚县方言仍然是主要的交际语言，而出生在非蔚县方言区的家长由于生活在外地，本地方言使用频率降低。

如图 1-20 所示，家长在与孩子日常沟通中使用蔚县方言和普通话的频率几乎相等，有 3 名家长表示使用非蔚县方言与孩子沟通，另外还有 3 名家长选择"其他"，其中 2 名家长表示使用蔚县方言和普通话与孩子沟通，1 名家长表示使用非蔚县方言和普通话与孩子沟通。同时通过调查发现，学龄前儿童在日常生活中经常使用的语言主要是普通话和蔚县方言，两者所占的比重几乎持平。另外有 5 名家长表示孩子在日常生活中会存在蔚县方言与普通话共同使用的情况，1 名家长表示孩子在日常生活

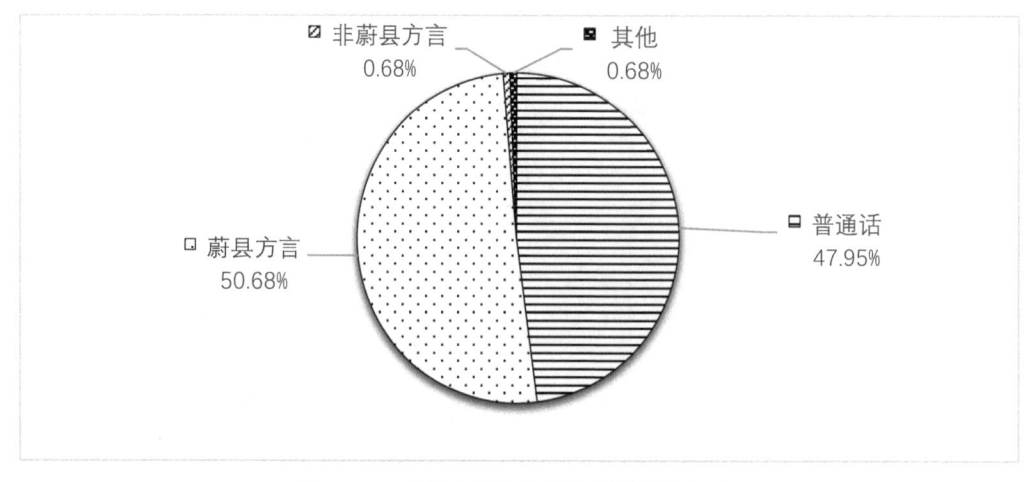

图 1-20　家长与孩子日常沟通使用的语言

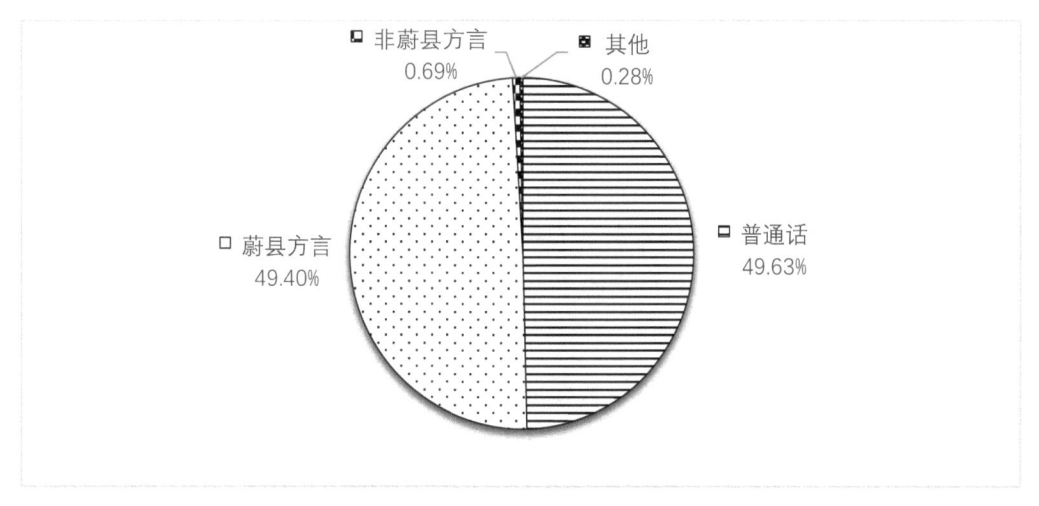

图 1-21　儿童日常使用的语言

中会共同使用蔚县方言、非蔚县方言与普通话。

通过以上数据可以发现，学龄前儿童家长在日常交流中以蔚县方言为主，其次是普通话，但在与儿童交流中蔚县方言与普通话使用的比率几乎持平。这说明，家长在有意识地使用普通话与孩子进行沟通，有意识地培养孩子的日常使用语。而学龄前儿童日常使用语的占比情况也能够看出，家长通过有意识地培养收到了明显的成效。

综上所述，语言实践受到语言意识和语言管理的影响。第一，蔚县学龄前儿童家庭重视普通话，通过各种形式和途径有意识地培养孩子的普通话能力，使得孩子喜欢普通话，也喜欢使用普通话。第二，重视英语，通过各种形式和途径有意识地培养孩子的英语能力，但由于缺乏语言环境和使用价值，家长在生活中很少会使用英语和孩子交流，孩子在生活中也鲜少使用英语，英语水平有待提高。第三，不重视方言，方言凭借着在当下的使用价值在语言实践中尚存一席之地，但因为孩子使用方言的情况变少，方言能力得不到锻炼，所以家长普遍认为孩子的方言水平一般。

（三）小结

之前的内容阐述了蔚县学龄前儿童家庭语言规划情况，包括语言意识、语言管理和语言实践三方面。

在语言意识方面，我们发现大多蔚县学龄前儿童家庭对普通话持积极态度，其次是英语，再次是方言。对于三者的社会价值，学龄前儿童家庭认为方言在普通话和英语面前的价值小。在社会大发展的趋势中，方言会逐渐消失。同样，在孩子是否有必要学习方言、普通话、英语以及必要性大小的问题上，蔚县学龄前儿童家庭首先选择了普通话，其次是英语，再次是方言。

在语言管理方面，蔚县学龄前儿童家庭的选择体现出与语言意识的一致性。即普通话是大多家庭的首选，其次是英语，再次是方言。在具体措施上，蔚县学龄前儿童家庭对英语的语言规划投入的财力最多，其次是普通话，再次是方言。但总体上在语言管理方面，家长的具体措施不完善，比如孩子使用每种语言的时间不明确，学习渠道较单一等。

在语言实践方面，我们发现以普通话为主的第一规划语言的学习效果和学习状态是最佳的。以英语为主的第二规划语言学习效果和学习状态比第一规划语言较差，以方言为主的第三规划语言学习效果和状态整体上比第二规划语言差。家长对第三规划语言的重视程度最低。另外，我们发现蔚县学龄前儿童家长和孩子的日常使用语言出现了明显不同。家长日常使用语言以蔚县方言为主，孩子日常使用语言则有普通话和蔚县方言两种。普通话成为蔚县学龄前儿童主要的日常使用语言之一。而家长在和孩子进行交际时，使用普通话的频率也变高。这说明家长有意识培养孩子的普通话，并且对普通话的语言规划效果显著。

总的来说，我们根据对蔚县学龄前儿童家庭语言规划的整体了解，认为蔚县学龄前儿童家庭语言规划在语言实践和语言意识方面有较明显的规律，在语言管理方面还存在计划不充分、干预不具体的情况。笔者认为出现这一现象的主要原因是，一方面家长家庭语言规划意识不强，另一方面，在蔚县学习任何语言的渠道本身就较为单一，而且掌握普通话或方言更多属于潜移默化的过程。因此，尽管大多家长将普通话作为家庭语言规划的首选语言，但对其具体规划仍不明确。而孩子学习英语的渠道也并不丰富，且受父母英语水平等因素的影响，对其具体语言管理也不明确。

五、影响蔚县学龄前儿童家庭语言规划原因分析

（一）内部原因

通过对数据进行交叉分析，发现蔚县学龄前儿童家庭进行语言规划，主要受到家长的职业、学历、收入、籍贯和在蔚县定居时间的影响。

1. 职业对家庭语言规划的影响

家长从事不同的职业会有不同的人生经历，那么对孩子语言的期许或许会有不同的看法。因此笔者将不同职业对方言、普通话和英语的期望值进行交叉分析，得出职业对家庭语言规划影响的普遍规律，并结合访谈内容了解职业对家庭语言规划的具体原因。

笔者调查了不同职业的家长对孩子掌握蔚县方言的期望水平。如表1-2所示，所有职业的家长对孩子掌握蔚县方言水平的要求都集中在"一般"这一水平。通过访谈了解到，绝大部分家长在工作中并不会特别要求方言水平的高低。"现在找工作一般都要求英语或者普通话水平，不会管蔚县话说得好不好。""蔚县话说得好不好在工作上一般没有影响，我们公司有几个人完全不说普通话也照样上班。"因此，职业的不同并不会影响到家长对方言的语言意识和对孩子方言的语言管理。

表1-2 不同职业家长对孩子蔚县方言期望水平统计

	很高	高	一般	低	很低
政府机关，事业单位	10.7%	18.7%	57.3%	9.3%	4.0%
企业中高层管理/技术人员	13.6%	18.2%	54.5%	13.6%	0.0%
律师，记者，教师，医生	15.1%	24.4%	52.3%	8.1%	0.0%
普通职员	8.2%	19.7%	60.7%	4.9%	6.6%
私营企业主/个体户	9.6%	19.1%	58.5%	8.5%	4.3%
农民	12.2%	26.8%	56.1%	4.9%	0.0%
自由职业	22.2%	18.5%	51.9%	3.7%	3.7%
无业者	12.5%	12.5%	71.9%	3.1%	0.0%

如表1-3所示，所有职业的家长都希望孩子的普通话能够拥有"很高"的水平，其中律师、记者、教师、医生对孩子的普通话要求最高，占了91.9%，无业者对孩子的普通话要求最低，占了68.8%。职业对家庭语言规划的影响主要源于不同职业的家长在工作中对不同语言的认识。记者和教师在工作中经常使用普通话，他们即使生活在蔚县，也会因为工作原因而使用普通话与他人交流。所以从事记者和教师的父母会更重视普通话，许多普通话水平高的父母会在生活中增加使用普通话与孩子沟通的频率。无业者在生活中主要使用蔚县方言，使用普通话的可能性比较小，因此没有其他职业的父母重视普通话。"我们这些当老师的人肯定会希望自己孩子的普

通话很好，毕竟自己是个老师，每天教学生说普通话，结果自己的孩子普通话不好，这是说不过去的。""学校对老师的普通话要求很高，特别是语文老师。而且现在我们这些年轻老师的普通话普遍都比较好。那肯定希望自己的孩子普通话也好，这对孩子的未来百利无一害。""因为我是教语文的，所以我会在我孩子小的时候就用普通话给她读古诗、读故事，不仅可以哄孩子，也能让她从小接触普通话。"

表 1-3 不同职业家长对孩子普通话期望水平统计

	很高	高	一般	低	很低
政府机关，事业单位	85.3%	13.3%	0.0%	1.3%	0.0%
企业中高层管理/技术人员	72.7%	27.3%	0.0%	0.0%	0.0%
律师、记者、教师、医生	91.9%	5.8%	2.3%	0.0%	0.0%
普通职员	88.5%	6.6%	4.9%	0.0%	0.0%
私营企业主/个体户	79.8%	12.8%	6.4%	1.1%	0.0%
农民	75.6%	9.8%	12.2%	2.4%	0.0%
自由职业	74.1%	22.2%	3.7%	0.0%	0.0%
无业者	68.8%	25.0%	3.1%	3.1%	0.0%

如表 1-4 所示，所有职业的家长对于孩子英语的期望水平在"很高""高"和"一般"这三个水平较为均匀地分布。其中，企业中高层管理/技术人员、普通职员、私营企业主/个体户、自由职业的家长对孩子英语水平的期望比其他职业的家长普遍更高，他们最低要求孩子的英语处于"一般"水平。通过访谈了解到，相较于其他职业，从事国际化水平高的职业在工作中接触英语的可能性更高，因此企业中高层管理/技术人员、普通职员、私营企业主/个体户、自由职业等对英语的重视程度更高。"我们公司在招聘人员时就要求英语必须六级，一些特定的岗位只招英语专业毕业的，那在城市工作对英语的要求更高，而且以后对英语的要求肯定也越来越高。""这年头买卖真的想做大还必须得会一点英语。虽然咱们蔚县挺小的，但是要做生意肯定要跟外地人打交道。记得有次我们一个外地合作商拉着我去跟一个外国人谈生意，因为知道这件事情，还特意找了一个翻译。"

表 1-4 不同职业家长对孩子英语期望水平统计

	很高	高	一般	低	很低
政府机关，事业单位	34.7%	30.7%	33.3%	0.0%	1.3%
企业中高层管理/技术人员	22.7%	45.5%	31.8%	0.0%	0.0%
律师、记者、教师、医生	30.2%	38.4%	30.2%	1.2%	0.0%
普通职员	34.4%	41.0%	24.6%	0.0%	0.0%
私营企业主/个体户	36.2%	26.6%	37.2%	0.0%	0.0%
农民	48.8%	17.1%	29.3%	2.4%	2.4%
自由职业	25.9%	37.0%	37.0%	0.0%	0.0%
无业者	28.1%	40.6%	21.9%	0.0%	9.4%

总的来说，职业的不同不会影响家长对方言的认识，但职业会影响到家长对普通话、英语的看法。在工作中经常接触或使用普通话、英语的家长认为普通话、英语很重要，所以对孩子的普通话、英语要求更高。同时，笔者将职业对于家长对孩子蔚县方言、普通话、英语期望水平 3 项做了卡方检验。从表 1-5 可知，利用卡方检验去研究职业对于家长对孩子蔚县方言、普通话、英语期望水平这 3 项的差异关系，可以看出：职业对于家长对孩子蔚县方言期望水平不会表现出显著性（$p>0.05$），意味着不同职业对于家长对孩子蔚县方言期望水平这 1 项均表现出一致性，并没有差异性。另外职业对于家长对孩子普通话期望水平，英语期望水平共 2 项均呈现出显著性（$p<0.05$），意味着不同职业对于普通话期望水平、英语期望水平共 2 项均呈现出差异性。根据卡方检验结果也可以看出因不同职业的家长在工作中普通话、英语的重要性不同，所以对孩子不同语言的期望水平不同。

2. 学历对家庭语言规划的影响

笔者认为现在学龄前儿童家庭对家庭语言规划的做法与上一代家庭在语言规划中的做法具有不同之处，主要因为这一代家长的学历层次较高，知识面广阔，对一切事物的认识会与上一代学历层次普遍较低的家长有所不同。因此，笔者将不同学历层次对孩子蔚县方言、普通话和英语的期望值进行了交叉分析，并结合访谈内容做出补充说明。

如表 1-6 所示，所有学历的家长对孩子掌握蔚县方言的期望水平都集中在"一般"水平。一位初中学历的家长告诉笔者："蔚县话只有在蔚县才有用，在别的地方又没有什么用，能说就行了呗。"此外，一位硕士学历的家长表示："我并不觉得学历

表 1-5 职业卡方检验

交叉（卡方）分析结果

题目	名称	政府机关、事业单位	企业中高层管理、技术人员	律师、记者、教师、医生	普通职员	私营企业主、个体户	农民	自由职业	无业者	总计	X²	p
普通话期望水平	很高	64（85.33）	16（72.73）	79（91.86）	54（88.52）	75（79.79）	31（75.61）	20（74.07）	22（68.750）	361（82.42）	34.961	0.029*
	高	10（13.33）	6（27.27）	5（5.81）	4（6.56）	12（12.77）	4（9.76）	6（22.22）	8（25.00）	55（12.56）		
	一般	0（0.00）	0（0.00）	2（2.33）	3（4.92）	6（6.38）	5（12.20）	1（3.70）	1（3.13）	18（4.11）		
	低	1（1.33）	0（0.00）	0（0.00）	0（0.00）	1（1.06）	1（2.44）	0（0.00）	1（3.13）	4（0.91）		
	总计	75	22	86	61	94	41	27	32	438		
蔚县方言期望水平	很高	8（10.67）	3（13.64）	13（15.12）	5（8.20）	9（9.57）	5（12.20）	6（22.22）	4（12.50）	53（12.10）	22.506	0.757
	高	14（18.67）	4（18.18）	21（24.42）	12（19.67）	18（19.15）	11（26.83）	5（18.52）	4（12.50）	89（20.32）		
	一般	43（57.33）	12（54.55）	45（52.33）	37（60.66）	55（58.51）	23（56.10）	14（51.85）	23（71.88）	252（57.53）		
	低	7（9.33）	3（13.64）	7（ ）	3（4.92）	8（8.51）	2（4.88）	1（3.70）	1（3.13）	32（7.31）		
	很低	3（4.00）	0（0.00）	0（0.00）	4（6.56）	4（4.26）	0（0.00）	1（3.70）	0（0.00）	12（2.74）		
	总计	75	22	86	61	94	41	27	32	438		
英语期望水平	很高	26（34.67）	5（22.73）	26（30.23）	21（34.43）	34（36.17）	20（48.78）	7（25.93）	9（28.13）	148（33.79）	44.981	0.022*
	高	23（30.67）	10（45.45）	33（38.37）	25（40.98）	25（26.60）	7（17.07）	10（37.04）	13（40.63）	146（33.33）		
	一般	25（33.33）	7（31.82）	26（30.23）	15（24.59）	35（37.23）	12（29.27）	10（37.04）	7（21.88）	137（31.28）		
	低	0（0.00）	0（0.00）	1（1.16）	0（0.00）	0（0.00）	1（2.44）	0（0.00）	0（0.00）	2（0.46）		
	很低	1（1.33）	0（0.00）	0（0.00）	0（0.00）	0（0.00）	1（2.44）	0（0.00）	3（9.38）	5（1.14）		
	总计	75	22	86	61	94	41	27	32	438		

*p<0.05 **p<0.01

的高低对影响到一个人怎么看蔚县话。除非你学的就是研究方言,可能会认为方言很重要,一般情况下我觉得没什么不同。"意味着家长学历层次的高低对于家长对方言的语言意识和对孩子的语言管理影响不大。

表1-6 不同学历的家长对孩子蔚县方言期望水平统计

	很高	高	一般	低	很低
博士或硕士	0.0%	33.3%	66.7%	0.0%	0.0%
大学	15.9%	19.7%	50.0%	11.4%	3.0%
大专	9.4%	18.7%	63.3%	4.3%	4.3%
中专	13.0%	15.2%	67.4%	2.2%	2.2%
高中	12.5%	33.3%	41.7%	12.5%	0.0%
初中	10.7%	23.8%	56.0%	8.3%	1.2%
小学	10.0%	10.0%	80.0%	0.0%	0.0%

如表1-7所示,不论家长的学历如何,对孩子掌握普通话的期望水平都很高。其中博士或硕士对普通话的期望值最高,100%的家长希望孩子的普通话能够处于"很高"的水平。笔者访谈到一名小学学历的家长,这位家长表示非常希望孩子学习好普通话。"虽然我的普通话也不好,但是现在都会让小孩儿说好普通话的,有很多孩子没上学的时候就已经在说普通话了。"一名教师告诉笔者,无论家长自身知识是否丰富,学历高低如何,家长对孩子的教育非常重视。"可能会有攀比的心理吧,现在的家长都生怕自己的孩子在学习和教育上落后,所以家长一看别的孩子有什么,也会给自己的孩子安排什么。有些家长一看好多小孩儿都说普通话,也要让自己的孩子说普通话,生怕落后。但是家长学历也是很重要的,因为家长学历高的话,也可以在家中更好地教育孩子。"

表1-7 不同学历的家长对孩子普通话期望水平统计

	很高	高	一般	低	很低
博士或硕士	100.0%	0.0%	0.0%	0.0%	0.0%
大学	84.8%	12.9%	2.3%	0.0%	0.0%
大专	84.2%	12.2%	2.2%	1.4%	0.0%
中专	87.0%	10.9%	2.2%	0.0%	0.0%
高中	75.0%	12.5%	12.5%	0.0%	0.0%
初中	76.2%	15.5%	6.0%	2.4%	0.0%
小学	70.0%	0.0%	30.0%	0.0%	0.0%

如表 1-8 所示，拥有博士或硕士学历的家长对孩子英语期望水平最高，"很高"水平占比 33.3%，"高"水平占比 66.70%。家长学历越低，对孩子英语的期望水平也略有降低。关于不同学历的家长对孩子英语期望值不同的现象，笔者访谈到一位博士学位的家长，她提到："我们在硕士和博士阶段对于英文的要求很高，因为要阅读大量的英文文献和英文书籍。如果我的孩子以后能够读到较高层次的学历，那么掌握流利的英语是必须的。外语还是从小就开始好好学习会比较容易，所以我对孩子的英语要求比较高。"一位高中学历的家长表示："如果孩子的英语特别好，我当然很高兴，但是这种事，谁说得准呢，如果一般般，也是没办法的事情，反正以后不出国，在国内也不怎么用英语。"从两位家长对孩子英语水平的态度来看，能够发现，学历高的父母比学历低的父母在对英语的认识上有所差别。学历高的父母认为英语的作用不只是目前学校开设的课程，还会对未来有影响，因此会对孩子的英语要求较高。而学历低的父母无法认识到英语更多的作用，因此会对孩子的英语要求较低。

表 1-8 不同学历的家长对孩子英语期望水平统计

	很高	高	一般	低	很低
博士或硕士	33.3%	66.7%	0.0%	0.0%	0.0%
大学	33.3%	35.6%	30.3%	0.8%	0.0%
大专	29.5%	33.8%	36.0%	0.0%	0.7%
中专	37.0%	37.0%	26.1%	0.0%	0.0%
高中	33.3%	45.8%	20.8%	0.0%	0.0%
初中	39.3%	25.0%	31.0%	1.2%	3.6%
小学	40.0%	10.0%	40.0%	0.0%	10.0%

总的来说，学历的不同对于家长对方言的看法影响不大，但学历的不同会影响到家长对普通话、英语的认识，其中以对英语的影响最大。高学历父母会更加看重对孩子普通话、英语的掌握情况。

3. 收入对家庭语言规划的影响

笔者认为不同收入水平的家庭对孩子家庭语言规划有直接的影响，比如高收入家庭在语言管理上会投入更多的财力，高收入家庭对不同语言的看法也会与低收入家庭有所不同。笔者通过分析不同收入群体对孩子蔚县方言、普通话与英语的期望水平，总结了收入对家庭语言规划的影响。

如表 1-9 所示，所有收入水平的家庭大多希望孩子的蔚县方言处于"一般"水平。其中，收入水平在 30 万元以上 50 万元以下的家庭对孩子的要求最高。一位教师告诉笔者："其实很少会有家长主动跟老师讨论希望自己的孩子蔚县话能说得好的。但有些有钱人家的父母对孩子的高要求总是方方面面的，他们希望自己的孩子哪方面都出色。"

表 1-9　不同收入家庭对孩子蔚县方言期望水平统计

	很高	高	一般	低	很低
5 万及以下	11.9%	19.6%	58.9%	6.0%	3.6%
5 万以上 15 万及以下	11.5%	20.2%	57.6%	8.6%	2.1%
15 万以上 30 万及以下	19.0%	28.6%	42.9%	4.8%	4.8%
30 万以上 50 万及以下	16.7%	16.7%	66.7%	0.0%	0.0%

如表 1-10 所示，所有收入水平的家庭大多都希望孩子的普通话拥有"很高"水平。但随着收入水平的增加，高收入家庭对孩子普通话的要求会越来越高。其中收入水平在 30 万以上、50 万以下的家庭要求孩子的普通话水平在"很高"水平的有 66.7%，其余 33.3% 为"高"水平。"现在的家长都非常重视孩子的普通话说得好不好。说实在的，咱们这里的人家庭条件好的都是要跟外面的人打交道的，做父母的自己亲身体验过普通话的重要性，当然也会对孩子有很高的要求。而且家里有钱也能给孩子请有知识、普通话说的好的保姆，也有钱接触到更好的教育资源。"

表 1-10　不同收入家庭对孩子普通话期望水平统计

	很高	高	一般	低	很低
5 万及以下	82.1%	9.5%	6.5%	1.8%	0.0%
5 万以上 15 万及以下	83.1%	14.0%	2.5%	0.4%	0.0%
15 万以上 30 万及以下	81.0%	14.3%	4.8%	0.0%	0.0%
30 万以上 50 万及以下	66.7%	33.3%	0.0%	0.0%	0.0%

如表 1-11 所示，对于孩子英语水平的期望，所有收入水平的家庭基本在"较高""高""一般"三个区域分布，但随着收入的增加，高收入家庭对孩子英语水平的期望值也会提高，高收入家庭也有更多的措施来帮助孩子提高英语水平。笔者访谈到一名高收入家庭的家长，家长表示："父母赚钱是为了什么？还不是都是为了孩子

好,所以能对他好的事情,我们都愿意花钱。我家有亲戚在北京那边,每次到了假期,我都会把孩子送过去在北京那边跟城市里的孩子一起上一些培训班或者参加些英语活动之类的,大城市里的孩子从小英语就很好的。有时候也会请假让孩子去参加培训班。因为想着能让孩子接受更好的教育,对他学习也有好处。尤其说到学习英语这一方面,我觉得大城市在教英语这一块儿还是比咱们小县城好,孩子跟着上课也开心。"另一位高收入家庭的家长告诉笔者:"我们是打算让孩子以后出国发展的,虽然国内条件也不错,但能去国外进修一下也挺好的。到时候想留在国外就在国外,想回国就回国。所以我们一直对他的要求很高,特别是英语一定要学好,不然出国的语言考试都过不了。我们一直打算给孩子请一个家教,要英语比较好的那种,但是在咱们这儿这样的家教不好找。"一位低收入家庭的家长表示:"虽然咱们小地方比不上大城市,孩子不用从小学这学那,但是现在父母都很重视孩子培养,别人家谁报了什么班也要跟着报。我们家是比不了有钱人家里,不可能给孩子把该报的班都报了,但是一些必要的班还是要上的,比如说英语啊,他们班所有孩子都上英语兴趣班的。还有像舞蹈、钢琴、美术啥的兴趣班,怎么也得给孩子报一个。"

表1-11 不同收入对孩子英语期望水平统计

	很高	高	一般	低	很低
5万及以下	39.3%	28%	29.8%	0.6%	2.4%
5万以上15万及以下	29.2%	36.2%	33.7%	0.4%	0.4%
15万以上30万及以下	42.9%	38.1%	19.0%	0.0%	0.0%
30万以上50万及以下	33.3%	50.0%	16.7%	0.0%	0.0%

综上可以得出,收入水平的高低会影响到家庭语言规划,其中影响最大的是普通话和英语。具体体现在,高收入家庭在语言管理中会比低收入家庭有更多的管理方式,也会比低收入家庭更看重普通话和英语的重要性。

4. 籍贯和定居时间对家庭语言规划的影响

笔者认为,籍贯的不同以及在蔚县定居时间的长短会影响到家庭语言规划。笔者将不同籍贯分为普通话地区、蔚县方言区和非蔚县方言区,其中普通话地区指当地人主要使用普通话进行交流的地区。随后将不同籍贯以及在蔚县定居时间长短与家长对孩子不同语言的期望值进行了交叉分析,得出如下结论。

如表1-12所示,无论父母来自蔚县方言区、非蔚县方言区还是普通话地区,对孩子蔚县方言的水平大多要求处于"一般"水平。但本身是蔚县方言区的家长对孩子蔚县方言的要求更高一些，来自普通话地区的父母对孩子蔚县方言的要求偏低。一位来自普通话地区的家长表示："我不会说蔚县话，肯定也教不了我孩子说蔚县话。其实我觉得会不会说也没有关系，我刚来蔚县的时候听都听不懂，现在可以听懂了，就是不会说，一直用普通话跟别人交流也没什么问题。所以我不要求自己的孩子一定会说蔚县话，反正家里有的是蔚县人，孩子能学会就学，学不会，能听懂也行。"一位来自蔚县方言区的家长表示："我其实不太想让我孩子当一个侉子，毕竟是个实实在在的蔚县人，还是希望蔚县话能说的好一点。当然我的意思也不是就不好好学普通话了，普通话还是得学好，但是他蔚县话不能不会。我普通话不好，平常也不用普通话跟他说，怕误导了，就用蔚县话，希望能让孩子保持住蔚县话。"另一位来自蔚县方言区的家长表示："我觉得孩子最好会说蔚县话，当然不会也没事，现在好多小孩都不说蔚县话了，都不是啥稀奇的事了，反正我感觉会不会都不会有太大的影响。"一位来自非蔚县方言区的家长表示："我是涿鹿的，爱人是蔚县的。孩子现在涿鹿话、蔚县话都会说，我觉得会说还是方便，跟我们啊，跟老人啊，交流起来比用普通话方便。"

表1-12 不同籍贯对孩子蔚县方言期望水平统计

	很高	高	一般	低	很低
蔚县方言区	12.6%	22.2%	56.7%	6.3%	2.3%
非蔚县的方言区	11.1%	3.7%	66.7%	11.1%	7.4%
普通话地区	0.0%	0.0%	64.3%	28.6%	7.1%

如表1-13所示，无论父母来自蔚县方言区、非蔚县方言区还是普通话地区，对孩子普通话要求都较高，但是来自普通话地区的父母对孩子普通话要求最高，"很高"水平占比92.9%，其余7.1%为"高"水平。一位来自普通话地区的家长表示："父母不会说普通话也就算了，家里有会说普通话，那孩子的普通话肯定也得好啊。"另一位来自普通话地区的家长表示："孩子上学有老师教，回家之后我就是她的普通话老师。反正我只会说普通话，我们娘儿俩一直是用普通话的。"

表 1-13　不同籍贯对孩子普通话期望水平统计

	很高	高	一般	低	很低
蔚县方言区	82.9%	12.3%	3.8%	1.0%	0.0%
非蔚县的方言区	70.4%	18.5%	11.1%	0.0%	0.0%
普通话地区	92.9%	7.1%	0.0%	0.0%	0.0%

如表 1-14 所示，来自蔚县方言区和非蔚县方言区的父母对孩子英语水平期望值大部分偏高，但来自普通话地区的父母对孩子英语期望值更高。一位教师表示："其实不管家长是哪儿的人，都很重视孩子的英语，都希望孩子的英语能够好。但是有些家长他们本身可能是从城市来的，他们在以往的生活中看到了英语的重要性。而有些家长他们在城市生活的时间少，长期生活在蔚县，在蔚县的话，其实用到英语的地方远不如在城市里。所以一些来自城市的父母会更加注重孩子的英语教育。"

表 1-14　不同籍贯对孩子英语期望水平统计

	很高	高	一般	低	很低
蔚县方言区	35.5%	32.0%	31.1%	0.3%	1.3%
非蔚县的方言区	14.8%	40.7%	40.7%	3.7%	0.0%
普通话地区	21.4%	57.1%	21.4%	0.0%	0.0%

笔者将籍贯对于家长对孩子普通话、蔚县方言、英语期望水平这 3 项做了卡方检验。从表 1-15 可知，利用卡方检验去研究籍贯对于家长对孩子普通话、蔚县方言、英语期望水平这 3 项的差异关系可以看出：不同籍贯对于家长对孩子普通话期望水平，英语期望水平共 2 项不会表现出显著性（$p>0.05$），意味着不同籍贯对于家长对孩子普通话期望水平，英语期望水平共 2 项均表现出一致性，并没有差异性。另外籍贯对于家长对孩子蔚县方言期望水平这 1 项呈现出显著性（$p<0.05$），意味着不同籍贯对于家长对孩子蔚县方言期望水平这 1 项呈现出差异性。因此，笔者认为籍贯对家庭语言规划产生影响，主要在于影响家长对蔚县方言的语言意识以及对孩子的语言管理。

表 1-15 籍贯交叉（卡方）分析结果

题目	名称	籍贯（%） 蔚县方言区	籍贯（%） 非蔚县方言区	籍贯（%） 普通话地区	总计	X^2	p
普通话期望水平	很高	329（82.87）	19（70.37）	13（92.86）	361（82.42）	6.091	0.413
	高	49（12.34）	5（18.52）	1（7.14）	55（12.56）		
	一般	15（3.78）	3（11.11）	0（0.00）	18（4.11）		
	低	4（1.01）	0（0.00）	0（0.00）	4（0.91）		
总计		397	27	14	438		
蔚县方言期望水平	很高	50（12.59）	3（11.11）	0（0.00）	53（12.10）	22.744	0.004**
	高	88（22.17）	1（3.70）	0（0.00）	89（20.32）		
	一般	225（56.68）	18（66.67）	9（64.29）	252（57.53）		
	低	25（6.30）	3（11.11）	4（28.57）	32（7.31）		
	很低	9（2.27）	2（7.41）	1（7.14）	12（2.74）		
总计		397	27	14	438		
英语期望水平	很高	141（35.52）	4（14.81）	3（21.43）	148（33.79）	15.298	0.054
	高	127（31.99）	11（40.74）	8（57.14）	146（33.33）		
	一般	123（30.98）	11（40.74）	3（21.43）	137（31.28）		
	低	1（0.25）	1（3.70）	0（0.00）	2（0.46）		
	很低	5（1.26）	0（0.00）	0（0.00）	5（1.14）		
总计		397	27	14	438		

* $p<0.05$ ** $p<0.01$

另外，笔者发现，在蔚县定居时间越久的父母，对孩子掌握蔚县方言的期望值越高，如表 1-16 所示。一位在蔚县定居七年的家长告诉笔者，"毕竟在蔚县很多人都还在说蔚县话，如果孩子会说蔚县话，肯定很有益处。"

表 1-16 不同定居时间对孩子蔚县方言期望水平统计

	很高	高	一般	低	很低
2 年以下	0.0%	16.7%	50.0%	16.7%	16.7%
2-5 年	0.0%	15.4%	46.2	23.1%	15.4%
6-10 年	6.3%	12.5%	75.0%	6.3%	0.0%
10 年以上	12.9%	20.8%	57.3%	6.7%	2.2%

因此，笔者认为不同的籍贯和在蔚县定居时间长短的不同会影响家长对孩子方言、普通话、英语的要求。其主要原因可以理解为不同籍贯和定居时间影响家长的自身语言能力和人生经历，从而影响家长对不同语言产生不同的语言意识。来自蔚县方言区的家长或者在蔚县定居时间长的家长处于交际的需要或者因自身蔚县方言水平较高，更希望孩子的蔚县方言水平能够高一些。来自普通话地区的家长因为不会方言，且自身的普通话水平较高，所以更希望孩子的普通话水平也较高。家长往往通过在生活中交流对话的方式来提高孩子的方言、普通话水平。

以上，笔者阐述了不同职业、不同学历、不同收入、不同籍贯和不同定居时间对家庭语言规划的影响。下面，笔者将学历、收入、定居时间3种因素进行相关性分析。从表1-17可知，利用相关分析去研究家庭年平均收入、学历，与在蔚县定居的时间之间的相关关系，使用斯皮尔曼相关系数去表示相关关系的强弱情况。具体分析可知：家庭年平均收入与学历之间呈现出显著性，相关系数值分别是 -0.236，小于0，意味着家庭年平均收入与学历之间有着负相关关系。呈负相关关系的原因是笔者在编辑数据时平均收入由低到高，而学历层次由高到低。另外，家庭年平均收入与定居时间之间、定居时间与学历之间并不会呈现出显著性，相关系数值接近于0，说明这两项之间并没有相关关系。

表1-17　影响因素相关性分析

	家庭年平均收入	学历	定居时间
家庭年平均收入	1		
学历	−0.236**	1	
定居时间	−0.055	−0.072	1

*$p<0.05$　**$p<0.01$

（二）外部原因

通过调查，我们认为影响蔚县学龄前儿童家庭语言规划的外部原因有社会、经济、政策、教育四个方面。

1. 社会对家庭语言规划的影响

语言从社会中来，服务于社会，也最终在社会中消失。我国社会发展日新月异，各地之间交通便利，联系也日趋频繁密切。若各地的人都使用自己的方言进行交流，那么沟通效率必定不如使用共同语进行交流的效率高。这使得人们意识到熟练掌握共同语是适应社会发展的必要条件之一。因此，共同语在人们心中的地位越来越高，学龄前儿童家庭考虑到孩子未来需要适应社会发展大环境，必定要掌握共同语，即普通话。即使部分家长没有意识到普通话的重要性，那么在周围家庭都重视孩子普通话教育的环境下，也会产生从众心理。

另外，社会随着发展，越来越开放包容。在蔚县这个方言区内，大众逐渐接受使用普通话进行交际，尤其儿童使用普通话不再被视作一件新奇的事。

家长1：孩子肯定是要会说普通话的，不会说普通话，在社会上怎么生存？以后上学、工作都要用到普通话，就算是在蔚县生活，也要和外面的人打交道，总不能用蔚县话和人家说吧。

家长2：现在好多小孩儿都用普通话，不像以前如果有个同学讲普通话、不讲蔚县话，大家就觉得他不是蔚县人。现在大家都习惯了，他们平常想用普通话就用。

教师1：可以说现在这一代年轻的家长都是出去见过世面的，不像上一辈的父母。他们的经历让他们更加注重孩子的教育问题，那首先肯定是普通话的教育。因为要让孩子有更广阔的发展平台，普通话是必须要掌握的，甚至可以说是第一个必须掌握的技能。

随着社会的发展，方言在生活中的沟通交流作用越来越小，这也使得年轻一代的父母逐渐轻视孩子的方言教育。但在蔚县这一区域内，方言仍具有交流作用，且近几年发扬地方特色文化也一定程度上提升了蔚县方言的地位。至于英语，在蔚县还不具备充当交流工具的作用。在这样的社会背景下，普通话势必在大多数学龄前儿童家庭语言规划中具有首要地位，其次是方言，最后是英语。

家长3：孩子是蔚县人嘛，那肯定要会说蔚县话，不然怎么能叫蔚县人。但普通话肯定也要会说，不会说普通话，将来就只能待在蔚县。

家长4：我家孩子从小说普通话，不会说蔚县话，但是能听懂。听懂是必须的，不然怎么和孩子爷爷奶奶说话。

2. 经济对家庭语言规划的影响

社会经济水平和人民生活质量得到提高，也是影响家庭语言规划的一个原因。一方面，高档社区幼儿园和私立幼儿园的出现给蔚县学龄前儿童家庭提供了更多的选择。这些高档幼儿园在师资力量或基础设施上都要更加优质。高收入的学龄前儿童家庭会选择让孩子在这些幼儿园接受教育，使孩子的语言能力得到更好的培养。

家长1：我家孩子上的幼儿园（某私立幼儿园），每天早上都有老师专门领学生进学校，一进学校，老师就全程使用普通话。还有专门的国外老师教英语，孩子挺喜欢听外教老师上课的，很乐意学。

教师1：我们县的公办幼儿园现在的办学规模和质量也很高，但是私立幼儿园招收的学生数量少，某些设施可能会比公办幼儿园更好一点。所以私立幼儿园的老师能给每一位学生更多的关注。

另一方面产业的发展也使不同的语言及语言变体在社会中的地位产生了变化，尤其是方言。近几年，蔚县大力发展旅游业，人们逐渐意识到地方文化具有很大的价值。由此，方言的价值再次被人们谈起。但蔚县方言只是蔚县人的一个特征，真正要使得旅游业发展，还要靠普通话进行交流。普通话仍然比方言的重要性更大。

家长2：蔚县的旅游业发展挺好的，好多外地人尤其是北京的，都爱来蔚县旅游，不会说普通话，肯定不行。别说孩子了，大人都得好好学普通话。

总之，因为蔚县经济的发展，家长对孩子普通话的培养力度逐渐提高。

3. 政策对家庭语言规划的影响

众所周知，推广普通话是我国一项重要的语言文字工作。1986年，我国将推广普通话作为新时期语言文字工作的首要任务，并通过立法的方式保障普通话的推广工作。比如在《中华人民共和国宪法》《中华人民共和国国家通用语言文字法》《中华人民共和国教育法》等法律条文中均有关于推广普通话的相关内容。

蔚县积极响应国家号召，宣传推广普通话。除了设立蔚县语言文字工作委员会，蔚县每逢推广普通话宣传周都会开展相关宣传活动，还会组织开展经典诵读赛、普通话进社区、选派推普志愿者等活动。在这样的大背景下，普通话的地位得到大幅提升，普通话教育也迅速发展。

以上属于宏观语言规划的内容，家庭语言规划属于微观语言规划。宏观语言规划影响微观语言规划，微观语言规划能够反映宏观语言规划的效果。如今蔚县学龄前儿童家庭大多将普通话作为第一语言规划充分反映了我国推普工作的成功。"虽然经济的发展，必然会引起人们对普通话的重视。但是如果没有国家大力推广普通话，也不会有现在这么多人让自己的孩子学习普通话。首先一点就是，如果国家没有大力推广，可想而知在我们县上学的话，应该有很多老师上课都不讲普通话，就像父母那一辈上学的时候一样。那老师都不使用普通话，家长肯定也不会重视起来。"

4. 教育对家庭语言规划的影响

普通话能够在学龄前儿童家庭语言规划中占据重要地位，一个很重要的原因在于这一代年轻的父母大多接受过良好的教育。他们意识到普通话是必须要掌握的，英语基本贯穿整个学生生涯。另外，学校普通话教育的提高也是一个重要原因。蔚县学龄前儿童学习普通话的渠道主要在学校。蔚县是一个使用方言的地区，在日常生活中使用蔚县方言进行交流。以前，学校中不少老师并不会使用普通话或者普通话不标准，只有个别老师能够使用流利标准的普通话进行教学。因此，以前的家长对普通话的重视程度较低，很少关注孩子的普通话，也很少关注孩子的家庭语言规划。如今，学校中的老师，尤其是幼儿园教师的普通话水平较高，学校十分重视普通话教育。因此，现在的家长对孩子的普通话重视程度非常高。

另外，在蔚县，也出现了一些语言培训班，培养孩子的口才等。虽然这些培训机构数量很少，但是学生很多，足以可见家庭语言规划对普通话的重视推动了教育的发展，教育的发展带动了家庭语言规划对普通话的重视。

家长1：我们那个时候好多老师的普通话都不标准，小学的时候大部分老师还都会用普通话教学，到初中的时候，很多老师都不说普通话了。父母更没几个会说普通话的，也不怎么管我们普通话说得好不好。

家长2：在培训班里，老师一般教孩子一些表达，据说能锻炼大脑，锻炼思维能力。有时还会带着孩子去参加一些演讲比赛。我觉得还是有点用处的，起码能从小锻炼孩子的胆量和普通话。

教师2：现在学校尤其是幼儿园对老师的普通话要求很高的，很多学校不仅是管教学的老师普通话要标准，生活老师普通话也要标准。家长肯定希望学校能给孩子提供良好的教育。如果哪个老师的普通话不好，会有家长质疑这个老师的教学水平。

英语的地位在教育发展的过程中也得到了提高。教育机构的出现也给一些收入较好的家庭提供了更多学习英语的渠道。但英语在蔚县仍不具备交际功能，即使地位有所提高，家长更加重视，其在家庭语言规划中的重要性也不会超过普通话和方言。

家长3：我记得我们小学是二年级才开设的英语课，以前没学过英语。现在孩子幼儿园就要学习英语字母，学习一些简单的英语对话，有些单词甚至我都不认识。

家长4：我给孩子报了英语课外班，其实学的内容也不难，但是现在幼儿园就要把英语的底子打牢。万一上小学跟不上就完了。

（三）小结

本章结合调查数据的交叉分析和访谈内容的整理，阐述了影响蔚县学龄前儿童家庭语言规划的原因。原因包括内部原因和外部原因。

内部原因主要包括学龄前儿童家长的职业、学历、收入、籍贯和定居时间。

家长的职业、学历、收入主要对孩子普通话和英语水平的期望有所影响。尽管所有职业的家长对孩子的普通话要求都很高，但律师、记者、教师、医生对孩子的普通话要求最高，无业者对孩子的普通话要求最低。企业中高层管理/技术人员、普通职员、私营企业主/个体户、自由职业对孩子的英语要求略高。学历越高的父母对孩子普通话和英语水平的期望值越高。家庭收入水平越高对孩子普通话和英语水平的期望值也逐渐提高。其中家长的学历与收入水平之间具有相关关系。

而家长的籍贯和定居时间主要对孩子普通话和方言水平的期望有所影响。同样尽管来自不同地区的家长对孩子的普通话水平要求都很高，但是来自普通话地区的父母比来自方言区的父母对孩子的普通话水平期望值会更高。而在蔚县定居时间越久的家庭对孩子蔚县方言的期望值也越高。

除此之外，在前期文献整理以及调查问卷的制作过程中，笔者认为学龄前儿童家长的年龄、性别、学科背景与孩子的性别、年龄和年级可能会对家庭语言规划有影响。但通过交叉分析得知，以上几种因素几乎不会给家庭语言规划带来影响。

首先，笔者认为之所以家长的年龄对家庭语言规划产生的影响不大，是因为参与本次调研的家长，大部分处于30岁左右，属于青年父母，年龄差距较小，不存在代际差异。而参与调查的家长中女性所占比例为82.6%，男女比例不平衡，这只能从侧面说明了在蔚县学龄前儿童家庭中，母亲往往更多地承担孩子的家庭教育。而性别如此不均衡，交叉分析的结果不具备科学性和准确性。

其次，笔者在调查前认为，如今蔚县学龄前儿童的家长大多接受过高等教育，可能其学科背景会对家庭语言规划有所影响。比如学习文学的家长可能会比学习理工科的家长更注重普通话教育或者方言保护，英语专业的家长可能会比体育专业的家长更擅长对孩子的英语进行语言管理。但通过交叉分析发现学科背景对家庭语言规划影响比较小。笔者通过进一步访谈得知，虽然笔者想象中学科背景会对家庭语言规划造成一定影响，但基本只停留在家长的语言态度上，很难真正能够落实到家庭语言规划中。一位汉语言文学专业的家长告诉笔者："以前上学的时候，觉得方言挺重要的，尤其在班里除了一些南方同学，我这口蔚县话在北方同学里还是挺特殊的，那时候是很骄傲的。我也希望孩子既能说好普通话，也能说好蔚县话。这是出门在外，代表自己身份，代表自己家乡的一种象征。以前还没有小孩儿的时候，就想着孩子一定要会说方言。但是有了孩子了，发现这也是没有办法的事情。蔚县话跟蔚县人讲，在外，尤其是咱们县的孩子早早就出去读书，不会普通话是不行的。其实我家孩子也会说蔚县话，但是还是普通话说的多，可能在学校习惯了，也可能和同学说习惯了，有时候还非要让我和他用普通话说话。"另一位英语专业的家长对笔者说，"说起来我也是学专门学了英语的，当年也是过了英语专八的，肯定希望自己小孩儿的英语要比别的孩子好。平常在家里给孩子辅导个作业还是可以的，但是用英语和孩子沟通是不可能的，顶多说一两句。一是孩子本身英语也不会多少，二是我自己过了这么多年，英语也退步了，怕说错了影响孩子。而且家里也只有我的英语还算好，其他人更没办法用英语和孩子说话。"由此，笔者认为，学科背景确实会对语言态度产生影响，但主观的语言态度能不能够对家庭语言规划产生影响，要看这种语言在客观上是否具有掌握的必要性。

再次，学龄前儿童的性别、年龄和年级几乎对家庭语言规划不会产生任何影响。这一代学龄前儿童的父母基本都接触过高等教育，基本不会出现极度重男轻女的现象，因此很少会有家长因为性别歧视而对孩子采取不同的家庭语言规划。孩子的年龄与年级也几乎不会影响到家庭语言规划，因为无论是大班还是小班的孩子，他们的年龄都很小，都在学习语言的重要时期，不存在阶段性差异。而且根据多名幼教老师的反映，也没有发现明显差别。

影响家庭语言规划的外部原因主要包括社会、经济、政策、教育。社会、经济、教育的发展，改变了人们对方言、普通话、英语的认识。社会的发展加强了不同区域之间的交流，普通话在生活中的作用逐渐大于方言，但英语在蔚县还不能起到交际的作用。经济的发展提高了人们的生活水平，人们意识到为了追求更好的生活必须掌握普通话、英语，且收入的提高也为孩子的学习加大了投入力度。教育的发展提高了语言教学水平，提高了父母对语言教育的重视。各种教育机构的出现，也给孩子学习语言提供了更多渠道。政策上，蔚县积极执行推普工作，在宏观语言规划的指引下，家庭语言规划也迅速将普通话提升到首要地位。

六、总结

（一）结论与建议

1. 结论

本文通过对数据的整理与分析结合访谈内容，主要全面了解了蔚县学龄前儿童家庭语言规划情况，包括语言意识、语言管理和语言实践三方面，剖析了影响家庭语言规划的内外因素。

总的来说，在语言意识方面，家长考虑到当代社会交际的实际需要、不同语言在社会经济生活中的作用、孩子的未来发展等因素，普通话在蔚县学龄前儿童家庭语言规划中占据重要地位。绝大多数家长认为普通话是非常重要的，孩子是必须要学好普通话的。其次，英语作为孩子在学校学习的主要课程之一，为了考试、升学和未来发展，英语在学龄前儿童家庭语言规划中占据次要地位。而方言目前在蔚县仍具备交际功能，但使用普通话进行交流的学龄前儿童越来越多。因此，在蔚县学龄前儿童之间，方言的交际功能逐渐由普通话承担，方言在社会生活中的作用逐渐变小。许多家长认为方言不再是孩子必须掌握的一项技能。方言在家庭语言规划中的地位低于普通话和英语。在这样的语言意识下，家长通过各种措施提高孩子的普通话、英语水平。常见的措施包括，使用普通话与孩子交流、规定使用普通话的场合和时间、规定学习英语的时间、参加普通话或英语培训班等课外活动、通过电子设备线上学习普通话或英语等。在家长的干预下，当前已经有一半的学龄前儿童将普通话作为自己日常交流的使用语。而对于英语来说，因为大多数家长认为孩子学好英语不是为了交际而是为了升学，并且无法为孩子提供良好的语言环境，所以尽管家长努力提高孩子的英语水平，英语在生活中仍然不承担蔚县学龄前儿童的交际功能。同时，由于当前普通话和方言共同作为蔚县学龄前儿童的交际语言，家长认为方言的价值会越来越小，从而进一步影响了家长的语言意识。简而言之，目前蔚县学龄前儿童家庭语言规划呈现的总体面貌是在语言意识和语言管理方面，普通话和英语的地位高于方言。但在语言实践方面，普通话和方言占据主要地位，英语的地位微乎其微。

通过数据分析发现，蔚县学龄前儿童家长的职业、学历、收入、籍贯和在蔚县的定居时间影响家长对孩子方言、普通话、英语的期望值，进而影响家庭语言规划。其中，职业、学历和收入主要对普通话和英语的期望值产生影响，籍贯和在蔚县定居时间的长短对普通话和方言的期望值产生影响。在众多职业中，从事律师、记者、教师、医生行业的家长对孩子的普通话期望值水平最高，无业人员对孩子的普通话期望值水平最低；企业中高层管理/技术人员、普通职员、私营企业主/个体户、自由职业对孩子的英语期望值普遍更高。来自普通话地区的父母对孩子普通话的期望值要高于来自方言地区的父母。来自方言区的父母虽然对孩子方言的期望值不高，但仍高于来自普通话地区的父母。在蔚县定居时间越久，父母对孩子蔚县方言的期望值越高。

除此之外，家庭并不是一个封闭的单位。因此，微观的家庭语言规划深受外部大环境的影响。社会的发展进步、经济水平的提高、教育事业的发展以及政策上的宏观语言规划都在引导着家庭语言规划的形成。

结合以上内容，笔者对新一代蔚县人的语言态势进行了预测。我们认为未来十年或二十年后，在蔚县使用普通话进行交际会很常见，普通话和方言共同承担交际功能，但方言的交际功能会略有下降。英语在语言意识和语言管理上的重要性会增强，在语言实践中的地位也会有所提高，在语言规划上会更有计划性，但在日常交流中仍不会具备实际的交际功能。

虽然本次调查的家长学历水平不一，但大多数家长都接受过良好的教育，对掌握普通话的重要性理解到位。即使受教育程度不高的家长也希望孩子能够掌握普通话，以便未来拥有更大的发展空间。再加上推普工作不断推进，社会经济不断发展等因素。掌握普通话越来越成为蔚县学龄前儿童必须达到的一个目标。反观蔚县方言的运用目前主要是用于交流，方言使用范围小，且绝大多数孩子在高中甚至初中就会在外求学，实际使用价值不大。目前在蔚县的一个语言现象是，蔚县青年及以上的人使用蔚县方言交流，蔚县儿童使用普通话或蔚县方言交流。因此，蔚县方言的价值逐渐下降。但蔚县方言仍是蔚县人主要的交流方式。即使只会讲普通话、不会讲蔚县方言的孩子，也能够听懂蔚县方言。再加上这几年保护方言，保护地方特色文化的小浪潮，蔚县方言暂时不会因为普通话的迅速发展而完全消失。掌握英语虽然是孩子走向国际必备的条件之一，但由于目前蔚县国际化水平不高，学习英语在大多数蔚县父母眼中只是为了应付升学和考试。

因此可以预测，当这些儿童成为新一代蔚县人的主流力量时，蔚县方言会有一定的削弱，一些地道且古老的方言词汇会消亡，但蔚县方言不会消失。普通话会和蔚县方言一样，成为蔚县人交流的主要语言。并且普通话的力量还会不断增强。英语的地位会有所提高，但蔚县难以在十到二十年之间成为国际化大都市，因此英语仍然不会是新一代蔚县人使用的主要语言。

在对语言规划进行概念界定时提到，语言规划的性质特点主要是政府行为，兼有社会行为，是一项有目的有计划的系统工程，是长期的社会实践活动。在家庭语言规划的定义中也提到，家庭语言规划是在家庭范围内家庭成员之间与语言相关的明确和公开的规划。但蔚县学龄前儿童家庭语言规划所体现出来的性质特点主要是社会行为，其意识性和目的性很强，但计划性不强，是一项长期的社会实践活动。尽管计划性不强可能是蔚县学龄前儿童家庭语言规划的一个不足之处，但笔者认为，这或许同样体现了经济欠发达地区家庭语言规划的一个共性特点。

在一些经济社会发展程度较高的地区，国际化水平高，人口流动性强，不同语言与语言变体在这个地区交汇碰撞，有利于人际交往和社会发展的语言会成为强势语言，掌握不同的语言不仅能更好地融入社会，有时也会成为身份的象征。社会也为人们学习不同语言与语言变体提供各种方式和渠道。因此，父母有更强烈的意识，也有条件为孩子制定家庭语言规划。此时的家庭语言规划具有一定的计划性。而在经济社会发展程度较低的地区，国际化水平不高，孩子并不需要掌握不同的语言及语言变体来融入社会，同时在这些地区没有各式各样的学习渠道供家长选择。因此规划缺少计划性是正常的。

2. 建议

笔者以蔚县学龄前儿童家庭为调查对象，对他们的家庭语言规划进行了全面的了解，收集到许多一手资料，可为宏观语言规划、方言保护、语言教育等提供思路。

第一，宏观语言规划与微观语言规划相结合。家庭语言规划作为微观语言规划的一方面，体现了宏观语言规划的精髓，例如蔚县学龄前儿童家庭注重普通话的培养。宏观语言规划的制定也需要重视微观语言规划研究，比如国家倡导保护方言，可以从家庭语言规划的研究数据上入手，探讨如何在保存方言的同时，学习好普通话、英语等。

第二，方言保护。在社会大发展的过程中，不同地区的人开始互相沟通交流，语言在不断地变化发展。蔚县方言作为弱势方言，特别是县城方言逐渐偏向普通话。但是蔚县作为国家历史文化名城，同时在国家提倡方言保护，提倡发扬优秀地方传统文化的背景下，应当通过各种制度或者措施为文化的保护和发展提供动力和渠道。不少家长也希望孩子能够掌握方言，同时笔者也希望方言能够保存下来。这不仅仅可以保护文化多样性，提高认同感，而且可以提高孩子的语言能力。政府可以通过电视、官网、微信客户端等多种方式向大众传播方言文化，有兴趣的群众也可以收集一些方言词汇等投放在网络上供大家学习。另外，还要注意文化"活"的传承，注意文化区域、文化土壤、文化空间、配套体系等的建设，达到活态保护与整体保护的目的。[①]

第三，语言教育。在调查中的过程中，笔者发现蔚县学龄前儿童的家长对孩子的培养高度重视，包括家庭语言规划、儿童语言习得、语言障碍等等，但是苦于缺少指导和了解的途径。对于教育，从广义上来说不仅仅是学校的教育，还有社会和家庭的教育。因此，笔者认为在社会上，比如一些民间机构、社区中可以开设相关的家庭教育指导课程，让更多的家庭能够了解到科学培养孩子的知识。

（二）不足之处

第一，由于以往对家庭语言规划的研究主要针对杭州、广州等大型城市的学龄前儿童，本研究在制作适合蔚县本土情况的调查问卷和访谈提纲时存在问题设置不全面、表述不清晰的情况，影响调查对象作答和后期数据整理。

---

① 刘明，刘洋，陈昭. 通往学术传承之路. [M]. 学苑出版社，2020.

第二，本次研究只对蔚县两所公办幼儿园发放了调查问卷，民办幼儿园没有大范围发放问卷，样本数量还可以进一步扩充，可能会使调查结果更加科学准确。

第三，本文主要分析了影响家庭语言规划的内部因素，对外部因素分析不够。

第四，本文主要分析了蔚县学龄前儿童家庭语言规划的现状与影响因素，对其中存在的问题和相应建议研究不够深入。

（三）后续建议

第一，家庭语言规划不是一成不变的，对于蔚县学龄前儿童家庭语言规划的整体情况应该持续关注。方言、普通话、英语在蔚县学龄前儿童家庭语言规划中会出现怎样的变化，或者未来在蔚县家庭语言规划中会不会出现其他语言，这些都值得关注。

第二，影响家庭语言规划的因素有多种，除了父母职业、学历、收入、籍贯、在蔚县的定居时间以及社会、经济、政策、教育这些内外因素之外，还是否有其他因素，还需要进一步调查。

第三，在发达水平较低的地区，学龄前儿童家庭语言规划究竟是否缺少计划性，以及与城市学龄前儿童家庭语言规划有何异同，是否可以做对比研究，有待进一步思考。

第四，本研究只针对蔚县县政府驻地蔚州镇的学龄前儿童家庭进行调查研究，农村学龄前儿童家庭语言规划情况如何，还尚未可知。可以选择具有代表性的农村作为调查点，了解新时代农村学龄前儿童家庭语言规划的情况。

汉语国际教育

"一带一路"倡议认知现状调查研究
——以新疆师范大学汉语国际教育专业为例

程佳佳

摘 要： 教育是国家的富强、民族的繁荣、人民的幸福最坚实的基础，在共同建设"一带一路"中有先导性的作用。教育中的交流给沿线各个国家间的民心相通架起了一座桥梁，人才的培养让沿线各个国家间的贸易畅通、政策沟通、资金融通、贸易互通真正地"通"了起来。汉语国际教育专业的学生是海内外汉语教师、汉语语言文化传播、涉外事业机构以及"一带一路"发展所需要的人才，他们对该倡议的认知和反馈不仅是该倡议传播效果的最直接体现，还对该倡议的发展产生重要的作用和影响。为了让汉语国际教育专业学生对这一倡议有更全面更深入地认识，成为该倡议发展所需要的人才，从而拓宽自己的就业渠道，研究汉语国际教育专业学生对这一倡议的认知现状具有重要意义。

文章第一部分主要介绍其研究背景、研究目的和研究意义、理论基础、核心概念、文献综述以及研究设计；第二部分是以新疆师范大学汉语国际教育专业所有本科生和中国籍研究生为调查对象，以对"一带一路"倡议的认知现状作为调查内容，梳理其认知内容、认知途径、认知原因、认知态度以及认知行为；第三部分主要分析汉语国际教育专业学生认知"一带一路"倡议的内容、途径、原因、态度和行为的问题；第四部分对认知该倡议的问题提出实质性的建议：国家政府针对学生的需求，提高学生关注；媒体增加多元化的信息渠道，优化认知的内容；学校融入"课程思政"，设置相关的课程，提升对国家民族繁荣的使命感；学院积极开展校园活动，吸引学生认知兴趣；学生加强自己的专业素养，提高对该倡议的认识。

该论文拓展了"知—信—行"模式的应用范围，丰富了以国家层面为主的关于"一带一路"倡议认知文章的种类，并且通过普查的方式对新疆师范大学汉语国际教育专业所有学生进行了问卷调查,有足够的样本量。但由于本人的学术水平有限,对于统计学的相关知识储备不足以及对 SPSS 分析软件掌握不够熟练,仅对数据进行了简单的分析。并且该篇文章只是针对汉语国际教育这个专业的学生对"一带一路"倡议的认知进行了分析,没有设置对照组与其他专业的学生关于这一倡议的认知做对比,使得研究内容不够全面。

关键词:"一带一路"倡议;认知现状调查;汉语国际教育专业学生

一、绪论

(一)研究背景

"一带一路"的实际含义分为"丝绸之路经济带"和"21世纪海上丝绸之路"两部分。2013年9月7日,国家主席习近平在哈萨克斯坦纳扎尔巴耶夫大学发表名为《增进人民友谊,创造更美好未来》的演讲,提出共同建设"丝绸之路经济带"的倡议;2013年10月3日,习主席在印尼国民议会发表名为《共建中国——东盟命运共同体》的演讲,提出共同建设"21世纪海上丝绸之路"的倡议。[①]二者合称"一带一路"倡议。

由于不同国家有不同的市场准入、行业规则、文化习俗等,所以导致在很多方面上出现分歧,尤其是语言交流的问题,已经成为"一带一路"倡议发展的障碍。"由于语言障碍,在'一带一路'沿线国家的中资企业的经济利益已经遭受损失。"[②]"一带一路"需要语言来铺路。[③]汉语作为"一带一路"倡议中开展经贸投资合作、文化交流互鉴的重要桥梁和纽带,在提升民族文化软实力、增强国际话语权方面发挥着重要作用。2017年教育部印发了《推进共建"一带一路"教育行动》的通知,要促进沿线国家间的语言互通,扩大语言学习国家公派留学人员规模,倡导沿线各国与中国院校合作在华开办本国语言专业。支持更多社会力量助力孔子学院和孔子课堂建设,加强汉语教师和汉语志愿者的队伍建设,全力满足沿线国家汉语学习的

[①] 中国一带一路网(https://www.yidaiyilu.gov.cn),2020年4月11日.
[②] 徐琳,胡宗峰."一带一路"建设视域下语言规划之语言能力与服务[J].西北大学学报,2018,(2).
[③] 李宇明."一带一路"需要语言铺路[J].中国科技术语,2015,(6).

需求。[①] 实践表明，将汉语发展为"一带一路"沿线国家和地区沟通交流的通用语言，是解决语言障碍、共享语言资源的需要。[②]

随着"一带一路"沿线国家与中国经济的往来，沿线国家的汉语学习者数量激增，这就需要大量具有跨文化交际能力的国际汉语教师。汉语国际教育的学位是与国际汉语教师职业相关联的专业学位，承担为海外孔子学院发展培养合格人才、培养高层次本土化汉语教师的主要责任。汉语国际教育是以教授汉语和传播中国文化为主要目的的国际教育，汉语国际教育专业学生是实现"五通"的骨干力量。作为一名汉语国际教育专业的学生想要更好地服务"一带一路"倡议，抓住该倡议带给我们的机遇，就要对该倡议有一个全面具体的认知。因此，在这样的时代背景需求下，研究调查汉语国际教育专业学生对"一带一路"倡议的认知具有重大意义。

（二）研究目的和意义

1. 研究目的

汉语国际教育专业的人才不但是提升中国国家软实力的中坚力量，而且还是塑造中国国家形象的桥梁纽带。为了使汉语国际教育专业的学生全面深入地了解"一带一路"倡议，更好地服务这一倡议，认识到该倡议对国家和个人发展的重要性，提升对国家和民族繁荣的使命感的同时，也拓宽自己的国际视野，从而增加就业渠道。

2. 研究意义

理论意义：

第一，本论文将主要应用于流行病学和行为科学领域的行为改变理论中"知—信—行"模式推广到对"一带一路"倡议的认知方面，对拓展行为改变理论具有一定积极的作用。

第二，本文研究的对象是汉语国际教育专业的学生，较以国家层面对该倡议认知居多的研究，丰富了维度与话语讨论。

第三，本论文的撰写有一定量的问卷调查与访谈资料作为基础，为汉语国际教育专业的学生对"一带一路"倡议的认知研究增加了个案，丰富了田野调查，为今后进一步研究"一带一路"相关问题提供数据资料与范本借鉴。

[①] 中国一带一路网，https://www.yidaiyilu.gov.cn.［2020-4-11］.2020年4月11日.
[②] 王烈琴，于培文."一带一路"发展倡议与中国语言教育政策的对接［J］.河北学刊，2017,（1）：185-189.

实际意义：

通过汉语国际教育专业学生对"一带一路"倡议认知状况的调查研究，找出汉语国际教育专业学生对这一倡议认知不足的原因，并提出合理有效的对策和建议，有利于汉语国际教育专业学生全面了解"一带一路"倡议，对自己有一个明确的定位和职业规划，使得在校期间的学习动力更加充足，拓宽自己的国际视野，培养看待问题的大局意识，明确自身汉语与文化传播的使命和责任，把握住"一带一路"倡议带来的互利共赢的发展机遇，在为该倡议服务的同时，增加就业机会。

（三）理论基础与核心概念

1. 行为改变理论

行为改变的理论主要有"知—信—行"模式（KABP 或 KAP）、健康信念模式（HBM）和行为转变阶段模式（Transtheoretical Model of Behavior，TTM），本研究采纳的是"知—信—行"模式。"知—信—行"模式（KAP）是改变人类健康行为的模式之一，是一种行为干预理论，将人类行为变化分为获取知识、信念生成和行为形成三个连续的过程。其中，"知"为知识（knowledge），是对相关知识的认识和理解；"信"是信念（attitude or belief），是一种正确的信仰和积极的态度；"行"即行为（practice），是将已经知道并且相信的东西付诸行动。该模式提出了知识、信念和行为三者之间的关系：知识是行为改变的基本，态度和信念是行为改变的动力。本研究将用于医学研究的"知—信—行"模式应用于高校学生关于"一带一路"倡议的认知上，调查研究高校学生对该倡议认知内容、认知态度、认知行为。

李春梅在《城镇居民公众参与认知、态度和行为关系的实证研究》中通过对成都市城市居民的问卷调查，发现公众参与认知对公众参与态度具有显著的正向相关，公众参与态度对公众参与行为具有显著的正向相关，公众参与认知对公众参与行为有显著的正向相关，公众参与态度在公众参与认知和行为之间具有中介作用。[1] 人们只有对"一带一路"倡议有了相关的认识后会对该倡议发展有积极的思考，产生强烈的责任感，进而形成对该倡议的信念和积极的态度。在此基础上，行为的产生便有了铺垫，才能真正为该倡议的发展贡献出自己的力量。

---

[1] 李春梅. 城镇居民公众参与认知、态度和行为关系的实证研究 [D]. 西南交通大学，2013.

2. "一带一路"倡议

"一带一路"（"The Belt and Road"）是"丝绸之路经济带"和"21世纪海上丝绸之路"的简写形式，是由国家主席习近平所提出的。进入新世纪以来，中国政府发布的"一带一路"倡议，让古老的丝绸之路又焕发出新的生机。在各方的共同努力下，大量的合作项目得到了落实并逐渐发展。首届峰会论坛顺利举行，150多个国家和国际组织和中国签署了合作协议，共同建设"一带一路"。该倡议的建设开辟了世界经济增长的新空间，搭建了国际贸易和投资的新平台，拓展改善了全球经济管理的新实践，为改善各国民生和福祉做出了卓越的贡献，成为繁荣和机遇之路。事实证明，"一带一路"的发展不仅为世界各个国家的发展提供了新的机遇，还为中国的开放开辟了新的视野。

2020年初爆发了新冠病毒并蔓延全球，截至2020年5月，世界上有500多万例新冠肺炎的确诊病例人数，数十亿人遭受到疫情的影响，且感染和死亡人数不断攀升。中国对外援助的国家也主要集中在"一带一路"倡议沿线国家，这是给当地民众和政府留下好印象的契机。汉语国际教育专业的人才应充分发挥专业优势，进一步通过中文教育实现民心相通。虽然很多留学生和来华工作者由于疫情原因无法回到中国，但却会带来线上教学的高峰，作者也是在实习期间找到了线上海外教学的兼职。"通商先通言"，汉语国际教育专业的学生应顺应形势，提升自己专业素养和国际视野，为该倡议的发展尽一份绵薄之力。

（四）文献综述

自从国家主席习近平提出"一带一路"倡议以来，这一倡议的发展使得丝绸之路改头换面。各学术界的专家和学者都针对这个倡议开展理论与实践方面的讨论，相关研究呈雨后春笋般态势。为了对"一带一路"倡议的相关研究有更为清楚的认识，该论文将从"一带一路"倡议、"一带一路"倡议的认知、"一带一路"倡议与高校学生、"一带一路"倡议与汉语国际教育四个方面进行梳理。

1. 关于"一带一路"倡议的研究

对"一带一路"的研究主要集中在概念内涵、历史发展、基本特征、功能和发展趋势等方面。

厉以宁、林义夫和郑永年等在共同编写的《读懂"一带一路"》一书中，从历史、地理、经济、外交等不同角度对"一带一路"的问题进行了全面而深刻的解读。他们认为，从历史上看，在重建欧洲与亚洲联系的过程中，丝绸之路起到了巨大的作用。在今天全球化的时代，"一带一路"倡议的实施，将会推动世界各国的经济发展与文化交流迈上新的台阶。①

刘伟、郭濂在《"一带一路"协同发展研究丛书》中从政治、经济和文化的角度审视"一带一路"的发展，对这个倡议进行了全方位、高层次的分析和解读，认为该倡议将使我国的政治、经济、文化迈上一个更高的台阶。②

在《"一带一路"：中国文明的崛起》中，赵磊从文化经济学的角度解释了什么是"一带一路"，纠正了对这一倡议的误解，回答了什么样的城市和企业会吸引"一带一路"沿线国家等具体问题，指出了"一带一路"对中国经济和文化崛起的意义："一带一路"不仅是一个经济事件，还是一个文化事件，更是中华文明崛起的象征。③

刘卫东在《"一带一路"倡议的科学内涵与科学问题》中指出，"一带一路"是经济全球化机制下促进区域共赢发展的国际合作平台，各国需要共同构建开放、包容、平衡、普惠的区域经济合作框架，实现"开放包容、和平合作、互学互鉴、互利共赢"的局面。④

学术界还从跨文化传播的角度讨论了"一带一路"倡议。据中国知网（CNKI）统计，2013年到2020年，关于"一带一路"跨文化传播研究的论文总计3033篇，以"一带一路"为主题的文献总数的3.5%。这表明"一带一路"倡议越来越重视跨文化交流带来的影响。这些研究主要包括"一带一路"倡议的内涵和意义、影响传播的因素、传播策略，以及如何培养跨文化人才来适应"一带一路"倡议的发展。作为跨文化交际的人才和使者，汉语国际教育专业的学生应该对其有一定的了解。

关世杰在《中国跨文化传播研究 十年回顾与反思》中提到，做好跨文化传播研究是实施国家软实力的重要一步。他认为文化因素是影响跨文化传播效果的主要因素之一，影响力是传播软实力的最终体现。他还认为，中国的跨文化交际研究亟待加强。⑤跨文化传播与"一带一路"倡议是密不可分的。一方面，跨文化传播为该倡议的传播提供了理论指导和研究方法借鉴，另一方面，该倡议中所蕴含"民心相通"等文化内涵也是世界各国人民在跨文化传播中想要了解的核心所在。

---

① 厉以宁. 读懂"一带一路"[M]. 北京：中信出版社，2015.
② 刘伟、郭濂. "一带一路"协同发展研究丛书[M]. 北京：北京大学出版社，2016.
③ 赵磊. "一带一路"：中国文明的崛起[M]. 北京：中信出版社，2015.
④ 刘卫东. "一带一路"倡议的科学内涵与科学问题[J]. 地理科学进展，2015，（5）：538-544.
⑤ 关世杰. 中国跨文化传播研究十年回顾与反思[J]. 对外大传播，2006，（12）：32-36.

陈力丹在《"一带一路"建设与跨文化传播》中提到，成功的跨文化传播对"一带一路"倡议非常重要，需要进一步创新对外传播方式，更多研究外国人对中国的视角和传播心理。[①] 在《"一带一路"下跨文化传播研究的几个面向》中用"陌生人理论"对跨文化传播中的现象进行解读，并提出了跨文化传播成功的方法，总结了在跨文化传播中发生冲突的教训。[②]

陈海燕在《"一带一路"倡议实施与新型国际化人才培养》中认为，新型国际化人才能够在语言交际的前提下进行跨文化的交流和理解，培养具备跨文化理解和交流的新型国际化人才刻不容缓。他还提出了培养国际化人才的路径和问题，希望通过提供大量通晓对方语言、具有国际视野、能够进行跨文化交流的国际化人才，从而为"一带一路"倡议的实施做出一些贡献。[③]

综上所述，关于"一带一路"倡议的文章，不同专家学者从不同角度对该倡议进行了研究，对文章梳理"一带一路"倡议的概念内涵、基本特征、功能作用、发展趋势以及国际关系起了很大的作用。该倡议的发展离不开其他国家的参与与支持，但由于国家间的文化不同，就会产生一定的交流障碍，这时良好地跨文化传播对其倡议的顺利发展起着至关重要的作用。汉语国际教育专业的学生更应与时俱进，把握"一带一路"与跨文化交际的关系，充分发挥专业优势，为"一带一路"倡议的发展做出贡献。

2. 关于"一带一路"倡议认知的研究

在对"一带一路"倡议认知方面的研究，主要从不同国家的不同阶层对该倡议所持的态度以及留学生对于该倡议的认知情况进行梳理。

无论是马建英（2015）[④]，还是韦宗友（2018）[⑤]，都对中国"一带一路"倡议的动机、可行性和潜在影响充满了疑虑和担忧，认为"一带一路"倡议是中国扩大国际影响力的战略工具，将为中美两国之间带来广泛的竞争。黄凤志、刘瑞在（2015）[⑥]、李

---

① 陈力丹."一带一路"建设与跨文化传播[J]. 对外传播，2015，(10)：25-26.
② 陈力丹."一带一路"下跨文化传播研究的几个面向[J]. 江西师范大学学报（哲学社会科学版），2016，(1)：69-73.
③ 陈海燕."一带一路"倡议实施与新型国际化人才培养[J]. 中国高教研究，2017，(6)：52-58.
④ 马建英. 美国对中国"一带一路"倡议的认知与反应[J]. 世界经济与政治，2015，(10)：104-132+159-160.
⑤ 韦宗友. 美国媒体对"一带一路"倡议的认知——基于美国三大主流媒体的文本分析[J]. 国际察，2018，(1)：112-126.
⑥ 黄凤志，刘瑞. 日本对"一带一路"的认知与应对[J]. 现代国际关系，2015，(11)：37-43+62-64.

素华（2015）[①]、王义桅，崔白露（2018）[②] 都认为日本对"一带一路"的认知经历了从漠视到模糊、再到积极参与的巨大变化。

在研究印尼对"一带一路"倡议的认知中，米拉、施雪琴（2016）[③]，潘玥、常小竹（2017）[④] 均认为各界对"一带一路"倡议的看法不同，印尼政府支持并欢迎"一带一路"倡议，普通民众对中国和"一带一路"倡议的认同有待完善，印尼学术界也是反对的主要来源，他们认为"一带一路"倡议给印尼带来了机遇，并提醒印尼政府在与中国建立关系时要保持谨慎的态度。林民旺（2015）[⑤] 和张立、李坪（2016）[⑥] 均研究了印度关于"一带一路"倡议的认知，并表示印度各界对该倡议普遍持怀疑、警戒态度，使得印度政府未能给出明确的态度。

王雪梅（2019）提到俄罗斯学者从多个角度解读了中国的"一带一路"倡议，其中有客观的评价，也有过度的揣测，对"一带一路"倡议并未达成统一的认知。[⑦] 中亚五国都非常赞同和支持"一带一路"倡议，并认为这是搭乘"中国快车"的难得机会。

卓奥玛尔特·奥托尔巴耶夫（2017）强调"一带一路"倡议不仅可以推动全球经济发展，还可以促进中亚国家的发展，使中亚人民更加乐观，他们希望共同建设"一带一路"的伟大创举能够成功。[⑧]

阿勃鲍斯·鲍鲍霍诺夫、周延丽（2019）表示乌兹别克斯坦宣布支持并准备积极参与和建设"丝绸之路经济带"，是进一步加深与中国多边合作的首批国家之一。[⑨]

诗琳在（2016）表明土库曼斯坦各行各业对"一带一路"倡议持积极态度，认为该倡议的实施有利于土库曼斯坦的社会和经济发展。[⑩]

[①] 李素华. 日本对"一带一路"构想的认知和反应[J]. 东北亚学刊, 2015,（3）：15-19.
[②] 王义桅，崔白露. 日本对"一带一路"的认知变化及其参与的可行性[J]. 东北亚论坛, 2018,（4）：95-111+128.
[③] 米拉，施雪琴. 印尼对中国"一带一路"倡议的认知和反应述评[J]. 南洋问题研究, 2016,（4）：79-91.
[④] 潘玥，常小竹. 印尼对"一带一路"的认知、反应及中国的应对建议[J]. 现代国际关系, 2017,（5）：50-56+66.
[⑤] 林民旺. 印度对"一带一路"的认知及中国的政策选择[J]. 世界经济与政治, 2015,（5）：42-57+157-158.
[⑥] 张立，李坪. 印度对"一带一路"的认知与中国的应对[J]. 南亚研究季刊, 2016,（1）：18-23+38+4.
[⑦] 王雪梅. 俄罗斯学者对"一带一路"倡议的认知[J]. 战略决策研究, 2019,（5）：3-17+101.
[⑧] 卓奥玛尔特·奥托尔巴耶夫. 吉尔吉斯斯坦前总理："一带一路"是全球治理模式的新探索[N]. 21世纪经济报道, 2017-10-12（4）.
[⑨] 阿勃鲍斯·鲍鲍霍诺夫，周延丽. 乌兹别克斯坦经济发展与"一带一路"有效对接[J]. 欧亚经济, 2019,（2）：1-7+125+127.
[⑩] 诗琳. 土库曼斯坦对中国丝绸之路经济带倡议的认知与应对[D]. 天津师范大学, 2016.

陈灿（2019）用LDA模型计算和文本情感分析"一带一路"沿线国家的人民在推特上的推文的数量变化、推文地区所占比例、LDA主题的分类、主题的热度、情感极性的分布、情感的分类、情感变化的结果，描绘推特上"一带一路"沿线国家公民对该倡议及中国的态度。[1]

目前对于"一带一路"倡议认知的研究多聚焦于各个国家的各阶层、各个国家的智库对该倡议所持的态度，忽略了学生群体对于这一倡议的认知，在有限的关于学生群体对"一带一路"倡议认知的研究中，缺乏与该倡议紧密联系的各个专业的学生对"一带一路"倡议的认知。

3. 关于"一带一路"倡议与高校学生的研究

"一带一路"倡议与高校学生的研究已有学者进行了研讨，但研究主要集中在"一带一路"倡议与学生的创业就业、跨文化交际能力以及思想政治教育方面，关于学生对"一带一路"倡议认知的研究很少。

姜珍（2016）通过分析影响当代大学生就业的因素，对"一带一路"倡议进行了深入的研究，总结了认知"一带一路"倡议和就业这二者交叉影响的因素，阐明了对大学生就业的影响，并提出了相关建议和对策。[2]

周玉青、都宏霞、许宁在（2019）中通过对大学生创新创业问题的剖析，提出建立"一带一路"背景下的大学生创新创业培养模式，要求大学生尽快融入到"一带一路"沿线国家的创新项目中，但却没有提出具体的操作措施。[3]

赵磊（2015）明确指出了大学生学习"一带一路"倡议的重要性，分析了"一带一路"倡议的本质及内涵，提出了"一带一路"思想融入大学生思想政治教育的倡议。[4]

马韫慧（2017）认为"一带一路"背景下的高校思想政治教育面临着机会和挑战，并从社会主义核心价值观、高校思想政治教育自身建设、高校思想政治工作方法创新这三个方面提出了策略。[5]

吕冬英、朱月晨、甘怀敏、梁海英、朱名强（2019）通过构建"思想政治"教育共同体，构建广西高校"思想政治课"网络资源平台，加强"思想政治课"教师队伍

---

[1] 陈灿. 沿线国家民众对"一带一路"倡议的认知与情感研究[D]. 湖南大学, 2019.
[2] 姜珍. "一带一路"倡议对当代大学生就业的深刻影响[J]. 高教学刊, 2016,（5）: 25-26.
[3] 周玉青, 都宏霞, 许宁. 新形势下大学生创新创业研究进展[J]. 教育教学论坛, 2019,（35）: 124-126.
[4] 赵磊. "一带一路"倡议理论融入大学生思想政治教育研究[J]. 文教资料, 2015,（19）: 82-83.
[5] 马韫慧. "一带一路"倡议下的高校思想政治教育研究[J]. 决策探索, 2017,（7）: 67.

建设，开设具有思想政治特色的选修课，可以促进广西高校"思想政治课"的实施，落实高校立德树人的根本任务，增强广西大学生的思想政治意识，为广西参与"一带一路"建设提供具有坚定理想和信念的人才。①

马广露、陆百川（2016）结合问卷调查分析了"一带一路"背景下现代大学生培养的现状和特征，探究了大学生的素质结构，讨论了"一带一路"倡议给大学生带来的挑战和机遇，并提出了对策。②

玛丽卡、李立威在（2019）通过对哈萨克斯坦大学生的调查可以发现，哈萨克斯坦国内对于"一带一路"的了解相对较多，并且认知积极，但是也存在一些认知不足，并提出中国政府要多加宣传和加强中哈教育方面的交流等建议让哈萨克斯坦大学生更加真实全面地了解"一带一路"倡议。③

Akzharkyn Amanturliyeva 在《传播学视角下留学生对"一带一路"倡议的认知研究》④中从传播学的角度，分析和探讨了留学生对中国"一带一路"倡议的认知。该论文以问卷调查和访谈的方式对武汉高校留学生进行了调查，有效调查的人数为96人，并结合留学生认知现状、认知渠道、认知态度和认知行为等问题着重探究了"一带一路"倡议认知的影响因素为认知主体、认知客体、认知环境，但却并没有针对这些因素提出实质性建议。该篇论文为本论文的撰写提供了思路，并为本论文的问卷设计提供了可参考的资料。

黄凝明、叶葆妍、袁冠聪（2017）以广州大学城的大学生为个案，通过问卷调查，探究他们对"一带一路"倡议的认知，揭示现代大学生对国家倡议的理解、关注和参与，并提出增强其国家使命感和责任感的对策，从而为撰写建议和对策提供方向和思路。⑤

彭晓雪（2018）对中国将近十所大学的123名大学生进行了问卷调查，发现"一带一路"倡议给大学生的创业、就业、生活等方面带来了显著影响，但学生对于"一

---

① 吕冬英．朱月晨．"一带一路"背景下高校"课程思政"实施路径研究[J]．教育评论，2019，（4）：110-113．
② 马广露．"一带一路"倡议实施对当代大学生的影响[J]．重庆交通大学学报，2016，（5）：113-117．
③ 玛丽卡，李立威．哈萨克斯坦大学生对"一带一路"倡议的认知调查研究[J]．现代商业，2019，（12）：171-172．
④ AKZHARKYN AMANTURLIYEVA．传播学视角下留学生对"一带一路"倡议的认知研究[D]．华中农业大学，2019．
⑤ 黄凝明，叶葆妍，袁冠聪．大学生对"一带一路"倡议的感知及提升对策[J]．课程教育研究，2017，（2）：246-249．

带一路"倡议的认知却不尽如人意。该作者却没有分析认知较差的原因以及给出针对性建议。①

可以看出，关于"一带一路"倡议与大学生的研究主要集中在两个方面：一是"一带一路"倡议对大学生的影响；二是"一带一路"倡议在大学生思想政治教育和爱国主义教育中的作用。很少有文章探讨大学生对"一带一路"倡议的看法和体验。从这个意义上说，以新疆师范大学的大学生为个案，通过问卷调查，探讨大学生对"一带一路"政策的感知，揭示当代大学生对国家倡议、前途与命运的认知度、关注度和参与度，并提出增强民族使命感和责任感的对策，具有极其重要的理论意义和实践价值。

4. 关于"一带一路"倡议与汉语国际教育专业的研究

"一带一路"倡议的发展需要大量的语言和文化人才来帮助开展各领域的交流。汉语国际教育是配合"一带一路"倡议发展的主要途径之一，但关于汉语国际教育与"一带一路"的研究较少，以CNKI数据库为例，以"汉语国际教育"和"一带一路"为主题的文章仅有99篇，下面将从"一带一路"与汉语国际教育专业的人才培养、课程设置、专业发展、人才培养这几方面进行文献梳理。

吴泓、董波（2016）讨论了双语教学对汉语国际教育专业的必要性，根据"一带一路"周边国家的语言特点，提出双语教学需要拓展语言才能真正传播中国文化的建议。②

邢欣、李琰、郭安（2016）提到新疆作为"丝绸之路经济带"的中心地区，在地理位置和语言资源上具有天然优势。根据访谈数据和问卷调查，得出中国学习者在"丝绸之路经济带"沿线国家学习的动机和前往中国的目的与未来就业有关的结论。建议新疆充分利用地理语言、双语教育和基础科研优势，创新"走出去"办学模式，拓展人才培养渠道，构建中国国际化人才层次化培养模式，着重增强以就业作为导向的汉语国际化的人才培养。③

朱晓军（2017）认为随着"一带一路"倡议的提出，汉语国际教育专业需要重新定位培养目标和模式，提出设立二级培养目标、中外联合培养、放宽毕业论文选题

---

① 彭晓雪. "一带一路"倡议对当代大学生的影响[J]. 宏观经济, 2018, (3): 1-4.
② 吴泓, 董波. "一带一路"建设背景下的双语教学思考——以汉语国际教育专业为例[J]. 黑龙江教育（理论与实践）, 2016, (6): 50-51.
③ 邢欣, 李琰, 郭安. "丝绸之路经济带"核心区汉语国际化人才培养探讨[J]. 国际汉语教学研究, 2016, (1): 22-28.

等新思路，使专业更好地适应社会需求，服务国家。①

赵世举（2017）提到汉语国际教育应以"一带一路"倡议为契机，进行适当改革，利用独特的"语言"和"国际"优势，积极满足"一带一路"发展的需求，创新培养的模式，为"一带一路"建设培养急需的人才。②

刘明（2017）以新疆师范大学为核心，梳理和总结了该学校汉语国际教育专业发展的区域特征，并对不同地区高校的国际汉语教育专业进行了适当的比较，有助于总结专业发展的经验教训，取长补短。③针对汉语国际教育专业在"一带一路"倡议的背景下如何发展给出了针对性对策。

张亚蓉（2018）是从"一带一路"的起始点陕西省的汉语国际教育的现状出发，探讨汉语国际教育专业培养模式的利弊，提出由内向自主发展延伸联合培养模式的转变，推进"教育现代化"。充分发挥"一带一路"和"丝绸之路经济带"新起点的政策优势和学校自身的专业优势，希望培养出一大批能够熟练开展汉语国际教育的从业人员。④

王静（2018）通过对新疆高校汉语国际教育专业本科的发展路径、学生培养、教师培养、专业设置和发展进行分析，了解其专业发展障碍，揭示其创新发展问题，以期为新疆地区的高等教育学校中的汉语国际教育专业本科在"一带一路"的创新发展中供给实践思路。⑤

邢欣、宫媛在（2020）提到在"一带一路"倡议的大背景下，留学生的汉语教学也有必要跟上时代的发展。在培养汉语国际化人才方面，应尽快改变师资条件、教学方式、教材和教学内容，形成根据跨学科为基本的、以"一带一路"需求为导向的联合培养团队模式，转向应用型人才的培养。⑥

在"一带一路"倡议与汉语国际教育专业的有关的研究里，均提到了该专业要如

---

① 朱晓军. "一带一路"倡议下汉语国际教育专业的发展及对策研究[J]. 新疆大学学报（哲学人文社会科学版），2017，（4）：44-47.
② 赵世举. 汉语国际教育类专业的困境与出路[J]. 中国大学教学，2017，（6）：46-49.
③ 刘明. 新疆汉语国际教育专业发展的区域特征——以新疆师范大学为中心[J]. 云南师范大学学报（对外汉语教学与研究版），2017，（4）：88-92.
④ 张亚蓉. "一带一路"新形势下汉语国际教育专业改革与发展模式构想[J]. 西北大学学报（哲学社会科学版），2018，（6）：142-150.
⑤ 王静. "一带一路"建设背景下新疆高校汉语国际教育本科专业创新发展的思考[J]. 民族教育研究，2018，（1）：137-144.
⑥ 邢欣，宫媛. "一带一路"倡议下的汉语国际化人才培养模式的转型与发展[J]. 世界汉语教学，2020，（1）：3-12.

何与时偕行,如何在这个大的背景下发展以及为"一带一路"的发展提供所需要的人才,但却较少研究汉语国际教育这个专业的学生对该倡议的认知状况,如果学生对于该倡议都没有一定的认知,又怎能成为满足其倡议的发展所需要的人才。

5. 研究评价

关于"一带一路"倡议的相关研究,不同的学者从不同的理论和实践等方面进行分析、研究和探讨,文章不仅内容丰硕、看法新颖,而且各有所长,可以受到很大的启发。尤其在研究内容方面既有从概念意义、历史发展、基本特点和发展趋向等方面进行讨论的,也有从政治、经济、文化、社会等方面进行探讨的,还有从跨文化传播视角研究"一带一路"倡议如何更好地进行传播。

在对"一带一路"倡议认知方面,研究主要集中在国家的各个阶层和留学生对该倡议的认知,很少研究中国籍高校学生群体对这一倡议的认知,更不用说针对汉语国际教育专业的学生对该倡议的认知。

在"一带一路"倡议与学生的相关探究中,不同学者从不同角度对该倡议与大学生就业、跨文化交际和思想政治教育进行了研究,较少有文章探究大学生对于这一倡议的感知与理解。

在"一带一路"倡议和汉语国际教育专业的相关讨论中,主要从汉语国际教育专业的课程的设置、专业的发展和人才的培养等方面进行探究,而对学生关于"一带一路"倡议认知的研究相对较少,只有更好地认识汉语国际教育专业的学生关于这一倡议的认知情况,才能在高校学生群体中尤其是与"一带一路"倡议紧密联系的汉语国际教育专业的学生中更好地传播这一倡议,在服务"一带一路"倡议的同时拓宽高校学生的国际视野和大局意识,拓宽就业渠道。

(五)研究设计

1. 研究思路

首先,通过问卷调查法对汉语国际教育专业的学生"一带一路"倡议的认知现状进行调研,包括被调查者的个人信息以及对该倡议认知内容、认知途径、认知原因、认知态度和认知行为,分析人口统计学变量对"一带一路"倡议认知内容的差异性。在这些调查结果的基础上,笔者对该专业的学生关于"一带一路"倡议的认知状况进行了总结。

随后,从汉语国际教育专业的学生对"一带一路"倡议认知的途径、认知的原因、认知的态度和认知的行为上发现问题。

最后，针对汉语国际教育专业的学生关于"一带一路"倡议认知的问题，从认知现状问题、认知态度问题以及认知行为问题方面提出建议。

2. 研究内容

本文以新疆师范大学汉语国际教育专业所有的本科学生和研究生作为研究对象，以其对"一带一路"倡议的认知现状作为研究内容，通过问卷调查和访谈相结合的形式对其认知"一带一路"倡议的现状进行调查研究，并通过 SPSS 软件进行数据的整理与分析，了解汉语国际教育专业学生对"一带一路"倡议认知现状的问题，并提出针对性建议。

3. 研究方法

（1）问卷调查法

在正式进行调查之前，笔者首先对 10 名汉语国际教育专业的学生进行了预调查。目的是为了检验调查问卷是否合理，并根据其反馈的问题进行调查问卷调整，提高其可操作性。正式调查时间是 2020 年 11 月至 12 月之间。由于疫情的原因，笔者未能及时返校发放问卷，故而采用电子问卷的方式进行调查。将电子问卷设置成答完所有题后方可退出，答题时间设置为 15 分钟，以确保自己独立完成所有题目。新疆师范大学汉语国际教育专业的本科生和中国籍研究生共计 196 人，本次调查一共发放问卷 196 份，覆盖率 100%；回收问卷 196 份，回收率 100%；其中有效问卷共计 196 份，有效率 100%。调查问卷包括以下几个内容：

第一，问卷说明。这一部分主要是针对被调查者，向他们介绍此次调查的目的以及调查内容，同时向被调查者承诺保证他们的个人信息不会公开，希望他们积极参与。

第二，被调查者的个人信息。主要包括性别、年龄、年级、居住地等，这些信息对关于"一带一路"倡议认知有很大关系，所以这方面的信息情况也是十分必要的。

第三，调查问卷的设计主要基于对相关文献资料的整理分析。详见附录一、附录二。问卷主要分为三个部分，第一部分是个人信息，第二部分为汉教学生对"一带一路"倡议的认知情况，第三部分是影响汉教专业的学生对该倡议的认知因素的情况。

第四，问卷第一部分是汉语国际教育专业学生的个人信息情况，主要从汉语国际教育专业学生的教育层次、年龄、地区等方面进行调查，看是否会对汉语国际教育专业学生认知"一带一路"倡议内容产生影响。

问卷第二部分主要从汉语国际教育专业学生对"一带一路"倡议的知、态、行三个方面展开，即认知内容、认知途径、认知态度和认知行为，这部分一共有33道题，其中多选题14道，单选题19道。

问卷第三部分通过对影响汉教专业的学生认知因素调查。比如，认知主体方面，您认为教育的层次是否会对认知"一带一路"倡议产生影响？影响认知的程度从1–5进行打分（1表示的程度最小，5表示程的度最大）。

表1-1 汉语国际教育专业学生"一带一路"倡议认知情况调查设计

问卷项目	考题内容	数据处理
第一部分	调查对象的基本信息情况	将数据汇总记录
第二部分	"一带一路"倡议的认知情况	将所有调查对象合并统计 计算出每个题目每个选项的百分比
第三部分	影响"一带一路"倡议的认知要素	

调查结果的正确度与可信度，取决于被调查者在回答问题时是否排除了其他的非必要因素，可以专心致志地填写问卷，由于该问卷采取电子问卷的形式，通过线上进行填写，为保证问卷的质量，我通过添加每个班级班长的微信，让其将我拉进入各自的班级群，在学生上课前或下课后人员比较齐的时候进行填写问卷，每个人做完问卷后，需将截图发在群里，以保证每个人都可以填写这个问卷，在填写问卷之前，我会将各种注意事项提前发在群里，为了消除被调查者的顾虑，确保他们认真填写，在问卷中注明了这样一段话"此问卷采用匿名形式，答案无对错之分，且数据仅用于此项研究，我们会对您的信息和所回答问题的答案进行完全保密。您对'一带一路'倡议的实际了解情况对我的研究有很大价值。"

（2）访谈法

访谈对象：通过分层抽样的方式抽取汉语国际教育专业不同年级和学历的学生，本科生共计5个班级，包括本科一年级至四年级和一个专升本年级，研究生共计5个班级，包括汉语国际教育专业型硕士两个班级和学术型硕士三个班级，总共10个班级，每个班级各抽取不同性别的两位学生，由于2020级语言学一班人数为5人且没有男生，因此这个班级只选取了一名女生，最后得到的访谈人数为19人。

访谈形式：本次访谈采用了半结构式的访谈方法。由于疫情的原因，笔者未能及时返校，不能采取面对面的方式进行访谈，因而通过微信语音、微信视频等方式进行线上访谈，在得到访谈对象允许的情况下，尽量采取视频的方式，因为这样可以拉近与被访谈者的距离，所访谈的内容也更加真实有效。

访谈可以在问卷调查的基础上更深入地了解汉语国际教育专业学生"一带一路"倡议的认知情况，弥补问卷调查的限制。访谈内容和问题与问卷有一定的区别，主要是对问卷内容的补充，弥补了问卷调查的不足，有助于了解个体的深层心理，揭示认知的本质规律。

（3）统计分析法

本文通过 SPSS 软件（27.0）对调查结果进行数据录入和分析，并通过录入的数据分析结果，对汉语国际教育专业的学生关于"一带一路"倡议的认知现状进行描述，从中发现问题并试图寻求解决方案。笔者利用该软件提供的服务对问卷中的数据进行了以下分析：

第一，描述统计分析。该种分析方法是本篇文章中使用最多的分析方法，一般是针对单选题的描述，如调查对象的性别、年龄、年级以及"一带一路"倡议的全称、提出时间和提出地点等问题。（具体操作步骤为：选中需要分析数据所在的一列，描述统计即可得出图表）。

第二，独立 T 检验。检验"一带一路"倡议认知内容在人口统计学变量之间的显著性差异，比如年龄、学历和地区等人口统计学变量在对"一带一路"倡议认知全称、时间以及地点等方面是否具有显著性差异。

第三，多重响应分析。该文章中的多选题分析会采取这一统计方法，一般是针对"一带一路"倡议内容中"五通"和"三同"的选择，"一带一路"倡议的认知途径以及浏览"一带一路"倡议相关信息的原因，由于正确的选项不只有一个，还包括干扰选项，每个被调查者所选的内容均不一致，因此需要运用多重响应进行分析。编码的方式选取了多重二分法的方式，把每个选项看成一个独立变量，被调研对象选中了这个选项，给予编码 1，如果没有选中这个选项，给予编码 0。操作步骤为分析—多重响应—定义变量集（将所有选项导入集合中的变量，计数值为 1），然后再点分析—多重响应—频率。例如："一带一路"倡议中"五通"是哪五个？选项 A 至 F，选中的选项编码为 1，未选中的选项编码为 0，名称输入，"一带一路"倡议中"五通"的内容—分析—多重响应—频率—选中命名的名称）。

第四，线性回归分析。在数据分析方法中，回归分析是应用范围最广的统计学分析方法之一。它利用数理统计的方式建立起因变量和自变量之间的回归关系函数表达式，因而称为回归方程式，使人们能够准确地知道一个变量受其他变量的影响有多大，进而为预测提供可靠的依据。线性回归的分析可以用来分析连续的因变量和一组自变量之间的关联，本文只涉及到接触率这一个变量。

（六）创新之处

该论文针对汉语国际教育专业的学生这个群体关于"一带一路"倡议的认知，将主要应用于流行病学和行为科学领域的"知—信—行"模式推广到对"一带一路"倡议的认知方面，不仅拓展了"知—信—行"模式的应用范围，而且丰富了以国家层面为主的关于"一带一路"倡议认知文章的种类。

二、"一带一路"倡议认知现状分析

这一章节主要针对调查对象和调查数据进行整理和分析，包括调查对象的年级、年龄、性别和居住地以及是否接触过"一带一路"倡议和接触时长等情况进行描述统计。然后分析被调查者对"一带一路"倡议的基本内容、认知途径与认知原因、认知态度以及认知行为的认知情况。

（一）调查对象与调查数据分析

1. 调查对象

为了对新疆师范大学的汉语国际教育专业的本科学生和研究生进行"一带一路"倡议认知情况进行分析，该研究采取了问卷调查和访谈相结合的方法。本次调查以新疆师范大学汉语国际教育专业本科的学生和研究生作为调查的对象，通过发放调查问卷和深入访谈相结合的形式开展调查工作。为确保问卷结果的全面性，研究对象的选取是新疆师范大学汉语国际教育专业所有中国籍学生。新疆师范大学汉语国际教育专业的本科生和研究生一共有196人，本次调查一共发放的问卷为196份，覆盖率100%；回收的问卷196份，回收率100%；其中有效的问卷共计196份，有效率也为100%。为确保访谈结果的精确性，通过分层抽样的方式抽取不同年级、不同性别的 19 位学生。访谈对象信息如下表所示：

表 1-2 受访者信息简表

访谈化用名	性别	年级	居住地	访谈时间	访谈方式
受访者 Z	男	本科一年级	陕西咸阳市	2021.02.15	微信语音
受访者 J	女	本科一年级	福建泉州市	2020.12.02	微信视频
受访者 W	男	本科二年级	四川攀枝花市	2021.03.20	微信语音
受访者 D	女	本科二年级	辽宁沈阳市	2020.11.18	微信视频
受访者 Z	男	本科三年级	河南驻马店	2020.12.07	微信语音
受访者 W	女	本科三年级	广东惠州市	2020.12.06	微信视频
受访者 Y	男	本科四年级	新疆昌吉市	2020.03.11	微信语音
受访者 L	女	本科四年级	河北石家庄	2020.12.08	微信视频
受访者 H	男	专升本一年级	新疆乌鲁木齐市	2021.03.22	微信语音
受访者 L	女	专升本一年级	河南驻马店市	2020.12.09	微信视频
受访者 Z	男	专硕一年级	新疆伊犁市	2121.03.23	微信语音
受访者 L	女	专硕一年级	河南洛阳市	2021.03.06	微信视频
受访者 C	男	专硕二年级	新疆昌吉市	2020.03.21	微信语音
受访者 R	女	专硕二年级	山东青岛	2020.01.11	微信视频
受访者 Z	女	学硕一年级	新疆塔城市	2021.0.29	微信视频
受访者 L	男	学硕二年级	陕西西安市	2021.03.19	微信语音
受访者 C	女	学硕二年级	云南昆明市	2021.03.29	微信视频
受访者 L	男	学硕三年级	江苏镇江市	2021.03.29	微信语音
受访者 W	女	学硕三年级	新疆博乐市	2021.03.30	微信语音

2. 调查数据

（1）"一带一路"倡议认知者的现状描述

由于研究的需要，这一小节主要是对被调查者的年级、年龄、性别以及居住地的分布情况进行描述统计，调查数据如下所示：

表 1-3 "一带一路"倡议认知者的年级分布

学历	频率	百分比	累计百分比
本科一年级	24	12.24	12.23
本科二年级	24	12.24	24.48

续表

学历	频率	百分比	累计百分比
本科三年级	24	12.24	36.72
本科四年级	20	10.20	46.92
专升本班级	30	15.30	62.22
学术型硕士一年级	5	2.55	64.77
学术型硕士二年级	7	3.57	68.34
学术型硕士三年级	8	4.08	72.42
专业型硕士一年级	23	11.73	84.18
专业型硕士二年级	31	15.82	100.00
总计	196	100.00	

由表1-3可知，本科生共计122人，所占比例为62.22%，研究生共计74人，所占比例为37.76%，其中学术型硕士一共20人，所占比例为10.20%，专业型硕士一共54人，占总人数的27.56%。可以看出新疆师范大学汉语国际教育专业各个班级的人数分布不均衡，在196名被调查者中，调查对象中本科生所占比例最多，其次为专业硕士。与笔者了解的情况一致，新疆师范大学汉语国际教育专业的本科生人数远远多于研究生的人数，而研究生中的专业型硕士的人数多于学术型硕士的人数。

表1-4 "一带一路"倡议认知者的年龄分布

年龄	频率	百分比	累计百分比
18岁以下	1	0.50	0.50
18-22岁	116	59.20	59.70
23-37岁	72	36.70	96.40
28-32岁	5	2.60	99.00
33岁以上	2	1.00	100.00
合计	196	100.00	

由表1-4可知，在196名被调查者中，调查对象的年龄主要在18-22岁之间，18岁以下以及28岁以上的人占极少数。与笔者认识到的现状相符，因为该研究的调查对象为本科生和研究生，而本科学生与研究生的年龄主要集中在18-25岁之间。此次调查对象的年龄主要分布在18-27岁之间，其他年龄段的人数所占比例不多。

表 1-5 "一带一路"倡议认知者的性别情况

性别	频率	百分比	累计百分比
男	26	13.26	13.26
女	170	86.74	86.74
合计	196	100.00	

由表 1-5 可知，在被调查者的性别方面，女生 170 人，男生 26 人。女生人数占了总人数的 86.74%，男生人数占总人数的 13.26%，可以得出女生的人数是男生人数的六倍左右，符合汉语国际教育这个专业女生的报考人数要远远多于男生的情况，同时也说明该次研究的被调查者的性别分布不均匀，数据分析的结果更倾向于女生的看法。

由图 1-1 可知，在 196 名被调查者中，新疆维吾尔自治区的学生人数最多，共 101 人，占据比例为 51.53%，其次是山东省、河南省，分别占 4.59%、4.08%，因为本次研究的调查对象为新疆师范大学的学生，所以 196 名调查者中新疆地区的学生占据很大比重。根据"知—信—行"模式，居住地分布是影响受众行为改变的制约因素之一，新疆不仅是古丝绸之路的重要组成部分，而且在"一带一路"倡议建设新丝绸

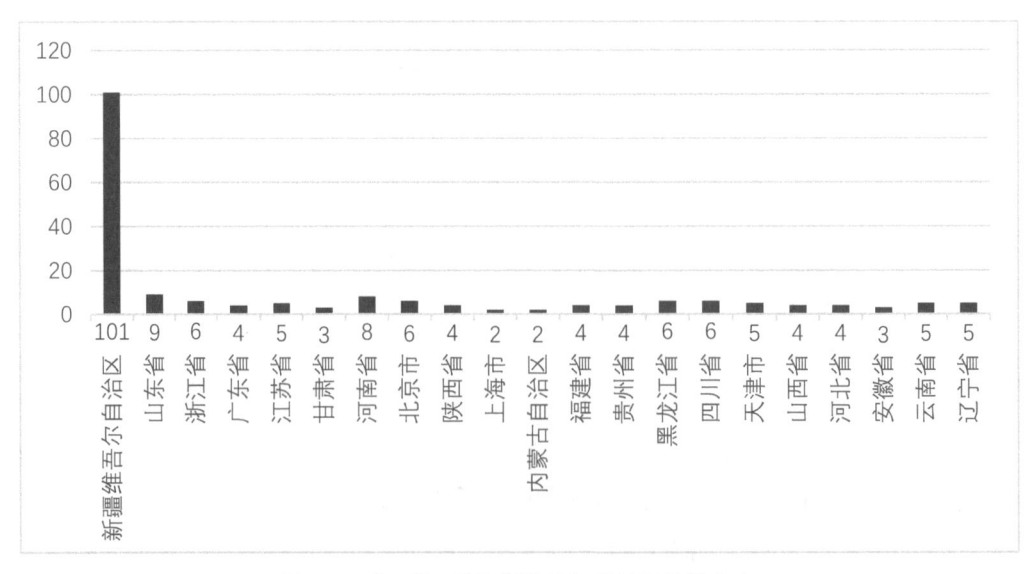

图 1-1 "一带一路"倡议认知者的居住地分布

之路经济带中具有明显的地理优势。[①] 所以根据被调查者的居住地为变量,看是否会对"一带一路"倡议认知态度产生影响也是本文所要研究的问题。

综上,新疆师范大学汉语国际教育专业的学生在年级人数、年龄、性别和地区方面分布不均衡。首先是年级分布,本科的四个班级人数分布比较均衡,但是研究生学术型硕士和专业型硕士的人数分布差异较大,本科生和研究生人数的分布也出现显著性差异。汉语国际教育专业的学生作为"一带一路"倡议语言和文化传播方面的人才,尤其是汉语国际教育专业研究生对"一带一路"倡议的发展有着更重要的影响。因此,学校在招生方面,可以对汉语国际教育研究生尤其是学术型硕士进行大量招生,合理安排所招生的比例。其次,女生占整个汉语国际教育专业人数的比例为86.74%,"一带一路"倡议的发展也离不开汉语国际教育专业的男生,同样学校在招生时可以适当增加男生的比例。最后在分布地区方面,因为调查对象为新疆师范大学的学生,所以新疆本地区的学生比重会高于其他地区,来自不同地区的学生有利于沟通交流有关"一带一路"倡议的不同信息,学校招生时也可以考虑这一因素,增加对其他地方的学生进行招生。

(2)"一带一路"倡议认知者接触情况描述

接触信息:

表1-6 被调查者主动接触"一带一路"倡议相关信息情况

接触意愿	频率	百分比	累计百分比
是	158	80.61	80.61
否	38	19.39	100.00
总计	196	100.00	

由表1-6可知,主动接触过"一带一路"倡议相关信息的一共有158人,占总人数的80.61%,被动接触"一带一路"倡议相关信息的一共有38人,占总人数的19.39%。由此可见大部分的学生会主动接触"一带一路"倡议相关信息,对"一带一路"倡议有或多或少的了解,但还有19.39%同学表示没有主动接触过,说明该倡议在高校学生群体中不是所必须掌握的内容。对于没有主动接触过这一倡议的同学表示是因为自己对国家的政策认知不足,没有意识到该倡议给汉语国际教育专业、给

[①] 刘琳秀. "一带一路"背景下新疆面临的机遇和挑战[J]. 经济论坛, 2015, (04): 41-43.

自己所带来的影响和机遇，平时除了老师在课堂上提及过，自己从未主动去了解和接触该倡议。

接触时长：

表 1-7　被调查者接触"一带一路"倡议相关信息时长情况

接触时长	频率	百分比	累计百分比
小于 10 分钟	95	60.13	60.13
10-20 分钟	45	28.48	88.61
20-30 分钟	10	6.33	94.94
大于 30 分钟	8	5.06	100.00
总计	158	100.00	

由表 1-7 可知，主动接触过"一带一路"倡议相关信息 158 名的同学当中，60.13% 的被调查者接触时长在 10 分钟之内，接触的时长在十分钟到二十分钟的被调查者占 28.48%，20-30 分钟的占 6.33%，30 分钟以上占 5.06%，根据上图可以发现，接触信息的人数随着每次接触的持续时间的增加而减少。可以看出，大多数受访者在接触"一带一路"倡议的相关信息时，只停留在简单的浏览层面，并没有深入的去了解该倡议的相关方面。

通过访谈可以得知，浏览大于 30 分钟的受访学生 Y 说："高中政治课有学习这一部分，会有相关内容的考试，学校也会进行宣传，而且'一带一路'倡议是当前的热点，想要了解当前的时事政治"。还有同学说因为自己是党员，平时会看学习强国，里面有关于"一带一路"的专项试题，所以平时在浏览关于"一带一路"倡议的内容时会多花费一些时间。对于浏览"一带一路"倡议小于 10 分钟的受访学生说道："自己平时就不喜欢看政治类的新闻，所以对这个倡议也没有很大的兴趣，偶尔玩手机刷到相关内容，也不会花很长时间去看。"

（二）"一带一路"倡议认知内容分析

了解"一带一路"倡议的全称、提出时间、提出地点以及"一带一路"倡议中"五通"这些有关该倡议的基本内容是认知这一倡议的前提，于是本小节就从"一带一路"倡议的全称、提出时间、提出地点以及"五通"为本次问卷的调查基本问题，分析被调查者对"一带一路"倡议的认知情况。然后根据人口统计学变量是否对"一带一路"倡议地认知具有显著性差异,分析不同年龄、学历以及地区学生对该倡议认知的差异性。

1."一带一路"倡议全称

关于汉语国际教育专业学生对"一带一路"倡议全称的认知情况,统计数据如下表所示:

表 1-8 被调查者对"一带一路"倡议全称的认知情况

"一带一路"倡议全称	频率	百分比
"21 世纪丝绸之路经济带"和"21 世纪海上丝绸之路"	74	38.72
"丝绸之路经济带"和"21 世纪海上丝绸之路"	79	39.80
"21 世纪丝绸之路经济带"和"海上丝绸之路"	32	16.33
"丝绸之路经济带"和"海上丝绸之路"	11	5.61
总计	196	100.00

由上表可知,明确"一带一路"倡议全称的人数占总人数的 39.80%,而其余三个选项为干扰选项,共占总人数的 60.20%。这说明汉语国际教育专业的学生关于"一带一路"倡议全称认知的正确率很低,大部分汉语国际教育专业的学生对这一倡议的完整名称不是很了解。

通过访谈,可以知道,对于"一带一路"倡议全称不完全知道的受访学生 H 说:"因为平时在提到这个倡议时,一般都说它的简称,对于全称只是大概知道是丝绸之路和海上丝绸之路,具体这个名字是什么就记得不是很清楚。"可见,大家对"一带一路"倡议的全称都认知不足,又如何对该倡议的内容进行深入了解,从而为"一带一路"倡议的发展贡献自己的一份力量呢?

2."一带一路"倡议提出时间

关于汉语国际教育专业的学生对"一带一路"倡议提出的时间认知状况,统计的数据如下表所示:

表 1-9 被调查者对"一带一路"倡议提出时间的认知情况

"一带一路"倡议提出时间	频率	百分比	累计百分比
2014 年 9 月和 2014 年 10 月	69	35.20	35.20
2013 年 9 月和 2013 年 10 月	98	50.00	85.20
2012 年 9 月和 2012 年 10 月	19	9.69	94.9
2011 年 9 月和 2011 年 10 月	10	5.10	100.00
总计	196	100	

由上表可知，知道"一带一路"倡议提出时间为2013年9月和2013年10月的人数占总人数的50.00%，其余三个选项2014年9月和2014年10月、2012年9月和2012年10月以及2011年9月和2011年10月，这三个选项为干扰选项，共占总人数的50.00%。汉语国际教育专业的学生关于"一带一路"倡议提出时间为2013年9月和2013年10的正确率为50.00%，说明汉语国际教育专业的学生对"一带一路"倡议的提出时间没有较好的认知。

通过访谈可以得知，对于时间上不了解的受访学生Y说："因为在学习时只关注'一带一路'倡议的内容与这个倡议所产生的影响，对于提出的时间没有刻意去关注，学习时，学习的内容也没有过多强调它提出来的时间，所以只记得是在2013年的时候，具体时间不记得了。"另一位受访学生W表示："'一带一路'倡议的提出时间之前政治课上有背过，当时是记得的，但是时间长了就忘记了。"因为汉语国际教育专业属于文科类的专业，文科生对于数字方面普遍不敏感。

3."一带一路"倡议提出地点

关于汉语国际教育专业学生对"一带一路"倡议提出的地点认知情况，统计的数据如下表所示：

表1-10 被调查者接触"一带一路"倡议提出地点的认知情况

"一带一路"倡议提出地点	频率	百分比	累计百分比
哈萨克斯坦和印度尼西亚	118	60.20	60.20
吉尔吉斯斯坦和泰国	22	11.22	71.43
哈萨克斯坦和泰国	31	15.82	87.24
俄罗斯和印度尼西亚	25	12.76	100.00
总计	196	100.00	

由上表可知，知道"一带一路"倡议提出地点的人数占总人数的60.20%，其余三个选项为干扰选项，共占总人数的39.80%。汉语国际教育专业的学生关于"一带一路"倡议提出地点认知的正确率60.20%，有一半以上的汉语国际教育专业的学生明确知道"一带一路"倡议的提出地点。"一带一路"倡议提出地点的正确率远高于"一带一路"倡议全称和"一带一路"倡议提出时间。因为本次调查对象的学生大多数来源于新疆地区，新疆作为中国对中亚五国开放的桥头堡，对于中亚五国的名称很熟

悉，而且每年会有来自中亚五国的留学生通过该倡议的奖学金来到中国，在与留学生交往中也经常被提起，所以对于这一倡议提出地点的认知要好于对全称和提出时间的认知。

4."一带一路"倡议中的"五通三同"

"一带一路"倡议的内涵主要是"五通三同"。"五通"具体指政策沟通、设施联通、贸易互通、资金融通和民心相通。这"五通"是一个统一体，缺一不可。"三同"是利益共同体、命运共同体、责任共同体。三者也是一个整体，密不可分。"五通三同"是"一带一路"建设的核心内容。

表1-11 被调查者对"一带一路"倡议中"五通"的认知情况

"五通"	频率	百分比	累计百分比
政策沟通	158	17.1	17.1
设施联通	166	18.0	35.1
贸易互通	183	19.8	54.9
资金融通	145	15.7	70.6
民心相通	145	15.7	86.3
交通联通	101	10.9	97.2
情报互通	6	0.7	97.9
不清楚	19	2.1	100.00
总计	923	100.00	

由上表可知，知道"一带一路"倡议"五通"中贸易互通的人数最多，占总人数的93.4%，其次是设施联通，占总人数的84.7%，知道政策沟通的占总人数的80.6%，而知道资金融通和民心相通的人数相同，都占总人数74.0%。交通联通和情报互通为干扰选项，分别占51.5%和3.1%。9.7%的同学表示不清楚。以下为访谈记录：

笔者C：您对"一带一路"倡议中"五通"的内容了解吗？

受访学生Z：有设施联通和贸易互通。

笔者C：只知道这两个是吗？

受访学生Z：是的。

笔者C：那你认为"交通联通"是"五通"之一吗？

受访学生Z：是吧，我觉得是。

通过访谈，可以知道，大部分同学对于"五通"的内容有一定的了解，可以说出"五通"中的贸易互通和设施联通等，但对于"五通"中具体是哪五通，却不能准确地说出。当用其他选项来对其进行干扰时，直接暴露出对"一带一路"倡议"五通"内容的不了解。

关于汉语国际教育专业学生对"一带一路"倡议中"三同"的认知情况，统计数据如下表所示：

表1-12　被调查者对"一带一路"倡议中"三同"的认知情况

"三同"	频率	百分比	累计百分比
利益共同体	154	26.7	78.6
命运共同体	182	31.5	92.9
责任共同体	156	27.0	79.6
安全共同体	74	12.8	37.8
不清楚	11	1.9	5.6
总计	577	100.0	294.4

由上表可知，知道"一带一路"倡议"三同"中命运共同体的人数最多，占92.9%，责任共同体和利益共同体占79.6%和78.6%。安全共同体为干扰选项，有37.8%的人选择。还有5.6%的人选择不清楚。对于"一带一路"倡议中"三同"的认知情况要好于对"五通"的认知。以下为访谈记录：

笔者C：您对"一带一路"倡议中"五通三同"的内容了解吗？

受访学生Y："五通"就是贸易互通、设施联通、民心相通，嗯，剩下两通有点不记得了，"三同"指利益共同体、命运共同体和责任共同体，对"五通"的内容比较陌生，"三同"的内容比较了解。

笔者C：能具体说一说对"五通"的内容比较陌生，"三同"的内容比较了解的原因吗？

受访学生Y："五通"比较不常见，不会经常提起，但是"三同"经常在学习生活中遇到，很熟悉，也在高中背过相关内容，而且"三同"的内容对"五通"来说少一些，更好记一些。

笔者C："三同"中最让你熟悉的内容是什么？

受访学生Y：命运共同体。

笔者C：为什么对命运共同体印象最深？

受访学生Y：在我印象里，总是会提到命运共同体这个词，这个词的出现频率要高于利益共同体和责任共同体。

通过访谈可以知道"一带一路"倡议中对"三同"的认知要好于对"五通"的认知，因为"三同"出现的频率更多，当一个内容出现的频率高时，更容易让大家记住。

5."一带一路"倡议认知总体情况

通过下面的表格中的数据可以了解到新疆师范大学汉语国际教育专业不同年龄、学历和地区的本科生和研究生对"一带一路"倡议的全称、提出时间、提出地点以及该倡议中最核心的内容"五通""三同"的认知情况。现将汉语国际教育专业学生关于"一带一路"倡议总体认知情况整理如下表所示。

表1-13 被调查者对"一带一路"倡议的总体认知情况

	"一带一路"倡议全称	"一带一路"倡议的提出时间	"一带一路"倡议提出地点	"一带一路"倡议中"五通"的内容	"一带一路"倡议中"三同"的内容	平均值
正确率（%）	39.8	50.00	60.20	31.63	54.59	47.24
错误率（%）	60.20	50.00	39.80	68.37	45.41	52.76

从被调查者对"一带一路"倡议的总体认知情况来看，新疆师范大学汉语国际教育专业的学生对于这一倡议的了解与认知度并不理想。虽然有80.61%的同学接触过这一倡议，但对该倡议认知的正确率仅仅为47.24%，错误率高达52.76%，近一半以上的同学对"一带一路"倡议没有较好的认知，还有一些同学在答题过程中存在着"蒙答案"的可能。因此，我们可以发现，新疆师范大学汉语国际教育专业的学生对"一带一路"倡议的认识不足。

6."一带一路"倡议认知在人口统计学变量的显著差异

（1）在性别方面，把调查对象按男女进行分类，将"一带一路"倡议全称的认知、

"一带一路"倡议提出时间的认知、"一带一路"倡议提出地点的认知以及"一带一路"倡议"五通三同"的认知加起来除以四,得到对"一带一路"倡议内容总体的认知,并将二者进行独立 T 检验,检验结果如表 1-14 所示。

表 1-14 被调查者对"一带一路"倡议认知的 t 检验

性别	莱文方差等同性检验		均值	T	显著性
	F	显著性			
男	.372	.543	1.6282	−2.165	.032*
女			1.8843		

注:★表示显著性水平 0.05 下呈现差异,★★表示显著性水平 0.01 下呈现差异

首先,进行莱文方差等同性检验,判断样本是否方差齐性,若显著性 >0.05 则方差齐,看第一行"假定等方差"的结果;若显著性 <0.05 则方差不齐,看第二行"不假定等方差"的结果。由于 0.543>0.05,所以看第一行"假定等方差"的结果。

研究采用独立样本 T 检验判断性别是否对认知"一带一路"倡议有影响,由上表可知,我们可以得出结论,P=0.032<0.05,说明性别对于认知"一带一路"倡议在 0.05 显著水平下呈现差异,进一步比较其均值发现,1.8843>1.6282,表示女生对"一带一路"倡议认知显著水平高于男生。

(2)在学历方面,把调查对象按本科生和研究生进行分类,将"一带一路"倡议全称的认知、"一带一路"倡议提出时间的认知、"一带一路"倡议提出地点的认知以及"一带一路"倡议"五通三同"的认知加起来除以四得到对"一带一路"倡议内容总体的认知,并将二者进行独立 T 检验,检验结果如表 1-15 所示。

表 1-15 学历在"一带一路"倡议认知上的独立 t 检验

学历	莱文方差等同性检验		均值	T	显著性
	F	显著性			
本科	.109	.741	1.8815	.978	.329
研究生			1.8000		

注:★表示显著性水平 0.05 下呈现差异,★★表示显著性水平 0.01 下呈现差异

首先,进行莱文方差等同性检验,判断样本是否方差齐性,若显著性 >0.05 则方差齐,看第一行"假定等方差"的结果;若显著性 <0.05 则方差不齐,看第二行"不假定等方差"的结果。由于 0.741>0.05,所以看第一行"假定等方差"的结果。

研究采用独立样本 t 检验判断学历是否对认知"一带一路"倡议有影响，由上表可知，我们可以得出结论，P=0.329>0.05，说明学历对于认知"一带一路"倡议不具有显著性差异。

（3）在居住地区方面，把调查对象按新疆地区和其他地区进行分类，将"一带一路"倡议全称的认知、"一带一路"倡议提出时间的认知、"一带一路"倡议提出地点的认知以及"一带一路"倡议"五通三同"的认知加起来除四得到对"一带一路"倡议内容总体的认知，并将二者进行独立 T 检验，检验结果如表 1-16 所示。

表 1-16　居住地在"一带一路"倡议认知上独立 t 检验

居住地	莱文方差等同性检验		均值	T	显著性
	F	显著性			
新疆	.146	.703	1.8533	.075	.940
其他			1.8472		

注：★表示显著性水平 0.05 下呈现差异，★★表示显著性水平 0.01 下呈现差异

首先，进行莱文方差的等同性检验，判断样本是否方差齐性，若显著性 >0.05 则方差齐，看第一行的"假定等方差"的结果；若显著性 <0.05 则方差不齐，看第二行的"不假定等方差"的结果。由于 0.703>0.05，所以看第一行"假定等方差"的结果。

研究采用独立样本 t 检验判断居住地是否对认知"一带一路"倡议有影响，由上表可知，我们可以得出结论，P=0.940>0.05，说明居住地不同的学生对于认知"一带一路"倡议不具有显著性差异。

综上，"一带一路"倡议认知在人口统计学变量的显著性差异检验方面，只有性别对认知"一带一路"倡议具有显著性差异，且女生的认知水平要高于男生，学历和居住地的不同对"一带一路"倡议认知不具有显著性差异。

（三）"一带一路"倡议认知途径与原因分析

1. 认知途径

所谓认知途径，主要是指被调查者获取信息，认知事物的途径和方法。人们获取信息的途径主要为三种，即大众传播、组织传播、人际传播。一般来说，大众传媒包括两种类型：传统媒体和新媒体。传统媒体包括报纸、杂志、广播和电视，而

新媒体则包括手机、电脑以及各种移动媒体，无论是传统媒体，还是新媒体，都通过新闻、传播、评论、采访、调查报告和直播来传播信息。对汉语国际教育专业的学生而言，他们中的大多数人也通过浏览大众媒体获得"一带一路"的相关信息。

在对汉语国际教育专业学生的深度采访中，他们被问及从什么渠道了解到"一带一路"倡议，大部分同学回答说通过大众传媒来了解，有些学生还说，他们在课堂上听老师说过"一带一路"，经常在课堂上讨论它。另外，还有同学说，第一次听到这个消息是和朋友聊天时接触的。由此可见，在学生的认知渠道中，大众传媒是最常见和最重要的信息渠道，而组织沟通渠道和人际沟通渠道是两种重要的互补形式。

所谓组织传播，通常是指一个组织的成员与内部组织成员之间的信息交流与沟通。具体而言，组织传播是创建和交换信息的过程，目的是响应外部环境的不确定性而创建和交换信息的过程。组织传播渠道是指组织从事信息传播和沟通的渠道。组织传播包括政府和外事部门、学校和学生社团、课程教学、会议和讲座。[①]除了大众传媒，组织传播渠道也是汉语国际教育专业学生了解"一带一路"倡议的一个非常重要的途径。

古往今来，人际交往是一种常常使用的交流和沟通方式。人际传播渠道是人们交流信息、实施沟通的有效途径。一般来说，人际交往渠道分为家庭渠道和社会渠道，每种类型都有自己的特点。人际传播包括家人、朋友、同学提及、各种社交平台。[②]借助人际交往渠道的有效沟通，学生可以对"一带一路"倡议形成清晰的认识。

表1-17 "一带一路"倡议认知途径的调查

认知途径		个案数	百分比	个案百分比
大众传播	报纸、杂志、广播、电视	35	6.12	17.86
	电脑、手机、移动媒体	137	23.95	69.90
组织传播	政府和外事部门	21	3.67	10.71
	学校和学生社团组织	43	7.52	21.94
	课程教学、会议、讲座	58	10.14	29.60

[①] AKZHARKYN AMANTURLIYEVA.传播学视角下留学生对"一带一路"倡议的认知研究[D]. 华中农业大学, 2019.

[②] 同①。

续表

认知途径		个案数	百分比	个案百分比
人际传播	家人的提及	10	1.74	5.10
	老师课堂介绍	97	16.96	49.49
	朋友同学提及	60	10.49	30.61
	各种社交平台	111	19.41	56.63
合计		572	100.00	291.84

由表1-17可知,汉语国际教育专业学生关于"一带一路"倡议认知途径的排列如下:电脑、手机、移动媒体＞各种社交平台＞老师课堂介绍＞朋友、同学提及＞课程教学、会议、讲座＞学校和学生社团组织＞报纸、杂志、广播、电视＞政府和外事部门＞家人的提及。由此可知,大众传播中的新媒体传播方式电脑、手机、移动媒体与人际传播中各种社交平台这两种方式所占比例最多,分别达23.95%与19.41%,而组织传播中政府和外事部门和人际传播中家人的提及所占比例最少,分别为3.67%和1.74%。说明随着信息科技的迅猛发展,电脑、手机等新媒体已经成为学生获取信息的主要途径。传统媒体因新媒体具有便捷高效的特点而逐渐被淘汰,因此备受学生青睐。其次是人际传播中的各种社交平台、老师课堂的讲解和同学的提及,在现代社会,人们社交生活非常的广泛,社交工具也非常的发达,甚至远程社交活动也非常方便,所以通过社交渠道了解"一带一路"倡议非常简、便捷。

2. 认知原因

关于汉语国际教育专业学生主动浏览"一带一路"倡议相关信息的原因如表1-18所示:

表1-18 "一带一路"倡议认知者浏览相关报道的原因

原因	个案数	百分比	个案百分比
个人兴趣	81	16.91	41.33
专业学习的要求	119	24.84	60.71
朋友间交谈的需求	54	11.27	27.55
家庭影响	24	3.74	12.24
媒体影响	113	23.60	57.65

续表

参与相关活动	59	12.32	30.10
参与科研项目	27	5.64	13.78
其他	2	1.68	1.02
合计	479	100.00	244.38

表1-18为"一带一路"倡议认知者浏览该倡议相关信息的原因，由此表可以得出，专业学习的要求>媒体影响>个人兴趣>参与相关活动>朋友间交谈的需要>参与科研项目>家庭影响>其他>，因专业学习的要求而进行浏览的人数最多，达到24.84%。汉语国际教育专业的学生在浏览这一倡议相关信息最重要的三点是专业学习的要求、媒体影响和个人兴趣。说明只有当"一带一路"倡议的相关内容在课堂上被老师提及，老师有要求同学们查找相关资料，完成作业的时候，同学们才会去浏览有关其倡议的内容，因此课堂上教师的提及对认知该倡议具有很大的影响。

其次为媒体影响原因浏览"一带一路"倡议相关信息，因为现在科技水平的提高、网络的发达，人们可以随时随地接收到各种信息，国家对该倡议相关信息的发布也是通过各种媒体手段来实施，因此媒体发布的相关信息对认知"一带一路"倡议也有着重要影响。

浏览"一带一路"倡议相关信息的第三个因素为个人兴趣，兴趣是学习任何东西最好的老师，当人们对一件事情很感兴趣时，不需要在其他人的强制、要求下，也可以完成得很好，并且所学习的所了解的内容都是自己主动去完成的，因此，为了提高学生的主动意识，我们可以提高学生的兴趣，让学生主动了解"一带一路"倡议的相关内容。

（四）"一带一路"倡议认知态度分析

一般来说，态度是个体对于特定的对象，包括人、思想、情感、事件稳定的心理的倾向，包含着对个体的主观性评价以及因此产生的动作倾向。在态度和行为的关系中，态度决定行为，行为反应态度。社会公众参与的态度对行为有显著的正向影响。具体分量表表示，人民对公共事务和关心时事的态度会对社会参与的行为表现显著的正向影响，关心时事的态度对政治参与的行为有显著的正向影响。（李春梅，2013）[1] 汉语国际教育专业的学生对"一带一路"倡议持有正面积极的态度，那么就会

---

[1] 李春梅. 城镇居民公众参与认知、态度和行为关系的实证研究[D]. 西南交通大学，2013.

产生积极的行为,积极参与到这一倡议的宣传和建设中去。因此,关注和探讨汉语国际教育专业的学生对其倡议的态度是本文研讨的一个重要方面。因此本节从"一带一路"倡议接受与认同、"一带一路"倡议的评价和"一带一路"倡议的表现情感三个方面分析汉教专业的学生对该倡议所持态度。

1."一带一路"倡议的接受与认同

表1-19 "一带一路"倡议接受与认同调查

接受与认同	频率	百分比	累计百分比
可以	176	89.80	89.80
不能	5	2.55	92.35
不清楚	15	7.65	100.00
合计	196	100.00	

表1-19为"一带一路"倡议接受与认同调查,可以接受并认同所占据比例最重,为89.80%,对"一带一路"倡议秉持一个包容的态度来对待。7.65%的人表示不是很清楚,2.55%的人表示不能,对于部分学生而言,有可能是对"一带一路"倡议认知和理解不够所导致,所以选择无法接受与认同的态度。这就需要相关部门、高校和传播的媒介全力展开宣传和普及的工作,来增强学生们的理解和认同。

2."一带一路"倡议的评价

表1-20 "一带一路"倡议评价认知调查

评价	个案数	百分比	个案百分比
创新的	166	23.31	84.69
和平友好的	180	25.28	91.84
开放的	181	25.42	92.35
互利共赢的	185	25.98	94.39
合计	712	100.00	363.27

表1-20为对"一带一路"倡议认知的评价,调查对象对于"一带一路"评价由高到低的评价为互利共赢>开放>和平友好>创新,这与中国"一带一路"倡议所强调的内容相符合,在追求经济发展的同时,还应考虑到沿线的国家的发展,促进中国和沿线国家共同发展,实现中国与沿线国家的新型伙伴关系的建设,增进共同福祉。

因而高校学生会对于该倡议有良好的评价。访谈结果如下：

笔者C：你认为"一带一路"倡议对于你的学习生活与个人发的展影响是怎样的？

受访者Y："一带一路"倡议给我的学习生活和个人发展带来了极大的影响，学习方面，我觉得一带一路更有助于我们本专业的出国留学，丰富我们的知识。个人发展方面，一带一路会带来更多的机遇与挑战。

笔者C：这里的机遇和挑战分别指什么呢？

受访者Y：机遇是一些就业机会或者出去当志愿者的机会，因为国家提出这个倡议，所以我们和沿线国家关系更密切，同时外国（人）学习汉语，使汉语国际教师的需求量上升。本专业本来就是为了培养对外汉语教师，这就是使我的就业机会增多，就业范围增大，可能工资待遇也会提高，所以我极大的认可"一带一路"倡议。挑战就是虽然"一带一路"提供了很多可以出去的机会，但是自身的专业素养以及外语能力可能达不到所要求的，所以还是要打好专业基础，提高自己的英语和俄语的水平。

笔者C：这个倡议不仅给沿线国家还给我们专业带来了很多机会，如果让你用几个词来形容一下这个倡议，你会怎么形容？

受访者Y：开放，包容，友好，互惠，先进。

由于"一带一路"倡议确实做到了"五通三同"，在自己发展的同时促进了沿线国家经济的发展，而且也给汉语国际教育专业的学生带来了更多的机遇，因此大家对该倡议的评价也确实符合该倡议的发展。

3."一带一路"倡议表现情感

表1-21 "一带一路"认知情感调查

情感	个案数	百分比	个案百分比
骄傲	189	40.38	96.43
自豪	178	38.04	90.82
感动	101	21.58	51.53
合计	468	100.00	238.78

表1-21为对"一带一路"倡议表现的情感，骄傲占据的比重最高，达到40.38%，其次的情感为自豪，达到38.04%，最后为感动，占比为21.58%。因为这一倡议的建设让我们加快了国际化的步伐，增强了底气，坚定了自信心。"一带一路"向我们展示了中国作为一个大国的担当，作为世界上最有活力的国家之一，中国有义务帮助那些亟需发展的国家。当我们听到这些国家的人感谢这个倡议给他们的生活带来改变时，使得学生对"一带一路"倡议骄傲和自豪情感油然而生。访谈结果如下：

笔者C：身边的外国友人或者留学生有提到过这个倡议吗？
受访学生Z：没有，可能疫情原因，来学校后很少见到留学生。
笔者C：有在电视上或者网络上听到沿线国家的人对"一带一路"倡议的评价吗？
受访学生Z：我知道很多留学生受益于这个倡议来到中国学习，他们会感谢这个倡议提供给他们这么好的机会。
笔者C：你听到这个评价后，有什么感受呢？
受访学生Z：感觉祖国强大了，并且觉得很骄傲。
笔者C：那你会去从事对外汉语教学这类的工作吗？
受访学生Z：有机会的话肯定会去。

通过访谈可以知道，作为"一带一路"倡议提出国的一名成员，看到该倡议所带来的巨大影响，帮助沿线国家的居民改变了他们的生活，会心生骄傲和自豪的情感，并且也有意愿从事相关工作，为"一带一路"建设添砖加瓦。

（五）"一带一路"倡议认知行为分析

"知—信—行"模式认为，高校学生在对"一带一路"倡议全面认知的基础上会对"一带一路"倡议产生正面积极的态度，而进一步做出有利于"一带一路"倡议发展的事情。影响"一带一路"倡议认知的因素有很多，前面分析了"一带一路"倡议信息接触问题、认知途径问题、认知原因问题、"一带一路"倡议接受与认同问题、"一带一路"倡议评价问题以及对待"一带一路"倡议情感问题。然而就业问题一直是现在大学生和研究生遇到的比较棘手的问题，很多学者研究"一带一路"倡议的发展与高校学生就业的问题，都阐述了"一带一路"倡议的发展可以为高校学生就业带来更多的机会和平台，因此要对"一带一路"倡议有更加全面、更加准确的认知，但却没量化接触"一带一路"相关信息与高校学生就业的关系，因此本节调查研究了2018届、2019届、2020届关于"一带一路"倡议的接触率和这三届毕业生的就业率情况，假设"一带一路"倡议的接触率与学生的就业率呈显著性正相关，并对其进行线性回归分析，线性回归分析如下：

本节的研究以新疆师范大学汉语国际教育专业2018届至2020届本科生和研究生的就业率为样本，样本来源于学校老师。变量为2018届至2020届的本科生和研究生对"一带一路"倡议的接触率，用X来表示，数据是通过调查问卷的形式得出的。

表1-22 模型摘要

模型汇总				
模型	R	R方	调整R方	标准估计的误差
1	.708[a]	.502	.430	11.40367

a. 预测变量：（常量），接触率

表1-22结果显示，模型中的相关系数R为0.708，决定系数R^2为0.502，调整后R^2（校正决定系数）为0.430，说明选取的自变量的解释度达到50.2%，因此认为模型选取的自变量对因变量的解释度较高，拟合性还是不错的。

表1-22 方差分析

Anova[a]					
模型		平方和	df	均方	F	Sig.
1	回归	916.092	1	916.092	7.044	.033[b]
	残差	910.306	7	130.044		
	总计	1826.398	8			

a. 因变量：就业率
b. 预测变量：（常量），接触率。

模型拟合优度检验结果表明：回归方程模型的F值为7.044，p=0.033<0.05，假设检验有效，表明R方显著大于0，也就是说自变量和y存在显著的线性关系，因此回归模型有统计学意义。

表 1-24　回归系数

系数 a							
模型		非标准化系数		标准系数	t	Sig.	B 的 95.0% 置信区间
1	（常量）接触率	B	标准误差	试用版			下限　上限
		28.662	16.672		1.719	.129	−10.762　68.085
		.615	.232	.708	2.654	.033	.067　1.163

a. 因变量：就业率

由表 1-24 回归方程模型的结果可知：自变量接触率对因变量就业率的标准化回归系数为 0.708（t=2.656，p=0.033），95% 置信区间的下区间为 0.067，上区间为 1.163，不包含 0，接触率的系数为 0.615，表示接触率每增加一个单位，就业率 y 将增加 0.615 个单位。常量 =28.660，表示接触率系数取 0 时，y 的预测值为 28.662。说明自变量接触率对因变量就业率有显著的正向影响，即接触率越高，则就业率也越高，故假设成立。

综上，可以建立回归方程 y=0.708x+28.662。

在有关高校学生对"一带一路"倡议认知的文章当中，都提到了认知并了解"一带一路"倡议对学生的就业有着一定的影响，但是却没有具体量化二者之间的相关程度，因此本文采用线性回归的方法，具体算出"一带一路"倡议的接触率对学生的就业率的影响系数。

（六）小结

这一章主要对调查对象与调查数据分析，对被调查对象的年级、年龄、性别以及居住地的分布情况进行描述统计，发现新疆师范大学汉语国际教育专业的学生在年级、年龄、性别和地区方面分布不均衡。然后在"一带一路"倡议认知者接触情况的描述统计中可以发现大部分被调查对象在了解该倡议相关信息时只是出于表面浏览的状态，并没有很深入地去了解该倡议的相关内容。

在对"一带一路"倡议认知内容进行分析可以发现，对"一带一路"倡议认知内容的正确率仅仅为 47.24%，说明新疆师范大学汉教育的学生对于"一带一路"倡议的基本认知不足。然后根据"一带一路"认知在人口统计学变量显著性差异检验，只有性别对认知该倡议具有显著性差异，且女生的认知水平要高于男生的认知水平，学历和居住地的不同对"一带一路"倡议认知不具有显著性差异。

认知途径最高的为大众传播中的新媒体传播方式电脑、手机、移动媒体，且大部分同学使用媒体的时间都较短，每次连续使用时间越长，人数占比越低，说明大部分同学对"一带一路"倡议的内容不感兴趣。认知原因占比最高的为专业学习的要求。

认知态度方面学生对"一带一路"倡议秉持一个包容的态度，且大多数人认为"一带一路"倡议的前景是十分广阔的，对于"一带一路"倡议的评价多为正面的、积极的，对于"一带一路"倡议的情感也多为自信和感动。

认知行为方面，"一带一路"倡议的接触率和就业率有显著的正向影响，即接触率越高，则就业率也越高，说明提升高校学生对"一带一路"倡议的认知水平对就业也有一定的帮助。

三、"一带一路"倡议认知问题

这一章的内容主要针对上一章关于"一带一路"倡议认知现状、认知态度与认知行为的分析，通过访谈和数据总结并发现"一带一路"倡议认知现状、认知态度与认知行为的问题。

（一）"一带一路"倡议认知现状的问题

1. "一带一路"倡议信息接触问题

（1）接触内容

根据汉语国际教育专业中国籍学生关于"一带一路"倡议认知现状可知，大多数的同学都接触过"一带一路"倡议，对"一带一路"倡议有或多或少的了解。但当笔者通过深入访谈，调查接触过"一带一路"倡议的同学平时都了解到关于"一带一路"倡议的哪些信息时发现，大多数学生了解到关于"一带一路"倡议的信息基本为国家间的一些贸易项目，国家和政府出台的相关政策也是针对于各个国家，很少能找到"一带一路"倡议与高校学生之间的相关信息和相关政策，"一带一路"倡议与汉语国际教育专业之间的相关信息更是少之又少。因此汉语国际教育专业的学生了解到的有关"一带一路"倡议的相关信息不能满足其真实需求。访谈内容记录如下：

笔者C：您是通过哪种途径了解"一带一路"倡议的？

受访学生L：本人平时接触最多的是通过手机来了解，还有上网。在手机上面，一些微信公众账号上，或者是老师以及其他的同学、朋友提起过，还有新闻报导，然后我点开阅读了解到"一带一路"相关信息。

笔者C：您通过公众号还有网页在浏览"一带一路"倡议时都会看哪些内容呢？

受访学生L：主要是通过一些平台了解到"一带一路"在贸易和货币流通以及政策上的一些措施，能够促进国家之间更好地交流和沟通，在当今时代来说，可以有利于成员国之间的互利共赢。

笔者C：就是较少能关注到该倡议与学生之间或者与汉语国际教育专业之间的关系的相关内容。

受访学生L：跟自己能结合起来的几乎没有，和自己生活联系不多。

受访学生L：想去做一些贡献，不知道怎么去做。

笔者C：那你想在了解"一带一路"倡议时想要看到关于什么样的信息呢？哪些信息是你比较感兴趣的。

受访学生L：想看到针对不同职业，不同专业的成员国之间如何聚集力量，帮助国家更好地推进"一带一路"的发展。

笔者C：就是也想通过自己所学的专业为"一带一路"倡议的发展贡献自己的一份力量，但却无从下手。

受访学生L：嗯，是的。不能很好地结合自身去做一些添砖加瓦的事。

笔者C：就是我们专业没有和这个倡议紧密联系起来。

受访学生L：是的，没感觉到。

由访谈内容可知，这位同学主要通过手机浏览公众号、电脑浏览网页等新媒体的方式认知"一带一路"倡议，并且通过这类的平台所了解到的这一倡议的信息大多为与各个国家之间的贸易上的往来和其他国家的各个阶层对该倡议的看法，很少涉及到与高校学生相关的信息、与汉语国际教育专业相关的信息，这使得有想为"一带一路"倡议的发展贡献自己的一份力量的同学不知道该如何做，希望汉语国际教育专业能和"一带一路"倡议紧密联系起来，国家能针对高校学生出台一些政策。

表 1-25 国家和政府宣传对认知"一带一路"倡议产生影响的重要性

认知程度	频率	百分比	累计百分比
1	3	1.53	1.53
2	1	0.51	2.04
3	26	13.27	15.31
4	72	36.73	52.04
5	74	47.96	100.00
合计	196	100.00	

表 1-25 为国家和政府宣传对认知"一带一路"倡议产生影响。重要性 1-5 从不重要到非常重要过渡，数字越大，表示重要程度越高。认为非常重要的比重较大，达到 47.96%，证明，多数人认为国家和政府宣传对认知"一带一路"倡议产生影响具有一定的重要性，所以希望国家和政府在宣传"一带一路"倡议时不要忽略高校学生这个群体以及各个专业对"一带一路"倡议的影响。

（2）接触时长

根据汉语国际教育专业中国籍学生关于"一带一路"倡议的接触时长的现状可知，大多数同学接触"一带一路"倡议相关信息的时间是在十分钟之内，说明对"一带一路"倡议处于简单的浏览层面。出现这一情况的原因，笔者通过访谈后得知，大多数同学表示对发布的"一带一路"倡议相关信息不感兴趣，认为所发布的"一带一路"相关信息对自己的学习和工作没有较大的帮助，因此不会花费大量时间去了解"一带一路"倡议。

表 1-26 个人兴趣对认知"一带一路"倡议产生影响的重要性

认知程度	频率	百分比	累计百分比
1	0	0.00	0.00
2	6	3.06	3.06
3	57	29.08	32.14
4	82	41.84	73.98
5	51	26.02	100.00
合计	196	100.00	

表 1-26 为学生对该倡议缺乏兴趣对认知"一带一路"倡议产生影响的重要性调

查，认为重要（4分）的比重较大，达到41.84%，其次为一般（3分）所占比重为29.08%，多数人认为学生对该倡议缺乏兴趣对认知"一带一路"倡议产生有一定的影响。

访谈内容记录如下：

笔者C：您主动浏览关于"一带一路"倡议相关信息的原因是什么？

受访学生L：主动浏览关于"一带一路"倡议的这些相关信息，一方面是由于我对这些热点新闻的就是比较感兴趣，另一方面也是和专业相关，因为我们是汉语国际教育专业，我们就是需要结合着我们自己的这个专业去了解一些国际新闻，然后把握一下就是时事，然后更好地充实一下自己吧。

笔者C：所以您认为个人的兴趣会影响您对这一倡议的认知。

受访学生L：是的，因为对自己感兴趣的事情，我们对他的了解就会更加地深入一些，如果不感兴趣的话，仅仅就是比较浮于表面的，就是基础的认知吧。

笔者C：那你认为"一带一路"倡议的哪方面内容会让你比较感兴趣？

受访学生L：就业这方面的内容以及和中国传统文化相关的，像丝绸之路的相关内容，我还很想了解通过"一带一路"这个倡议与其他国家间的合作，是否会增加对对外汉语教师的需求，这样我就可以有更多机会出去做志愿者。最后就是希望多看到一些这个倡议与我们专业相关的报道。

另一位受访者也表示：

受访学生D：个人兴趣对"一带一路"倡议认知挺重要的，就像有的同学他可能就对政治活动比较感兴趣，那就更多地会关注到这件事。像有的同学他可能也不太关心国家的一些政策，它花费的时间也肯定就会少一些。

由访谈内容可知，受访学生L和受访学生D都认为个人的兴趣对这一倡议的认知有很大影响，学生认知该倡议时间较少的原因是因为不感兴趣，上面分析到国家和政府在宣传"一带一路"倡议时忽略了高校学生这个群体，宣传的内容多半跟学生没有关系，所以学生对所发布的内容兴趣不大。

2."一带一路"倡议认知途径问题

根据问卷调查结果可知，汉语国际教育专业中国籍学生关于"一带一路"倡议认知途径由高到低为：大众传播 > 人际传播 > 组织传播。

（1）大众传播

由于信息科技的高速发展，大众传播中的电脑、手机这些方式已经成为学生获取信息的主要来源，因为该方式有其方便和高效的特点，备受学生青睐。

表1-27　社会媒体宣传对认知"一带一路"倡议产生影响的重要性

认知程度	频率	百分比	累计百分比
1	1	0.51	0.51
2	2	1.02	1.53
3	32	16.33	17.86
4	77	39.29	57.14
5	84	42.86	100.00
合计	196	100.00	

表1-27为社会媒体宣传对认知"一带一路"倡议产生影响的重要性调查，认为非常重要的比重较大，达到42.86%，证明多数调查人员认为社会媒体宣传对认知"一带一路"倡议中产生了重要的作用，对其倡议产生的影响有一定的推广。

但现在处于一个信息爆炸的时代，手机、电脑等新媒体方式在为我们提供便捷优势的同时，也带来了弊端。通过深度访谈时，一些同学也表示："虽然信息内容很多，但是实际对我们有效的信息却很少，再加上一些平台发布信息的同时夹杂着大量的广告，影响获取信息的质量。碎片化的信息也使得在浏览'一带一路'倡议相关信息时不能获取信息的全貌。"访谈记录如下：

笔者C：您是通过哪种途径了解"一带一路"倡议的？

受访学生L：关于"一带一路"的倡议，我是通过电视报纸网络和新闻等各种媒体来了解到这个倡议的。

笔者C：主要是手机电脑等新媒体，还是报纸杂志等传统媒体？

受访学生L：主要就是通过手机、电脑这种新媒体吧，因为我们作为新时代的这种年轻人，我们对新事物的接受还是比较快的，像微博热搜呀，今日头条呀，我们通常都是通过这种比较热点的渠道来了解实时新闻。

笔者C：像你刚提到的微博热搜啊，今日头条啊，这种通过APP平台的方式了解"一带一路"，非常方便便捷，那你认为这些途径有什么弊端吗？

受访学生 L：我们从这些平台上了解到的关于"一带一路"的信息内容，虽然会很多，但是这些平台发布的信息，他可能会存在一些广告啊，或者是其他的，就是不利因素吧，影响我们对这个信息质量的获取，所以我们通过这些平台获取这个"一带一路"倡议的相关信息的时候，不能就是获取信息的全貌。

受访学生 L：还有这种 APP 的平台他虽然非常方便，因为嗯，他属于是这种，就是流量媒体，然后，所以他的这种信息来源的渠道性可能就没有那么官方，所以我们通过这种渠道了解的关于"一带一路"的这种话题可能就不是那么的确切。

由访谈内容可知，同学们一般会选取大众传播中的新媒体方式了解到"一带一路"倡议，像微博、今日头条这样的 APP 同学常使用的了解热点的途径，方便快捷，但这样的 APP 为了获取更多的利益，会加入一些广告，以及为了流量去发布一些博人眼球的信息，这些信息往往不完整，只是截取了人们喜欢看的一部分，导致同学们不能得到完整的信息，而且信息的来源没有保证，这样会使同学们了解到关于"一带一路"倡议的信息大打折扣。

（2）人际传播

然后是人际传播中的各种社交平台、老师课堂的讲解和同学的提及，通过访谈可以得知，与同学和家人相比，还是老师在课堂提及"一带一路"倡议相关信息较多，但老师上课还是以专业课为主，对于"一带一路"倡议，只是偶尔有提到，并不会对学生认知"一带一路"倡议有较大的影响。访谈记录如下：

笔者 C：刚你有说到老师以及其他的同学朋友提到过该倡议，你认为老师和同学谁更经常性提到这个倡议相关内容？

受访学生 L：老师，他们站（看）的角度更高一些。

笔者 C：那老师在课堂上提到的次数多吗？

受访学生 L：很少，一般他们转载一些研究者的相关研究或者新闻。

笔者 C：那你会花时间去看老师分享的这些相关研究的文章吗？

受访学生 L：很少看。

笔者 C：那你希望老师在讲课时可以给学生多讲一些该倡议的内容吗？

受访学生 L：希望多讲一些，这样可以更加了解国家政策。

受访学生 L：说到老师在课堂上讲关于"一带一路"倡议的内容，让我想到在实习的时候，经常性听到课程思政这个词语，就是讲思想政治教育随时随地，见缝插针似地穿插到各种课堂里，让思想政治教育融合于课堂，其实我认为也可以将"一带一路"倡议相关内容融合课程思政与我们的课堂结合起来。

笔者 C：哇，我觉得你这个想法很好。可以采取这种办法，比直接硬塞给学生说这个倡议多好，要多支持，更能让学生接受。

由访谈内容可知，教师在课堂上会偶尔提到"一带一路"倡议，但由于专业课要以专业课的课程为主，对于"一带一路"倡议仅仅是提到，不会成系统的去讲解"一带一路"倡议，所以对学生认知"一带一路"倡议的作用不大，但这位同学提到课程思政这个办法，可以将"一带一路"倡议融入课程思政，培养学生良好的政治思想的同时，增加学生的民族认同与民族使命感。

（3）组织传播

最后是组织传播中的学校和学生社团组织以及会议、讲座，学校相关部门的宣传对"一带一路"倡议认知的重要性如下表所示：

表 1-28　学校相关部门的宣传对认知"一带一路"倡议产生影响的重要性

认知程度	频率	百分比	累计百分比
1	1	0.51	0.51
2	4	2.05	2.55
3	41	20.92	23.47
4	88	44.90	68.37
5	62	31.63	100.00
合计	196	100.00	

表 1-28 为学校相关部门宣传对认知"一带一路"倡议产生影响的重要性调查，认为重要（4分）的比重较大，达到 44.90%，相对于前两个表格，多数人认为学校相关部门宣传对认知"一带一路"倡议具有一定的影响。

根据访谈，可以得知，学校围绕该倡议所展开的校园活动比较少，学院方面也较少举办有关于"一带一路"学术会议，缺少该倡议的社团组织。访谈记录如下：

笔者C：你认为学校有经常举办"一带一路"倡议相关的讲座吗？

受访学生L：不多，在我印象里举办过一次。

笔者C：你有参加学校组织关于"一带一路"倡议相关的校园活动吗？

受访学生L：没有，学校好像没有组织相关活动。

另一位被访谈者也提到这种现象：

笔者C：你认为学校有宣传"一带一路"倡议吗？

受访学生W：有。

笔者C：学校是怎么宣传的呢？通过什么途径宣传的？宣传哪些内容呢？

受访学生W：通过讲座的形式，介绍了"一带一路"的内容，与我们专业有什么关系。

笔者C：你认为学校在宣传"一带一路"倡议中存在哪些问题？

受访学生W：宣传的次数过少，宣传范围过窄。

笔者C：那你觉得应该如何改进呢？

受访学生W：增加宣传的次数，扩大宣传的范围，比如可以多一些在公众号上的宣传，或者说增加纸质小册子的一些宣传。

除此之外，通过深度的访谈还发现，很多学生表示学校在宣传这一倡议及其相关的信息方面，还存有很多的问题和不足。例如：

受访学生D：现在的宣讲活动太少，以后要多开展这方面的活动，还邀请著名专家教授。其次学校在宣传"一带一路"倡议时开展的活动形式不是很新颖，不太吸引学生能够去参加，可能有一些他们举办的活动是强制性要求学生去参加，这样就会导致学生的兴趣比较低，之后的传播效果也不是很好，最后是（宣传）途径和手段稍微有点单一，宣传的方式可以再多一点，再灵活一些，这样宣传效果也会比较好。希望通过举办一些（关于"一带一路"倡议相关信息）的知识竞答啊，比赛这样的，准备一些奖品奖项来吸引学生参加，然后可以在学校的官方网站或者是一些公众号和微博之类的平台，就是学生比较喜欢看的一些媒体上面，通过一些有趣的图片及卡通动画这样的方式来宣传，可能效果比较好一些。

受访学生 J：希望学校能多举办这方面的活动，我个人也非常希望跟大家一起讨论和交流。

由访谈内容可知，学校在宣传"一带一路"倡议时，宣传的方式比较单一，只有举办"一带一路"倡议相关的讲座，而且举办的次数不多，宣传的内容也过于狭窄，学校可以充分发挥学校社团的作用，让学生去着手组织相关的活动，在了解"一带一路"倡议的同时还可以锻炼学生组织策划的能力。希望中国高校可以高度重视并不断加强对该倡议的宣传工作，举行相关专题讲座和知识比赛的活动，从而使学生能够获得更丰富的信息，进而增进对该倡议的理解与认知。

3."一带一路"倡议认知原因问题

根据问卷调查的结果可知，汉语国际教育专业的学生认知"一带一路"倡议的原因的排序为：专业学习的要求＞媒体影响＞个人兴趣＞参与相关活动＞朋友间交谈的需要＞参与科研项目＞家庭影响＞其他，可以看出专业学习是汉语国际教育专业的学生了解和认知"一带一路"倡议的最主要原因。（媒体影响与个人兴趣的问题在前面章节已经进行了分析）在对问卷调查中"一带一路"倡议认知现状调查对象浏览相关报道原因中可以发现，60.71%的同学了解"一带一路"倡议的原因是因为专业学习的要求，并且通过问卷调查，大部分学生认为学校开展的相关课程对认知该倡议会产生重要性的影响。

表1-29　学校开展相关课程对认知"一带一路"倡议产生影响的重要性

认知程度	频率	百分比	累计百分比
1	0	0.00	0.00
2	2	1.02	1.02
3	41	20.92	21.94
4	90	45.92	67.86
5	63	32.14	100.00
合计	196	100.00	

表1-29为学校开展相关课程对认知"一带一路"倡议产生影响的重要性调查，认为重要（4分）的比重较大，达到45.92%，多数人认为学校开展相关课程对认知"一带一路"倡议有一定的影响。

在访谈中，学生提议可以增设关于"一带一路"倡议的选修课程。访谈记录如下：

笔者C：你认为学校在宣传"一带一路"倡议中存在哪些问题？

受访学生J：肯定存在一些不足之处，就是涉及的内容不全面，我们专业可能就是涉及文化领域，让我们去传播中华文化，其他方面的话，我暂时没有考虑到。

笔者C：那你认为学校在宣传"一带一路"倡议时应该如何改进呢？

受访学生J：我觉得可以邀请一些从事"一带一路"相关工作的人员来为我们提供一些他自己的工作经验，或是找一些对"一带一路"倡议和汉语国际教育都比较了解的专家开设一门课程，可以为我们系统地讲解"一带一路"倡议，以及"一带一路"与汉语国际教育之间的密切关系。

笔者C：这个建议很好，可以多举办一些"一带一路"倡议讲座以及与留学生交流的机会，开展有关"一带一路"倡议的活动，那你认为有必要设置"一带一路"倡议相关课程吗？

受访学生L：我觉得我们可以开设，就是相关的这种专题讲座，就是那种比较系统的，就是相关课程的话，其实嗯，就是没有必要开设特别多，就是几节课，比较精练一点的，这个相关的专题讲座，我觉得这样就行。或是将"一带一路"倡议相关课程作为选修课的一门供学生选择，可以加学分那种，要不还是有很多学生不会去选。

另一位受访者L认为各个学院可以针对自己的学科特点设置不同种类的课。

笔者C：你主要都了解"一带一路"倡议的哪些内容呢？

受访者L："一带一路"新的政策、"一带一路"沿线国家语言使用状况以及"一带一路"沿线国家留学生语言能力和二语习得相关研究。

笔者C：你认为学校有必要设置相关课程吗，或者选修课？

受访者L：看是哪方面了，如果仅仅是大的方针政策，我觉得学校层面没有必要设置，学院可以结合自己的情况设置相关选修，比如外国语学院可以专门设置与"一带一路"倡议有关的专业词汇的课程学习，国教院根据留学生设置"一带一路"沿线国家留学生二语习得商学院，经管院设置"一带一路"沿线国家经济政策，政社院设置"一带一路"沿线国家与中国的外交啊，和平共处呀等等。

访谈内容可知，大家想对"一带一路"倡议有更加全面的认知，都比较认同开设有关"一带一路"倡议的选修课程，希望这个选修课能跟汉语国际教育这个专业有紧密的联系，让大家清楚汉语国际教育在"一带一路"倡议中的定位是什么，不仅是汉语国际教育这个专业，还有一些外国语学院、经管学院和政治学院这些与该倡议有着紧密联系的专业，根据自己的学科特点设置相应的课程，让学生清楚自己能为"一带一路"倡议的发展做出哪些贡献，以及"一带一路"倡议能为我们的个人发展带来的影响。

（二）"一带一路"倡议认知态度问题

1. "一带一路"倡议接受与认同问题

在调查问卷中可知，89.80%的同学对"一带一路"倡议是接受与认同的，但还有2.55%的人表示不能接受和认同"一带一路"倡议，对该倡议认知不足就会影响对这一倡议的认知。

表 1-30　学生对国家政策认知不足对认知"一带一路"倡议产生影响的重要性

认知程度	频率	百分比	累计百分比
1	0	0.00	0.00
2	10	5.10	5.10
3	54	27.55	32.65
4	81	41.33	73.98
5	51	26.02	100.00
合计	196	100.00	

表 1-30 为学生对国家政策认知不足对认知"一带一路"倡议产生影响的重要性调查，认为重要（4分）的比重较大，达到41.33%，多数人认为学生对国家政策认知不足对认知"一带一路"倡议产生具有一定的影响。由上面访谈的事例加问卷调查的数据都可以得到高校学生对"一带一路"倡议认知的重要性，认知不足就会导致对"一带一路"倡议认知的片面性，所以国家和政府还需要针对高校群体提高对"一带

一路"倡议的认知。

对于"一带一路"倡议不能接受与认同的同学，笔者进行了深度访谈，了解其不认同的原因是什么。

访谈记录如下：

笔者C：你可以具体说说你认为北京那次实习经历和"一带一路"的关系吗？

2019级汉教学生R：最大的关系就是通过"一带一路"，然后来了很多留学生，他们可能也不是"一带一路"来的，有可能就是通过孔子学院奖学金来的，这个孔子学院奖学金，应该也是和那个"一带一路"有关系的吧，因为有了"一带一路"，然后他会给这些沿线国家设立奖学金，让他们可以，就是可以来这边学习，然后也没有什么生活上的压力。

笔者C：您对"一带一路"倡议的态度是？听你说的经历，应该是比较支持的。

2019级汉教学生R：首先呢，一开始不太了解，家里身边的人都说这是在什么浪费纳税人的钱，把这些钱投在我们国家一些贫困地区不好吗？后来听了一个专家的讲座，说国家就是有那种更加深远的发展，然后就比较能够理解了，我们就是给别的国家进行投资之后。肯定是会有一些后期的回报在的，然后我觉得，那些国家领导的决策，肯定就是他们的智慧会比我们普通人更高一点，然后我觉得他们做出的这个政策呢，是应该，是会比较好的吧。

由访谈内容可知，认知不足是导致学生不能接受该倡议的原因，以及家里身边的人对"一带一路"倡议的负面评价，由于普通人对该倡议了解的不全面，只是看到国家在帮助其他国家发展，他们也不能理解国家这么做的意义是什么。因此，"一带一路"倡议的发展还需要针对一些人民群众进行普及和宣传。

2."一带一路"倡议的评价问题

通过问卷调查可知同学们都认为"一带一路"倡议是创新的、和平友好的、开放的、互利共赢的。然后又对不同学历和年级的学生进行了访谈，访谈结果如下：

笔者C：确实给我们提供了很多机会，那你认为我们应该如何把握住这些机会？

受访者L：平时多关注权威平台发布的信息或者属意单位的官网、公众号发布的信息，把眼界、思路打开，夯实专业基础。出国的话，要会一到两门外语，有较强的跨文化适应能力和展现中国国家形象的使命感。在国内的话也要了解世界的大环境，大形势。学校也可以多提供相关的信息推送给学生。

笔者C：好的，如果让你用几个词语来形容一下这个倡议，你会如何评价？

受访者L：互利共赢，互助互利，同心同行吧。

另一位受访者也表示：

笔者C：听你的回答应该是比较接受与认同这个倡议，是吗？

受访者W：我对"一带一路"倡议是很认同的，我觉得这个计划不仅促进沿线国家的发展，而且也有利于我们国家的发展。因为这个倡议是双赢的倡议，它不但能带动沿线国家的那个增加就业岗位，又能带动沿线国家经济发展，又能为中国的经济注入活力。

笔者C：还能为我们带来就业机会。

受访者W：对的。

笔者C：如果用几个词语来评价这个倡议，你会怎么来评价呢？

受访者W：双赢，合作。

根据访谈可知，在对"一带一路"倡议的评价方面，同学们都给出了正面积极的评价，评价多为"共赢""合作"这类的词语，说明同学们对于"一带一路"倡议的接受度和认可度较好。

3."一带一路"倡议表现情感问题

根据上文对"一带一路"倡议表现情感的内容分析可知，在对"一带一路"倡议表现情感的问题上，大多数的同学表现自豪、感动的情感。有的同学虽然也表达了这种情感，并认为该倡议"一带一路"倡议对汉语国际教育有一定的影响，但是却不会主动了解该倡议，而且对于"一带一路"倡议与自身的关系也不是很清楚，说明对"一带一路"倡议的认知还不够清晰。访谈结果如下：

笔者C：那你会主动了解"一带一路"倡议相关信息吗？

受访学生Z：不会。

笔者C：什么原因呢？

受访学生Z：因为我觉得它离我的生活很远，感觉跟我没什么关系。

笔者C：那你认为"一带一路"倡议与汉语国际教育有关系吗？

受访学生Z：有关系。

笔者C：这个关系体现在什么方面呢？

受访学生Z：我们以后如果要去做志愿者，应该会去中亚五国，他们都是"一带一路"倡议沿线上的国家，所通用的语言是俄语，而我们所学的第二外语也是俄语，所以跟汉语国际教育关系比较大。

笔者C：既然你说"一带一路"倡议与汉语国际教育有关系，与自己没有关系，但你是汉语国际教育专业的学生，所以你认为二者有矛盾吗？

受访学生Z：可能当时我没考虑这么多，只想到这个倡议离我比较远，平常也没怎么接触过，所以我认为"一带一路"倡议跟自己是有关系的。

笔者C：有在电视上或者网络上听到沿线国家的人对"一带一路"倡议的评价吗？

受访学生Z：我知道很多留学生受益于这个倡议来到中国学习，他们会感谢这个倡议提供给他们这么好的机会。

笔者C：你听到这个评价后有什么感受呢？

受访学生Z：感觉祖国强大了，并且觉得很骄傲。

另一位有过志愿经历的受访者Z表示，沿线国家的留学生对该倡议还是有较好的评价，她也觉得很骄傲。访谈结果如下所示：

笔者C：你会选择从事相关职业吗？比如说到沿线国家做志愿者。

受访者Z：会，已经从事过志愿者工作了。

笔者C：是在"一带一路"的沿线国家吗？

受访者Z：对，在哈萨克斯坦。

笔者C：那你有听到那边的学生提起过该倡议吗？

受访者Z：没有，比较少，她们不太了解，但是她们把中国当作比较重要的贸易合作伙伴。

笔者C：你在上课时会跟他们提起这个倡议吗？或者有关丝绸之路相关的文化内容。

受访者Z：我不会，因为我带的是初级班，我觉得高级班的学生比较能接受这种知识，高级班的学生知道这个。对了，我在给学生辅导汉语桥的时候讲过这个，那个学生过HSK4了。

笔者C：你主要讲解的是关于这个倡议的哪些内容呢？

受访者Z：主要是这个倡议提出的时间、人物、沿线国家以及这个倡议的原则和理念。还讲过古丝绸之路是做什么的？它的作用意义、人物和时间。

笔者C：这个学生的汉语水平确实不错，她（他）有到中国进行留学吗？

受访者Z：她来中国学习过一学期，她很想通过汉语桥来中国继续学习，但是因为一名之差没有到中国参加决赛，也没有来中国，但是据我所知，她想自己考过HSK五级再申请来中国学习。

笔者C：他有表达过对这个倡议的看法吗？

受访者Z：她觉得这个倡议很好，可以让他们国家发展，自己也有机会来中国学习，很感谢这个机会。

笔者C：那你在听到这样的评价之后，作为提出国的一员，你有什么样的情感？

受访者Z：我觉得中国在国际上展现了大国担当，大家共同发展，互惠互利，树立了可靠的国际形象，觉得很自豪。

还有一些高校的学生对"一带一路"倡议表现出不感冒的态度，认为这一政策与他们自己没有密切关系，不符合他们的需要，因此没有表现出针对这一政策的兴趣。另一方面，态度和行为之间存在一定的相关性，但不是决定性的关系，这说明大学生觉得有必要理解"一带一路"倡议，但自己也不主动了解，导致对"一带一路"倡议的认知不足。

还有的同学对于"一带一路"倡议也持有正面积极的态度，由于对"一带一路"倡议和汉语国际教育专业认知不够全面，没有将个人的发展与国家的发展紧密联系起来，缺乏一定的民族使命感。访谈结果如下：

笔者C：您认为"一带一路"倡议对您的学习生活与个人发展影响如何？

受访者H：好像没有太大的关系，因为不从事对外贸易生意的工作。

笔者C：您对"一带一路"倡议的态度是怎样的？

受访者H：支持，希望发展得更快一些，希望带动西部发展，带动更多经济方面的变化。

笔者C：因为你是专升本考到汉语国际教育专业，能说说你考这个专业的原因吗？

受访者H：专升本可选择专业是固定的，只有三个，其他两个专业分数不够，而我本科学的是书法专业，汉语国际教育这个专业要求学生掌握一些有关中华文化的技能，我觉得我有这方面优势。

笔者C：那你考之前有了解过这个专业吗？

受访者H：没有。

笔者C：经过了半个学期学习，现在对这个专业有一定的认识了吗？

受访者H：有了。

笔者C：可以具体说说你对汉语国际教育这个专业的认识吗？

受访者H：前身是对外汉语教学专业，主要是教外国人学汉语。

笔者C：那你有考虑出去做志愿者或者公派教师吗？

受访者H：没有，不打算从事本专业工作，只想拿个毕业证就好，而且想准备考研，就没有这个打算。

笔者C：考研还会选择汉语国际教育这个专业吗？

受访者H：不是，书法学。

笔者C：能说说原因吗？

受访者H：因为我本科就是书法专业，而且书法也是我的兴趣，所以还是想考回本专业。

这一小节主要针对"一带一路"倡议认知态度问题进行分析，可以发现绝大多数的学生对于"一带一路"倡议都是接受并且认同的，而且对于该倡议也给予积极正面的评价，作为该倡议提出国的一名成员，对于"一带一路"所带来的积极影响也都表示非常骄傲和自豪。虽然大部分同学对于"一带一路"倡议都持有正面积极的态度，但是对于"一带一路"倡议的认知以及该倡议和汉语国际教育专业的认知方面还有待提高。对于"一带一路"倡议的认知也只是停留在课堂上老师所讲解的内容，视频中所看到的内容，没有真正落实到实践上去理解该倡议以及该倡议与汉语国际教育的关系，导致个人发展不能与国家的发展紧密联系起来，没有明确自身的使命与责任。

（三）"一带一路"倡议认知行为问题

在对"一带一路"倡议认知行为的分析上，主要调查了三届毕业生对"一带一路"倡议的接触率与就业率之间的关系，调查结果表明"一带一路"倡议的接触率与就业率有显著的正向影响，即接触率越高，则就业率也越高。而通过访谈，很多学生也认为通过认知"一带一路"倡议会增加就业机会，访谈结果如下：

笔者C：您觉得通过对"一带一路"倡议的认知会增加就业机会吗？

受访学生R：会。首先呢，第一点就是因为"一带一路"跟我们合作的国家就比较多，然后和别的国家就是处于这么一个友好的关系，那么我们国家的人呢，就会去他们那边去做一些项目什么的，有的就是专门去他们国家，比如说开什么餐饮店呀等等，有的话就是，比如说我们国内的一些大公司，可以到他们国家去发展。然后呢，第二个就是说，别的国家也会来，我们国家就是这样发展，因为我们建立了一个友好的关系。

笔者C：我记得您之前有在北京实习过，跟"一带一路"倡议有关系吗？

受访学生R：最大的关系就是通过"一带一路"，然后来了很多留学生，他们可能也不是"一带一路"来的，有可能就是通过孔子学院奖学金来的，这个孔子学院奖学金，应该也是和那个"一带一路"有关系的吧，因为有了"一带一路"，然后他会给这些沿线国家设立奖学金，让他们可以，就是可以来这边学习，然后也没有什么生活上的压力。

另一位受访者也表示：

笔者C："一带一路"倡议对您的个人发展影响如何？

受访者L：肯定有影响，"一带一路"联动了很多国家，提供了更多相互交流的机会，提供了更多的工作岗位，也提供了更多学术研究的契机。包括现在很多院校招收博士有"一带一路计划"，很多单位招收员工有"一带一路人才计划"。

笔者C：确实给我们提供了很多机会，那你认为我们应该如何把握住这些机会？

受访者L：平时多关注权威平台发布的信息或者属意单位的官网、公众号发布的信息，把眼界思路打开，夯实专业基础。出国的话，要会一到两门外语，有较强的跨文化适应能力和展现中国国家形象的使命感。在国内的话也要了解世界的大环境、大形势。学校也可以多提供相关的信息推送给学生。

由访谈内容可知，学生认同提高"一带一路"倡议认知率可以提升就业率，因为我们对"一带一路"倡议有了充分的了解之后，就可以知道国家发展的动态，需要哪方面的人才，还能提高自己的国际视野，增加大局意识，然后我们可以根据国家的需要，结合自己的专业，增加就业的机会。

（四）小结

这一章节主要针对上一章节"一带一路"倡议认知描述中所出现的问题进行分析，归纳为"一带一路"倡议认知现状问题，认知态度问题以及认知行为问题。

在"一带一路"倡议认知现状问题中，发现了学生在信息接触上面较少接触到高校学生与"一带一路"倡议相关的信息以及该倡议与汉语国际教育相关的信息，使得学生不能明确自身在该倡议中的定位；在认知途径上，大众传播中的新媒体方式由于广告植入和碎片化的信息处理导致同学们了解到关于"一带一路"倡议的信息大打折扣，人际传播中主要以教师讲解为主，但由于专业课要以专业课的课程为主，对学生认知"一带一路"倡议影响较小，组织传播是以学校宣传为主，但学校也存在宣传的方式比较单一、宣传频次较少、宣传内容过于狭窄的问题。

在"一带一路"倡议认知态度问题中，大部分同学对于"一带一路"倡议都持有正面积极的态度，但良好的态度并不代表有良好的认知，部分学生未能将个人发展与国家的发展紧密联系起来，没有明确自身的使命与责任。

在"一带一路"倡议认知行为问题方面，大部分学生都认为"一带一路"倡议的发展可以增加就业机会与途径，通过对"一带一路"倡议接触率和就业率的线性回归分析也证明了这一点，但却没有给学生与该倡议相关的实践平台和职业实践的机会用来提升学生宏观的职业实践思维和实践的能力。

四、"一带一路"倡议认知建议

这一章的内容主要针对上一章关于"一带一路"倡议认知现状、认知态度与认知行为的问题分析，提出"一带一路"倡议认知现状、认知态度与认知行为的建议。

（一）"一带一路"倡议认知现状建议

1. 针对学生需求，提高学生关注

国家和各级政府在宣传"一带一路"倡议时，往往忽略了学生这个特殊群体，忽视了大学校园这个智库进行宣传。很多学生对"一带一路"倡议的概念还停留在丝绸之路上，在以往学习政治、历史时，首先接触到的信息就是丝绸之路，这使得他们很容易忽略后来社会发展所产生的新概念——"丝绸之路经济带"和"21世纪海上丝绸之路"，并且他们觉得自己有足够的信息可以判断而不愿意再学习新的概念含义。还有些同学因为先接触到自己身边的亲朋好友关于"一带一路"倡议比较片面的信息，所以对这一倡议所持的态度积极性不高。国家在宣传该倡议时，还应想到大学校园里的高校学生这一群体，让高校学生对于该倡议进行全面系统的了解，大学生不仅是"一带一路"倡议的坚定支持者，也是未来"一带一路"倡议的建设者。尤其对于汉语国际教育专业的学生来说，因为汉语国际教育不但是提升中国国家软实力的渠道之一，也对塑造中国国家形象的窗口有一定影响。基于此，汉语国际教育专业应充分发挥学科的特点和优势，立足国家层面，拟定大学生理想未来、思想政治教育和就业的相关规划和政策，来增强大学生对这一倡议的重视。

2. 开展校园活动，吸引学生兴趣

根据访谈得知，学校虽然举办过"一带一路"倡议的学术会议，但以该倡议主题的校园活动很少。学校相关部门的宣传部、团委以及各个学院等应充分认识到这一倡议与学生自身的密切关系以及重要性，并可以围绕该倡议的主题开展多姿多彩的校园宣传活动。

如举办论坛："一带一路"给高校学生带来的机遇与挑战。可以让学生更加清楚自己在"这一倡议中的位置，了解该倡议给高校学生带来的积极影响，并结合自身的专业素养和能力，发现自己不足之处，朝着这个倡议发展所需要的人才方向努力，结合专业优势，为"一带一路"倡议奉献出自己的一份力量。专家讲座："一带一路"建设与高校学生就业。通过上面的分析可以知道，学生对这一倡议认知越多，就业机会就越大,在访谈中也可以发现,高校学生了解该倡议最主要的原因就是为了增加就业机会,但却不知道如何通过这一倡议增加就业的渠道,学校举办关于"一带一路"倡议和大学生就业的有关讲座会解决学生直接面临的现实问题,增加就业率的同时,还能为其倡议发展贡献一份力量。"一带一路"知识比赛:"一带一路"与"丝绸之路"历史文化知识比拼。"一带一路"是"丝绸之路"的继承和发扬,想要对这一倡议有更加透彻的了解,就一定绕不开"丝绸之路",古"丝绸之路"包含了很多文化方面的知识,如"丝绸之路"的名字由来、"丝绸之路"的线路、"海上丝绸之路"的意义等等,加深对中国文化了解的同时,也提高了"一带一路"倡议的了解与认知度。量体裁衣地激发高校学生对该倡议的兴趣,并以提供"一带一路"沿线国家的特有产品作为奖品,以鼓励学生主动关注和理解这一倡议。

3. 专设认知渠道,优化认知内容

因为我们处于一个信息大爆炸的时代,从互联网、电视、广告获得的信息漫天掩地,信息管理的缺乏导致了信息质量多但质量差的现象,让学生阅读相关知识的时间越来越少,且效率低下。除此以外,信息传递过程中的失真现象限制了与"一带一路"倡议真实地接触,影响了大学生对"一带一路"的感知。加上受信息环境的影响,在这个信息满天飞的时代,很多大学生迷失在各种娱乐信息中,关注时事的学生寥寥无几。

学校层面建立"一带一路"倡议相关机构。除了围绕"一带一路"倡议开展多元化活动之外,还可以从学生角度出发设置"一带一路"志愿服务中心、"一带一路"咨询服务中心等,方便学生对该倡议有任何疑问时都可以迅速得到解决。

学院层面组织"一带一路"相关活动。定期在学院的官网上发布与这一倡议相关的帖子,让学生了解到学校及学院在该倡议上做了哪些行动,提高大学生对"一带一路"倡议及相关事件的关注度。开展各种"阅读活动"中,增加或强化"一带一路"倡议的主题;向学生推荐"一带一路"倡议书籍;并成立以相关教师为组长的"一带一路"倡议微信群,让大学生们不要随波逐流于关注娱乐信息,而要专注于国家的发展动态和自身的联系,对自己的职业规划有清晰地认识,从而增加学习动力。

班级层面可以建立"一带一路"兴趣小组,每周小组的成员可以自发举办分享交流会,将自己最近所了解到关于这一倡议的信息进行分享与交流,在交流过程中逐渐加深对该倡议的认知。

通过学校、学院、班级这种多层次的宣传营造学习了解"一带一路"倡议的氛围,使高校学生在耳濡目染、潜移默化的氛围中认知这一倡议。

（二）"一带一路"倡议认知态度建议

1. 融入"课程思政"，设置相关课程

由于教师在专业课中应注重专业知识的教学，讲解"一带一路"倡议的内容在时间上非常有限，不能满足学生认知的需求。且教师对学生影响的作用力很大，所以有必要设置相关课程来帮助学生们认知这一倡议。虽然很多大学校园里都有关于"形势与政策"的讲座，而且内容也涉及到这一倡议，但大部分讲师并不是"一带一路"倡议研究的专家；另外，课堂模式不生动，老师负责讲，学生负责听，导致效果不佳。为了改变和促进现有的"一带一路"倡议相关讲座的不足，可以聘请校内外的"一带一路"倡议专家为汉语国际教育专业的学生进行专题讲座。由于这一倡议属于国家的大政方针，要想让学生从心里主动去了解认知该倡议，并对这一倡议持有积极正向的态度，从而选择服务"一带一路"倡议的相关工作，就需要对高校的大学生进行思想政治教育，所以可以在"政治理论与时事"课程中开设"一带一路"课程或是将"课程思政"的模式应用到各个课程中。只是相关课程的设立并不能完全调动学生学习的积极性，通过建立"一带一路"倡议教育的评价的机制，制定一套相对完善可行的管理评价体系，弥补"一带一路"倡议相关课程的不足。具体方法：确定相关课程体系的地位，为相关课程设置适当的学分，建立有效的学习成效评估方法。同时，要有效地将相关评价与大学生对"一带一路"主动性的认知和未来职业规划联系起来。这样才能进一步激发学生参与相关课程的积极性，为学生认知该倡议提供制度保障。

2. 加强专业素养，提高认知意识

"打铁还需自身硬"，想成为"一带一路"发展所需的人才，首先要精通自己的专业，在本科阶段就要为专业知识打好基础，敢于下苦功夫钻研，要学得"精"，同时鉴于这个学科的专业特点，还需要博览群书，让自己的视野更加开阔，积累丰厚的文化知识，即学的"博"。其次要具备良好的教育科学理论素养、跨文化交际能力和精通一种第二语言的技能。比如很多汉语国际教育专业本科生会有对外汉语教学和教中国学生一样的误区，其实二者之间有一定的区别，学习同一种语言，母语者和非母语者应采用不同的教学方法。这就需要我们根据所教学生的特点进行有针对性地教学。跨文化交际能力也是作为一名汉语国际教育专业的学生所必备的，良好的沟通是做一切事情的前提,有助于达成"民心相通"。精通一门外语可以让我们到达使用这种外语的国家时更加自信和从容,解决语言障碍会让我们做任何事情更加顺利。牢牢掌握自己的专业知识并提高自己的综合素质,我们应该更加努力地学习,练就过硬的本领,并将其熟练地运用。

3. 加强政治教育,提高民族使命感

面对"一带一路"倡议的深入实施给高校思想政治工作带来的巨大影响,我们可以建设一支水平较高的思想政治工作队伍,牢牢地把握高校思想政治教育的前进方向。这就要求高校从事思想政治工作的人具有敏锐的政治观察能力,抓住学生日常学习生活中的教育机会,让思想政治工作能够贴近大学生的生活。

还可以从加强学生的国家和民族的使命感和责任感出发,让他们从心理上和思想上重视"一带一路"倡议,引导学生树立正确的世界观、人生观和价值观。

学生自身也要加强敏锐的时代意识和创新意识,身为对外汉语专业的学生一定要紧密关注国情状态,将我们的职业发展、生涯规划和国内国际的发展变化紧密地联系起来,与时俱进,不断创新。

(三)"一带一路"倡议认知行为建议

提高对"一带一路"倡议的认识的目的之一是为未来的职业选择提供更多的机会。为了让大学生更多地了解"一带一路"倡议,可以布置相关实践作业,通过个人的行动加深对该倡议的看法,让大学生走向社会,而不仅仅是在学校这个象牙塔里。高校还可以为学生提供关于"一带一路"倡议的教育实践平台,增强他们宏观的专业实践思维和能力。积极地与当地的企业和事业单位进行合作,让相关单位为学生提供更多的专业实践机会。虽然有很多合作单位已经为学生提供了相关实践岗位,但是还缺乏实践教师,这时高校可以充分发挥其优势,增派一些有经验的教师带领着学生一起参与实践,也可以专门为这些单位培养一些实践教师。在校园内建立一些模拟的实践教育平台,比如建立"一带一路"倡议模拟推广的实验室等为在校大学生提供一些实践机会,在增强他们的国际视野的同时,还可以增强他们的宏观专业实践能力以获得更广阔的职业空间。

(四)小结

这一章节主要针对上一章节中"一带一路"倡议认知现状问题,认知态度问题以及认知行为问题提出有针对性的建议，希望有助于高校学生能够更全面、更深入地认知"一带一路"倡议，明确自身的使命和责任，成为"一带一路"发展所需要的人才，从而拓宽自己的就业渠道。

针对"一带一路"倡议认知现状问题，可以针对学生的需求，在国家的层面提出该倡议与学生理想前途、思想政治的教育以及就业有关系的规划与政策，提高学生对这一倡议的关注度，并围绕着这一主题开展多姿多彩的校园宣传活动，吸引学生认知该倡议的兴趣。设置专门的认知渠道，学校层面设立"一带一路"倡议相关机构、学院层面举办"一带一路"相关活动、班级层面组成"一带一路"兴趣小组，针对"一带一路"倡议与汉语国际教育专业之间的关系推出系列内容，明确自身的定位。

针对"一带一路"倡议认知态度问题，学校可以参考课程思政模式将"一带一路"倡议贯穿到平时的课堂中或者设立该倡议相关的课程，建立这一倡议的教育评价的机制，给学生认知该倡议提供相关的制度保障。并且要不断地提高自身的专业知识，熟练地将自己所学的知识运用到该倡议的建设中来。然后加强汉教专业学生的民族使命感和责任感，让学生认识到在自我发展的同时，也要考虑的国家的发展。

针对"一带一路"倡议认知行为问题方面，可以给学生提供与该倡议相关的实践平台，在提升学生国际视野和职业实践能力的同时，获取更宽广的职业生涯空间。

五、结语

2013年的秋天，中国国家主席习近平到达哈萨克斯坦和印度尼西亚，提出共同建设"丝绸之路经济带"和"21世纪海上丝绸之路"的重大倡议。此后，该倡议不断生根发芽，成为了构建人类命运共同体的重要的实践平台。这一倡议取得的成绩是当代人们的汗水与智慧换来的成就。这一倡议以后的发展更是离不开国家未来的栋梁——高校学生，尤其是具有良好的跨文化交际能力的汉语国际教育专业的学生。深入地探讨学生对"一带一路"倡议的认知的状况，可以为该倡议的宣传工作提供指导和借鉴。

（一）研究结论

本文以新疆师范大学汉语国际教育专业的学生为调查对象，通过问卷调查与访谈相结合的方式进行调查研究，通过数据分析和访谈总结，发现"一带一路"倡议认知现状、认知态度与认知行为的问题，并针对认知过程中存在的问题提出针对性措施。

该文章调查了新疆师范大学汉教育专业的学生对"一带一路"倡议认知状况，从"一带一路"倡议的认知内容、认知态度和认知行为等方面阐述新疆师范大学汉语国际教育专业在认知"一带一路"倡议上存在的问题，包括对"一带一路"倡议全称、提出时间、提出地点以及"五通三通"的基本知识认知不足、对待"一带一路"倡议有存在消极负面的认知、认知"一带一路"倡议与就业的关系。从而有针对性的从国家的层面提出该倡议与学生的理想前途、政治教育、就业相关联的政策；学校举办有关"一带一路"倡议的论坛、专家讲座、知识竞赛激励学生主动对"一带一路"倡议进行关注与了解；丰富并完善"一带一路"倡议认知渠道；设置"一带一路"课程，建立该倡议教育评价的机制，为学生较好地认知这一倡议提供制度保障；通过与课程思政相结合的方式培养高校学生的民族繁荣使命感；高校与当地企事业单位开展积极的合作，让相关的企业单位为学生提供更多的职业实践机会。从而达到让汉语国际教育专业的学生更好地了解"一带一路"倡议，认识到"一带一路"倡议对国家和个人发展的重要性，提升对国家和民族繁荣的使命感，以及拓宽汉语国际教育专业学生的国际视野从而增加就业渠道。

（二）研究局限与展望

由于本人的学术水平有限，对于统计学的相关知识储备不足以及对 SPSS 分析软件掌握不够熟练，仅对数据进行了简单的分析。并且该篇文章只是针对汉语国际教育这个专业的学生对"一带一路"倡议的认知进行了分析，没有设置对照组对其他专业的学生关于"一带一路"倡议的认知做对比，使得研究内容不够全面。本文的思想观点不够创新，个人文献梳理能力不强、理论基础不够扎实，导致论文理论支撑度不足，论文理论水平稍显欠缺。

鉴于此，笔者希望能为高校群体更好地认知"一带一路"倡议提供一些建议，习近平主席表示："共同建设'一带一路'的倡议不是地缘政治工具，而是合作平台，不是对外援助计划，而是共同建设和分享的共同发展倡议。"在不久的将来，中国肯定会需要大量的国际交流，则需要汉语国际教育专业的人才架起一座"民心相通"的桥梁。我们要具备良好的素质和国际的视野，脚踏实地学习专业知识，才能适应社会，做一个对社会有用、不被时代的进步所抛弃的人。"一带一路"不仅仅是国家政府的事，也是我们每个人的事。我们必须发扬人类命运共同体的团结精神，为该倡议的建设贡献出我们自己的力量，这样我们的明天才会更加美好。"一带一路"与你、与我、与他、与国同行。

汉语国际教育专业学生专业认知现状调查
——以 A 大学为例

赵鹏辉

摘 要：学生在选择专业时，只是初步了解汉语国际教育专业，但进入大学后，由于个体认识差异、课程设置等方面的原因，可能导致对所学专业的认知感比较低。当学生对本专业认知感不确定、模糊时，可能会出现逆反心理而荒废学业，这就造成了主观上的排斥，导致在教育教学过程中本应主动接受和汲取的教育过程成为被动填鸭式教学，大大降低了教学质量。在以学生为本位的教育体系中，只有客观理性地分析评价，才能知道其专业认知程度，从而有针对性地采取相应的措施，以将被动教育变为主动教育，进而提高汉语国际教育专业教学质量。

该研究将主要应用于流行病学和行为科学领域的"知—信—行"模式推广到对汉语国际教育专业的认知方面，拓展了"知—信—行"模式的应用范围，并通过普查的方式对 A 大学汉语国际教育专业所有学生进行了问卷调查，此次调查有不同教育层次的本硕生和跨专业的硕士生以及专升本的本科生，因而能更加全面地了解到不同背景的调查对象对于本专业的认知情况。文章第一部分主要是对本文的研究背景、研究目的及意义、文献综述、研究设计进行说明。第二部分围绕汉语国际教育专业学生对本专业的认知状况进行现状分析。第三、四部分根据汉语国际教育专业学生对本专业的认知现状探究认知方面存在的问题，进一步分析存在问题的原因。最后基于以上分析，结合影响学生对本专业认知的原因，有针对性地提出相应的建议。

调查结果表明，专业认知内容方面存在的问题是专业认知接触渠道缺乏权威性、专业认知接触内容不够全面、课程设置不能满足实际需求、就业渠道狭窄等。专业认知态度方面存在的问题是就业前景评价不高、社会认可度不高等。专业认知行为方面存在的问题是专业信息获取缺乏主动性。最后提出相应的建议，在专业认知内容方面：专设认知渠道，优化认知内容；灵活设置课程，增加毕业出路；开展校园活动，吸引学生兴趣。在专业认知态度方面：增加校企合作，提升专业认知度；开展专业宣传，提高社会认可度。在专业认知行为方面：培养学生习惯，增强学习主动性；加强政治教育，提高民族使命感。

关键词：汉语国际教育；专业认知；知信行（KAP）理论

一、绪论

（一）研究背景

1. 汉语国际教育专业发展历程概述

1951年年初，从东欧和朝鲜来的一批留学生进入清华大学中国语文专修班，开始了汉语的学习。当时的招生对象主要面向亚非及东欧地区的一些学生，从整体上看，办学规模不大，发展速度较慢，尤其是20世纪60年代的"十年"，更是处于停滞状态。1978年，中国实行了改革开放，对外汉语教学得到了恢复，进入了一个新的发展阶段。[1]自20世纪初至今，对外汉语教学发展迅速，生源结构、管理体制、教学理念、教学方法、师资队伍等软硬件条件都有了长足的进步，特别是在世界各地开设了大量的孔子学校和孔子课堂，这充分表明了中国对外汉语事业"走出去"的脚步。汉语国际教育是从20世纪80年代起，在北京外语学院的牵头下，于1983年成立了首个对外汉语教育专业的本科班，以培养对外汉语的教学人才。到90年代初，我国已经形成了一个正规的"学院派"对外汉语教师培养系统。[2]近几年，为提高海外汉语推广的效果，我国政府决定培养具有专业素质（专业知识、跨文化交际能力、汉语教学能力、语言表达能力）的应用型专业硕士研究生。2007年，国务院学位办下发了《关于开展汉语国际教育硕士专业学位教育试点工作和推荐全国汉语国际教育硕士专业学位教育指导委员会委员人选的通知》，这意味着汉语国际推广人才培养更加专业化。教育部于2012年9月14日发布《普通高等学校本科专业目录》，将对外汉语专业调整为汉语国际教育专业，使其专业内涵更加丰富。目前，汉语国际教育

---

[1] 崔希亮. 对外汉语教学与汉语国际教育的发展与展望[J]. 语言文字应用，2010，（2）：3-11.
[2] 刘珣. 关于汉语教师培训的几个问题[J]. 世界汉语教学，1996，（02）：99-104.

师资队伍正处于快速发展的时期,并已初具规模,根据汉硕网的预测,到 2022 年,将有 160 所汉语国际教育专业的硕士招生院校。[①] 汉语国际化发展的大背景下,国内外汉语学习者日益增多,势必要引进更多高质量、高水平的汉语国际教育专业人才,但同时也面临着一个新的问题:在当前的国际形势和国内高层一致看好的情况下,如何培养出一批既有专业素养、又热爱汉语推广与教学的优秀人才。

2. 当前汉语国际教育形式

近年来,随着经济发展水平快速提升,综合国力不断提高,中国逐渐以大国姿态步入世界主流。与之俱来的是中国在国际社会中的地位、影响力凸显,其话语权也得到了极大提升。出于社交、留学、旅游、商贸等多种目的,全球范围内学习和使用汉语的人数不断增加。据教育部统计,除中国(含港澳台地区),全球学习并且使用汉语的人次已近 2 亿,为了满足世界范围内汉语学习者的需要,增进世界各国对中国的了解和认识,中国政府于 2003 年开始创办"汉语桥"工程项目及"孔子学院"这一非营利性汉语推广教育机构。2019 年 9 月 27 日,教育部公布了一组关于汉语国际教育方面的数据:截至 2018 年 12 月,中国已在 154 个国家和地区设立 548 所孔子学院和 1193 个中小学孔子课堂,现有各类学员 210 万人,中外专兼职教师 4.6 万人。[②] 到 2021 年,全球有 75 个国家将中文纳入国民教育体系,4000 多所国外大学开设中文课程,2500 万人学习中文,4000 万人次参加各类中文考试。[③] 为适应世界范围内"汉语热"持续增温的状况,对外汉语教师,尤其是专业的对外汉语教师需求量不断增加。如何培养专业合格的对外汉语教师就成了当务之急,此次调查汉语国际教育本硕生对本专业的认知状况是应当前专业发展的需要,意从被培养者的专业认知中,探究专业培养是否存在不完善的地方以及如何改进。

(二)研究目的及意义

1. 研究目的

本文以 A 大学汉语国际教育专业本科生和硕士生为研究对象,旨在了解 A 校汉语国际教育专业认知总体情况和个体在专业认知上的差异,并对外部因素与 A 校该

[①] http://www.mtcsol.cn/article-875.html（2021.01.20 访问）
[②] http://www.moe.gov.cn/jyb_xwfb/xw_zt/moe_357/jyzt_2019n/2019_zt24/jyfzdsj/ggkf/201909/t20190927_401421.html（2021.01.20 访问）
[③] http://www.moe.gov.cn/jyb_xwfb/s271/202104/t20210402_524194.html［2021-1-20］

群体专业认知的关系进行了深入的探讨，分析出影响汉语国际教育专业学生对本专业认知的主要因素。

2. 研究意义

（1）理论意义

第一，本文将主要应用于行为科学领域和流行病学的行为改变理论中"知—信—行"模式推广到汉语国际教育专业认知方面，对拓展行为改变理论具有一定的积极作用。

第二，本文的撰写有一定量的问卷调查与访谈资料作为基础，为汉语国际教育专业学生对本专业的认知研究增加了个案，丰富了田野调查，为今后进一步研究汉语国际教育专业认知相关问题提供了数据资料与范本借鉴。

（2）实践意义

通过对汉语国际教育专业学生对本专业认知状况的调查研究，分析汉语国际教育专业学生对本专业认知度和影响专业认知度的一些主要因素。总结 A 大学汉语国际教育专业认知的实际情况，按照 A 大学汉语国际教育专业的特点，提出一些提高汉语国际教育专业教育质量的具体方法与措施。

（三）文献综述

1. 理论基础与核心概念

（1）行为改变理论

行为改变的理论主要有"知—信—行"模式（KABP 或 KAP）、健康信念模式（HBM）和行为转变阶段模式（transtheoretical model of behavior，TTM），本研究采纳的是"知—信—行"模式。"知—信—行"模式（KAP）是改变人类健康行为的模式之一，是一种行为干预理论，该理论将人类行为变化分为获取知识、信念生成和行为形成三个连续的过程。其中，"知"为知识（knowledge），是对相关知识的认识和理解；"信"是信念（attitude or belief），是一种正确的信仰和积极的态度；"行"即行为（practice），是将已经知道并且相信的东西付诸行动。该模式提出了知识、信念、行为三者之间的关系：知识是行为改变的基本，信念是行为改变的动力。

本文旨在运用"知—信—行"模式（KABP 或 KAP），结合本研究分析汉语国际教育专业学生对本专业的认知内容、认知态度、认知行为。通过设计问卷、展开调研，分析汉语国际教育专业学生对本专业的认知的特点，分析存在的问题并提出相应的对策建议。

（2）认知心理学

1967年，美国心理学家奈赛尔（U. Neisser，1928—2012）出版了一本名为《认知心理学》的专著，这标志着认知心理学的诞生与确立。此后，在结合了心理学、信息论、计算机科学、语言学、神经学等学科后，认知心理学正式诞生。如今，认知心理学已发展成为一种现代西方心理学的重要理论流派，对人类了解自身与外部世界的关系发挥了重要的作用。

所谓认知，指的是人脑中的知觉和认知活动，描述的是知识的获取、储存、转换和使用，这是一个信息处理过程，也是一次心理活动[①]。认知心理学在此基础上发展而来，它是对早期行为主义的一种批判和修正。认知心理学是一门研究认知及行为背后的心智处理的心理科学，它包含了广泛的研究领域，着重于研究人的高级心理过程，主要是认知过程，如注意、知觉、表象、记忆、思维、情绪和语言等。认知心理学主要采用实验和功能模拟的研究方法，以此来探讨人在信息处理过程中的内心活动和外部行为。

关于认知心理学的定义有广义和狭义之分。广义的认知心理学主要研究人脑内部的心理活动过程、认识的发生与发展，以及对人的心理事件、心理表征和信念、意向等心理活动。狭义的认知心理学是以信息加工理论观点为核心的心理学，又称为信息加工心理学。[②]

（3）社会认知理论

社会认知是个体关于社会现象、社会关系等方面的人类自身事件的认知。在内容上涉及三个不同的层次：第一，关于人自身的认知，包括对自己和他人的各种心理活动（如感知、注意、记忆、思维、动机、情感等等）及思想观点、个性品质等的认知；第二，关于人与人之间的各种双边关系的认知，如对权威、友谊、冲突、合作等关系的认知；第三，关于社团内部及社团之间各种社会关系的认知。人的社会动机、社会态度、社会化过程、社会行为的发生都是以社会认知为基础的。个体的社会行为是个体在社会认知过程中做出各种裁决的结果。

2. 专业认知的研究

对于"认知"这个概念，社会上有广义和狭义两种理解。广义的认知就是指：

[①] 梁宁建. 当代认知心理学[M]. 上海教育出版社. 2014.
[②] [美]玛格丽特·马特林（Margaret W. Matlin）著，李永娜译. 认知心理学[M]. 机械工业出版社. 2016.

"'认识',指人脑反映客观事物的特性和联系,并揭露事物对人的意义与作用的心理活动。狭义的认知则特指心理学上的概念,其中最具代表性的是美国心理学家U.奈瑟的观点,指感觉输入受到转换、简约、加工、存储、提取和使用的全部过程。"[1]认知既可以是静态的反映,也可以是动态的过程。本研究中所指的认知只涉及静态部分,所以对"专业认知"下一操作性定义即为:各个专业学生对本专业的认识现状。关于专业认知,不同专业的专业认知一般都是从认知的内容、影响认知的因素、如何提高专业认知,以及专业认知对专业学习、职业规划等方面的作用来研究。

白鸽、蒋虹丽、黄葭燕(2011)研究发现,大学教育工作者应将专业认知教育与个体兴趣相结合。[2]教育者应让专业"变柔变活",使学生更好地进行职业生涯规划,在此过程中,要发挥教师的人格魅力,把握好专业认知的黄金时期。

杜玮、连钠(2013)通过对高职院校学生专业认知教育的深入剖析,阐述了高职院校的专业认知教育在促进高职院校学生的专业学习、职业生涯规划、就业等方面具有重要意义,并提出了建立渐进型专业认知教育的方法,并探讨了实施这一系统的有效途径。[3]

宋建飞(2014)认为,大学生专业认知起点低,专业观念缺失,专业思想与实践教育脱节,专业认知存在依赖性,缺乏实事求是精神,职业规划不健全。[4]在此背景下,对大学生进行专业认知教育、实践教育的规划显得尤为重要。通过系统、规范、逐步、细致的专业认知教育,使其专业思想、专业精神、专业意识树立形成,为其学习生活打下良好的基础,为专业能力发展注入不竭的动力。

胡德华、种乐熹(2014)从专业录取意愿、二次选择专业意向、专业了解程度、专业喜欢程度等方面进行研究,并提出相应的政策建议,如强化招生宣传、职业规划教育、适时心理沟通、丰富学习方式、建立合理的教学体系。[5]

梅淑元(2019)在研究结果的基础上,提出了本科学生专业认知的提高方法:加强专业教师的培训,增强其整体素质和个人魅力;提升实践课程的学习效果,进一

---

[1] 陈会昌主编. 中国学前教育百科全书·心理发展卷[M]. 沈阳:沈阳出版社,1995.
[2] 白鸽,蒋虹丽,黄葭燕. 医科研究生专业认知及影响因素研究[J]. 中国高等医学教育,2011,(7):105-106+127.
[3] 杜玮,连钠,崔素萍,王金淑. 材料类专业大学生渐进式专业认知教育体系建设初探[J]. 高等理科教育,2013,(3):74-78.
[4] 宋建飞. 高校大学生专业认知教育探讨——基于大学新生专业认知度的问卷调查[J]. 扬州大学学报(高教研究版),2014,(6):94-98.
[5] 胡德华,种乐熹. 生物信息学专业新生专业认知度调查分析[J]. 医学信息学杂志,2014,(5):84-88+92.

步提高学生对科研、社会调研的参与率,增加实践性教学的经费;加强专业学风建设,激发学生的主动性,营造浓厚的学术氛围。①

刘伟豪、秦莹(2020)以CNKI为资料来源,运用计量统计手段,从文献的数量、来源、作者、主题等几个角度对大学生的专业认知状况进行了统计和统计,从而使有关学者能够掌握目前的研究状况和发展趋势。②

葛文静、李煜(2020)表示了解大学生对本专业的认知和选择职业的态度,对于本专业人才的培养和后备人才的稳定具有重要意义。③

贾丽娜、柳佳良、马帅(2020)认为通过举办技能大赛、交流毕业生经验、教师讲授、参观实习、技能训练等方式,可以有效提升大学生专业认知状况。④

李花慧、孙慧敏、闫梓璇、孟宪炜、侯玉蓉(2020)研究发现,大部分大学生对职业发展的认识和职业发展的方向都不是很清楚。⑤对此,各院校在招生时应进行专业认知教育和职业生涯规划,并根据学校的办学理念、专业定位、培养目标、就业前景等因素,强化学生的专业知识,建立专业自信,明确职业定位。

陈开政(2020)认为新生在高中阶段对大学本科专业的理解不够清楚,受家人、朋友等因素的影响。⑥学校应充分利用"入学教育"的机会,强化专业认知教育,开设"专业导论"课程;充分发挥辅导员、班主任等对专业认知教育的促进作用,强化学生自身与专业的结合。

翁剑成、赵晓华、马思雍(2020)采用比较分析法,以团队导师制为依托,制定一套专业认知评价体系,采用团队成员评价、任课教师评价、团队导师评价、高年级学生评价等评价方式。在此基础上,通过具体的案例分析,介绍了不同个体在团队导师的指导下,在专业认知方面的效果。⑦

柴静、王金鸿(2020)针对本专业的认知情况,提出了相应的对策:加强职业意

---

① 梅淑元. 农林经济管理本科生专业认知度及影响因素[J]. 黑龙江科学,2019,(21):162-164.
② 刘伟豪,秦莹. 高校学生专业认知研究综述——基于CNKI的文献计量统计分析[J]. 云南农业大学学报(社会科学),2020,(6):141-149.
③ 葛文静,李煜. 安徽省高校在校大学生对护理专业的认知[J]. 轻工科技,2020,(9):168-170.
④ 贾丽娜,柳佳良,马帅. 护理专业新生专业认入学教育实践研究[J]. 产业与科技论坛,2020,(22):192-193.
⑤ 李花慧,孙慧敏,闫梓璇,孟宪炜,侯玉蓉. 佳木斯大学预防医学本科生专业认知情况的调查研究[J]. 科技资讯,2020,(27):201-203.
⑥ 陈开政. 秘书学专业新生专业认知现状及培养策略[J]. 中国多媒体与网络教学学报(上旬刊),2020,(9):206-208.
⑦ 翁建成,赵晓华,马思雍. 团队导师对低年级学生专业认知作用的跟踪评价方法[J]. 高教研究与实践,2020,39(02):46-51.

识的培养；完善专业课程以满足实际需求；提高师资队伍的专业素养；提高学生的创新能力，提升综合素质。[1]

3. 汉语国际教育专业的研究

汉语国际教育是指面向海外母语非汉语的学习者的教学。汉语国际教育专业既有本科专业，也有专业硕士、博士学位，汉语国际教育本科专业是自2013年起根据《教育部普通高等学校本科专业目录（2012年）》和《普通高等学校本科专业设置管理规定》所整合的专业，原"对外汉语""中国语言文化"和"中国学"合称"汉语国际教育"专业。笔者通过文献梳理，发现现阶段对汉语国际教育专业的研究主要集中在课程设置、人才培养、专业认同、择业就业、专业发展等方面。

（1）课程设置

汉语国际教育专业课程由通识教育课程、专业教育课程和综合教育课程三部分构成。通识教育课程包括人文学科、社会科学、自然科学基础、外语、计算机及信息技术、体育、实践训练。专业教育课程包括本学科基础性课程、相关专业的专业性课程以及专业实习实践。综合教育课程包括思想政治教育、学术活动、文体活动以及其他自选活动。[2]

胡泊（2012）提出了汉语国际教育硕士学位论文的核心课程设置，包括语言学、文学文化、汉语作为第二语言教学、研究方法等；扩展课程的开设要兼顾教学需求和学生需求；培训课程应当围绕汉语教学技能、中华才艺技能、新媒体技能等进行实践演练。[3]

卢淑芳（2020）认为"国际汉语教学能力"是国际汉语教师必须具有的核心素质，它所涉及的课程在汉语国际教育学科体系中处于核心位置，是汉语国际汉语学科的核心技能模块化课程。[4] 高校应以《普通高等学校本科专业目录》和《普通高等学校本科专业类教学质量国家标准》为指导，以《国际汉语教师标准》作为建设的标准，从模块能力目标的总体构建、模块化课程单元框架的构建、模块化课程教学的实施、师资队伍建设、模块化教学评价体系的构建等五个方面来探索模块化课程建

---

[1] 柴静，王金鸿. 信息管理与信息系统专业学生专业认知度现况研究［J］. 科教文汇（中旬刊），2020，（6）：104–107.
[2] 教育部高等学校教学指导委员会编. 普通高等学校本科专业类教学质量国家标准［M］. 北京：高等教育出版社，2018.03.
[3] 胡泊. 汉语国际教育专业硕士课程设置研究［J］. 辽宁经济管理干部学院，2012，（4）：86–88.
[4] 卢淑芳. 汉语国际教育本科专业"国际汉语教学能力"模块化课程建设研究［J］. 创新创业理论研究与实践，2020，（24）：89–92.

设的途径。

刘慧青（2020）通过对河北省三所具有代表性高校的汉语国际教育专业课程设置的调查，发现三所院校的课程设置存在着课程结构不合理、课程针对性不强、培养特色不鲜明、实践实习课程有待加强等问题[①]。高校要根据社会对本专业的需要，广泛调查研究，根据自己的特点和优势，制定合理完善、方向明确、特色鲜明的专业培养目标，以确保培养目标落到实处，以保证培养目标落到实处，从而提高办学质量，提升学校的专业竞争力。

胡炯梅、玛依拉·艾杰（2020）依据课程设计理论，结合汉语国际教育专业人才培养目标，对新疆师范大学汉语国际教育专业本科课程设置进行了满意度调查，分析了该专业课程设置中存在的问题，有针对性地提出优化课程设置的建议：增强学科基础课程地位；合理设置专业核心课程中的外语课程；扩大中华才艺技能课程的选修自由度；增加综合实践课程的实践指导；根据社会需求增设专业选修课程。[②]

（2）人才培养

2012年，中华人民共和国教育部颁布的《普通高等学校本科专业目录和专业介绍》中，对外汉语专业更名为汉语国际教育专业，对汉语国际教育专业培养目标有了新的界定。汉语国际教育专业的人才培养目标为：本专业培养掌握扎实的汉语基础知识，具有较高的人文素养，具备中国文学、中华文化、跨文化交际等方面专业知识与能力，能在国内外各类学校从事汉语教学，在各职能部门、外贸机构、新闻出版单位及企事业单位从事与语言文化传播交流相关工作的中国语言文学学科应用型专门人才。[③]

周艳芳（2014）对我国汉语国际教育专业发展的现状进行了分析，并提出了一种基于"国外市场需要、大学生就业"的教学模式，并以此作为汉语国际教育专业人才培养的一个出发点。[④]

彭建玲（2014）通过对汉语国际教育的内涵的考察，回顾了近半个多世纪以来该专业从事对外汉语教学到汉语国际教育的历史，通过查阅、统计、归类相关文献，总结出了我国汉语国际教育专业人才培养的几种主要模式：研究型、应用型、实用

---

① 刘慧青. 汉语国际教育本科专业课程设置比较分析——以河北三所高校为例[J]. 高教论坛，2020，（11）：15-19.
② 胡炯梅，玛依拉·艾杰. 基于满意度调查的汉语国际教育专业本科课程设置分析——以新疆师范大学为例[J]. 新疆教育学院学报，2020，（2）：15-22.
③ 程娟，施家炜主编. 汉语国际教育本科专业建设研究 2013年全国高校汉语国际教育/对外汉语本科专业建设研讨会论文选[M]. 北京：北京语言大学出版社，2017，（1）.
④ 周艳芳. 高校汉语国际教育专业硕士人才培养模式研究述评[J]. 辽宁行政学院学报，2014，（12）：96-97.

型。① 通过对我国汉语国际教育人才培养模式的研究，认为当前的研究还存在着研究的不足，如研究的数量不足、研究视野的不足、研究方法的单一等问题。提出应追求个性化、本土化和特色化的人才培养，构建具有中国特色或校本特色的汉语国际教育的人才培养模式是今后的发展方向。

周艳芳（2015）对高校汉语国际教育专业硕士人才培养提出几点建议：将招生工作做得更完善和细致；增强学生对汉语国际教育学科和学习者所需各项能力的认识；课程体系需要继续优化；在人才培养模式中应以就业为导向，增强人才的竞争力；建立和完善人才评价机制。②

王丕承（2016）在培养目标的教学内容上，注重教学的训练，提高学生的教学标准性和教学灵活性，同时，在专业学习中，正确把握专业知识和技能训练之间的关系，确保学生的培养效果。③

刘萍（2016）探讨了汉语国际教育硕士的培养：明确培养目标、提升专业认知、优化课程教学、激发学生兴趣、加强技能训练。④

亓海峰、朱建军（2016）以上海外语学院的"一核心、三支柱"的培养方式为例子，从培养目标、课程建设、实习实践体系建设以及论文写作等方面，对汉语国际教育硕士培养模式的构建进行了分析和探讨。⑤

谢丹（2019）中通过对该专业培养现状的调查，从生源背景、课程设置、教学实习及学业论文与就业四个大方面展开分析，并从学生角度和学校层面提出了相应的具体建议。⑥ 从学生角度：有一个明确的学习规划和目标；对自身能力有一个清楚明确的认识，花精力弥补自身短板和不足之处，增加核心竞争力；端正态度，充分发挥自身主观能动性。从学校的层面：在招生时严格把关，适当提高招生标准；给考生更多的考前指导，关注考生盲目报考的问题；结合区域优势和自身特色调整培养模式，优化课程设置；注重培养学生各项基本功，给学生提供更多的实践与锻炼的机会；加强海外实习基地的建设，提供更多去海外实习的机会；在人才培养过程中，

---

① 彭建玲. 汉语国际教育人才培养模式研究综述［J］. 昆明理工大学学报（社会科学版），2014，（3）：86-92.
② 周艳芳. 高校汉语国际教育专业硕士人才培养现状调查分析［J］. 吉林省教育学院学报（上旬），2015，（7）：106-109.
③ 王丕承. 从师资培训角度对汉语国际教育专业硕士培养的思考［J］. 亚太教育，2016，（1）：249+190.
④ 刘萍. 关于汉语国际教育专业硕士人才培养的思考［J］. 安徽文学（下半月），2016，（3）：133-135.
⑤ 亓海峰，朱建军. 汉语国际教育专业硕士培养模式的构建［J］. 高教论坛，2016，（12）：78-80+85.
⑥ 谢丹. 汉语国际教育硕士培养中的若干问题及建议——以新疆地区为例［J］. 汉字文化，2019，（20）：53+69.

以就业为导向，增强学生的社会竞争力；提供更多就业信息，拓宽就业渠道；建立可持续的人才评价机制，及时获取反馈信息，实现良性循环。

王敬艳、赵惠霞（2019）认为汉语国际教育硕士研究生作为国家汉语文化"走出去"的一支重要力量，"一带一路"的建设对其人才的培养提出了新的要求。[①] 汉语国际教育专业的人才培养要适应国家的发展和市场的需要，逐步由"工匠型"的教师培训向更高层次的专家型、研究型教师的培养，由"普适性"的人才培养转变为"国别化"的人才培养。

张雪扬（2019）表示全面提高汉语国际教育硕士研究生的文化素质，是目前汉语教学中的一个重大课题。[②] 我们应该在培养学生时，应加强传统文化课程教学；语文课要立足于传统文化，注重词语的会意和隐喻；开设古典诗词课，提高中国古代文学素养。

肖湘（2020）从课程设置、教学实习、论文写作、就业指导等几个方面入手，对广东外语外贸大学汉语国际教育硕士的专业建设提出了相应几方面的建议，以及今后的建设方向和发展前景。[③]

姚姗姗（2020）认为汉语国际教育硕士的培养模式要立足实践，在课程设置上不断地进行调整，确立应用型、复合型、国际化的人才培养目标。[④]

（3）专业认同

专业认同是对所学专业的一种接受和认可的情感态度，且专业认同是非静态的、处于不断变化发展之中的。结合汉语国际教育专业学科的特点，本文将专业认同定义为：在专业学习过程中，能够不断深入了解汉语国际教育专业情况，在充分认知专业的基础上，对专业持有接受和认可的积极情感态度，并且能够积极主动地探索学习专业知识，并从事专业对应职业相关行为。

沈映梅（2014）认为汉语国际教育专业学生专业认同的高低，与学生年级、生源、学校整体教学条件、就业前景评价等有显著性差异。[⑤] 专业认同感与就业前景、外部支持、专业实践三种外部情境具有相关性，其中就业前景和外部支持对专业认

[①] 王敬艳，赵惠霞. 论"一带一路"建设对汉语国际教育专业硕士人才培养规格的新要求[J]. 黑龙江教育（高教研究与评估），2019，（2）：35-38.
[②] 张雪扬. 提升汉语国际教育硕士传统文化素养的途径[J]. 文化学刊，2019，（1）：174-176.
[③] 肖湘. 广东外语外贸大学汉语国际教育硕士专业的培养现状分析与调查研究[D]. 广东外语外贸大学，2020.
[④] 姚姗姗. 汉语国际教育硕士人才培养模式调查研究[D]. 兰州大学，2020.
[⑤] 沈映梅. 汉语国际教育专业本科生专业认同研究[D]. 云南师范大学，2014.

同起着重要作用。

王炳军（2019）认为汉语国际教育硕士专业认同在学校教学条件、就业前景、选择读研理由等方面有较大差别，专业成绩、生源地、性格、是否有出国教学经验等方面均有差异，性别、年级、本科是否为汉语国际教育专业、文理科等方面无显著差异。[①] 专业认同与就业前景、外部支持、专业实践外部情境有显著的相关，并通过线性回归分析，结果显示三个因素都与专业认同成正相关，而专业实践对专业认同的影响则更大。

徐妙怡（2020）的研究结果表明，汉语国际教育硕士专业认同程度中等偏上。在此基础上，作者对汉语国际教育硕士的专业认同提出了几点建议。[②] 从学生的角度看，学生在选择专业的时候应该合理选择专业，合理规划专业学习生活，加强专业学习，并保持积极的职业态度；从学校的角度看，应该加强专业宣传，推进课程改革，为学生提供高质量的专业实习，加强就业指导；从社会层面看，社会应该引导民众对汉语教育的正确认识，政府提供政策扶持。

（4）择业就业

汉语国际教育专业毕业生可在海外教育机构从事对外汉语教学与研究，在中小学、教育机构从事语文教学工作，在媒体、出版类企事业单位从事新媒体编辑等工作，以及外交、外事、外贸、中外文化交流、新闻等需要兼具汉语和外语能力的工作。

张北北（2013）选取山东大学三届汉语国际教学汉语硕士研究生为研究对象，通过对相关数据的分析，得出八个结论，其中比较严重的有以下三个问题：汉语国际教育专业学生在国内就业率逐年下降、专业不对口情况严重、专业能力对就业帮助不大。[③] 针对以上问题，文章从行业、专业、学生自身三个层面分析了我国就业市场持续下滑、专业不对口的主要原因。针对上述问题，提出了相应的对策：一是要加强国内行业系统的支持，二是拓展国外就业的途径，三是培养自己的专业核心能力。

刘湖森（2020）以广西某高校2014—2018届汉语国际教育硕士研究生的就业状况进行问卷调查，发现大部分汉硕生在求职过程中所遇到的问题主要是职业认可度低、职业规划不清晰。[④] 目前，我国汉语国际教育硕士专业人才培养面临的"瓶颈"

---

① 王炳军. 汉语国际教育硕士专业认同研究[D]. 西北师范大学，2019.
② 徐妙怡. 汉语国际教育硕士专业认同调查研究[D]. 江西师范大学，2020.
③ 张北北. 汉语国际教育/对外汉语硕士毕业生就业状况调查[D]. 山东大学，2013.
④ 刘湖森. 地方高校汉语国际教育硕士就业情况调查研究——以广西某大学为例[J]. 兴义民族师范学院学报，2020，(6)：101-105.

是我国目前亟待解决的问题。地方院校在培养汉语国际教育专业的时，要立足本区域的实际情况，挖掘自身的优势，进行有针对性的培养。

周媛媛（2020）以云南师范大学为研究对象，对2014—2018届汉语国际教育专业本科生的就业情况进行了调查，并对其就业质量进行了分析。通过问卷调查、访谈等方法，对汉语国际教育专业毕业生就业质量的影响因素进行了深入的分析，主要有：社会层面专业定位不明确、专业宣传不到位、市场需求不均衡；学校层面专业培养目标不明确、课程设置不合理、专业实习落实不到位、就业指导不完善；学生个人方面的因素包括对专业认知不高、自身专业知识技能不扎实、缺乏职业生涯规划等。[1]

陆斐（2020）探讨了汉语国际教育专业毕业生在就业过程中面临的诸多问题，包括诸多隐性文化因素。[2] 该研究为就业问题的研究提供了更加宽广的视角。

胡阳、王彦伟（2020）认为汉语国际教育硕士毕业生的职业选择受到国家政策、工作地点、职业稳定性、社会压力等多种因素的影响。[3] 文章从马克斯·韦伯的社会行为学角度出发，把汉语国际教育硕士毕业生的就业行为分为成长型、转出型、呼吁型和过渡型。通过对四种行为模式的形成及实施途径的分析，提出了三点建议：健全人才培养体系、建立职业发展与产业发展相结合的就业辅导体系、探索信息交换与建言献策的交流机制。促进汉语国际汉语硕士的就业工作向成长型转变，确保汉语国际教育硕士的就业率保持稳定。

李果、方芳、王心仪（2020）以新疆财大汉语国际教育专业的大学生为例，探讨了大学生的双创实践情况和双创能力的培养。[4]

陈贤德、刘猛、罗优（2020）为了解汉语国际教育专业学生的职业价值取向，在2014年和2020年对汉语专业学生进行了两次职业价值评估。[5] 调查发现，国际教育系毕业生的职业价值发生了四个变化："学姐学长"提供的求职信息是他们最重要的信息来源之一、选择工作时更重视"待遇优厚"、愿意从事汉语国际教育的人数减少、择业时更多地关注自己的意愿。同时，此研究还表明，汉语国际教育专业的毕业生

---

[1] 周媛媛. 汉语国际教育专业本科毕业生就业去向调查及人才培养策略探析［D］. 云南师范大学，2020.
[2] 陆斐. 汉语国际教育专业毕业生就业选择的障碍——以百色学院为例［J］. 就业与保障，2020,（16）：45-47.
[3] 胡阳，王彦伟. 汉语国际教育专业硕士就业行动的类型研究［J］. 国际汉语教育，2020,（4）：84-92.
[4] 李果，方芳，王心仪. 汉语国际教育专业学生创新创业能力培养研究［J］. 产业创新研究，2020,（17）：139-141.
[5] 陈贤德，刘猛，罗优. 汉语国际教育专业学生职业价值观演变趋势——基于两次问卷调查结果比较分析［J］. 中国大学生就业，2020,（19）：60-64.

在就业和职业规划方面，存在着信息来源狭窄、职业规划不明确等一系列问题。

刘弘、杨明明（2020）对2012—2019年华东师范大学汉语国际教育专业本科生的毕业方向做了较为全面的研究，并将其与该校汉语言文学类本科毕业生的就业状况作了对比。① 结果表明，华东师范大学汉语国际教育专业的就业方向符合其"双语、双文化、双能力"的发展目标，其就业质量也比同时期的汉语言专业学生要高。

颜娜（2020）认为，我国的留学生教育基本上被各大院校所垄断，而私立的汉语培训机构目前发展并不完善，招收汉语志愿者的人数也很少，总体的就业情况很难跟上专业发展的步伐；在课程设置上，各大学更多的是基于教师的专业结构和学术倾向，在"一带一路"的背景下，很难适应多样化的市场需要；此外，汉语国际教育专业的女生较多，毕业后不愿意远离家人，这些心理方面的障碍也是毕业生跨行就业的重要原因。②

汪甜甜（2021）认为汉语国际教育专业的大学生应立足于自己的实际，做好汉语传播与文化交流的工作，同时要以中英文基础、实践能力、跨文化交际能力、综合素质等方面的优势，把握好新形势下的工作机会。③

（5）专业发展

汉语国际教育的办学与专业发展，至今已70余年。2012教育部印发了《普通高等学校本科专业目录》，把对外汉语专业调整为汉语国际教育专业，丰富并拓展了专业内涵。当前汉语国际教育专业进入了迅速发展阶段，并且逐步形成了相当规模。

孙冬妮（2008）探讨汉语国际教育面临着新的发展机遇与挑战，如何充分利用现有的资源，充分发挥语言专业的优势，在激烈的市场竞争中站稳脚跟，争取更大的发展空间，为国家的语言与教育发展做出更大的贡献。与会者就培养方案的建立、课程体系的建立、课程间的协调衔接、教学方法、教学管理、教学研究等方面进行了深入的探讨。④

范晓玲（2013）通过对新疆三所高校汉语国际教育本科专业发展现状进行调查梳理，深入分析并比较各高校专业发展中招生情况、培养目标、课程设置、办学特色、就业走向与发展前景，结果显示各高校利用自身优势和特色，加强专业建设，

---

① 刘弘，杨明明. 华东师范大学汉语国际教育专业本科生就业情况调查与思考[J]. 国际汉语教育，2020，（2）：41-50.
② 颜娜. 浅析陕西汉语国际教育专业毕业生就业影响因素[J]. 就业与保障，2020，（22）：59-60.
③ 汪甜甜. 汉语国际教育专业大学生就业探索[J]. 合作经济与科技，2021，（1）：90-91.
④ 孙冬妮. 汉语国际教育教学工作研讨会综述[J]. 长江学术，2008，（4）：176-179.

探究人才培养模式，提高人才培养质量，为汉语中亚推广及中国文化交流提供人才支撑，取得了明显的成效，但在社会影响力、学科建设、就业保障制度等方面还存在问题。[1]为使汉语国际教育专业持续健康发展，服务于新疆经济发展战略和国际化战略，应加强专业与国际化接轨、解决好高校之间的错位竞争，提升专业学科内涵建设的研究。

刘汉银（2014）在《汉语国际教育硕士专业定位思考》[2]从新时期汉语国际教育硕士人才培养定位、专业课程的设置与优缺点、专业课程定位的基本原则等几个方面，对汉语国际教育专业的发展提出了一些建议。

李泉（2015）认为，汉语教育硕士在教学理念上的信念，是对汉语作为第二语言教学的认识和理解，并相信这种认识是正确的，相信其教学方法是有效的。[3]汉语国际教育硕士的专业发展理念，是对从事汉语第二外语教学者的主要知识、能力和素养的认识与理解。教学信念对教师的教学行为和教学成效产生深远的影响，教师的教学信念是什么，教师的专业发展信念就是什么。专业发展信念对教师知识能力、教师自身素质体系的形成有重要的影响，并对教师的教学方向和重点、质量和得失产生重要影响。

刘明（2017）以新疆师范大学为核心，梳理和总结了该学校汉语国际教育专业发展的区域特征，并对不同地区高校的国际汉语教育专业进行了适当的比较。[4]该研究有助于总结专业发展的经验教训，取长补短。

朱晓军（2017）认为有必要重新定位该专业的培养目标和培养模式，文章尝试提出设立二级培养目标、中外联合培养、放宽毕业论文选题等方面的构想，以便该专业更好地适应社会需求和服务国家。[5]

郑通涛、陈荣岚、方环海（2017）认为随着汉语教学国际化，国际汉语教学呈现出多元化的趋势，汉语教学的国际化趋势日益突出，对不同教学目标、服从教学对

---

[1] 范晓玲. 新疆高校汉语国际教育专业发展现状调查与对策探讨[J]. 新疆师范大学学报（哲学社会科学版），2013，（6）：109-114.
[2] 刘汉银. 汉语国际教育硕士专业定位思考[J]. 长春大学学报，2014，（2）：241-243.
[3] 李泉. 汉语国际教育硕士的教学信念和专业发展信念[J]. 云南师范大学学报（对外汉语教学与研究版），2015，（3）：1-8.
[4] 刘明. 新疆汉语国际教育专业发展的区域特征——以新疆师范大学为中心[J]. 云南师范大学学报（对外汉语教学与研究版），2017，（4）：88-92.
[5] 朱晓军. "一带一路"倡议下汉语国际教育专业的发展及对策研究[J]. 新疆大学学报（哲学·人文社会科学版），2017，（4）：44-47.

象"需求"的差异化观念日益受到人们的关注。[①] 文章就如何密切联系全球对中国的理解和认识的"需求",准确把握中国文化走向国际的重要战略机遇,正确把握国际汉语教育的发展趋势,探索全球汉语教学理念和方法,挖掘国际汉语教学与研究的多样性特点,探索国际汉语教学与研究的多样性。

潘超青(2019)从五个专题讲座,分别从多个方面展示了当前汉语教学研究的最新成果,包括网络语言的基本模式、语言本体研究的新思路、二语习得的实证研究、汉语国际化教育的学科定位和扩展、网络云技术的应用。[②] 这些报告显示出了广阔的学术视野,构建了新的研究范式,把握了学科发展的大方向,促进了汉语教育和研究的深入发展。

邵滨、富聪、刘晶晶(2020)研究了孔子学院与汉语国际教育硕士专业学位发展的关系。[③] 为了推动汉语国际教育硕士专业学位的发展,加强与业界的紧密联系,必须对行业的需要有更多的了解,对行业的资格进行规范,强化行业团体的建设,处理好孔子学院与专业学位的发展之间的关系。

4. 研究述评

现阶段对汉语国际教育专业的研究主要集中在课程设置、人才培养、专业认同、择业就业、专业发展等方面。在课程设置方面,各高校汉语国际教育专业大多存在课程设置不合理的现象,多在以下几个方面:课程结构不合理、针对性不强、核心课不够突出、实践课数量不够、才艺课较单一。针对上述问题,各高校均有自身的优化方案,笔者认为课程设置还应结合各高校不同的区位优势来设置本校课程,更加有针对性地进行培养,实现不同地区、不同高校间毕业生的差异化竞争。

在人才培养方面,各家都强调应该以师资培养为导向。针对就业情况不乐观的局面,应培养复合型、应用型人才,提高培养对象的竞争力。以上研究不足之处在于,仅提出了培养建议,未能就新的培养模式预计能产生什么样的效果进行探究。

在专业认同方面,关于汉语国际教育专业认同的研究十分有限。现有的研究就影响认同的因素以及专业认同的作用进行了探究,不足之处在于未能深入地调查个

[①] 郑通涛,陈荣岚,方环海. 基于"需求"导向的汉语国际教育的发展与创新——亚太地区国际汉语教学学会第八届年会综述[J]. 海外华文教育,2017,(3):390-404.

[②] 潘超青. 新时期汉语国际教育的探索与思考——首届汉语教学研究论坛综述[J]. 海外华文教育,2019,(5):3-5.

[③] 邵滨,富聪,刘晶晶. 孔子学院与汉语国际教育硕士专业学位发展的定位研究[J]. 辽宁教育行政学院学报,2020,(2):32-36.

体间专业认同上的差异对于专业学习以及未来的择业就业上的影响。

在择业就业方面，汉语国际教育专业学生的职业规划及实际就业情况和学校的课程设置、人才培养模式、学生专业认同密切相关。笔者认为，针对近年来对口就业情况不乐观的局面：国家应健全行业体系、拓宽海外就业渠道；学校应明确培养目标、提升学生核心竞争力；学生应提高对本专业的认知、拓宽就业面。

在专业发展方面，汉语国际教育专业的发展是十分迅速的，但是由于本专业还很"年轻"，对于专业定位、专业建设、办学特色、培养模式、就业走向等方面还在不断探索中。上述研究结合专业定位、国家战略、新时期、新技术及各自区位条件，从不同角度阐述了本专业的发展历程以及方向，具有启发和指导意义。

在专业认知方面，汉语国际教育专业的专业认知研究目前很缺乏，需本专业人士努力补充研究空白。专业认知对专业学习、职业规划等方面的作用是至关重要的。通过梳理相关文献可以发现，首先，就目前各个不同专业的专业认知研究来看，专业认知的影响因素研究得还不够；其次，现有研究里提出的如何提高专业认知的建议大多是从培养者的角度来提出的，缺少从被培养者的角度的建议。笔者认为应该先研究清楚影响专业认知的因素后，再有针对性地提出提高专业认知的方法方能事半功倍。

综上所述，通过文献梳理可知，汉语国际教育专业的研究很丰富，但是专业认知的研究相对较少，其中关于汉语国际教育专业的认知更为缺乏。专业认知对于汉语国际教育专业的发展十分重要，只有了解汉语国际教育专业学生对本专业的认知状况以及影响专业认知的因素，才能针对专业认知中存在的问题和影响因素做出相应的措施。本次调查可以为汉语国际教育专业学生对本专业的认知研究增加个案，为今后进一步研究汉语国际教育专业认知相关问题提供数据资料与范本借鉴。

（四）研究设计

1. 研究内容

本文以A大学汉语国际教育专业学生作为研究对象，以其对本专业的认知作为研究内容，在探讨汉语国际教育专业学生对本专业认知内容、认知态度、认知行为和认知途径等问题的基础上，进一步分析影响汉语国际教育专业学生认知的因素，具体而言，本论文的研究内容主要包括以下几个方面：

其一，对汉语国际教育专业学生对本专业的认知分析，具体包括认知内容、认知态度、认知行为、认知途径等问题。笔者参考徐欣（2009）[①]的研究，根据文献资料和汉语国际教育专业的内涵得出调查维度，认知内容包括历史发展、专业课程、人才培养、择业就业等；认知态度包括对本专业的接受与认同和对本专业的评价；认知行为包括是否主动了解专业信息，以何种方式了解本专业以及了解本专业的哪些信息；认知途径包括大众传播途径、组织传播途径和人际传播途径等。

其二，对汉语国际教育专业学生对本专业认知的影响因素分析，具体包括认知主体因素、认知客体因素和认知环境因素等。其中，认知主体因素包括教育层次、专业认同、专业评价等，认知客体因素包括专业内容、就业择业等，认知环境因素包括社会环境因素、学校环境因素、家庭环境因素等。

2.研究对象

为了对A大学的汉语国际教育专业的本科学生和研究生进行本专业认知情况进行分析，该研究采取了问卷调查和访谈相结合的方法。本次调查以A大学汉语国际教育专业本科学生和研究生作为调查的对象，通过发放调查问卷和深入访谈相结合的形式开展调查工作。为确保问卷结果的全面性，研究对象的选取是A大学汉语国际教育专业所有学生。A大学汉语国际教育专业的本科生和研究生一共有244人，本次调查一共发放的问卷为244份，覆盖率100%；回收的问卷244份，回收率100%；其中有效的问卷共计244份，有效率也为100%。为确保访谈结果的精确性，通过分层抽样的方式抽取不同年级不同性别的27位学生。访谈对象信息如表2-1所示：

表2-1 访谈对象信息

访谈化用名	性别	年级	居住地	访谈时间	访谈方式
受访者Z	女	本科2021级	河北保定市	2021.11.15	微信语音
受访者L	女	本科2021级	山东淄博市	2021.11.15	微信语音
受访者Z	女	本科2021级	陕西西安市	2021.11.16	微信语音
受访者C	男	本科2021级	浙江宁波市	2021.11.16	微信视频
受访者B	男	本科2021级	河南平顶山市	2021.11.16	微信视频
受访者L	女	本科2021级	河南周口市	2021.11.20	微信语音
受访者Z	男	本科2020级	陕西咸阳市	2021.11.18	微信视频
受访者J	女	本科2020级	福建泉州市	2021.12.07	微信语音
受访者H	男	本科2020级	甘肃白银市	2021.12.07	微信视频

---

① 徐欣.体育新闻专业学生专业认知状况调查[D].北京体育大学，2009.

续表

访谈化用名	性别	年级	居住地	访谈时间	访谈方式
受访者 W	女	本科 2019 级	山东潍坊市	2021.12.11	微信语音
受访者 H	女	本科 2019 级	河北石家庄	2021.12.08	微信语音
受访者 C	男	本科 2019 级	山东枣庄市	2021.12.02	微信视频
受访者 Z	女	本科 2018 级	新疆乌鲁木齐	2021.12.09	微信语音
受访者 Z	男	本科 2018 级	河南驻马店市	2021.12.02	微信视频
受访者 Z	女	本科 2018 级	新疆石河子市	2021.12.06	微信视频
受访者 M	女	专升本 2021 级	新疆乌鲁木齐市	2021.12.01	微信语音
受访者 M	女	专升本 2021 级	新疆伊宁市	2021.12.11	微信视频
受访者 H	男	专升本 2021 级	天津市	2021.11.29	微信视频
受访者 Z	女	专升本 2020 级	新疆乌鲁木齐市	2021.11.13	微信语音
受访者 C	女	专升本 2020 级	新疆乌鲁木齐市	2021.11.15	微信语音
受访者 H	男	专升本 2020 级	新疆乌鲁木齐市	2021.11.13	微信视频
受访者 Y	女	硕士 2021 级	新疆乌鲁木齐	2021.11.29	微信视频
受访者 H	女	硕士 2021 级	新疆乌鲁木齐	2021.11.29	微信视频
受访者 L	男	硕士 2021 级	河北邯郸市	2021.11.28	微信视频
受访者 Z	男	硕士 2020 级	新疆乌鲁木齐	2021.10.20	微信视频
受访者 W	女	硕士 2020 级	河南南阳市	2021.10.22	微信视频
受访者 L	女	硕士 2020 级	新疆乌鲁木齐	2021.10.22	微信视频

表 2-2 被调查者的年级分布

年级	频数	百分比	累计百分比
本科 2021 级	61	25.00%	25.00%
本科 2020 级	24	9.84%	34.84%
本科 2019 级	24	9.84%	44.68%
本科 2018 级	24	9.84%	54.52%
专升本 2021 级	35	14.34%	68.86%
专升本 2020 级	30	12.30%	81.16%
硕士 2021 级	23	9.42%	90.58%
硕士 2020 级	23	9.42%	100%
合计	244	100%	

需要说明的是，本科 2021 级有两个班，21-1 班为俄语班，共 31 人；21-2 班为英语班，共 30 人。其余班级均为俄语班。

表 2-3　被调查者的年龄分布

年龄	频数	百分比	累计百分比
18 岁以下	3	1.23%	1.23%
18-22 岁	133	62.70%	63.93%
23-27 岁	79	32.38%	96.31%
28-32 岁	6	2.46%	98.77%
33 岁以上	3	1.23%	100%
合计	244	100%	

由表 2-3 可知，在 244 名被调查者中，调查对象的年龄主要在 18-22 岁之间，18 岁以下以及 28 岁以上的人占极少数。与笔者认识到的现状相符，因为该研究的调查对象为本科生和研究生，而本科生与研究生的年龄主要集中在 18-25 岁之间。此次调查对象的年龄主要分布在 18-27 岁之间，其他年龄段的人数所占比例不多。

表 2-4　被调查者的性别情况

性别	频数	百分比	累计百分比
男	38	15.57%	15.57%
女	206	84.43%	84.43%
合计	244	100%	

由表 2-4 可知，在被调查者的性别方面，女生 206 人，男生 38 人。女生人数占了总人数的 84.43%，男生人数占总人数的 15.57%，可以得出女生的人数是男生人数的六倍左右，符合汉语国际教育这个专业女生的报考人数要远远多于男生的情况，同时也说明该次研究的被调查者的性别分布不均匀，数据分析的结果更倾向于女生的看法。

表 2-5　被调查者的居住地分布

户口分布	频数	百分比	累计百分比
疆内	110	45.08%	45.08%
疆外	134	54.92%	100%
合计	244	100%	

由表2-5可知，在244名被调查者中，新疆维吾尔自治区的学生人数共110人，占比例为45.08%，疆外学生共计134人，占比例为54.92%，因为本次研究的调查对象为A大学的学生，所以244名调查者中新疆地区的学生占据很大比重。

表2-6 被调查者的志愿填报

第几志愿进入本专业	频数	百分比	累计百分比
第一志愿	132	54.10%	54.10%
第二志愿	57	23.36%	77.46%
第三至六志愿	39	15.98%	93.44%
学校调剂	9	3.69%	97.13%
转专业	7	2.87%	100%
合计	244	100%	

由表2-6可知，244名被调查者中，第一志愿进入本专业的同学最多，共132名，占比54.10%。第二志愿进入本专业的同学有57名，占比23.36%。转专业的同学有7名，占比2.87%。这三者相加共计196名同学，占比80.33%，说明大部分同学都是对本专业感兴趣，主动进入本专业。

综上，A大学汉语国际教育专业的学生在性别和地区方面分布不均衡。女生占整个汉语国际教育专业人数的比例为84.43%，汉语国际教育专业的发展也离不开汉语国际教育专业的男生，同样学校在招生时可以适当增加男生的比例。在分布地区方面，新疆地区的学生比重会高于其他地区，学校招生时也可以考虑这一因素，增加对其他地方的学生进行招生。

3.研究方法

（1）问卷调查法

在正式进行调查之前，笔者首先对23名汉语国际教育专业的学生进行了预调查。目的是为了检验调查问卷是否合理，并根据其反馈的问题进行调查问卷调整，提高其可操作性。正式调查时间是2021年10月至11月之间。由于实习以及疫情的原因，笔者未能及时返校发放问卷，故而采用电子问卷的方式进行调查。将电子问卷设置成答完所有题后，方可退出，答题时间设置为15分钟，以确保自己独立完成所有题目。A大学汉语国际教育专业的本科生和研究生共计244人，本次调查一共发放问卷244份，覆盖率100%；回收问卷244份，回收率100%；其中有效问卷共计244

份，有效率100%。调查问卷包括以下几个内容：问卷说明，这一部分主要是针对被调查者，向他们介绍此次调查的目的以及调查内容，同时向被调查者承诺保证他们的个人信息不会公开，希望他们积极参与；被调查者的个人信息，主要包括年龄、年级、性别、居住地等，这些信息对专业认知有较大关系，所以这方面的信息情况也是十分必要的。

调查问卷的设计主要基于对相关文献资料的整理分析。详见附录一、附录二。问卷主要分为三个部分，第一部分是个人信息，第二部分为汉语国际教育专业的认知情况，第三部分是影响汉语国际教育专业的学生对本专业的认知因素的情况。

问卷第一部分是汉语国际教育专业学生的个人信息情况，主要从汉语国际教育专业学生的教育层次、年龄、性别、地区等方面进行调查，看是否会对汉语国际教育专业学生认知本专业产生影响。

问卷第二部分主要从汉语国际教育专业学生对本专业的知、态、行三个方面展开，即认知内容、认知途径、认知态度和认知行为。

问卷第三部分通过对影响汉教专业的学生认知因素调查。比如，认知主体方面，您认为教育的层次是否会对专业认知产生影响？最后通过调查结果分析出影响汉语国际教育专业学生专业认知的因素。

调查结果的正确度与可信度，取决于被调查者在回答问题时是否排除了其他的非必要因素，可以专心致志填地写问卷，由于该问卷采取电子问卷的形式，通过线上进行填写，为保证问卷的质量，我通过添加每个班级班长的微信，让其将我拉进入各自的班级群，在学生上课前或下课后人员比较齐的时候进行填写问卷，每个人做完问卷后，需将截图发在群里，以保证每个人都可以填写这个问卷，在填写问卷之前，我会将各种注意事项提前发在群里，为了消除被调查者的顾虑，确保他们认真填写，在问卷中注明了这样一段话："此问卷采用匿名形式，答案无对错之分，且数据仅用于此项研究，我们会对您的信息和所回答问题的答案进行完全保密。您对汉语国际教育专业的实际了解情况对我的研究有很大价值。"

（2）**访谈法**

访谈对象：通过分层抽样的方式抽取汉语国际教育专业不同年级和学历的学生，本科生共计5个班级，包括一个英语班和四个俄语班，专升本班共计2个班级，研究生共计2个班级，总共9个班级。每个班级各抽取不同性别的三位学生，由于男女比例相差很多，所以每个班级随机抽取两名女生和一名男生，最后得到的访谈人数为

27人。

访谈形式：本次访谈采用了半结构式的访谈方法。由于实习以及疫情的原因，笔者未能及时返校，不能采取面对面的方式进行访谈，因而通过微信语音、微信视频等方式进行线上访谈，在得到访谈对象允许的情况下，尽量采取视频的方式，因为这样可以拉近与被访谈者的距离，所访谈的内容也更加真实有效。

访谈可以在问卷调查的基础上更深入地了解汉语国际教育专业学生对本专业的认知情况，弥补问卷调查的限制。访谈内容和问题与问卷有一定的区别，主要是对问卷内容的补充，弥补了问卷调查的不足，有助于了解个体的深层心理，揭示认知的本质规律。

（3）统计分析法

本文通过SPSS软件（25.0）对调查结果进行数据录入和分析，并通过录入的数据分析结果，对汉语国际教育专业的学生对于本专业的认知现状进行描述，从中发现问题，并试图寻求解决方案。笔者利用该软件提供的服务对问卷中的数据进行了以下分析：

描述统计分析：该种分析方法是本篇文章中使用最多的分析方法，一般是针对单选题的描述，如调查对象的性别、年龄、年级以及汉语国际教育专业的前身、学科大类等。（具体操作步骤为：选中需要分析数据所在的一列，描述统计，即可得出图表）

4.研究思路

本研究通过梳理相关文献以及结合问卷和访谈的方法，调查和分析汉语国际教育专业学生对本专业的认知情况。

第一部分主要是对本文的研究背景、研究目的及意义、文献综述、研究设计进行说明。

第二部分围绕汉语国际教育专业学生对本专业的认知状况进行现状分析。通过问卷调查及访谈，从认知内容、认知态度、认知行为以及认知途径等方面，了解汉语国际教育学生对本专业的认知现状。

第三、四部分根据汉语国际教育专业学生对本专业的认知现状探究认知方面存在的问题，进一步分析存在问题的原因。

最后基于以上分析，结合影响学生对本专业认知的原因有针对性地提出相应的建议。

(五)创新之处

首先,针对高校学生专业认知的调查研究不是很多,汉语国际教育专业认知的调查更是十分有限,本次调查研究有一定量的问卷调查与访谈资料作为基础,为汉语国际教育专业认知研究增加了个案,在一定程度上弥补此领域研究现状的不足。

其次,本次的调查对象有不同于其他专业之处,本次调查不仅有不同教育层次的本硕生,还有跨专业的硕士同学以及专升本班的同学,因而能更加全面地了解到不同背景的调查对象对于本专业的认知情况。

然后,理论方面本文将主要应用于流行病学和行为科学领域的"知—信—行"模式推广到对汉语国际教育专业的认知方面,拓展了"知—信—行"模式的应用范围。

最后,本文在探究影响专业认知的因素以及相应的建议方面,主要是根据与被调查者的深入访谈而来的,因而是从被培养者的角度提出培养建议。

二、汉语国际教育专业认知现状分析

这一章节主要针对调查数据进行整理和分析,笔者将调查问卷和访谈两种方式相结合,以调查问卷为主、访谈为辅,探究汉语国际教育专业本硕生对本专业的认知现状。汉语国际教育专业认知现状包括汉语国际教育专业的认知内容、认知态度、认知行为以及认知途径等。

(一)汉语国际教育专业认知内容分析

本小节主要针对汉语国际教育专业认知内容进行整理和分析,专业认知内容主要包括汉语国际教育专业的历史发展、专业课程、培养目标、择业就业等四个方面。

1. 汉语国际教育的历史发展

了解汉语国际教育专业的历史发展对于专业认知及专业知识学习都是十分重要的。知道本专业内涵是如何不断丰富,专业使命是如何不断与时俱进,才能对本专业有更加清晰合理的定位以及建立对专业未来发展的自信。

表 2-7　汉语国际教育专业前身的认知情况

专业前身	频数	百分比	累计百分比
对外汉语教学	180	73.77%	73.77%
国际中文教育	36	14.75%	88.52%
国际汉语教学	28	11.48%	100%
合计	244	100%	

由表 2-7 可知，明确汉语国际教育专业前身的人数占总人数的 73.77%，而其余两个选项为干扰选项，共占总人数的 26.23%。说明汉语国际教育专业的学生关于专业前身认知的正确率不是特别高，四分之一的汉语国际教育专业的学生对本专业的前身不是很了解。

通过访谈可以知道，对于汉语国际教育专业前身不完全知道的受访学生 H 说："不清楚，平时在提到我们专业时，一般都说它现在的名称，对于专业前身只是大概知道是为了教留学生汉语，具体这个名字是什么，就记得不是很清楚"。通过调查及访谈可知，有一部分同学对汉语国际教育专业前身认知不足。

表 2-8　专业名称变更的认知情况

何时由对外汉语改为汉语国际教育	频数	百分比	累计百分比
2009 年	35	14.34%	14.34%
2010 年	67	27.46%	41.80%
2011 年	40	16.39%	58.19%
2012 年	102	41.81%	100%
合计	244	100%	

由表 2-8 可知，明确知道对外汉语何时改为汉语国际教育的人数不到一半，仅占 41.81%，而选择其余干扰选项的人数达到了 58.19%。说明汉语国际教育专业的学生对于本专业名称更改这样的历史性大事的知晓率不高。

笔者通过访谈，深入了解汉语国际教育专业学生对专业历史发展的认知情况，访谈记录如下：

笔者 Z：您对本专业的发展历史了解吗？

受访者 L：也没啥历史吧，这个专业才开设了几十年，改革开放以后，外国人不是就进来了嘛，就有了这个对外汉语专业，然后到现在变成了汉语国际教育专业。

　　受访者 W：不是特别了解，只知道以前叫对外汉语，现在叫汉语国际教育。

　　笔者 Z：您了解为什么更改专业名称吗？

　　受访者 W：和年代有关系吧，刚开始是教外国人汉语嘛，所以就叫对外汉语，到了现在看这个名字就有点"潦草"了，所以就改成了汉语国际教育。

通过问卷调查和访谈可知，本专业的学生对于专业历史发展的认知较低，受访者对于专业的历史发展、名称变化以及相对应的专业内涵、专业使命的发展认知不够清晰。

2. 汉语国际教育的专业课程

专业课程是学习专业知识以及了解专业最重要的途径，通过了解被调查者对专业课程的认知情况，可以在一定程度上知道学生对专业课程的学习情况。笔者通过问卷，对本专业全体同学的调查可探知整体情况，再结合个人的访谈来深入了解影响专业课程认知的因素。

表2-9　专业课程内容的认知情况

您对专业课程内容的了解程度	频数	百分比	累计百分比
非常了解	16	6.55%	6.55%
比较了解	134	54.92%	61.47%
一般了解	77	31.56%	93.03%
不太了解	17	6.97%	100%
不了解	0	0%	100%
合计	244	100%	

由表2-9可知，对本专业课程内容非常了解和比较了解的学生共有150位，占比61.47%。有77位同学对专业课程内容一般了解，占比31.56%。有17人对专业课程内容不太了解，这部分同学占比6.97%。由此可知，只有少数同学对专业课程不太了解，大部分同学对专业课程内容的了解较清楚，总体来看，专业课程内容的认知情况较好。

按照了解程度的不同，给"非常了解"到"不了解"分别赋值，"非常了解"赋值是5，"比较了解"赋值是4，"一般了解"赋值是3，"不太了解"赋值是2，"不了解"赋值是1，最后通过计算得到的平均值是3.48。根据李克特五度量表，均值在3.5-5之间处于较高水平，均值在2.5-3.49之间，处于中等水平，均值在1-2.49之间处于较低水平。① 根据表2-10可知，在专业课程内容认知情况的总体均值为3.48，说明本专业学生对专业课程内容的认知情况处于中等水平。

笔者通过访谈，深入了解汉语国际教育专业学生对专业课程内容的认知情况，访谈记录如下：

笔者Z：您认为所学的课程内容如何？

受访者Z：因为以前学的都是理论，对很多历史文学没有学习很深，就是一些基本的了解，所以现在可以填补一个以前的空缺。学的内容有利于未来就业，觉得能提升个人，尤其是那个文学课，还有俄语，就像我们这些二三线、三四线城市，以后可能也会有这个岗位，如果学得好的话，可以去当翻译，我觉得给我们选择的机会很多。

笔者Z：您对主要的几门专业课程了解程度怎么样？

受访者Z：现代汉语肯定是我最了解的，接下来就是俄语课了吧，其他的学得都比较一般。

受访者L：目前所学的这些内容还是比较符合我的需求的，基本上能需要用到的专业知识，学校安排的专业课都有所涉及，学习的时候，老师对内容的教授也都非常到位，总体上对我的这个职业发展还是很有帮助的，有利于未来就业。

笔者Z：您对主要的几门专业课程了解程度怎么样？

受访者L：比较了解的有现汉（现代汉语）、引论（汉语作为第二语言教学）、教学设计（教学设计与管理）还有跨文化交际课，学得不太好的是俄语课，太吃力了。

受访者W：了解程度高的主要在那几门上班要用到的课吧，像现汉（现代汉语）啊、二语教学（汉语作为第二语言教学）啊、教案设计（教学设计与管理）、中外文化对比、跨文化交际，不太了解的是论文写作（研究方法与论文写

---

① 吴航. 汉语国际教育硕士毕业生职业发展调查研究[D]. 大连外国语大学，2021.

作)课,我的研究能力有限,学那些研究理论的学得不太好。

通过问卷调查和访谈可知,本专业的学生对于专业课程内容的认知情况较好,受访者对于专业课程的内容本身以及所学内容与未来就业之间的关系都能有一个较为清晰的认知。通过受访者对具体专业课程的了解可知,了解程度较高的有现代汉语、汉语作为第二语言教学、教学设计与管理、跨文化交际,了解程度较低的有俄语和研究方法与论文写作。

关于汉语国际教育专业学生对本专业课程设置的认知情况,统计数据如下表所示:

表2-10 专业课程设置的认知情况

您对专业课程设置的了解程度	频数	百分比	累计百分比
非常了解	18	7.38%	7.38%
比较了解	76	31.15%	38.53%
一般了解	122	50%	88.53%
不太了解	20	8.19%	96.72%
不了解	8	3.28%	100%
合计	244	100%	

由表2-10可知,非常了解和比较了解本专业课程设置的学生共有94位,占比38.53%。一般了解专业课程设置的同学有122位,占比50%。不太了解和不了解本专业课程设置的同学共有28位,占比11.47%。总体来看,专业课程对就业作用的认知情况一般。按照了解程度的不同,给"非常了解"到"不了解"分别赋值,"非常了解"赋值是5,依次到"不了解"赋值是1,最后通过计算得到的总体平均值是3.3,说明本专业学生对专业课程设置的认知情况处于中等水平。

笔者通过访谈,深入了解汉语国际教育专业学生对专业课程设置的认知情况,访谈记录如下:

笔者Z:你对专业课程设置有什么看法?

受访者Z:我对于自己的培养方案中的课程设置较为认可,突出了自身的俄语特色,在同类专业中保持了自身独特的竞争力与地缘优势。

受访者 L：专业课程设置在研究生教育当中相对浅显不够深入，在本科生教育当中涉及面是比较广的。如果说不满意的地方就是外语课的设置方面，强制学生学习某一语言。据我所知，今年在本科生已经设置了两种外语，这个改进还是非常好的。

受访者 H：我觉得汉语国际教育专业，虽然开设的时间不短，但是里面需要完善的地方，肯定还是有的。比方说其他的教育学专业，师范专业，他们都会开设一些心理学、教育学之类的专业知识，我们也是对外汉语，也是要向孔子学院的一些留学生或者是志愿活动中对热爱我们中国文化的留学生或者是外国友人，我们是要给他们教育教学，或者说是传播，所以说，我觉得我们也应该开设这些开设教育类或者是和心理学类专业可以更好地开展教育活动。

通过问卷调查可知，本专业的学生对于专业课程设置的总体认知水平一般，通过访谈可知，受访者对于专业课程设置的合理性以及目的没有一个相对清晰的认知。

3. 汉语国际教育的培养目标

了解本专业的培养目标对于专业认知及专业知识学习都是十分重要的，知道了国家和学校的培养目标，才能有更加清晰合理的专业学习以及未来就业的规划。

关于汉语国际教育专业学生对本专业人才培养的认知情况，统计数据如下表所示：

表 2-11 专业培养目标的认知情况

您了解本专业对学生的培养要求吗	频数	百分比	累计百分比
非常了解	13	5.33%	5.33%
比较了解	133	54.51%	59.84%
一般了解	81	33.20%	93.04%
不太了解	16	6.56%	99.60%
不了解	1	0.4%	100%
合计	244	100%	

由表 2-11 可知，有 146 位同学对本专业对学生的培养要求了解较高的，占比 59.84%，有 81 位同学对本专业对学生的培养要求一般了解，占比 33.20%。由此可知，被调查者中对本专业对学生的培养要求认知程度较高，绝大部分人都能有一个

清楚的认知。按照了解程度的不同,给"非常了解"到"不了解"分别赋值,"非常了解"赋值是5,依次到"不了解"赋值是1,最后通过计算得到的总体平均值是3.58,说明本专业学生对专业培养目标的认知情况处于较高水平。

笔者通过访谈,深入了解汉语国际教育专业学生对本专业的培养目标,访谈记录如下:

笔者Z:您认为咱们这个专业的学生需要掌握哪些技能?

受访者J:我认为这个专业需要掌握的技能首先是对中国文化的一些了解,其次是汉语教学能力,然后中华小才艺这些才艺技能也是必不可少,我之前还会担心说我身上如果缺乏这些特质怎么办,我还是很焦虑的,但是之前在上课的时候,尹小荣老师她说她也有一个学生之前也是很焦虑的,那个学生说他感觉他专业知识学得还不够扎实,尹小荣老师说她觉得作为一名对外汉语教师最重要的是对汉语教师的身份认同感,因为知识是学不完的,最重要的是你给你的学生带来的对中国文化的一些理解,你身上的一些有关中国文化那些特质对他们带来的一些影响,而不是因为这些知识给他们带来的。

受访者C:首先肯定是基础的知识,汉语知识肯定是要有的。其次要掌握教育学的知识,因为我们是教育专业,肯定是要了解教育学的有些相关的知识,就是知道课程或者是一些理论基础。然后还有一个,要掌握心理学的一些基本的知识,尤其是像我们要把握学生的心理,所以心理学是很重要的。最后,还有一个是因为学生的特殊性是对外的,所以还要掌握一些跨文化的知识和技能。

受访者L:作为汉语国际教育专业的学生,我觉得这个专业最先掌握的技能应该是汉语本体知识这方面,然后就是教学技能,其次是有跨文化交际这方面的意识,最后是要有双语交际能力。

通过问卷调查,被调查者对于本专业培养目标的认知总体水平较高,受访者也对于培养目标的培养目的、培养方式认知都较为清晰。

4. 汉语国际教育的择业就业

了解汉语国际教育的择业就业对于专业学习以及未来就业的规划是十分重要的。清楚了本专业的就业方向和实际就业情况,才会明白专业知识如何在未来职场上应用,调查本专业学生对于择业就业的认知情况,可在一定程度上帮助学院指导学生的职业规划。

关于汉语国际教育专业学生对本专业择业就业的认知情况，统计数据如下表所示：

表 2-12 就业方向的认知

您对本专业的就业方向了解吗	频数	百分比	累计百分比
非常了解	64	26.23%	26.23%
比较了解	172	70.49%	96.72%
一般了解	5	2.05%	98.77%
不太了解	3	1.23%	100%
不了解	0	0%	100%
合计	244	100%	

由表 2-12 可知，对本专业的就业方向非常了解和比较了解共有 236 位同学，占比 96.72%。有 3 位同学对本专业的就业方向情况不了解，占比 1.23%。由此可知，被调查者中对本专业的就业方向情况认知程度很高，绝大部分人都能有一个清楚的认知。按照了解程度的不同，给"非常了解"到"不了解"分别赋值，"非常了解"赋值是 5，依次到"不了解"赋值是 1，最后通过计算得到的总体平均值是 4.22，说明本专业学生对就业方向的认知处于较高水平。

表 2-13 就业情况的认知

您了解本专业的就业情况吗	频数	百分比	累计百分比
非常了解	8	3.28%	3.28%
比较了解	107	43.85%	47.13%
一般了解	112	45.90%	93.03%
不太了解	16	6.56%	99.59%
不了解	1	0.41%	100%
合计	244	100%	

由表 2-13 可知，有 115 位同学对本专业的择业就业情况比较了解，占比 47.13%，有 112 为同学对本专业的择业就业情况一般了解，占比 33.20%。由此可知，被调查者中对本专业的择业就业情况认知程度较高，绝大部分人都能有一个清楚的认知。按照了解程度的不同，给"非常了解"到"不了解"分别赋值，"非常了解"赋

值是5，依次到"不了解"赋值是1，最后通过计算得到的总体平均值是3.43，说明本专业学生对就业情况的认知处于中等偏上水平。

笔者通过访谈，深入了解汉语国际教育专业学生对择业就业的认知情况，访谈记录如下：

笔者Z：您认为本专业的就业情况怎么样？您以后会从事哪个工作？

受访者J：我认为本专业的就业情况目前还是不容乐观的，因为这个专业是非常受国际形势影响的，因为疫情的原因，我们这个专业的就业面可能变窄了，但是国家也采取了一系列措施，比如智慧中文教室线上上课，这可能就会给这个行业带来更多的就业岗位，关于未来就业的话，我还是想从事国际中文教师这个方面的工作，因为我比较喜欢这一个专业的，家里人也比较支持我从事这个专业的，我以后从事这个专业的话也不会受到家里人的阻拦，我自己也对这个专业非常感兴趣的，觉得教学工作很有趣。

受访者Z：我觉得这个专业就业情况就是挺好的，感觉什么事都可以干，我们可以去对口的国外，教汉语；可以在中小学教语文；在一些大城市的国际学校也可以教，但是应该对学历的要求就比较高。不对口的话，我觉得也很多，因为毕竟文科就业面挺广的。我未来如果就是我自己足够优秀的话，我觉得我可能去一些大学教留学生，因为我不太想去国外，我觉得就学了这个专业，去教中小学教语文。

通过调查问卷和访谈可知，本专业学生对汉语国际教育专业就业择业情况的认知是比较好的。

（二）汉语国际教育专业认知态度分析

一般来说，态度是个体对于特定的对象，包括人、思想、情感、事件稳定的心理倾向，包含着对个体的主观性评价以及因此产生的动作倾向。在态度和行为的关系中，态度决定行为，行为反映态度，学生的学习态度对学习行为有显著的正向影响。汉语国际教育专业的学生对本专业持有正面积极的态度，那么就会产生积极的行为，积极参与到本专业的学习和建设中去。因此，关注和探讨汉语国际教育专业的学生对本专业的态度是本文研讨的一个重要方面。因此本节从汉语国际教育专业接受与认同和专业评价两个方面分析汉教专业的学生对本专业所持态度。

1. 汉语国际教育专业的接受与认同

专业的接受与认同对于专业学习是十分重要的，汉语国际教育专业学生对于本专业的接受与认同程度越高，其学习的主动性与积极性也会越高。

关于汉语国际教育专业学生对本专业的接受情况，统计数据如下表所示：

表 2-14　专业接受的情况

您喜欢现在所学的专业吗	频数	百分比	累计百分比
非常喜欢	24	9.84%	9.84%
比较喜欢	134	54.91%	64.75%
一般喜欢	77	31.56%	96.31%
不太喜欢	9	3.69%	100%
不喜欢	0	0%	100%
合计	244	100%	

由表 2-14 可知，共有 158 位同学对本专业非常喜欢和比较喜欢，占比 64.75%，有 77 位同学对本专业一般喜欢，占比 31.56%。由此可知，被调查者中对本专业的接受程度较高，大部分人都比较喜欢本专业。按照接受程度的不同，给"非常喜欢"到"不喜欢"分别赋值，"非常喜欢"赋值是 5，依次到"不喜欢"赋值是 1，最后通过计算得到的总体平均值是 3.71，说明本专业学生对汉语国际教育专业接受程度较高。

关于汉语国际教育专业学生对本专业的认同情况，统计数据如下表所示：

表 2-15　专业认同的情况

您看好现在所学的专业吗	频数	百分比	累计百分比
非常看好	34	13.93%	13.93%
比较看好	122	50.00%	63.93%
一般看好	70	28.69%	92.62%
不太看好	7	2.87%	95.49%
不看好	11	4.51%	100%
合计	244	100%	

由表 2-15 可知，有 34 位同学对本专业非常看好，占比 13.93%，有 122 位同学

对本专业比较看好，占比50.00%，有70位同学对本专业一般看好，占比28.69%。不太看好和不看好本专业的共有18人，占比7.38%。按照认同程度的不同，给"非常看好"到"不看好"分别赋值，"非常看好"赋值是5，依次到"不看好"赋值是1，最后通过计算得到的总体平均值是3.66，说明本专业学生对汉语国际教育专业的认同程度较高。

笔者通过访谈，深入了解汉语国际教育专业学生对本专业的接受与认同情况，访谈记录如下：

笔者Z：就读本专业以来你的感受是什么？对专业的情感发生了什么变化？

受访者L：在我就读之前，我感觉汉语国际教育这个专业，它就是一个教育学的专业，是非师范类的，然后又教汉语的，其他的就没有什么太大的感触了。之后就是在就读了这个专业之后，就感觉哇塞，这个专业真的很广泛呀，学习的东西很多，就是感觉非常的好，但是也知道它以后的就业如果真仅仅是个本科，本科毕业就业不是很好，就只能当个中小学老师，学历越高，出路就会越好嘛，然后就是感觉学了汉语国际教育之后我是挺喜欢的。现在就有一种越深入学习、越喜欢的感觉。

受访者Z：以前是学理的，现在转成文科了，很多东西都要去背去记，第一个感受就是就是有点不太适应，慢慢的就是像我们学的，它可以丰富我们以前没有学过的一些东西。情感发生变化就是刚开始就是不太喜欢这个专业，到后来就慢慢地接受了。

受访者J：就读本专业以来，我最大的感受就是我们这个专业是一个复合型的专业，学的比较杂，所以我可能还是会比较担心本专业培养的学生在专业技能上可能没有专门研究一个方向的学生的水平高，在就业上竞争压力会比较大，尤其目前全球疫情还是比较严重的，我们这个专业的学生去国外的机会也比较少了，所以我对于我未来毕业后就业情况有些焦虑。但是我还是挺喜欢这个专业的，觉得这个专业非常有趣，可能是因为这个专业学的东西比较杂，让我觉得很有趣，可以接触到我以前没有接触到的一些方面的知识。我对这个专业的情感就是越来越感兴趣。

受访者L：感受就是更深入地了解了一下它吧。然后通过很多学科认识了中国的传统文化和中国的语言文字，感觉还挺开心的。情感就是最开始没有特别大的感觉，到现在觉得自己身上的任务还挺重的，有一种责任感吧，而且也很喜欢这个专业了。

由调查问卷可知，专业接受情况的总体平均值是 3.71，说明本专业学生对汉语国际教育专业接受程度较高；专业认同情况的总体平均值是 3.66，说明本专业学生对汉语国际教育专业的认同程度较高。通过访谈可知，受访者对于本专业的接受与认同度随着专业学习的深入逐渐提高。由此可知，汉语国际教育专业的接受与认同情况总体较好。

2. 汉语国际教育专业的评价

汉语国际教育专业学生对本专业的评价能反映出对其对专业的态度和信心，因此了解本专业学生对于专业的评价是十分重要的。关于汉语国际教育专业学生对本专业的评价情况，统计数据如下表所示：

表 2-16 专业评价情况

您对本专业的评价如何	频数	百分比	累计百分比
非常好	13	5.33%	5.33%
比较好	104	42.62%	47.95%
一般	111	45.49%	93.44%
不太好	16	6.56%	100%
不好	0	0%	100%
合计	244	100%	

由表 2-16 可知，有 13 位同学认为本专业非常好，占比 5.33%，有 104 位同学认为本专业比较好，占比 42.62%，有 111 位同学认为本专业一般，占比 45.49%。按照评价程度的不同，给"非常好"到"不好"分别赋值，"非常好"赋值是 5，依次到"不好"赋值是 1，最后通过计算得到的总体平均值是 3.47，由此可知，被调查者认为对本专业的评价一般。

表 2-17 专业的社会认可情况

社会对本专业的认可程度	频数	百分比	累计百分比
非常认可	9	3.70%	3.70%
比较认可	36	14.75%	18.45%
一般认可	128	52.46%	70.91%
不太认可	65	26.63%	97.54%
不认可	6	2.46%	100%
合计	244	100%	

由表 2-17 可知，有 9 位同学认为社会非常认可本专业，占比 3.70%，有 36 位同学认为社会比较认可本专业，占比 14.75%。有 128 位同学认为社会一般认可本专业，占比 52.46%。有 74 位同学认为社会不太认可或不认可本专业，占比 29.09%。按照认可程度的不同，给"不认可"到"非常认可"分别赋值，"不认可"赋值是 1，依次到"非常认可"赋值是 5，最后通过计算得到的总体平均值是 2.91，由此可知，被调查者认为社会对本专业认可度较低。

笔者通过访谈，深入了解本专业学生对汉语国际教育专业的社会评价情况，访谈记录如下：

笔者 Z：你了解社会对本专业有怎样的看法和理解吗？这些看法对你有影响吗？

受访者 L：社会对这个专业的看法，我感觉好像不怎么高，我在被这个专业录取了之后，有在网上查过这个专业，然后我看的大部分都说这个专业未来就业并不是特别的好，还要自己去考教资，有的说这个专业是个坑。当然也有说这个专业还可以，毕竟这个专业对现在来说也不是什么热门专业，了解的人应该也不是特别多。这种社会上的认知肯定对我学这个专业有影响呀，反正就是感觉以后就业并不是很好，感觉这个专业并不是很好的专业。但是学了之后，就感觉自我感觉这个专业还是挺好的，然后学的挺多，但是未来的，谁知道呀，我也不是很清楚，现在就是说肯定非常关心未来的就业，网上说就业不是特别的好。然后肯定会有一些影响，所以有压力才有动力，才要努力，好好学习，天天向上嘛。

通过调查问卷和访谈可知，汉语国际教育专业学生对本专业的评价一般，认为社会对本专业的总体评价较低。

本专业学生对于专业前景的评价能反映出对本专业的信心和对专业的认知，关于汉语国际教育专业学生对本专业就业前景的认知情况，统计数据如下表所示：

表 2-18 就业前景的评价

您认为本专业的就业前景如何	频数	百分比	累计百分比
非常好	6	2.46%	2.46%
比较好	50	20.49%	22.95%
一般	96	39.34%	62.29%
不太好	67	27.46%	89.75%
不好	25	10.25%	100%
合计	244	100%	

由表 2-18 可知，认为本专业就业前景非常好的同学仅有 6 位，占比例 2.46%，认为就业前景比较好的同学有 50 位，占比例 20.49%。认为本专业就业前景一般的同学有 96 位，占比例 39.34%。认为本专业就业前景不太好和不好的同学共有 92 位，占比达 37.71%。按照评价程度的不同，给"非常好"到"不好"分别赋值，"非常好"赋值是 5，依次到"不好"赋值是 1，最后通过计算得到的总体平均值是 2.77，说明本专业学生对就业前景的评价较低。

笔者通过访谈，深入了解本专业学生对汉语国际教育专业就业前景的认知，访谈记录如下：

笔者 Z：你认为本专业的就业前景如何？

受访者 L：本专业就业前景，我觉得目前来看，竞争应该比较激烈，首先因为目前全球疫情问题还是比较严峻，志愿者、公派教师等岗位名额都非常少，这样的话有很大一部分本专业的人就不能出国，只能留在国内，这样会加剧了咱这个专业在整个行业中的竞争，就业情况不容乐观。未来我可能会进入高校或者是大中专院校从事辅导员或者讲师这种工作，我觉得就我个人而言，我还是很喜欢高校这种氛围的，所以想留在学校，如果有机会能够出去的话，还有考虑去孔子学院。

受访者 L：觉得目前来说，本专业的就业前景不太乐观。因为国际环境的原因和疫情的原因，可能如果是出国就业的话，会受到影响。如果是在国内的话，本专业汉语国际教育硕士又属于教育学，再考公务员或者事业编的时候，有非常大的专业限制。可能会从事事业编这种工作，相对来说，比较稳定，符合一个家长对我的期待吧。

关于汉语国际教育专业学生对本专业发展前景的认知情况，统计数据如下表所示：

表2-19 专业发展前景的评价

您认为本专业的发展前景如何	频数	百分比	累计百分比
非常好	52	21.31%	21.31%
比较好	71	29.10%	50.41%
一般	105	43.03%	93.44%
不太好	11	4.51%	97.95%
不好	5	2.05%	100%
合计	244	100%	

由表2-19可知，认为本专业发展前景非常好的同学有52位，占比例21.31%。认为发展前景比较好的同学有71位，占比例29.10%。认为本专业发展前景一般的同学有105位，占比例43.03%。认为本专业发展前景不太好和不好的同学共有16位，占比6.56%。按照评价程度的不同，给"非常好"到"不好"分别赋值，"非常好"赋值是5，依次到"不好"赋值是1，最后通过计算得到的总体平均值是3.72，说明本专业学生对专业发展前景的评价较高。

笔者通过访谈，深入了解本专业学生对汉语国际教育专业发展前景的认知，访谈记录如下：

笔者Z：你觉得咱们专业未来的发展前景怎么样？

受访者C：我感觉如果三五年，我不敢说，因为疫情也不确定，但是我感觉如果疫情就是完全消除之后，我们专业前景会有一个特别好的发展，甚至说有一个爆发式的发展，因为现在全球都知道中国在抗疫方面的一个成果，然后以及最近我们国家在国际上的影响力也在提升，像冬奥之类的，可能国外民众对于中国会有一个更好的印象，然后他们学习汉语或者到中国来，然后学习中国文化的意愿会更强，所以我们专业也可能在疫情消除之后会有一个很好的发展。

另一位受访者也比较看好本专业的发展前景，访谈记录如下：

> 受访者 C：我觉得我们专业的发展是在不断地变好的，因为疫情也是在变好了，现在我们国家在国际舞台上的地位也提升了，所以我们国家语言文化在全球上的输出还是很有前景的。所以我觉得我们这个专业还是很好的。

通过调查问卷和访谈可知，汉语国际教育专业学生对本专业就业前景的评价较低，但是对本专业发展前景的评价较高。

（三）汉语国际教育专业认知行为分析

"知—信—行"模式认为，高校学生在对汉语国际教育专业全面认知的基础上会对本专业产生正面积极的态度，而进一步做出有利于汉语国际教育专业发展的行为。前面分析了汉语国际教育专业内容认知、汉语国际教育专业认知态度，本小节将分析汉语国际教育专业认知行为。

关于汉语国际教育专业学生是否会在课外主动了解专业信息，统计的数据如下表所示：

表 2-20　课外主动了解专业信息的情况

课外主动了解专业信息	个案数	百分比
会	107	43.85%
不会	137	56.15%
合计	244	100%

由表 2-20 可知，有 137 位同学不会在课外主动了解专业信息，占比高达 56.15%，这说明本专业同学的专业信息获取主动性不强。

关于汉语国际教育专业学生希望了解本专业的几种形式，统计的数据如下表所示：

表 2-21　希望以哪种形式了解本专业

您希望以哪种形式了解本专业	个案数	百分比
专业实践	213	87.30%
专业学习	184	75.41%
书本教材指导	73	29.92%
专家讲座	73	29.92%
与学长学姐交流	199	81.56%

由表 2-21 可知，希望用专业实践的这种形式来了解本专业的学生最多，共 213 位，占比 87.30%。其次是希望与学长学姐交流来了解本专业的同学，共 199 位，占比 81.56%。再次是希望通过专业学习来了解本专业的同学，共 184 位，占比 75.41。最后对书本教材指导和专家讲座这两种形式选择的人较少，都是 73 位同学，占比 29.92%。

这些数据说明汉语国际教育专业的同学希望用专业实践的形式来更加深入地认知本专业。与学长交流的这种方式的百分比也非常高，学院可组织不同年级的联谊活动，让学生之间"传、帮、带"，以此来提高低年级学生对本专业的认知。最后书本教材指导和专家讲座这两种形式的百分比非常低，只有不到三分之一的同学希望以此种方式来了解本专业，这两种是比较传统的方式，但其系统性和专业性都是其他方式不可替代的，授课教师和讲座专家可根据不同年龄阶段的学生特点，改变传授专业知识的方式，以吸引新生代学生。

表 2-22 希望了解哪些专业信息

您希望了解本专业的哪些信息	个案数	百分比
专业特色	168	68.85%
专业课程	148	60.66%
师资力量	106	43.44%
就业前景	196	80.33%
考研率	112	45.90%
历届毕业生就业情况	156	63.93%

由表 2-22 可知，汉语国际教育专业学生最希望了解本专业的信息是就业前景，共 196 位同学，占比 80.33%。第二是专业特色，共有 168 位同学希望了解，占比 68.85%。第三是历届毕业生就业情况，共有 156 位同学希望了解，占比 63.93%。第四是专业课程，共有 148 位同学希望了解，占比 60.66%。第五是考研率，共有 112 位同学希望了解，占比 45.90%。第六是师资力量，共有 106 位同学希望了解，占比 43.44%。

这些数据说明汉语国际教育专业学生最希望了解的信息是本专业的就业前景，因为疫情的影响，汉语国际教育专业对口就业的机会急剧减少，就业前景也模糊不定，学院可增设疫情形势下的就业前景讲座，以减缓本专业学生的焦虑情绪，让大家提高学习的积极性。希望了解专业特色和专业课程的学生也分成多，分别占比68.85%和60.66%，说明汉语国际教育专业学生对本专业特色和课程的信息获取不足，信息不足也会导致对本专业特色和课程的认知深度不够，学院可增加这方面的信息，比如授课老师可以介绍课程的特色、专业性以及在未来就业中的应用场景，这样学生会对课程有更深的理解，也会更加积极主动地学习每一门课。

（四）汉语国际教育专业认知途径分析

所谓认知途径，主要是指被调查者获取信息、认知事物的途径和方法。人们获取信息的途径主要分为三种，即大众传播、组织传播、人际传播。一般来说，大众传媒包括两种类型：传统媒体和新媒体。传统媒体包括报纸、杂志、广播和电视，而新媒体则包括手机、电脑以及各种移动媒体，无论是传统媒体，还是新媒体，都通过新闻、传播、评论、采访、调查报告和直播来传播信息。对汉语国际教育专业的学生而言，他们中的大多数人通过新媒体和组织传播获得汉语国际教育专业的相关信息。

在对汉语国际教育专业学生的访谈中，他们被问及最初是从什么渠道了解到汉语国际教育专业的，大部分同学回答说通过大众传媒来了解，有些学生还说，他们听师兄师姐们说过汉语国际教育专业。由此可见，在学生的认知渠道中，大众传媒是最常见和最重要的信息渠道，而组织沟通渠道和人际沟通渠道是两种重要的互补形式。

所谓组织传播，通常是指一个组织的成员与内部组织成员之间的信息交流与沟通。具体而言，组织传播是创建和交换信息的过程，目的是响应外部环境的不确定性而创建和交换信息的过程。组织传播渠道是指组织从事信息传播和沟通的渠道。组织传播包括政府和外事部门、学校和学生社团、课程教学、会议和讲座。除了大众传媒，组织传播渠道也是汉语国际教育专业学生了解本专业的一个非常重要的途径。

古往今来，人际交往是一种常常使用的交流和沟通方式。人际传播渠道是人们交流信息、实施沟通的有效途径。一般来说，人际交往渠道分为家庭渠道和社会渠道，每种类型都有自己的特点。人际传播包括家人、朋友、同学提及、各种社交平台。借助人际交往渠道的有效沟通，学生可以对汉语国际教育专业形成清晰的认识。

就读之前，同学们主要通过网络和人际关系了解本专业，访谈如下：

笔者Z：您最初是通过哪个途径了解汉语国际教育专业的？

受访者J：之前报考志愿的时候看到这个专业，之后去百度了一下，然后再上学校的官网上看了一下这个专业，看了一下学院那些介绍，还去像B站，还有知乎，搜了一下关于这个专业，评价都还不错，但是有一部分人说现在因为疫情和国际形势的影响，不太建议去选择这个专业，但是我觉得只要你具备了这样的能力的话，因为肯定不是说每一个人都能有机会去走这条路，我觉得还是肯定是有竞争的，每个专业、每个职业都是有竞争的，我觉得如果只要具备了一些专业必备的技能的话，也是非常好的，我觉得他这个专业的竞争力会比其他专业，一些热门专业，比如说法学，还有经济、金融这些专业，肯定比他们的竞争压力更小一些。我们这个是师范专业，出路的大方向还是去教书。我这个人不太喜欢跟那种年龄差距特别大的人在一起工作，比如说我如果教小学的话，我可能会不太喜欢，这个专业他大方向是孔子学院的就业，年龄都是一些比较大的学生，我还是比较喜欢本阶段的教学的，还有这个专业如果到孔子学院教学的话，任期一般是两到三年换一个地方，这个也是我一个比较喜欢的点，我不太想固定地待在一个学校，就一直一辈子就待在这一所学校。

还有三位受访者是通过老师、同学和邻居了解到本专业，访谈如下：

受访者B：就读之前对这个专业的了解还是在偶然的一次机会，就是我们班老师上课的时候跟我们谈论过的，他以前的工作就是对外汉语，然后当时谈论过之后觉得比较有趣，当时跟我讲去教外国人说汉语，可以在新的环境当中获得成长。然后当时也在网上查这个专业的有关东西。就读之后，对一个专业的认识，发现专业学得挺多挺杂。

受访者L：在就读前，我对这个专业有一些了解，主要是通过本科读汉语国际教育专业的同学了解到的。就读之后对这个专业有了更深刻的见解，以前只是听同学去描述一些该专业的课程，还有和留学生举办一些活动等等。

受访者H：就读之前，我就了解，因为在我们院子里面的一个姐姐，她就读于师大，比我大两届，读的是汉语国际教育专业，然后我是通过她了解的这个专业。

在受访的 27 位同学中，最初的接触途径都是通过这两种方式，通过访谈，可以知道同学们最初了解本专业的方式大多是网络和身边的人的介绍，这两种方式中又以网络方式为主，但这种方式容易受到网络评价的影响，可能导致学生在一开始接触汉语国际教育专业的时候就产生认知偏误。

就读之后，同学们主要通过网络和课堂学习了解本专业，统计的数据如下表所示：

表 2-23　专业了解途径

专业了解途径	个案数	百分比
书籍、报刊、杂志	139	56.97%
课堂学习	207	84.84%
网络	208	85.25%
电视、新闻媒体	99	40.57%
老师、父母、学长	111	45.49%

由表 2-23 可知，汉语国际教育专业学生关于本专业认知途径的排列如下：网络＞课堂学习＞书籍、报刊、杂志＞老师、父母、学长＞电视、新闻媒体。由此可知，网络和课堂学习这两种方式所占比例最多，分别达 85.25 与 84.84%，而老师、父母、学长和电视、新闻媒体所占比例最少，分别为 45.49% 和 40.57%。这说明随着信息科技的迅猛发展，电脑、手机等新媒体已经成为学生获取信息的主要途径，甚至超过了课堂学习这一途径。

（五）小结

通过以上的调查及访谈，可以了解到 A 大学汉语国际教育专业的学生对汉语国际教育专业的认知内容、认知态度、认知行为、认知途径的情况。现将被调查者对于汉语国际教育专业现状的总体情况整理如下。

汉语国际教育专业认知内容里有四个方面，分别为历史发展、专业课程、培养目标和择业就业，现将认知内容的总体情况整理如下：

专业的历史发展方面，被调查者的了解与认知度并不理想，明确汉语国际教育专业前身的人数占总人数的 73.77%，还有四分之一的同学不知道本专业前身；明确知道对外汉语何时改为汉语国际教育的人数不到一半，仅占 41.81%，说明汉语国际教育专业的学生对于本专业名称更改这样的历史性大事的知晓率不高。

在专业课程的认知方面，专业课程内容认知情况的总体均值为 3.48，说明本专业学生对专业课程内容的认知情况处于中等偏上水平；专业课程设置得到的总体平均值是 3.3，说明本专业学生对专业课程设置的认知情况处于中等水平。通过访谈，可知受访者对于专业课程的内容和设置的认知都较为一般。由此可知，被调查者的专业课程认知的情况总体一般。

在培养目标的认知方面，本专业学生对于培养要求的认知总体平均值是 3.58，说明本专业学生对专业培养目标的认知情况处于较高水平。通过访谈，可知受访者对于培养目标的培养目的、培养方式认知都较为清晰。由此可知，被调查者的培养目的认知的情况总体较好。

在择业就业的认知方面，就业方向认知的总体平均值是 4.22，说明本专业学生对就业方向的认知处于较高水平；就业情况认知的总体平均值是 3.43，说明本专业学生对就业情况的认知处于中等偏上水平。通过访谈，可知受访者对于就业方向的认知是比较好的，对于实际的就业情况了解程度一般。由此可知，被调查者的择业就业认知的情况总体较好。

汉语国际教育专业认知内容里有两个方面，分别为专业的接受与认同、专业的评价，现将认知态度的总体情况整理如下：

专业的接受与认同方面，专业接受情况的总体平均值是 3.71，说明本专业学生对汉语国际教育专业接受程度较高；专业认同情况的总体平均值是 3.66，说明本专业学生对汉语国际教育专业的认同程度较高。通过访谈可知受访者对于本专业的接受与认同度随着专业学习的深入逐渐提高。由此可知，汉语国际教育专业的接受与认同情况总体较好。

专业的评价方面，专业评价的总体平均值是 3.47，说明被调查者认为对本专业的评价一般；社会对本专业认可度的总体平均值是 2.91，说明被调查者认为社会对本专业认可度较低；就业前景的总体平均值是 2.77，说明本专业学生对就业前景的评价较低；专业发展前景的总体平均值是 3.72，说明本专业学生对专业发展前景的评价较高。由此可知，汉语国际教育专业学生对于就业前景和社会认可度的评价较低，对专业发展的评价较高。

汉语国际教育专业认知行为方面，汉语国际教育专业学生主动获取专业信息的人数不足一半，专业信息获取的主动性较弱；本专业学生最希望采用专业实践的方式来了解本专业,最想了解的专业信息是就业前景。

汉语国际教育专业认知途径方面,认知途径最高的为网络和课堂,网络方式甚至超过了课堂,说明随着信息科技的迅猛发展,电脑、手机等新媒体已经成为学生获取信息的主要途径。

三、汉语国际教育专业认知问题

这一章的内容主要针对上一章关于汉语国际教育专业认知现状、认知态度与认知行为的分析,通过访谈和数据,总结并发现汉语国际教育专业认知现状、认知态度与认知行为的问题。

(一)汉语国际教育专业认知内容的问题

1. 专业认知信息接触渠道问题

根据汉语国际教育专业学生关于汉语国际教育专业认知现状可知,大多数的同学都对汉语国际教育专业前身有或多或少的了解,但由于专业认知信息接触渠道数量的不同,在一定程度上导致专业认知程度的不同。

笔者通过深入访谈,发现专业信息接触渠道多的同学对汉语国际教育专业的认知也更深,专业信息接触渠道少的同学对本专业的认知则相对较浅。

与专业信息接触渠道较少的同学访谈内容记录如下:

笔者 Z:咱们专业的前身你了解吗?

受访者 C:了解专业前身是在课堂上,好像是教育学理论那一本书上有涉及到过我们专业的介绍,第一次好像是在北京的一个学校,开设了一个东欧什么交换交流生的一个班,然后这个是我们专业的一个是开端,后来其实我们专业的名称也换了很多次,最后再确定成我们现在汉语国际教育,但是现在好像也有一个新的名字来着,我也不太清楚了。

……

笔者 Z:那你现在对汉语国际教育专业的认识和理解的呢?

受访者 C:其实也就是就读之后才大概了解这个专业,就是说我们国家为了传播中国文化，所以设置一个专业，然后是因为我们国家不是通过孔子学院这样对外传输中国文化，所以这个专业如果按他的设立之初的预想是我们专业毕业的学生，然后通过学习专业知识成为对外汉语教师，然后进入孔子学院教学。

笔者Z：你平时会去专门了解专业信息吗？

受访者C：专门了解的可能就只有就业信息，其他的专业信息基本上就是上课的时候知道的。

与专业信息接触渠道较多的同学访谈内容记录如下：

笔者Z：咱们专业的前身，你了解吗？

受访者J：前身就是对外汉语专业嘛，刚开始就是教外国人学汉语，现在慢慢的就是开始更多地传播中国文化、展示中国形象了。

笔者Z：这些知识，你是从哪了解到的？

受访者J：上课时候，老师讲过，书上也有咱们专业的发展史，B站上我关注了一些博主也是汉国教专业的。我知道这个专业一直在改名字，从一开始的对外汉语改为汉语国际教育，现在改成国际中文教育，但是好像还没有完全覆盖这个专业的名字。现在知道对外汉语这个名字的人还是比知道汉语国际教育的人多。

……

笔者Z：你能谈谈对汉语国际教育专业的认识和理解吗？

受访者J：对专业的理解的话，我之前觉得我们这个专业是一个复合型的专业，就是要学一下汉语言专业，也要学一下外语，俄语，也要学一些小才艺，之前院长说过一句话，他说我们学院的学生俄语要学得比外国学院的学生好，然后汉语要比汉语言文学的学生好。我们当时还是会觉得有一点困难，因为毕竟我们不是那种专业型的学生，然后结合起来的话，可能我们的优势没有他们那么大。就比如说对于中文教学这一块，我们肯定是没有汉语言文学专业的同学那么的专业，但是我们是在另一个方面，就综合方面的话，我觉得会比他们要强一点的，只是从专业性的角度可能没有那么强。现在疫情期间出去的机会比较少了，我之前去我们院的国际处咨询了一下，去年学院出去了两位同学，但是国际处王鹏老师说，因为疫情，国外的孔子学院的老师是缺乏状态，但是他招的话不会招那么多人，因为还是怕这个疫情对老师产生影响。

由访谈内容可知，受访学生C的专业信息渠道很少，对专业的认知也相对较浅。受访学生L的专业信息渠道较多，除了课堂渠道外，还有新媒体渠道以及学院的国际处。从对汉语国际教育专业的认知上来看，受访学生L的专业认知也更加深刻全面。不同学生的专业认知信息接触渠道数量不同，这在一定程度上导致专业认知程度的不同，专业信息渠道较少的同学则会产生专业认知较浅的问题。

2. 专业认知信息接触内容问题

根据汉语国际教育专业学生对本专业历史发展认知的现状可知，不清楚汉语国际教育专业前身的人数较多，占总人数比例达26.23%，而不清楚本专业何时更改名称的人数更是达到了58.19%，说明汉语国际教育专业学生对于本专业的历史发展认知很低。

出现这一情况的原因，笔者通过访谈后得知，部分同学未接触过相关内容。访谈内容记录如下：

笔者Z：您知道汉语国际教育专业的前身是什么吗？

受访者H：不清楚，平时在提到我们专业时，一般都说它现在的名称，对于专业前身只是大概知道是为了教留学生汉语，具体这个名字是什么，就记得不是很清楚了。

另外一位受访者W知道专业前身，但不清楚何时更改的专业名称：

笔者Z：您知道汉语国际教育专业的前身是什么吗？

受访者W：对外汉语是吗，专业名称的话，应该是对外汉语教学。

笔者Z：是的，是对外汉语专业。您知道对外汉语什么时候改为汉语国际教育吗？

受访者W：这个就不太清楚了，没在书上看到过。

由访谈内容可知，受访学生H和W没有接触过相关内容，除了专业信息接触内容缺失的问题，还有关于专业信息接触内容片面的问题，访谈内容如下：

笔者Z：您一般通过哪些途径来了解专业信息？

受访者L：我关注了很多公众号，关于我们专业的信息都是从这上面看的。

笔者Z：公众号上都有哪些方面的专业信息呢？

受访者L：孔子学院的信息啊、考试的信息，还有一些新闻啥的，前一段时间看见一个消息说在美国有个孔院院长死了，可能出国当志愿者或者是公派教师的话，也会有一些生命危险。

由访谈可知，学生接触的专业信息内容会有片面不客观的，信息时代，同学们的信息来源大多来源于网络，但是网络上的信息如果不加以筛选，则不一定对本专业的认知起到正面的作用，会影响学生对于本专业的正确认知。

3.课程设置问题

根据汉语国际教育专业认知现状可知，专业课程设置认知情况的总体平均值是3.3，说明本专业学生对专业课程设置的认知情况处于中等水平。不太了解和不了解本专业课程设置的同学共有28位，占比11.47%。总体来看专业课程设置的认知情况一般。笔者通过深入访谈，调查本专业同学关于汉语国际教育专业课程设置的问题，访谈内容记录如下：

笔者Z：您对专业课程设置怎么看？

受访者L：专业课程设置这块好的一方面就是安排得比较丰富，理论课和实践课都有，还有一些中华文化的这种才艺课，还有一些跨文化交际类的课程，总体上安排是很均衡的。不满意的地方就是我觉得咱们学校汉语本体知识方面的课程安排得比较少，目前好像只有现代汉语和语纲两门课，很多就是跨专业的学生补修的，所以就感觉在汉语本体知识这方面的课程设置得有点少，我觉得现代汉语和语言学纲要两门课不用规定就是跨专业的学生上，全部的学生都应该要上，因为咱们这个专业实际上教的就是汉语本体这个知识，对咱们自身的这个教学是很重要的事，是根基，所以我觉得不应该只是跨专业的学生上。

由访谈内容可知，受访学生L认为学校汉语本体知识方面的课程安排得比较少，目前只有现代汉语和语纲两门课，且是为跨专业学生补修设立的。

另一位受访者也对课程设置表达了相同的意见，访谈内容如下：

笔者Z：您觉得咱们学校的专业课程设置得怎么样？

受访者C：我们专业的一些这种像语言学概论这种，还有关于学科本身的课程，我感觉开得还挺好的，帮我们介绍一下我们专业的一些概况，还有跨文化交际这种课程开设得很好，但是我感觉因为本身就是要去对外传授汉语，汉语方面这些这方面的课程，我感觉太少了，俄语的课程就是比重太大了。

受访者L是跨专业硕士生，本科是通信工程，属于工科类专业，受访者C是大四的汉语国际教育专业学生，这两位不同背景同学都提出了汉语本体课程较少的问题。

还有同学提出本校的汉语国际教育专业关于外语课程的问题，访谈记录如下：

受访者W：我觉得我们的专业课程还是已经很全面了。然后如果说我个人不太适应的可能还是语言的选择，我要去精细地学习一门语言的话，我要在原有基础的语言上再去学习一个新的语言可能就会有难处，但是毕竟咱们学校合作的孔子院校主要是中亚国家的，所以需要掌握一些俄语。但是如果有一些同学他们在毕业后并没有考虑要去中亚国家，而是选择去其他的国家的话，我们学习俄语的优势就不大。而且我们的学习年限也只有两年，时间太短了，零基础学俄语需要花费的精力太大，感觉比几门专业课加起来还费劲，有点得不偿失，总之我觉得还是英语更好一点。

据笔者了解，汉语国际教育专业本科2021级分为了英语班和俄语班，但是汉语国际教育硕士2021级还是俄语班。所以希望学院可根据学生的意愿选修外语，这样既满足学生的实际需求，又能保证专业课程的学习精力。

4. 就业渠道问题

由前一章的调查可以知道，17位同学不了解或不太了解本专业的就业情况，有3位同学不太了解本专业的就业方向。有笔者通过深入访谈，了解到由于疫情不能出国，大家对于本专业的就业方面是比较迷茫的。访谈内容如下：

笔者Z：你认为本专业的就业情况怎么样？

受访者Z：我觉得这几年很难了吧，疫情以后，大家的就业不太好，有影响，要避免毕业即失业的现状，就要及时另谋出路，找到另外的工作。

另一位受访者表示本专业的就业渠道不能满足自己的实际需求：

笔者Z：你认为本专业的就业情况怎么样？

受访者W：受疫情影响，就业率不太乐观。还有就是毕业了要面临结婚生子，现在家里就催得很紧了，结了婚，要再想出去，就太难了，考之前想着这个专业能出国，现在看基本是不可能出去了，这个专业出来以后干啥呢。

笔者Z：你考虑过国内的工作吗？

受访者W：考公务员的话，能报的很少，那些三不限的岗位竞争又非常激烈。其他的好像也没啥能干的，去中小学当个语文老师吧。

由访谈内容可知，受访者Z和受访者W觉得本专业就业渠道狭窄，对口就业机会很少，毕业之后可能需要从事其他行业的工作。受访者W表示现有的就业渠道无法满足在国内就业的需求，毕业之后正是结婚生子的年龄，而出国工作和结婚生子有较大的冲突。

（二）汉语国际教育专业认知态度问题

1. 就业前景评价问题

由前一章的调查可以知道，认为本专业就业前景不太好和不好的同学共有92位，占比达37.71%。笔者对认为本专业就业前景不太好和不好的同学进行了深度访谈，访谈记录如下：

笔者Z：您对本专业有哪些不能接受或者认同的方面吗？

受访者L：嗯，有的，我对于我们专业就业方面不太能够接受。首先因为目前全球疫情问题还是比较严峻，志愿者、公派教师这些岗位名额都非常少，这样的话，有很大一部分本专业的人就不能出国，只能留在国内，这样会加剧咱这个专业的竞争，我们本来是"出口"的，结果现在转"内销"了，而且还内卷得这么严重。然后就是我们报公务员的时候很多岗位是报不了的，人家不认我们这个专业，为啥大家大多数都去中小学，就是因为那的没啥门槛，好的中小学，像那有名的，我们还是进不去。

笔者Z：在国内还可以去国际学校或者线上教汉语的机构工作啊。

受访者L：国际学校的数量太少了，线上教学的那种机构又不稳定，感觉出路还是很少。

笔者Z：你还考虑过别的工作吗？

受访者L：别的单位人家也不认我们啊，除了对口的，其他了解我们这个专业的单位很少，他们不了解，基本上也就不会招我们，说到底还是我们这个专业没啥名气。

由访谈内容可知，受访学生L对毕业之后的就业前景评价不高，由于非对口的用人单位对本专业认知度较低，如果不能出国或是教授留学生，汉语国际教育专业毕业生在国内其他行业的竞争力将会很小。鉴于专业对口性较强以及疫情背景下的就业形势，本专业学生对就业前景的评价不高。

2. 社会认可度问题

通过问卷调查，可知专业的社会认可情况总体平均值是2.91，由此可知，被调查者认为社会对本专业人才认可度较低。有74位同学认为社会不太认可或不认可本专业，占比29.09%，笔者对这些认为社会不太认可本专业的学生进行了访谈，访谈结果如下：

笔者Z：你了解社会对本专业有怎样的看法和理解吗？

受访者L：社会对这个专业的看法，我感觉好像不怎么高，我在被这个专业录取了之后，有在网上查过这个专业，然后我看的大部分都说这个专业未来就业并不是特别的好，还要自己去考教资，有的说这个专业是个坑。当然也有说这个专业还可以，毕竟这个专业对现在来说也不是什么热门专业，了解的人应该也不是特别多。

受访者L：我觉得社会上对本专业的认识和了解还是比较少的，很多时候，你跟朋友们说你学的这个专业，他们都不知道是干什么的，还需要你去再解释一下，然后你解释完之后，他们就会觉得就是教外国人、教留学生的汉语老师，就是理解的都是很浅层的吧，我感觉就算解释完，他们对咱们这个专业也不是特别认可，给人感觉咱们专业干的事配不上汉语国际教育这个高大上的名字。

由访谈内容可知，第一位受访者L认为社会上大部分人不太认可这个专业，他们认为这个专业未来的就业不好。第二位受访者L觉得这个专业社会认可度比较低，大多数人不知道这个专业，在L同学解释之后，周边人的理解还是在浅层，不是非常认可汉语国际教育专业。

（三）汉语国际教育专业认知行为问题

通过调查问卷可知，有137位同学不会在课外主动了解专业信息，占比高达56.15%，这说明本专业同学的专业信息获取主动性不强。笔者通过访谈的形式了解同学们认知本专业主动性不强的原因，发现同学们的认知行为大多都与授课教授相关，属于被动认知，这也养成了同学们的认知行为习惯。访谈内容如下：

笔者Z：您是怎么了解本专业的？

受访者L：在就读前，我对这个专业有一些了解，主要是通过本科读汉语国际教育专业的同学了解到的。

笔者Z：那现在呢？

受访者L：现在的话，我觉得有直接影响首先应该是我的导师和任课教师吧，因为学生在学校接触最多的就是老师，老师的课堂上讲解的是否生动活泼，直接影响学生对本专业知识的理解掌握程度。第二个因素我觉得是学院的氛围，目前咱们学院的氛围还是挺好的，同学们都很爱学习。

笔者Z：你在课外会主动去了解咱们专业的一些信息吗？

受访者L：课外好像没怎么了解过，有时候关注的微信公众号推送了，我就看一看，至于说主动了解，好像没怎么主动过。

通过访谈可以知道，同学们基本上都是被动地了解和认识本专业，养成了被动获取专业信息的习惯，学院应想办法调动学生的积极性，并帮助拓宽本专业学生了解信息的渠道，使本专业学生能够更加主动、深入地了解汉语国际教育专业。

（四）小结

这一章节主要针对上一章节汉语国际教育专业认知描述中所出现的问题进行分析，归纳为汉语国际教育专业知内容的问题、汉语国际教育专业知态度的问题和汉语国际教育专业知行为的问题。

在汉语国际教育专业认知内容问题中，专业信息接触内容方面，信息接触渠道多的同学对本专业的认知也更加全面深刻，而信息接触渠道少的同学则对本专业的认知不够全面深刻；专业信息接触内容方面，有内容缺失和内容片面不客观的问题；课程设置不合理，汉语本体课不足以及外语只能修俄语，这些课程设置与学生的实际需求不符；就业渠道狭窄，疫情背景下本专业对口就业机会很少，而在其他行业中本专业学生的竞争力则很小。

在认知态度问题上，被调查者对汉语国际教育专业就业前景的评价不高，认为毕业之后的择业就业将会很困难；另一方面被调查者认为本专业的社会认可度不高。

在认知行为问题上，在课外主动了解专业信息的人不到被调查者的一半，汉语国际教育专业同学主动获取专业信息的主动性较低。

四、影响汉语国际教育专业认知的原因

在上一章，我们看到了同学们对汉语国际教育专业认知方面的问题，本章要探究的是影响汉语国际教育专业认知的原因，只有知道了产生这些问题的原因，才能找到相对应的解决办法。

（一）影响汉语国际教育专业认知内容的原因

1. 专业信息接触内容不够全面

通过对比汉语国际教育专业历史发展和专业课程、择业就业、培养目标的认知总体情况可知，汉语国际教育专业学生在专业学习中对专业课程、择业就业、培养目标的相关的信息接触较多，所以认知较好；学生在专业学习中对汉语国际教育专业历史发展的相关信息接触较少，所以认知较差。

以上说明了汉语国际教育专业学生接触的专业信息内容不够全面，笔者通过问卷调查数据和访谈得到原因有两方面：首先是学生获取信息的主动性较弱，汉语国际教育专业学生认为很多专业信息属于"课外知识"，不知道也不影响考试或毕业，由此导致专业认知广度不够全面；其次是专业课教师没有全面地介绍汉语国际教育专业的信息，在访谈不同年级的学生时，只有大三的受访者听老师讲过汉语国际教育专业的历史发展，其余年级受访者未听老师提及过。

2. 专业信息接触渠道缺乏权威性

通过上一节的调查数据及访谈内容可知，汉语国际教育专业学生信息接触的渠道，除去课堂以及学校，还通过微信公众号、微博、百度搜索、哔哩哔哩等来获取本专业的信息。但新媒体在为我们提供便捷优势的同时，也带来了弊端，一些平台发布信息的同时夹杂着大量的广告，影响获取信息的质量。碎片化的信息也使得在浏览汉语国际教育专业相关信息时不能获取信息的全貌。这些的网络新媒体为了获取更多的利益，会加入一些广告，以及为了流量去发布一些博人眼球的信息，这些信息往往不完整，只是截取了人们喜欢看的一部分，导致同学们不能得到完整的信息，而且信息的来源没有保证。

在访谈时，很多同学也会提及微信公众号、哔哩哔哩等新媒体上关于本专业的一些信息，他们记住的大多是一些博人眼球的消息。此类信息多为个人发布，读者无法确定发布者的消息来源是否客观真实，这样就导致学生在了解汉语国际教育专业信息时的渠道缺乏权威性。

3. 专业课程不能满足实际需求

通过对汉语国际教育专业学生对本专业认知内容的问卷调查以及与个别学生的深度访谈可知，课程设置认知情况的总体平均值是 3.3，说明本专业学生对专业课程设置的认知情况一般。不太了解和不了解本专业课程设置的同学共有 28 位，占比 11.47%。通过对这些同学的深度访谈，笔者得知了他们对专业课程的意见，首先他们认为汉语本体课程数量不足，其次在外语课程上认为俄语和英语应该让大家来自由选修。

以上说明了这部分同学认为专业课程设置不合理，原因在于专业课程不能满足学生实际需求，学生自觉汉语本体知识获取不足，汉语本体课的安排数量不够；外语只能修俄语，对俄语零基础的硕士生而言，难度大，压榨了专业知识的学习空间，且学习俄语与大部分人的国内就业规划不符合，俄语属于小语种，在国内的竞争力不如英语。

4. 就业渠道不能满足就业需求

通过对汉语国际教育专业学生对本专业认知内容的问卷调查以及与个别学生的访谈可知，在择业就业方面，有 17 位同学不太了解或不了解就业情况，有 3 位同学不了解就业方向。

通过对这些同学的访谈可知，对汉语国际教育专业就业方向和情况不了解的原因在于疫情背景下,汉语国际教育专业的就业形势也发生了很大的变化,专业的就业面变窄了,现有的对口就业渠道无法满足就业需求。就目前的就业形势而言,出国对口就业非常困难,而在国内就业选择考公务员时,允许汉语国际教育专业报名的对口岗位十分有限。相比较每年毕业的汉语国际教育专业毕业生,西北地区的国际学校数量较少,也无法提供足够的对口岗位。

(二)影响汉语国际教育专业认知态度的原因

1. 用人单位对本专业认知度低

由问卷调查中专业认知态度的数据可知,有3.69%的人表示不能接受和认同汉语国际教育专业,笔者通过访谈不认同本专业的学生了解到,受访者认为本专业的社会认知度低。

近几年由于疫情无法出国就业,本专业毕业生面临在国内找工作的就业局面,而在国内就业遇到的问题是,国内的非对口单位不认可本专业,使得汉语国际教育专业毕业生在国内就业面临的竞争压力较大。通过访谈可知,产生这一问题的原因在于用人单位对于本专业的认知程度不高,从而导致应聘时汉语国际教育专业的毕业生无法报名或投送简历。

2. 社会对本专业认知滞后

通过对汉语国际教育专业学生对本专业认知现状的问卷调查以及与个别学生的深度访谈可知,有74位同学认为社会不太认可或不认可本专业,占比29.09%,汉语国际教育专业的社会认可情况总体平均值是2.91,由此可知,被调查者认为社会对本专业人才的认可度较低。

汉语国际教育专业的前身是对外汉语专业,现在社会上对汉语国际教育专业的概念还停留在教外国人学汉语上,随着专业名称的变更,专业内涵和使命也在发生变化,汉语国际教育专业现在肩负的不仅是教授汉语,还有一个更加重要的使命是传播中国文化。通过访谈可知,本专业的声誉和认可度不高这一问题的原因在于社会对于汉语国际教育专业的理解较为滞后,大众对于汉语国际教育专业的认知还停留在对外汉语时期。

(三)影响汉语国际教育专业认知行为的原因

通过对汉语国际教育专业学生对本专业认知行为的问卷调查可知,有137位同学不会在课外主动了解专业信息，占比高达 56.15%，通过访谈可以知道，本专业学生在大多数情况下都是被动地了解和认识本专业，没有养成主动获取专业信息的习惯。

产生这一问题的原因有两点，首先是学生方面，根据访谈学生把这些自己去主动了解的专业信息当做"课外知识"，由于这些专业知识不参与考试，学生们去主动了解的动力就不是那么足。其次是学院方面，据访谈得知，学院没有组织拓宽专业信息渠道的活动，没有引导学生更加主动、深入地了解汉语国际教育专业的信息。

五、汉语国际教育专业认知建议

这一章的内容主要针对第三、四章关于汉语国际教育专业认知内容、认知态度与认知行为的问题以及原因的分析，提出汉语国际教育专业认知内容、认知态度与认知行为的建议。

（一）汉语国际教育专业认知内容建议

1. 专设认知渠道，优化认知内容

因为我们处于一个信息大爆炸的时代，从互联网、电视、广告获得的信息漫天掩地，信息管理的缺乏导致了信息质量多但质量差的现象，让学生阅读相关知识的时间越来越少，且效率低下。除此以外，信息传递过程中的失真现象影响了大学生对汉语国际教育专业的感知。加上受信息环境的影响，在这个信息满天飞的时代，很多大学生迷失在各种娱乐信息中，关注专业发展的学生寥寥无几。

学校层面建立汉语国际教育专业相关机构。除了围绕汉语国际教育专业开展多元化活动之外，还可以从学生角度出发设置中国文化海外传播志愿服务中心、中国文化海外传播咨询服务中心等，方便学生对该专业有任何疑问时都可以迅速得到解决。

学院层面组织汉语国际教育专业相关活动。定期在学院的官网上发布与本专业相关的帖子，让学生了解到学校及学院在本专业上做了哪些行动，提高大学生对汉语国际教育专业及相关事件的关注度。向学生推荐汉语国际教育专业书籍；并成立以相关教师为组长的汉语国际教育专业微信群，让大学生们不要随波逐流于关注娱乐信息，而要专注于专业的发展动态和自身的联系，对自己的职业规划有清晰地认识,从而增加学习动力。

班级层面可以建立汉语国际教育专业兴趣小组,每周小组的成员可以自发举办分享交流会,将自己最近所了解到关于这一专业的信息进行分享与交流,在交流过程中逐渐加深对该专业的认知。

通过学校、学院、班级这种多层次的宣传,营造相出学习了解汉语国际教育专业的氛围,使高校学生在耳濡目染、潜移默化的氛围中认知这一专业。

2. 灵活设置课程,增加毕业出路

关于专业课程,通过调查问卷以及访谈不同教育层次、不同背景的学生,他们都提出汉语本体课偏少、外语课只能选修俄语的问题。对此,学院应适当倾听学生关于专业课程设置的意见,增加汉语本体课数量,外语课可根据实际意愿及需求来进行选修。2021级汉语国际教育本科已经改革,分为了英语班和俄语班,但2021级汉语国际教育硕士仍只能选修俄语。鉴于此,笔者认为,汉语国际教育专业硕士也应当根据自己的意愿和需求自由选修外语课。A校2009年至2021年共毕业汉语国际教育硕士375人,其中有127人去了中亚国家对口工作,其余三分之二是在国内就业的。笔者通过访谈得知,在国内就业的这部分同学,认为俄语是小语种,不如英语通用。学院灵活设置课程后,既能充分利用学校的资源,也符合学生的实际需求。

在新的疫情背景下,汉语国际教育专业的就业受到了很大影响,留学生进不来,本专业的学生也出不去。汉语国际教育专业有其特殊性,在这样的疫情背景下,需要国家及学校出台相应的支持政策,帮助解决汉语国际教育专业的就业问题,增加毕业出路。

3. 开展校园活动,吸引学生兴趣

根据访谈得知,学校虽然举办过汉语国际教育专业的学术会议,但以汉语国际教育专业为主题的校园活动很少。学校相关部门的宣传部、团委以及各个学院等应充分认识到专业活动的重要性,并可以围绕该专业的主题开展多姿多彩的校园宣传活动。

如举办论坛:中国文化海外传播给高校学生带来的机遇与挑战。可以让学生更加清楚自己在汉语国际教育专业中的位置,了解汉语国际教育专业发展给学生带来的积极影响,并结合自身的专业素养和能力,发现自己的不足之处,朝着这个专业发展所需要的人才方向努力,结合专业优势,为汉语国际教育专业奉献出自己的一份力量。

专家讲座：汉语国际教育专业建设与高校学生就业。学校举办关于汉语国际教育专业和大学生就业的有关讲座会解决学生直接面临的现实问题，增加就业率的同时，还能为专业发展贡献一份力量。

（二）汉语国际教育专业认知态度建议

1. 增加校企合作，提升专业认知度

由于企业和事业单位对汉语国际教育专业的认知度不高，且企业和事业单位的时间和精力都有限，不能对汉语国际教育专业进行深入研究，虽然很多时候汉语国际教育专业的学生都会进入各个用人单位进行实习，但他们对于汉语国际教育专业如何培养本专业学生以及汉语国际教育专业有哪些特点都所知有限，单位领导对汉语国际教育专业的认可程度主要依赖实习生的个人能力，由此导致不同单位对汉语国际教育专业的认知程度各不相同。所以有必要由学校出面，加强学校和企业、事业单位的合作，由学校出面与用人单位沟通，"推销"汉语国际教育专业，商讨稳定的实习模式，以此来提高用人单位对汉语国际教育专业的认知度。

2. 开展专业宣传，提高社会认可度

当前社会上对汉语国际教育专业的概念还停留在教外国人学汉语上，在以往学习时，首先接触到的信息就是教外国人学汉语，这使得他们很容易忽略更加重要的使命——传播中国文化。国家在宣传汉语国际教育专业时，应让全社会对于汉语国际教育专业有一个正确的了解，我们不仅是汉语国际教育专业的学生，也是未来中国文化的海外传播者。汉语国际教育不但是提升中国国家软实力的渠道之一，也为塑造中国国家形象的窗口有一定影响。基于此，在宣传汉语国际教育专业时应充分宣传学科的特点和优势，立足国家层面拟定汉语国际教育专业的"理想未来"，以此来纠正社会对汉语国际教育专业的认知。

当然，"打铁还需自身硬"，想成为汉语国际教育专业发展所需的人才，首先要精通自己的专业，在各个阶段都要为专业知识打好基础，下苦功夫钻研。跨文化交际能力也是作为一名汉语国际教育专业的学生所必备的，良好的沟通是做一切事情的前提。精通一门外语可以让我们到达使用这种外语的国家时更加自信和从容，解决语言障碍会让我们做任何事情更加顺利。牢牢掌握自己的专业知识并提高自己的综合素质，我们应该更加努力地学习，练就过硬的本领，并将其熟练地运用。

（三）汉语国际教育专业认知行为建议

1. 培养学生习惯，增强学习主动性

为了让本专业学生更多地了解汉语国际教育专业，学院可根据学生接受程度较高的形式来提高专业认知。由调查可知，希望用专业实践的这种形式来了解本专业的学生最多，其次是希望与学长交流来了解本专业的同学。专业课程作业可以布置成专业实践的形式，通过学生的个人行动加深对本专业的看法，让学生走向社会，而不仅仅是在学校这个象牙塔里。在走出去实践的过程中，培养学生主动获取信息的习惯，增强学生学习的主动性。学院还可组织不同年级的联谊活动，让学生之间养成"传、帮、带"的习惯，以此来提高汉语国际教育专业学生对本专业的专业认知。

提高对汉语国际教育专业的认识的目的之一是为未来的职业选择提供更多的机会。专业课教师可以介绍专业特色以及专业技能在未来不同职场中的应用场景，这样学生会对专业有更深的理解，也会更加积极主动地学习。

2. 加强政治教育，提高民族使命感

高校从事思想政治工作的人具有敏锐的政治观察能力，抓住学生日常学习生活中的教育机会，让思想政治工作能够贴近汉语国际教育专业学生的生活。还可以从加强学生的国家和民族的使命感和责任感出发，让他们从心理上和思想上重视汉语国际教育专业，引导学生树立正确的世界观、人生观和价值观。学生自身也要加强敏锐的时代意识和创新意识，身为汉语国际教育专业的学生一定要紧密关注国情状态，将我们的学习规划、职业发展和国内国际的发展变化紧密地联系起来，与时俱进，不断创新。

（四）小结

这一章节主要针对上一章节中汉语国际教育专业认知现状问题、认知态度问题以及认知行为问题提出有针对性的建议，希望有助于高校学生能够更全面、更深入地认知汉语国际教育专业，明确自身的使命和责任，成为汉语国际教育专业发展所需要的人才，从而拓宽自己的就业渠道。

在汉语国际教育专业认知内容方面，首先可以针对学生的需求，设立专门的认知渠道，优化认知的内容，通过学校、学院、班级这种多层次的宣传营造相互学习了解汉语国际教育专业的氛围，使高校学生在耳濡目染、潜移默化的氛围中认知这一专业。其次可以开展校园活动，吸引学生兴趣，如举办论坛（中国文化海外传播给高校学生带来的机遇与挑战）、专家讲座（汉语国际教育专业建设与高校学生就业）等。

在汉语国际教育专业认知态度方面，首先由学校出面，加强学校和企业、事业单位的合作，与用人单位沟通，"推销"汉语国际教育专业，商讨稳定的实习模式，以此来提高用人单位对汉语国际教育专业的认知。其次，在宣传汉语国际教育专业时，应充分宣传学科的特点和优势，立足国家层面拟定汉语国际教育专业的"理想未来"，以此来纠正社会对汉语国际教育专业的认知。

在汉语国际教育专业认知行为方面，首先要培养学生主动获取信息的习惯，增强汉语国际教育专业学生学习的主动性，其次要将学生的职业发展、生涯规划和国内国际的发展变化紧密地联系起来，与时俱进，不断创新。

六、结语

（一）研究结论

本文以 A 大学汉语国际教育专业的学生为调查对象，通过问卷调查与访谈相结合的方式进行调查研究，通过数据分析和访谈，总结并发现汉语国际教育专业认知内容、认知态度与认知行为的问题，针对专业认知中存在的问题找出原因，进而提出相对应的建议。

本文调查了 A 大学汉教育专业的学生对本专业认知状况，从汉语国际教育专业的认知内容、认知态度和认知行为等方面阐述 A 大学汉语国际教育专业的学生专业认知现状以及存在的问题。专业认知内容方面存在的问题是专业认知接触渠道缺乏权威性、专业认知接触内容不够全面、课程设置不能满足实际需求、就业渠道狭窄等。专业认知态度方面存在的问题是就业前景评价不高、社会认可度不高等。专业认知行为方面存在的问题是专业信息获取缺乏主动性。后续研究围绕这些存在的问题展开，试探究产生这些问题的原因。文章最后有针对性地提出相应建议，在专业认知内容方面：专设认知渠道，优化认知内容；灵活设置课程，增加毕业出路；开展校园活动，吸引学生兴趣。在专业认知态度方面：增加校企合作，提升专业认知度；开展专业宣传，提高社会认可度。在专业认知行为方面：培养学生习惯，增强学习主动性；加强政治教育，提高民族使命感。

（二）研究局限与展望

本论文的撰写有一定量的问卷调查与访谈资料作为基础，为汉语国际教育专业学生对本专业的认知研究增加了个案，丰富了田野调查，为今后进一步研究汉语国际教育专业认知相关问题提供数据资料与范本借鉴。由于笔者的学术水平有限，对于统计学的相关知识储备不足，仅对数据进行了简单的分析，使得研究内容不够深入。本文的思想观点不够创新，个人文献梳理能力不强、理论基础不够扎实，导致论文理论支撑度不足，论文理论水平稍显欠缺。

本文在理论上拓展了"知—信—行"模式的应用范围，丰富了汉语国际教育专业认知文章的数量。实践上通过对汉语国际教育专业认知状况的调查研究，总结汉语国际教育专业认知的特点，分析影响专业认知度的主要因素，提出提高汉语国际教育专业教育质量的建议。汉语国际教育专业建设不仅仅是国家政府的事，也是我们每个人的事。作为汉语国际教育专业的学生，我们必须为本专业的建设添砖加瓦，只有每个人都贡献自己的一份力量，汉语国际教育专业的明天才会更加美好。

汉语国际教育专业学生中华传统文化调查
——以二十四节气为例

李梦丽

摘 要：二十四节气是中国优秀的传统文化之一，于2016年11月被列为"人类非物质文化遗产代表作名录"。2022年冬季奥运会的开幕式倒计时以二十四节气短片向全世界展示了中国的时间观念以及二十四节气所蕴含的文化理念。二十四节气在新时代焕发出新的活力和影响力。汉语国际教育人才的培养，是宣传和弘扬中华民族的悠久历史以及阐释和对外传播中华优秀文化的伟大事业。

本文以汉语国际教育专业的学生对二十四节气的认知为切入点，借助问卷调查和访谈，分析汉语国际教育的学生对二十四节气的认知状况。论文分为六章。第一章为绪论，主要研究背景、目的、意义、概念界定、文献综述以及论文的创新之处。第二章分别从二十四节气的价值以及对汉语国际教育的意义等方面进行了论述。第三章从认知的广度、深度、态度以及行为层面分析了被调查者对二十四节气的认知状况以及不同人口变量对二十四节气的认知差异。第四章探究被调查者认知存在的问题。第五章探讨被调查者认知问题的影响因素。第六章提出改进对策。

研究发现：首先，汉语国际教育的学生对二十四节气知识的认知率较低，认知面不全，且认知较为碎片化，不具有系统性；学生对二十四节气整体有较高的认可度、兴趣度以及参与态度，但是对部分节气的认知态度消极。单一节气上认知度最高的是清明和冬至，对其他节气的认知较为匮乏。其次，性别、学历以及年龄对二十四节气的认知差异不显著，成长环境及地理位置的不同对二十四节气的认知有显著差异。最后，认知态度的高低并不能决定参与度的高低，被调查者对于二十四节气有很强的行为意愿，但参与率较低，节气实践单一。

目前，国内学者对二十四节气的研究多集中在理论层面，认知调查很少。本研究丰富了二十四节气的研究维度，同时为汉语国际教育的文化教学内容开辟了新思路，提供了文化教学的方向。通过对二十四节气作具体分析，可以更好地研究二十四节气的价值和影响力，为二十四节气引入汉语国际教育的课堂提供思考借鉴。

关键词：中华传统文化；二十四节气；认知状况；汉语国际教育

一、绪论

（一）研究背景

二十四节气是中华文明的物质和精神载体，具有较为完整的知识和文化体系，文化内涵丰富，社会生活氛围厚重。二十四节气作为千百年来中国特有的时间制度和生活指南指导着人们的社会实践，潜移默化地影响着人们的精神和行为，在现代生活中维系着中华儿女的情感，对于提高中华文化认同感和中华民族的凝聚力具有非常重大的作用。

2016年11月30日下午，中国申报的"二十四节气——中国人通过观察太阳周年运动而形成的时间知识体系及其实践"的非物质文化遗产项目，通过委员会评审，列入联合国教科文组织人类非物质文化遗产代表作名录。二十四节气申遗成功体现了世界范围内对中华二十四节气的认可，同时也是中国发展以及传播二十四节气最好的时机。

汉语国际教育专业的学生不仅是中华文化的传播者，同时也是传承者。在对留学生教授中华文化的教学过程中，带有情感的沟通，包含着认同的交流，具备较好的专业能力的教学是会给教学双方带来获得感和成就感的一项伟大事业。二十四节气发展至今，包含大量的文化知识、民俗活动、饮食养生、精神内涵等，这正是汉语国际教学中所需的文化教学内容，可以向留学生立体真实且全面地展示中国的优秀传统文化。《国际汉语教师标准》（2012版）也界定了"中华文化与跨文化交际能力"：了解中华文化基本知识，具备文化阐释和传播的基本能力、了解中国民俗文化的基本知识，并运用于教学、能讲解列入联合国世界文化遗产名录的文化遗产等[1]。这些无疑都为国际汉语教师的文化培养指明了方向。习近平总书记多次强调，要坚

---

[1] 国家汉办/孔子学院总部. 国际汉语教师标准[M]. 北京：外语教学与研究出版社，2015.

定文化自信，推动中华优秀传统文化创造性转化、创新性发展，建设社会主义文化强国。2021年5月31日习近平总书记在主持加强我国国际传播能力建设进行第三十次集体学习时强调，要更好推动中华文化走出去，以文载道、以文传声、以文化人，向世界阐释推介更多具有中国特色、体现中国精神、蕴藏中国智慧的优秀文化[①]。

中华民族文化中，二十四节气的独特性内容在文化传播中具有独特的价值。相对于西方"天人相分"观念而言，中华文化的"天人合一"就是代表性和独特性兼具的内容。这样的内容对于异文化者，既是新鲜、奇特而有吸引力的，又是能够代表中华文化的某些重要方面的[②]。二十四节气的文化内涵深刻地阐释着中华"天人合一"的精神，是中华文化的独特代表。

在国家文化发展战略需求及对外文化传播需求背景下，调查汉语国际教育专业学生对中华民族独特文化二十四节气的认知，对汉语国际教育专业具有重要作用。

（二）研究目的及意义

1. 研究目的

首先，本文通过二十四节气与汉语国际教育的关系进行探讨，以期对汉语国际教育专业学生的文化培养提供思路。

其次，对汉语国际教育专业学生对于二十四节气的认知进行调查，从对二十四节气认知的广度与深度，认知的态度以及认知行为等方面深入地了解分析调查数据与访谈实录，进而分析汉语国际教育学生对二十四节气认知存在的问题，探讨影响汉语国际教育专业学生对二十四节气认知的因素。

最后，本论文基于以上分析提出有利于学生对二十四节气系统性、综合性认知的相关建议，从而拓宽汉语国际教育学生的文化视野。同时，本文也希望从对汉语国际教育学生对二十四节气的认知调查出发，对汉语国际教育专业学生"自文化"的发展和培养视角有所借鉴和帮助。

2. 研究意义

理论意义：

首先，以往对二十四节气的研究主要集中在二十四节气的演变研究、传承及传

---

① https://www.xinhuanet.com，[2021-12-22].
② 朱瑞平，张春燕. 汉语国际教育背景下文化传播内容选择的原则[J]. 云南师范大学学报，2016，48（1）：47-53.

播路径的研究、节气文化事项的研究，对节气认知的研究不足。本论文以汉语国际教育学生为主体，从节气的知态行（KAP）角度出发，进一步丰富对二十四节气的研究维度。

其次，本论文以问卷调查与访谈为主，以汉语国际教育专业学生为调查对象，以二十四节气为基点，丰富了汉语国际教育专业文化内容的研究维度。

最后，通过对汉语国际教育学生的二十四节气认知进行调查研究，以小见大地了解汉语国际教育学生对中华传统文化的认知和态度、对"自文化"的认知范围，有助于丰富汉语国际教育文化教学的研究方向。

现实意义：

首先，研究汉语国际教育学生对二十四节气文化的认知，一方面可以从较为科学的角度掌握当前汉语国际教育学生对二十四节气认知的情况，从而有针对性地采取措施来提高汉语国际教育学生对二十四节气的认知，从专业知识储备、教学素养、对传统文化知识的掌握以及中华民族精神的传承发展等方面，促进汉语国际教育学生文化知识的发展、文化自信的培养。

其次，借助内容丰富的节气文化，可以进一步挖掘具有特色的传统文化学习和传承路径，以点及面地促使学生真正了解和热爱中国传统文化，提升对外文化传播阐释力。

最后，本研究对于我国汉语国际教育专业的文化知识教学和文化推广质量具有一定的现实意义。本研究分析了现阶段汉语国际教育学生在中华传统文化二十四节气知识方面存在的问题，分析了问题存在的原因，提出了改进建议，希望为中华传统文化更全面地传播做出一定的贡献。

（三）理论基础与概念界定

1. 认知理论

奈塞尔在1967年发表了一本名为《认知心理学》的论文，这是近代认知心理学的一个重要里程碑。尽管认知心理学的概念是建立在信息处理理论的基础上，并有认知、认知学习、认知主义等概念，但是认知心理学这个术语的产生，是在奈塞尔的著作《认知心理学》中。在本书中，他把认知的概念界定为各种感官输入的转换、简化、储存、恢复和运用的全过程，他把认知活动视为信息探测、模式识别、注意、记忆、学习策略、知识表征、概念形成、问题解决、言语和认知发展等。

认知的内涵和外延是随着认知科学的发展而不断发展的。在心理学、哲学、语言学、计算机科学、神经科学、精神病学、人类学、生物学等不同的学科中，认知这个术语的用法也是不同的。在心理学上，人们把认识看作是一种综合的概念，它可以是具体的事实、概念、命题和记忆，也可以是感觉、感知、注意、表象、学习记忆和思考。有学者认为，认知可以从广义和狭义两个角度来理解，广义的认知是指认知对象获取知识或解决问题的行动和能力，它包含动态的信息处理过程以及静态的内容结构，即知识；狭义的是指认知主体在表象、概念的基础上的分析、综合、判断、推理等动态的认识活动。从认识的角度来看，认识是一种复杂的思维活动。

2. 知态行（KAP）理论

知识、态度、行为理论是从社会认知理论、行为转化理论发展而来。阿尔伯特·班杜拉（Albert Bandura）首先提出了一种将环境、社会、个人因素相结合的社会认知理论。他通过以大学生为实验对象进行跟踪考察，从而建立心理模型，预测个体的行为。个体产生新的行为有两种方式：一种是从自己的经历中获得的，另一种是根据模仿他人得来的。自我效能、目标和结果期望是影响个人行为变化的主要因素，而个人的行为变化首先要考虑到自己是否能够胜任某种行为。其次，个人的积极期望应该比消极的期望高，最后个人必须感觉到这个特殊行为得到了社会的认可。

基于社会认知的行为，普罗察斯卡（Prochaska）以对戒烟志愿者的观察试验为基础，基于两年的观察和分析，提出了行为转变的理论。他把人的行为转变分为五个阶段，即打算转变前、打算转变、准备行动、行动阶段、维持阶段。这五个阶段是一个非常有序贯性的过程，在这个过程中，干预者需要对每个人的具体情况进行分析，判断个体的行为处于哪个阶段，并对其进行相应的指导，从而达到下一步的目的。这个理论展示了系列行为转变的阶段和细节。

行为转变理论被应用在心理学和医学，产生了一种新的认知、态度和行为理论，即知态行（KAP）理论。知、态、行，就是认识、态度和行为。知态行理论认为认知是以建立正确、积极态度为前提，而认知与态度是行为转变的动力和必要前提。个人要想做出相应的行动，必须要获得认知，树立正确积极的态度。

知态行（KAP）理论模式，最初是用来阐释个人知识及态度如何改变人类健康相关行为的模式之一，也是一种行为干预理论。该模式最初多用于医疗及公共卫生领域的研究，后来逐步扩展到其他领域的研究。本文旨在运用（KAP）理论模式，结合本研究分析汉语国际教育学生对二十四节气的认知，通过调研，分析汉语国际教育学生对二十四节气的认知现状，分析存在的问题并提出相应的对策建议。

3. 二十四节气概念界定

节气，指二十四节气或其中的某一部分。它根据太阳在黄道上的位置划分，每15°为一个"节气"，共二十四个，其中包括十二个"节气"，即立春、惊蛰、清明、立夏、芒种、小暑、立秋、白露、寒露、立冬、大雪、小寒；十二个"中气"，即太阳在黄经每增加3°为一"中气"，分别是雨水、春分、谷雨、小满、夏至、大暑、处暑、秋分、霜降、小雪、冬至、大寒。十二节气和十二中气统称"二十四节气"[1]。二十四节气表明气候变化和农事季节，在农业生产上有重要的意义，是古人以该地区一年中时令、气候、物候等方面变化规律的总结，结合我国传统的天文历法、自然物候，从而指导农耕生产与生活的科学的知识体系和时间制度。

（四）文献综述

1. 认知（KAP）理论模式的相关研究

关于知态行（KAP）模式的研究最早出现在国外，它的应用范围主要为流行病学领域和行为科学领域，具体包括以下几类：对目标群体健康知识、态度信念和行为状况的认识，了解人群对健康教育的主观需求，探求人群对健康教育方法的接受程度；对人群健康保健方面的知识、态度信念和行为改变的现状研究，用于评价目标人群知识、态度和行为的转变。目前的课题主要集中在学校、家庭、社区健康教育、重大慢性病防治、传染病防治、膳食营养、基础护理等方面。这些研究与本论文的研究没有强相关，因此这里不再赘述。

2. 中华文化认知的研究

近年来，以知态行（KAP）模式为理论基础的研究逐渐在国内展开，被应用到各学科领域，本研究仅围绕中华文化认知的研究展开综述。

王添淼（2011）认为在中国文化传播过程中，国际汉语教师所持有的文化定势将会影响到国际汉语的教学，但是文章缺乏对汉语教师的文化认知研究。

赵华威（2014）从文化认知的视角出发，对如何提升汉语文化认知能力提出了一些具体的对策和建议，并将汉语文化认知归纳为"传统思想文化""古典文学"以及"民俗文化"认知三个层面。

---

[1] 陶思炎. 节气与节日的文化结构[J]. 民族艺术，2018，(2)：37–40.

蔡燕（2015）从认知广度和认知深度两个方面分析留学生对中国传统节日的认知情况，为笔者构建本文研究框架及研究角度提供了写作思路。

陈瑶婵（2017）将留学生对中国传统节日的认知也从认知深度和广度两方面进行探究，这为笔者研究二十四节气的认知提供了方向。

刘洁（2017）认为国际汉语教师应具备"自文化"认知，而作为汉语国际推广的主要推行者，其"自文化"担当、自信、"自文化核"等对汉语文化的国际化推广起着举足轻重的作用。文章对国际汉语教师的自文化认知和文化交流等方面的问题进行了探讨，为本论文选择研究对象和研究内容提供了思路。

刘继红、孙晓梅（2019）运用问卷调查和访谈的方式，研究了马来西亚非华裔留学生对中国文化的认知情况。这篇文章的研究设计对本论文研究有重要启示。

宋志华（2016）、文博（2018）、刘安怡（2019）、汪雨涵（2020）、赵凯凯（2020）、陈学蓉（2021）、李秀明（2021）等研究对不同地区的留学生进行了对中华文化、酒文化、京剧文化、地区文化等不同角度的认知调查。

浦梦媛（2020）从跨文化教学认知和实践的关系的角度调查他们的跨文化教学意识及影响跨文化教学意识的内外部因素。

唐川（2020）从认知、态度、行为三个方面对师范生中华文化的认知、态度、行为进行量化分析，探讨提高师范生文化认同、增强文化自信的途径。

关于文化认知的角度涉及广泛、研究对象差异较大。立足于汉语国际教育专业，对留学生的文化认知调查研究丰富，研究内容从酒文化、茶文化、京剧文化、节日文化、武术文化、中医文化、包括剪纸等涉及面较广，涉及深度不够，大都停留在表层文化的认知。对本土汉语国际教育学生文化认知调查主要集中在跨文化方面，对"自文化"的认知研究较少。

3. 二十四节气的研究

借助中国知网统计，关于二十四节气的研究呈逐渐上升的趋势，这与二十四节气申遗成功有直接的关系，二十四节气的申遗成功带动了二十四节气在学术范围内的研究。截至2022年3月，以二十四节气为主题在中国知网进行搜索，可以检索到各个学科的研究3506篇。中国知网收录的有关二十四节气的3506篇中内容庞杂，本研究主要从二十四节气的国外传播发展研究、二十四节气的本体研究包括起源与发展、民俗活动、文化内涵、文化的传承和保护，以及二十四节气的认知研究和二十四节气与汉语国际教育的研究等角度进行综述。

(1) 关于二十四节气的国外传播发展研究

作为中国古代历法的重要组成部分成为中国独特的时间制度。二十四节气在发展的过程中辐射周边国家，产生了强大的影响力。目前关于二十四节气的国外传播发展主要集中在日本、韩国和马来西亚等东南亚地区。

二十四节气传入日本已经一千多年的历史，早已在各个方面融入日本，成为日本文化中重要的一部分。二十四节气传入日本结合日本的地域特点和物候创造了适合日本的二十四节气文化，指导着日本民众的日常生活中。毕雪飞（2017）、刘敬者（2017）、方兰（2018）等文章对二十四节气在日本的传播和发展路径作了详尽的分析，为本文的二十四节气对汉语国际教育学生的建议分析提供了写作思路。

在马来西亚的传播则是通过节日习俗、艺术创作、思想信仰这三类活态方式进行的。卓高鸿、蔡立强（2016）、王姝媛（2020）指出二十四节气在海外尤其是马来西亚仍旧有很大的文化传播态势，为本文的研究选题提供了思路。

吕洪年（1997）、张长植（2005）指出在韩国比如立春、冬至等，被称作"节候节日"，另外还有以二十四气为基础的"杂节"日子，比如三伏、"新旧间"和寒食等。

从以上研究中我们可以看到，二十四节气文化的发展已经对周边国家及其文化产生了一定的影响，因此积极传承发展好二十四节气文化，使其成为中国的文化名片之一，吸引越来越多的国家和人民多途径接触和了解中国节气文化，提升文化的国际影响力。当然二十四节气的境外传播已有的成功经验也为我们从中学习传播经验，寻找文化对外传播的新路径提供了经验，也有利于国内从其他国家传承方式中学习经验。

(2) 关于二十四节气的国内研究

二十四节气在中国的发展已经有多年的历史，2016年二十四节气申遗成功，围绕着二十四节气的申遗，对二十四节气的研究也越来越丰富。在研究中，他们有很深刻的见解，也提出了一些值得借鉴的理论。二十四节气的在国内的研究可以分为二十四节气起源与发展的研究、民俗活动和文化内涵的研究、文学艺术以及文化创意的研究以及保护与传承的研究。

二十四节气的起源与发展：

李零（1988）探讨了《管子》这本书中所记载的三十时节与后来发展的二十四节气的关系，指出二者分别代表了不同的时令系统，三十时节代表是属于"四时五行"时令系统，二十四节气则是属于"月令"系统。

自乐（1989）、沈志忠（2001）、梅晶的（2011）、郑艳（2017）等结合古籍和相关的考古资料从文献考证的角度指出二十四节气从萌芽到基本形成以及完善定型发展的过程。上述文章丰富了对二十四节气形成与起源的研究，为本文后续的研究拓宽了思路，奠定了理论基础。刘晓峰（2017）通过考古学、历史学以及分析文献资料，指出二十四节气是一个不断被细化的时间划分体系。梁庆鹏（2017）对二十四节气的"四时"到"八节"再到二十四节气的完整记载的发展演变，基本与以上学者观点吻合。

依据文献的梳理可以发现，对于二十四节气的研究从二十四节气的历史起源发展、起源地的发展以及二十四节气在中国产生的原因等角度进行了研究。学界基本认可二十四节气在夏商时期开始萌芽，在战国时期基本成型，到秦汉时期逐渐定型。《夏小正》《吕氏春秋》《淮南子·天文训》等书籍主要记录了二十四节气在不同时期的发展，《淮南子·天文训》则是中所记载的二十四节气名称成为后世所沿用的二十四节气。以上学者通过对二十四节气的起源与发展的考证研究，为本论文的撰写奠定了理论基础。

二十四节气的民俗与文化内涵：

高倩艺（2010）主要从二十四节气的溯源基本知识气候以及主要农事活动、以春夏秋冬为时间线分别介绍四季的习俗活动、食俗、诗词漫谈以及故事传说。此著作思路清晰、内容丰富，为本论文的研究提供了写作思路。余世存（2016）从中国历史、风俗、生存之道等方面入手，详细阐述了二十四节气几千年来对人们的日常生活的影响。萧放（2017）从时令信仰与仪式民俗、时令饮食与养生保健、节气与时令观赏、娱乐三个方面分类叙述，并提出在现代生活中节气仍具有生活节奏的提示与生活方式调节的指导意义。文中对二十四节气的维度划分对笔者在二十四节气内容方面研究的框架有一定的启发作用。吴彬瑛（2019）认为二十四节气具有符号性、自然性、丰富性、文学性等文化特征，汇聚了丰富的文化内涵。杨萍等（2019）从二十四节气的科学性、文化性以及社会性三个层面解读二十四节气的内涵。以上文章结合二十四节气的内涵论述了二十四节气的时代价值，为本文的研究提供了写作思路。

孙玲（2019）指出"贵生意识""阴阳五行""天人和谐"是中国劳动人民在生产生活、融入自然环境、理解世界运转等方面的共同智慧与美好追求，而这正是二十四节气所蕴含的智慧和丰富的哲学思想。隋斌、张建军（2020）认为二十四节气蕴含着丰富的科学、哲学和文化内涵，涉及俗信、仪式、礼仪、娱乐等多个方面相关的民俗活动，丰富着人们的精神生活。

通过文献的梳理可以发现，以二十四节气申遗成功的时间节点划分，申遗前对二十四节气的研究主要集中在二十四节气起源与发展的考证研究，二十四节气的文化内涵、民俗活动、诗词谣谚的系统研究主要在二十四节气申遗成功之后，并且对二十四节气的研究整体上都是上升趋势。从研究方式上来看，以上文献对二十四节气的研究主要是陈述、考证以及分析为主。

二十四节气的艺术创意研究：

二十四节气在现代通过更多的传承方式得到发展，也在更广泛的方面参与着人们的生活。二十四节气与现代的结合有力地推动着文旅产业的发展，同时也是文化创意的重要源泉。沈泓（2011）、林帝浣（2019）等艺术角度关于二十四节气的著作如摄影、剪纸和绘画等文学创作，大都以图为主，内容较为简单，很多是创作绘本以及儿童科普类，因此笔者不多作赘述。李天翼（2014）、邓玉昆（2016）、余佳莹（2018）、张甜甜（2020）、戴晔、姜祺文等（2020）、吴玉红（2021）、李观澜（2022）等都是围绕二十四节气开展的与生活和艺术紧密联系的文化创意和艺术创作。任今晶（2017）以诗歌为切入点，从二十四节气的"人文特质"和"物感机制"方面进行了探讨，并对"二十四节气"的美学文化意义进行了评价，指出二十四节气在审美文化领域同样具有重要价值。杨楠（2019）用汉字创意设计与二十四节气诗词中表达的意境相结合，通过衍纸工艺，赋予汉字新的表现意义，将诗情画意展现出来。

通过文献梳理，笔者发现学者从各个方面对二十四节气与文化创意的结合进行了研究，这些结合也扩大了二十四节气的生活功能和社会功能，使二十四节气在更多的领域得到发展，对于二十四节气的传承路径研究提供了良好的范例。

二十四节气的保护与传承研究：

周红（2015）及与刘东南合著（2015）分析了二十四节气对现代文明的意义，以及节气与诗词、曲赋、农业、中医等内容共同传承和发扬，并对二十四节气的现代传承的思路和路径进行了探讨。文章对二十四节气的传承维度划分值得笔者借鉴学习。

朱琳（2015）从数字化展示的角度探讨了其在二十四节气传承与保护中的作用及意义。文章的探讨角度紧紧贴合时代发展，为笔者的论文撰写提供了写作思路。檀雨桐的（2018）提出对传统文化进行创新首先要保护和弘扬其精神内涵，二十四节气所衍生出的各种文化符号，如保健养生、节庆祭祀、观赏娱乐、民俗艺术等等，都使二十四节气有了新的发展，获得了新的时代面貌。

方云（2017）、林敏霞（2019）、张楚（2020）、孙媛媛、张玲等（2020）、李子乐等（2020）、王润卓（2021）主要是以"二十四节气"为中心，从旅游、数字化媒体、游戏等从节气传播的技术加持以及创新开发等角度研究二十四节气的活态传承和传承推广。

通过文献梳理，可以发现对二十四节气传承路径与方法的探讨研究，自从二十四节气申遗成功之后，一直呈上升的趋势，并且是研究的主要焦点之一。不同的学者从不同的角度，用不同的研究方法进行了比较分析和探讨。其中以新媒体为传播的主要形式获得学者们的认可，注重在传承过程中的多方联动。比较新颖的观点是结合怀旧旅游、借助游戏传播以及图书馆立体化阅读推广，丰富了二十四节气的传承和传播路径。但是对大部分传承方法的探讨以及研究还停留在经验式或理论层面。从研究方式上看，理论分析研究远远多于实证研究，缺少通过科学统计的数据的支持。

4. 二十四节气的认知研究

对于二十四节气的研究，目前要集中在探讨节气文化的传承方式以及发展路径方面，关于节气文化的认知研究较少。

杜叶华（2014）通过问卷调查的方法，了解小学生对二十四节气的认知现状。但是此文章对于二十四节气的认知调查较为浅显，仅仅局限于学生是否知道节气、最熟悉的节气。

余佳琦（2019）以实地调研的方式，了解农民对二十四节气的认识状况，并就二十四节气在农业生产、生活中所面临的问题进行了剖析，为二十四节气文化的保护和传承提出了相应的对策。此文章的认知调查设计为笔者的写作提供了研究思路。

徐赣丽、姚紫薇（2020）通过对浙江省嘉善县陶庄镇人民的访谈与调查发现，二十四节气的功能具有地方性与适应性的特征，表现为"祭祀节"得到系统化的发展而"农业节"却逐渐弱化，逐渐向娱乐性和养生性节气转变。此文章的调查方法以及内容为笔者的论文撰写提供了写作思路。

通过文献梳理可以发现，对二十四节气的认知方面的调查文献研究对象主要集中在中小学生以及农民，对于二十四节气最好的传承传播以及创新主体"大学生"的调查较少，这也为笔者选取研究对象提供一定的思考。

5. 二十四节气与汉语国际教育的研究

宋文婷（2018）主要从教材编写角度，编写了针对已达中级汉语的学生，以文化学习为主，语文教学为辅的二十四节气教科书，挑选了十二个具有代表性的节气编写进行了展示。

杨曼（2018）通过前期对留学生中高级汉语班学生进行问卷调查，对二十四节气文化课的了解程度、课型定位、课程活动设计等方面进行可行性分析调查，然后从教材编写和教案设计角度编写，以"夏至""立冬"为实例，对教案进行了详细的设计，并对教学过程进行了分解示范。

李楠（2018）针对中级汉语阅读课节气文化教学的现状，对留学生进行了调查和分析，通过研究调查数据，发现了存在的四个主要问题并，提出了在阅读课中节气文化教学的具体教学策略，设计了两个教学案例。

贺天凤（2018）以中高级留学生进行二十四节气的学习需求进行调查分析，指出留学生对二十四节气文化具有学习兴趣点及需求。基于调查分析，该文作者使用体验文化教学法在对外汉语节气文化教学中，设计了二十四节气文化具体的教学路径，并提出了教学建议。

肖舒馨（2018）主要从二十四节气来看民俗文化词中内涵文化词的角度出发，运用语素分析法和归纳法将节气分类，并对它所涉及的教学内容进行了简要整合。

王菁（2018）论述了传统节气文化与汉语国际教学的关系，并对节气文化融入对外汉语课堂作了设计。

王胤羲（2019）通过对留学生常用文化教材的节气知识点及对孔子学院有关二十四节气文化活动进行分析，提出把二十四节气知识、意义与价值通过合理方式结合到对外汉节气文化教学思路，帮助留学生了解中华文化内涵，增进对中国文化的理解和认同。

通过文献梳理可以发现，二十四节气在对外汉语教育中已经受到关注，并且笔者通过仔细阅读发现相关文献中都提到留学生对二十四节气文化都有一定的学习需求及学习兴趣，这为笔者对本土的汉语国际教育学生二十四节气的认知调查提供了思路。

6. 研究评价

关于文化认知的角度研究丰富，按照群体划分，既有外国留学生，也有中国学生，研究内容广泛。立足到汉语国际教育专业，文化认知的调查以留学生为主体的居多，对汉语国际教师及中国学生的文化认知调查较少，对留学生研究有茶文化、武术文化、书法文化以及传统节日文化、饮食文化等的认知，但调查都主要集中在器物层面，对观念层面的文化调查不够深入。在二十四节气文化认知方面，研究者能够认识到二十四节气的丰富内涵及对外汉语教学及对外传播的重要意义，但与"自文化"的学习者课程及培养结合较少。

二十四节气的研究著作和文章比较丰富，研究内容涉及广泛。从二十四节气的概念内涵、起源发展、民俗及文化内涵、饮食养生、文化创意以及传承保护各个方面都进行了理论探讨，二十四节气申遗成功以后，更多的学者把研究视角转移到二十四节气，也促进了二十四节气在当代的发展。但是对二十四节气的研究内容同质化较多、研究方向不平衡。从研究方式上看，目前的研究现状是理论研究多于实证研究，调查研究缺乏科学的统计资料支撑。

二十四节气与汉语国际教育的系统结合研究较少，且研究内容主要集中在针对留学生群体的二十四节气教材的编写方面，研究方向还有待拓宽。

二十四节气的申遗成功提醒着我们对其文化的传承发展，而文化的发展不是由特定的群体进行的，需要社会各个阶层的共同努力。汉语国际教育的学生既是发展中华民族文化的传承者，也可以成为讲述者，更是中华文化的传播者，因此了解汉语国际教育学生对二十四节气的认知情况，才能更有针对性地在这个学生群体中传播二十四节气文化，加深对传统文化的观念认知，以点及面地提升汉语国际教育学生的文化素养，提升作为一名汉语国际教师的专业能力，增强文化自信和传统文化认同感，更好地传播中华文化。

（五）研究设计

1. 研究内容

本论文借助问卷从知、态、行三个维度来调查分析汉语国际教育学生对二十四节气的认知的广度与认知的深度、认知途径、认知态度以及对二十四节气民俗活动的参与度，同时辅以访谈的方法深入探究，从而根据所获得的有效调查信息进行分析，总结他们的认知特点，并探究存在的问题，最后提出有针对性的建议。

2. 研究对象

本论文的研究对象是新疆师范大学汉语国际教育专业的学生，包括本科学生和研究生。本科生共198人，研究生为46人，共244人，其中男生共38人，女生

206人。

3. 研究方法

本文采用问卷调查、统计分析和访谈三种研究方法。

问卷调查法：笔者在中国知网（CNKI）以及百度学术等文献资源获取平台通过查阅并梳理相关研究成果，收集了大量有关中国传统文化二十四节气相关研究和论著以及认知心理学研究领域相关理论的研究文献。在此基础上，对相关的理论进行了分类整理，并获得了一些有参考意义的资料，从而为本文的调查问卷设计提供了一定的理论依据。同时运用KAP理论模式，参考对节日以及传统文化认知的调查，进行问卷框架设计。笔者调查问卷分为两个部分，第一部分是基本资料，包括性别、年龄、年级、成长环境、地理位置等方面。第二部分围绕学生对二十四节气认知的广度和深度、认知的途径、对二十四节气的态度以及行为层面。

统计分析法：运用SPSS（25.0）统计软件对问卷进行统计分析，获得汉语国际教育学生对二十四节气的认知、态度与参与情况的科学分析。笔者利用SPSS（25.0）软件提供的服务对调查问卷中的数据进行单项分析、多重响应分析、独立样本t检验以及单因素方差分析。

访谈法：本次访谈采用半结构式的访谈方法，在问卷调查的基础上，对汉语国际教育专业27名学生进行访谈，更深入地了解汉语国际教育专业学生二十四节气的认知心理，弥补问卷调查的局限性。访谈内容与调查问卷内容相互补充，深入访谈，弥补问卷调查的不足，以期完善汉语国际教育学生对中国二十四节气文化认知情况的调查和分析。

4. 研究思路

本研究通过梳理相关文献以及结合问卷调查和访谈的方法，调查和分析汉语国际教育学生对二十四节气的认知状况。

第一部分主要是对本文的研究背景、研究目的及意义、研究思路和文献综述进行说明；

第二部分主要围绕汉语国际教育与二十四节气的关系进行论述，分析二十四节气的价值以及在汉语国际教育中的体现，进一步分析二十四节气对于汉语国际教育专业的意义。

第三、四、五部分围绕汉语国际教育学生对二十四节气认知状况进行分析。通过问卷调查和访谈，从认知的广度、认知深度、认知途径以及认知态度层面，包括对二十四节气的总体认知以及对单个节气的认知，民俗活动的认知、文化与精神内涵的认知、文学艺术的认知等方面，了解汉语国际教育学生对二十四节气认知的状况；进一步分析认知存在的问题以及存在问题的原因；

第六部分主要基于以上分析，结合影响学生对二十四节气认知的原因，有针对性地提出相应的优化方案及建议，以期对汉语国际教育专业学生的文化培养角度提供一定的思考和启示。

（六）创新之处

针对汉语国际教育专业"自文化"的研究还不是很多，把二十四节气内容结合到汉语国际教育专业的研究也比较少，和汉语国际教育专业有关的二十四节气研究对象都是外国留学生，对于中国学生从认知方面进行调查统计和访谈分析的成果较少。

本研究结合 KAP 理论从知、态、行角度调查汉语国际教育学生对二十四节气的认知，有助于丰富此领域认知现状研究的维度，从研究方法上丰富了对二十四节气的研究。

基于问卷调查的数据统计与分析，了解汉语国际教育学生对二十四节气知识、内涵的理解，以及对于二十四节气的情感态度、参与情况，有利于找到二十四节气文化在传承和传播过程中的侧重点，对于汉语国际教育的文化教学以及节气文化的保护和传承等方面都有借鉴意义。

二、二十四节气对汉语国际教育的价值和意义

二十四节气发展至今，形成了丰富的知识体系，具有深厚的文化内涵，其中包含着文学知识、民俗节庆、人生礼仪等多种文化表现形式。从全球角度来看，二十四节气是人类非物质文化遗产，它对全人类具有重要意义。传统文化的对外交流需要传播者具备深厚的文化素养，二十四节气的传播需要具有国际视野，并在全球范围内进行广泛的合作和交流。因此，通过汉语国际教育，广泛开展节气文化教育，越发显得意义重大。汉语国际教育必须积极承载和传播包括中国节气文化在内的传统文化，这也是中国特色社会主义新时代赋予它的历史使命。

（一）二十四节气的价值

二十四节气有着独一无二的智慧、内容和理念，它丰富了中华民族的历史及文化，塑造了中华民族的品格，代表了中国独特的生活方式和价值观，为中华民族带来了自信和骄傲。二十四节气内容丰富，具有庞大的知识和文化体系。

1. 二十四节气的文化知识

二十四节气是根据生活中的时令、物候以及气候变化等规律形成的时间知识体系和自然知识体系，是天文历法学和人文学的结合体，是多种文化形式得以表达和传播的重要载体。二十四节气本身的发展就是一套知识体系，二十四节气的起源与发展、二十四节气的物候、节气命名等意蕴丰富且具有诗意。由二十四节气衍申出的诗词曲赋、谚语、地方戏曲、文学创作让二十四节气知识同焕发勃勃生机。例如谚语"过了惊蛰节，春耕不停歇""立夏三朝遍地锄""小暑惊东风，大暑惊红霞"等谚语反映出节气规律对农事及生活的总结。有关二十四节气的诗歌如《诗经·七月》，描写了一年四季十二月中的劳作。如《四时田园杂兴》是描写春、夏、秋、冬四季的景色和农民的困苦生活。如杜牧的《清明》诗，几乎无人不晓。如《满江红·冬至》，宋代范成大笔下的冬至从中既可见春夏秋冬四季的景色和人事，也感受到万物流逝的感慨。与二十四节气有关的诗词曲赋具有浓郁的中国特色，反映了人民的生活状态、心态和情绪，是中华民族历史长河的反应，是不可或缺的文化组成部分。依托节气而生的诗词曲赋来自生活、接近生活、体现生活，真实且自然、亲切且鲜活，虽然历经岁月的洗礼，仍契合人们的心理，影响深刻。

2. 二十四节气的社会功用

二十四节气是动态的传承，具有很强的社会功用性和活力，二十四节气与生活的结合体现在社会的方方面面，极大地丰富着人们的实践和精神生活。比如二十四节气的民俗仪式，浙江省"班春劝农"、贵州省的"石阡说春"、广西地区的"壮族霜降仪式"、清明节气的祭坟扫墓等根据节气形成的传统仪式，承载着人们的祈愿、庆祝、缅怀的情感和精神依托，在节气的活动中体现着人们的凝聚力。二十四节气还对人们的生活习惯起着重要的导向作用。比如"冬至饺子、夏至面"就是冬至和夏至的特定饮食习俗。中国地域辽阔，南北差异大，二十四节气的饮食习俗虽有地域性的区别，但都具有特定的节气习俗。又如在养生方面"春捂秋冻""三伏针灸"等特定时间节点的饮食与养生行为也更有利于人们的生活节奏的调整与丰富。二十四节气在现代生活中的发展也在与时俱进，如近年来二十四节气元素的文化创意蓬勃发展赋予了二十四节气多元的发展形势。

3. 二十四节气的文化内涵

二十四节气在人们的日常生活中起着积极的导向作用。在节气的基础上，形成了丰富的文化内涵和哲学思维，这些思想和内涵塑造着中华民族的性格，二十四节具有民族性、包容性与时代性，是新时代下中华民族理念的重要体现。

二十四节气体现了中国传统的生命观，融入了传统哲学中的"贵生意识"。二十四节气产生的根本原因源人自身的贵生意识，即对生命的无比关注和珍视[①]。二十四节气结合天文、农事等探索根据自然界动植物的生长规律。人们根据节气安排农耕与生产生活，体现的是尊重动植物的生长规律，归根结底还是为了自身更高生存质量的提升，人们的节令饮食和祭祀等节俗活动，都体现了人们的生命意识。二十四节气还体现"顺应天时""天人合一"的思想理念，季节的流转、动植物的生长规律与人们的生活紧密联系，且形成了特定的规律，春种、秋收、冬藏、夏长，人们利用二十四节气的自然节律及阴阳转化来指导生产与生活秩序。"因时动，顺势为"体现了人与自然的和谐，体现了中国尊重自然，天人合一的哲学智慧。二十四节气还是凝结着中国的人伦亲情，清明、冬至等的祭祀节俗，对于失去亲人的缅怀，"慎终追远，民德才厚"，这也是我们中华民族绵延不尽的孝道精神。

4. 二十四节气的国际影响力

二十四节气选入人类非物质文化遗产代表作名录，是中华传统文化发展的重要事件，也体现了"二十四节气"在世界文化遗产上的地位。二十四节气文化的国际影响力已经辐射多个国家，如韩国、日本、马来西亚以及新加坡等都具有一定的节气文化活动和行为。二十四节气的国际发展彰显了中华民族的姿态，扩大了中华民族的文化标杆，同时还凝聚了海外华人的民族向心力。2022年北京冬奥会的节气倒计时开幕会更是向外国展现了以中国节气的地域美景以及中国的节气诗词，展示了中国历史的深厚文化底蕴。孔子学院的发展使中国传统文化在全球范围内发芽开花，二十四节气也得以传播，如冬至、清明、立春等节气活动在孔子学院教学点如火如荼地开展。二十四节气的对外传播有利于中华文化的繁荣，同时也对实现提升国家文化软实力及对外文化的影响力有着重要的意义。

---

① 孙玲. 论二十四节气的哲学意蕴[J]. 苏州科技大学学报，2019.

（二）二十四节气在汉语国际教育中的体现

1. 在对外汉语教材中的体现

二十四节气在对外汉语教材中也有一定的体现。笔者通过梳理，发现对外汉语的文化教材可分为两大类：一类是概况型的文化教材。此类教材主要介绍中国的总体知识，介绍中国的人文地理风俗的，是文化泛读类读本。第二种是专门的对外文化教材，主要介绍有关中国文化的一些特定项目，例如剪纸、书法、国画等具体的文化项目书籍，此外还有名著的英译本、中国戏剧海外传播类丛书等。有关二十四节气的教学内容通常出现在对外汉语的文化常识教材中。

由高等教育出版社出版的《中国文化常识》，其中关于二十四节气的内容，被编写在"中国民俗"章节的分类中。由北京语言大学出版社出版、韩鉴堂主编的《中国文化》教材，二十四节气则出现在"中国古代历法"的章节内，十四节气的来源、名称等都在此章节有详尽的说明，并以二十四节气表为辅助材料。节气文化的教学内容既是以科普的方式进入文化类教材，也是以多种方式呈现于综合教材中。比如《发展汉语·中级汉语阅读（Ⅰ）》，第14单元的"自然与人"一节，就有一篇《中国的二十四节气》，对二十四节气的由来和民谣作了详尽的描述。《发展汉语·中级汉语阅读（Ⅰ）》有一篇《"小雪"节气》，对"小雪"的起源和天气特点作了较为详尽的阐述。

南京农业大学的研究小组对二十四节气进行了翻译、整理，设计出一本适用于孔子学院双语教学的二十四节气文化课本，并在肯尼亚埃格顿大学孔子学院进行了实验，并且得到积极的回应，同学们纷纷表示二十四节气体现了中国文化的先进性和神奇[①]。

二十四节气教材虽然大多体现在中国民俗知识的分类中，但与二十四节气有关的学习远不止此。节气饮食、节气诗词、节气的自然变化与体验方方面面体现在生活中，更可以灵活运用在教学中。这也要求我们汉语国际教育专业的学生在培养的过程中应注重节气文化知识体系，只有这样，作为将来的教学者才能够不仅仅拘泥于课本教材，灵活运用知识储备，丰富对外教学中的内容。

2. 在孔子学院文化活动中的体现

为了解各孔子学院有关节气文化活动的开展形式和节气文化教学现状，笔者在孔子学院官方公众号，对2018年以来发布的节气文化活动进行了收集，笔者在收集

---

① 肖明慧，韩纪琴，曹新宇，余童心，李光祺. 中国传统与民俗文化的国际传播研究——以二十四节气为例[J]. 边疆经济与文化，2017，（12）：60-63.

的过程中发现节气文化活动以各种形式在各个孔子学院都有开展：节气活动的举办包括立春、春分、清明、谷雨、惊蛰、立夏、立冬、冬至等节气，节气作为非物质文化遗产的文化宣讲；节气公众号的宣传，从节气饮食到节气内涵、节气习俗以及节气养生和节气诗词方面都有涉及，笔者这里将有选择性和代表性的节气活动进行了统计，其中统计结果如表 3-1 所示：

表 3-1 孔子学院中的节气文化活动

举办时间	举办单位	活动名称
2018.03.15	吉尔吉斯斯坦国立民族大学下设孔子课堂	吟诗作画，以迎春华春分文化活动
2020.12	吉尔吉斯国立民族大学孔子学院各教学点	寒梅听雪落，瑶华唤春回——冬至体验
2021.12	吉尔吉斯斯坦国立民族大学孔子学院	冬至阳生春又来 冬至文化体验活动
2018.07	奥什国立大学孔子学院	我和春天有个约会，春分走访活动
2018.12	奥什国立大学孔子学院	冬至奥什，情暖我心
2021.12	塔吉克斯坦民族大学孔子学院	中国国情与文化巡讲
2021.03	比什凯克国立大学孔子学院下设孔子课堂	当春分遇到纳吾鲁孜节
2020.04	新西伯利亚国立大学孔子学院	谷雨忆仓颉，情系"中文日"
2019.12	贾拉拉巴德国立大学孔子学院	冬日倾情，温暖你我
2021.12	阿克托别朱巴诺夫国立大学孔子学院	庆冬至，迎冬奥
2021.12	英国南安普顿大学孔子学院	中国传统节庆文化讲座
2019.04	纳米比亚孔子学院	清明"食"节
2018.01	柬埔寨皇家科学院孔子学院	文化中国——冬至文化
2018.03	米兰国立大学孔子学院	美食知食节，春卷闹春分
2021.12	砂拉越科技大学孔子学院	庆冬至佳节
2021.09	阿罗威大学孔子学院	音乐系列视频——《秋分》
2021.04	阿根廷布宜诺斯艾利斯孔子学院	中国二十四节气系列讲座

由 2-1 表可以看出，节气文化活动在孔子学院中不仅以文化教学的方式，也以文化体验的方式开展。节气文化的教学不仅仅停留在课堂中，更在活动中增加了趣味性和体验性。节气活动的形式也多种多样，非物质文化遗产保护展览、中国文化体验日、民俗活动体验，文化宣讲等丰富了节气文化的学习途径。此外，节气的教学及文化活动也不仅仅局限于某一特定节气，冬至、清明、春分、立春、谷雨、立

夏、秋分等节气都在文化教学及文化活动中得到拓展。二十四节气的丰富内涵赋予了丰富的外在展现形式，在文化传播的过程中，二十四节气文化活动既是新奇独特的同时也大放异彩，吸引着国外学习者和文化交流者的兴趣，二十四节气文化的优势展现得淋漓尽致，也为我们进一步扩大和传播节气文化提供了可能性。

（三）二十四节气在汉语国际教育中的意义

1. 提升传播文化知识的准确性

二十四节气，是中国人认识世界的时间知识系统，既是黄河中游地区的时序指示，又是中国多民族、多地域的时间坐标，是中国人的自然哲学思想的一个真实丰富的反映，是中国的代表性文化。二十四节气在形成的过程中，涉及文学、哲学、艺术、历史等多个方面知识。作为汉语国际教育的学生，对于国内，我们有责任和义务去学习和传承节气文化，以自身的影响力带动更多的人，通过传承和发展使二十四节气不仅是一种传统的传承，更是一种不断再生产的文化财富，可以通过不断的再生，使二十四节气再次落地生根。对于国外，汉语国际教育的学生作为对外汉语教师的人才储备，要做好准备，精准对接对外汉语教学中文学习多样化的需求。二十四节气不是小众的文化，它是大众的、集体的、动态有活力的，是中华优秀文化的代表，掌握节气文化知识，提升自身的文化知识储备，加强国际传播能力建设，从高度、深度、广度以及精准度等方面提升自身教学知识、锤炼教学技能，从而在对外文化教学中更具底气和自信。

在汉语国际教育专业的培养中纳入二十四节气知识体系，系统地培养学生二十四节气知识，有利于提升学生的文化知识储备，才能够在将来的对外教学中有的放矢。国际汉语教师不仅仅是语言的教授者，同时也是中国形象的代表。一个不知道本国优秀文化的人，既不能够很好地满足教学的需求，也不能够准确地传播中华文化知识，更不能很好地树立中国形象。只有加强传统文化知识，不断深入、系统地学习，作为国际汉语教师，才能够在课堂中大放异彩，在文化交流中从容应对。

2. 构建民心相通的可能性

二十四节气是海外华人与故乡的历史文化产生联系、强化文化认同的文化时间。节气申遗成功的契机、马来西亚华人的"二十四节令鼓"的发明、国内外传承二十四节气的活动，对外汉语教育中孔子学院的良好教学和活动基础，都为二十四节气的传播打下了良好的基础。二十四节气已经历经千年，依然在中国人的生活中发挥着作用。而二十四节气，作为中华民族的时间体系，作为人类的非物质文化遗产，更是被人类社会所重视、共享和保护，二十四节气不仅是中国的一种象征，更是世界认识中国的标志，也为中国与世界构建民心相通提供了可能性。中国的春分日期，也是一些国家和地区的重要节日，如诺鲁孜节是吉尔吉斯斯坦、哈萨克斯坦、塔吉克斯坦等国家的重要节日。诺鲁孜标志着春天的第一天，是天文学上的春分，通常于每年3月21日开始庆祝①。中国的冬至日是中国重要的节气日，通常会有"冬至大如年"说法，一定程度体现了冬至日对于中国人的意义。同样的，在伊朗、阿富汗、塔吉克斯坦、阿塞拜疆等国家，冬至被称为"雅尔达"，这一天也是他们国家的标志性节日，被称为"雅尔达节"，人们也会隆重庆祝。通过节气文化的对比和交流，寻找中国节气文化和其他国家文化的共通点，更有利于外国人加深对节气文化的理解，达到文化上的民心相通。

3. 做好文化传播的必要性

做好文化传播，要有好的视角和载体，要有能展示中国文化底蕴和智慧的故事以及鲜活生动的表现形式。二十四节气是中华优秀传统文化的重要组成部分，是具有代表性的人类非物质文化遗产。二十四节气所反映的中华民族尊重规律、顺应自然、崇尚和谐的文化意蕴，可以通过二十四节气的文化教学及相关活动，向学生、向交流者展示一个立体、全面、友好的国家形象。二十四节气已经深入到中国人民的日常之中，与中国人民息息相关，成为无法割舍的一部分。北京2022冬季奥运会开幕仪式以二十四节气的时间节点作为倒计时，每个节气所展现的中国美景与诗词令人大受震撼。开幕式的成功，说明一个国家能够感动其他国家并且感动自己的，依然是传统文化中最深刻的部分。二十四节气正是展现了中华民族的"根"与"魂"。二十四节气在发展的过程中正在持续开展一些传统活动，如立春节气的"千人饺子宴"有力地解释了中华人民的凝聚力和向心力；"九华立春祭"等祭祀、祈福的习惯与风俗，体现了是中国所倡导的与大自然和谐相处理念。

做好文化传播，对于汉语国际教育学生而言，要树立文化认同和文化自信。二十四节气是一个共同的认知体系，它反映了一种集体意识，是中国人的情感纽带，反映了中国人民对大自然的尊敬与创造，以及对中国人思维方式、行为准则的影响。中华民族传统文化自身就是国家身份认同的一个重要因素。加强汉语国际教育学生

---

① 刘明. 节日志与写文化："一带一路"倡议下塔吉克斯坦诺鲁孜节[J]. 调查研究北方民族大学学报，2019.

对节气文化的知识学习，也有利于增进我们的民族自豪感、增强我们的文化认同。文化自信来源于我们对自己的科学认知，学习和传承二十四节气文化正是对文化自信的践行、对时代责任的担当，只有在这种情况下，我们才能真正地树立起文化的自觉，树立起自己的文化信心，加强自己的文化身份，才能够有底气有能力做好文化的对话与交流。

中国二十四节气、非物质文化遗产故事富有的文化内涵和表现形式，有助于外国学习者从中了解中华民族的内在民族气质和性格特征以及观念意识，以二十四节气为载体，以中国的传统文化故事为载体，可以在文化传播中促使学生更好地了解中国的节气文化与发展思想，促进文化的相互了解，从而增进文化理解，提升国家形象，增强国家影响力，做好中国文化的对外传播。

（四）小结

中华民族在几千年的文化发展中创造了底蕴深厚的节气文化，沉淀了中华民族的伟大智慧和精神追求，是中华民族的精神基因，更是中华民族所特有的精神标识。文化多样性需要通过各种文化交流来实现。对外传播中国二十四节气，反过来又能够丰富和发展中华传统文化。在向外国友人传播中国节气文化时，需要中国文化教育工作者对节气文化加以创造性地转化。因此，宣传和弘扬二十四节气文化也是文化对外传播的重要着力点。

习近平总书记在全国宣传思想工作会议上强调："中华民族优秀传统文化是中华民族的突出优势，是我们浓厚的文化软实力。"我们身为汉语国际教育的学生，应秉承习近平总书记重要讲话精神，将中华传统文化传承下去，向更多的人传播中华优秀的文化。只有加强对传统文化的认识，我们才能实现我们的文化自信，从而使我们的传统文化在世界上的影响力不断提升，进而提升我们的文化软实力。

二十四节气知识的教学在汉语国际教育中具有重要的意义。二十四节气中蕴含了丰富的中国社会、民俗、文化内涵和中华民族精神。因此对于汉语国际教育专业来说，专业可以开设相关课程，通过汉语国际教育系统的学习，进而促进学生学习和了解节气文化，深入了解节气知识的广度和深度，在知识的学习中走向真正认同，增强学生的中华传统文化对外传播的能力，将中国优秀的节气文化推向世界，展示出中国传统文化的深厚底蕴，向国际友人传达中国文化的博大精深，展现中华民族的优良品质以及思想理念。

三、二十四节气认知现状分析

本部分主要针对调查对象调查统计对二十四节气的认知情况,涉及认知的广度和深度问题,包括节气的基本知识,如节气的名称、日期、节气相关的谚语诗词、起源与发展、二十四节气的精神内涵等相关内容,以及参与节气活动行为及态度。

(一)调查对象数据分析

1. 问卷调查对象

本研究以新疆师范大学汉语国际教育专业的本科学生和研究生为调查对象,以问卷调查和访谈相结合的方法进行研究。本次调查为确保问卷结果的全面性和准确性,在正式调查之前,选取60人为预调查对象,2021年6月以宿舍为单位发放问卷。2021年7月份通过对调查问卷数据的分析,调整问卷问题。在2021年12月通过问卷星在微信平台发放问卷,为保证电子问卷的回收率,笔者先后通过进入班级群以及联系各班班委发放问卷,最后通过问卷星的设置,以微信名,逐班筛查未填写问卷的同学,添加未填写问卷的个人微信进行实时沟通。本研究的正式调查对象为新疆师范大学汉语国际教育专业的本科生和研究生共244人。本次调查通过问卷星在微信平台向被调查者发放电子问卷。回收问卷244份,回收率为100%。其中有效的问卷共计244份,有效率为100%。问卷对象的性别、年级、年龄以及居住地和户口分布情况如表3-2所示:

表3-2 认知者性别分布

性别	频数	百分比(%)	累积百分比(%)
男	38	15.57	15.57
女	206	84.43	100.00
合计	244	100.0	100.0

从上表可知:在性别调查方面,大部分被调查者为"女",女生人数206人,比例占总人数的84.43%。男生人数较少,共38人,占总人数的15.57%。女生人数是男生的五倍多,符合汉语国际教育专业女生的报考人数远远多于男生的情况,同时也说明该次研究的被调查者的性别分布不均匀,数据分析的结果有可能更倾向于女生的看法。

表 3-3 认知者的年级分布

年级	频数	百分比	累积百分比
本科一年级	61	25.00%	25.00%
本科二年级	24	9.84%	34.84%
本科三年级	59	24.18%	59.02%
本科四年级	54	22.13%	81.15%
专硕一年级	23	9.43%	90.57%
专硕二年级	23	9.43%	100.00%
合计	244	100.00%	

上表可知：本科生共计 198 人，所占比例为 81.15%，研究生共计 46 人，所占比例为 18.85%。本科生所占比例远远多于硕士研究生。在笔者所调查的专业中，本科一年级两个班，专升本 2022 届及 2023 届及分别按照毕业时间纳入本科三年级和本科四年级，故本科一年级、三年级、四年级分别为两个班，总人数较多。

表 3-4 认知者年龄分布

年龄	频数	百分比	累积百分比
18 岁以下	3	1.23%	1.23%
18-22 岁	153	62.70%	63.93%
23-27 岁	79	32.38%	96.31%
28-32 岁	6	2.46%	98.77%
33 岁以上	3	1.23%	100%
合计	244	100.0%	

由表 3-4 可知，在 244 名被调查者中，调查对象的年龄主要在 18-22 岁之间，18 岁以下以及 33 岁以上的人占极少数。与笔者了解到的现状相符，被调查者主要集中在本科生，故而 18-22 岁这一年龄段占比最高。

表 3-5 成长环境分布

居住地	频数	百分比	累积百分比
城市	105	43.03%	43.03%
乡镇	17	6.97%	50.00%
农村	122	50.00%	100.00%
合计	244	100.0%	

由表 3-5 可知，在 224 名被调查者中，居住地为农村人数最多，占了被调查总人数的一半，共 122 人。城市人口也占据相当大的比例，总人数为 105 人。居住地为乡镇的人数最少，占比 6.97%。本研究为对二十四节气相关内容的认知情况，在传统意义上，二十四节气与农业关系极为密切，同时根据"知—信—行"模式，居住地分布是影响受众行为改变的制约因素之一，因此笔者以被调查者的居住地为变量，分析是否会对二十四节气的认知产生影响也是本论文的主要问题。

表 3-6　认知者地理位置统计

地理位置	频数	百分比	累积百分比
新疆	110	45.08%	45.08%
其他地区	134	54.92%	100.00%
合计	244	100.0%	

由表 3-6 可知，疆内人数为 110 人，疆外人数为 134 人。本研究以新疆师范大学学生为研究对象，因地缘因素，新疆地区的学生占据了很大比重。二十四节气起源发展于中原地区，二十四节气的物候变化及规律总结与新疆地区相差较大，因此本研究以地理环境作为变量因素，看是否会对二十四节气的认知态度产生影响。

综上，新疆师范大学汉语国际教育专业的学生在年级人数、年龄、性别和地区方面分布不均衡。首先是年级分布，本科的四个班级人数分布不均衡，主要由于每个年级班级人数的不同，但是研究生人数分布一样，本科生和研究生人数的分布出现显著性差异。其次，女生占整个汉语国际教育专业人数的比例为 84.43%，最后在分布地理位置方面，因为调查对象为新疆师范大学的学生，所以新疆本地区的学生比重会高于其他地区。

2. 访谈调查对象

为确保问卷数据分析的深入性，笔者结合访谈的方式从不同班级通过随机抽取 27 名学生，每班各 3 名学生，其中新疆地区有 10 名同学，其他地区有 17 名同学，男生 7 名，女生 20 名。下表为访谈学生的具体信息：

表 3-7 受访学生信息

访谈化用名	性别	年级	居住地	访谈时间
受访者 A	男	本科一年级	天津市	2022.01.01
受访者 B	男	本科一年级	天津市	2022.01.01
受访者 C	女	本科一年级	陕西咸阳	2022.01.01
受访者 D	女	本科一年级	四川成都	2022.01.01
受访者 E	女	本科一年级	山东临沂	2022.01.02
受访者 F	女	本科一年级	乌鲁木齐	2022.01.02
受访者 G	女	本科二年级	福建福州	2022.01.02
受访者 H	女	本科二年级	河南南阳	2022.01.02
受访者 I	男	本科二年级	四川成都	2022.01.03
受访者 J	女	本科三年级	新疆巴州	2022.01.03
受访者 K	男	本科三年级	乌鲁木齐	2022.01.03
受访者 L	女	本科三年级	新疆伊犁	2022.01.03
受访者 M	女	本科三年级	新疆奎屯市	2022.01.04
受访者 N	女	本科三年级	新疆石河子	2022.01.04
受访者 O	女	本科三年级	河北石家庄	2022.01.04
受访者 P	女	本科四年级	乌鲁木齐	2022.01.05
受访者 Q	女	本科四年级	河南信阳	2022.01.05
受访者 R	女	本科四年级	江苏镇江	2022.01.05
受访者 S	女	本科四年级	新疆博乐市	2022.01.06
受访者 T	女	本科四年级	乌鲁木齐	2022.01.07
受访者 U	女	本科四年级	甘肃	2022.01.07
受访者 V	女	专硕一年级	新疆哈密	2022.01.07
受访者 W	男	专硕一年级	湖南长沙	2022.01.08
受访者 X	女	专硕一年级	四川成都	2022.01.08
受访者 Y	男	专硕二年级	新疆阿克苏	2022.01.09
受访者 Z	女	专硕二年级	山西大同	2022.01.09
受访者 A1	男	专硕二年级	新疆石河子	2022.01.11

（二）二十四节气的认知广度分析

笔者将调查问卷和访谈两种方式相结合，以调查问卷为主、访谈为辅，探究汉语国际教育学生的二十四节气认知广度，这里所说的"广度"，主要是指留学生们对二十四节气文化知识的认知面。

1. 节气申遗的认知

2006年,二十四节气被列入国务院公布的首批国家级非物质文化遗产名录;从2014年到2015年,由文化部、农业部、中国农业博物馆、中国民间协会等机构先后组织了14场专题讨论会,为二十四节气申请人类非物质文化遗产作充分准备。2016年11月30日,申遗成功,将"二十四节气"确定为"中国人通过观察太阳周年运动,认知一年中时令、气候、物候等方面变化规律所形成的知识体系和社会实践"。[①]

表3-8 二十四节气是否为国家级非物质文化遗产结果分析

是否为国家级非物质文化遗产	频数	百分比	累积百分比
是	201	82.38%	82.38%
否	7	2.87%	85.25%
不知道	36	14.75%	100.00%
合计	244	100.0%	

由表3-8可知,知晓二十四节气为国家级非物质文化遗产信息的一共有201人,占总人数的82.38%。不知晓以及知晓错误信息的一共有43人,占总人数的27.62%。可大部分的学生对二十四节气为国家级非物质文化遗产有一定的了解,但还有27.62%同学表示没有了解,说明该内容在学生群体中不是经常接触到和要求掌握的内容。受访学生F表示:"日常生活中从未主动了解过相关信息,而这种硬性知识类,如果老师没有在课堂上提及或者学习需要,自己很少会主动涉猎。"二十四节气入选第一批国家级非物质文化遗产名录时间久远,早在2006年就已入选,这也是大多数人知晓的原因之一。

表3-9 二十四节气为世界级非物质文化遗产结果分析

是否为世界级非遗	频数	百分比	累积百分比
是	124	50.82%	50.82%
否	42	17.21%	68.03%
不知道	78	31.97%	100.00%
合计	244	100.0%	

---

① http://www.gov.cn 访问时间.[2021-12-25].

由上表可知，明确知道二十四节气为世界级非物质文化遗产的人数占总人数的50.82%，而知晓错误信息及不知道的占总人数的49.18%，将近一半人数。说明汉语国际教育专业的学生知晓关于二十四节气申请世界级非物质文化遗产代表性遗产名录成功的信息仍然是多于不知晓的人数，但情况不容乐观。

通过访谈可以知道，对于二十四节气申遗成功的信息完全不知道的受访学生A1说："因为现在大家都不从事农业生产了，尤其是青年一代，脱离农业环境，在校也很少有学科课程接触到，已经很少接触二十四节气了，所以可能不太注意这方面的消息"。

对比二十四节气申请国家非遗成功以及申请世界非遗成功，被调查者对二十四节气申请世界级非物质文化的知晓度明显低于国家级非遗。大家对于二十四节气文化的持续关注度较低。由此可知，二十四节气的社会普及度以及学校教育方面宣传力度还有待提升。

2. 节气含义的认知

二十四节气的命名反映四季的变化如立春、立夏、立秋、立冬；降水现象如雨水、谷雨、小雪、大雪；物候现象如惊蛰、清明、小满，以及气候温度如小暑、大暑、小寒、大寒。

表3-10 二十四节气的含义响应率和普及率分析

节气命名反映哪几方面？	响应 n	响应率	普及率（n=244）
四季的变化	198	31.28%	81.15%
降水现象	142	22.43%	58.20%
物候现象	150	23.70%	61.48%
气候温度	143	22.59%	58.61%
汇总	633	100%	259.43%

拟合优度检验：x^2=13.553 p=0.004

针对多选题各选项选择比例分布是否均匀，使用卡方拟合优度检验进行分析。从上表可知，拟合优度检验呈现出显著性（chi=13.553，p=0.004<0.05），意味着各项的选择比例具有明显差异性。利用卡方拟合优度检验，对多选题的各个选项的选取比例分配情况进行了研究。由上表可以看出，拟合优度的测试结果显示出了显著的相关性（chi=13.553，p=0.004<0.05），表明了各个选项的选取比例存在较大的差别。

具体来看，认为二十四节的命名反映了四季的变化这一项的响应率和普及率相对较高，而对于降水现象的响应率和普及率相对较低。这也与大家对节气名的认知具有明显的一致性。二十四节气的命名，包含四季的变化、降水现象、物候现象以及气候温度。其中对节气名反映四季的变化的普及率在八成以上，对于其他方面认知的普及率都在六成左右，普及率有待进一步加强，但是相对于其他节气信息，对于节气名称的认知相对较好，这也与被调查者各个节气名称的含义具有概括性、直观性和感受性直接相关。

表3-11 对二十四节气名称的认知分析

选项	频数	百分比	累积百分比
完全不能	9	3.69%	3.69%
能说出小部分（12个以下）	141	57.79%	61.48%
能说大部分（12及以上）	55	22.54%	84.02%
能说出全部	39	15.98%	100.00%
合计	244	100.0%	

3. 节气名称的知晓度

由表3-11可知，57.79%的人只能说出二十四节气中小部分节气名称，能完全说出全部节气名的只有15.98%，能说出大部分名称的占22.54%。由此可见，大家对二十四节气名的知晓度较低，没有较好的认知。受访者G表示："我最开始了解二十四节气也是通过书本上的知识，有那个节气歌，通过那个节气歌来了解到有二十四节气这个东西，但是从小学背诵节气歌之后，再没有系统地学习过了，高中地理上有接触过，但也只是对二分二至这样的节气比较熟悉了，其他没有什么明显标志的就记不太清了，上大学之后也没有怎么接触过"。由此可知，大家对二十四节气相关内容及文化的学习仅仅停留在小学时期学习的节气歌及跟高中地理知识相关的部分内容，了解较为浅显，且已经有很大的遗忘了。

4. 节气物候的认知

节气的物候是指以黄河流域的动物、植物以及其他自然现象变化编写而成的历法补充，一个节气有三候，一年二十四个节气共七十二候，反映了人们长期农业生产、生活实践经验的感性认识的总结。

表 3-12　对节气物候的认知分析

名称	选项	频数	百分比（%）	累积百分（%）
基于二十四节气发展出来的有多少物候？	二十四	56	22.95	22.95
	三十六	28	11.48	34.43
	四十八	35	14.34	48.77
	七十二	41	16.80	65.57
	不知道	84	34.43	100.00
合计		244	100.0	100.0

由表 3-12 可知，由二十四节气对应的物候为七十二物候。它以五天为一候，一年为 72 候，为与 24 节气对应，规定三候为一节气。从分析可知，被调查者对物候了解的正确率仅为 16.80%，认知程度非常低，大部分被调查者表示并不清楚。

表 3-13　节气物候内容认知的分析

名称	选项	频数	百分比	累积百分比
雷始收声、蛰虫坏户、水始涸的物候现象是哪一个节气？	立春	73	29.92	29.92
	秋分	105	43.03	72.95
	立冬	53	21.72	94.67
	冬至	13	5.33	100.00
东风解冻、蛰虫始震、鱼陟负水的物候现象是哪一个节气？	立春	92	37.70	37.70
	雨水	26	10.66	48.36
	惊蛰	106	43.44	91.80
	春分	20	8.20	100.00
合计		244	100.0	100.00

如表 3-13，雷始收声、蛰虫坏户、水始涸的物候现象指的是秋分这个节气，正确率为 43.03%，东风解冻、蛰虫始震、鱼陟负水的物候现象指的是立春这个节气，正确率仅为 37.70%。选项中的其他几个节气皆为干扰选项。节气的所对应的物候现象是根据黄河中下游地区的非生物和生物自然现象变化征候的总结，从上表可知，被调查者对二十四节气所对应的物候变化正确率较低，同时大部分调查者为文科生，正确率当中还有部分是根据对物候字面意思的理解选对的选项，由此可知，对节气

物候内容的认知较低。

5. 节气广度的总体认知情况

从上面的数据分析可以了解到新疆师范大学汉语国际教育专业不同年龄、性别、学历和地区的本科生和研究生对二十四节气的节气申遗、节气含义、节气的名称、节气起源与发展，以及节气物候的认知情况。现将汉语国际教育专业学生关于二十四节气认知广度情况整理如表 3-14 所示：

表 3-14 对节气广度的总体认知情况

名称	节气申遗的认知	节气名含义的认知	节气的名称的认知	起源与发展的认知	节气物候的认知
正确率	0.666	0.649	0.417	0.346	0.325
错误率	0.334	0.351	0.583	0.654	0.675

笔者通过表 3-14 对二十四节气认知广度的正确率以及了解程度作了平均值分析。结合上表数据各项可以看出，在平均值下被调查者对二十四节气申遗信息了解程度较好，结合前文数据分析，被调查者对于申请国家级非物质文化遗产了解程度较高，对于申请世界级非物质文化遗产只了解一点。对于节气名称含义的认知相对较好。而对于节气名称和节气的起源与发展以及节气的物候了解程度不高，尤其是对于节气物候的认知较低，错误率高达 67.5%。由此可以得出，被调查在二十四节气的认知广度方面仍存在很大的提升空间。

6. 二十四节气认知的广度在人口统计学变量的显著差异

为具体了解二十四节气认知内容认知在人口统计学变量的显著差异，笔者对数据进行了独立样本 t 检验以及单因素方差分析。笔者所调查对象为新疆师范大学学生，由于地理位置因素，新疆户口学生较多，因此在成长区域变量中，仅对疆内和疆外作以区分。具体分析如下：

表 3-15 性别对认知节气内容 t 检验分析结果

	性别：（平均值 ± 标准差）		t	p
	1（n=38）	2（n=206）		
申遗	0.70 ± 0.36	0.66 ± 0.37	0.575	0.566
节气含义	0.72 ± 0.33	0.64 ± 0.33	1.390	0.166
起源与发展	0.32 ± 0.32	0.35 ± 0.31	−0.658	0.511

续表

	性别：（平均值 ± 标准差）		t	p
	1（n=38）	2（n=206）		
节气的名称	0.42 ± 0.26	0.42 ± 0.28	0.097	0.923
物候的认知	0.28 ± 0.25	0.33 ± 0.27	−1.103	0.271

* $p<0.05$ ** $p<0.01$

从上表可知，利用从上表可知，利用 t 检验（全称为独立样本 t 检验）去研究性别对于二十四节气申遗信息的认知、节气的含义、节气的起源与发展、节气的名称以及物候的认知共5项的差异性，从上表可以看出不同性别对于二十四节气的认知均不会表现出显著性（$p>0.05$），意味着男女在二十四节气申遗信息的认知、节气的含义、节气的起源与发展、节气的名称以及物候的认知上全部均表现出一致性，并没有差异性。

表3-16　学历认知对节气内容 t 检验分析结果

	学历（平均值 ± 标准差）		t	p
	1（n=198）	2（n=46）		
申遗	0.68 ± 0.36	0.60 ± 0.37	1.405	0.161
节气含义	0.64 ± 0.33	0.71 ± 0.32	−1.319	0.188
起源与发展	0.36 ± 0.31	0.29 ± 0.31	1.281	0.201
节气的名称	0.41 ± 0.28	0.44 ± 0.28	−0.622	0.535
物候的认知	0.33 ± 0.27	0.30 ± 0.26	0.578	0.564

* $p<0.05$ ** $p<0.01$

从上表可知，利用 t 检验去研究学历对于二十四节气申遗信息的认知、节气的含义、节气的起源与发展、节气的名称以及物候的认知共5项的差异性，从上表可以看出本科（1）和专硕（2）对于二十四节气的认知同样均不会表现出显著性（$p>0.05$），意味着不同学历对于二十四节气认知广度的内容全部均表现出一致性，并没有差异性。

表 3-17 成长环境对认知节气内容方差分析结果

	成长环境（平均值 ± 标准差）			F	p
	1（*n*=105）	2（*n*=17）	3（*n*=122）		
申遗	0.63 ± 0.36	0.59 ± 0.48	0.70 ± 0.35	1.499	0.225
节气含义	0.67 ± 0.32	0.50 ± 0.32	0.65 ± 0.34	1.929	0.147
起源与发展	0.31 ± 0.33	0.47 ± 0.28	0.36 ± 0.29	1.998	0.138
节气的名称	0.36 ± 0.28	0.43 ± 0.25	0.46 ± 0.28	3.765	0.025*
物候的认知	0.30 ± 0.27	0.37 ± 0.20	0.34 ± 0.28	0.657	0.519

★ $p<0.05$ ★★ $p<0.01$

从表 3-17 可以看出：利用方差分析（全称为单因素方差分析）分析不同成长环境对于二十四节气申遗信息的认知、节气的含义、节气的起源与发展以及物候的认知不会表现出显著性（p>0.05），意味着不同成长环境对于它们的认知没有差异性。另外成长环境对于节气的名称呈现出显著性（p<0.05），意味着不同成长环境对于节气的名称认知有着差异性。具体分析可知：成长环境对于节气的名称呈现出 0.05 水平显著性（F=3.765，p=0.025），有着较为明显差异的组别平均值得分对比结果为"农村＞城市"。

表 3-18 地理位置对认知节气内容 t 检验分析结果

	地理位置（平均值 ± 标准差）		t	p
	新疆 1（n=110）	其他地区 2（n=134）		
申遗	0.61 ± 0.39	0.71 ± 0.34	−2.218	0.027*
节气含义	0.65 ± 0.33	0.65 ± 0.34	−0.036	0.972
起源与发展	0.30 ± 0.30	0.38 ± 0.31	−1.912	0.057
节气的名称	0.33 ± 0.22	0.49 ± 0.31	−4.878	0.000**
物候的认知	0.32 ± 0.27	0.33 ± 0.27	−0.047	0.963

★ $p<0.05$ ★★ $p<0.01$

从上表可知，利用 t 检验去研究疆内疆外对于二十四节气申遗信息的认知、节气的含义、节气的起源与发展、节气的名称以及物候的认知的差异性，从表 3-18 可以看出：疆内疆外对于节气的含义、节气的起源与发展，以及物候的认知不会表现出显著性（$p>0.05$），意味着不同成长区域对于节气含义、起源与发展、物候的认知全部均表现出一致性。疆内疆外的不同对于二十四节气申遗信息的认知、节气的名称的认知有着差异性。具体分析可知：疆内疆外对于节气申遗信息呈现出 0.05 水平显著性（t=-2.218，p=0.027），疆内的平均值（0.61），会明显低于疆外的平均值（0.71）；对于节气的名称的认知呈现出 0.01 水平显著性（t=-4.878，p=0.000），疆内的平均值（0.33）明显低于疆外的平均值（0.49）。

总结可知：疆内疆外对于节气含义、起源与发展、物候的认知不会表现出显著性差异，另外对于二十四节气申遗信息的认知、节气的名称的认知呈现出其他地区学生的认知水平要高于新疆成长环境的认知。

表 3-19 年龄对认知节气内容方差分析结果

	年龄（平均值 ± 标准差）					F	p
	1（n=3）	2（n=153）	3（n=79）	4（n=6）	5（n=3）		
申遗	1.00 ± 0.00	0.70 ± 0.35	0.59 ± 0.39	0.67 ± 0.41	0.50 ± 0.50	2.083	0.084
节气含义	0.25 ± 0.00	0.64 ± 0.33	0.67 ± 0.33	0.88 ± 0.21	0.67 ± 0.38	1.928	0.107
起源发展	0.50 ± 0.00	0.35 ± 0.30	0.33 ± 0.34	0.33 ± 0.26	0.33 ± 0.29	0.262	0.902
节气名称	0.83 ± 0.29	0.42 ± 0.28	0.38 ± 0.25	0.54 ± 0.37	0.58 ± 0.38	2.632	0.035*
物候认知	0.44 ± 0.51	0.35 ± 0.27	0.28 ± 0.26	0.28 ± 0.33	0.22 ± 0.19	1.076	0.369

* p<0.05 ** p<0.01

从表 3-19 可知，不同年龄对于二十四节气申遗信息的认知、节气的含义、节气的起源与发展，以及物候的认知不会表现出显著性（p>0.05），意味着不同年龄没有差异性。年龄对于节气的名称的认知呈现出 0.05 水平显著性（F=2.632，p=0.035），以及具体对比差异可知，有着较为明显差异的组别平均值得分对比结果为"18 岁以下>18 岁 -22 岁；18 岁以下>23 岁 -27 岁"。笔者分析，因被调查学生皆为大学生或者研究生，18 岁以下样本量较少，仅为 3 人，因此不同年龄对于二十四节气内容认知的差异性还有待进一步扩大样本量进行调查。

总结以上分析，对二十四节气的内容认知在人口统计学变量的显著性差异检验方面，性别和学历均未对二十四节气广度内容认知有差异，其中地理位置中农村成长的环境对节气名称的认知要高于城市地理位置。疆内疆外对于二十四节气申遗信息的认知、节气的名称的认知呈现出疆外的认知水平要高于疆内的认知。

(三) 二十四节气的认知深度分析

笔者将调查问卷和访谈两种方式相结合，以调查问卷为主、访谈为辅探究被调查者的节气文化内容的认知深度，这里所说的"深度"，主要是指被调查者对节气的关注度及日期的知晓率、节气民俗活动的认知、节气文学的认知、节气养生食俗文化的认知、节气精神文化内涵的认知以及对节气申遗扩展名录的认知层次。

1. 对节气的关注度及日期的知晓率

表 3-20 对节气关注度的响应率和普及率认知分析

节气	响应 n	响应率	普及率（n=244）
立春	155	8.98%	63.52%
雨水	36	2.08%	14.75%
惊蛰	63	3.65%	25.82%
春分	85	4.92%	34.84%
清明	164	9.50%	67.21%
立夏	86	4.98%	35.25%
谷雨	59	3.42%	24.18%
小满	14	0.81%	5.74%
芒种	45	2.61%	18.44%
夏至	135	7.82%	55.33%
小暑	45	2.61%	18.44%
大暑	55	3.18%	22.54%
立秋	127	7.35%	52.05%
处暑	17	0.98%	6.97%
白露	19	1.10%	7.79%
秋分	70	4.05%	28.69%
寒露	20	1.16%	8.20%
霜降	40	2.32%	16.39%
立冬	136	7.87%	55.74%
小雪	38	2.20%	15.57%
大雪	48	2.78%	19.67%
冬至	191	11.06%	78.28%

续表

节气	响应 n	响应率	普及率（$n=244$）
小寒	34	1.97%	13.93%
大寒	45	2.61%	18.44%
汇总	1727	100%	707.79%

拟合优度检验：$x^2=849.060\ p=0.000$

从表 3-20 知，拟合优度检验呈现出显著性（chi=849.060，$p=0.000<0.05$），意味着各项的选择比例具有明显差异性。根据数据分析可以看出，立春、立夏、立秋、立冬、清明、春分、夏至、冬至共 8 项的响应率和普及率明显较高。其中冬至的响应率和普及率最高，其次是清明。最低的则为小满，其次是处暑。以下为访谈记录：

笔者 L：提到二十四节气，你会想到什么？

受访者 F：冬至、夏至。

笔者 L：你日常生活中会主动了解二十四节气相关内容吗？

受访者 F：一般不会主动，但是有一些标志性的二十四节气可能会注意一点，比如说大暑小暑这样的有明显天气变化的可以感受到的。

笔者 L：提到二十四节气，你会想到什么？

受访者 G：比如说像冬至、立春，比如像清明，它就是一个节日，然后立春、夏至、立冬。我会想到比较重要的节气。

笔者 L：那你对这几个节气印象比较深，对其他的印象不深，你觉得是因为什么？

受访者 G：我觉得首先二十四节气好像是十五天一个节气对吧，对其他的印象不深，可能是它没有一个大的变化，像那个春夏秋冬代表了一个比较大规模的一个季节交替。但是比如说大暑、小暑可能对我们说可能没有那么大的区别，有可能只是一个十五天过去了。

笔者 L：提到二十四节气，你会想到什么？

受访者 O：我可能会先想到关于它的一些我知道的一些民俗活动，比如说冬至要吃饺子，然后清明节要去给家人祭拜扫墓什么的。

笔者 L：还有对其他节气比较关注的吗？

受访者O：其他的没有，因为我们文科生，可能在初中的时候学到那个二十四节气，是单纯地了解它的这个名字。然后那个他具体的一些节气代表着什么，不是很了解，其他的也不太清楚了。

表3-21 对节气日期的响应率和普及率分析

节气日期	响应 n	响应率	普及率（n=244）
立春	128	8.18%	52.46%
雨水	32	2.05%	13.11%
惊蛰	49	3.13%	20.08%
春分	98	6.27%	40.16%
清明	156	9.97%	63.93%
谷雨	31	1.98%	12.70%
立夏	83	5.31%	34.02%
小满	24	1.53%	9.84%
芒种	38	2.43%	15.57%
夏至	123	7.86%	50.41%
小暑	33	2.11%	13.52%
大暑	34	2.17%	13.93%
立秋	101	6.46%	41.39%
处暑	27	1.73%	11.07%
白露	33	2.11%	13.52%
秋分	93	5.95%	38.11%
寒露	26	1.66%	10.66%
霜降	33	2.11%	13.52%
立冬	105	6.71%	43.03%
小雪	34	2.17%	13.93%
大雪	32	2.05%	13.11%
冬至	179	11.45%	73.36%
小寒	34	2.17%	13.93%
大寒	38	2.43%	15.57%
汇总	1564	100%	640.98%

拟合优度检验：x^2=757.309 p=0.000

通过问卷分析和访谈可以得知，立春、立夏、立秋、立冬分别代表着四季更替，是一个季节的时间节点，受到大家较多的关注度。冬至和清明则是具有明显的节俗活动和仪式，因而受到人们的格外关注。如提到节气，大家的第一印象则是想起冬至吃饺子，其次就是清明节扫墓。清明除了作为一个节气之外，更是在发展的过程中成为现代的法定节假日，不仅仅具有自然节气，更是一个社会性节日，这也成为清明受关注度较高的原因。

从表 3-21 可知，拟合优度检验呈现出显著性（chi=757.309，p=0.000<0.05），意味着各项的选择比例具有明显差异性。其中，冬至＞清明＞立春＞夏至，响应率和普及率相对较高。春分、立夏、立秋、秋分、立冬节气的普及率一般，冬至日期的知晓率最高，其次是清明。对二十四节气日期的知晓度与对节气的关注度相符，关注度较多的节气，日期知晓的普及率也较高。同时，春分、秋分日昼夜平分，夏至、冬至日分别为昼长夜短、昼短夜长，受地理知识学习的影响，对二分二至日的日期知晓率也较高。清明日期的知晓率则与国家法定节气直接相关。

总结得出：被调查者对于节气的关注度和节气日期的知晓率仅占全部节气的三分之一，并没有对节气有更深程度的进一步了解和认知。

2. 节气民俗活动的认知

笔者选取节气的民俗活动较为丰富的节气进行调查，故而选取冬至、立春、惊蛰、清明四个节气的习俗活动。具体分析结果如表 3-22 所示：

表 3-22　对节气民俗认知的响应率和普及率汇总表格

民俗活动	响应 n	响应率	普及率（n=244）
祭祀祖先和神灵	91	4.13%	37.30%
吃饺子、汤圆等	224	10.18%	91.80%
"三门祭冬"	61	2.77%	25.00%
数九九	89	4.04%	36.48%
其他	0	0.00%	0.00%
祭春神、敬土地等祭祀活动	145	6.59%	59.43%
鞭打春牛	110	5.00%	45.08%
咬春饼、吃春卷	184	8.36%	75.41%

续表

民俗活动	响应 n	响应率	普及率（n=244）
"九华立春祭"	51	2.32%	20.90%
迎芒神	48	2.18%	19.67%
说春	78	3.54%	31.97%
其他	5	0.23%	2.05%
吃梨	69	3.13%	28.28%
打小人	58	2.64%	23.77%
惊蛰日杀虫	156	7.09%	63.93%
爆炒黄豆	61	2.77%	25.00%
其他	12	0.55%	4.92%
祭祖、扫墓	218	9.90%	89.34%
踏青	204	9.27%	83.61%
插柳	141	6.41%	57.79%
纪念介子推	77	3.50%	31.56%
包青团	117	5.32%	47.95%
其他	2	0.09%	0.82%
汇总	2201	100%	902.05%

拟合优度检验：x^2=1070.444 p=0.000

针对多选题各选项选择比例分布是否均匀，使用卡方拟合优度检验进行分析。从上表可知，拟合优度检验呈现出显著性（chi=1070.444，p=0.000<0.05），意味着各项的选择比例具有明显差异性，可通过响应率或普及率具体对比差异性。具体来看，对冬至日吃饺子、汤圆等，立春祭春神、敬土地等祭祀活动，鞭打春牛、咬春饼、吃春卷，惊蛰日杀虫，以及清明节气祭祖、扫墓、踏青、插柳、包青团共9项的响应率和普及率明显较高。通过普及率可知，大家清明的习俗认知程度最好，这也与清明成为节假日相关。对冬至日则是吃饺子的习俗认知程度较高，对其背后的祭祀祖先和神灵习俗活动已经认知较低了。

3. 节气的起源与发展的认知

二十四节气起源于我国的黄河流域，早在《尚书》中对二十四节气有所描述，到秦汉年间，二十四节气已基本确立。有完整的二十四节气记载则在西汉刘安所著的

《淮南子》一书中。

表 3-23　对二十四节气最终形成时间认知的分析

名称	选项	频数	百分比（%）	累积百分比（%）
二十四节气最终形成于什么时期？	春秋初期	64	26.23	26.23
	战国末期	23	9.43	35.66
	秦汉时期	43	17.62	53.28
	西汉时期	30	12.30	65.57
	不知道	84	34.43	100.00
合计		244	100.0	100.0

由表 3-23，知道二十四节气最终形成的时间的比例仅占 12.30%，其余三个选型为干扰选项，还有一个确定不知道的选项，所占比例最高。由此可知，对二十四节气的发展和形成认知较低。大家所了解的内容主要是饮食养生方面，跟生活相关度比较大，而这种硬性的知识，除非个人兴趣浓厚以及学科教学涉及，日常的关注度较低，这也是对二十四节气形成时间认知较低的原因，从另外一方面也说明大家对于二十四节气的认知仅停留在表面，认知的深度及专业度不够，科学性不高。

表 3-24　对二十四节气发源地的认知分析

名称	选项	频数	百分比（%）	累积百分比（%）
二十四节气发于什么地区？	黄河中下游	139	56.97	56.97
	淮河流域	8	3.28	60.25
	长江中下游	38	15.57	75.82
	珠江流域	5	2.05	77.87
	不知道	54	22.13	100.00
合计		244	100.0	100.0

由上表可知，对二十四节气发源地认知正确的占比 56.97%，其他三个选项为干扰选项以及明确不知道的占比 22.13%，对二十四节气发源地认知的正确率远远高于对二十四节气最终形成年代认知的正确率。二十四节气的规律总结以及物候对应具有很强的地域性，中原地区自古以来就是农业生长条件较好的地方，生活在农业大国，大家对这种农业常识较为了解，因此认知度较高。

4. 节气文学的认知

笔者以"在哪一个节气的基础上，不断吸收上巳节和寒食节的节庆习俗、内涵，最终形成了独立性节日？""寓意人们对这一年五谷丰登的期望是哪一个节气？""东风吹散眉梢雪，一夜挽回天下春"写的是哪个节气？以及"坚冰深处春水生"写的是哪一个节气？为题，探查被调查者对节气文学知识的认知程度，具体分析结果如下：

表3-25 对节气文学知识的认知分析

名称	选项	频数	百分比	累积百分比
哪个节气不断吸收上巳节和寒食节的节庆习俗、内涵，最终形成了独立性节日？	立春	12	4.92	4.92
	清明	179	73.36	78.28
	夏至	7	2.87	81.15
	冬至	46	18.85	100.00
寓意人们对这一年五谷丰登的期望是哪一个节气？	谷雨	112	45.90	45.90
	小满	74	30.33	76.23
	夏至	10	4.10	80.33
	立秋	48	19.67	100.00
合计		244	100.0	100.00

由上表可知，"在哪一个节气的基础上，不断吸收上巳节和寒食节的节庆习俗、内涵，最终形成了独立性节日？"的正确率为73.36%，其他选项为干扰选项，认知程度较好，这也与上文分析大家对清明节的熟知度和认知程度较好相符。对"寓意人们对这一年五谷丰登的期望是哪一个节气？"的正确选项为谷雨，谷雨取自"雨生百谷"之意，包含对五谷丰登的期望。此项正确率占45.90%，低于总人数的一半。其中，选题题目来说具有一定的指导性，因此正确答案中不排除对选题文本的理解而选对的可能性。

表3-26 对节气文学知识的认知分析

名称	选项	频数	百分比	累积百分比
"东风吹散眉梢雪，一夜挽回天下春"写的是哪个节气？	立春	148	60.66	60.66
	雨水	26	10.66	71.31
	惊蛰	14	5.74	77.05
	春分	56	22.95	100.00

续表

名称	选项	频数	百分比	累积百分比
"坚冰深处春水生"写的是哪一个节气?	立冬	41	16.80	16.80
	冬至	43	17.62	34.43
	小寒	54	22.13	56.56
	大寒	106	43.44	100.00
合计		244	100.0	100.0

由上表可知,对"东风吹散眉梢雪,一夜挽回天下春"写的是哪个节气?的正确率为60.66%,正确率较好。"坚冰深处春水生"写的是哪一个节气?正确率为43.44%,写的是大寒节气是一年中最后一个节气,此节气过后,将迎来立春节气的到来,天气开始回暖。在文学对节气的描述上,大多较能够反映节气的天气以及物候的变化,人们可以直接感知到。即使不清楚正确答案,也可以根据对选题文本的分析选对答案。因此在对节气文学的调查上,被调查者的认知程度相比其他选题认知较好,这也与文学对节气的描述所对应的特点相关,从而我们也能发现,在对节气文学的学习上是相对简单易学的。

5. 节气养生食俗的认知

通过对表3-24的分析,可以得出,被调查者对于节气的饮食习俗了解较多,其中对冬至吃饺子、立春吃春饼、清明吃青团等的响应率及普及率较好。笔者也对被调查者进行了访谈:

笔者L:提到二十四节气,你会想到什么?

受访者A:我会想到那个过节的时候吃的东西,还有习俗什么的。

笔者L:你可以举例说一下吗?

受访者A:比如说,冬至吃饺子,还有其他就不知道了。

笔者L:你们家人会做相应的节气食物吗?

受访者A:也不会刻意地做,想起来,有时间就做一下。但是通常也只在冬至这天。

笔者L:那围绕二十四节气的有诗词谚语,包括民俗活动,然后包括饮食或者养生,哪几个方面是你比较了解或熟悉的?

受访者D：养生方面，一般会按照节气之类的来调节自己的身体以及饮食的习惯。比如在三伏天煮茶喝茶，大寒天气煮汤什么的，其他的就不怎么有了。

笔者L：像你们家人一般会在节气日制作相应的节气食物吗？

受访者D：除了冬至，其他的节气，不怎么会，也都不知道。

笔者L：那像你冬至刚刚提到吃饺子，那冬至，像你们家人，都会吃吗？

受访者U：我们家基本上都会吃。像我没有上大学之前，基本上我们传统的话，像爷爷、奶奶、我爸、妈，我们这边都是吃饺子。

笔者L：那你们家相当于除了冬至以外，有没有其他的节气也有明显的这种节俗活动、节气活动？

受访者U：基本上就是冬至。感觉其他就没有了。

笔者L：二十四节气当中，围绕它的有很多诗词谚语，包括民俗活动，还有饮食和养生，哪些是你比较了解或熟悉的？

受访者V：那最熟悉的就是冬至包饺子，还有那个清明，大暑好像是那天要喝羊肉来排毒的，好像到大暑的时候，三伏天这个养生提到的比较多。

笔者L：那你们家会在节气日制作相应的节气食物吗？

受访者V：有的。立春会做饼子。

结合以上访谈和问卷调查，我们可以得知对节气的饮食养生习俗大家比较了解，这饮食是与我们生活最贴近和密切的，而节气养生则对身体健康有一定的作用。但是我们也可以发现，受访者虽有一定的了解，但是认知程度不深，仅对节俗活动比较明显的两三个节气如冬至、清明、立春有了解，对其他节气的知晓度和了解程度较低，在养生方面则对大暑、大寒天气的饮食进补有稍微了解，对于其他节气的了解则较少。

6.节气精神文化内涵的认知

节气的精神文化内涵影响着中华子女的心理特质，是中华民族精神的皈依。二十四节气的天人合一思想、崇祖尚德的人伦亲情等思想内涵是中华民族精神的深刻体现。

表 3-27 节气精神文化内涵认知的响应率和普及率

选项	响应 n	响应率	普及率 (n=244)
敬天法地的自然之情	200	22.25%	81.97%
崇祖尚德的人伦之义	151	16.80%	61.89%
顺应天时、天人合一的文化精神	223	24.81%	91.39%
中国传统哲学中的贵生意识	168	18.69%	68.85%
中国的文化时间观念	157	17.46%	64.34%
汇总	889	100.00%	368.44%

拟合优度检验：x^2=20.928 p=0.000

由上表我们可以发现，在对节气文化精神内涵方面，被调查者对二十四节气的顺应天时、天人和谐的文化精神响应率及普及率较高，91.39%的被调查者都选择了这一文化内涵，其次就是敬天法地的自然之情，普及率达到81.97%。对节气文化的精神文化内涵有较好的认知程度。

7. 节气申遗扩展名录的认知

表 3-28 对节气申遗扩展名录的响应率和普及率分析

选项	响应 n	响应率	普及率 (n=244)
九华立春祭	63	14.82%	25.82%
班春劝农	49	11.53%	20.08%
石阡说春	32	7.53%	13.11%
三门祭冬	41	9.65%	16.80%
壮族霜降节	38	8.94%	15.57%
苗族赶秋	34	8.00%	13.93%
安仁赶分社	25	5.88%	10.25%
都不知道	143	33.65%	58.61%
汇总	425	100%	174.18%

拟合优度检验：x^2=191.452 p=0.000

2006年，二十四节气被列入第一批国家级非物质文化遗产代表性项目名录；2011年，九华立春祭、班春劝农、石阡说春被列入该遗产项目的扩展名录；2014年，三门祭冬、壮族霜降节、苗族赶秋、安仁赶分社被列入该遗产项目的扩展名录。

从上表可知,拟合优度检验呈现出显著性(chi=191.452,p=0.000<0.05),意味着各项的选择比例具有明显差异性。具体来看,"都不知道"的响应率和普及率明显较高,其他选项的响应率和普及率较低。其中节气的非物质文化遗产扩展名录的普及率最高达到25.82%,其他则更低。说明大家对于节气非物质文化遗产扩展名录认知程度非常低。

8. 二十四节气认知的深度在人口统计学变量的显著差异

为具体了解二十四节气认知的深度在人口统计学变量的显著差异,笔者对数据进行了单因素方差分析。具体分析如下:

表3-29 对节气认知深度的总体情况

名称	认知率
节气关注度及日期知晓度	0.28
节气习俗及饮食养生	0.471
节气文学	0.558
精神文化	0.737
节气申遗扩展名录	0.165

笔者对单选题选项进行再编码分析,赋正确选项为"1",干扰选项为"0",生成认知正确率的平均值、多选题进行生成变量,对节气认知深度情况作了认知率的平均值分析,结合以上分析及表3-29,可以看出,被调查者对节气的精神文化内涵了解程度较好,其次是二十四节气的文学内容。对节气申遗扩展名录认知极低,仅为16.5%。对节气的关注及日期的知晓也只有小部分节气比较了解,但均值很低,说明对整体认知较差。以下各表为笔者对节气认知内容作平均值处理,探究人口统计学变量对节气认知深度总体的显著差异情况。

表3-30 性别对认知节气内容t检验分析结果

	性别:(平均值 ± 标准差)		t	p
	1(n=38)	2(n=206)		
节气关注度及日期知晓度	0.33 ± 0.20	0.27 ± 0.17	2.115	0.035*
节气习俗及食俗	0.49 ± 0.14	0.47 ± 0.18	0.606	0.545
精神文化内涵	0.73 ± 0.28	0.74 ± 0.29	−0.249	0.804
节气文学	0.64 ± 0.28	0.54 ± 0.28	1.932	0.055
节气申遗	0.13 ± 0.19	0.17 ± 0.26	−0.997	0.320

* p<0.05 ** p<0.01

从上表可知，利用t检验去研究性别对于节气认知内容的差异情况，从上表可以看出：对于节气关注度及日期知晓度呈现出0.05水平显著性（t=2.115，p=0.035），以及具体对比差异可知，男（1）的平均值（0.33），会明显高于女（2）的平均值（0.27），而对于节气习俗及食俗节气文学、精神文化内涵、节气扩展名录的申遗不会表现出显著性差异。

表3-31 学历对认知节气内容t检验分析结果

	学历（平均值 ± 标准差）		t	p
	1（n=198）	2（n=46）		
节气关注度及日期知晓度	0.29 ± 0.17	0.25 ± 0.17	1.160	0.247
节气习俗及食俗	0.48 ± 0.17	0.43 ± 0.16	1.993	0.047*
精神文化内涵	0.75 ± 0.28	0.66 ± 0.28	2.022	0.044*
节气文学	0.55 ± 0.27	0.60 ± 0.32	−1.078	0.285
节气申遗	0.19 ± 0.27	0.07 ± 0.12	4.387	0.000**

* p<0.05 ** p<0.01

从上表可以看出：不同学历对于节气关注度及日期知晓度，节气文学的认知不会表现出差异性（p>0.05）；学历对于节气习俗及食俗、节气的精神文化内涵、节气申遗的扩展名录的认知呈现出显著性（p<0.05），意味着不同学历对于节气的习俗及食俗、节气的精神文化内涵、节气申遗扩展名录的认知有着差异性。具体分析可知：本科（1）对于节气习俗及食俗、节气的精神文化内涵和节气申遗的扩展名录的认知会明显高于专业硕士（2）的平均值。这可能是由于本科生的汉语国际教育中国文化课的学习会涉及相关知识，但是研究生并没有继续有相关内容的学习，并且专业硕士的本科学习背景有其他非文学专业，并不会对节气文化相关内容有学习经验，他们对于二十四节气的专业学习的认知仅仅停留在高中地理课程，因此反而本科生对于节气内容的认知程度高于研究生。

表3-32 成长环境对认知节气内容的方差分析

	成长环境（平均值 ± 标准差）			F	p
	1（n=105）	2（n=17）	3（n=122）		
节气关注度及日期知晓度	0.28 ± 0.17	0.27 ± 0.20	0.28 ± 0.17	0.062	0.940
节气习俗及食俗	0.44 ± 0.16	0.44 ± 0.15	0.50 ± 0.18	3.554	0.030*

续表

	成长环境（平均值 ± 标准差）			F	p
	1（n=105）	2（n=17）	3（n=122）		
节气文学	0.50 ± 0.29	0.50 ± 0.32	0.62 ± 0.25	5.982	0.003**
精神文化内涵	0.70 ± 0.30	0.80 ± 0.24	0.76 ± 0.27	2.110	0.124
节气申遗扩展名录	0.12 ± 0.20	0.18 ± 0.21	0.20 ± 0.29	2.547	0.080

* p<0.05 ** p<0.01

从上表可以看出：不同成长环境对于节气关注度及日期的知晓度，对节气的精神文化内涵、节气申遗扩展名录的认知不会表现出显著性（p>0.05）；成长环境对于节气习俗及食俗、节气文学的认知有着差异性。具体分析可知：成长环境对于节气习俗及食俗以及节气文学分别呈现出 0.05 水平显著性（F=3.554，p=0.030）、0.01 水平显著性（F=5.982，p=0.003），具体对比差异可知，有着较为明显差异的组别平均值得分对比结果为"3>1"，即"农村＞城市"。经过分析可知，农村生长的环境在对于节气的习俗及食俗、节气的文学的认知要高于城市的生长环境，这可能是由于节气跟农耕的关系比较大，生长在农村环境者受父母以及农村农业环境以及节气活动的影响，接触的程度相对于城市来说有更多的机会和氛围。

表 3-33　地理位置对认知节气内容 t 检验分析结果

	地理位置（平均值 ± 标准差）		t	p
	新疆 1（n=110）	其他 2（n=134）		
节气关注度及日期知晓度	0.27 ± 0.16	0.29 ± 0.18	−0.714	0.476
节气习俗及食俗	0.44 ± 0.17	0.50 ± 0.16	−2.879	0.004**
精神文化内涵	0.71 ± 0.29	0.76 ± 0.28	−1.567	0.119
节气文学	0.49 ± 0.31	0.61 ± 0.24	−3.422	0.001**
节气申遗	0.15 ± 0.23	0.17 ± 0.27	−0.668	0.505

* p<0.05 ** p<0.01

笔者通过对被调查者成长区域的统计，对疆内疆外作为区分，探究疆内疆外对于节气内容的认知。通过分析，可以看出，疆内疆外对于节气的关注度及日期知晓度，对节气的精神文化内涵、节气的申遗扩展名录的认知不会表现出显著性（p>0.05）；对于节气习俗及食俗、节气文学的认知有着差异性。具体分析可知：具体分析可知：成长区域对于节气习俗及食俗、对于节气文学呈现出 0.01 水平显著性，其中新疆 1 认知平均值会明显低于其他地区 2 的平均值。同居住环境对于节气内容的认知有相似之处，对于节气习俗及食俗、对于节气的文学疆外的认知程度要高于疆内，这与二十四节气的区域性有很大的关系。二十四节气发源于中原流域，在发展的过程中影响到周围的地区，但新疆地区距离中原地区较远，节气文化氛围相对淡化，按照节气生活的习俗和食俗仪式感不强。

表 3-34 年龄对认知节气内容的方差分析结果

	年龄：（平均值 ± 标准差）					F	p
	1（n=3）	2（n=153）	3（n=79）	4（n=6）	5（n=3）		
关注及日期知晓度	0.32 ± 0.29	0.28 ± 0.18	0.27 ± 0.16	0.23 ± 0.11	0.38 ± 0.28	0.567	0.687
习俗及食俗	0.54 ± 0.12	0.48 ± 0.18	0.44 ± 0.17	0.50 ± 0.07	0.46 ± 0.03	0.961	0.430
精神文化内涵	0.67 ± 0.31	0.78 ± 0.28	0.67 ± 0.29	0.67 ± 0.21	0.67 ± 0.23	2.015	0.093
节气文学	0.58 ± 0.14	0.55 ± 0.26	0.55 ± 0.32	0.71 ± 0.19	0.75 ± 0.25	0.828	0.508
节气申遗	0.52 ± 0.41	0.20 ± 0.27	0.10 ± 0.19	0.07 ± 0.08	0.10 ± 0.16	3.712	0.006**

* $p<0.05$ ** $p<0.01$

从上表可知，年龄的不同对于节气申遗呈现出 0.01 水平显著性（F=3.712，p=0.006），以及具体对比差异可知，有着较为明显差异的组别平均值得分对比结果为"1>2；1>3；1>4；1>5"，既 18 岁以下的学生对于二十四节气申遗扩展名录的知晓率较高，但由于 18 岁以下的调查样本量过少，因此此项数据还有待进一步加大样本量调查。同时，不同年龄对于节气关注度及日期知晓度，对节气习俗及食俗、精神文化内涵、节气文学的认知不会表现出显著性差异（p>0.05），不同年龄对于节气的认知深度不会表现出显著性差异。

总结以上可知，对二十四节气的认知深度方面，性别、年龄对节气内容的认知均不会表现出显著性差异；学历层面，本科生的认知对于节气习俗及食俗、节气的精神文化内涵、节气申遗的扩展名录的认知要高于研究生的认知；在成长环境层面，农村生长的环境在对节气的习俗及食俗、节气的文学方面的认知要高于城市的生长环境，农村的地理位置认知要高于在城市的地理位置认知。在以疆内疆外作为变量进行分析，疆外在对节气的习俗及食俗、节气的文学方面的认知要高于疆内的认知。

(四)二十四节气的认知态度

一般来说,态度是个体对于特定的对象,包括人、思想、情感、事件稳定的心理倾向,包含着对个体的主观性评价以及因此产生的动作倾向。在态度和行为的关系中,态度决定行为,行为反应态度。社会公众参与的态度对行为有显著的正向影响。因此,关注和探讨汉语国际教育专业的学生对二十四节气的态度是本文研讨的一个重要方面。因此本节从"对节气文化的兴趣度""对节气文化的认可度"和"对节气文化的参与态度""对节气文化的传承态度"的表现情感四个方面分析汉语国际教育专业的学生对二十四节气的态度。

1. 对二十四节气的兴趣度

对二十四节气及其相关文化的兴趣度可以体现二十四节气在被调查者中的心理态度,笔者以"您对二十四节气相关内容感兴趣吗?"为题探讨被调查者对二十四节气的心理态度。

表3-35 对二十四节气的兴趣度分析

名称	选项	频数	百分比(%)	累积百分比(%)
您对二十四节气相关内容感兴趣吗?	1	3	1.23	1.23
	2	38	15.57	16.80
	3	98	40.16	56.97
	4	81	33.20	90.16
	5	24	9.84	100.00
合计		244	100.0	100.0

表3-35为二十四节气兴趣度的分析,选项1到5表示从非常不感兴趣到非常感兴趣过渡。其中"3"占比最高为40.16%。还有33.20%的认为感兴趣,9.84%非常感兴趣,整体可以看出被调查者大部分对二十四节气文化是比较感兴趣。这也表明二十四节气文化对于被调查者有一定的需求度和吸引力,也为我们汉语国际教育的文化课程设置提供一定的参考度。同时还有40.16%的人表示一般,如何把兴趣度一般的同学向感兴趣转化,不仅要从主体上即从学生层面进行引导,更需要好好利用好节气文化的形式和内涵,吸引更多的群体。

2. 对节气文化的认可度

对节气文化的认可度影响着学生接受和学习二十四节气的心理,进而影响着学生二十四节气的行为层面，包括文化活动践行、对外传播等主体参与行为。

表3-36 对节气文化认可度的分析

名称	选项	频数	百分比（%）	累积百分比（%）
对节气文化的认可度	1	6	2.46	2.46
	2	7	2.87	5.33
	3	55	22.54	27.87
	4	70	28.69	56.56
	5	106	43.44	100.00
合计		244	100.0	100.0

从上表可知：选项数字从1到5表示从非常不认可到非常认可过渡，被调查者中43.44%会选择"非常认可"，比较认可和非常认可占比72.13%，说明绝大多数人还是非常认可节气文化的。以下为访谈记录：

笔者L：你自己对二十四节气这种认同感，你觉得缺失吗？

受访者M：我觉得不是认同感的缺失，我非常认同它、认可它，我觉得可能更多的来说是一个觉得可能离得稍微有点远了。我感觉更符合那个跨文化交际里面学的：说不识庐山真面目之缘，只缘身在此山中。可能因为在自己的国家中，然后又身处于这个文化氛围中，然后所以有些是事情就觉得很理所当然。然后可能这种差别就像是有这种东西和文化，但是你如果不过分地强调的话，你也不会特别的去注意到和学习，所以在生活中感觉不是特别明显。

笔者L：那你觉得在现代生活中这种二十四节气是缺失的吗？

受访者H：它在我们生活里面也是有用的。以我个人的感觉来说，我还是觉得它是有用的，像它里面包含的一些东西，按照那个节气去调整自己的饮食或者是自己的一些生活方面。然后确实是对我有用，而且我觉得按照他的那个规律来走，我可能自己生活得更舒服。

笔者L：您认为现在我们传承发展二十四节气有意义吗？为什么？

受访者A1：有意义。二十四节气不仅仅是节气，还是中华民族的劳动智慧的结晶，是祖先适应这个世界适应四季的证明，是中华传统文化中的一部分。如果以前的传统文化不传承，里面包含的中华民族过去的思想也都会丢失，这是很大的损失。

受访者V：有意义。这些历史传统的一些节日，或者是像这个节气也是古人的一种智慧。如果说被是西方的一些文化冲击了之后，我感觉的是一种对于这个传统文化的一种遗忘或者是损失。对保护这个传统文化是不利的。而且对教育下一代，对于这些未来的这些孩子们，传统的知识的学习就会有影响的。所以要重视这些节气，或者是这些节日通过这些节气的一些庆祝活动、民俗活动，然后一定要着重地宣传一下这些节气。我觉得一定要把那些节气渗透到生活中，然后把它固定的习俗习惯固定下来。然后这样子的话，可能这个传统文化才能不被这个现代的一些西方文化冲击，说或者是淡化掉。

受访者R：我觉得挺有意义的。再怎么说也是中国的一个传统习俗，人不能忘本，而且这个东西已经融入我们的生活了，无论是长辈给我们的，还是同辈给我们的，其实这都不是节日，因为节日它还是有一点代表性。我觉得这更像是我们日常就在过的，我们日常生活就会有意无意，就看看日历，会发现今天是什么节气该干什么的那种。而且这都已经成为我们的生活习惯的一种了。我觉得现在像我们年轻这一代的青年人，近两年来我们感觉好像更比较喜欢中国传统的这样的一些文化和一些习俗，所以我觉得对于节气这个东西，我们也是年轻一辈，也是要好好传承，然后再让它变得越来越融入我们生活。

从以上访谈和数据分析可以看出，无论节气作为一种生活的指导，还是对于文化的这样一种精神寄托，大家都能够认识到它的地位和价值，同时大家对于二十四节气文化也都具有较高的认可度和传承下去的态度。

3. 对节气文化的传播态度

对节气文化的传承态度既能在一定程度上显示被试者的学习节气相关内容的积极性，同时也是践行节气行为的重要体现。

表3-37 对节气文化的传播态度的分析

名称	选项	频数	百分比（%）	累积百分比（%）
对节气文化的传播态度	1	4	1.64	1.64
	2	6	2.46	4.10
	3	60	24.59	28.69
	4	81	33.20	61.89
	5	93	38.11	100.00
合计		244	100.0	100.0

从上表可知：选项数字从1到5表示从非常不认可到非常认可过渡，其中非常愿意和比较愿意所占的百分比为71.31%，可以看出被调查者的传播态度较高。被调查者的传播态度较好，对于节气文化的传承和发展具有积极的作用。笔者在访谈的过程中发现，无论是对于身边人或者下一代的传播态度，还是对于留学生，被调查者的传播态度都将比较好。他们认为，对于下一代人的传播是很有必要的，文化不能一代一代地淡化甚至断裂，只有通过传承，才能使得节气文化得以传承下去。

4. 对节气活动的参与态度

表3-38 对节气活动的参与态度分析

名称	选项	频数	百分比（%）	累积百分比（%）
对节气活动的参与态度	1	4	1.64	1.64
	2	12	4.92	6.56
	3	72	29.51	36.07
	4	83	34.02	70.08
	5	73	29.92	100.00
合计		244	100.0	100.0

从上表可知：1至5表示从非常不愿意到非常愿意过渡，其中非常愿意和比较愿意所占的百分比为63.931%，可以看出被调查者的对节气活动的参与态度较好。

笔者L：那如果有机会参加跟二十四节气相关的文化活动、民俗活动，你会参加吗？

受访者A：有机会就参加吧，我对民俗的意义，就是背后深层次的那种精神内涵文化比较感兴趣。

受访者E：我觉得还是挺愿意的，因为我对一些节气都不是那么地熟悉，通过参加这些活动，了解一下相关知识，挺好的，提高生活的参与度吧。

受访者G：我会，我还是非常乐意参加这种活动的，但是现在我能接触到的好像没有，我觉得参加这些活动也是对我自己生活的丰富。

从受访者的访谈可以看出：大家对于节气活动的参与态度都持非常肯定的态度，对于节气活动的参与热情很高。但是相反，他们日常生活能够接触到节气活动的途径有限，所以日常真正参与度很低。

总结可知，新疆师范大学汉语国际教育专业的学生对于二十四节气文化的兴趣度、认可度、活动参与态度以及传播态度整体较好，这也有利于节气文化在被调查者之间更好的传承和发展。

5. 二十四节气的认知态度在人口统计学变量的显著差异

对于二十四节气的态度认知也会因受不同变量的影响而有所不同，为了进一步探究被调查者对于二十四节气的认知态度，笔者进行了二十四节气的认知态度在人口统计学变量的显著差异分析，具体分析如下：

表 3-39　性别对二十四节气认知态度的 t 检验分析结果

	性别：（平均值 ± 标准差）		t	p
	1（n=38）	2（n=206）		
态度	3.27 ± 0.70	3.46 ± 0.61	−1.565	0.124

* p<0.05　** p<0.01

从上表可知，利用独立样本 t 检验去研究性别对于二十四节气的认知态度的差异性，性别对于二十四节气的认知态度全部均不会表现出显著性（p>0.05），意味着不同性别对于二十四节气的认知态度全部均表现出一致性，并没有差异性。

表 3-40　学历对二十四节气的认知态度 t 检验分析结果

	学历（平均值 ± 标准差）		t	p
	1（n=198）	2（n=46）		
态度	3.43 ± 0.64	3.43 ± 0.56	−0.024	0.981

* p<0.05　** p<0.01

从上表可知，用独立样本 t 检验去研究学历对于二十四节气的认知态度的差异性，从上表可以看出：不同学历对于二十四节气的认知态度全部均不会表现出显著性（p>0.05），意味着不同学历对于二十四节气的认知态度全部均表现出一致性。

表 3-41　成长环境对二十四节气的认知态度的方差分析结果

	成长环境（平均值 ± 标准差）			F	p
	1（n=105）	2（n=17）	3（n=122）		
态度	3.31 ± 0.61	3.11 ± 0.81	3.58 ± 0.57	8.096	0.000**

* p<0.05　** p<0.01

从上表可以看出，不同成长环境对于二十四节气的认知态度全部均呈现出显著性（p<0.05），意味着不同成长环境对于二十四节气的认知态度均有着差异性。具体分析可知：成长环境对于二十四节气的认知态度呈现出0.01水平显著性（F=8.096，p=0.000），以及具体对比差异可知，有着较为明显差异的组别平均值得分对比果为"3>1；3>2"即"农村＞城市；农村＞乡镇"，表明在农村的生活环境下对于二十四节气的认知态度更好，更认可二十四节气的文化，这也与二十四节气的知识认知呈现出一致性，即在农村的生活环境下，对于二十四节气的知识认知更好，态度认可度高。

表3-42 地理位置对二十四节气的认知态度的t检验分析结果

	地理位置（平均值 ± 标准差）		t	p
	1（n=110）	2（n=134）		
态度	3.31 ± 0.62	3.53 ± 0.61	−2.719	0.007**

* p<0.05 ** p<0.01

从上表可知：以疆内疆外作为区分对于态度呈现出0.01水平显著性成长区域对于态度1呈现出0.01水平显著性（t=−2.719，p=0.007），具体对比差异可知，疆内（1）的平均值（3.31），会明显低于疆外（2）的平均值（3.53）。总结可知：疆内疆外的不同对于二十四节气的态度认知呈现出显著性差异，其中在疆外的被调查者对于二十四节气的态度要更高一些，对于二十四节气的态度认知与知识认知呈现出一致性，居住地在疆外的被调查者对于二十四节气的知识以及态度认知都要高于在疆内的被调查者。

表3-43 年龄对二十四节气的认知态度的方差分析结果

	年龄：（平均值 ± 标准差）					F	p
	1（n=3）	2（n=153）	3（n=79）	4（n=6）	5（n=3）		
认知深度	0.53 ± 0.19	0.46 ± 0.14	0.41 ± 0.13	0.43 ± 0.06	0.47 ± 0.15	2.004	0.095

* p<0.05 ** p<0.01

从上表可知，利用方差分析（全称为单因素方差分析）去研究年龄对于二十四节气的认知态度的差异性，年龄对于认知深度全部均表现出一致性，并没有差异性。

总结以上分析，不同性别、不同学历、不同年龄对于二十四节气的认知态度均不会表现出差异性，但是不同的地理位置则对二十四节气的认知表现出差异性，具体表现在：农村的地理位置对于二十四节气的态度认知要高于城市的地理位置，疆外的被调查者的对于二十四节气的态度认知要高于疆内的地理位置。二十四节气是以中原流域的气候、物候的变化总结出来的规律，与农耕有着极为密切的关系，这也表明，节气文化氛围浓厚的地区对于二十四节气的知识认知以及态度认知相对较高。

（五）二十四节气的认知行为

这一小节，笔者主要通过被调查者对二十四节气活动的参与度、对节气文化参加或者文化学习的意愿、宣传或者弘扬节气的行为意愿这三个方面来认知被调查者对于二十四节气文化的行为认知。

1. 二十四节气活动的参与度

表3-44 对节气活动的参与度的分析

名称	选项	频数	百分比（%）	累积百分比（%）
您经常参加二十四节气民俗活动吗？	1	16	6.56	6.56
	2	73	29.92	36.48
	3	108	44.26	80.74
	4	43	17.62	98.36
	5	4	1.64	100.00
合计		244	100.0	100.0

笔者以"您经常参加二十四节气民俗活动吗"为题，探究被调查者的参与度，由上表可知，被调查者对于二十四节气的参与度不高，与上文分析的被调查者对于节气活动参与态度不符，通过访谈，进行深入探究，受访者表示生活中能够接触到的途径有限，大部分时间都在学校度过，而学校只在冬至日会有包饺子的节气活动，家乡或者社区都不曾组织这种节气活动，且近两年因为疫情缘故，更不太会举办这种聚集性较强的节气民俗活动。接触参与活动的途径局限是二十四节气民俗活动参与率较低的重要原因。

2. 节气活动的参与意愿

表3-45 对节气活动参加学习的意愿分析

名称	选项	频数	百分比（%）	累积百分比（%）
如果举办二十四节气的相关文化学习活动，你是否会参加？	1	3	1.23	1.23
	2	14	5.74	6.97
	3	92	37.70	44.67
	4	98	40.16	84.84
	5	37	15.16	100.00
合计		244	100.0	100.0

通过对表 3-45 分析可知，选项数字从 1 到 5 表示从非常不认可到非常认可过渡，表示比较愿意的占比最高，为 40.16%。还有 15.16% 的被调查者表示非常愿意参加。37.70% 表示一般，笔者通过访谈得知，被调查者希望参加的活动或者学习形式是有趣的、新颖的，最好是通过活动的方式来体验节气文化、认知节气文化，加强知识提升的同时还具有体验性，印象还会比较深刻。由此可以看出，被调查者对于参加活动的行为意愿还是比较强烈的。

3. 弘扬节气文化的行为意愿

表 3-46　对节气活动参加学习的意愿分析

名称	选项	频数	百分比（%）	累积百分比（%）
弘扬节气文化的行为意愿	1	5	2.05	2.05
	2	9	3.69	5.74
	3	2	25.41	31.15
	4	4	34.43	65.57
	5	4	34.43	100.00
合计		244	100.0	100.0

结合上表分析可知，被调查者对于宣传或弘扬节气文化的行为意愿中，68.86% 的人具有强烈的行为意愿宣传这样的传统文化，使其影响力扩大。同时笔者通过访谈得知，被调查者具有极高的行为意愿宣传节气文化，但同时又表示，自己对这方面的认知较低，能力不够。

总结得出，被调查者对于节气文化活动的参与意愿、学习意愿以及宣传弘扬都有较高的行为意愿，与上文分析的态度相符，态度决定行为意愿。但同时由于接触途径的局限，被调查者真正的参与度较低。

4. 二十四节气的认知行为在人口统计学变量的显著差异

对于二十四节气的认知行为也会因受不同因素的影响而有所不同，为了进一步探究被调查者对二十四节气的认知行为，笔者进行了二十四节气的认知行为在人口统计学变量的显著差异分析，具体分析如下：

表 3-47　性别对二十四节气的认知行为 t 检验分析结果

	性别（平均值 ± 标准差）		t	p
	1（n=38）	2（n=206）		
行为	3.39 ± 0.68	3.54 ± 0.67	−1.269	0.206

* p<0.05 ** p<0.01

从上表可知，利用 t 检验去研究性别对于二十四节气的认知行为的差异性，从上表可以看出：不同性别对于二十四节气的认知行为均表现出一致性，并没有差异性。

表 3-48　学历对二十四节气的认知行为 t 检验分析结果

	学历（平均值 ± 标准差）		t	p
	1（n=198）	2（n=46）		
行为	3.52 ± 0.71	3.49 ± 0.48	0.296	0.768

* p<0.05 ** p<0.01

从上表可知，利用 t 检验去研究学历对于二十四节气的认知行为的差异性，从上表可以看出：不同学历对于二十四节气的认知行为均表现出一致性，并没有差异性。

表 3-49　成长环境对二十四节气的认知行为方差分析结果

	成长环境（平均值 ± 标准差）			F	p
	1（n=105）	2（n=17）	3（n=122）		
行为	3.42 ± 0.69	3.21 ± 0.85	3.64 ± 0.61	5.309	0.006**

* p<0.05 ** p<0.01

从上表可以看出：不同成长环境对于二十四节气的认知行为均呈现出显著性（p<0.05），意味着不同成长环境对于二十四节气的认知行为均有着差异性。具体分析可知：成长环境对于二十四节气的认知行为呈现出 0.01 水平显著性（F=5.309，p=0.006），具体对比差异可知，有着较为明显差异的组别平均值得分对比结果为"3>1；3>2"即"农村＞城市；农村＞乡镇"。对二十四节气的知识认知、态度认知影响着行为，被调查者的农村环境下的知识认知以及态度认知都要高于城市的成长环境。

表 3-50　地理位置对二十四节气认知行为 t 检验分析结果

	地理位置平均值 ± 标准差）		t	p
	1（n=110）	2（n=134）		
行为	3.39 ± 0.67	3.62 ± 0.66	−2.747	0.006**

＊ $p<0.05$ ＊＊ $p<0.01$

笔者把不同的成长区域分为疆内疆外两大区域作为对比，从上表可以看出：疆内疆外对于二十四节气的认知行为均呈现出显著性（$p<0.05$），意味着疆内疆外对于二十四节气的认知行为均有着差异性。具体分析可知：疆内疆外对于二十四节气的认知行为呈现出 0.01 水平显著性（t=−2.747，p=0.006），具体对比差异可知，疆内（1）对于二十四节气的认知行为的平均值（3.39）会明显疆外（2）的平均值（3.62）。这也与笔者前面对于二十四节气的知识认知分析以及态度认知分析结果呈现出一致性，即地理位置为疆内的对于二十四节气的知识认知、态度认知以及行为总体都要低于地理位置为疆外的同学。

表 3-51　年龄对二十四节气认知行为方差分析结果

	年龄：（平均值 ± 标准差）					F	p
	1（n=3）	2（n=153）	3（n=79）	4（n=6）	5（n=3）		
行为	4.08 ± 0.38	3.58 ± 0.71	3.37 ± 0.60	3.58 ± 0.49	3.42 ± 0.14	1.842	0.122

＊ $p<0.05$ ＊＊ $p<0.01$

从上表可知，利用方差分析（全称为单因素方差分析）去研究年龄对于二十四节气的认知行为的差异性，从上表可以看出：不同学历对于二十四节气的认知行为均表现出一致性，并没有差异性。

总结以上分析，笔者通过对二十四节气的认知行为在人口统计学变量的差异进行分析发现：性别、学历、年龄对于二十四节气的践行方面没有差异性，但是成长环境对于二十四节气的行为要高于城市的成长环境，疆外的被调查者的对于二十四节气的行为要高于疆内的成长环境。对于二十四节气的行为的差异与笔者前面对于二十四节气的知识认知分析以及态度认知分析结果呈现出一致性，即地理位置为疆内的对于二十四节气的知识认知、态度认知以及行为总体要低于地理位置为疆外的同学；被调查者的成长环境为城市的知识认知、态度认知以及行为总体上要低于成长环境为农村的。这一分析结果也说明节气文化的氛围在潜移默化地影响着人们的知识、态度以及行为。

（六）二十四节气的认知途径分析

所谓认知途径，主要是指被调查者获取信息，认知事物的途径和方法。人们获取信息的途径主要分为三种，即大众传播、组织传播、人际传播。笔者通过对汉语国际教育专业学生的深度采访中，大部分同学说通过中小学知识的学习，以及浏览大众媒体获得对二十四节气的相关信息的了解。所谓组织传播，通常是指一个组织的成员与内部组织成员之间的信息交流与沟通。组织传播渠道是指组织从事信息传播和沟通的渠道，包括政府和外事部门、学校和学生社团、课程教学、会议和讲座[1]。除了大众传媒，组织传播渠道也是学生了解二十四节气内容的一个非常重要的途径。人际传播渠道是人们交流信息、实施沟通的有效途径。一般来说，人际交往渠道分为家庭渠道和社会渠道，每种类型都有自己的特点。人际传播包括家人、朋友、同学提及、各种社交平台[2]。借助人际交往渠道的有效沟通，学生可以对二十四节气倡议形成清晰的认识。以下为具体分析：

表 3-52 对二十四节气认知途径响应率和普及率分析

选项	响应 n	响应率	普及率（n=244）
网络、电视、短视频等	192	26.05%	78.69%
学科知识的学习	145	19.67%	59.43%
城市或社区的节气活动的举办	78	10.58%	31.97%
学校相关活动的举办	102	13.84%	41.80%
家庭传承的影响	100	13.57%	40.98%
日历	118	16.01%	48.36%
其他，请写出	2	0.27%	0.82%
汇总	737	100%	302.05%

拟合优度检验：x^2=196.697 p=0.000

从上表可知，拟合优度检验呈现出显著性（chi=196.697，p=0.000<0.05），意味

---

[1] AKZHARKYN AMANTURLIYEVA. 传播学视角下留学生对"一带一路"倡议的认知研究[D]. 华中农业大学, 2019.

[2] AKZHARKYN AMANTURLIYEVA. 传播学视角下留学生对"一带一路"倡议的认知研究[D]. 华中农业大学, 2019.

着各项的选择比例具有明显差异性。具体来看，网络、电视、短视频等大众传媒、学科知识的学习以及日历这3项的响应率和普及率明显较高，说明大家对二十四节气认知途径更受到这三个主要途径的影响。以下为访谈记录：

笔者L：你一般是通过哪种途径来了解二十四节气相关内容的？

受访者H：像二十四节气，除了在课堂上语文老师教给我们的那些，然后其实在生活里面，然后像我妈妈也是非常注重一个节气的人，她就是比较注重这个节气，比如说要种点什么，她对这方面很了解，那对农业相关的，她就会知道，然后什么时候开始种点豆子之类的，她很了解这些。然后我就在旁边听着，我或多或少了解一点。

受访者C：一个是家人，一个是手机还有其他网络平台，然后有那种纸质的日历。

受访者Q：一般除了手机上这种推送，还有微信公众号的推送。还有一些杂志，有些杂志上面会写一写，会看到。

笔者L：那家人会有时候跟你说起来节气相关内容吗？

受访者Q：有，我知道那个立春要吃萝卜，还有春饼什么的，就是我姥姥跟我说的。然后就是冬至，还有说到大概知道大暑节气是最热的时候，大寒节气是最冷的那种。

结合访谈和调查问卷可知，大家最初的了解途径是来自小学语文知识的学习，现在的关注则是由于微博、短视频和公众号等网络媒体的推送，其次电子日历以及纸质版日历都会有每个节气的标注，这也影响了大家的了解途径。另外，从访谈中发现，家人的影响也是大家了解和关注的重要途径之一。同时访谈中笔者也发现，大家对于节气文化的需求与节气的途径是不平衡的，网络媒体的途径并没有发挥被充分利用和发挥，很多访谈者表示自己在了解节气相关内容的过程中会通过多媒体公众号微博的推送，但有时候只会简单地看上一眼，并不会过多地深入了解，只是看到了知道今天可能是什么节气这一表面的了解，更有访谈者表示自己非常乐意通过参加节气活动来深入了解和体验节气相关内容，但是在日常生活中，在学校的时间居多，学校缺少相关活动的举办；在课程学习上，他们也希望节气文化内容加入课程学习计划，受访者表示大多数学习者在学习上是被动，但是学科要求的课程学习他们会了解更好一些,同时表示加入节气相关内容,形成被动了解,以提升自己的文化知识和文化素养。

(七)小结

这一章主要对调查对象与调查数据分析,对被调查对象的年级、年龄、性别以及居住地的分布情况进行描述统计。在二十四节气认知内容的分析中可以发现,大部分被调查对象在了解二十四节气相关信息认知较为浅显,认知多为被动参与,且并没有很深入地去了解二十四节气的相关内容。

在对二十四节气知识认知内容中的分析可以发现,大家对二十四节气的认知仅停留在冬至、清明以及立春、立夏、立冬、立秋等节气上,对于其他的节气则关注较少。对二十四节气文化的认知率较低,认知面不全,认知较为碎片化,没有系统性。被调查者对于二十四节气的生活性认知了解较好,如对于二十四节气的习俗以及节气的饮食,理论性的知识了解较弱,如对于节气的日期、节气的申遗、节气的起源与发展等。总体上被调查者对于二十四节气的基本知识认知不足,认知仅停留在表面。根据二十四节气认知在人口统计学变量显著性差异检验,成长环境及区域对认知二十四节气相关内容具有显著性差异,且成长环境为农村的、疆外的认知水平要高于成长环境为城市的、疆内的认知水平,学历和性别的不同对认知节气文化内容不具有显著性差异。

认知态度方面,学生对二十四节气具有认可度、兴趣度以及参与态度较高的心理状态,且对于节气文化的评价全部都是积极正面的,并且能够赋予节气文化的极高价值和文化地位。与知识认知的差异性检验相同,对二十四节气的态度认知在人口统计学变量显著性差异检验显示成长环境对认知二十四节气相关内容具有显著性差异,具体表现为:成长环境为农村的、疆外的认知态度要高于成长环境为城市的、疆内的认知态度,学历、性别以及年龄的不同对二十四节气的态度不具有显著性差异。

认知行为方面,学生对二十四节气文化相关文化的学习和参与具有很高的行为意愿,但真正的参与率较低。对二十四节气的认知水平以及认知态度影响着行为,与二十四节气的知识认知、态度认知呈现出一致性,二十四节气的行为在人口统计学变量显著性差异检验,成长环境对认知二十四节气相关内容上具有显著性差异,具体表现为:成长环境为农村的、疆外的行为要高于成长环境为城市的、疆内的行为，学历、性别以及年龄的不同对二十四节气的行为不具有显著性差异。

认知途径最高的为大众传播中的新媒体传播，公众号以及微博的二十四节气的推送成为课程学习之外了解的最主要途径，组织传播中的课程学习和学校活动的举办以及人际传播中的家人传播占比较高。

四、二十四节气认知存在的问题

汉语国际教育的学生对节气文化的认知很不全面，存在认知面窄、认知度浅的问题，不同地理位置对节气文化认知程度相差较大，生活在农村环境的认知要高于主体地理位置为城市的认知，在疆外的同学对节气文化的认知要高于疆内的同学的认知；在认知态度上存在表面性的认同，部分同学有"自我利益化"思想；其次，学校节气活动类型比较单一，相关知识涉及较少，学生们对节气文化知识的获取以及节气活动的需求难以得到满足。

（一）二十四节气的知识认知存在的问题

1. 认知范围较窄，基础知识有待提升

根据对汉语国际教育专业学生的调查可知，他们对节气文化的认知情况不够理想。汉语国家教育专业的学生对于节气的基础知识认知较为薄弱，如很多学生对于二十四节气的日期了解较少，甚至部分学生已经很难完整地说出二十四个节气，对于节气的物候、节气的起源地、节气的申遗等信息了解匮乏。对于二十四节气相关浅层生活性习俗较为熟悉，但对于稍微深奥或不常提及的知识性文化了解度极低，比较熟悉的节气仅有冬至、清明，立春、立夏、立冬、立秋、夏至的了解仅局限于对节气名的熟悉度和节气日期，其他的节气了解程度较低，如白露、处暑、惊蛰、芒种等。对二十四节气的知识层面仅停留在高中的地理知识的学习以及小学节气歌的学习。如对于节气非物质文化遗产扩展名录、节气所对应的物候的认知正确率仅为16.5%和16.8%，甚至对于节气的名称能够说出完整名称的仅占15.98%，对于节气的起源与发展则更为陌生。知识性的认知存在断裂性现象，即除了大学以前学科知识的学习以外，没有系统地学习过相关文化知识，知识的碎片化严重。访谈记录如下：

笔者L：你知道二十四节气申遗成功吗？

受访者A1：不知道，因为现在大家都不从事农业生产了，已经很少接触二十四节气了吧，所以可能不太注意这方面的消息。

笔者L：你印象比较深的节气有哪些？为什么会记得这些节气？

受访者A1：印象深刻的有春节、清明节、中秋节、冬至，因为前三个会放假，冬至的话是会吃饺子，所以记得这几个节气。

笔者L：冬至为什么吃饺子，内涵您知道吗？你还知道其他的节气习俗内涵吗？

受访者A1：不知道内涵，反正家里煮了饺子，就稀里糊涂地吃了。我知道清明节的习俗是为了祭奠祖先，其他就不太清楚了。

笔者L：上大学以后，您从课堂教学、讲座、学校活动等方式了解过二十四节气吗？

受访者A1：没有，学校里没有关于二十四节气的讲座啥的，连教学里好像都没有涉及过这个，学校也没有举办过相关的活动。

笔者L：可以谈一谈您对二十四节气的起源与发展方面了解多少吗？（比如起源时间、地点等）

受访者A1：不了解，是从农耕劳动的时候起源的吗？如果要了解这些知识的话，是不是要很专业的渠道，日常最多会关注到什么节气，只是一个节气名，没有很专业地学习过相关的更深层次的知识。

笔者L：谈一谈您对二十四节气的精神内涵方面的了解？通过什么渠道了解的？

受访者A1：精神内涵只知道一个清明，是为了祭奠祖先，这个是通过清明节的时候大家去坟头烧纸知道的。其他节气的精神内涵就不太清楚了。

笔者L：你认为你对二十四节气的内容了解得少还是多？

受访者A1：我了解得比较少吧，现在我们学习大多数都是被动式的，学习都是为了考试，很难再有其他精力去了解这些跟考试无关的东西。

笔者L：你知道二十四节气申遗成功吗？

受访者Z：我不知道。这方面的硬性知识欠缺，相关新闻较少，我自己关注的也少。

笔者L：可以谈一谈您对二十四节气的起源方面的了解吗？（比如起源时间、

地点等）

　　受访者Z：我不是很了解二十四节气的起源。平时也就是通过网络或者亲朋好友的口口相传了解，所以希望有机会学习。

　　受访者Z：那精神内涵方面呢？

　　笔者L：也不是很了解。平时就是通过网络或者亲朋好友的口口相传进行很简单的了解，譬如今天到了哪一个节气，如果是冬至，可能会包饺子、吃饺子，但是如果今天是其他节气，有可能都不会提起和注意到，所以没有学科知识的学习，平常的关注非常有限。

由访谈内容可知，大家对于节气的整体了解较少，在节气的认知广度层面，知识面较为狭窄，对二十四节气的相关知识的了解停留在小学时期节气歌的学习以及高中时期地理知识相关的二分二至日的了解，除此以外，对进一步的知识了解匮乏。

2.认知深度不足，整体认知较为局限

对节气文化的认知是增进节气文化认同的基本条件。笔者在问卷调查以及访谈的过程中发现，汉语国际教育的学生对于二十四节气的文化认知深度不够，对于节气文化的认知仅停留在表面，缺乏对二十四节气的整体认知，仅对某一方面的部分代表性节气有了解，数据表明汉语国际教育的学生对于二十四节气的认知深度存有很大的局限性。

二十四节气是一个综合性的、连续性的整体，它具有丰富的活动形式以及内容载体。在二十四节气发展的过程中，人们会根据节气来养生，节气地流转相应而来是饮食的变化。除此之外，节气还在农耕过程中发挥着极为重要的时间节点的作用，节气在生活中和农耕中的参与形成了大量的谚语，文人墨客也会根据节气物候的变化作诗写词，丰富了二十四节气的文学性。二十四节气还是中国对于自然地尊重，对人与自然和谐理念的体现，是一种代表着中国几千来的精神文化和文化精神。但是大家对于它的认知深度还有很大的不足，具体表现在以下两方面．

首先，被调查者对二十四节气的认知不具有完整性，认知存在碎片化的现象。对二十四节气的深度认知是要清楚和熟悉全部节气，通过笔者调查发现，被调查者仅对二十四节气中的冬至和清明比较了解，熟悉冬至和清明的节俗仪式以及节俗仪式背后的内涵包括清明和冬至的部分诗词和谚语，但是其他的节气则被忽略，尤其是对小满、霜降、白露、寒露等节气，更有部分学生对这些节气名称比较陌生，甚至不知道这些节气具体是哪一个季节。

其次，被调查者对二十四节气缺乏全面的了解，认知存在片面化的现象。通过笔者的数据分析可以看出，被调查者对于二十四节气的起源的认知、物候的认知以及节气申遗的认知等更深层次的问题了解较少，甚至还存在误解。笔者在访谈的过程中发现，有学生将腊八、春节等民俗性节日也划分到节气里面，对节气缺少正确的认知。对其他的节气了解较少，还有部分被调查者认为二十四节气仅是跟农耕有关系的节气，看不到节气的精神文化内涵。

汉语国际教育的学生对于二十四节气的认知系统性不强，综合性较低，缺乏有效的学习途径，知识性的学习不够，学习程度浅，对节气的关注也只有清明和冬至这两个常被提及和节俗较为明显的节气，整体对二十四节气的认知较低。

（二）二十四节气的态度认知存在的问题

1. 节气认知态度存在差异

二十四节气作为一个整体，千百年来指导着中国的农耕活动，经过传承、发展，它的意义早就超出农耕指导的初衷。在现代的生活中，二十四节气更是作为一种文化符号，具有深厚的文化内涵。笔者在调查的过程中发现，汉语国际教育的学生对于二十四节气的认可度较好，能够认识到节气作为一种文化资源对中华文化的丰富，是中国人的"根"，然而由于二十四节气的实用性功能在现代生活中还未得到很好的适应，人们缺乏对二十四节气的实际需要，二十四节气在人们的生活中逐渐淡化，尤其是当代的大学生，脱离了农业的生产环境，大部分的时间都在学校环境中度过，无论是二十四节气的节俗仪式，还是对节气的身体感受，都有一定的缺失。笔者在访谈的过程中发现，二十四个节气，仅有清明和冬至受到人们的重视，成为人们生活中的一部分，丰富着节气当天的社会生活。与之相对应的芒种、小满、雨水、白露、霜降等节气作为农业预告的节气和天气变化的节气则未能受到人们的重视，大多数人在日常生活中对这些节气的意识淡薄，受访者表示："感觉这些节气也没什么用，我们也不参加耕种活动，像这种节气，好像知道，对我们的生活也没有什么用处""这些节气没有什么对应的民俗活动或者是饮食什么的，可能是对于天气的变化的提醒，但是现在大家也都是看天气预报，反正就是在生活中的参与感很低"。从笔者的数据调查以及访谈中可以发现，大部分被调查者会存在弱化除冬至和清明以外的其他节气，认识不到其他节气的价值。

2.表面认同高，内化不足

当问及，你对节气文化的兴趣度、认可度以及参与传承态度，汉语国际教育的学生的积极态度达到70%左右，这说明汉语国际教育的学生对节气文化的认识态度端正，保有正面积极的态度。以下为访谈记录：

笔者L：那你觉得我们现在传承和发展二十四节气有意义吗？

受访者D：肯定是有意义的，这是我们中国的一个传统，也是一种文化。通过传承也会让我们这种年轻一代更加地去知道，去了解中国有一些什么比较深厚底蕴，从古到今传承下来的一些东西更清楚一些，不然总会觉得丢掉了根，觉得我们什么都没有。

受访者E：当然有意义，我觉得它很有仪式感，他的那个仪式感是很打动人的。我觉得像冬至吃饺子这种，不仅仅是一个人的活动，它的这种习俗把大家都聚起来了。除了仪式感方面，文化意义也值得我们把它传承好，它也是申遗成功的一个，因为它已经申遗成功了，代表在国际上这都是值得重视的，我们就一定要好好保留他。

笔者L：那你自身是非常认同这种二十四节气文化的吗？

受访者E：我很认同，因为我觉得古人说的那种天人合一的观点，他们对自然的那种尊敬和向往，我觉得很打动人。

笔者L：那你自己也就是对二十四节气的这种认同感，你觉得是缺失的吗？会不会觉得在现代生活中作用不大？

受访者G：认同感不缺失，其实我个人觉得我如果对它了解过深的话，并不太会对我自己造成多么大的影响。因为我觉得好像了解的人跟不了解人他们的生活是没有多大的区别的，只是对一个传统文化的缺失而已。就像比如说你知道这个传统文化内涵的习俗，但是我不知道，但是我们在日常生活中也没有任何的损失，有可能只是文化的缺失。

笔者L：你生活中会主动了解二十四节气相关内容吗？

受访者G：我自己不会主动去了解二十四节气的内容，主要是因为和自己的生活不是那么相关密不可分的。我对它了解与否并不会非常直观地影响到我的日常生活。

从以上访谈中可以发现，在态度与情感层面，汉语国际教育的学生对以二十四节气文化为代表的中国文化具有较强的认同感与自豪感，能够认识到节气文化是具有深厚的文化底蕴，是中华民族文化的根，但这种情感倾向的极端性并不明显，甚至有一部分人认为对节气文化的了解并不能够给自己的学业和生活带来直接的利益转化，因此并不会主动性地了解和学习。大部分学生对于二十四节气文化的态度处于依从阶段，即由于外部的看法和与大家保持一致，不能够从心灵深处认可节气文化的价值，对于二十四节气文化的认知停留在是中国传统文化、优秀文化的一部分，看不到节气文化背后的精神价值，对于节气文化态度的认同不足以转化为行为上的行动，对于节气文化的态度认同仅仅浮在认同表面。

（三）二十四节气的行为方面存在的问题

1. 认知态度和行为存在脱节

对二十四节气的行为是指能够通过多种渠道的实习和实践活动，亲自去体验、感悟、认同二十四节气文化，最终内化于心、外化于行，能够将二十四节气文化践行在学习生活和日常生活中的过程。从访谈以及问卷分析中可知，在日常生活中，学生对于二十四节气的兴趣度高，传播与传承态度积极，但是学生学习节气文化的主动性较低，在日常生活中参与节俗活动和文化学习的实践性不强，知识层面的欠缺以及态度层面的表面认同影响到行为层面。只有学生真正认同节气文化传递的思想内涵，成为该文化的忠实学习者、践行者和拥护者，这时才能在行动上有所为。学生如果总体态度上认同，尤其如果认同某些思想，那他们在现实中去实践该主张的可能性会很高。目前，学生的态度积极但是与二十四节气相关的节气学习与实践行为较低，存在认知态度与实践行为脱节的问题。

2. 参与形式和内容有待丰富

践行二十四节气文化，是学生对二十四节气认同的最终阶段。将二十四节气践行在生活和学习之中，才能真正达到知行合一，学生的参与才算是真正的行之有效。如果对二十四节气的认知仅停留在课本或者某些节气的知晓上，这将是空洞的文化认知。前文的问卷调查显示，汉语国际教育的学生对于二十四节气的学习不足，理论知识的学习停留在中小学的学习阶段，节俗活动参与方面更为单一，清明的祭祀活动也因在学校的环境限制参与度低，仅停留在冬至学院举办的包饺子活动层面，小部分学生会根据三伏进行针灸养生，但大部分学生根据节气养生和饮食的观念淡薄，使二十四节气与日常生活的联系不紧密，不能够融入到自己的学习实践与生活当中。二十四节气文化教育还需要通过学生自身的内化及各方的共同努力。

五、二十四节气认知问题的原因分析

笔者前文对汉语国际教育学生的二十四节气认知现状进行了分析，通过分析发现学生在二十四节气的知识认知度较低，行为践行度不强，为了进一步探析认知问题的原因，笔者通过影响因素进行了相关分析，具体分析如下。

（一）节气氛围层面

节气文化氛围是影响学生认知二十四节气的重要原因之一，而文化氛围的营造涉及到成长环境节气氛围的差异、社会媒体的宣传以及家庭的节气传承等多个角度。

1. 成长环境的氛围

表 3-53 成长环境对认知产生影响的相关性分析

	认知内容	认知态度	认知行为
成长环境	0.204**	0.208**	0.165**
地理位置	0.241**	0.172**	0.174**

* $p<0.05$ ** $p<0.01$

表 3-53 为成长环境对认知二十四节气产生影响的相关性分析，由分析可知，成长环境的不同对认知内容、认知态度、认知行为均具有显著性差异。根据前文分析可知，成长环境为农村的认知度要高于成长环境为城市的，成长环境为疆外的认知度要高于成长环境为疆内的，说明成长环境对学生认知二十四节气产生重要影响。由于现代社会的纪时制度随着时代的发展发生了极大的变化，时间单位不再是以前传统的纪时方法，二十四节气作为现代社会的时间意义大大降低了其实用功能。相较于农村环境社会，节气节点作为现代祭祀礼仪的意义在城市较为弱化，尤其是城市环境较为远离农业生产，对于节气对农业生产的指南认知相对较弱，尤其是节气与人们日常生活的联系减弱。节气的习俗活动在城市的丰富度不足，节气在人们生活中的参与度降低，城市环境节气文化氛围淡化，相较于清明和冬至两个节气，其他节气的社会参与感与生活化程度较低。同时，由于二十四节气发源于黄河

流域，依据黄河流域尤其是中原地区的物候、气候以及自然特征总结出来的规律，新疆地域距离较远，与中原地区的物候特征和气温相差较大，二十四节气的适用性和指导性较弱，因此二十四节气在新疆的参与度相对于其他地区较低。以上关于节气的地理差异和成长环境差异影响最深的是对当代大学生，因此无论是对于二十四节气知识的学习，还是态度，都由于成长环境的不同具有较大的差异。在节气文化氛围相对淡薄的今天，在强调文化强国的时代背景下，二十四节气需要共同的认知，二十四节气对于汉语国际教育的学生来说更是一种知识和文化，而不仅仅是用来指导农业生产的工具，因此要加强对二十四节气的共同认知，达到二十四节气民族精神和哲学意蕴的育人、化人作用。

2. 网络媒体的宣传

表3-54 网络媒体的宣传会对认知二十四节气产生影响的重要性

名称	认知程度	频数	百分比（%）	累积百分比（%）
您认为网络媒体的宣传会对认知二十四节气产生影响？	1	1	0.41	0.41
	2	9	3.69	4.10
	3	60	24.59	28.69
	4	97	39.75	68.44
	5	77	31.56	100.00
合计		244	100.0	100.0

表3-54为社会媒体的宣传会对认知二十四节气产生影响的重要性调查，从上表可知，39.75%的被调查者表示社会媒体的宣传会对认知二十四节气比较重要，31.56%的人表示非常重要，可以看出大部分被调查者认为社会媒体的宣传会对其认知二十四节气产生重要影响。表示笔者在调查的过程中发现，学生较为强调的是二十四节气的农业指导功能，是传统农业社会的产物，而对于其他的节气功能如作为中国的时间制度形成具有历史记忆和共同感受的文化归属功能，在养生方面的指导作用，相关的文化活动和实践活动的丰富作用，对于中国节气文化理念的认识不够。二十四节气是非物质文化遗产项目，相比于其他小众的遗产，二十四节气是一个大众化的文化遗产，具有完整又丰富的系统，但是在日常生活中的宣传仍显不足。社会宣传没有形成强势的节气氛围，二十四节气的发展和传承已经在各界如火如荼地展开，农业部、文化部、教育部以及相关行业组织和研究中心，二十四节气的保

护和传承也取得了一定成效,但是目前的普及性以及学生的参与度还远远不够,究其原因,则是社会网络媒体的宣传利用不足,没有形成全民知晓关注的趋势,尤其是在高校和学生的教育层面宣传不足,学生未能成为参与实践及传承保护的重要群体。对于二十四节气的宣传未能根据时代发展以及实际需要赋予新的力度和角度,吸引全民尤其是学生群体的参与。

3. 家庭节气的氛围

表 3-55　家庭节气的氛围对认知二十四节气产生影响的重要性

名称	认知程度	频数	百分比（%）	累积百分比（%）
您认为家庭节气氛围会对认知二十四节气产生影响?	1	6	2.46	2.46
	2	8	3.28	5.74
	3	59	24.18	29.92
	4	92	37.70	67.62
	5	79	32.38	100.00
合计		244	100.0	100.0

表 3-55 家庭节气的氛围对认知二十四节气产生影响的重要性调查,分别有 37.7% 和 32.38% 的调查者表示家庭的节气氛围对其认知二十四节气产生重要影响。笔者在访谈的过程中发现,家长对于节气饮食的氛围如冬至吃饺子、立春卷春饼、清明吃青团以及节气的习俗如清明节祭祀和节气的养生观念如跟着节气进行针灸、跟着节气喝茶的种种节气氛围是学生对于生活层面二十四节气认知的主要来源,并且根深蒂固地影响着学生的行为观念。

笔者 L:你在节气日会有什么特定的节气活动吗?

受访者 B:在家和家人在一起的时候,一般会冬至吃饺子、立春的春饼什么的。主要是大家一起的这些聚餐,但是自己独自一个人的时候一般就不会了。清明节那个会祭祖嘛,但是现在通常清明节都在学校也没有什么了,然后其他的节气也不太会有。

笔者 L:那一般来说是通过哪种途径了解节气?

受访者 E:都是听父母还有老一辈的人说。过哪一个节气,可能老一辈说的会多一点。

笔者L：那你印象比较深的还有哪些节气？

受访者E：除了冬至清明，我记得立春有一个活动叫做打牛，但是只是在听说的范围内，并没有参与过。只是会听长辈聊天的时候谈起来这种事情。其次可能就是这种像大寒、小寒，因为这种天气，父母会提醒多穿衣服。像比如说大暑、小暑这种天气变化会比较猛烈的，可以感受更深刻一些。但像父母的话，他们可能对惊蛰、谷雨这种更熟悉，因为他们这都是跟需要耕种相关，所以他们会考虑这个。

笔者L：在后续的学习过程中，你有没有再了解到过关于二十四节气的一些知识？

受访者H：像二十四节气，除了在课堂上语文老师教给我们的那些，然后其实在生活里面，然后像我妈妈就是非常注重一个节气的人，她就是比较注重这个节气，比如说要种点什么，她对这方面很了解，那对农业相关的。他就会知道然后什么时候开始种大豆、点豆子之类的，她很了解这些。然后我就在旁边听着，我或多或少了解一点。

笔者L：那你有没有比较特殊记忆的一些节气？

受访者H：像清明，因为清明要扫墓，然后我妈会带我去给我姥姥姥爷扫墓，然后会弄艾草，还有一些伤心草之类的东西。然后像是冬至吃饺子，是饮食方面，也跟传统的一样。

从以上访谈可以看出，被调查者对于节气的认知受到家庭的重要影响，但同时家庭对于被调查者的认知也具有局限性，则是因为二十四节气在家庭环境当中只有冬至和清明两个节气比较具有普及性，而对于其他的节气则缺少传承。

（二）学校及专业层面

学校是学生成长成才的重要平台，而专业的要求则是更具化的培养。对于大学生来说，学校是生活和学习的常驻地，学校的环境氛围和专业的培养在很大程度上影响着学生世界观、人生观和价值观的树立。

1. 学校活动的举办

表 3-56　学校相关活动的举办会对认知二十四节气产生影响的重要性

名称	认知程度	频数	百分比（%）	累积百分比（%）
您认为学校相关活动的举办会对认知二十四节气产生影响？	1	3	1.23	1.23
	2	9	3.69	4.92
	3	65	26.64	31.56
	4	100	40.98	72.54
	5	67	27.46	100.00
合计		244	100.0	100.0

表 3-56 表示学校相关活动的举办会对认知二十四节气产生影响的重要性，40.98% 的被调查者认为比较重要，27.46% 的人表示非常重要。二十四节气作为我国的优秀传统文化，蕴含着对自然的尊重，对日常生活的调剂，对中华文化的浸润。作为中国人独有的时间制度，辅助着人们在自然与社会、人文及生活中的统一。从节气活动的参与中认知二十四节气的相关知识和文化，把节气融入到日常生活和学习中，内化于心，从而贯彻到具体行为中。2016 年以来，节气申遗的扩展性名录如九华立春祭、石阡说春等节俗活动相继得到发展和传承，这对于二十四节气的实践与参与具有积极的意义，人们在参与中可以更好地体验节气文化。但是申遗的扩展名录具有很强的地域性，对于全民的影响度较低。对于大学生来说，节气的社会环境氛围不足会影响到对二十四节气的参与度，而校园环境则直接影响到学生对于二十四节气的行为，学校开展的二十四节气活动以及学习活动不足使得学生缺少参与相关的实践和文化活动。整体来说，学校可供人们参与的全面性的节气文化实践载体以及实践途径较少，不能够很好地满足大家的实践需求。

教育的价值在于人才的培养，但是由于高校学生的就业压力，学生的培养各个环节聚焦于市场需求，缺少培养综合素养以唤起文化精神。也正是在这样的社会环境需求以及学校教育下，二十四节气文化在学校的教育中比较缺乏传统文化传承的体系，学校也未过多关注开展传统文化教育，尤其是节气文化教育的有效模式，更没有形成常态机制，不能够很好地把专业性的讲座等学术活动和以传统文化教育为主题的活动形式有效结合，使学生不能有效地从学校这个重要的教育阵地学习相关知识。

2. 专业的课程设置

表3-57 专业相关课程设置对认知二十四节气产生影响的重要性

名称	认知程度	频数	百分比（%）	累积百分比（%）
您认为专业相关课程设置会对认知二十四节气产生影响？	1	4	1.64	1.64
	2	17	6.97	8.61
	3	68	27.87	36.48
	4	91	37.30	73.77
	5	64	26.23	100.00
合计		244	100.0	100.0

表3-57表示专业相关课程设置会对认知二十四节气产生影响的重要性调查，37.3%的人表示比较重要，26.23%的人表示非常重要。汉语国家教育的学生承担着对外文化传播的重任，因此在培养过程中，学院非常注重学生传统文化知识的教育，开设相关的课程。其中在古代汉语以及中国文化要略中皆有涉及二十四节气的相关内容，但是仅是对二十四节气作简单的天文历法介绍以及名称介绍，教授的形式和内容比较简单。汉语国际教育专业在二十四节气的知识教育上缺乏系统的课程设置，使得学生对于二十四节气的学习内容难以形成系统。由于课堂学习内容的不足，学生对二十四节气的知识及其文化难以形成较好的认知。笔者在访谈的过程中发现，学生能够认识到二十四节气的重要性以及自己知识的不足，但很多学生缺乏学习的自主性，更希望通过课程学习、老师讲授的方式作为外力作用来达到较好的学习。以下为访谈内容：

笔者L：那你觉得如果加深对二十四节气相关知识的了解，会提升你的专业能力吗？

受访者A：专业能力应该会提升一点，毕竟是这个专业的知识，像我们专业要面对外国人，是需要大量的文化知识，所以肯定会有帮助的。

笔者L：那你目前所学的课程中有关二十四节气的内容吗？

受访者A：有提到过，中国文化概论里面，内容不多，只是一章里的一个小结。

笔者L：你希望在后续的这种课堂学习中加入二十四节气相关内容吗？

受访者A：希望加入，因为见多了、学多了，就会有点印象，被动学习还是最适合的。

笔者L：你觉得加深对节气相关文化和知识的认知会提升你的专业能力吗？

受访者E：因为我们这个专业确实是需要扎实的文化知识功底，总之它是属于我们一个传统文化的知识。我觉得除了知识水平的提升，它也更是属于一个素养。

笔者L：那你在教材或者课程中有没有学习过有关二十四节气的内容？

受访者E：目前真的是没有，老师还没有聊到这一些方面。

笔者L：那你希望在课堂学习中加入相关知识吗？

受访者E：希望加入。因为我只知道我自己生活地方的一些习俗会怎么过。像在不同的地方肯定会有不同，我不知道它们的习俗是怎么样，通过老师的讲解可以丰富一下，并且老师讲解很有系统性，不像我们可能自己要花费大量的时间，毕竟老师是更专业的，包括内容的选取上。

3. 文化的传播需求

表3-58　对外的文化传播需求对认知二十四节气产生影响的重要性

名称	认知程度	频数	百分比（%）	累积百分比（%）
您认为对外的文化传播需求会对认知二十四节气产生影响？	1	1	0.41	0.41
	2	12	4.92	5.33
	3	75	30.74	36.07
	4	88	36.07	72.13
	5	68	27.87	100.00
合计		244	100.0	100.0

表3-58为对外的文化传播需求对认知二十四节气产生影响的重要性调查，36.07%的被调查者表示比较重要，27.87%的被调查者表示非常重要。汉语国际教育承担着对外文化传播的责任，因而对外文化的传播需求在很大程度上影响着学生

对二十四节气学习的主动性。前文通过笔者的分析梳理，节气活动如冬至、春分、清明等重要节气节点，各孔子学院会通过节气活动的举办让学生以及国外的民众更好地体验中国的节气文化，同时节气文化的举办也收到很好的效果。因此，孔子学院各个教学点应充分发挥二十四节气的独特优势，通过新颖有趣的教学活动带动外国对于中国文化的学习兴趣和需求。

（三）学习主体层面

1. 学习主体的兴趣

兴趣对于主体学习的能动性有很大的助推作用，对个人认知的深度和广度以及学习的态度都会产生重要的影响。通常学习的持续动力会受到个人兴趣的影响，因此笔者通过个人兴趣对认知二十四节气产生影响的调查来进一步分析影响学生二十四节气认知的原因。

表3-59 个人兴趣对认知二十四节气产生影响的重要性

名称	认知程度	频数	百分比（%）	累积百分比（%）
您认为个人的兴趣会对认知二十四节气产生影响？	1	3	1.23	1.23
	2	10	4.10	5.33
	3	63	25.82	31.15
	4	83	34.02	65.16
	5	85	34.84	100.00
合计		244	100.0	100.0

表3-59为个人兴趣对认知二十四节气产生影响的重要性调查，从上表可知，34.02%的被调查者认为比较重要，34.84%的被调查者认为非常重要。学习兴趣是被调查者认知的重要影响因素，以下为访谈记录：

笔者L：那你觉得影响你对二十四节气认知的因素是哪些？

受访者M：我觉得第一个可能就是我自己对于这些东西不太感兴趣，就觉得没有那么重要。然后第二也没有意识到有它的重要性。然后就可能是平常接触得不多。

笔者L：影响你对节气相关内容认知的因素有哪些？

受访者R：我觉得首先是兴趣不足。然后其次我觉得是我们现在所学习的专业有关方面的知识特别少，没有去接触到这一块那个源头和后面，然后像课本上也没有说系统的去介绍过，除非是你对这方面很有兴趣。

笔者L：你觉得作为汉语国际教育这个专业来说，我们怎么样更好地传承和传播？

受访者R：我觉得首先是先引起大家一个兴趣的一个点，然后以点带面，带动更多人、更多方面。

从以上访谈可以看出，无论是对于节气文化和知识的关注，还是节气行为的内动力受到个人兴趣的极大影响，因此，如何引起学生的兴趣也是主要的关注点。

2. 正确的认知和评价

在全球化和信息化时代，随着外国文化的不断渗透和融合，中国传统文化的教育、继承和弘扬也受到了影响。当代大学生也正处于价值观、世界观、人生观的培养塑造阶段，对不同文化的糟粕还有待提升辨析和认知的能力，社会存在中的自我、拜金主义、享乐主义的价值观对于学生培养正确的价值观也有很大的阻碍。因此学生还有待进一步提升理性判断，主动关注、学习和弘扬中国优秀传统文化，以其中存在的正确思想和观念塑造自我、提升自我。其次，网络舆论的复杂性对学生提高对传统文化的认同感也有一定影响。在网络时代，QQ、微信、微博、抖音等社交平台的广泛传播，大学生的思维方式更加开放、多样化，人们更倾向于那些所谓的"有意思"的视频和信息，学生的关注点容易落在当天的热点信息及能够带来即时快乐的短视频。良莠不齐的网络文化在一定程度上削弱了大学生学习以节气文化为代表的传统文化的主观能动性，弱化了节气文化对大学生的吸引力，学生容易失去学习尤其是知识性文化的兴趣和践行的动力，因此在调查中显示被调查的学生主体对于二十四节气了解较少，难以形成正确的认知态度和行为动力。受访者在访谈中表示："现在如果要学习一种文化和知识，是不缺乏平台的，尤其是现在年轻人都会刷抖音，有时也会有那种传统文化的视频推送，但是就是在业余时间观看那种更欢快和新奇的视频，像这种知识性的、文化性的，相对来说，没有那么吸引我。"除此之外，学生对于二十四节气的认知停留在知识层面，态度层面受到的引导和教育不足，学生很少再停下脚步关注自然，感受因节气不同而带来的生活的和情感的变化，对于二十四节气的认知有局限性，甚至觉得对于二十四节气知识的掌握和了解并不能够给自己带来实际的利益转化，对自己的日常生活没有影响，忽视了二十四节气的文化价值和情感价值。因此我们更要加大对大学生对于以二十四节气为代表的传统文化的教育以及人生观世界观的引导，避免过度的享乐主义和利己主义使人的精神空虚化、文化空壳化。

3. 学习主体的主动性

当代大学生有很明显的新时代特点，他们热衷于追求新事物。二十四节气在学校的教育中的传播方式和存在形式没有形成较好的宣传渠道以及教育点，因此相比较其他内容优秀传统文化，吸引不了他们的兴趣，也导致他们对节气文化的主动学习性较差。几乎所有的被调查者都认为二十四节气对社会很重要，但实际掌握的传二十四节气相关文化知识却不多，他们有学习二十四节气知识的意愿，但很少主动地去学习。社会的需求致使他们的学习重点多半是为了应付考试或者是就业需求。如前所述，在调查中，学生对于节气文化的认知水平不高、主动性较差，虽然态度积极，但自觉学习和传承中国传统文化的主动性不足，这些问题严重影响了大学生对中国传统节气文化的学习和传承。经调查发现，对于节气文化，大部分大学生会将其视为一门课程，对二十四节气的学习摆在次要的学习位置，缺乏主动了解的意识，主动学习节气知识的观念较为淡薄，他们不会自主搜查资料学习二十四节气相关知识，有限的学习也仅限于公众号推送的观看，很少有人自发地、系统地学习。同时由于节气本身在传承的过程中，习俗的大量减少让人们在节气日的参与度与体验度大幅度缩减。目前仅有的较为全民性的节气日仅剩冬至日和清明，其他节气日芒种、白露没有很好的实践载体让人参与其中，使其在人们的生活中发挥作用。学校没有设置相应的课程、提供相应的文化氛围，网上关于二十四节气文化的知识多而杂，且不具有系统性，学生也很难提起相应的学习主动性。

六、对二十四节气认知问题的建议

二十四节气像是一面镜子，汉语国际教育的学生对二十四节气的认知折射出来的是对具有深厚底蕴和内涵的非遗文化、优秀传统文化的认知。根据上文对二十四节气的认知现状以及认知存在的问题和原因分析的论述，本章主要从提高节气认知、提升节气态度、践行节气文化等方面阐述提升学生对节气文化知识认知与态度水平和践行的六点建议，以期为各大高校和汉语国际教育专业增强学生的传统文化认知水平、增强文化认同方面，提供一定的思考和借鉴。

（一）营造节气氛围

1. 针对认知差异，提升认知水平

在新的时代环境和发展要求下，中华传统文化对于中国强国目标的实现起着重要的作用。二十四节气文化是中国传统文化的"根"，是中华人民精神力量之源。对于汉语国际教育来说，要注重培养学生文化知识的全面性和丰富性，利用节气精神文化的育人作用加强对学生精神层面的引导和提升，深入培育学生的核心价值、精神内涵和知识水平等综合素养。强大的国家需要有强大的凝聚力，二十四节气是中国集体主义的重要体现，与中国的核心价值观存在内在的一致性，培育汉语国际教育学生的节气知识水平和文化素养，既有利于实现国内对人才培养目标的要求，也有利于满足国际中文教师的标准。学生对节气知识和文化的认知存在差异性，尤其成长环境的不同对节气认知的影响较为显著。因此，在节气知识和文化的教育上，要针对差异性，加强对城市生长环境以及新疆地区的学生节气知识的教授和节气文化的培养，重视教育中节气价值观的导向作用，提升不同成长环境中学生的文化自觉和文化实践。

2. 利用网络媒体，营造文化环境

近代以来，二十四节气在人们生产生活方面的作用逐渐下降，尤其是学生群体远离农业生产环境，造成了人们尤其是学生群体对二十四节气知识的进一步弱化，没有形成较好的认知态度。作为单个的节气，只有清明，不仅是一个节气，更是发展成为祭祀节，甚至作为国家法定节假日成为人们较为关注的一个节气，冬至的节俗仪式也保留得比较完备，传承状态较为稳定，甚至呈现出强化的趋势，但是其他节气则在人们生活中的参与度大大降低，二十四节气的文化氛围淡薄。

大学生习惯从以网络技术为载体的微博、微信、网站等系列客户端获取信息，这些平台发布的内容在一定程度上影响着学生的信息获取、行为和思维。因此，应从充分利用社会环境发挥网络宣传的优势，在碎片化的信息中融合二十四节气文化，简洁、生动地将节气知识文化从枯燥的文字中摘除出来，以图文传播。充分利用社会的网络教育平台，从大学生感兴趣的方面入手，具体地宣传与节气相关的美食、根据节气的养生习俗和文化等,构建出立体的教育格局,深入解读和宣传优秀节气文化,让全社会成员接受节气文化的熏陶,在强化的社会氛围中达到潜移默化的影响作用。笔者在问卷的数据分析中发现,节气环境相对较好的地区的节气认知以及态度和行为度较高,可见节气的文化氛围对认知节气的重要作用。因此,要注重二十四节气文化的社会氛围的营造,借助网络平台的传播渠道,形成较为广泛的文化传播体系,通过网络媒体上节气文化全方位的覆盖、深层次的渗透,创造良好的节气文化氛围。

3. 利用家庭环境,注重家庭教育

家庭教育是人接受教育的最原始的出发点,同时家庭教育也是伴随和影响人一生的教育过程。家庭教育在传承中华传统文化和引导认同上具备天然的优势,家庭环境在人们的日常生活以及自然状态下起着强有力的影响和教化作用,对于子女的学习具有强烈的塑造和感染作用,家庭环境的教育作用是其他形式和场所不可替代的。因此,要重视家庭环境的文化教育作用,利用家庭环境,增进学生对优秀节气文化的传承和认同。重视家庭节气文化环境,需要发挥社区对于家庭的培育作用,形成家庭节气文化氛围,以此加强家长自身对节气文化的理解和参与,加强家庭与家庭、家庭与社区之间的交流与学习,提升家长自身的文化素养和文化自觉。家长通过率先垂范,从而影响和感染家庭共同成员以及子女的节气文化活动的参与和认知,在日常生活中能够贯穿节气生活理念以及节气精神内涵,如节气养生、节气饮食以及节气文化精神所传递的勤劳等观念,使家庭的节气文化教育在子女成长的过程中发挥最大的推动力。

(二)加强学校及专业教育

1. 发挥学校渠道作用,加强校园文化建设

大学期间,校园是大学生主要生活和学习的场所,学校对大学生的影响无需多言。学校作为文化教育的重要阵地,其良好的文化氛围是其他场所不可比拟的。因此,学校是开展节气文化教育、增进学生对二十四节气文化认同的最佳阵地。笔者在访谈的过程中发现,学生清晰认识到自己对于二十四节气知识方面了解过少,甚至有学生表示在做问卷过程中像是在给自己扫盲,对于二十四节气知识了解匮乏,但同时也有强烈的意愿想要了解二十四节气的起源与发展,二十四节气的由来以及在生活中的作用,因此高校营造二十四节气文化氛围必不可少。二十四节气文化在

校园中的传播停留在表面,甚至是缺失的,学校缺少利用二十四节气的深厚内涵深入影响学生学习以及思想的深层,导致二十四节气缺乏有效的传承,难以让学生感受到节气文化在思想上的魅力。因此高校应积极增加以二十四节气为代表的优秀传统文化的实践以及教学环节,重视优秀传统文化的传承,积极组织相关活动,鼓励学生学习参与,使学生的生活与教育内容有机地融合起来。

学校要定期邀请著名的专家、学者举办相关的讲座、学术讨论会,并在学校的微博、广播、微信等平台上大力弘扬节气文化。利用好学生社团,组织相关的传统文化活动,如征文、演讲、辩论赛、知识竞赛以及趣味活动等,在一系列活动中增加学生对文化知识及活动的体验感,在参与中提升对传统文化的认知。强化高校的校园文化建设,高校在建设校园文化的过程中,需要认识到中华传统文化的重要作用,将传统文化融入到校园建设中,构建出适合学生成长与发展的重要教学环境。高校还可以在一些校园宣传栏以及广场、广播等地开设体现传统文化的专栏,并构建出适合传统文化理论前沿的文化艺术长廊,使学生能在历史文化传播中感受到传统文化给自身带来的艺术修养与思想提升等。

2. 完善专业课程设置,融入文化育人体系

专业课程的建设是学生全面系统了解二十四节气知识的重要桥梁。因此汉语国际教育专业应该积极推动课程体系的改革,将优秀传统文化中的系列文化课程的内容列入教学大纲,为汉语国际教育的学生提供学习二十四节气文化为主的优秀传统文化有效途径,增加优秀传统文化内容作为专业的必修课程,在基础课中添加以二十四节气为代表的中国传统文化的选修类课程,督促大学生系统地学习,帮助学生了解二十四节气的历史和发展,领悟二十四节气文化的精华。中华传统文化内容丰富,二十四节气文化也是如此,学生不可能一一掌握,因此,专业应优化课程设置,精选教学内容,将二十四节气知识性和文化性以及哲学性进行整合,清晰规划学习内容,赋予节气文化新颖的教学方式和角度,利用多种形式的教学资源和教学方式吸引学生学习的兴趣,提升学习的主动性,从而加强学生对于中华优秀传统文化的认知。与二十四节气相关的诗词文化、精神文化、艺术文化、农业文化,乃至生活方式,承载了中华千百年来的思想和行为方式,与一般的知识教育相比,中国传统优秀文化具有特殊的教育功能,它对学生的民族精神培养起着重要作用,是实现汉语国际教育和中华优秀传统文化教育的融合。二十四节气教育为汉语国际教育的学生提供了多角度、多方式去看待和了解中华传统文化。具体来说,优秀节气文

化内容的纳入,不仅是对传统文化知识的全面学习,更是在学习的基础上培育学生的节气文化认同,增强文化自信,使汉语国际教育的学生在对外文化传播的过程中更具底气和能力。

3. 深挖文化融合点,提升对外文化影响力

二十四节气包含着中国的物质文明和精神文明,蕴含着中国的民族特性和思想理念,以其科学的智慧和价值推动着人们的生产生活。二十四节气在发展的过程中影响着人们的方方面面。二十四节气文化所蕴含的民族特性和思想理念与中国所倡导的核心价值观体现出一致性,二十四节气文化的传播有利于外国人了解中国的价值理念和优秀文化。节气文化对外的影响力和传播力,需要深入挖掘与二十四节气相关的文化,结合外国对中国文化的兴趣点,如二十四节气与中国茶文化的结合、与中医养生文化的结合,以及中国饮食文化的结合,以及艺术品创作的结合,丰富二十四节气对外传播的形式和内容,从而提升节气文化的影响力。同时,深入挖掘二十四节气与外国文化的共通点,如中国二十四节气与诺鲁孜节都被列入了《人类非物质文化遗产代表名录》[①]。诺鲁孜节分布在多个国家和地区,是这些国家和地区的重要节日,如吉尔吉斯斯坦、哈萨克斯坦、塔吉克斯坦等。诺鲁孜标志着春天的第一天,是天文学上的春分,通常于每年3月21日开始庆祝[②]。中国的冬至日是中国重要的节气日,通常会有"冬至大如年"说法,一定程度体现了冬至日对于中国人的意义。同样的,在伊朗、阿富汗、塔吉克斯坦、阿塞拜疆等国家,冬至被称为"雅尔达",这一天也是他们国家的标志性节日,被称为"雅尔达节",人们也会隆重庆祝。人们寻找中国节气文化和其他国家文化的共通点,更有利于外国人加深对节气文化的理解,达到文化上的民心相通。

(三)提升学习主体的能动性

1. 加强节气创新转化,激发主体学习兴趣

相较于传统社会,节气节点作为现代祭祀礼仪的意义全面弱化,对于农业生产的指南作用也下降,尤其是节气与日常生活的联系减弱,节气的习俗活动的丰富度不足,节气在人们生活中的参与度降低,整个社会的节气文化氛围淡化,相较于清明和冬至两个节气,节气的社会参与感与生活化程度较低。关于节气的变化影响最

[①] 国际诺鲁孜节. https://www.baidu.com. [2021-12-27].
[②] 刘明. 节日志与写文化: "一带一路"倡议下塔吉克斯坦诺鲁孜节调查研究[J]. 北方民族大学学报, 2019.

深的是对当代大学生，日常生活中对节气的需求大大降低，因此无论是对于二十四节气知识的学习，还是态度，都认知不够、学习不足，对于二十四节气的意义和价值珍视不够。在新形势下，时代的需求和国家的发展要求我们推动二十四节气文化的传承和创新。深入挖掘二十四节气的价值和内涵，以人们乐于参与、喜闻乐见的方式推广和创造，使之与现代社会相适应，才能更好地弘扬二十四节气文化。借助文学作品、文化产业、旅游、影视等多种内容和途径，深挖结合点，借鉴国内外文化保护和创意产业的成功经验，在当前社会良好发展的机遇下，借助大学生这一主体创新人才，充分发挥学生在二十四节气推动、促进的主体作用，真正将学生尤其是汉语国际教育专业背景的学生培养成为二十四节气的积极传播者和践行者，推动二十四节气文化创意产业的发展，激发学生的学习兴趣，使学生真正地参与其中。

2. 提升学生学习意识，增强主体文化认知

文化自觉是文化自信的前提，而自觉的前提是对自身文化有所认知。对自身文化的认知以及传播中华文化责任的认知，需要提升学生的学习意识，在这样的前提下，汉语国际教育学生应主动提升自己学习的自觉性。对于二十四节气文化而言，无论是留心于节气的变化，关注自然的发展，还是诵读一首节气诗词，抑或是对一段节气音律的欣赏，都是日常生活中对二十四节气知识和文化的践行。文化的认知正是通过学习正确的知识以及在活动中的践行来达到更深层次的理解。因此要善用二十四节气文化符号的相关资源，以亲身感受的方式参与到其中，将二十四节气文化进行一种"体验式"的传播，激发对节气知识和文化的学习兴趣，从而带动以认知的共识促成文化的接触行为，以文化接触行为促成文化认知的提升，在文化提升的同时促成学生自身的主体传播意识，以学生作为传播媒介，推动更多的人对二十四节气文化的认知与认同。具体而言，要引导学生从二十四节气所传递的生活和文化的理念找到情感的共通点，让学生通过长期的接触以及学习激发内在的学习意愿，开展和创造内容丰富的、形式新颖的、学生感兴趣的二十四节气文化教育活动，使二十四节气的教育方式更活泼，与时代特色紧密结合，以此来培养学生主动地去获得二十四节气知识，从而增强文化认知，树立文化自觉。

学生对二十四节气的认知应作为一项综合的引导过程，需要社会、学校、家庭等共同参与其中，形成教育上的合力。首先是强化学生对于二十四节气的具体学习，当前中国的国家实力已经得到提升，人们在生活与发展中得到满足的同时，也有了更加强烈的精神需求，大学生需要在优秀传统文化中找到适合自身成长与发展的重

要元素以及汲取精神力量。因此社会各团体也应参与其中,共同创造传统文化氛围。鼓励社区多方面做好二十四节气的文化传承,增强节气的仪式感。通过节气活动的开展,使节气与人民的日常生活息息相关,创造丰富多彩的社区活动,更直接地推动节气文化的传承和发展,让人们更加切身体会二十四节气的存在,从活动中加强邻里之间的交流,增进社会归属感,增强交流中的热闹和喜庆气氛。以社区带动家庭,形成全方位的传统文化教育氛围。二十四节气文化氛围的创建,需要社会在各个层面做出探索,利用社会、学校、家庭等不同层面,实现教育上的合力,引导大学生进一步学习二十四节气文化,切实加强对学生的教育引导,引导学生在学习和实践中,切实体验二十四节气的生命力和文化魅力,增强对二十四节气的情感态度,真正提高学生对二十四节气的内化能力。

3. 建立实践养成机制,激励主体参与

学生对二十四节气的行为是对节气文化认同的最终环节,同时还是认知和态度的基础。不断践行二十四节气文化,将其融入日常生活和学习中,内化为自己的行为信念和思想。首先要建立学生的实践养成机制,切实加强学生的实际参与,使态度和实践相统一。要为学生的学习和参与提供空间和平台,通过宣传普及、积极创新等方式,将理论知识与习俗活动相结合,将节气文化创新和时代需要相结合,使其得到新的发展,吸引学习主体的参与,积极引导学生参与专题探索、社团活动、民俗活动、文创设计等丰富和新颖的活动形式。建设以校园为主阵地的节气文化环境,积极引导学生内化和践行二十四节气文化,使学生的知识文化与认知态度和实践相结合。要有组织有计划地开展二十四节气实践活动,并使之成为常态化的体验。整合二十四节气所包含的物质文化和非物质文化资源,推动二十四节气文化的产业发展,组织学生参观实践基地、观看相关人文历史景观,激励学生的参与热情,以此发扬二十四节气文化的魅力。

七、结语

国际汉语教师作为中华文化传播的主要助推员,其"自文化"的专业知识和文化素质对中华文化的传播与对外交流起着至关重要的作用。一个对本国优秀文化不了解的学生,既不能满足国际汉语教师的标准,也不能助推中华文化的对外传播。汉语国际教育作为培养国际汉语教师的主要专业，培育学生的节气文化知识不仅是中华民族文化传承的事业，更关乎中华文化的对外交流与影响。二十四节气作为我国乃至世界重要的非物质文化遗产，是融入中国人血液里的文化传统和精神依归，是中华文化的独特代表。综观汉语国际教育专业的文化认知研究，更多的是对外国留学生中华文化的认知，较少关注汉语国际教育专业中国学生的认知研究，且文化研究较少关注对二十四节气文化的认知。汉语国际教育学生对二十四节气的认知和态度影响着节气文化对外传播。因此，调查和了解汉语国际教育学生对二十四节气的了解程度和态度十分有必要。本次调研基于一定的调研问卷数据统计，结合二十四节气的认知数据深入访谈，关注了承担文化传承及传播重担的汉语国际教育专业的学生，探究他们对二十四节气的了解程度和态度以及践行状况。

　　本次调研通过问卷调查和访谈，探究发现汉语国际教育学生对二十四节气的认知存在成长环境、地理位置及地区差异，聚焦的核心问题是汉语国际教育的学生作为对外传播对内传承双重主体身份对节气文化的了解程度、态度和行为意愿。后续研究围绕这一关键问题展开，探究学生对二十四节气认知程度不高的原因，从多个角度给出了切合实际的建议。本研究希望能在二十四节气去仪式化成为主流的当下，从认知的角度探究汉语国际教育学生对二十四节气的认知差异，寻找提升汉语国际教育学生二十四节气文化乃至更多中华优秀文化认知的途径。习近平总书记在十九大报告中提出，要充分挖掘中华优秀传统文化所蕴涵的思想、人文精神、道德规范，并与时代要求相适应，不断创新，使中华文化焕发出永恒的魅力，焕发出时代的风采。二十四节气是中国传统文化的一种瑰宝，是一种珍贵的非物质文化遗产，是一种文化认同的标志，是一种精神和情感的寄托，我们汉语国际教育学生主体更应承担二十四节气的传承与传播重任，在国内外的传播过程中成为文化影响的中流砥柱。

　　汉语国际教育专业本土学生的培养中，二十四节气教学的现状与思考应该引起汉语国际教育的教学和研究者足够的重视。但是目前在汉语国际教育领域中，二十四节气的教学和研究还没有受到足够的重视，甚至可以说存在一定的缺失。学生们传统文化知识和文化素养的缺失进一步造成的是传播和阐释能力的不足。针对国际汉语教师的需求，我们注重培养学生的文化知识水平和文化素养，从文化实践和文化环境中把教室和网络的资源结合起来，用这样的方式，充分调动学生学习的主动性和积极性。

　　中华民族的二十四节气文化是开放的、发展的、是动态的。其中的人伦亲情、文化知识、文化内涵和现代活力交融在一起。二十四节气的学习，不仅仅要让以二十四节气为代表的中华文化被看见、被感知，还要能被带走、被传承、被传播。在汉语国际教育专业的培养中，只有更好地关注到中华传统文化课程，才能更加有效地培养出适合的人才，更好地助推汉语和中华传统文化的传播，促进世界更好地了解中国。

总之，国家的建设及人才的成长必须以精神文明为导向，以继承、发展、创新中华传统文化为基础，国家的对外文化传播更需要注重对汉语国际教育学生文化知识和素养的培养。本研究旨在让学校能够思考增强节气文化教育，形成良好的文化氛围，从知识层面和精神层面对学生进行传统文化教育是时代以及国家的需求；使汉语国际教育专业能够重视节气知识的系统化，培养学生对二十四节气的认知体系，更加深入地感受二十四节气的丰富和智慧，提升学生的文化知识水平和文化素养；使汉语国际教育专业的学生意识到学习二十四节气的精髓以弘扬中国传统文化之精髓，提升自身中华传统文化的对外传播能力以及阐释力是汉语国际教育专业的学生不可推卸的责任。

由于笔者的能力有限，本文的理论研究不够深入，只是对汉语国际教育学生对二十四节气的各方面认知进行了总结，更深层次和更宽领域的中华传统文化认知研究还有欠缺；笔者的研究样本没有设置对照组做对比，使得研究不够全面，同时笔者的逻辑思维水平还有待提升，不妥之处，敬请批评指正。

来疆留学生电影作品需求现状调查研究
——以新疆师范大学为例

依扎特·阿仁

摘　要：汉语电影是将中国文化进行全球化传播的重要载体，是留学生学习汉语的重要辅助工具。本文的研究目的在于以引导学生通过电影学习汉语为动机，进一步端正学生通过电影学习汉语的态度，为学生通过电影学习汉语提供更多的方法选择，拓展学生了解汉语的渠道，全面提高留学生的汉语语言表达和鉴赏能力，增强学生的汉语学习效果。本文研究的意义在于，有利于发现来疆留学生运用电影作品学习汉语存在的问题，优化来疆留学生的汉语教学途径，激发学生学习汉语的热情，为教师提供新的教学思路，满足学生汉语学习需求。本文以新疆师范大学的106位留学生为例，对来疆留学生电影作品需求开展了深入调查研究。研究中主要运用问卷调查和访谈法，重点从来疆留学生对电影作品的目标需求和学习需求两个层面开展分析。在目标需求层面调查学生观看电影的动机、态度、领域、场景、时间等；在学习需求层面调查学生通过电影学习汉语的原因、方式、偏好、途径、频率等；在此基础上归纳总结来疆留学生对电影作品的需求特点；并提出运用电影作品促进来疆留学生学习汉语的对策建议。

本文的创新之处在于将目标需求和学习需求理论运用于来疆留学生电影作品需求分析，将电影作品需求与汉语学习联系，尝试总结出新疆师范大学留学生电影作品需求存在的问题，全面掌握不同汉语水平阶段、不同性别、不同学历、不同国别的留学生对电影作品需求特征。根据来疆留学生特点，进一步丰富目标需求和学习需求理论在来疆留学生汉语学习中的研究成果，为教学实践提供借鉴。

关键词：电影作品需求现状；来疆留学生；调查研究

一、绪论

（一）研究背景

近年来，随着全球经济一体化发展和"一带一路"倡议的推进，"汉语热"已成为一种大趋势，体现出汉语的国际性语言地位，也体现出全球各国对汉语的喜爱与好奇。据了解，目前诸多的国际公司、国际组织、国际媒体和世界知名大学都开设了汉语课程或者汉语专栏，汉语的学习、使用者不断增加，汉语所涉及的领域也愈加广泛。在这一大背景下，也吸引了更多的留学生学习汉语、使用汉语。

新疆地处我国西部，比邻中亚，是我国与中亚衔接的枢纽，是一带一路倡议下我国衔接中亚各国的重要节点。近年来，随着我国与中亚各国合作与交往的日益密切，来中国新疆留学的留学生也不断增多。近年来，新疆师范大学努力扩大生源国数量，来中国新疆留学已成为周边国家学生的重要选择。本文将研究对象选择为新疆师范大学的留学生，与新疆的区域地理位置、人文特点、对外文化交流特点密切结合，有助于通过本文的研究提高留学生的汉语教育水平。

电影作品来源于生活，反映于生活，是某一地区人文特点的缩影。中国电影是将中国文化进行全球化传播的重要载体。随着我国经济和教育的全球化水平不断提高，其国际影响力也不断加大，汉语在国际交流中的地位也更加突显，使得全球的汉语学习需求不断增长。电影作品不但是人们一种娱乐方式，更是重要的语境平台，中文电影也是留学生学习汉语的重要载体。通过电影作品的语境，不但使得留学生的感受汉语的发音、语法、写作，还可以感受汉语的文化魅力。以电影作为汉语的学习媒介，可以使留学生加深对汉语的了解。

笔者以新疆师范大学留学生为研究对象，将其对电影作品的需求现状作为研究的主要内容，以来疆留学生的需求为出发点，在对留学生电影作品需求开展调查研究的基础上，提出相应的运用电影作品促进来疆留学生汉语第二语言教学的对策。

（二）研究目的和意义

1. 研究目的

本文在 Hutchinson 和 Water 需求分析理论的指导下，通过调查分析新疆师范大学留学生对电影作品的目标需求和学习需求的相关因素，以来疆留学生的需求为出发点，提出相应的运用电影作品促进来疆留学生汉语第二语言教学的对策。研究目的在于：

第一，了解学生观看电影的动机、态度、领域、场景、时间如何等问题，进一步引导学生通过电影学习汉语的动机，端正学生通过电影学习汉语的态度，为学生通过电影学习汉语提供更多的方法选择，为教师的汉语教学提供新的参考与思路借鉴。

第二，探索学生通过电影学习汉语的原因、方式、偏好、途径、频率、时间安排如何等问题，进一步根据学生的感兴趣的电影作品，为学生提供更多电影作品，拓展学生了解汉语的渠道，增加与学生需求相对应的电影作品教学内容，增强学生的汉语学习效果。

2. 研究意义

（1）理论意义

本文的理论意义在于，有助于全面了解新疆师范大学留学生通过电影作品学习汉语的目标需求与学习需求，有利于发现来疆留学生运用电影作品学习汉语存在的问题，以便于进一步优化来疆留学生的汉语教学途径，激发学生学习汉语的热情，全面提高留学生的汉语语言表达和鉴赏能力，丰富学生汉语文化知识。

（2）实践意义

本文运用实证研究的方法，对来疆留学生电影作品需求开展实证分析，从目标需求和学习需求的角度，探讨了来疆留学生对电影作品的需求现状和发展趋势。一方面，从开展汉语教学的角度，本文对来疆留学生电影作品需求分析的结果可以为教师提供新的教学思路，丰富教师的教学方法、内容和课程设计、评价方式，进而满足学生汉语学习的需求。另一方面，本文来疆留学生对电影作品的需求现状结果也可为国际文化交流学院展开的教学提供参考。

（三）理论基础

本文以需求分析、第二语言习得、经验之塔等作为理论基础，重点对汉语作为第二语言需求分析、电影作品应用于汉语教学的重要性等理论进行归纳和综述。

1. 需求分析

需求分析是研究外语教学的重要理论基础，学者们对需求分析理论开展了深入的研究。Widdowson（1981）认为，需求是学生学习和工作的基本要求，是学习的作用及其用途的体现。在这种以需求为导向的背景下，使得学习者能够形成学习的动机。[1]Berwick（1989）指出：学习需求是个体对学习达到一定目标和程度的预期，语言学习需求是学生对语言学习的"愿望"或"向往"。[2]Brindhy（1989）认为学习需求包括主观和客观两种类型的需求，主观需求是来自于个体主观思想意识对于学习的动机和要求，而客观需求则是出于学生自身的实际现实需求，而形成的学习的动机。[3]Hutchinson 和 Waters（1987）强调学生的学习需求可以划分为目标需求和学习需求。目标需求在于学生学习的动因和强调通过学习所要达到的预期，而学习需求则通常是学习过程、方法的具象化。通常目标需求包括学生的学习动机、态度、目的等；学习需求包括学生的内在原因、方式、内容、方法、途径等。[4]

2. 第二语言习得理论

克拉申在第二语言习得理论（也称创造性构造理论）中提出了"习得—学得"假说。他认为，个体学习语言通过"语言习得"和"语言学得"两个途径，其中"语言习得"是"语言学得"的基础。根据第二语言的习得理论，学生语言知识和能力的形成是一种"习得"（Acquisition）的过程，这种习得除了有意识的学习外，还有无意识和接触学习第二语言。语言习得是个体不知不觉的学习语言，语言习得直接促进了个体第二语言的学习和发展，符合个体运用语言的产生规律。克拉申强调语言知识和技能的形成是建立在习得基础上，而通常课堂是"语言学得"，除了课堂外的习得，更应注重学生课外生活中的无意识的"习得语言"。来疆留学生通常通过课堂的学习，已具备了一定的汉语运用功底和知识经验，而通过电影这种潜移默化的有趣味性和相关性等方式，使得学生能够通过电影的观赏，构建"习得语言"的环境，促进学生在有意识"学得"的同时，无意识的"习得"，使得学生形成第二语言学习的"脚手架"，对学生的语言学习达到促进作用。

3. 经验之塔理论与视听教育

经验之塔理论是由美国视听教育家戴尔（1946）提出的。认为经验是通过不断积累而实现的，学习者形成的知识和技能是建立在亲身参与和体验的基础上，在体验的前提下，通过观察而形成具体的经验。根据经验之塔理论，语言的教学应从具

---

[1] Benesch, S. 1996. Requirement Analysis and Curriedum Devel-opment in EAP: An example 0f a critical approach [J]. TE-SOL Quartedy, 30(4):723-738.

[2] Berwiek, R. 1989. Needs Assessment in Language Programming from Theory to Practice[C]. Johnson, R. K. The Second Language Curriculum. Cambrige CUP:48-62.

[3] Brindley, G. P. 1989. The Role of Needs Analysis in Adult ESL Program Design[C]. Johnson, R. K. The Second Language Cumculum. Cambridge CUP:63-78.

[4] Hutchinson, T., A. Waters. 1987. English for Purpo«e®[M]. Cambridge: Cambridge Univeroity Press.

体不断向抽象演进,创设学生参与、体验,以及观察的机会。[1]根据戴尔的经验之塔的"经验、观察、抽象"三个层次,也对应着来疆留学生在汉语言的三个学习过程。其中,做的经验包含做、理解、到演戏、表演,是逐步递进的经验,对应了来疆留学生从接触汉字的笔画、偏旁到书写和语言表达的过程;观察的经验,包括观摩示范、见习旅行、参观展览、电影电视、录音广播幻灯照片等形式。基于此,通过电影作品的观赏,有助于来疆留学生将汉语学习的经验不断由观察升级为抽象,提高汉语言学习的效率。[2]

根据视听教育理论,强调观看、聆听和表达作为语言学习的重要方式。根据视听理论,学习者能够视觉与听觉的调动,有助于实现眼、耳、脑等多个器官相协调,加强学习者对语言学习的认知和理解,增强学生的形象化感受。根据视听教育理论,将学习划分为"初步感知、深入理解、反复记忆、活学活用"等四个环节。在这些环节中,传统的课堂教学的第二语言只能是使学生初步地感知和理解、记忆语言,而缺少学生实践运用语言的机会。而通过中文电影,则更容易使得语言学习能够活学活用,使得学生能够体会语言运用于实践,通过电影更加生动地演示语言的使用。正是由于视听理论对于语言学习的重要作用,使得在第二语言学习中,通过电影和视频等引入,作用于学生学习效果的提升。视听教学方式的使用,有助于来疆留学生加强视觉与听觉的体验。电影作品的欣赏作为视听教学的一种,更能够促进来疆留学生了解中国文化,促进汉语作为第二语言的学习。

(四)文献综述

1. 需求分析文献综述

国内外关于需求分析,主要有以下方面:

需求分析框架。Tom Hutchainson 和 Alan Waters 两学者对学习需求分析侧重于学习的动机归因、学习的方式、领域、地点、时间、资源开发等方面内容。[3]与此同时,束定芳(2019)将第二语言的学习需求划分为社会和个人需求两个层面,分别就社会的现实需求与个人的语言学习预期等方面进行了阐述。[4]程晓棠(2002)认

---

[1] 李香玲,贾超琴. 视听教学法[J]. 玉溪师范学院学报,2005,(7):84-85.
[2] 吴媛. 促进深度学习的英语教学路径探析——基于经验之塔理论[J]. 大众文艺,2020,(5):190-191.
[3] 张需. 商务汉语文化学习需求分析[D]. 北京外国语大学硕士学位论文,2019.
[4] 束定芳. 外语教学应在传统教学法与交际教学法之间寻求融合——李观仪先生的外语教学观及外语教学实践主张[J]. 外语界,2019,(2):16-23.

为学习需求分析设计四个方面的内容：一是物质条件，如学习场所、材料、时间等；二是心理条件，如教育心理学需求、学习兴趣、动机等；三是知识技能条件，如现有知识、学习策略和方法等；四是支持条件，如教师、学校等。[①]覃新宇（2010）将重点需求分析应与课程设计相结合，强化学生的自主选择，满足学生学习需求要求。[②]于琴妹、王丽媛（2019）提出构建多元化的需求框架模式，根据学生的需求框架对学习策略进行规划和引导。[③]本文拟选取Hutchinson&Water提出的需求分析框架，主要由于目标需求包括必学知识、欠缺知识和想学知识，学习需求又被进一步分为学习的环境条件、学习者的知识、技能、策略以及动机。该框架从学习者的角度出发，有助于得到更加客观全面的问卷结果。

需求分析方法。ESP经过多年发展和完善，对影响学习的因素已从各方面进行过讨论。Dudley-Evans和St-John认为既有的单一需求分析模式无法解决所有学习者的需求问题，因此提出八个方面的需求因素：一、任务活动，二、学习方式，三、当前情景，四、当前情景和目标情景之间的差距，五、弥补差距的方式，六、目标交际环境，七、ESP课程，八、授课环境，整合成一个具有现代性和综合性的需求分析方式。细项包括：学习方式、当前情景、弥补差距的方式、目标交际环境、ESP课程、授课环境。[④]王丝雨（2012）提出应以建构主义作为需求分析的基础，满足不同学生层次化、多元化的学习需求，并根据需求分析加强课程设置，优化教学方法，更加尊重学生的个体差异性。[⑤]陈蓉、王晓等学者（2018）重点在对ESP理论进行分析的基础上，构建语言学习的模型。[⑥]

当前情景分析。Richterich和Chancerel（1980）提出当前情景分析（PSA=Present Situation Analysis）模式作为对Munby的TSA的补充。相对于TSA更注重于课后语言水平的提升，所不同的是PSA更加注重学生自身语言条件和课前的语言水平。基于情景的需要分析模式，要求以情景的创设作为语言学习的条件。李凤（2010）在PSA理论分析的基础上，提出语言教学中应加强情景的构建，实施更加形象化的建

---

① 程晓堂，郑敏. 英语学习策略：从理论到实践[M]. 外语教学与研究出版社，2002.
② 覃新宇. 需求分析理论框架下的大学英语选修课程设置[J]. 教育与职业，2010，（24）：140-142.
③ 于琴妹，王丽媛. "后方法"视阈下基于学习需求分析的大学英语教学框架研究[J]. 江苏技术师范学院学报：自然科学版，2019，（5）：112-120.
④ 张需. 商务汉语文化学习需求分析[D]. 北京外国语大学硕士学位论文，2019.
⑤ 王丝雨."以学生为中心"的中亚留学生汉语学习需求调查与分析[D]. 新疆师范大学，2012.
⑥ 陈蓉，王晓. 商务英语学习需求分析方法研究[J]. 校园英语，2018，（34）：26-26.

立在情景化基础上的教学方式。[1]贾燕、刘陈艳（2020）以HuctionWater的需求理论为基础，分析了基于需求的课堂情景构建。[2]

目标情景分析。Munby（1978）提出的目标情景分析（TSA=Targrt Situsation Analysis）模式在需求分析领域具有很大的影响，他提出一系列语言交际需求的要素和要求，通过在课程结束后对学习者的分析，可以得知详细的目标语言需求，以汉语国际来说，即课程上的教学方法和课程安排对学习者的需求，以及学习者对这种课程所持的态度。这个方法能够为专门用于语言课程的教师制定课程大纲时提供参考和明确的方向，且完全符合学习者的目标需求，但目标情景分析模式也有明显的缺点，就是只考虑到语言学习者个人的目标需求，但是忽视了他们的学习需求，学习者的学习态度、学习动机和学习风格等变量都该排斥在需求分析之外。目标情景分析能够让教师定出详细的语言课程大纲，但并不能提供如何根据真实交际环境开展外语教学活动的大纲。余卫华（2002）重点对交际目的、交际环境、目标水平、交际事件、交际行为等需求开展了研究。[3]王友良（2011）提出应基于目标情景分析，将学生的需求与目标情景的构建相结合，加快课堂教学的模式改革。[4]苏波（2019）指出目标情境构建有助于学生语言能力与职业能力的结合，推动更加实用化、多元化的语言学习，满足学生的目标需求。[5]

2. 汉语作为第二语言需求分析

汉语作为第二语言的学习者需求是近年来不断发展起来的，通过知网、万方等文献查询，发现目前汉语作为第二语言需求分析的研究成果具有代表性地集中在"汉语国际化传播"和"商务汉语"方面，主要是以下学者开展了相关的研究：

学者们认为汉语教学有助于推动汉语的国际化传播，增强汉语的国际影响力。通过汉语教学作为载体，有助于增强汉语的国际影响力，增强中国话语权，强化汉语及其汉语文化的国际认同感。有代表性的研究成果有，李宇明（2005）提出："汉语作为第二语言，应树立学生的学习需求导向，通过学生动机的激发、语境的创设等方面构建学生学习汉语的平台。"[6]李宇明（2006）强调汉语对中国话语权的作用，

---

[1] 李凤. 国外外语教学中的需求分析研究综述[J]. 北京工业职业技术学院学报, 2010, (4): 91-94.
[2] 贾燕, 刘陈艳, 李文娟. 目标情景下的体育生大学英语需求分析[J]. 海外英语, 2020, (14).
[3] 余卫华.《语言教学百科全书》简评[J]. 外语教学与研究, 2002.
[4] 王友良. 商务英语学习需求分析研究[J]. 疯狂英语, 2011, (4): 130-134.
[5] 苏波. 基于目标情境分析的职业英语教学模式探究[J]. 船舶职业教育, 2019, (1): 33-35.
[6] 李宇明. 语言学习需求和对外汉语教学[J]. 汉语教学学刊, 2005, (1).

将汉语的学习需求作为一种战略目标，提出应通过汉语需求的激发，巩固汉语在国际语言环境中的地位。[①] 叶欢（2016）通过实证调查的方式，对国外学生对中国文化的需求开展了分析，提出应加强目标需求与学习需求的引导，多方位地满足学习者多元化的文化需求。[②] 宋志华（2016）对文化与语言的相关性，不同性别、年级学生对文化的需求开展了研究，提出应加强汉语文化的传播，加强学生对汉语文化的理解，从而增强整体的学习成效。[③]

还有学者认为随着全球商务和贸易的发展，汉语教学有助于增强国际商务的便捷性，使得汉语成为世界性的通用商务语言。有代表性的研究成果有，张静（2013）指出应将汉语的推广纳入语言经济发展规划，加强汉语言推广的顶层设计，引导需求导向，满足广大学习者的语言需求。[④] 董学峰（2016）提出，在汉语推广中可将汉语推广与孔子学院的推广相结合，以孔子学院所在国为载体加强汉语价值的挖掘，满足国际合作与交流需求，以及社会需求，使之成为世界性的语言。"[⑤] 王倩（2014）认为，语言是文化的表达方式，汉语是中国文化对外宣传的重要渠道，应进一步加强对来华留学生汉语的认知情况、需求情况进行分析，在此基础上加强认知和需求的引导，使得汉语学习能够在需求的引领下，得到广泛的开展。[⑥]

总体来看，在第二语言需求研究过程中，大部分学者们都是借鉴了著名学者Hutchinson&Water（1987）的需求理论，将需求划分为目标需求与学习需求的基础上，重点从课程内容设计、教学内容拓展、教学方式创新、教材编写等方面开展分析。其中，对课程设计角度的研究成果较多，主要由于汉语作为第二语言，课堂的教学途径仍然是学生学习汉语语言的主要方式。还有张江丽（2014）[⑦]，郭素红等（2012）[⑧] 等少部分学者将教材编写的改进作为研究内容，对学生第二语言需求开展了研究，提出教材的编写应与学生的学习需求相同步，以学生的语言学习需求为导向，增强教材的实用性和专业性。

---

① 李宇明. 中国的话语权问题[J]. 河北大学学报, 2006, (31).
② 叶欢. 莫桑比克孔子学院初级学生对中国文化需求分析[J]. 海外英语, 2016, (23): 251+262.
③ 宋志华. 韩国孔子学院学生对中华文化认知现状与需求调查分析[D]. 山东大学硕士学位论文, 2016.
④ 张静. 汉语作为第二语言需求研究的语言经济及规划意义[D]. 南京大学硕士学位论文, 2006.
⑤ 董学峰. 国家语言战略背景下的汉语国际推广研究[J]. 海外华文教育动态, 2016.
⑥ 王倩. 来华留学生对中国文化认知情况和需求分析的研究——以郑州大学西亚斯国际学院的留学生为例[J]. 时代文学（下半月）, 2014, (6): 208-211.
⑦ 张江丽. 汉语第二语言学习者课堂需求分析[J]. 对外汉语研究, 2014, (1): 167-175.
⑧ 郭素红, 吴中平. 留学生汉语需求分析的理论与方法[J]. 汉语学习, 2012, (6): 91-96.

在研究方法方面，Schroder 指出调查需求有四种基本方法，分别为问卷调查法、访谈法、个案分析法和教育经验总结法等，从学制、学习形式、入住方式、分析编排方式、课堂纠错、教学活动等方面分析了解外国留学生的汉语学习需求。李明（2018）通过问卷调查，从实证分析的角度，从学生的学习需求和动机出发，分析了教学方法、内容设置、教材使用和师资力量配备等方面的因素特点。[①] 孙琮硕（2015）则对通过韩国高中生汉语口语学习需求进行了问卷调查与分析的方式，进而在口语教材，教学方式上提出了建议。[②]

3. 电影作品应用于汉语教学的重要性

（1）电影作品的界定

电影作品是指将声音和图像录制在相应的感光物质上，通过播放载体进行播放的艺术形式。[③] 本文的研究对象电影作品是指以汉语普通话为基本语言，对中国的历史、人文进行反映的作品。[④] 电影在学生汉语教学中的引入，可以进一步丰富教学成果、拓展教学内容，增强教学的效果。在来疆留学生的日常生活中，通过中文电影的观赏，可以有效的创设汉语学习的语境，构建浓郁的汉语学习氛围。电影作品作为我国语言、文化、人文特点的集中反映，能够构建更加宽泛自由的学习载体，促使来疆留学生形成更有效的情境体验。一方面，电影作品的引入，可以使学生以电影作品为载体，使得汉语教学能够实现互动式、启发式的教学方式，促使学生在交流和沟通中，畅所欲言地进行表达，创设学生实践的平台。另一方面，生活中的电影作品欣赏，不但有助于丰富来疆留学生的业余生活，还有助于为留学生在业余时间学习汉语提供有效的平台，为来疆留学生创设感受汉语、理解汉语、运用汉语的机会。

（2）电影作品在对外汉语教学中的需求

我国对汉语的视听教学，以及通过电影作为汉语学习的载体起源于20世纪80年代。1981年10月，北京语言学院电影中心摄制录制了对外汉语教学的电视录影片《中国话》，开启了电影作品在对外汉语教学中的先河。受此影响，各高校对电影作品在对外汉语教学的作用愈加重视，也都相继加快了电影作品作为汉语教学的重

---

① 李明，孙宏伟. 文化传播视角下孔子学院发展的困境与出路[J]. 北方经贸，2018，（10）：3-4,15.
② 孙琮硕. 韩国高中生汉语口语学习需求分析——以韩国外国语高中为例[D]. 山东大学硕士学位论文，2015.
③ 杨华权. 我国影视作品制片者的认定[J]. 当代电影，2016，（4）：72-74.
④ 张春艳. 论我国电影作品著作权的归属[J]. 法学杂志，2012.

要补充的资源开发。通过对当前汉语教学中存在的问题进行文献查询和综述发现，当前在对外汉语教学中普遍存在着教材使用与生活脱节、生活化的汉语教学开展不足等问题。

一方面，通过电影作品在对外汉语教学中的运用，在教学方面有助于解决教师的教学资源不足问题，有助于多元化、生活化教学资源的开发，帮助教师拓展教学空间。刘宇（2014）认为：影视片段在对外汉语口语教学中的应用，有助于学生加强对语言的习得，构建学生学习汉语语言的经验之塔，使得学生不断积累汉语口语学习的经验，增强学生对汉语的认知和理解。[1] 高静丽（2014）指出：影视作品对于汉语教学的作用不仅局限于对学生发音、语法、写作等方面的练习，更重要的是能够为学习者创设良好的学习氛围，使得学习者能够在语境中感受汉语的应用，增强学习效果，达到汉语教学课程的生活化资源开发的目标。[2]

另一方面，在学生的学习方面，有助于通过电影作品的赏析，达到理解汉语文化、形成汉语表达技能的作用，全方位地引导和满足学生的学习需求与目标需求。赵睿（2010）认为，电影作品在对外汉语教学中的运用，可以达到对学生的学习需求进行引导的目标，使得学生有效地能够促进语言学习的迁移，增强语言学习的观察、反馈、讨论、表达的平台，增强学生综合运用语言的能力。[3] 赵红叶（2015）通过对高二年级学生的汉语学习开展问卷调查，并开展了广泛的访谈，提出汉语影视作品片段的选取应坚持由易到难的原则，加强影视作品的辅助作用开发，并将汉语教学拓展到生活中。在生活中引导学生通过影视作品的观看，加强学生对汉语的感知，提高汉语学习的效果。[4] 王方洲（2016）指出：影视作品的运用体现了汉语学习的实践性，有助于促进学生开展生活化的汉语学习，使得学生通过语言、视频、音频的输入，达到视觉、听觉等多方位的体验。通过影视作品的欣赏，使得学生能够了解中国的风土人情、文化特征、社会心理等，通过影视剧的艺术性、文化性和审美性，更有效激发学生主动学习汉语的热情，拓展学生的学习方式，增强学习汉语的便捷性。[5]

---

[1] 刘宇. 影视片段在对外汉语口语教学中的应用[D]. 山东师范大学硕士学位论文，2014.
[2] 高静丽. 关于影视作品在对外汉语教学中的应用研究[D]. 兰州大学硕士学位论文，2014.
[3] 赵睿. 汉语国际传播中电影材料的作用[J]. 电影评介，2010，(13).
[4] 赵红叶. 首尔明知高中影视作品辅助教学调查设计与思考[D]. 广东外语外贸大学硕士学位论文，2018.
[5] 王方洲. 影视作品应用于对外汉语综合课的教学研究[D]. 湖南大学硕士学位论文，2016.

（3）电影作品满足传播中国文化的需要

汉语与中国文化密切相关，要学好汉语，了解中国文化是基础，也是必要的条件。近年来，学者们对于汉语教学中对中国文化传播的研究成果也不断增多，尤其是电影作品在传播中国文化中的作用，以及通过电影作品对学习者需要的满足，研究成果集中在2010年以来。

对电影作品和中国文化传播的相关性研究成果较多，学者们认为两者存在显著的相关性。侯爽在（2015）通过问卷调查和实证研究数理分析等方式，通过研究发现，中国文化与留学生的汉语学习具有显著的相关性，学生对中国文化的了解程度与汉语学习程度具有正向的预测作用。通过文化的了解，有助于增强汉语学习的能动性，以及汉语学习的需求的满足。作为教师应加强中国流行文化的选取，使之与学生的特点相协同。[1]徐晓红（2019）通过四种影视剧类型的对比，对影视剧对学生对中国文化的了解程度开展了调查。在此基础上，提出在影视作品的辅助下，应使用灵活多样的教学手段，促进学生对汉语的使用。通过影视剧的作用促进教学，以直观教学和形象教学方法为主，注重学生主观能动性和学习积极性的带动，使学生在兴趣的引导下进行汉语学习，并加强影视作品在汉语认字和阅读等其他领域学习的运用。[2]

有学者认为电影作品是中国文化传播的载体和渠道，通过电影作品的欣赏有助于使学生增强对中国文化的认知和体验，创设浓郁的中国文化语境，增强中国文化的感染力。张典（2012）提出，影视作品是中华文化传播的重要载体和通道，利用影视作品进行中华文化传播具有重要的价值。应在课程设计中，加入电影作品相关内容，通过电影作品作为学习平台，使得学生在文化体验中理解和掌握汉语知识。[3]郑奕在（2016）指出：电影在语言的学习中起到的作为尤为重要，主要体现在影片对于生活化的表达，使得学生能够学习到更多书本上学习不到的东西。通过电影作用于汉语教学已成为全球各地汉语学校的普遍做法。电影在汉语教学中的作用不断突显，通过电影有助于塑造真实的汉语对话情境。通过电影观看，使得增强学生对中国文化的了解得到加深，为学生创设汉语对话的氛围，增强学生运用汉语表达的机会。[4]张宠、郭书林（2018）指出：留学生群体对汉语文化正常途径接触得较少，

---

[1] 侯爽. 中国流行文化对留学生汉语学习的影响的调查研究[J]. 教育现代化, 2019, (33).
[2] 徐晓红. 兰州大学中亚留学生通过影视剧构建的中国形象调查[D]. 兰州大学硕士学位论文, 2019.
[3] 张典. 对外汉语教学中利用影视作品传播中华文化初探[D]. 广西大学硕士学位论文, 2012.
[4] 郑奕. 王家卫电影与对外汉语教学研究[D]. 陕西师范大学硕士学位论文, 2016.

而通过电影作为汉语文化的传播载体,教师在汉语教学中应增强教学的形象性,通过电影使得复杂的问题简单化,生硬的知识点融会贯通,并与学生的记忆规律和特点相结合,因材施教开展汉语教学。[1]陈奕帆(2018)强调,在中国文化传播中,应加强电影类型的选取,使得电影的传播更加符合受众的审美品位,彰显汉语电影的文化感染力,增强受众的覆盖面。[2]

还有学者从中国文化对外传播与交流的角度对电影作品满足传播中国文化的需要开展了研究。何艾璇(2019)指出,随着全球经济一体化的发展,各国间的经济文化交流也日益频繁。因此影视作品成为跨国文化交流的重要载体,运用影视作品培养留学生跨文化交际意识,有助于增强留学生对汉语的兴趣。作者通过电影《刮痧》和《卧虎藏龙》来分析文化交流中影视作品的重要意义,为汉语作为第二语言的教学提供了新的思路和借鉴。[3]谭力和黄菲(2019)分析了电影作为中国传统文化传播的哲学作用,强调电影在审美观、价值观、文化观等多领域的传播,提出文化的传播以汉语电影作为载体,有助于加强留学生对于文化背后哲学思想的了解,更深入地剖析文化现象。[4]

4. 研究述评

综观学术界对需求分析、第二语言习得、汉语作为第二语言需求分析、电影作品应用于汉语教学的重要性等方面开展了深入的研究。结合本文的分析可以看出,现有相关研究文献可为本文研究提供认识和研究基础及研究思路的启发。主要体现在:第一,关于需求分析的基本问题达成共识,比如,Tom Hutchainson &Alan Waters 需求分析框架较为成型,相关理论支撑较为丰富。第二,研究内容基本覆盖了电影作品在对外汉语教学中的需求等相关问题,具有一定的学术价值。但已有研究文献也存在不足之处,主要体现在:

一是定性研究多,实证性分析少。大多数研究关注到了电影作品满足传播中国文化的需要的作用,也指出了出现的问题,但缺乏相应实证分析支撑。这可能与数据的获得性较难、数据的调研水平有关。对需求的研究而言,最为关键的是用数据

---

[1] 张宠,郭书林. 电视节目对留学生汉语文化传播的作用——以中央电视台《快乐汉语》为例[J]. 电视研究,2018,(10):63-64.

[2] 陈奕帆. 以电影作品浅析文化创新——从中国现当代电影角度分析[J]. 传播与版权,2018,(7):101-102,105.

[3] 何艾璇. 利用影视作品培养欧美留学生跨文化交际意识[D]. 四川师范大学硕士学位论文,2015.

[4] 谭力,黄菲. 宫崎骏电影作品中的庄周哲学——兼论中国传统文化的对外传播之道[J]. 视听,2019,(2):50-51.

实证其效果，理论的推演及定性描述往往会误导研究走向，尤其是对留学生自身的电影作品需求实地调研的数据研究价值更大。

二是孤立研究多，将电影作品需求与第二语言学习联系得较少。从国内外的研究成果可以看出，均是单纯的针对电影作品在对外汉语教学中的需求甚至电影作品满足传播中国文化的需要的研究，而将外汉语教学中的需求与留学生的学习实际相结合得较少。缺少留学生对电影作品的需求特点相关性分析和差异性分析，对运用电影作品促进留学生汉语第二语言教学的对策研究也较少。

三是宏观研究多，多视角研究少。目前对电影作品在对外汉语教学中的需求研究，较多地集中在意义、作用等方面的研究，往往从宏观层面研究的成果较多，但是微观方面研究的成果较少。尤其是缺乏对于某个具体的、有代表性的区域留学生群体（如来疆留学生）的研究。

本文在来疆留学生的电影作品需求中，将定性分析与实证分析相结合，将宏观分析和多视角研究相结合，将外汉语教学中的需求分析运用于留学生的学习实际，将电影作品需求与第二语言学习联系，开展留学生对电影作品的需求特点相关性分析和差异性分析，找到来疆留学生运用电影作品学习汉语存在的问题，在此基础上提出运用电影作品促进留学生汉语第二语言教学的对策，这些也是本文研究的价值所在。

（五）研究设计

1. 研究对象

本文调查对象为新疆师范大学国际文化交流学院本科生及硕士留学生，并按汉语水平等级分为初级、中级、高级。

共发放问卷108份，回收问卷108份，有效问卷106份，其中留学生的个人信息情况见下表：

表4-1 调查对象的性别

类别	频率	占比
男	57	53.77%
女	49	46.23%
合计	106	100.00%

由表 4-1 可知，被调查的样本中，男留学生较女留学生稍多，男生占 53.77%，女生占 46.23%。

表 4-2　调查对象的学历

类别	频率	百分比
本科	64	60.38%
硕士研究生	41	38.68%
博士研究生	1	0.94%
合计	106	100.00%

从表 4-2 可知，接受调查问卷的留学生学历水平普遍较高，学历最多的为本科，其次为研究生，两种学历的样本数占总数的 93.4%。

表 4-3　调查对象的年龄

类别	频率	百分比
15-20 周岁	16	15.09%
21-25 周岁	69	65.09%
26-30 周岁	21	19.81%
合计	106	100.00%

由表 4-3 可知，接受调查问卷的留学生年龄大多在 21-25 周岁之间，26-30 周岁的留学生数量其次。

表 4-4　调查对象的国籍

类别	频率	百分比
吉尔吉斯斯坦	35	33.02%
哈萨克斯坦	26	24.53%
塔吉克斯坦	18	16.98%
巴基斯坦	8	7.55%
乌兹别克斯坦	4	3.77%
阿富汗	4	3.77%
俄罗斯	4	3.77%
韩国	1	0.94%

续表

类别	频率	百分比
土库曼斯坦	1	0.94%
土耳其	1	0.94%
蒙古国	1	0.94%
其他	3	2.83%
合计	106	100.00%

由表 4-4 可知，接受调查问卷的留学生国籍数量排位前三位吉尔吉斯斯坦、哈萨克斯坦、塔吉克斯坦占前三位，这三个国家的接受调查问卷的留学生占总量的 74.53%。这与新疆大力践行"一带一路"构想，加强与这些中亚国家的经贸往来合作，我校依托于地缘优势，与各国开展教育合作与学术交流等密切相关。

表 4-5 调查对象的专业

类别	频率	百分比
汉语言相关专业	86	81.13%
非汉语言相关专业	20	18.87%
合计	106	100.00%

由表 4-5 可知，接受调查问卷的留学生中，汉语言相关专业类的学生在调查样本中占据主体，为来疆留学生电影作品需求现状调查研究奠定基础。

表 4-6 调查对象的婚姻状况

类别	频率	百分比
未婚	94	88.68%
已婚	8	7.55%
其他	4	3.77%
合计	106	100.00%

由表 4-6 可知，接受调查问卷的学生未婚的占大多数，为 88.68%，已婚的为 7.55%。

表 4-7　调查对象的学习汉语时间

类别	频率	百分比
不到一年	6	5.66%
一到三年	41	38.68%
三年到五年	37	34.91%
五年及五年以上	22	20.75%
合计	106	100.00%

由表 4-7 可知，接受调查问卷的学生中，学习汉语时间大部分集中在一年以上，学习汉语的经验较为丰富，有助于本文的研究开展。

表 4-8　调查对象的 HSK 水平

类别	频率	百分比
HSK1	3	2.83%
HSK2	2	1.89%
HSK3	6	5.66%
HSK4	21	19.81%
HSK5	56	52.83%
HSK6	18	16.98%
合计	106	100.00%

由表 4-8 可知，接受调查问卷的学生中，学生的汉语水平集中在 HSK4、HSK5、HSK6 等水平，说明接受调查的留学生汉语水平较好，拥有观看汉语电影的能力。

2. 研究思路

本文主要是调查分析新疆师范大学留学生对电影作品的需求，通过调查，本文想了解新疆师范大学留学生对电影作品的目标需求和学习需求特点，以及不同汉语水平阶段、不同性别、不同学历、不同国别的留学生对电影作品是否存在不同的需求，他们的需求是否有差异性，如果有，主要集中在哪些方面，分析出现差异的原因，尝试总结出新疆师范大学留学生电影作品需求的特点，提出运用电影作品促进来疆留学生汉语第二语言学习的对策。

本文的调查内容分为三部分：

第一部分包括国别、年龄、性别、汉语水平、专业、学历、婚姻情况、学习汉语的时间等八项内容。其中汉语水平是按照 HSK 的考试成绩分类。

第二部分主要通过问卷和访谈的形式来了解来疆留学生对中国电影作品的目标需求，主要包括观看电影的动机分析、使用电影学习汉语的重要性、通过电影学习汉语的领域、计划在何处使用电影中学到的汉语、计划在何时使用电影中学到的汉语。

第三部分主要通过问卷和访谈的形式，了解来疆留学生对中国电影作品的学习需求情况，主要包括通过电影学习汉语的原因、如何通过电影学习汉语、电影作品的内容偏好选择、获得电影作品的途径、观看电影作品的频率、观看电影作品的时间安排。

通过这两大部分的调查分析，可得出来疆留学生对中国电影作品的整体需求频率，也可以得出不同性别留学生、不同汉语水平留学生、不同国别留学生、不同专业的留学生对中国电影作品的需求频率，以及可以得出他们之间需求的差异性和需求相关性。

3. 研究方法

本文以"需求分析"的理论和方法为支撑，通过以下方法对来疆留学生对电影作品的需求情况进行实证性研究。

（1）**问卷调查法**

对新疆师范大学的 110 位来疆留学生开展问卷调查。调查时间为 2020 年 9 月 1 日—10 月 31 日，共发放问卷 108 份，回收问卷 108 份，有效问卷 106 份，回收率 98.18%，有效率 98.15%。

调查问卷设计流程为"来疆留学生基本信息—来疆留学生对电影作品的目标需求分析—来疆留学生对电影作品的学习需求分析"。由于受现实情况的限制，本次调查通过网络发放，将调查问卷发放于初、中、高级阶段的钉钉班级群，另外也请来疆留学生协助转发给同学们填写。为方便调查对象填写，问卷译有俄语和中文两个版本，由通晓俄语的学习者对两个版本的问题进行语义互译与校正，尽可能保持中文内容和译文的俄语语意一致。

（2）**访谈法**

为了收集更加详细真实的数据，对留学生进行了访问。由于现实的限制，对在校的留学生和未回校的留学生同时进行访谈，旨在能够更加全面的了解留学生对电影作品的需求。而对于学生的访谈是对调查问卷进行一个补充作用。

4. 研究工具

本文以 Hutchinson 和 Water "需求分析"模型理论为主，结合前人研究的思路和研究对象的实际情况，设计调查问卷和访谈提纲，问卷分为三部分，包括研究对象的基本情况调查，来疆留学生对电影作品的目标需求和学习需求情况调查。

本研究采用《来疆留学生电影作品需求现状调查问卷》作为研究工具。调查前期，在新疆师范大学留学生中对问卷进行预调查，并针对个别问题进行反复修改以后，才对新疆师范大学留学生进行正式的问卷调查。收集的数据采用"问卷星"进行描述性统计分析。在具体的分析过程中，根据实际数据和论文摘要，采用了单因素方差分析和多重响应频率分析。

本研究对象主要为来疆留学生，所以本文的问卷翻译为俄语版和中文版。本文所用的俄语版问卷的翻译主要委托毕业于新疆师范大学的留学生完成，该学生汉语已通过 HSK 汉语水平考试六级，现工作于深圳一家翻译公司，具备良好的翻译功底。

5. 信度分析

表 4-9　信度分析结果

	Cronbach's Alpha	题项数
来疆留学生对电影作品目标需求	0.809	9
来疆留学生对电影作品的学习需求	0.880	16

通过信度分析发现，Cronbach's Alpha 系数大于 0.8，说明问卷的内部一致性较好，信度整体较高。

（六）创新之处

一是以 Hutchinson 和 Water 的目标需求和学习需求为研究视角，从需求角度分析来疆留学生通过电影作品学习汉语的总体情况。实现需求分析理论在来疆留学生第二语言学习实践应用中的有效拓展，实现运用电影作品促进来疆留学生汉语学习效果的提升。

二是运用问卷法和访谈法，结合 SPSS 工具，弥补当前对来疆留学生电影作品需求现状研究不足的问题，全面分析了观看电影学习汉语的动机、重要性、何处何时使用电影中学到的汉语、通过电影学习汉语的原因、方法、内容、途径、态度、时间、频率等方面的现状，对不同汉语水平阶段、不同性别、不同学历、不同国别的留学生对电影作品是否存在不同的需求开展了差异分析，全面掌握来疆留学生电影作品需求的特点。

二、来疆留学生对电影作品的目标需求现状

目标需求主要体现在学生学习的动因和强调通过学习所要达到的预期。为了了解来疆留学生对电影作品的目标需求，主要对来疆留学生观看电影的动机、利用电影学习汉语的态度、通过电影涉猎的领域、电影中学到汉语的场景、电影中学到汉语的时间等方面开展研究。

（一）来疆留学生对电影作品目标需求现状调查研究

1. 观看电影的动机

观看电影的动机反映出学生通过电影学习汉语的意识，以及是否能够主动地、有意识地通过电影观看来学习汉语。[1]

表 4-10　对为学习汉语而观看中国电影的认同

取值	非常认同	认同	一般	不认同	非常不认同
频率	46	31	23	5	1
百分比	43.40%	29.25%	21.70%	4.72%	0.94%

由表 4-10 可见，有 43.4% 的留学生非常认同自身为了学习汉语而观看中国电影，50.95% 的留学生对学习汉语而观看中国电影持认同和一般态度。通过与来疆留学生访谈可知，大部分学生日常都会喜欢观看中国电影，他们认为在观看中国电影时不仅是一个放松的过程，而且还是一个提高自己语言能力和了解中国文化的过程。但与此同时，对为学习汉语而观看中国电影不认同和非常不认同的留学生占总百分

---

[1] 谢彩. 视说新语——影视作品里的中国形象[M]. 上海：上海社科院出版社，2019.

比的5.64%。一些留学生自身仍然缺少通过电影学习汉语的认知，没有适应汉语语境，缺少对中国语言和文化的了解。

笔者Y：通过观看中国电影是否有助于提高你的语言技能？为什么？

受访者S：通过观看中国电影对我的帮助很大，尤其是在听力和口语方面上。电影方面上尤其是偏向日常生活类型的电影。每次我观看电影时，演员说话时，大部分都是老师教给我们的词汇及语法，我自己去和别人交流的时候，因为我以前听过嘛，所以就是，我不担心自己会说错，我可以模仿他，而且我自己的感觉是我模仿的很正确。

2. 利用电影学习汉语的态度

利用电影学习汉语的态度，主要体现在学生通过电影学习汉语的重要性认同上，学生的认同感直接体现了学生通过电影学习汉语的能动性。

表4-11　对通过电影学习汉语重要性的认同

取值	非常认同	认同	一般	不认同	非常不认同
频率	43	51	10	2	0
百分比	40.57%	48.11%	9.43%	1.89%	0.00%

由表4-11可见，有40.57%的留学生非常认同通过电影学习汉语的重要性，有48.11%的留学生认同通过电影学习汉语的重要性。由此可知，大部分来疆留学生都认为通过电影学习汉语较为重要，可以增强自身了解中国语言和中国文化的窗口，增强自身的汉语水平。但与此同时，持一般态度的留学生占9.43%，只有2名学生不认同通过电影学习汉语的重要性。这说明对留学生通过电影学习汉语的态度仍然缺少有效的引导，电影并没有成为学生汉语学习的语境的一部分，传统的以课堂和教科书为主体的教学，虽然能够将汉语学习的大纲要求的内容对学生进行传授，但是其局限性较大，学生往往对汉语无法有效地理解，导致个别学生没有认识到通过电影学习汉语的重要意义。

3. 通过电影涉猎的领域

考查学生观看电影的主要关注内容主要体现在语音、词汇、语法、文化、日常用语等方面，这些方面都区别于学生为了单纯的娱乐而观看电影。

表 4-12　以电影为载体涉猎的内容

取值	语音	词汇	语法	文化	日常用语
频率	78	57	46	40	52
百分比	73.58%	53.77%	43.40%	37.74%	49.06%

为了了解来疆留学生通过电影学习汉语的领域，笔者将此题设为多选题。如表 4-12 所示，占比最多的为语音，达到了 73.58%，最少的为文化，37.74%。表现出留学生们对通过电影了解和练习汉语语音，增加汉语词汇，掌握语法运用的积极性。

4. 电影中学到的汉语运用场景

由于语言的学习是一门实践课程，学生通过电影学习汉语，更需要在生活中不断地实践，而不是简单的为了应对考试的需要。

表 4-13　运用电影中学到汉语的运用场景

取值	在未来的生活和工作中广泛使用	偶尔在与中国人的交流中使用	为了取得好的考试成绩时	完全为了应付学校	不计划使用
频率	53	44	8	0	1
百分比	50.00%	41.51%	7.55%	0.00%	0.94%

由表 4-13 可知，有 50% 的留学生计划在未来的生活和工作中广泛使用电影中学到的汉语，有 41.51% 的留学生计划偶尔在与中国人的交流中使用电影中学到的汉语，还有 7.55% 的留学生为了取得好的考试成绩时使用电影中学到的汉语，只有 1 名留学生不计划使用电影中学到的汉语。

5. 电影中学到汉语的使用时间

电影中学到汉语的使用时间体现了学生通过电影学习汉语的预期，能够从一个侧面反映出学生通过电影学习汉语的主动性和必然性。

表 4-14　计划使用电影中学到的汉语的时间

取值	在未来相当长的时间	在中国留学期间	回国后偶尔使用	在应对考试时使用	不计划使用
频率	53	43	6	2	2
百分比	50.00%	40.57%	5.66%	1.89%	1.89%

由表 4-14 所示，有 50% 的留学生计划在未来相当长的时间使用电影中学到的汉语，有 40.57% 的留学生计划在中国留学期间使用电影中学到的汉语，有 5.66% 的留学生计划回国后偶尔使用在电影中学到的汉语，有 1.89% 的留学生计划在应对考试时使用电影中学到的汉语，有 1.89% 的留学生不计划使用在电影中学到的汉语。

（二）来疆留学生对电影作品目标需求的数据统计分析

1. 来疆留学生对电影作品目标需求的描述性统计

表 4-15　来疆留学生对电影作品的目标需求描述性统计分析

	N	极小值	极大值	均值	标准差
你是为了学习汉语而观看电影吗	106	1	5	1.91	.961
你认为通过电影学习汉语重要吗	106	1	4	1.73	.711
看电影时注重有关汉语的哪些方面（语音）	106	0	1	.74	.443
看电影时注重有关汉语的哪些方面（词汇）	106	0	1	.54	.501
看电影时注重有关汉语的哪些方面（语法）	106	0	1	.43	.498
看电影时注重有关汉语的哪些方面（文化）	106	0	1	.38	.487
看电影时注重有关汉语的哪些方面（日常用语）	106	0	1	.49	.502
你计划在何处使用电影中学到的汉语	106	1	5	1.60	.713
你计划在何时使用电影中学到的汉语	106	1	5	1.65	.829

本文将数据输入 SPSS，运用 SPSS 进行描述性统计，描述性统计分析的结果如表 4-15 所示。结合赋值方向（如非常认同、认同、一般、不认同、非常不认同分别计 1、2、3、4、5 分），从以上变量的均值可以看出，学习汉语的动机、态度、使用等方面均处于较好的水平。

2. 来疆留学生对电影作品的目标需求的相关性分析

利用 SPSS，选取 PEARSON 相关性分析，对除多选题以外的单选题项进行相关性分析，结果如下：

表 4-16 来疆留学生对电影作品的目标需求相关性分析

相关系数	你是为了学习汉语而观看电影吗	你认为通过电影学习汉语重要吗	你计划在何处使用电影中学到的汉语	你计划在何时使用电影中学到的汉语
你是为了学习汉语而观看电影吗	1	.394**	.376**	.448**
你认为通过电影学习汉语重要吗	.394**	1	.329**	.402**
你计划在何处使用电影中学到的汉语	.376**	.329**	1	.489**
你计划在何时使用电影中学到的汉语	.448**	.402**	.489**	1
**. 在 .01 水平（双侧）上显著相关。				

从表 4-16 的相关性分析结果可以看出，利用观看电影学习汉语的动机、重要性、何处、何时使用电影中学到的汉语等变量间呈现出显著性相关，并且相关性的显著水平在 0.01 水平上双侧显著相关，表现出极高的相关性。

3. 来疆留学生对电影作品的目标需求的差异性分析

为了对不同国别、年龄、性别、汉语水平、专业、学历、婚姻情况、学习汉语时间的样本间的差异性进行分析，本文采取独立性 t 检验（通常用于两组数据对比）和单因素方差分析（通常用于多组数据对比）的方法，在 SPSS 软件平台上进行差异性分析。

（1）不同性别的差异性分析

表 4-17 不同性别留学生对电影作品的目标需求的变量均值

性别	男	女
你是为了学习汉语而观看电影吗	1.93	1.878
你认为通过电影学习汉语重要吗	1.667	1.796
看电影时注重有关汉语的哪些方面（语音）	0.719	0.755
看电影时注重有关汉语的哪些方面（词汇）	0.474	0.612
看电影时注重有关汉语的哪些方面（语法）	0.474	0.388
看电影时注重有关汉语的哪些方面（文化）	0.333	0.429

续表

性别	男	女
看电影时注重有关汉语的哪些方面（日常用语）	0.351	0.653
你计划在何处使用电影中学到的汉语	1.719	1.469
你计划在何时使用电影中学到的汉语	1.719	1.571

从表4-17可以看出，在电影学习汉语的动机、何处、何时使用汉语方面，女生的值低于男生，说明女生水平好于男生；而在汉语的重要性认识方面，女生的值高于男生，男生好于女生。在语音的需求方面，男生和女生基本一致。在词汇、文化、日常用语方面，女生需求高于男生，在语法的需求方面，男生高于女生。

表4-18　不同性别留学生对电影作品的目标需求独立样本检验

F		方差方程的Levene检验		均值方程的t检验						
		Sig.	t	t	df	Sig.（双侧）	均值差值	标准误差值	差分的95%置信区间	
									下限	上限
看电影时注重有关汉语的哪些方面（日常用语）	假设方差相等	.007	.933	−3.223	104	.002	−.302	.094	−.488	−.116
	假设方差不相等			−3.224	101.661	.002	−.302	.094	−.488	−.116

如表4-18，根据差异性分析结果，不同性别的留学生在仅在"看电影注重汉语的方面（日常用语）"方面，呈现出显著差异，说明相对于男生，女生更加注重在电影中学习日常用语。在其他变量方面，男生和女生没有显著性的差异。

（2）不同学历的差异性分析

表4-19　不同学历留学生对电影作品的目标需求的变量均值

学历	本科	硕士研究生	博士研究生
你是为了学习汉语而观看电影吗	1.891	1.951	1.000
你认为通过电影学习汉语重要吗	1.688	1.780	2.000
看电影时注重有关汉语的哪些方面（语音）	0.735	0.756	0.000
看电影时注重有关汉语的哪些方面（词汇）	0.516	0.585	0.000

续表

学历	本科	硕士研究生	博士研究生
看电影时注重有关汉语的哪些方面（语法）	0.406	0.463	1.000
看电影时注重有关汉语的哪些方面（文化）	0.407	0.341	0.000
看电影时注重有关汉语的哪些方面（日常用语）	0.469	0.537	0.000
你计划在何处使用电影中学到的汉语	1.656	1.537	1.000
你计划在何时使用电影中学到的汉语	1.687	1.585	2.000

从表4-19可以看出，在何处和何时使用电影中学到的汉语方面，学历越高的样本越趋向于"在未来的生活和工作中广泛使用"和"未来相当长的时间使用"。

根据统计学原理，考虑到多组数据的差异性检验，在SPSS软件中，使用单因素方差分析，对不同学历的留学生开展差异性分析。

表4-20 不同学历留学生对电影作品的目标需求单因素方差分析

		平方和	df	均方	F	显著性
看电影时注重有关汉语的哪些方面（语音）	组间	1.707	4	0.427	2.28	0.046
	组内	18.897	101	0.187		
	总数	20.604	105			
看电影时注重有关汉语的哪些方面（日常用语）	组间	1.114	4	0.279	1.109	0.047
	组内	25.376	101	0.251		
	总数	26.491	105			

如表4-20所示，根据差异检验结果，在看电影关注的语音和日常用语方面，不同学历呈现出显著性的差异。在语音方面，本科生的学习需求最高。

（3）不同年龄的差异性分析

表4-21 不同年龄留学生对电影作品的目标需求的变量均值

年龄	15-20周岁	21-25周岁	26-30周岁
你是为了学习汉语而观看电影吗	2.063	1.942	1.667
你认为通过电影学习汉语重要吗	1.813	1.768	1.524
看电影时注重有关汉语的哪些方面（语音）	0.813	0.725	0.714
看电影时注重有关汉语的哪些方面（词汇）	0.625	0.507	0.571
看电影时注重有关汉语的哪些方面（语法）	0.750	0.348	0.476

续表

年龄	15–20 周岁	21–25 周岁	26–30 周岁
看电影时注重有关汉语的哪些方面（文化）	0.250	0.391	0.429
看电影时注重有关汉语的哪些方面（日常用语）	0.625	0.449	0.524
你计划在何处使用电影中学到的汉语	1.375	1.652	1.619
你计划在何时使用电影中学到的汉语	1.875	1.638	1.524

从表 4-21 可以看出，在通过电影学习汉语的动机、重要性、何时使用电影中的汉语等方面，年龄越大的留学生表现的认同感和学习需求更加强烈。

表 4-22　不同年龄留学生对电影作品的目标需求单因素方差分析

		平方和	df	均方	F	显著性
看电影时注重有关汉语的哪些方面（语法）	组间	2.147	2	1.074	4.629	.012
	组内	23.890	103	.232		
	总数	26.038	105			
看电影时注重有关汉语的哪些方面（文化）	组间	.328	2	.164	.687	.035
	组内	24.578	103	.239		
	总数	24.906	105			

从表 4-22 可以看出，根据差异检验结果，不同年龄的调查样本，仅在观看电影注重的语法、文化两个变量上呈现显著性差异。年龄越小的留学生越注重在观看电影中学习汉语的语法，而年龄越大的留学生则更加注重在电影中学习汉语的文化。

（4）不同国籍的差异性分析

表 4-23　不同国籍留学生对电影作品的目标需求的变量均值

国别	你是为了学习汉语而观看电影吗	你认为通过电影学习汉语重要吗	看电影时注重有关汉语的哪些方面（语音）	看电影时注重有关汉语的哪些方面（词汇）	看电影时注重有关汉语的哪些方面（语法）	看电影时注重有关汉语的哪些方面（文化）	看电影时注重有关汉语的哪些方面（日常用语）	你计划在何处使用电影中学到的汉语	你计划在何时使用电影中学到的汉语
哈萨克斯坦	1.923	1.731	0.731	0.423	0.423	0.308	0.654	1.423	1.423
塔吉克斯坦	1.833	1.722	0.667	0.556	0.556	0.444	0.222	1.611	1.611

续表

国别	你是为了学习汉语而观看电影吗	你认为通过电影学习汉语重要吗	看电影时注重有关汉语的哪些方面（语音）	看电影时注重有关汉语的哪些方面（词汇）	看电影时注重有关汉语的哪些方面（语法）	看电影时注重有关汉语的哪些方面（文化）	看电影时注重有关汉语的哪些方面（日常用语）	你计划在何处使用电影中学到的汉语	你计划在何时使用电影中学到的汉语
乌兹别克斯坦	2.000	2.500	0.500	0.750	0.500	1.000	0.250	2.500	2.000
吉尔吉斯斯坦	1.857	1.629	0.829	0.600	0.343	0.400	0.514	1.543	1.743
土库曼斯坦	3.000	2.000	1.000	1.000	1.000	1.000	1.000	2.000	2.000
土耳其	2.000	3.000	0.000	1.000	0.000	1.000	1.000	2.000	3.000
阿富汗	2.000	1.000	1.000	0.000	0.250	0.000	0.000	1.500	1.750
巴基斯坦	1.875	1.875	0.625	0.375	0.500	0.250	0.375	2.000	1.875
蒙古国	1.000	2.000	0.000	1.000	1.000	0.000	0.000	2.000	2.000
韩国	3.000	2.000	1.000	1.000	0.000	1.000	1.000	2.000	2.000
俄罗斯	1.750	1.750	0.750	1.000	0.750	0.250	1.000	1.250	1.500
其他	2.333	1.667	0.667	0.333	0.333	0.333	0.667	1.667	1.000

表 4-24 不同国籍留学生对电影作品的目标需求单因素方差分析

		平方和	df	均方	F	显著性
看电影时注重有关汉语的哪些方面（语音）	组间	2.225	11	.202	1.035	.023
	组内	18.378	94	.196		
	总数	20.604	105			
看电影时注重有关汉语的哪些方面（词汇）	组间	3.867	11	.352	1.470	.036
	组内	22.482	94	.239		
	总数	26.349	105			
看电影时注重有关汉语的哪些方面（文化）	组间	3.606	11	.328	1.447	.045
	组内	21.300	94	.227		
	总数	24.906	105			
看电影时注重有关汉语的哪些方面（日常用语）	组间	5.460	11	.496	2.219	.019
	组内	21.030	94	.224		
	总数	26.491	105			

根据表 4-23 和表 4-24 所示，哈萨克斯坦、塔吉克斯坦、乌兹别克斯坦、吉尔

吉斯斯坦、土库曼斯坦、土耳其、阿富汗、巴基斯坦、蒙古国、韩国、俄罗斯等不同国家的留学生在观看电影的动机、重要性等方面差异不显著，大多留学生都认为观看电影有助于汉语水平的提高，具有较高的重要性。各国留学生在观看电影时的关注点上差异性较大，主要体现在语音、词汇、文化、日常用语等方面的差异。

（5）不同专业的差异性分析

表4-25 汉语言相关专业与非相关专业留学生对电影作品的目标需求变量均值

专业	汉语言相关专业	非汉语言相关专业
你是为了学习汉语而观看电影吗	1.907	1.900
你认为通过电影学习汉语重要吗	1.756	1.600
看电影时注重有关汉语的哪些方面（语音）	0.721	0.800
看电影时注重有关汉语的哪些方面（词汇）	0.558	0.450
看电影时注重有关汉语的哪些方面（语法）	0.419	0.500
看电影时注重有关汉语的哪些方面（文化）	0.407	0.250
看电影时注重有关汉语的哪些方面（日常用语）	0.442	0.700
你计划在何处使用电影中学到的汉语	1.616	1.550
你计划在何时使用电影中学到的汉语	1.663	1.600

根据调查结果，从变量的均值来看，大部分变量上不同专业的留学生得分差异性并不大。仅在看电影时注重有关汉语的文化和日常用语方面，汉语言相关专业的留学生对文化的需求高于非汉语言专业的留学生，而在日常用语方面，非汉语言相关专业的留学生需求高于汉语言专业的留学生。

表4-26 汉语言相关专业与非相关专业留学生对电影作品的目标需求的独立样本检验

F		方差方程的Levene检验		均值方程的t检验					差分的95%置信区间	
		Sig.	t	df	Sig.（双侧）	均值差值	标准误差值		下限	上限
看电影时注重有关汉语的哪些方面（日常用语）	假设方差相等	9.441	0.003	−2.104	104	0.038	−.258	0.123	−.501	−.015
	假设方差不相等			−2.185	29.825	0.037	−.258	0.118	−.499	−.017

根据差异性分析结果，在以上变量中，仅在观看电影时注重的日常用语方面，非汉语言专业和汉语言专业的留学生存在显著差异。

（6）不同婚姻情况的差异性分析

表 4-27　不同婚姻状况留学生对电影作品的目标需求情况变量均值

婚姻状况	未婚	已婚	其他
你是为了学习汉语而观看电影吗	1.904	1.625	2.5
你认为通过电影学习汉语重要吗	1.702	1.5	2.75
看电影时注重有关汉语的哪些方面（语音）	0.734	0.75	0.75
看电影时注重有关汉语的哪些方面（词汇）	0.521	0.625	0.75
看电影时注重有关汉语的哪些方面（语法）	0.436	0.5	0.25
看电影时注重有关汉语的哪些方面（文化）	0.372	0.375	0.5
看电影时注重有关汉语的哪些方面（日常用语）	0.511	0.125	0.75
你计划在何处使用电影中学到的汉语	1.574	1.625	2.25
你计划在何时使用电影中学到的汉语	1.585	2	2.5

从表 4-27 可以看出，在不同婚姻情况的留学生对汉语学习的动机、重要性方面，已婚的留学生更注重通过电影学习汉语。在计划于何处、何时使用电影中学到的汉语方面，未婚留学生具有更长远的打算。从变量的均值来看，未婚的留学生更注重通过电影来学习日常用语。

表 4-28　不同婚姻情况留学生对电影作品的目标需求单因素方差分析

		平方和	df	均方	F	显著性
你认为通过电影学习汉语重要吗	组间	4.656	2	2.328	4.954	.009
	组内	48.410	103	0.470		
	总数	53.066	105			
你计划在何时使用电影中学到的汉语	组间	4.266	2	2.133	3.239	.043
	组内	67.819	103	0.658		
	总数	72.085	105			

从表 4-28 不同婚姻情况单因素方差分析可以看出，在学习汉语的重要性、计划在何时使用电影中学到的汉语两个变量上，不同婚姻状况的留学生体现出显著差异。

(7) 不同学习汉语时间的差异性分析

表4-29 不同学习汉语时间留学生对电影作品的目标需求的变量均值

学习汉语时间	不到一年	一到三年	三年到五年	五年及五年以上
你是为了学习汉语而观看电影吗	1.833	1.902	1.784	2.136
你认为通过电影学习汉语重要吗	1.667	1.61	1.784	1.864
看电影时注重有关汉语的哪些方面（语音）	0.5	0.732	0.676	0.909
看电影时注重有关汉语的哪些方面（词汇）	0.333	0.488	0.649	0.5
看电影时注重有关汉语的哪些方面（语法）	0.667	0.39	0.514	0.318
看电影时注重有关汉语的哪些方面（文化）	0.167	0.415	0.378	0.364
看电影时注重有关汉语的哪些方面（日常用语）	0.333	0.488	0.595	0.364
你计划在何处使用电影中学到的汉语	1.667	1.659	1.514	1.636
你计划在何时使用电影中学到的汉语	1.333	1.683	1.541	1.864

从表4-29可以看出，学习汉语三到五年时间的留学生趋向于"非常认同"为了学习汉语而观看电影，学习汉语一到三年时间的留学生认为通过电影学习汉语的重要性更强。学习汉语三年到五年的留学生在计划于何处、何时使用电影中学到的汉语题项中，更趋向于未来相当长的时间和在未来的生活和工作中广泛使用。

不同学习汉语时间的留学生在各变量间的差异性均不显著，没有变量在P值处于0.05的水平。

(8) 不同汉语水平的差异性分析

表4-30 不同汉语水平留学生对电影作品的目标需求的变量均值

学习汉语时间	HSK1	HSK2	HSK3	HSK4	HSK5	HSK6
你是为了学习汉语而观看电影吗	1.333	2.000	2.000	2.048	1.893	1.833
你认为通过电影学习汉语重要吗	1.333	1.000	1.833	1.810	1.821	1.444
看电影时注重有关汉语的哪些方面（语音）	0.333	1.000	0.833	0.524	0.768	0.889
看电影时注重有关汉语的哪些方面（词汇）	0.000	0.500	0.833	0.381	0.571	0.611
看电影时注重有关汉语的哪些方面（语法）	0.333	0.500	0.333	0.476	0.429	0.444

续表

学习汉语时间	HSK1	HSK2	HSK3	HSK4	HSK5	HSK6
看电影时注重有关汉语的哪些方面（文化）	0.000	0.500	0.333	0.429	0.357	0.444
看电影时注重有关汉语的哪些方面（日常用语）	0.667	1.000	0.667	0.524	0.357	0.722
你计划在何处使用电影中学到的汉语	1.000	1.500	1.500	1.762	1.661	1.389
你计划在何时使用电影中学到的汉语	1.333	1.500	1.500	1.524	1.786	1.500

从表4-30可以看出，在通过电影学习汉语的动机方面，HSK1的留学生需求更迫切；在通过电影学习汉语重要性方面，HSK2水平的留学生的需求更加迫切。汉语水平越低的留学生在何处和何时使用电影中学到的汉语方面，更趋向于未来相当长的时间和在未来的生活和工作中广泛使用。

表4-31 不同汉语水平留学生对电影作品的目标需求单因素方差分析

		平方和	df	均方	F	显著性
你是为了学习汉语而观看电影吗	组间	1.580	5	.316	.331	.049
	组内	95.476	100	.955		
	总数	97.057	105			
你认为通过电影学习汉语重要吗	组间	3.669	5	.734	1.486	.021
	组内	49.397	100	.494		
	总数	53.066	105			
看电影时注重有关汉语的哪些方面（日常用语）	组间	2.784	5	.557	2.349	.046
	组内	23.706	100	.237		
	总数	26.491	105			

如表4-31通过差异性分析发现，为了学习汉语而观看电影、通过电影学习汉语重要性、看电影时注重有关汉语的日常用语等3个变量上，不同汉语水平的留学生呈现出显著性差异。总体来看，汉语水平越低的留学生，对通过电影学习汉语的动机和重要性需求愈加强烈。在看电影时注重有关汉语的日常用语变量上，汉语水平越低的留学生对电影中的日常用语需求越迫切。

(三) 本章小结

通过本章研究可以看出,大多数留学生认同为了学习汉语而观看中国电影,认同通过电影学习汉语的重要性。语音和词汇是留学生观看电影时主要注重相关汉语的内容。大多数留学生计划在中国留学期间和未来相当长的时间和生活和工作中,以及与中国人交流中使用电影中学到的汉语。

女生更加注重在电影中学习日常用语;本科的学生对语音学习需求最高;年龄越小的留学生越注重在观看电影中学习汉语的语法,而年龄越大的留学生则更加注重在电影中学习汉语的文化;各国留学生在观看电影时的关注点上差异性较大,主要体现在语音、词汇、文化、日常用语等方面的差异;非汉语言专业留学生更注重日常用语,汉语言专业的留学生更注重汉语文化;已婚的留学生对通过电影学习汉语重视程度更高;汉语水平越低的留学生,对通过电影学习汉语的动机和重要性需求愈加强烈。

三、来疆留学生对电影作品的学习需求现状

学习需求体现在学生对学习过程、方法、途径等方面的需求。为了对来疆留学生对电影作品的学习需求开展分析,主要对留学生通过电影学习汉语的原因、通过电影学习汉语的方式、电影作品的内容偏好选择、获得电影作品途径、观看电影作品的频率、观看电影作品的时间安排等开展研究。

(一) 来疆留学生对电影作品学习需求现状调查研究

1. 通过电影学习汉语的原因

通过电影学习汉语的原因,体现了留学生是否是由于兴趣导向来通过电影学习汉语,反映了留学生学习归因的正确性。

表 4-32 以电影为载体学习汉语的原因

选项	对汉语非常感兴趣	对汉语较感兴趣	一般	被迫无奈	没有想过通过电影学习汉语
频率	52	35	11	5	3
百分比	49.06%	33.02%	10.38%	4.72%	2.83%

由表4-32可知，有49.06%的留学生通过电影学习汉语的原因是对汉语非常感兴趣，33.02%的留学生通过电影学习汉语的原因是对汉语较感兴趣。但是仍有4.72%的留学生通过电影学习汉语的原因是被迫无奈，还有2.83%的留学生没有想过通过电影来学习汉语。从一个侧面也反映出在汉语日常教学中，电影手段运用得较少，尚缺少对学生通过电影学习汉语的兴趣进行引导。

通过与留学生访谈，大部分的留学生表示通过电影学习汉语可以提高语言技能，例如，在听力能力和口语能力的提升尤为显著；其次表明通过电影还可以学到很多汉语词汇，不少留学生会在观看中国电影时在备忘录里记录学到的新词，并在其后附上相对应的母语翻译及注释。最后留学生也表明观看中国电影在学习中国文化上也有影响。访谈内容如下：

笔者Y：您认为中国电影对学习汉语有哪些方面的帮助？

受访者K：我刚开始学习中文时，并不怎么了解中国历史，但是观看《武则天》后，我喜欢上了中国。《武则天》这部电影很明显地反映出来了中国当时的一个历史背景。

受访者K：我还喜欢观看关于历史事件的电影，我曾看过一部电影，反映关于新中国成立的情况的电影《建国大业》，我觉得中国的领袖毛泽东很伟大，带领中国人民革命，改进了社会制度。通过这部电影，让我更了解了新中国成立的历史。

对学校开设中文电影课的态度，反映了学生对通过电影学习汉语的积极性，为了掌握学生对学校开设中文电影课的态度情况，问卷调查结果如下所示：

表4-33 对学校开设中文电影课的态度

选项	非常赞成	赞成	不清楚	反对	强烈反对
频率	51	44	7	3	1
百分比	48.11%	41.51%	6.60%	2.83%	0.94%

如表4-33所示，有48.11%和41.51%的留学生对学校开设中文电影课表示非常赞成和赞成，仅有2.83%和0.94%的留学生表示反对和强烈反对，有6.6%的留学生表示"不清楚"。

2. 通过电影学习汉语的方式

根据 Hutchinson 和 Waters 的学习需求理论，学习方法是激发学生学习需求的重要保障。[①] 学习方法是否合理，直接决定着学生通过电影学习汉语的效能。

表 4-34　以电影为载体学习汉语的方式

选项	非常认真地积累电影涉及的汉语知识和技巧	较认真地积累电影涉及的汉语知识和技巧	一般	偶尔积累电影涉及的汉语知识和技巧	从不积累电影涉及的汉语知识和技巧
频率	49	40	9	6	2
百分比	46.23%	37.74%	8.49%	5.66%	1.89%

由表 4-34 可知，有 46.23% 的留学生观看电影时非常认真地积累电影涉及的汉语知识和技巧，有 37.74% 的留学生观看电影时较认真地积累电影涉及的汉语知识和技巧，有 8.49% 的留学生持一般态度，有 5.66% 的留学生观看电影时偶尔积累电影涉及的汉语知识和技巧，仅有 1.89% 的留学生在观看中国电影时从不积累电影涉及的汉语知识和技巧。

留学生喜欢在教学中使用中文电影的方式，为未来的汉语教学提供了重要的参考。利用电影进行汉语教学需要以学习者的学习需求为本位，采取学生喜闻乐见的方式。

表 4-35　喜欢在教学中使用中文电影的方式

选项	课前观看，作为预习任务	上课的前几分钟观看相关片段	课堂中观看电影作品，并学习作品中相关语言知识	学习课文内容之后，观看相关电影作品。
频率	29	22	38	17
百分比	27.36%	20.75%	35.85%	16.04%

由表 4-35 可知，留学生对观看电影作品的安排时间各有不同，有 27.36% 的留学生喜欢课前观看，作为预习任务；有 20.75% 的留学生喜欢上课的前几分钟观看相关片段，有 35.85% 的留学生喜欢课堂中观看电影作品，并学习作品中相关的语言知识；有 17.81% 的留学生喜欢学习课文内容之后，观看相关电影作品。从以上可以看出，留学生对于在课堂中引入电影作品具有较强的需求。

[①] Michael H. Long. 第二语言需求分析[M]. 北京：外语教学与研究出版社，2011.

为了对留学生学习汉语的方式进行深入调查，笔者进行了访谈，结果如下：

笔者Y：您观看中国电影时，如果有看不懂的之处，怎么解决？

受访者S：我平常喜欢观看电影，观看电影时遇到不理解的生词，我会选择暂停，停下来，然后来查询词义，并记下来；并且我还喜欢通过观看中文字幕，自己理解演员的台词，通过上下视频片段，猜想难懂的词义。如果实在没有办法理解，那我再去做查询。

受访者N：我认为观看电影的方式会对我们学习汉语有影响，有差别。一部电影，我一般会看两到三次。在第一次观看时，我会带着中文字幕观看，第二遍我会以锻炼听力为目的，尝试关闭中文字幕观看；第三次观看的时候，我会努力记住一些有意思的对话。再过上两周，我会自行回忆电影的情节。

从以上访谈可以看出，留学生通过电影学习汉语的方式较为灵活多样，通常是结合自身的实际情况，选择适合自己的学习方式。这就要求教师在利用电影开展教学中，应将预习、课堂片段学习、课后学习等方式相结合，在对学生的现实需求进行调查的基础上，选择学生喜闻乐见的教学方式。

3. 电影作品的内容偏好选择

汉语电影作品的内容类型选择，体现了学生通过电影学习汉语的端正态度，对这方面进行调查，有助于了解留学生通过电影学习汉语的内容选择情况，以便根据学生的情况采取引导措施。

表4-36 喜欢观看电影作品的内容类型

选项	全部是有助于语言知识普及的电影内容	以有助于获取语言知识的电影内容为主	知识性和娱乐性的都有	以获得娱乐、打发时间为主	全部是娱乐和打发时间的电影内容
频率	40	27	31	7	1
百分比	37.74%	25.47%	29.25%	6.60%	0.94%

由表4-36可知，有37.74%的留学生喜欢观看"全部是有助于语言知识普及的电影内容"，有25.47%的留学生喜欢观看"以助于获取语言知识的电影内容为主"，有29.25%的留学生喜欢观看"以知识性和娱乐性都有的"电影，有6.6%的留学生

喜欢观看"以获得娱乐、打发时间为主"的电影，有0.94%的留学生喜欢"全部是娱乐和打发时间的电影内容"。出于娱乐性观看电影，在一部分留学生中仍然占据一定的地位。一些留学生由于学习较为枯燥，留学生选择观看汉语电影打发无聊的时间。这种单纯的出于娱乐性观看电影的做法不利于学生汉语水平的提升，使得学生更注重电影的情节，而忽视从电影中学到的汉语知识和中国文化，对学生有百害而无一利，浪费了学生的时间。

汉语电影的种类较多，留学生喜欢观看电影作品的内容类型将为未来教师利用电影进行汉语教学提供有力的参考。

表4-37 喜欢的电影作品类型

选项	喜剧	爱情	历史	动作	科幻	其他
频率	67	59	43	30	18	11
百分比	63.21%	55.66%	40.57%	28.30%	16.98%	10.38%

为了调查留学生对电影类型的需求，笔者将此题设为多选题。由表4-37可知，留学生最为喜欢的电影是喜剧片，占63.21%；其次为爱情片，占55.66%，留学生对喜剧片和爱情片的需求明显高于其他种类的电影。历史片和动作片分别占40.57%和28.3%，科幻片占16.98%。

通过访谈得知，女生对电影类型的需求大多数为"爱情""喜剧"，而男生的需求多为"动作""喜剧"。我们可以看出共同占比，较多的是对"喜剧"类型的电影感兴趣。

笔者Y：你平常喜欢观看什么类型的电影？为什么？

受访留学生S：我喜欢看重现历史故事的电影，比如《唐山大地震》《中国机长》《战狼》《扶摇》。为什么呢，因为这样我可以了解中国文化，对了解中国历史有帮助，可以了解古代人民的生活方式、吃的穿的方面。

受访留学生S：根据我们的汉语水平，我们应该选适合自己的，每个人都有喜欢的偏好，我喜欢观看历史性的电影，一方面是可以缓解压力，另一方面通过看电影想涨知识，想多多了解知道这个国家发生了什么事情，我基本看的都是真实题材的电影。

通过访谈得知较多的女性同学会选择观看现代电影剧,例如都市职场女性题材电影《杜拉拉升职记》、情感喜剧类《唐人街探案》等,她们认为此类电影具有吸引性,并且对女性在中国的地位变化得到一些改观与认识。

而较多的男性同学会选择观看动作片,例如李连杰主演的《少林寺》《中华英雄》等,他们认为观看此类中国电影时,能够强烈地感受到中华人民的爱国之心以及优秀的传统文化;在语言学习上增加了词汇量以及对俗语上的理解得到了帮助。

在故事情节、电影主题、画面质量、演员阵容等电影元素中,留学生更倾向于哪些元素,便于在教学中加以注重。

表 4-38　对电影元素的观影需求

选项	故事情节	电影主题	画面质量	演员阵容
频率	63	27	13	3
百分比	59.43%	25.47%	12.26%	2.83%

从表 4-38 对电影元素的观影需求可以看出,留学生对电影元素的观影需求中,对故事情节的需求最高,为 59.43%,对电影主题、画面质量、演员阵容的观影需求分别占 25.47%、12.26%、2.83%。

电影字幕是学生通过电影学习汉语的窗口,可以为教师进行教学中,选择不同类型的电影字幕时提供一定的参考。

表 4-39　对电影字幕的需求

选项	中英字幕	中俄字幕	中文字幕	英文字幕	俄文字幕
频率	31	30	40	3	2
百分比	29.25%	28.30%	37.74%	2.83%	1.89%

从表 4-39 对电影字幕的需求可以看出,中文字幕的需求最高,达到了 37.74%,其次为中英字幕和中俄字幕,分别为 29.25% 和 28.3%。对单独的英文字幕和俄文字幕的电影字幕需求不高,仅为 2.83% 和 1.89%。

4. 获得电影作品的途径

获得电影作品的途径是否便捷,直接影响着留学生观看电影学习汉语的效果。要想使得通过电影满足学生的学习需求,就必须为留学生创设更加便捷的电影获得途径。

表 4-40　获得电影作品途径便捷性

选项	非常便捷	较便捷	一般	不便捷	非常不便捷
频率	45	28	28	5	0
百分比	42.45%	26.42%	26.42%	4.72%	0.00%

由表 4-40 可知，有 42.45% 的留学生获得电影的途径非常便捷，有 26.42% 的留学生获得电影的途径较便捷，多数留学生认为获得电影的途径非常便捷和较便捷，但仍然有 26.42% 的留学生持一般态度，有 4.72% 的留学生获得电影的途径不便捷。主要由于一些留学生初来中国，对于一些汉语电影的获得方式不了解，对可观看汉语电影的网站、手机 APP 操作不熟练，使得无法便捷地获得电影。通过调查发现，特别是一些网站和手机 APP 实行"会员制"，无法免费观看电影，留学生出于操作不便，影响了电影作品获得渠道的便捷性。

为了对留学生获得电影作品途径便捷性进行深入调查，采取访谈的方式来进行，访谈结果如下：

笔者 Y：您平时通过什么工具、网站（APP）平台观看中国电影？

受访者 Y：来中国前，我都是通过外网 YOUTUBE 观看中国电影影视作品，了解的最多的也是武打系列，来中国后，虽然偶尔我也会使用 YOUTUBE 观看，但是大部分时间我都是通过"爱奇艺""腾讯""优酷"等中国视频软件平台来观看中国电影。

5. 观看电影作品的频率

观看电影作品的频率反映了电影作品与学生日常生活的关联性，根据第二语言习得理论，只有为学生创设生活化的丰富语境，才有助于语言的习得。

表 4-41　观看中国电影的频率

选项	每天	一个星期两到三次	两个星期一次	一个月一次	其他
频率	21	40	21	15	9
百分比	19.81%	37.74%	19.81%	14.15%	8.49%

由表 4-41 可知，我校留学生观看中国电影频率占比最多的是"一个星期两到三次"有 37.74% 的人，其次有 19.81% 的留学生每天观看中国电影，有 19.81 的留学生观看中国电影的次数是两个星期一次，还有 14.15% 的留学生一个月观看一次中国电影。

6. 观看电影作品的时间安排

一次性观看电影的时间长度，在一定程度上反映了留学生通过电影学习汉语的稳定性和持久性，以及汉语电影对留学生的吸引力。

表 4-42 观看中国电影的时长

选项	两个小时以上	一个小时至两个小时	40 分钟至 60 分钟	20 分钟至 40 分钟	20 分钟以下
频率	44	44	8	8	2
百分比	41.51%	41.51%	7.55%	7.55%	1.89%

从表 4-42 观看中国电影时一次观看时间可以看出，大部分留学生观看中国电影时一次观看时间在一个小时以上，比例达到了 83.02%，20 分钟至 60 分钟的占 15.1%，20 分钟以下只有 1.89%。以上数据说明大部分留学生看电影的时间较长。

从以上研究可以看出，大部分留学生观看中国电影时一次观看时间在一个小时以上。在观看电影作品的频率方面，大部分留学生是"一个星期两到三次"和"每天"。但是仍然有少部分留学生对中国电影的观看时间较短，观看的频率也欠频繁。留学生课业压力较大，每天的时间被学习所占据。特别是汉语水平较差的留学生，面临着较大的考试压力，将更多的时间放在对教材的学习上，没有时间观看汉语电影。通过调查发现，汉语水平越高、年龄越大的学生，观看电影的时间和频率就越低，说明随着汉语水平的增长，以及考级的压力不断加大，留学生们将主要精力放在准备汉语考级上。

（二）来疆留学生对电影作品学习需求的数据统计分析

1. 来疆留学生对电影作品的学习需求的描述性统计

表 4-43　留学生对电影作品的学习需求描述性统计分析

	N	极小值	极大值	均值	标准差
你为什么要通过电影学习汉语	106	1	5	1.79	1.002
你如何通过电影学习汉语	106	1	5	1.79	.953
你喜欢观看何种内容类型的电影作品	106	1	5	2.08	1.011
你获得电影作品的途径是否便捷	106	1	4	1.93	.939
如果学校开设中文电影课，你的态度	106	1	5	1.67	.801
你观看中国电影时，一次观看多久	106	1	5	1.87	.977
对以下电影的分类，你喜欢的类型是（喜剧）	106	0	1	.63	.485
对以下电影的分类，你喜欢的类型是（爱情）	106	0	1	.56	.499
对以下电影的分类，你喜欢的类型是（历史）	106	0	1	.41	.493
对以下电影的分类，你喜欢的类型是（动作）	106	0	1	.28	.453
对以下电影的分类，你喜欢的类型是（科幻）	106	0	1	.17	.377
对以下电影的分类，你喜欢的类型是（其他）	106	0	1	.10	.306
对电影字幕的需求，你的需求是	106	1	5	2.20	.960
在以下元素中，你的观影需求是	106	1	4	1.58	.815
你观看中国电影的频率是	106	1	5	2.54	1.205
如果教师在今后的教学中使用中文电影，你喜欢的方式是	106	1	4	2.41	1.058

将问卷调查的数据输入 SPSS，运用 SPSS 进行描述性统计，描述性统计分析的结果如表 4-43 所示。结合赋值方向（如非常认同、认同、一般、不认同、非常不认同分别计 1、2、3、4、5 分），从以上变量的均值可以看出，大多数学生学习在兴趣的引导下学习汉语；并且在学习电影中能够积累电影涉及的汉语知识和技巧；选择电影的类型也趋向于有助于语言知识普及的电影内容；总体上获得电影作品的途径较为便捷，对开设中文课持赞成的态度；观看中国电影的时间较长，频率较高，各方面均处于较好的水平。

2. 来疆留学生对电影作品的学习需求的相关性分析

利用 SPSS，选取 PEARSON 相关性分析，对除多选题以外的单选题项进行相关性分析，结果如下：

表 4-44 留学生对电影作品的学习需求相关性分析

相关系数	你为什么要通过电影学习汉语	你如何通过电影学习汉语	你喜欢观看何种内容类型的电影作品	你获得电影作品的途径是否便捷	如果学校开设中文电影课，你的态度	你观看中国电影时，一次观看多久	你观看中国电影的频率是
你为什么要通过电影学习汉语	1	.553**	.316**	.542**	.483**	.400**	.385**
你如何通过电影学习汉语	.553**	1	.431**	.389**	.433**	.318**	.281**
你喜欢观看何种内容类型的电影作品	.316**	.431**	1	.376**	.160	.174	.193*
你获得电影作品的途径是否便捷	.542**	.389**	.376**	1	.401**	.240*	.310**
如果学校开设中文电影课，你的态度	.483**	.433**	.160	.401**	1	.382**	.245*
你观看中国电影时，一次观看多久	.400**	.318**	.174	.240*	.382**	1	.433**
你观看中国电影的频率是	.385**	.281**	.193*	.310**	.245*	.433**	1

**. 在 .01 水平（双侧）上显著相关
*. 在 0.05 水平（双侧）上显著相关。

从表 4-44 相关性分析中可以看出，通过电影学习汉语的原因、方法、内容、途径、态度、时间、频率等各变量间的相关性均较高，均处于 0.05 水平以上，一些变量达到了在 0.01 水平以上显著相关。通过电影学习汉语的原因与通过电影学习汉语的方法和获得电影作品的是否便捷相关度最高，相关系数达到了 0.553 和 0.542，并且都是 0.01 水平上的显著相关；喜欢电影作品的内容与通过电影学习汉语的方法相关度最高，相关系数达到 0.431，并且在 0.01 水平上显著相关；开设中文电影课的态度与通过电影学习汉语的原因相关度最高，相关系数达到了 0.483，在 0.01 水平上的显著相关；通过电影学习汉语的时间与频率相关度最高，相关系数达到了 0.433，在 0.01 水平上的显著相关。

3. 来疆留学生对电影作品的学习需求的差异性分析

为了对不同国别、年龄、性别、汉语水平、专业、学历、婚姻情况、学习汉语的时间的样本间的差异性进行分析，采取独立性 t 检验（通常用于两组数据对比）和单因素方差分析（通常用于多组数据对比）的方法，在 SPSS 软件平台上进行差异性分析。

（一）不同性别的差异性分析

表 4-45　不同性别留学生对电影作品的学习需求的变量均值

	男	女
你为什么要通过电影学习汉语	1.825	1.755
你如何通过电影学习汉语	1.772	1.816
你喜欢观看何种内容类型的电影作品	1.842	2.347
你获得电影作品的途径是否便捷	1.93	1.939
如果学校开设中文电影课，你的态度	1.807	1.51
你观看中国电影时，一次观看多久	1.877	1.857
对以下电影的分类，你喜欢的类型是（喜剧）	0.579	0.694
对以下电影的分类，你喜欢的类型是（爱情）	0.474	0.653
对以下电影的分类，你喜欢的类型是（历史）	0.439	0.367
对以下电影的分类，你喜欢的类型是（动作）	0.368	0.184
对以下电影的分类，你喜欢的类型是（科幻）	0.211	0.122
对以下电影的分类，你喜欢的类型是（其他）	0.105	0.102
对电影字幕的需求，你的需求是	2.158	2.245
在以下元素中，你的观影需求是	1.702	1.449
你观看中国电影的频率是	2.439	2.653
如果教师在今后的教学中使用中文电影，你喜欢的方式是	2.07	2.796

通过表 4-45 可以看出，在通过电影学习汉语的原因、态度等方面变量，女生较男生更趋向于积极方向；而在通过电影学习汉语的方法、频率、时间等方面变量，男生较女生更趋向于积极方向。

表 4-46 不同性别留学生对电影作品的学习需求独立样本检验

F		方差方程的 Levene 检验		均值方程的 t 检验						
		Sig.	t	df	Sig.（双侧）	均值差值	标准误差值	差分的95%置信区间	
								下限	上限
你喜欢观看何种内容类型的电影作品	假设方差相等	4.961	.028	-2.634	104	.010	-.505	.192	-.885	-.125
	假设方差不相等			-2.600	94.312	.011	-.505	.194	-.890	-.119
对以下电影的分类，你喜欢的类型是（爱情）	假设方差相等	5.247	.024	-1.866	104	.045	-.179	.096	-.370	.011
	假设方差不相等			-1.873	102.834	.044	-.179	.096	-.369	.011
对以下电影的分类，你喜欢的类型是（动作）	假设方差相等	19.449	.000	2.130	104	.036	.185	.087	.013	.357
	假设方差不相等			2.165	103.563	.033	.185	.085	.016	.354
如果教师在今后的教学中使用中文电影，你喜欢的方式是	假设方差相等	4.188	.043	-3.731	104	.000	-.726	.195	-1.111	-.340
	假设方差不相等			-3.787	103.796	.000	-.726	.192	-1.106	-.346

通过表 4-46 不同性别独立样本检验可以看出，男生和女生在喜欢在教学中使用中文电影的方式差异的显著性最高，P 值达到了 0.000 水平。在喜欢观看何种内容类型的电影作品方面也呈现显著相关，P 值为 0.05 水平上。在喜欢电影的类型方面（爱情、动作）也呈现显著相关，男生更趋向于喜欢动作类电影，女生更趋向于喜欢爱情类相关电影。

（二）不同学历的差异性分析

表 4-47　不同学历留学生对电影作品的学习需求的变量均值

学历	本科	硕士研究生	博士研究生
你为什么要通过电影学习汉语	1.656	2.024	1.000
你如何通过电影学习汉语	1.750	1.878	1.000
你喜欢观看何种内容类型的电影作品	2.031	2.146	2.000
你获得电影作品的途径是否便捷	1.859	2.049	2.000
如果学校开设中文电影课，你的态度	1.610	1.756	2.000
你观看中国电影时，一次观看多久	1.703	2.122	2.000
对以下电影的分类，你喜欢的类型是（喜剧）	0.657	0.610	0.000
对以下电影的分类，你喜欢的类型是（爱情）	0.562	0.537	1.000
对以下电影的分类，你喜欢的类型是（历史）	0.406	0.415	0.000
对以下电影的分类，你喜欢的类型是（动作）	0.281	0.293	0.000
对以下电影的分类，你喜欢的类型是（科幻）	0.156	0.195	0.000
对以下电影的分类，你喜欢的类型是（其他）	0.093	0.122	0.000
对电影字幕的需求，你的需求是	2.109	2.317	3.000
在以下元素中，你的观影需求是	1.594	1.585	1.000
你观看中国电影的频率是	2.437	2.707	2.000
如果教师在今后的教学中使用中文电影，你喜欢的方式是	2.484	2.293	2.000

根据表 4-47，考虑到样本数量的因素，对本科生和硕士研究生进行对比可以发现，在通过电影学习汉语的原因、方法、途径、态度、时间、频率等方面，本科生较硕士研究生更趋向于积极方向。

根据统计学原理，考虑到多组数据的差异性检验，在 SPSS 软件中，使用单因素方差分析，对不同学历的留学生开展差异性分析。

表 4-48　不同学历留学生对电影作品的学习需求单因素方差分析

		平方和	df	均方	F	显著性
你观看中国电影时，一次观看多久	组间	7.985	4	1.996	2.188	.042
	组内	92.166	101	.913		
	总数	100.151	105			

如表4-48所示，通过不同学历留学生在通过电影学习汉语的原因、方法、途径、态度、时间、频率、喜欢的电影类型等变量的差异性分析，不同学历的留学生仅在观看电影的时间上差异显著，主要表现在本科学历的留学生观看汉语电影的时间要明显高于硕士和博士研究生。

（三）不同年龄的差异性分析

表4-49　不同年龄留学生对电影作品的学习需求的变量均值

年龄	15-20周岁	21-25周岁	26-30周岁
你为什么要通过电影学习汉语	1.938	1.710	1.952
你如何通过电影学习汉语	1.813	1.884	1.476
你喜欢观看何种内容类型的电影作品	2.375	2.130	1.667
你获得电影作品的途径是否便捷	2.000	1.942	1.857
如果学校开设中文电影课，你的态度	1.563	1.681	1.714
你观看中国电影时，一次观看多久	1.750	1.870	1.952
对以下电影的分类，你喜欢的类型是（喜剧）	0.688	0.623	0.619
对以下电影的分类，你喜欢的类型是（爱情）	0.688	0.536	0.524
对以下电影的分类，你喜欢的类型是（历史）	0.250	0.435	0.429
对以下电影的分类，你喜欢的类型是（动作）	0.313	0.261	0.333
对以下电影的分类，你喜欢的类型是（科幻）	0.250	0.145	0.190
对以下电影的分类，你喜欢的类型是（其他）	0.125	0.101	0.095
对电影字幕的需求，你的需求是	2.313	2.174	2.190
在以下元素中，你的观影需求是	1.438	1.609	1.619
你观看中国电影的频率是	2.875	2.536	2.286
如果教师在今后的教学中使用中文电影，你喜欢的方式是	2.500	2.536	1.905

从表4-49可以看出，在通过电影学习汉语的类型、途径、频率等方面，年龄越大的留学生呈现出趋向于越积极的方向。在通过电影学习汉语的时间、态度等方面，年龄越小的留学生呈现出趋向于越积极的方向。

表 4-50　不同年龄留学生对电影作品的学习需求单因素方差分析

		平方和	df	均方	F	显著性
你喜欢观看何种内容类型的电影作品	组间	5.153	2	2.577	2.596	.039
	组内	102.243	103	.993		
	总数	107.396	105			
如果教师在今后的教学中使用中文电影，你喜欢的方式是	组间	6.588	2	3.294	3.057	.041
	组内	110.969	103	1.077		
	总数	117.557	105			

从表 4-50 可以看出，根据差异检验结果，不同年龄的调查样本，仅在通过电影学习汉语的类型、教学中使用中文电影的方式两个变量上呈现显著差异。

（四）不同国籍的差异性分析

表 4-51　不同国籍留学生对电影作品学习需求的变量均值

国别	哈萨克斯坦	塔吉克斯坦	乌兹别克斯坦	吉尔吉斯斯坦	土库曼斯坦	土耳其	阿富汗	巴基斯坦	蒙古国	韩国	俄罗斯	其他
你为什么要通过电影学习汉语	1.923	1.722	1.500	1.743	2.000	3.000	1.000	1.750	4.000	3.000	2.250	1.000
你如何通过电影学习汉语	1.692	1.500	2.250	1.857	2.000	3.000	1.250	2.125	2.000	3.000	2.500	1.000
你喜欢观看何种内容类型的电影作品	2.077	1.833	2.750	2.229	2.000	2.000	1.750	2.000	1.000	3.000	2.250	1.333
你获得电影作品的途径是否便捷	1.615	1.833	1.500	2.143	3.000	3.000	1.500	2.375	3.000	3.000	2.250	1.000
如果学校开设中文电影课，你的态度	1.423	2.000	1.250	1.657	1.000	2.000	1.500	2.125	2.000	2.000	1.750	1.333

续表

国别	哈萨克斯坦	塔吉克斯坦	乌兹别克斯坦	吉尔吉斯斯坦	土库曼斯坦	土耳其	阿富汗	巴基斯坦	蒙古国	韩国	俄罗斯	其他
你观看中国电影时，一次观看多久	1.692	1.722	2.500	2.029	2.000	2.000	1.500	1.750	2.000	2.000	2.000	2.000
对以下电影的分类，你喜欢的类型是（喜剧）	0.769	0.667	0.750	0.743	0.000	1.000	0.250	0.000	0.000	0.000	0.500	0.667
对以下电影的分类，你喜欢的类型是（爱情）	0.577	0.500	0.500	0.657	0.000	1.000	0.000	0.875	1.000	1.000	0.000	0.000
对以下电影的分类，你喜欢的类型是（历史）	0.346	0.556	0.000	0.400	1.000	1.000	0.750	0.500	0.000	0.000	0.250	0.000
对以下电影的分类，你喜欢的类型是（动作）	0.192	0.333	0.000	0.200	1.000	1.000	0.000	0.375	1.000	1.000	0.750	0.667
对以下电影的分类，你喜欢的类型是（科幻）	0.269	0.167	0.250	0.057	1.000	0.000	0.000	0.125	0.000	1.000	0.500	0.000
对以下电影的分类，你喜欢的类型是（其他）	0.077	0.111	0.000	0.171	0.000	0.000	0.000	0.000	1.000	0.000	0.000	0.000
对电影字幕的需求，你的需求是	2.038	2.222	2.000	2.429	2.000	1.000	2.000	2.000	1.000	3.000	2.500	2.000
在以下元素中，你的观影需求是	1.538	1.833	1.250	1.657	2.000	2.000	1.000	1.250	1.000	1.000	1.000	2.667

续表

国别	哈萨克斯坦	塔吉克斯坦	乌兹别克斯坦	吉尔吉斯斯坦	土库曼斯坦	土耳其	阿富汗	巴基斯坦	蒙古国	韩国	俄罗斯	其他
你观看中国电影的频率是	2.808	1.944	2.750	2.571	2.000	2.000	1.250	2.500	4.000	5.000	3.500	2.667
如果教师在今后的教学中使用中文电影，你喜欢的方式是	2.385	1.889	2.750	2.571	4.000	1.000	2.000	2.375	2.000	3.000	3.250	2.667

表4-52　不同国籍留学生对电影作品学习需求单因素方差分析

		平方和	df	均方	F	显著性
对以下电影的分类，你喜欢的类型是（喜剧）	组间	6.183	11	.562	2.861	.003
	组内	18.468	94	.196		
	总数	24.651	105			
对以下电影的分类，你喜欢的类型是（爱情）	组间	5.554	11	.505	2.303	.015
	组内	20.607	94	.219		
	总数	26.160	105			
对以下电影的分类，你喜欢的类型是（动作）	组间	4.579	11	.416	2.311	.015
	组内	16.930	94	.180		
	总数	21.509	105			
对以下电影的分类，你喜欢的类型是（科幻）	组间	2.817	11	.256	1.985	.038
	组内	12.126	94	.129		
	总数	14.943	105			

根据表4-51不同国籍的变量均值、表4-52不同国籍单因素方差分析所示，哈萨克斯坦、塔吉克斯坦、乌兹别克斯坦、吉尔吉斯斯坦、土库曼斯坦、土耳其、阿富汗、巴基斯坦、蒙古国、韩国、俄罗斯等不同国家的留学生仅在喜欢的电影类型方面存在显著差异。

（五）不同专业的差异性分析

表 4-53　汉语言相关专业与非相关专业留学生对电影作品学习需求变量均值

专业	汉语言相关专业	非汉语言相关专业
你为什么要通过电影学习汉语	1.802	1.750
你如何通过电影学习汉语	1.826	1.650
你喜欢观看何种内容类型的电影作品	2.081	2.050
你获得电影作品的途径是否便捷	1.942	1.900
如果学校开设中文电影课，你的态度	1.698	1.550
你观看中国电影时，一次观看多久	1.802	2.150
对以下电影的分类，你喜欢的类型是（喜剧）	0.628	0.650
对以下电影的分类，你喜欢的类型是（爱情）	0.558	0.550
对以下电影的分类，你喜欢的类型是（历史）	0.407	0.400
对以下电影的分类，你喜欢的类型是（动作）	0.279	0.300
对以下电影的分类，你喜欢的类型是（科幻）	0.151	0.250
对以下电影的分类，你喜欢的类型是（其他）	0.081	0.200
对电影字幕的需求，你的需求是	2.221	2.100
在以下元素中，你的观影需求是	1.535	1.800
你观看中国电影的频率是	2.488	2.750
如果教师在今后的教学中使用中文电影，你喜欢的方式是	2.430	2.300

从表 4-53 汉语言相关专业与非相关专业变量均值可以看出，通过电影学习汉语的时间、频率，汉语专业的留学生较非汉语专业的留学生趋向于更积极的方向；在通过电影学习汉语的原因、方法、途径、态度等方面，非汉语专业较汉语专业的留学生趋向于更积极的方向。

通过差异性检验，汉语专业的留学生较非汉语专业的留学生在上述各变量中，没有呈现出显著性的差异，没有变量的差异性达到 P 值 0.05 水平。

（六）不同婚姻情况的差异性分析

表 4-54　不同婚姻情况留学生对电影作品学习需求变量均值

婚姻情况	未婚	已婚	其他
你为什么要通过电影学习汉语	1.755	1.625	3.000
你如何通过电影学习汉语	1.766	1.375	3.250
你喜欢观看何种内容类型的电影作品	2.043	1.750	3.500
你获得电影作品的途径是否便捷	1.840	2.375	3.250
如果学校开设中文电影课，你的态度	1.606	2.000	2.500
你观看中国电影时，一次观看多久	1.851	1.625	2.750
对以下电影的分类，你喜欢的类型是（喜剧）	0.617	0.750	0.750
对以下电影的分类，你喜欢的类型是（爱情）	0.543	0.750	0.500
对以下电影的分类，你喜欢的类型是（历史）	0.383	0.625	0.500
对以下电影的分类，你喜欢的类型是（动作）	0.255	0.500	0.500
对以下电影的分类，你喜欢的类型是（科幻）	0.181	0.000	0.250
对以下电影的分类，你喜欢的类型是（其他）	0.096	0.125	0.250
对电影字幕的需求，你的需求是	2.160	2.625	2.250
在以下元素中，你的观影需求是	1.543	2.000	1.750
你观看中国电影的频率是	2.574	1.750	3.250
如果教师在今后的教学中使用中文电影，你喜欢的方式是	2.436	2.125	2.250

从表 4-54 可以看出，不同婚姻情况的留学生通过电影学习汉语的原因、方法、类型、途径、态度、时间、频率等方面存在一定的差异，在通过电影学习汉语的原因、方法、类型、时间、频率等变量方面，已婚的留学生趋向于积极方向；而在获得电影作品的途径方面，未婚的留学生表现出更趋于积极的方向。

表 4-55　不同婚姻情况留学生对电影作品学习需求单因素方差分析

		平方和	df	均方	F	显著性
你为什么要通过电影学习汉语	组间	6.187	2	3.093	3.210	0.044
	组内	99.247	103	0.964		
	总数	105.434	105			

续表

		平方和	df	均方	F	显著性
你如何通过电影学习汉语	组间	9.958	2	4.979	6.000	0.003
	组内	85.476	103	0.830		
	总数	95.434	105			
你喜欢观看何种内容类型的电影作品	组间	9.066	2	4.533	4.749	0.011
	组内	98.330	103	0.955		
	总数	107.396	105			
你获得电影作品的途径是否便捷	组间	9.306	2	4.653	5.758	0.004
	组内	83.231	103	0.808		
	总数	92.538	105			
如果学校开设中文电影课，你的态度	组间	4.007	2	2.004	3.253	0.043
	组内	63.436	103	0.616		
	总数	67.443	105			
你观看中国电影的频率是	组间	7.120	2	3.560	2.525	0.045
	组内	145.229	103	1.410		
	总数	152.349	105			

从表4-55不同婚姻情况单因素方差分析发现，在通过电影学习汉语的原因、方法、内容、途径、态度，观看中国电影的频率等变量方面，不同婚姻状况的留学生具有显著差异。

（七）不同学习汉语时间的差异性分析

表4-56　不同学习汉语时间留学生对电影作品学习需求的变量均值

学习汉语的时间	不到一年	一到三年	三年到五年	五年及五年以上
你为什么要通过电影学习汉语	1.667	1.780	1.676	2.045
你如何通过电影学习汉语	1.333	1.902	1.676	1.909
你喜欢观看何种内容类型的电影作品	2.667	2.049	1.919	2.227
你获得电影作品的途径是否便捷	2.000	1.854	1.919	2.091
如果学校开设中文电影课，你的态度	1.667	1.732	1.622	1.636

续表

学习汉语的时间	不到一年	一到三年	三年到五年	五年及五年以上
你观看中国电影时，一次观看多久	2.000	1.927	1.811	1.818
对以下电影的分类，你喜欢的类型是（喜剧）	0.667	0.659	0.595	0.636
对以下电影的分类，你喜欢的类型是（爱情）	0.833	0.439	0.676	0.500
对以下电影的分类，你喜欢的类型是（历史）	0.500	0.439	0.378	0.364
对以下电影的分类，你喜欢的类型是（动作）	0.500	0.268	0.270	0.273
对以下电影的分类，你喜欢的类型是（科幻）	0.167	0.195	0.162	0.136
对以下电影的分类，你喜欢的类型是（其他）	0.000	0.073	0.108	0.182
对电影字幕的需求，你的需求是	2.000	2.268	2.216	2.091
在以下元素中，你的观影需求是	1.500	1.512	1.541	1.818
你观看中国电影的频率是	3.000	2.341	2.676	2.545
如果教师在今后的教学中使用中文电影，你喜欢的方式是	2.500	2.512	2.405	2.182

从表4-56可以看出，学习汉语不到一年的留学生在通过电影学习汉语的原因、方法等方面趋向于积极方向；学习汉语一到三年的留学生在通过电影学习汉语的途径、频率更趋向于积极方向；学习汉语三年到五年的留学生在通过电影学习汉语的类型、态度、时间上更趋向于积极方向。

从不同学习汉语时间单因素方差分析可以看出，不同学习汉语时间的留学生在各变量上均没有显著性的差异，没有变量的差异性达到P值0.05的水平。

（八）不同汉语水平的差异性分析

表4-57 不同汉语水平留学生对电影作品学习需求的变量均值

汉语水平	HSK1	HSK2	HSK3	HSK4	HSK5	HSK6
你为什么要通过电影学习汉语	1.333	1.500	1.833	1.524	2.018	1.500
你如何通过电影学习汉语	1.000	2.500	2.167	1.714	1.857	1.611
你喜欢观看何种内容类型的电影作品	1.667	1.500	2.833	2.048	2.125	1.833
你获得电影作品的途径是否便捷	1.333	1.000	2.000	1.524	2.179	1.833
如果学校开设中文电影课，你的态度	1.000	1.000	1.333	1.571	1.821	1.611
你观看中国电影时，一次观看多久	1.333	1.500	2.167	1.571	2.107	1.500

续表

汉语水平	HSK1	HSK2	HSK3	HSK4	HSK5	HSK6
对以下电影的分类，你喜欢的类型是（喜剧）	1.000	0.500	1.000	0.667	0.536	0.722
对以下电影的分类，你喜欢的类型是（爱情）	0.667	0.500	0.167	0.381	0.625	0.667
对以下电影的分类，你喜欢的类型是（历史）	0.333	0.500	0.333	0.333	0.393	0.556
对以下电影的分类，你喜欢的类型是（动作）	0.333	0.500	0.333	0.333	0.286	0.167
对以下电影的分类，你喜欢的类型是（科幻）	0.333	0.000	0.333	0.238	0.143	0.111
对以下电影的分类，你喜欢的类型是（其他）	0.000	0.000	0.000	0.095	0.125	0.111
对电影字幕的需求，你的需求是	2.333	2.500	2.333	1.714	2.357	2.167
在以下元素中，你的观影需求是	1.667	1.000	1.000	1.524	1.643	1.722
你观看中国电影的频率是	1.667	1.500	2.833	2.429	2.625	2.556
如果教师在今后的教学中使用中文电影，你喜欢的方式是	2.667	3.500	3.000	2.286	2.375	2.278

从表4-57可以看出，在通过电影学习汉语的原因、方法、类型、途径、态度、时间、频率等方面，汉语水平越低的学生，越趋向于积极的方向。这说明汉语水平越低的留学生对通过电影学习汉语的积极性和主动性越强，学习需求愈加迫切。

表4-58　不同汉语水平留学生对电影作品学习需求单因素方差分析

		平方和	df	均方	F	显著性
你为什么要通过电影学习汉语	组间	6.714	5	1.343	1.360	.046
	组内	98.720	100	.987		
	总数	105.434	105			
你如何通过电影学习汉语	组间	4.680	5	.936	1.031	.043
	组内	90.754	100	.908		
	总数	95.434	105			
你获得电影作品的途径是否便捷	组间	9.919	5	1.984	2.401	.042
	组内	82.619	100	.826		
	总数	92.538	105			

从表4-58不同汉语水平单因素方差分析可以看出，不同汉语水平在通过电影学习汉语的原因、方法、途径存在显著差异。

(九)本章小结

通过本章的研究发现，大多数留学生是出于对汉语的兴趣，才通过电影学习汉语的，对学校开设中文电影课的态度较为赞同，获得电影的途径非常便捷，观看电影时非常认真地积累电影涉及的汉语知识和技巧。喜剧片和爱情片是大多数留学生喜欢的电影作品类型。大部分留学生观看中国电影时，一次观看时间在一个小时以上，频率为"一个星期两到三次"。

女生较男生具有更积极的学习汉语的态度；男生更趋向于喜欢动作类电影，女生更趋向于喜欢爱情类相关电影；本科学历的留学生观看汉语电影的时间要明显高于硕士和博士研究生；在通过电影学习汉语的类型、途径、频率等方面，年龄越大的留学生呈现出趋向于越积极的方向；在通过电影学习汉语的时间、态度等方面，年龄越小的留学生呈现出趋向于越积极的方向。

四、来疆留学生对电影作品的需求特点

在来疆留学生对电影作品的目标需求和学习需求分析基础上，可对来疆留学生对电影作品的目标动机和学习目的、通过电影学习汉语的态度、方法、电影作品内容特点、获得电影作品途径特点、观看电影的时间和频率特点等方面进行归纳和总结。

(一)来疆留学生在兴趣导向下观看电影

来疆留学生目标动机和学习目的的特点主要为：汉语水平越低的学生对通过电影学习汉语的认同感越高；汉语水平越低的学生对通过电影学习汉语越感兴趣。

大部分来疆留学生认同为了学习汉语而观看中国电影，并且认为通过电影学习汉语是出于对汉语的兴趣。通过差异性分析发现，在留学生对通过电影学习汉语的动机和原因方面，存在显著性差异的仅在不同汉语水平的样本方面。

从图4-1可以看出，总体上看，汉语水平越低的学生对通过电影学习汉语的认同感越高。HSK1-HSK3阶段，汉语水平越低的留学生，对为了学习汉语而观看电影的认同感越强，"非常认同"的分别达到了66.67%、50%、16.67%。值得注重的是，在HSK5和HSK6水平的留学生中，出现了5.36%、11.11%的留学生对通过电影学习汉语持"不认同"的态度。说明越是HSK水平较低的留学生对为了学习汉语

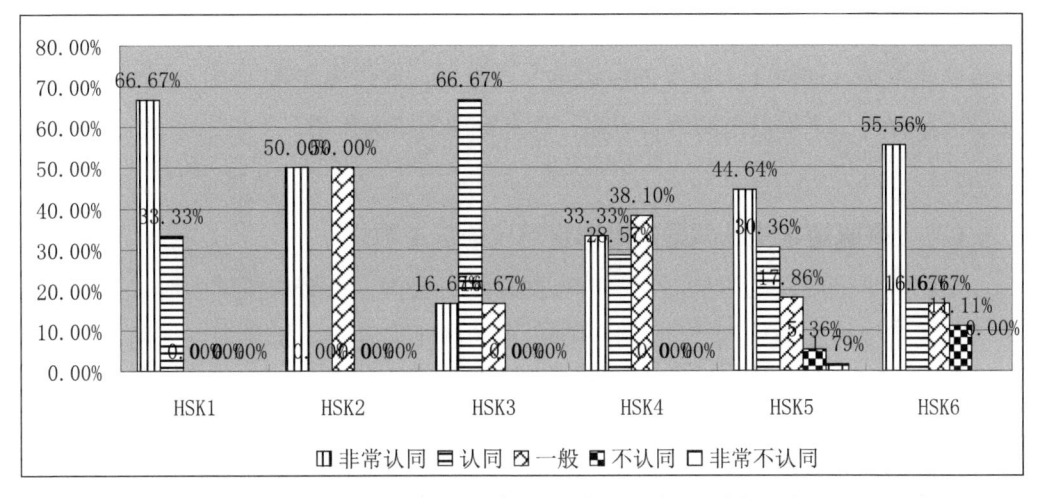

图 4-1　不同汉语水平留学生对为了学习汉语而观看电影的认同

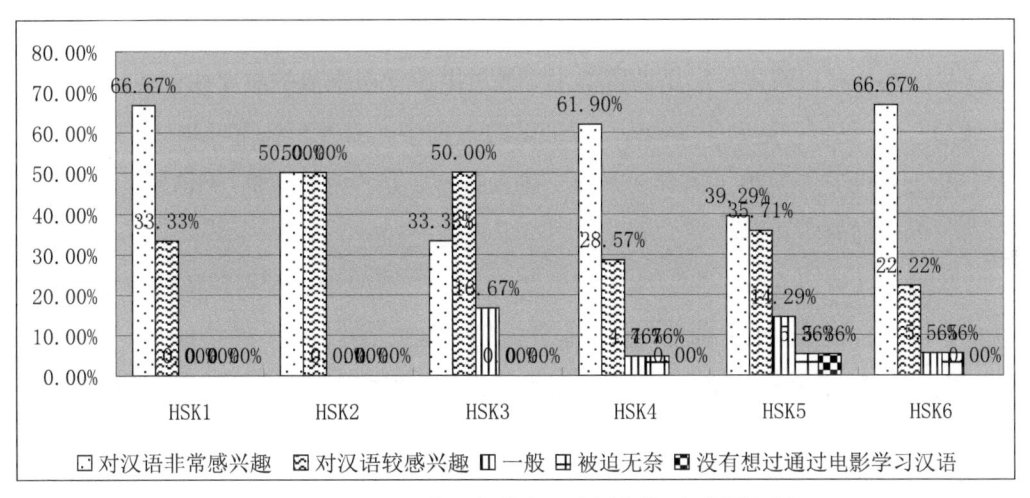

图 4-2　不同汉语水平留学生通过电影学习汉语的目的

而观看电影的认同感越高，说明这些留学生通常苦于缺少汉语学习的渠道，而通过电影这种喜闻乐见的方式，能够为他们提供更大的平台。

从图 4-2 可以看出，总体上汉语水平越低的留学生，越是在兴趣的驱动下，通过电影学习汉语。HKS1-HKS3 水平的留学生出于"感兴趣"通过电影学习汉语的达到了 100%、100%、83.33%。而在 HSK4-HSK6 的留学生中，选择"被迫无奈"通过电影学习汉语的比重达到了 4.76%、5.36%、5.56%。

分析背后的原因，有可能是随着汉语水平的不断提高，留学生学习汉语的途径不断增多，对通过电影学习汉语的需求有所减弱。特别是高水平的考试中，除了听力外，对语法、阅读、综合等要求越高，仅通过电影来满足学习者的汉语学习需求显得明显不够。而对于入门级的汉语学习者来说，通过电影来学习汉语的发音、语法、表达方式，了解汉语的语言习惯，具有更加便捷的作用。

（二）来疆留学生认同通过电影学习汉语的重要性

来疆留学生通过电影学习汉语的态度特点主要为：已婚的留学生对通过电影学习汉语的重要性更加认同，汉语水平越低的留学生对通过电影学习汉语的重要性更加认同。

从以上研究可以看出，大部分来疆留学生都认为通过电影学习汉语较为重要，可以增强自身了解中国语言和中国文化的窗口，增强自身的汉语水平。通过差异性分析发现，仅在婚姻状况和汉语水平两个方面，对通过电影学习汉语的态度上有显著差异。

从图 4-3 可以看出，已婚的留学生对通过电影学习汉语的重要性更加认同，"非常认同"和"认同"达到了 100%；而未婚的人群中，有 8.51% 和 1.06% 的选择"一般"和"不认同"，其他（离异、丧偶）等人群中，持"一般"和"不认同"态度的样本占 50% 和 25%。

从图 4-4 可以看出，汉语水平越低的留学生对通过电影学习汉语的重要性更加认同。HSK1–HSK3 水平的留学生"非常认同"和"认同"的达到了 100%、100% 和 66.67%。而在 HSK4 和 HSK5 水平的留学生中有 4.76% 和 1.79% 选择"不认同"。

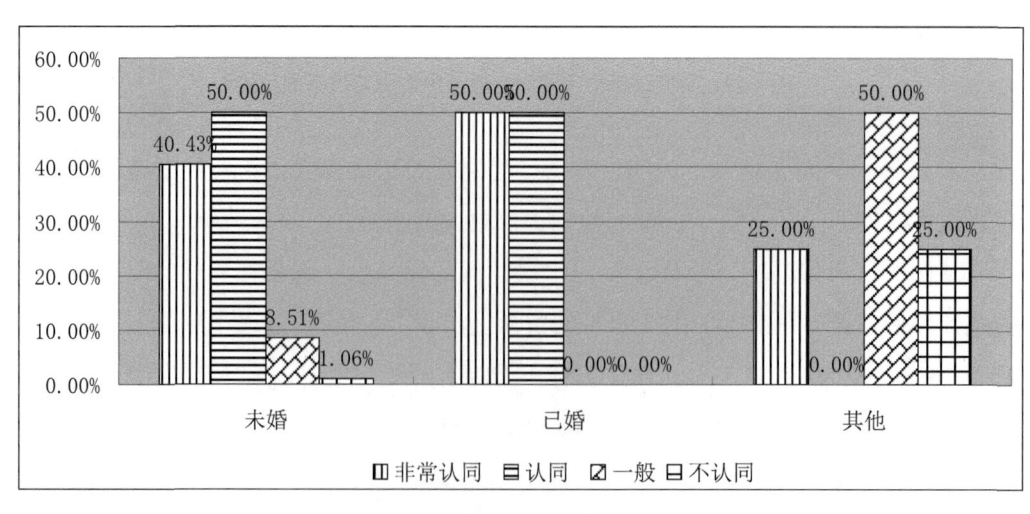

图 4-3 不同婚姻状况留学生通过电影学习汉语的重要性

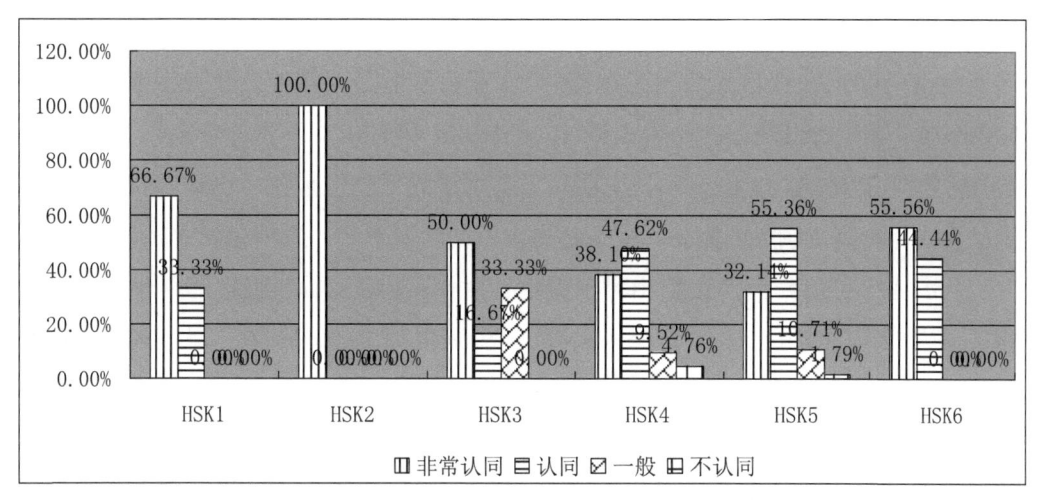

[图表：不同HSK水平下认同度分布]
- HSK1: 66.67%, 33.33%, 0.00%, 0.00%
- HSK2: 100.00%, 0.00%, 0.00%, 0.00%
- HSK3: 50.00%, 16.67%, 33.33%, 0.00%
- HSK4: 38.10%, 47.62%, 9.52%, 4.76%
- HSK5: 32.14%, 55.36%, 10.71%, 1.79%
- HSK6: 55.56%, 44.44%, 0.00%, 0.00%

图例：非常认同　认同　一般　不认同

图 4-4　不同汉语水平留学生通过电影学习汉语的重要性

分析背后的原因，有可能由于已婚的留学生对于学习汉语的需求更加迫切，已婚者通常有较高的生活压力，通过电影学习汉语为已婚留学生创设了更多的接触汉语的机会，而利用一切可以利用的机会来学习汉语，也成为了已婚者的选择。不同汉语水平对通过电影学习汉语重要性的不同理解，正如前文所述，汉语水平越高的学生，对于汉语学习的需求就越高级，而通过电影来学习汉语并不是其唯一的选择。

（三）来疆留学生通过电影学习汉语有较强主动性

来疆留学生通过电影学习汉语的方法特点为：总体上留学生们对于通过电影积累电影涉及的汉语知识和技巧具有较高的认同感；汉语水平越低的留学生对通过电影积累电影涉及的汉语知识和技巧的认同感越高；女生更喜欢"课堂中观看影视作品并学习作品中相关语言知识"，男生更喜欢"课前观看，作为预习任务"；年龄越小的留学生越趋向于"学习课文内容之后，观看相关影视作品"，年龄越大的留学生越趋向于"上课的前几分钟观看相关片段"。

通过前述研究，在全体样本中，有46.23%的留学生观看电影时非常认真地积累电影涉及的汉语知识和技巧，有37.74%的留学生观看电影时较认真地积累电影涉及的汉语知识和技巧，说明总体上留学生们对于通过电影积累电影涉及的汉语知识和技巧具有较高的认同感。通过差异性检验，在"如何通过电影学习汉语"方面，留学生存在显著性差异仅在调查对象的汉语水平上；在"在教学中使用中文电影的喜欢方式"方面，留学生存在显著性差异在性别、年龄两个方面。

从图4-5可以看出，总体上来看，汉语水平越低的留学生对通过电影积累电影涉及的汉语知识和技巧的认同感越高。"从不积累电影涉及的汉语知识和技巧"在HSK5水平学生中出现，占比为3.57%。在HSK4和HSK5水平的留学生，选择"一般"的分别占9.52%和12.50%。说明对于高水平的留学生来说，电影涉及的汉语知识已无法完全满足学生的需要，应通过更丰富的学习形式，来涉猎汉语知识。

从图4-6可以看出，女生相对于男生，在"课堂中观看影视作品并学习作品中相关语言知识"的占比达到了55.1%，而男生则仅为19.30%；在"课前观看，作为预习任务"选项中，男生为40.35%，而女生则仅为12.24%。

从图4-7可以看出，年龄越小的留学生越趋向于"学习课文内容之后，观看相关影视作品"，15-20周岁、21-25周岁、26-30周岁留学生，选择此项占比分别为31.25%、15.94%、4.76%；年龄越大的留学生越趋向于"上课的前几分钟观看相关片段"，15-20周岁、21-25周岁、26-30周岁留学生，选择此项占比分别为6.25%、21.74%、28.57%。

分析背后的原因，出现此类情况的原因有可能与男生与女生、不同年龄群体的心理特征相关。女生较男生的更具有感性思维，对于在课堂中观看影视作品并学习相关知识的学习需求更加强烈。年龄越小的留学生越要求电影在课堂中占据更重要的权重，娱乐与学习相结合的目的性和动机性越强，要求在学习完课文后，就马上观看相关的电影作品；而年龄越大的留学生则要求上课前几分钟观看相关片段，将

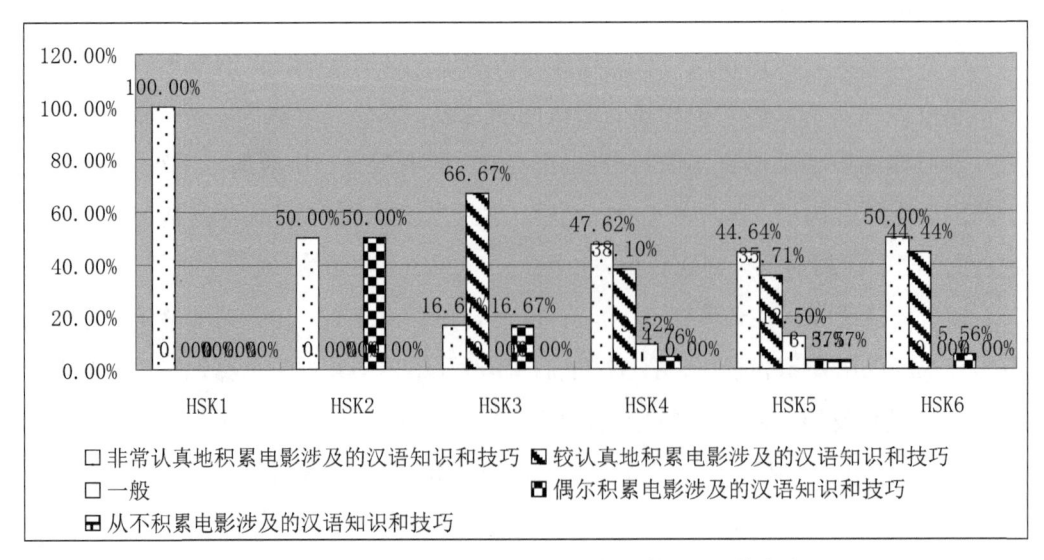

图4-5 不同汉语水平留学生通过电影学习汉语的方法

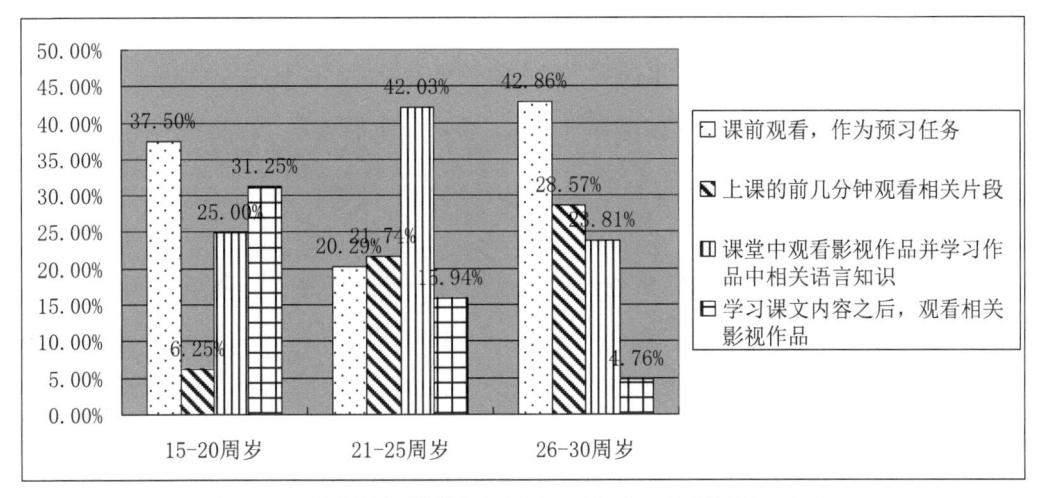

图 4-6　不同性别留学生在教学中使用中文电影的喜欢方式

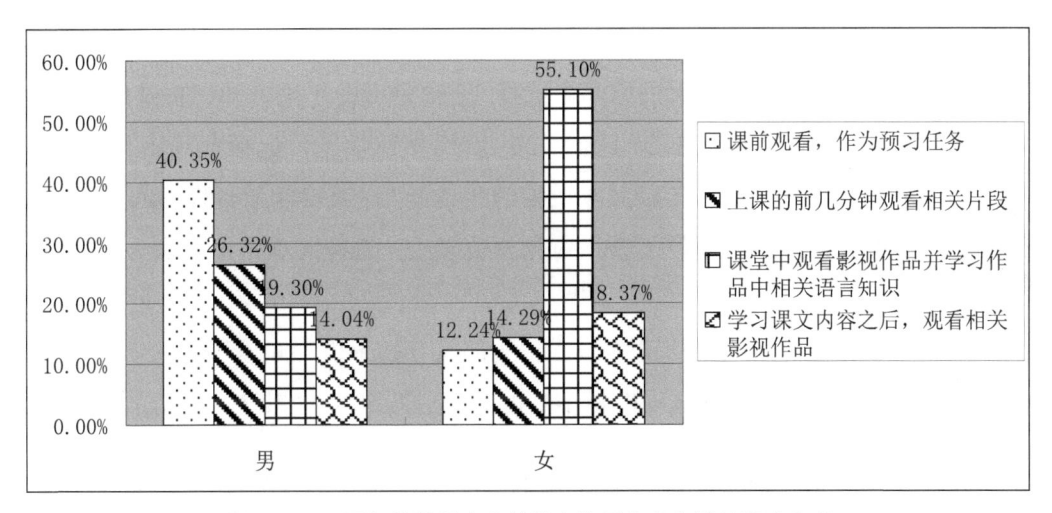

图 4-7　不同年龄留学生在教学中使用中文电影的喜欢方式

课堂的主要内容还于课文本身。

（四）来疆留学生观看电影作品内容具有多样化特点

来疆留学生观看电影内容特点为：大部分留学生喜欢观看电影作品的内容类型主要为有助于语言知识普及的电影内容；大部分留学生喜欢的电影作品类型为喜剧、爱情、历史片。男生和年龄大的留学生更趋向于选择有助于语言知识普及的电影内容，女生和年龄小的留学生更趋向于娱乐性电影作品。来自吉尔吉斯斯坦、乌兹别克斯坦、塔吉克斯坦、哈萨克斯坦的留学生更喜欢观看"喜剧作品"，来自巴基斯坦的留学生更喜欢看"爱情作品",来自阿富汗的留学生更喜欢看"历史作品",来自俄罗斯的留学生更喜欢看"动作作品"。

通过差异性检验,在"喜欢观看何种内容类型的电影作品"方面,不同性别、年龄、婚姻状况的留学生存在显著差异;在"喜欢电影作品的类型"方面,不同性别、国籍的留学生存在显著差异。

从图4-8可以看出,男生相对于女生更趋向于选择有助于语言知识普及的电影内容,在"全部是有助于语言知识普及的电影内容"选项上,男生比重为43.86,而女生为30.61%;女生相对于男生更趋向于"知识性和娱乐性都有"的电影作品,在"知识性和娱乐性的都有"选项上,女生占比为36.73%,而男生为22.81%,与此同时在"以获得娱乐打发时间为主"选项上,女生占比达到了14.29%。说明女生在日常学习生活中,更趋向于感性认识,并对感性、形象的内容较为感兴趣,而男生通过电影进行汉语学习则更具有功利性。

如图4-9所示,年龄越大的留学生选择"全部是有助于语言知识普及的电影内容"的越多,15-20周岁、21-25周岁、26-30周岁留学生,选择此项占比分别为18.75%、37.68%、52.38%;年龄越小的留学生选择"以获得娱乐打发时间为主"的越多,15-20周岁、21-25周岁、26-30周岁留学生,选择此项占比分别为"12.5%、7.25%、0"。

如图4-10所示,已婚的留学生选择"全部是有助于语言知识普及的电影内容"的越多,已婚和未婚选择此选项的留学生占比分别为50%和38.3%;未婚的留学生

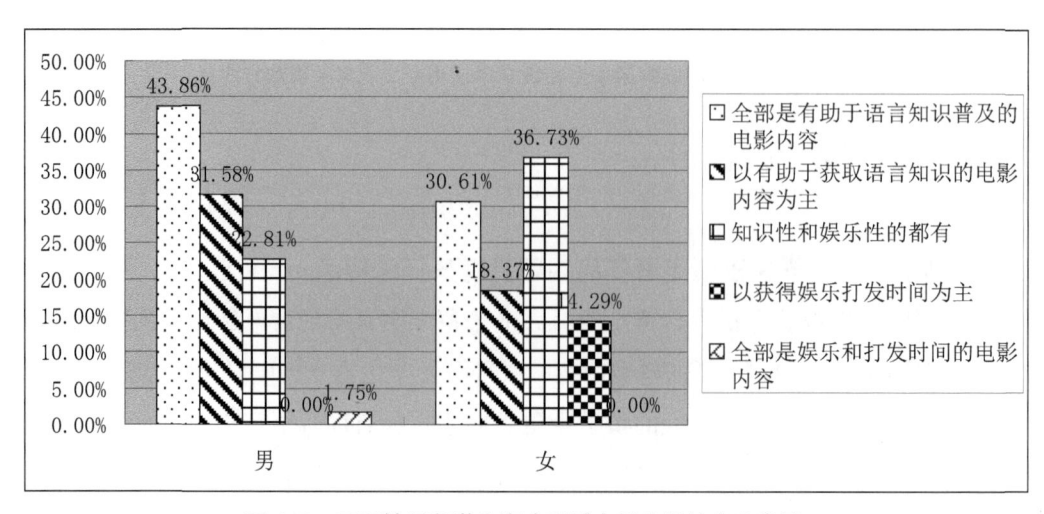

图4-8 不同性别留学生喜欢观看电影作品的内容类型

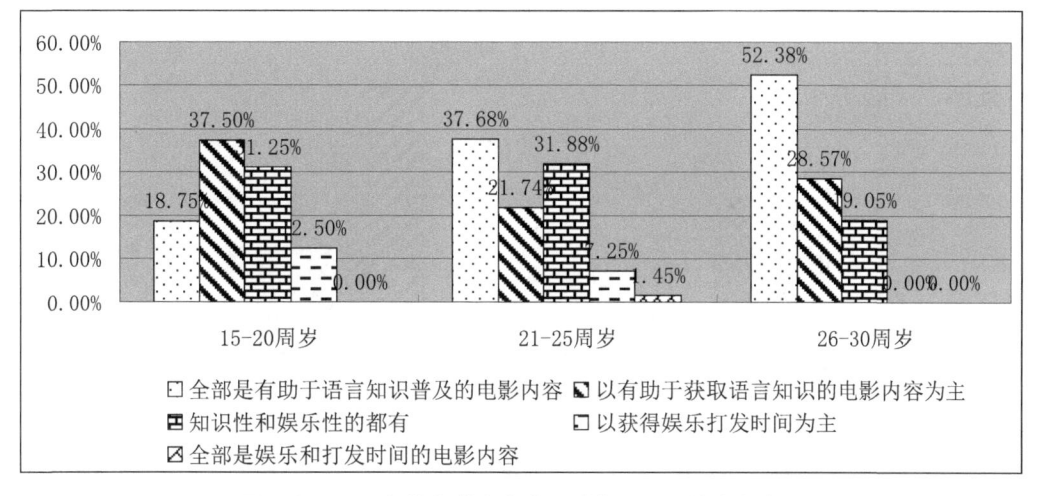

图 4-9 不同年龄留学生喜欢观看电影作品的内容类型

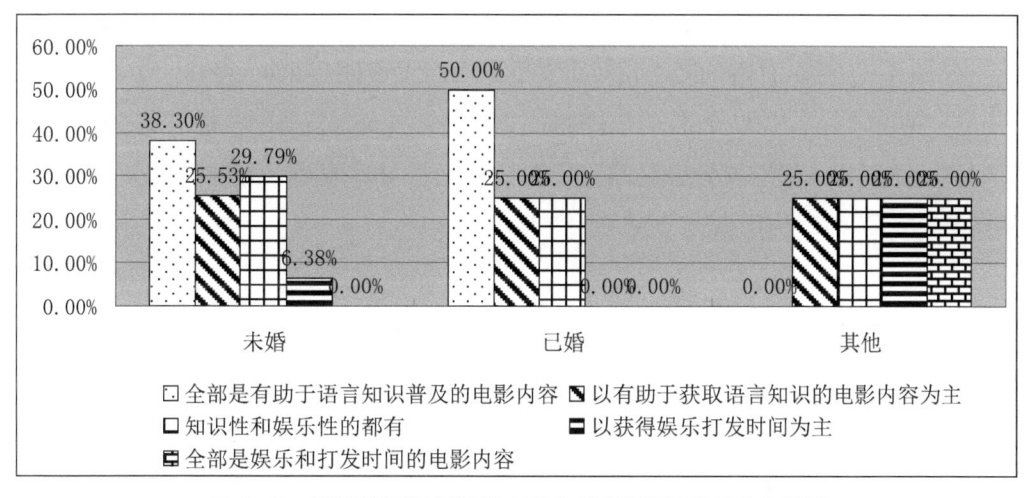

图 4-10 不同婚姻状况留学生喜欢观看电影作品的内容类型

选择"以获得娱乐打发时间为主"占比为 6.38%，而已婚留学生选择此样本的为 0。

分析在"喜欢观看何种内容类型的电影作品"方面，不同性别、年龄、婚姻状况的留学生存在显著差异背后的原因。主要由于年龄越大的留学生越成熟稳重，面临着就业，对完成学业的需求就越高；已婚的留学生拥有一定的家庭方面的压力，对汉语学习的需求也较高。在性别方面的差异性主要原因为，中亚的大多数国家，受宗教和社会的影响，男女地位并不平等，女生的就业机会相对于男生较少，虽然来新疆留学的女学生大多为家境较为宽裕的，但是女生对于学习和就业的紧迫感明显要低于男生，这点与我国是不相同的。这些都导致女生相比于男生更趋向于选择

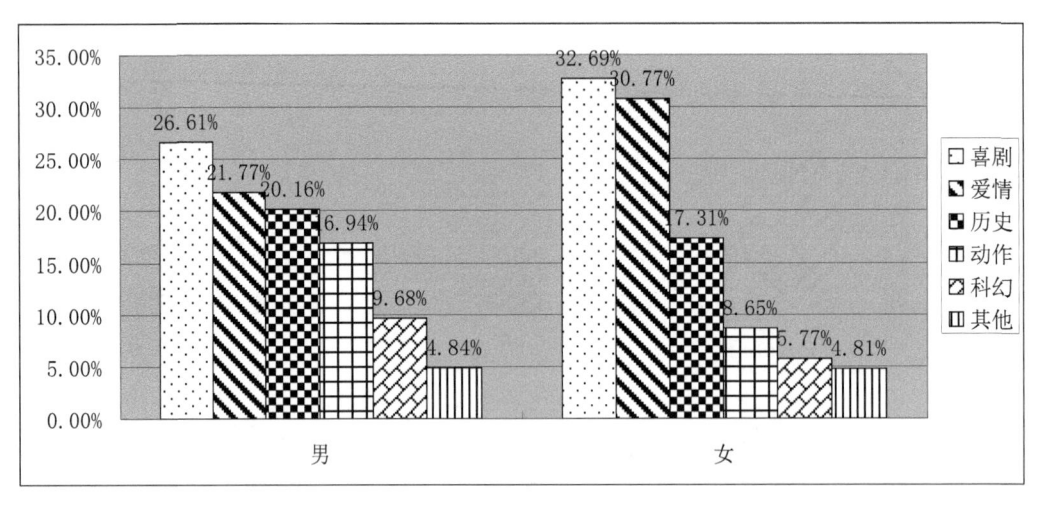

图 4-11 不同性别留学生喜欢电影的类型

"以娱乐和打发时间为主"的电影内容。

从图4-11可以看出,男生相对于女生更趋向于选择"动作"类和"历史类""科幻类"的电影,占比分别为16.94%、20.16%、9.68%,而女生占比为8.65%、17.31%、5.77%;女生较男生更趋向于选择"爱情"和"喜剧"类电影,占比分别为30.77%、32.69%,男生占比分别为21.77%、26.61%。

表 4-59 不同汉语水平留学生喜欢电影的类型

	喜剧	爱情	历史	动作	科幻	其他
哈萨克斯坦	34.48%	25.86%	15.52%	8.62%	12.07%	3.45%
塔吉克斯坦	28.57%	21.43%	23.81%	14.29%	7.14%	4.76%
乌兹别克斯坦	50.00%	33.33%	0.00%	0.00%	16.67%	0.00%
吉尔吉斯斯坦	33.33%	29.49%	17.95%	8.97%	2.56%	7.69%
土库曼斯坦	0.00%	0.00%	33.33%	33.33%	33.33%	0.00%
土耳其	25.00%	25.00%	25.00%	25.00%	0.00%	0.00%
阿富汗	25.00%	0.00%	75.00%	0.00%	0.00%	0.00%
巴基斯坦	0.00%	46.67%	26.67%	20.00%	6.67%	0.00%
蒙古国	0.00%	50.00%	0.00%	50.00%	0.00%	0.00%
韩国	0.00%	25.00%	0.00%	25.00%	25.00%	25.00%
俄罗斯	25.00%	0.00%	12.50%	37.50%	25.00%	0.00%
其他	50.00%	0.00%	0.00%	50.00%	0.00%	0.00%

从表 4-59 可以看出，不同国家留学生对电影类型的选择上是有较大不同的。选择"喜剧作品"留学生最多的国家为吉尔吉斯斯坦（33.33%）、乌兹别克斯坦（50.00%）、塔吉克斯坦（28.57%）、哈萨克斯坦（34.48%）；选择"爱情作品"留学生最多的国家为巴基斯坦（46.67%）；选择"历史作品"留学生最多的国家为阿富汗（75%）；选择"动作作品"最多的国家为俄罗斯（37.5%）。

分析上述在"喜欢电影作品的类型"方面，不同性别、国籍的留学生存在显著差异的原因。女生相对于男生更加感性，相对于男生更喜欢有爱情类和喜剧类的电影，而男生较女生更好动，更具有抽象性思维和对历史探究的兴趣，也更加喜欢动作类、历史类电影。不同国家的留学生对电影类型的喜欢程度，除了留学生个人喜好以外，在一定层面上也可能体现出国家文化层面的特质。如：被称作"战斗民族"的俄罗斯，其留学生更愿意选择动作片；与我国建交较早，国际合作、援助较为密切，被称为我国"巴铁"的巴基斯坦，其留学生更加关注我国的爱情类电影。因为爱情类电影，更能够体现出一个国家国民的情感观念，以及风土人情。

（五）来疆留学生获得电影作品途径具有多元性特点

来疆留学生获得电影作品途径特点为：大多数留学生认为获得电影的途径非常便捷和较便捷。汉语水平越低的留学生、未婚留学生获得电影作品渠道更加便捷。

从前文的研究成果可以看出，主要受益于当前互联网和移动互联网的发展，使得留学生可以从电脑或手机上较为便捷地搜索、观看中国电影。通过差异性检验发

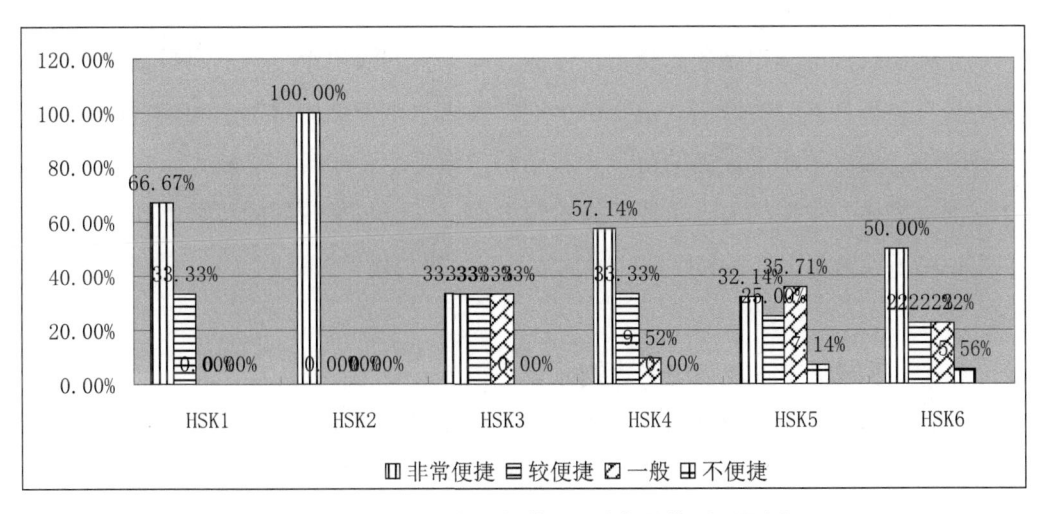

图 4-12 不同汉语水平留学生通过电影学习汉语途径

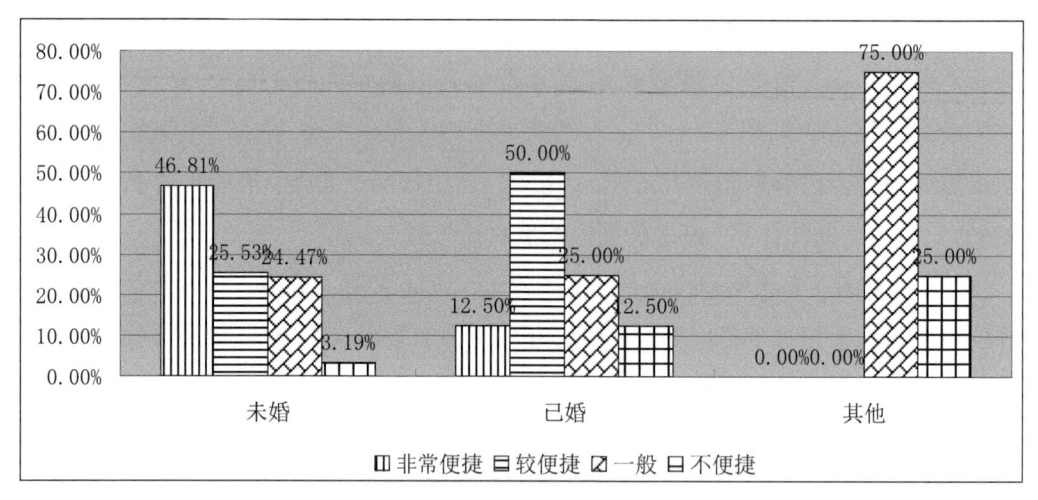

图 4-13　不同婚姻状况留学生通过电影学习汉语途径

现，在获得电影作品的途径是否便捷方面，不同汉语水平、不同婚姻状况的留学生具有显著性差异。

从图 4-12 可以看出，总体上汉语水平越低的留学生群体，选择"非常便捷"的就越多。HSK1、HSK2 的留学生选择"非常便捷"的比重分别达到了 66.67% 和 100%，而在 HSK5 和 HKS6 的留学生有 7.14% 和 5.56% 选择了"不便捷"。

从图 4-13 可以看出，总体上，未婚留学生获得汉语电影作品的途径较已婚留学生更加便捷。选择"非常便捷"和"较便捷"的未婚留学生占比为 72.34%，选择"非常便捷"和"较便捷"的已婚留学生占比为 62.5%；选择"不便捷"的未婚留学生占 3.19%，而选择"不便捷"的已婚留学生占比 12.5%。

分析在获得电影作品的途径是否便捷方面，不同汉语水平、不同婚姻状况的留学生具有显著性差异的原因。主要由于通常汉语水平较低的留学生和未婚的留学生年龄较小，而汉语水平较高的留学生和已婚的留学生，年龄相对较大，在使用移动互联网、媒体，掌握汉语电影搜索技术等方面，汉语水平较低的留学生和未婚的留学生相对于汉语水平较高和已婚的留学生具有一定的优势。

（六）来疆留学生观看电影较为频繁

来疆留学生观看电影时间和频率特点为：大部分留学生观看中国电影时，一次观看时间在一个小时以上，频率是"一个星期两到三次"和"每天"。学历越高的留学生观看电影的时间越短，已婚留学生观看电影的频率高于未婚留学生。

通过差异性检验发现，在观看电影时间安排方面，不同学历的留学生具有显著性差异；在观看中国影视的频率方面，不同婚姻状况的留学生具有显著性差异。

通过图4-14可以看出，选择"两个小时以上"的本科、硕士研究生学历的留学生分别占48.44%、31.71%，本科学历的留学生选择"20分钟至40分钟"的比重占4.69%，硕士研究生选择"20分钟至40分钟"的比重占12.20%。由此可以说明，学历越高的留学生观看电影的时间越短。

从图4-15可以看出，已婚留学生选择"每天"和"一个星期两到三次"比重的达到了87.5%，而未婚留学生选择"每天"和"一个星期两到三次"比重为56.38%，已

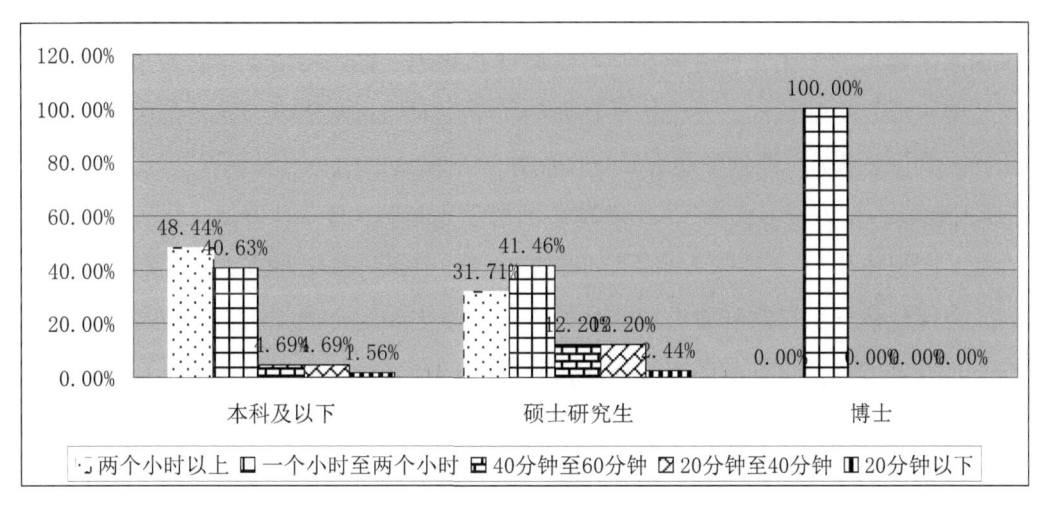

图4-14 不同学历留学生观看电影时间安排

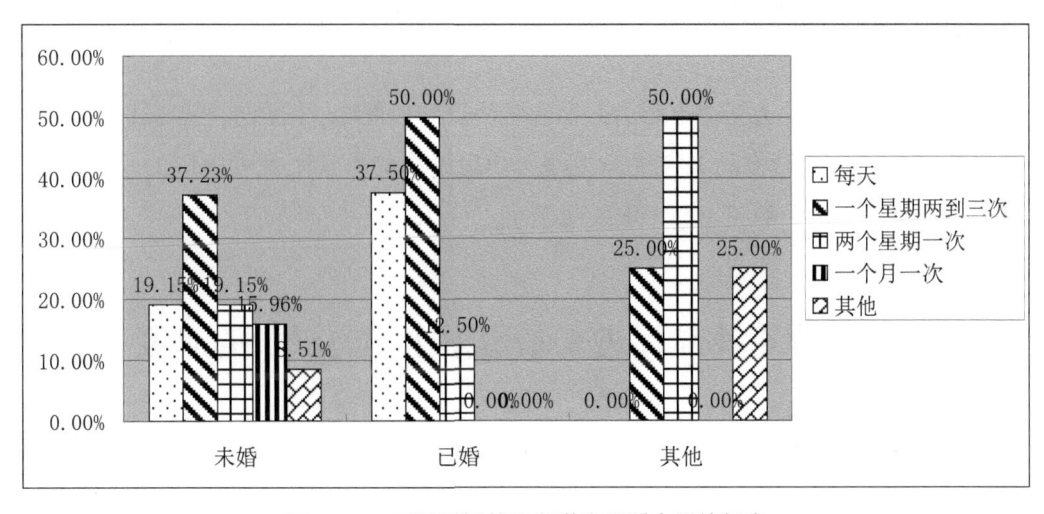

图4-15 不同婚姻状况留学生观看电影的频率

婚留学生观看电影的频率高于未婚留学生。

分析在观看电影时间安排方面，不同学历的留学生具有显著性差异；以及在观看中国影视的频率方面，不同婚姻状况的留学生具有显著性差异，存在这些差异的原因。学历越高的留学生课业压力越重，在日常学习和生活中通常没有更多的时间观看电影，导致学历水平越低的留学生相对于学历水平越高的留学生拥有更多的时间观看中国电影。

（七）本章小结

从以上研究可以看出，汉语水平越低的学生对通过电影学习汉语的认同感越高；汉语水平越低的学生对通过电影学习汉语越感兴趣。已婚的留学生对通过电影学习汉语的重要性更加认同，汉语水平越低的留学生对通过电影学习汉语的重要性更加认同。女生更喜欢"课堂中观看影视作品并学习作品中相关语言知识"，男生更喜欢"课前观看，作为预习任务"；年龄越小的留学生越趋向于"学习课文内容之后，观看相关影视作品"，年龄越大的留学生越趋向于"上课的前几分钟观看相关片段"。

大部分留学生喜欢观看电影作品的内容类型主要为有助于语言知识普及的电影内容；大部分留学生喜欢的电影作品类型为喜剧、爱情、历史片。男生和年龄大的留学生更趋向于选择有助于语言知识普及的电影内容，女生和年龄小的留学生更趋向于娱乐性电影作品。来自吉尔吉斯斯坦、乌兹别克斯坦、塔吉克斯坦、哈萨克斯坦的留学生更喜欢观看"喜剧作品"，来自巴基斯坦的留学生更喜欢看"爱情作品"，来自阿富汗的留学生更喜欢看"历史作品"，来自俄罗斯的留学生更喜欢看"动作作品"。

大多数留学生认为获得电影的途径非常便捷和较便捷。汉语水平越低的留学生、未婚留学生获得电影作品渠道更加便捷。学历越高的留学生观看电影的时间越短，已婚留学生观看电影的频率高于未婚留学生。

五、运用电影作品促进来疆留学生学习汉语的对策

在对留学生通过电影学习汉语的目标动机和学习目的、态度、方法特点，电影学习汉语的方法、内容、途径、频率特点进行研究的基础上，需要进一步采取有针

对性的措施，通过电影作品更好地提高来疆留学生的汉语学习效果。

（一）教师方面优化教学方法和内容

1. 丰富通过电影学习汉语的方法

从以上调查结果可知，虽然大部分留学生观看电影时非常认真和较认真地积累电影涉及的汉语知识和技巧，但仍然有部分留学生观看电影时没有及时地积累电影涉及的汉语知识和技巧。观看汉语电影更多的是一种留学生自发的行为，留学生观看电影的随意性较强。根据克拉申的语言"习得—学得"理论，要想让学生形成学习第二语言的"脚手架"，就必须引导学生掌握学习的方法。在汉语教学中，应积极运用电影创设形象手段，通过形象的场景创设，增强学生的形象体验，通过电影学习汉语，加深学生对汉语学习的感性认识。约翰·杜威认为："传统的教育之所以失败，是因为不能在教育教学过程中更好创设情境，激发学生应有的情感体验。"杜威指出了必须为学生创设生动的场景，由学生在"做中学"。他提出了情境教学的流程即"情境的创设、动机的激发、制定教学计划、实施教学计划和评价教学成果"。[①]在新疆师范大学的汉语言专业教学中，相对于传统的外汉语综合课、汉字课、中国文化课、阅读课、听力课等课型，通过电影的引入，影视赏析教学能够在课堂上再现现实生活场景，拓展留学生的学习空间，有助于通过电影，对传统的讲授式、灌输式的汉语教学方法进行改进，广泛使用情境教学、对比教学、合作探究教学、启发式教学等新型教学方法。对男生和女生因材施教，在男生人数多的班级将中文电影作为"课前观看，作为预习任务"；在女生人数多的班级采取"课堂中观看影视作品并学习作品中相关语言知识"的方式。通过电影在课堂中的引入，启发和引导留学生对电影中的汉语知识进行"看电影、记词汇、做表达"等模仿活动，从而更有效地通过电影掌握汉语知识和技能。

应利用中文电影，改进传统的填鸭式教学方法，努力探索成功式、快乐式汉语教学，变学生的"要我学"为"我要学"。通过调查发现，大多数留学生计划在未来较长时间使用汉语，并且继续留在中国的学生也较多，因此增设电影欣赏课，对拓展学生对汉语学习的空间具有重要的意义，有助于学生更加系统全面地通过电影掌握汉语知识。在电影欣赏课上，课前让学生查阅电影背景资料，课堂上认真看电影，

---

① 约翰·杜威，赵祥麟，任钟印，等. 学校与社会·明日之学校[J]. 教师，2017，(11).

对于时间较长的电影，可分两次课欣赏，课下以作业形式让学生描述电影主要内容或写类似感想、影评的东西，讲解作业时，教师对电影进行解读、分析。在新颖化的教学中，增强汉语电影的普及性与参与性，使得不同水平和母语语言基础的学生都能够通过中文电影熟练掌握汉语。在学生通过传统汉语教学形成认知心理发展的基础上，利用中文电影广泛开展情境教学，激发学生的学习动机，调动学生的情感体验。对于中亚的留学生来说，情境模式教学就是要通过中文电影，在汉语教学中对语言学习环境、过程进行模拟和虚拟再现，让学生在接近现实情况下，进入良好的学习状态，进一步提高汉语教学效果，优化教学流程，更加强调学生在学习过程中的主体地位、倡导自主体验。

2. 为学生提供感兴趣的电影作品

从以上的调查研究可以看出，仍然有部分留学生喜欢观看"以获得娱乐、打发时间为主"的电影。一些留学生由于学习较为枯燥，留学生选择观看汉语电影打发无聊的时间。这种单纯的出于娱乐性观看电影的做法不利于学生汉语水平的提升，使得学生更注重电影的情节，而忽视从电影中学到的汉语知识和中国文化，对学生有百害而无一利，浪费了学生的时间。根据戴尔的经验之塔的"经验、观察、抽象"层次理论，学生只有在对电影作品的内容拥有兴趣后，才能够促进学生将汉语学习的经验不断地由观察升级为抽象理解。电影作品在汉语学习中的引入，为汉语教学提供了更丰富的平台。应通过中文电影的引入，营造浓郁的汉语学习的语言环境。要将汉语教学不仅当作一个"教学任务"来完成，更要将其当作留学生课外生活的重要组成。建构主义学习理论和EEPO有效教育理论认为："教育要因材施教，实现层次化与差异化，循序渐进地满足所有学生的学习需求，最终形成有效的教学。"[1]结合上述对电影作品的差异性分析，应在男生多的班级汉语教学中引入"动作"类和"历史类"电影，而在女生多的班级汉语教学引入"爱情"和"喜剧"类电影。在吉尔吉斯斯坦、乌兹别克斯坦、塔吉克斯坦、哈萨克斯坦留学生较多的班级，更多地引入"喜剧电影作品"；在巴基斯坦、阿富汗、俄罗斯留学生较多班级，引入爱情、历史、动作等中文电影。

美国教育家华特曾指出："语言学习的外延与生活的外延相等。"只有生活化的汉语教学，才能够引发学生正确使用汉语的动机。在汉语教学中，可以利用中文电

---

[1] 温晓虹. 汉语作为第二语言的习得与教学[M]. 北京：北京大学出版社，2012.

影将学生已有的生活经验引入其中。作为从事留学生汉语教育的工作者，应通过中文电影实现多媒体技术与汉语教学的完美结合，构建新型的教学模式，即以"教"为中心和以"学"为中心相结合。在教学过程中，必须面向全体学生，做到以学生为本，以学习为本。利用现代多媒体教学技术对汉语的教学内容进行丰富，对教学方法进行创新，将多媒体打造成为师生交流、学生汉语练习的有效平台。通过中文电影的引入，从视觉、听觉、感觉等多个角度来调动学生的感官，让留学生不但掌握汉语的语音、积累词汇、了解语法，更要了解中国文化，更加全面地掌握汉语的学习内容，增强学习效果。

（二）学院方面为学生提供电影观看平台和保障

1. 合理安排电影观看时间和频率

在观看电影作品的时间安排方面，大部分留学生观看中国电影时，一次观看时间在一个小时以上。在观看电影作品的频率方面，大部分留学生是"一个星期两到三次"和"每天"。但是仍然有少部分留学生对中国电影的观看时间较短，观看的频率也欠频繁。留学生课业压力较大，每天的时间被学习所占据。特别是汉语水平较差的留学生，面临着较大的考试压力，将更多的时间放在对教材的学习上，没有时间观看汉语电影。通过调查发现，汉语水平越高、年龄越大的学生，观看电影的时间和频率就越低，说明随着汉语水平的增长，以及考级的压力不断加大，留学生们将主要精力放在准备汉语考级上。通过电影的观赏，不但对于低级汉语水平的留学生学习基本的语音、词汇具有促进作用，也对中高级汉语水平的留学生掌握汉语语法规则、了解中国文化具有重要的促进作用。[1] 笔者认为，除了在课堂中加大中文电影的使用外，还应利用中文电影拓展生活化的汉语使用空间。例如：青岛科技大学为了通过中国电影促进留学生学习汉语，开设了"电影日"活动，该活动每月在留学生中开展一次，采取"教师引导，学生主导"的方式，吸引留学生广泛参与，由留学生自行制作宣传海报、宣传幻灯片等。在电影日活动结束后，组织学生就电影观后感进行讨论，并组织留学生撰写观后感。通过这样的活动，增强了留学生通过电影学习汉语的主动性，达到"以电影学中文，以电影通文化"的目的。"电影日"取得的成功经验，对新疆师范大学的来疆留学生汉语学习具有较强的借鉴意义。

---

[1] 马洪海. 汉语国际教育研究[M]. 上海：上海交通大学出版社，2018.

2. 优化电影作品获取渠道

通过调查发现，多数留学生认为获得电影的途径非常便捷和较便捷，但仍然有 31.14% 的留学生认为获得电影的途径"一般"和"不便捷"。主要由于一些留学生初来中国，对于一些汉语电影的获得方式不了解，对可观看汉语电影的网站、手机 APP 操作不熟练，使得无法便捷地获得电影。通过调查发现，特别是一些网站和手机 APP 实行"会员制"，无法免费观看电影，留学生出于操作不便，影响了电影作品获得渠道的便捷性。因此，应进一步拓展电影作品的获取渠道，创设课外电影欣赏平台。为留学生推荐和安装优酷、爱奇艺、腾讯等手机电影 APP，指导学生开通"会员"，督促学生养成对观看过的电影做笔记的习惯，摘抄汉语的"好词""好句"，记录汉语习惯用语的用法，并组织学生对电影作品的内容开展讨论，帮助学生创设浓郁的汉语学习语境。

3. 增强教师利用电影教学的能动性

学院方面应进一步加强教师的思想引导，提高教师利用电影进行教学的能动性。使得教师充分认识到学生通过电影观看，对语音、语法、语言文化、语言应用等方面的意义，有助于提升学生的汉语综合素养，使得教师能够辅助使用现代信息化的工具。将电影作为教学的重要工具，从而在教学中由浅入深、循序渐进、因材施教，增强教学效果。

学院应通过培训使教师树立教学的创新意识，全面教师的综合素质和岗位技能。针对当前学生通过电影学习汉语的兴趣较浓郁，但是缺少学习机会和平台的问题，促进教师能够通过电影将理论与实践结合，推动电影在教学中的广泛运用。加强教师利用电影的教学设计能力。同时，从学院的角度可探索将电影运用于教学的模块化、标准化、精细化设置，探索在利用电影素材，实现教学过程中"情感、态度、价值观、知识、技能、过程、方法"等不同维度目标的实现和优化。增强教师利用电影进行教学的动力，实现教学目标，细化教学任务。探索将教师运用电影进行教学创新的评价，通过学院的考核与评价作用，使得教师能够利用电影不断拓展教学内容，突出亮点，优化重点，在教学中创新教学模式。

（三）本章小结

通过本章研究发现，运用电影作品促进来疆留学生学习汉语的对策建议，应从方法、内容、渠道、条件等方面着手，发挥电影对留学生汉语学习的助推和辅助作用，提高留学生运用电影作品促进来疆留学生学习汉语的效能。

应进一步使学生能够将运用电影作品学习汉语作为一种潜移默化的内在需求，增强学生主观能动性，促进学生主动学习。丰富通过电影学习汉语的方法，增强汉语电影的普及性与参与性，使得不同水平和母语语言基础的学生都能够通过中文电影熟练掌握汉语。根据不同汉语水平、不同性别、不同年龄、不同国别、不同学历来疆留学生的观影特点和偏好，提供学生对内容感兴趣的电影作品。帮助留学生优化电影作品获取渠道，给予学生更多的观影时间，使学生能够合理安排电影观看时间和频率，为留学生创设观影条件。

六、结论与展望

电影作品来源于生活，反映于生活，是某一地区人文特点的缩影。中国电影是将中国文化进行全球化传播的重要载体。随着我国经济和教育的全球化水平不断提高，其国际影响力也不断加大，汉语在国际交流中的地位也更加突显，使得全球的汉语学习需求不断增长。电影作品不但是人们一种娱乐方式，更是重要的语境平台，中文电影也是留学生学习汉语的重要载体。通过电影作品的语境，不但使得留学生感受汉语的发音、语法、写作，还可以感受汉语的文化魅力。以电影作为汉语的学习媒介，可以使留学生更加深对汉语的了解。

（一）研究结论

本文以来疆留学生为研究对象，将其对电影作品的需求现状作为研究的主要内容，以来疆留学生的需求为出发点，在对留学生电影作品需求开展调查研究的基础上，提出相应的运用电影作品促进来疆留学生汉语教学的对策。通过本文的研究，得出以下结论。

首先，来疆留学生观看电影学习汉语的目标需求方面：大多数留学生认同为了学习汉语而观看中国电影，认同通过电影学习汉语的重要性。语音和词汇是留学生观看电影时主要注重相关汉语的内容。大多数留学生计划在中国留学期间和未来相当长的时间和生活、工作中，以及与中国人交流中，使用电影中学到的汉语。女生更加注重在电影中学习日常用语；本科生对语音学习需求最高；年龄越小的留学生越注重在观看电影中学习汉语的语法，而年龄越大的留学生则更加注重在电影中学习汉语的文化；各国留学生在观看电影时的关注点上差异性较大，主要体现在语音、词汇、文化、日常用语等方面的差异；非汉语言专业留学生更注重日常用语，汉语言专业的留学生更注重汉语文化；已婚的留学生对通过电影学习汉语重视程度更高；汉语水平越低的留学生，对通过电影学习汉语的动机和重要性需求愈加强烈。

其次，来疆留学生观看电影学习汉语的学习需求方面：大多数留学生出于对汉语的兴趣，才通过电影学习汉语，对学校开设中文电影课的态度较为赞同，获得电影的途径非常便捷，观看电影时非常认真地积累电影涉及的汉语知识和技巧。喜剧片和爱情片是大多数留学生喜欢的电影作品类型。大部分留学生观看中国电影时，一次观看时间在一个小时以上，频率为"一个星期两到三次"。女生较男生具有更积极的学习汉语的态度；男生更趋向于喜欢动作类电影，女生更趋向于喜欢爱情类相关电影；本科学历的留学生观看汉语电影的时间要明显高于硕士和博士研究生；在通过电影学习汉语的类型、途径、频率等方面，年龄越大的留学生呈现出趋向于越积极的方向；在通过电影学习汉语的时间、态度等方面，年龄越小的留学生呈现出趋向于越积极的方向。

（二）研究的不足之处

虽然本文对来疆留学生电影作品需求开展了调查研究，对留学生电影作品的需求特点进行了深入分析，但受限于数据样本、研究方法、本人知识水平等原因，仍然有可能存在诸多不足：

第一，数据样本较少。受制于人力、物力和财力，以及当前疫情的影响，本文采取抽样调查的方法，大部分为网络调查，选取新疆师范大学106位来疆留学生作为调查对象。研究对象的地域和范围较为狭窄，在样本量上还有所不足。今后应进一步扩大调查对象的数量和范围，增强研究的客观性，以及成果运用的可操作性。

第二，方法较为单一。本文的研究主要采取了问卷调查法、访谈法，试图深入地探讨来疆留学生电影作品需求特点。但是在研究过程中，过于偏重于定量分析，而受限于现有文献的限制，在定性分析方面还较为欠缺。

第三，本人知识水平的局限性。虽然笔者在求学过程中积累了一定的教育学、心理学、语言学等方面知识，在现实中也从事过与教育相关的工作，具有一定的实践经验，但由于本课题的研究属于一项崭新的领域，对理论积累、理论与实践的能力结合等方面要求较高，也为本文的写作带来了较大的难度。

（三）研究展望

根据调查结论，在未来的运用电影作品促进来疆留学生汉语第二语言学习中，应重点做到以下方面。

首先，丰富通过电影学习汉语的方法。通过影视赏析引入，再现现实生活场景，拓展留学生的学习空间，对传统的讲授式、灌输式的汉语教学方法进行改进，广泛使用情境教学、对比教学、合作探究教学、启发式教学等新型教学方法。对男生和女生因材施教，在男生人数多的班级，将中文电影作为"课前观看，作为预习任务"；在女生人数多的班级，采取"课堂中观看影视作品并学习作品中相关语言知识"的方式。

其次，提供学生对内容感兴趣的电影作品。在男生多的班级汉语教学中，引入"动作"类和"历史类"电影，而在女生多的班级汉语教学中，引入"爱情"和"喜剧"类电影。在吉尔吉斯斯坦、乌兹别克斯坦、塔吉克斯坦、哈萨克斯坦留学生较多的班级，更多地引入"喜剧电影作品"；在巴基斯坦、阿富汗、俄罗斯留学生较多班级，引入爱情、历史、动作等中文电影。

最后，合理安排电影作品获取渠道、观看时间和频率。在课堂上增设电影欣赏课程，在课下创设课外电影欣赏平台。利用中文电影拓展生活化的汉语使用空间，广泛开展"电影日"等各类课外活动。

青岛大学留学生京剧认知现状调查

李秀明

摘　要：京剧作为"国粹",它的海外传播和推广增强了中华传统文化的影响力,是对外汉语文化教学的重要内容,其中京剧的唱词对留学生们学习汉语词汇有很大的帮助。京剧吸引了越来越多的海外朋友通过学习京剧表演艺术来学习中国的语言和文化。从这个方面来看,京剧是激励外国学生学习并喜爱汉语的一个重要推动因素。

本研究以青岛大学国际教育学院留学生为研究对象,研究其对京剧的认知情况。第一章主要是研究背景、目的、意义、概念界定、文献综述以及论文的创新之处;第二章分别从京剧发展、脸谱、行当、四功、流派及代表人物这五个方面研究留学生们对京剧的认知深度和广度,以及他们对京剧的态度、需求和京剧活动的参与度;第三章对青岛大学留学生的京剧认知特点进行总结;第四章探究他们京剧认知中存在的问题;第五章对他们认知中出现的问题提出针对性建议;第六章对全文进行总结。

通过调查研究得出：首先,留学生们对京剧的认知途径局限、认知面窄、认知程度浅,但他们对京剧多为积极正面的态度,他们对京剧的需求主要集中在"活动、课程、教材、教师"这四个方面,他们希望增加京剧活动类型、在课堂中适度加入京剧、使用专门的京剧教材以及安排专职京剧教师;其次,留学生们对京剧的认知呈现出局限性与选择性、片面性与表面性、前进性与主动性的特点;再次,他们对京剧的认知主要有四方面的问题：认知京剧的途径较为单一、对京剧的认知不够全面、对京剧活动的需求得不到满足、对京剧知识的探知欲得不到满足;笔者基于留学生们的认知现状,提出四点建议：拓宽留学生京剧认知途径、增加留学生京剧活动类型、加深留学生京剧认知层面、提高教师的京剧文化素养。

中华传统文化中的京剧认知研究很少，京剧认知以留学生为受众的文献更是微乎其微，更多的是戏曲教学方面的研究，本研究开拓了新视野，为留学生文化教学开辟了新思路，丰富了对外汉语文化教学的方向。通过研究青岛大学留学生对京剧认知的深度和广度，其中内容包括传统京剧与现代京剧，由此了解中国京剧艺术对国外留学生的影响力，通过问卷调查及访谈，将中国传统文化中的一点"京剧"作具体分析，可以更好地分析文化具体的影响力，而不是泛泛而谈，为京剧引入对外汉语课堂提供借鉴。由于笔者能力有限，对本文的理论研究不够深入，只是对留学生京剧认知各方面进行了总结，在研究深入方面有一定的欠缺。由于本文是一个新的研究方向，在调查材料和参考资料方面非常局限，论述也不够完善，欠妥之处，恳请批评指正。

关键词： 京剧；认知现状；青岛大学留学生

一、绪论

（一）研究背景

对外汉语教育可以传播中国文化价值观，丰富世界文化多样性，但其作为一种教育学科已经疏远了汉语教学与文化推广的关系，单纯地将汉语国际教育定义为语言、词汇和语法的教学，歪曲了此门学科的真正意义和对促进中国语言发展的认知。走向世界的中国需要将博大精深、历史悠久的中国文化介绍给世界各地，特别是中国传统文化，这样才能促进海外文化交流，使中国文化更好地走向世界。

本论文选择京剧作为研究点，首先是因为笔者认为汉语国际教育不应只包括汉语语言、词汇、语法的教学，也应包含文化教学，对外汉语教师应重视中华传统文化的讲授。"京剧是中华传统文化的重要表征之一。它是'地方戏时代'出现的最重要的剧种，是雅文化在中国文化整体中逐渐衰落的时代变革产物。"[1]京剧反映了中国大众的审美习惯和文化传统，是中华民族的血液。此外，京剧承载着中国普罗大众的生活方式和道德观念，是中国典型文化的传承和生动表达。关于京剧，最值得一提的是它独特的艺术形式。京剧有着悠久的历史、独特的行为准则和华丽的创作风

---

[1] 傅谨. 京剧崛起与中国文化传统的近代转型——以昆曲的文化角色为背景[J]. 文艺研究，2007，(9).

格，这也赋予了它独一无二的创作特征，使得京剧比其他艺术形式有着更为深刻的艺术文化内涵。

汉语全球推广是提高中国传统文化在国外影响力的必要战略方式。语言、文化的推广和交流是这一战略的关键，在全世界推广汉语也是国家的希冀。在二语教学实践中，文化元素作为一种辅助手段贯穿于二语教学的始终。京剧作为"国粹"吸引了越来越多的海外朋友，他们通过学习京剧表演艺术来学习中国语言和文化。从这个方面来看，京剧是激励外国学生学习并喜爱汉语的一个重要推动因素。京剧是中华传统文化的精粹，经过多年沉淀与发展的中华传统文化在京剧中有着非常生动与深刻的呈现。京剧中大量的唱词是由古韵和现代语言组成的，每一处文字都十分优美，意义也油然而生。学生可以通过京剧这一传统艺术学习中文词汇、交流语言、文学和历史典故，更好地理解成语背后的意义，提高他们对中国文化、价值观和道德观地认识。

除此之外，京剧在戏服、扮相和故事情节等方面都深受中国传统文化的影响。京剧是一门艺术，而且是被大众广泛接受的一门融合普罗大众生活方式的艺术。

多年来，京剧吸引了大量国内外的观众和粉丝，广受欢迎和好评。其次，京剧也是蕴含中国人内敛、冷静、机智、优雅个性的艺术，其将中国人的性格特征生动地呈现。

京剧不仅被中国人民喜爱，而且它独一无二的舞台、唱词、装扮、曲调也为全世界的人们所欣赏。京剧在全世界拥有超多的喜爱者。京剧通过梅兰芳、尚小云、程砚秋、荀慧生等代表人物的发扬，使其跻身世界三大戏剧表演的地位。京剧这一"国粹"流传度广，在国外的知晓度相对较高，便于开展调查。

选择青岛大学留学生作为研究对象，首先是基于青岛市近年来海洋经济地发展，使青岛成为一座国际化大都市。青岛大学就位于这座中国发展最快的沿海城市，它具有独特的地理优势和发展机遇。青岛大学紧跟"海上山东"政策的步伐，使其成为与山东大学、中国海洋大学并列的山东省优先发展和建设的高校。

在历史积累上，青岛大学曾经有闻一多（文学院院长）、梁实秋（外文系主任）、老舍（中文系老师）、臧克家（学生）、童第周（老师）、沈从文（中文系老师）、黄伯荣（中文系教授）等优秀人才，他们在校期间积极推动青岛大学的文化建设，正是这些文学大家的积累，使得青岛大学成为一所文化底蕴深厚的大学，也为其开展留学生戏剧课打下了坚实的基础，同时这些优厚条件也吸引了许多国家的留学生到青岛大学求学。

其次，青岛大学留学生教育的开展已有多年历史，自1987年开始招收自费留学生到现在，共34年。其先后建立"青岛大学华文教育基地""华文学院"，于1997年被确立为国家汉语水平考试（HSK）考点，是山东省最早设立的考点之一，2015年成为全国《国际汉语教师证书》12所认证考点和培训中心之一，非常符合本人论文的研究条件。

再次，青岛大学举办过许多留学生文化活动，其中包括许多京剧内容，比如2010年青岛市京剧院组织青岛大学国际交流中心的留学生们观看专场京剧表演，并安排剧院工作人员普及京剧知识，通过翻译向留学生们介绍京剧的历史渊源和文化内涵；2012年"高雅艺术进校园"活动中，北京幽兰剧团在青岛大学进行京剧演出获得中外学子的一致好评，许多留学生都表示京剧非常有魅力，并希望能够进一步了解京剧；2013年留学生"才艺展示美食义卖会"上许多留学生都选择演唱京剧，最终将义卖所得捐给老年人慈善机构；2017年青岛大学举办"传承经典、感受国粹"京剧专场活动，此次讲座邀请了国家京剧院京剧名家、美国加州音乐学院教授、国家京剧龚派传承人吕昕，携手中国戏曲学院团队，以清音桌素身表演的形式示范解读京剧文化，中外学子纷纷参加，座无虚席[1]；2019年在青岛大学剧院开展的"高雅音乐进校园"音乐会，就以交响乐的形式演绎了《红色娘子军》等传统京剧剧目，获得了中外学子的喜爱[2]；"2020年中外学生新年晚会"上留学生们表演京剧选段《梨花颂》[3]等等。

（二）研究目的

首先，该论文通过研究青岛大学留学生对京剧认知的深度和广度，其中内容包括传统京剧与现代京剧，并由此了解中国京剧艺术对国外留学生的影响力，将中国传统文化中的一点"京剧"作具体分析，可以更好地分析文化具体的影响力，而不是泛泛而谈。

其次，不同的教育方式、教学原则、教育理念在教学效果上有一定的差异，这无可厚非，也是十分正常的现象，但在教学过程中融入文化，势必会使教学效果事

---

[1] 戏剧网[EB/OL]. http://www.xijucn.com/.[2020-5-13].
[2] 搜狐网[EB/OL]. http://www.sohu.com/.[2020-5-20].
[3] 青岛大学新闻网[EB/OL]. http://news.qdu.edu.cn/.[2020-5-20].

半功倍。通过研究留学生对京剧的认知现状，对对外汉语教学中的文化教学注入京剧元素并提出具体可行的建议，通过了解他们对京剧的认同程度和兴趣点，适当增减教学内容，多挑选他们感兴趣的点，穿插在汉语教学中，这样不仅可以调动留学生的学习积极性，还可以传播中华传统文化，使教学更有成效。

（三）研究意义

1. 理论意义

首先，中华传统文化中的京剧认知研究很少，京剧认知以留学生为受众的文献几乎没有，更多的是戏曲教学方面的研究。本论文从对外汉语课堂教学出发，把京剧作为研究内容，探究分析留学生的京剧认知，发现需求、找到问题、解决问题，力求为对外汉语文化辅助教学提供更加多样的理论研究，支撑、丰富其研究的方向。

其次，通过对青岛大学留学生的京剧认知进行调查研究，可以以小见大地了解国外留学生对中华传统文化的认知和接受程度，影响他们接受程度的原因以及他们对京剧的态度和需求，这些研究有助于我们发现国外留学生对目的地文化的审美情趣和喜好取向，同时也丰富了对外汉语文化教学的研究方向。

2. 实践意义

首先，对外汉语教师在教学过程中适当地引入中华传统文化的内容，尤其是京剧这一"国粹"，不仅可以活跃课堂气氛，使教学氛围更加轻松有趣，让学生真正做到快乐学习，调动学生的学习积极性，使教学更有效率，同时可以提高留学生的文化适应能力，使其更加快速地适应留学生活，还可以使留学生们真正了解并爱上中华传统文化。

其次，该研究有利于发扬并保护我们的传统文化。京剧作为中华传统文化的一部分，也是中国的"国粹"，它继承了中国戏曲悠久的历史和传统，非常具有特色和代表性，本论文通过了解国外留学生对中国传统京剧艺术的认知状况，进而了解他们对中华传统文化的接受和喜爱程度。研究青岛大学留学生的京剧认知现状，不仅可以使他们对中华传统文化有更深入地了解，也是将中华传统文化推向世界的一个重要途径，有利于促进不同文化之间的交流，让更多的人了解喜爱中华传统文化。

（四）理论基础与概念界定

1. 认知理论（KAP 理论）

认知（cognition）是指人们获取和利用信息的过程和活动。KAP 理论模式是从知识出发，建立起态度，最后对行为产生影响的行为模式。人如果想对一个事物产生行为或者是行为的改变，那么他（她）就必须要有一定的知识积累，从而产生态度，也就是信念，最后作用到自己的行为上，使自己行为的产生有所铺垫。KAP 理论中的"知识""态度""行为"这三个要素之间是存在辩证关系的，知识是产生行为或行为改变的基础，而态度则是行为产生或改变的动力。本论文旨在运用认知理论（KAP）分析留学生的京剧认知，从分析结果中发现问题，并将结果运用到对外汉语教学中，最后针对问题提出建议和对策。

2. "京剧认知"概念界定

本文所说的"京剧"，不光指"传统京剧"即《霸王别姬》《铡美案》等，还包括"现代京剧"即《智取威虎山》《沙家浜》等，以及京剧元素的流行歌曲即《北京一夜》《说唱脸谱》等。本文提到的"京剧"并不是从概念上严格区分的，而是站在京剧海外传播的角度上选取的。五四运动以后，所有反映现实生活的京剧都可视为"现代京剧"，其采用便于理解的现代唱腔、念白也更加平实，在乐器方面加入西洋乐器，便于大众理解和海外传播；随着时代的发展，又出现了一些京剧元素的流行歌曲，流行歌曲以通俗为主，被广为传唱，通过这些歌曲，使越来越多的人对京剧产生浓厚的兴趣，同时也加速了京剧的海外传播，故本文将京剧流行歌也列入留学生京剧认知行列。

"认知指通过心理活动（如形成概念、知觉、判断或想象）获取知识。习惯上将认知与情感、意志相对应，是指人们获得知识或应用知识的过程，或信息加工的过程。"本论文所研究的"认知"主要是被调查者的"认知深度"，即对京剧各方面（起源、行当——生旦净末丑、"四功"——唱念做打等）的了解程度，和"认知广度"即认知京剧的范围和途径以及对京剧的态度和参与度。

（五）文献综述

由于单独研究留学生京剧认知的文献几乎没有，故本文选取其相关方面进行文献查找，现将文献综述部分按"认知相关研究""外国人京剧认知研究""传统京剧与现代京剧海外传播研究""使用戏曲（京剧）进行对外汉语教学的研究""京剧教学与留学生汉语技能学习的研究"五部分分别论述，并加以概括和总结。

1. 认知相关研究

现代认知心理学起源于20世纪中期，反映了行为主义心理学走向衰落之后回归到意识研究。认知心理学经历了从传统认知心理学到认知科学的转变，传统认知心理学注重主流认知，经历了身心二元论、个体主义认识论和元素主义方法论方面的逆境。之后传统认知心理学经过反思，在心理学界出现了认知科学的兴起。认知科学由此具有情境性、具身性和动力性。其中认知情境性体现了认知与真实环境的密切联系，认知具身性旨在关注认知与身体之间的联系，认知动力性则反映了认知与情境、身体之间互动的关系。认知心理学从注重实验研究转向对真实情境语境的分析，逐渐重实践，重动态变化。

陈瑶婵在《中国传统节日认知状况调查——以台湾中国文化大学日韩籍留学生为例》[①]一文中，将留学生对中国传统节日的认知分为认知深度和认知广度两方面进行探究，为笔者研究留学生京剧认知提供了方向。

蔡燕的《外国人中国传统节日认知与参与情况研究——以山东大学来华留学生为例》[②]一文，也是从认知深度和认知广度两个方面分析留学生节日认知情况，为笔者构建论文框架、进行论文预调查作了良好示范。

由于本文是一个新的研究方向，可参考的文献很少，故借用传统节日认知的部分文献进行框架构思。

2. 国外京剧认知研究

有关国外京剧认知的文献很少，有日本学者仲万美子著的《梅兰芳赴日公演之时日本知识界的反应》，这篇文献主要描述了梅兰芳两次赴日京剧演出的盛况、两次报纸的报道以及日本国民主要是知识界对京剧的态度，该文聚焦中日文化艺术的不同点，通过观看者的不同反应，以及几位代表人物对京剧的评价，来强调异文化中媒介传达的重要性。该文还提到滨田耕作的《品梅记》一书与村田乌江的《中国剧与梅兰芳》一书，这两本书都对日本人的京剧认知产生过深远的影响，其中包含很多京剧知识，以及京剧介绍，这也对梅兰芳日本演出的大轰动做好了铺垫。

吴修申在《辻武雄——近代日本研究京剧的第一人》一文中提到辻武雄所著的

---

① 陈瑶婵. 中国传统节日认知状况调查——以台湾中国文化大学日韩籍留学生为例[D]. 新疆师范大学，2017.

② 蔡燕. 外国人中国传统节日认知与参与情况研究——以山东大学来华留学生为例[J]. 民俗研究，2015，（4）.

有关中国戏曲的著作《中国剧》,该书首先对中国戏剧史加以梳理,然后解释戏剧与其他艺术形式(音乐、美术)的关系,最后主要介绍京剧演员和剧场及其经营情况。由于青岛大学日韩籍留学生人数较多,所以该文章对笔者了解日籍留学生的京剧认知提供了很好的借鉴。

经过上述文献的梳理,笔者发现京剧已经在海外有了一定的影响力,其在海外的传播历史非常久远,海外受众也比较多,很多外国友人对京剧表示出极大的兴趣,这为本论文后续调查奠定了基础。

3.传统京剧与现代京剧海外传播研究

传统京剧与现代京剧在发音、音乐结构和念白吐字方面都有着很大的区别。并且随着时代的发展,慢慢出现了一种叫做"戏歌"的艺术形式。比如《说唱脸谱》《新贵妃醉酒》《北京一夜》《花田错》《刀马旦》等等,它们借鉴京剧的唱词以及演唱形式,但并不是传统意义上的京剧,但是却对京剧的海外传播形成了很大的影响。正是由于这些差别造成了传统京剧与现代京剧在海外传播结果的差异,尤其是现代社会的发展,使得这种差异慢慢变大。

余朗在《"现代京剧"本质上属于京剧范畴》一文中指出现代京剧不是京剧的"异花变种",而是"万变不离其宗",它在本质上属于京剧范畴[①]。虽然现在对现代京剧到底属不属于京剧范畴还有很大的争议,但对这一结论,笔者表示赞同。

陈均的《青春版〈牡丹亭〉如何走出国门——以〈青春版牡丹亭美西巡回演出2006〉剪报册为例》一文通过一本内部流通的《青春版〈牡丹亭〉美西巡回演出2006》剪报册为例,分析与探讨了青春版《牡丹亭》巡演前后的华文媒体、英文媒体的报道及其功能之不同,并分析青春版《牡丹亭》在美西巡演的实际运作,其策略、方案、过程、接受与效果,从而对以戏曲为代表的中国传统文化艺术走出国门提供有益的经验。"因青春版《牡丹亭》的目标之一即是现代观众,而外国观众的趣味与观感恰好能印证这一目标的实现效果。"[②]该剧在美西巡回演出的成功也表明了现代京剧在海外的受喜爱程度。

耿红梅《"洋贵妃"的京剧声音天地——〈听戏:京剧的声音天地〉评介》一文中主要写的是外国人在中国舞台表演戏曲的第一人——魏莉莎,她翻译的全本英语京

[①] 余朗.“现代京剧”本质上属于京剧范畴[J].中国京剧,2004,(7).
[②] 陈均.青春版《牡丹亭》如何走出国门——以《青春版牡丹亭美西巡回演出2006》剪报册为例[J].中国戏曲学院学报,2015,(10).

剧如《四郎探母》《秦香莲》《铡美案》等等都对京剧在海外的传播形成了很大的影响。她翻译的京剧中，传统京剧与现代京剧都有涉及，可见在她眼中传统京剧与现代京剧有着同等重要的地位与价值。

除此之外，还有对整体京剧海外传播的研究（不区分传统与现代），这些文献主要是研究京剧海外传播的对策、效果和方式。

李四清、陈树、陈玺强共同撰写的《中国京剧在海外的传播与影响——翻译与传播京剧跨文化交流的对策研究》一文对京剧在海外传播中遇到的问题进行了分析，另外该文章主要针对京剧的翻译方面进行了有效性实证考察，得出"影响京剧在海外有效传播的主要因素是语言和文化"[1]，通过阅读这一文献，对笔者关于留学生京剧认知状况成因的分析有了一定的启发。

刘玉瑶在《中国文化国际社交媒体上的传播效果研究——以京剧在YouTube上的传播为例》[2]一文中聚焦京剧的新媒体传播，采用了定量与定性结合分析的方式，对中国文化在国际社交媒体上的传播效果做了综合的评估，探索新媒体语境下中国传统文化如何更好地"走出去"，从而总结出我国如何利用国际社交媒体平台，将京剧在海外更好地传播。

4. 使用戏曲（京剧）进行对外汉语教学的研究

关于使用戏曲进行对外汉语教学的研究，其研究内容主要集中在戏曲教学的活动设计、戏曲教学的教材研究、戏曲引入课堂的可行性、戏曲引入课堂的课程设计，以及戏曲用于对外汉语教学的优点等等，考虑到现代京剧与流行歌曲的融合，搜索文献时也选取了中文歌曲的部分内容。

有关戏曲教学活动设计的文章有：张蕊的《体验京剧脸谱艺术、培育民族精神》一文，该文提出了学生在了解和体验京剧文化时可以运用的六种途径。虽然张蕊提出的这六种文化教学方式是针对国内小学生的，但是其中有很多地方对对外汉语教学也有很大的启发，例如"宣传画廊布置、兴趣小组活动、京剧表演活动"等。

綦紫卉在《京剧在汉语国际教学中高级课堂中的应用》一文中提到"孔子学院利用京剧推广汉语"，綦紫卉在其论文中很敏锐地发现了现在对外汉语京剧文化教学中存在的问题，就是文化教学不够深入，只是浮于表面，没有对京剧背后蕴含的中华

---

[1] 李四清、陈树、陈玺强. 中国京剧在海外的传播与影响——翻译与传播京剧跨文化交流的对策研究[J]. 理论与现代化，2014，(1).

[2] 刘玉瑶. 中国文化国际社交媒体上的传播效果研究——以京剧在YouTube上的传播为例[D]. 上海外国语大学，2018.

传统文化部分进行讲解，同时也没有形成系统地利用京剧教授汉语语言知识的教学体系，但是綦紫卉只是发表了这样的看法，并没有对其提出行之有效的解决方法。

聂晓萌在《留学生文化沙龙活动设计——以"京剧脸谱"为例》一文中对留学生京剧脸谱文化活动做了总体地设计和安排，活动内容非常详细，但是该研究非常单一，只是单纯针对特定的活动进行了总体设计，并没有对活动开展的作用及影响进行总结，研究角度较为单一，研究的借鉴意义不大。

王敏的《试论多元智能视野中的对外汉语教学》一文认为："多元智能理论为如何更好的教授外国留学生学习汉语提供理论指导"。① 这一部分都提到了多元智能理论，京剧独特的念白和节奏正适用该理论，这也是戏曲引入对外汉语课堂的重要理论基础，为笔者研究京剧对留学生汉语学习的作用起到了很大的帮助。

从收集到的文献来看，研究戏曲在对外汉语教学中的应用的文献很多，角度也很全面，但是单纯以"京剧"为教学手段并研究留学生的京剧认知现状的研究很少，而且在这极少数的文献中，研究角度也很少，只是单纯研究京剧作为一种文化教学手段的活动形式，并没有把京剧教学活动与现阶段留学生汉语学习难点结合起来，研究方向较为单一。

5. 京剧教学与留学生汉语技能学习的研究

王莎莎在《试论京剧艺术在汉语国际推广的作用》一文中提到京剧教学对留学生的词汇量和成语理解有促进作用，虽然得出了这一结论，但是笔者认为结论的准确性还有待考证，因为该文并没有准确的数据来源，只是凭借自己的主观想法就做出论断，这种结论还有待验证。

孙志超在《浅谈京剧与留学生汉语语音学习》一文中提到："把京剧引入初级汉语水平的语音课教学上，让它为我们的汉语语音教学提供服务。"② 该文将京剧声乐表演上的特点与留学生汉语语音学习联系起来，认为京剧唱腔的不同音色和对气息的控制可以帮助留学生更好地学习汉语语音。

虽然这种利用中华传统文化进行汉语教学的方法得到了业内专家和学者的广泛认可，但国内外关于这一主题的文献和著作还很少，有待进一步完善。现存的许多文章都只是提到文化教育在对外汉语教学中的重要性。但是，没有对文化教学在促进外国学生学习中国技能方面的作用进行具体分析，只局限于特定课程和主题的教

---

① 王敏. 试论多元智能视野中的对外汉语教学[D]. 华中师范大学，2004.
② 孙志超. 浅谈京剧与留学生汉语语音学习[J]. 知识经济，2013，(4).

学设计和教学研究，没有系统的教学经验。

总之，以才艺辅助对外汉语教学仍然属于一个新兴的学科，在理论研究和教学实践上都需要打磨，使其成熟，目前其还未形成一个更加清晰和可行的教学原则，如何提取才艺教学的本质，构建充满生机和活力的对外汉语教学体系，是摆在我们面前的一个重要问题。

（六）研究设计

1. 研究思路

本论文主要是研究青岛大学留学生对京剧的认知现状，了解他们对京剧的态度和需求，发现问题，并提出针对性建议，最终将研究结果运用于对外汉语教学中。

首先，通过前期访谈，了解青岛大学留学生的教材使用、课程设置以及校园活动中有关京剧的情况，从而对后期研究的可行性做好铺垫，也为问卷的设计提供参考。

其次，通过收集资料对"京剧认知"进行概念界定，查看有关文献明白研究的方向，本论文主要研究：留学生对京剧的认知深度和广度、对京剧的态度、对京剧活动的需求以及京剧参与度。

再次，向留学生发放调查问卷，收集整理数据，对认知现状进行分析，总结留学生们的京剧认知特点，发现他们在认知过程中存在的问题。

最后，针对他们的京剧认知现状，提出可行性建议，为对外汉语教学中引入京剧文化打好基础。

2. 研究内容

本论文以青岛大学国际教育学院留学生为研究对象，研究其对京剧的认知情况。从发展、脸谱、行当、四功、流派及代表人物这五个方面，研究留学生们对京剧的认知深度和广度，其次是他们对京剧的态度和需求以及京剧活动的参与度。总结他们的认知特点，并探究认知中存在的问题，最后提出针对性的建议，为对外汉语教学中引入京剧提供借鉴。

3. 研究方法

问卷调查法：

本研究以问卷调查为收集研究材料的主要方法。由于新冠疫情的影响，留学生们无法到校上课，本次问卷均采用线上发放问卷的形式进行，共发放150份问卷，回收141份，线上问卷无法当面完成，问卷无法全部回收，问卷回收率为94%，有效问卷为120份，其中有12份问卷前后矛盾，9份问卷有空题，故作废，问卷有效率为85.10%。调查问卷分两个部分，第一部分为"基本资料"，主要涉及性别、年龄、国籍、来华时长、汉语学习时长、汉语水平等方面。第二部分围绕"来华留学生对京剧认知的深度和广度、对京剧的需求、对京剧的态度、京剧活动参与度"设计调查问卷，共38个题目，包括四个方面的问题：来华留学生对京剧的认知广度与深度；来华留学生对京剧的态度；来华留学生对京剧的需求；来华留学生京剧活动参与度。关于"知道与否"类的项目采用"是/否或不了解"进行判断；关于"对某一陈述同意程度"类的项目采用Likert5级量表制进行分析判断，"5=完全同意，4=同意，3=一般，2=不同意，1=完全不同意"；关于多选题类的项目采用对变量编码的方式判断。

访谈法：

本人通过发放问卷和有效回收问卷，从有效问卷中抽取相同比例数量且汉语水平较好的青岛大学留学男女生20人进行访谈，访谈内容主要是之前调查问卷中涉及较少或未涉及的地方，比如京剧的起源以及对京剧重点内容的深入探寻等。访谈前要获得被访谈者的许可，并向其阐明访谈原因，态度诚恳谦逊，全程站在被访谈者的角度尽量保证访谈过程的舒适性。访谈内容依照提纲，但具体情况视访谈过程而定，访谈问题机动灵活，不拘泥于提纲。其中，访谈开始时的问题与问卷中的问题相近或重合，目的是检验问卷的真实性，从而确保论文调查数据的严谨。

（七）创新之处

第一，中华传统文化中的京剧认知研究很少，京剧认知以留学生为受众的文献几乎没有，更多的是戏曲教学方面的研究，本研究开拓了新视野，为留学生文化教学开辟了新思路，丰富了对外汉语文化教学的方向。

第二，通过研究青岛大学留学生对京剧认知的深度和广度，其中内容包括传统京剧与现代京剧，由此了解中国京剧艺术对国外留学生的影响力，通过问卷调查及访谈，将中国传统文化中的一点"京剧"作具体分析，可以更好地分析文化具体的影响力，而不是泛泛而谈，为京剧引入对外汉语课堂提供借鉴。

二、青岛大学留学生京剧认知现状分析

随着中国经济的发展和综合国力的提升，越来越多的外国友人开始关注中国，中华传统文化也开始席卷全球。世界范围内的"汉语热"，也将有着五千年文明的中国再次推向世界视野。京剧作为中国"国粹"，自然被全球瞩目。研究留学生对京剧的认知，对研究对外汉语教学文化课程有很大的帮助，分析认知现状可以使对外汉语课程活动有的放矢。

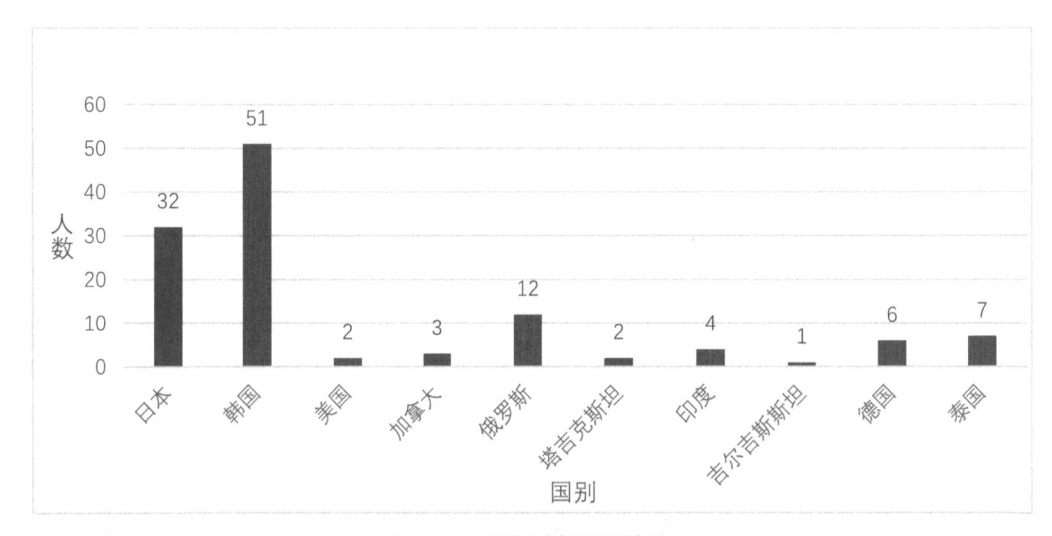

图 5-1 问卷对象国别统计

青岛大学将京剧表演列为留学生的中华才艺课程，而且该校的张连跃教授带头开创了留学生"戏剧汉语"（Chinese Drama）教学课程，其中包含中国的传统戏剧也就是戏曲，特别是"国粹"——京剧，同时会让学生进行角色表演，这些课程和活动都对留学生们的京剧认知产生了一定的影响。

（一）问卷、访谈对象分析

问卷对象国别统计如下：

从上图可以看出，问卷对象中、日、韩籍留学生居多，其次是俄罗斯籍留学生，其他国家留学生较少，这也与笔者前期调查一致，青岛大学国际教育学院日、韩籍留学生较多，在留学生中占很大比重。

问卷对象汉语水平统计如下：

表 5-1　受访留学生基本资料

姓名	受访学生 B	受访学生 Y	受访学生 L	受访学生 N	受访学生 M	受访学生 W	受访学生 A	受访学生 X	受访学生 J	受访学生 S	受访学生 R	受访学生 F	受访学生 Z	受访学生 D	受访学生 B	受访学生 P	受访学生 C	受访学生 H	受访学生 G	受访学生 T
国别	日本	俄罗斯	日本	俄罗斯	塔吉克斯坦	俄罗斯	印度	韩国	美国	加拿大	韩国	俄罗斯	韩国	俄罗斯	日本	韩国	印度	韩国	吉尔吉斯斯坦	日本
HSK 等级	5级	5级	6级	3级	3级	3级	4级	6级	3级	3级	5级	5级	5级	5级	5级	6级	5级	5级	4级	5级

从上表得知，HSK1、2 级的留学生共占比 6.5%，其次是 HSK3 级的留学生，占比 17.4%，HSK6 级留学生占比 18.5%，HSK5 级留学生占比 23.9%，占比最多的是 HSK4 级的留学生，占总问卷人数的 33.7%。由此可见，留学生们的汉语水平分布不均，HSK1、2 级的留学生人数极少，多数留学生的汉语水平在 HSK3 级及以上，这也与笔者前期调查的结果相符。

笔者从有效问卷中抽取代表性高、情况特殊、汉语水平较好的青岛大学留学生男生 10 人、女生 10 人进行访谈，他们来自不同国家，但汉语水平均在 HSK3 级及以上，访谈内容主要是之前调查问卷中涉及较少或未涉及的地方，比如京剧的起源以及对京剧重点内容的深入探寻等，表 5-2 为访谈留学生的国别及汉语水平信息：

表 5-2　留学生汉语水平统计

汉语水平	百分比
1	2.2%
2	4.3%
3	17.4%
4	33.7%
5	23.9%
6	18.5%

由上表可知，受访留学生汉语水平均在 HSK3 级及以上，便于笔者开展访谈；他们来自多个国家，日本留学生四人、韩国留学生五人、俄罗斯留学生五人、印度留学生两人还有美国、加拿大、吉尔吉斯斯坦、塔吉克斯坦留学生各一人，受访留学生中韩国、日本、俄罗斯留学生居多，他们均是从调查问卷中选出极具代表性并兼具特色的学生，这使访谈结果更为典型。

（二）青岛大学留学生京剧认知的广度

笔者将调查问卷和访谈两种方式相结合，以调查问卷为主、访谈为辅探究留学生的京剧认知广度，这里所说的"广度"，主要是指留学生们对京剧的认知面以及认知途径。

1. 京剧内容认知广度

本人通过五个问题，分别是"您对京剧的流派了解吗""您对京剧脸谱的颜色了吗""您对京剧的行当了解吗""您对唱念做打了解吗""您对京剧的发展了解吗"对留学生京剧内容的认知广度进行了研究和分析，题目均设置为五级量表，并对其进行编码，"1"为非常了解，"2"为较了解，"3"为一般了解，"4"为不太了解，"5"为完全不了解，得出结果如下表所示：

表 5-3 京剧内容认知广度综合

	您对京剧的流派了解吗	京剧脸谱的颜色种类知晓率	您对京剧的行当了解吗	您对唱念做打了解吗	您对京剧的发展了解吗
平均数	3.62	3.10	3.53	4.41	3.93

由上表可知，留学生对京剧流派了解程度的平均数为 3.62，对脸谱颜色种类了解程度的平均数为 3.10，对京剧行当了解度平均数为 3.53，对唱念做打了解度平均数为 3.41，对京剧发展知晓率的平均数为 3.93。由数据得知，留学生对脸谱的了解较其他方面会更多一点，对流派、行当、四功、发展的了解较少。其次，由上述数据可知，所有方面的知晓率平均数都在"3"以上，这表明大多数留学生对京剧的各方面都听说过，对京剧的认知面较广，只是各方面之间的认知会有深浅差异。

2. 京剧认知途径

本人通过"您是通过何种方式了解京剧的"一题，对留学生的京剧认知途径进行研究与分析，得到图表如下：

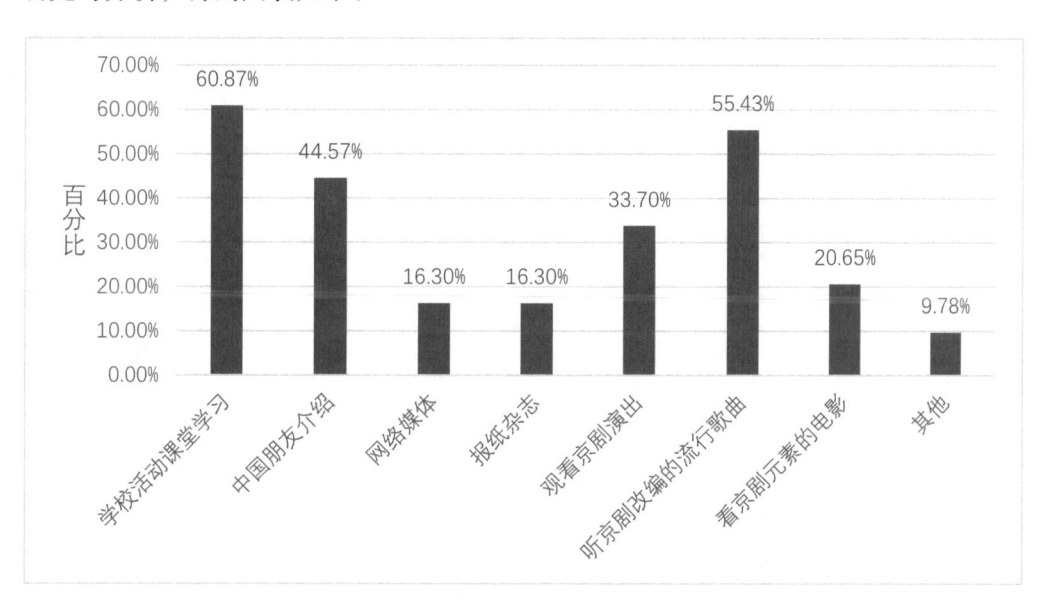

图 5-2 京剧认知途径统计

由上图可知，绝大多数留学生选择通过"学校活动与课堂学习"的途径了解京剧相关知识，选择该项的人数占60.87%，居第一；选择通过"听京剧改编的流行歌曲"了解京剧的留学生居于第二，选择该项的人数占55.43%；通过"听中国朋友介绍"了解京剧的留学生为第三，选择该项的人数占44.57%；其次，以"观看京剧演出"了解京剧的留学生占33.70%；选择"网络媒体和报纸杂志"作为了解京剧途径的留学生相对较少，同为16.3%。

此外有9.783%的留学生选择了其他方式，借助访谈了解到，有的留学生通过动漫《戏隐江湖》接触京剧并产生了兴趣，进而自主了解京剧。有的留学生喜欢中国历史，在读清朝历史书的时候，看到中国的国粹——京剧，被中国的戏剧文化深深吸引，后通过阅读历史书籍，了解京剧文化。有的留学生母亲为中国人，父亲为日本人，母亲喜欢京剧，从小耳濡目染，通过母亲的讲述了解京剧。

访谈内容整合如下：

受访学生B：我喜欢看动漫，看了一个中国制作的动漫，叫做《戏隐江湖》，故事很有趣，里面的人物引起了我的好奇心，它们都是京剧人物，连接虚拟动漫人物与现代社会。因为感兴趣，所以作为个人爱好，我进一步去了解了京剧的相关知识。

受访学生Y：作为留学生，来到中国后，迷上了中国悠久的历史文化，一次偶然，在读清代历史书的时候，看到了京剧，"国粹"这个词引起了我很大的兴趣，后来去图书馆都要找关于京剧的书籍，后来通过进一步的阅读和了解，被京剧文化震撼到了。

受访学生L：我的父亲是日本人，我的母亲是中国人，从小就听到母亲播放京剧，有时还会哼唱几句，但那个时候还以为是什么歌曲。长大后，母亲会跟我聊一些京剧的文化，带我听一些京剧的剧目，那时我才知道这个就是京剧，奇特的唱法、多样的脸谱让我产生了很大的兴趣，也会让母亲经常给我讲一些关于京剧的知识。

由此可见，学校教育宣传活动和课堂学习是留学生了解京剧的主要途径，留学生们接触中华传统文化的主要途径实际上就是学校和课堂，教师就显得格外重要，应承担起传播中华优秀传统文化的重任；其次是听京剧流行歌，留学生们普遍年轻化，流行的元素更能激发他们的兴趣，通过收听京剧流行歌，慢慢了解并喜欢上京剧的留学生也不在少数，绝大多数留学生是通过这两个途径了解京剧相关知识的；再次，留学生们在校园中会接触到许多中国学生，慢慢变成朋友，中国学生中有很多对京剧感兴趣或是自觉承担文化传播使命的学生，他们在日常交流中就会谈到京剧相关内容，这也是留学生们接触了解京剧的重要途径；观看京剧演出、网络媒体和报纸杂志这两个途径主观性比较大，许多留学生并不会主动访问京剧论坛和京剧网站，加之近几年报纸中传统文化宣传部分的缺失，更使得留学生们了解途径减少，而京剧演出本身场次也不多，留学生们得知消息的渠道也比较闭塞，而且京剧演出本身传递的京剧文化也比较少，只是表面的服装扮相、表演形式等，程式化的东西太多，深层次的太少，所以很少有留学生是通过观看京剧演出了解京剧的。

（三）青岛大学留学生京剧认知的深度

笔者将调查问卷和访谈两种方式相结合，以调查问卷为主、访谈为辅探究留学生的京剧认知深度，这里所说的"深度"，主要是指留学生们对京剧的发展、起源、脸谱、行当、四功、代表人物、代表剧目的认知层次。

1. 京剧发展认知

京剧的发展经历了很长的历史时期，考虑到留学生的汉语水平和京剧知识储备，故选取"京剧起源时间"和"京剧发展过程"两方面对留学生京剧发展认知深度进行调查。

（1）京剧的起源时间

本人以"京剧起源于清朝，您认为正确吗"为题，对青岛大学留学生对京剧起源的认知程度进行调查，得到下图信息：

由图可知，京剧起源时间题目答对人数占总人数的38.04%，答错人数占21.74%，而不了解人数占40.22%。由此可知，留学生对京剧起源时间的知晓率不高，还有多数留学生对京剧起源时间并不了解。京剧起源本身就是比较枯燥的内容，大多数留学生们对探究京剧起源方面没有太大的兴趣。针对问卷中起源时间的认知度，访谈中继续深入，进一步了解留学生对京剧起源的认知深度。

访谈内容整理如下：

> 受访学生 N：我对京剧的起源时间不太了解，京剧应该是北京的一种戏剧

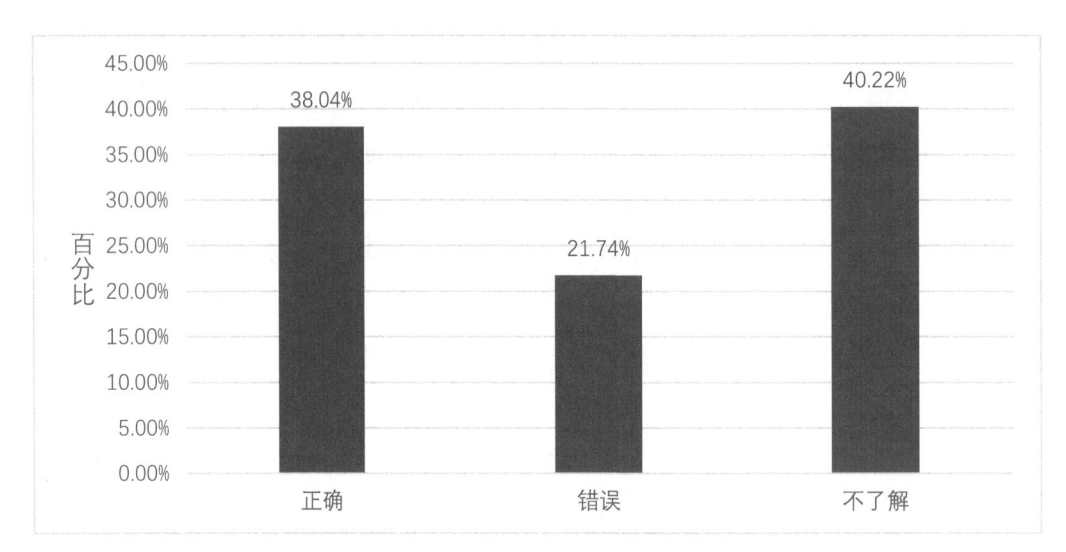

```
                45.00%
                40.00%   38.04%                          40.22%
                35.00%
            百  30.00%
            分  25.00%            21.74%
            比  20.00%
                15.00%
                10.00%
                 5.00%
                 0.00%
                          正确      错误       不了解
```

图 5-3　京剧起源时间题目各选项统计

吧，我对京剧的发展只是表面了解。

受访学生 B：中国朋友介绍我看《戏隐江湖》，是一个动漫剧，里面都是京剧人物，生、旦、净、丑，我看过之后，就爱上了京剧，后来我自己上网查，京剧起源于清朝，是融合而成的一种戏剧。

受访学生 Y：我不知道京剧的起源。文静雅（俄罗斯）：我上过京剧才艺课，上课时老师讲过京剧起源于清朝。

受访学生 M：我对京剧起源发展不了解。

受访学生 A：我在中国朋友那里了解到京剧的一点知识，比如脸谱，但是起源和发展，我并不了解。

受访学生 X：我特别喜欢《霸王别姬》这部电影，特别喜欢电影里面的程蝶衣，服饰华丽，妆也特别美，故事情节也非常好，电影中的《霸王别姬》唱段，我非常喜欢，因为这部电影，我爱上了京剧，之后只要青岛有京剧演出，我都回去看，自己也会唱几段，平常也会跟朋友们讨论京剧，京剧的起源发展是在朋友聊天中了解的。

受访学生 J：我不知道京剧的起源时间，京剧的起源地点是北京吧。

受访学生 S：我对京剧不太了解，来中国前听说过，学校艺术节，看过同学表演，感觉特别有趣。

受访学生 R：我爱听《新贵妃醉酒》，中国朋友告诉我里面有京剧，我很喜欢唱，在视频上看过李玉刚唱《新贵妃醉酒》，非常好听，衣服、头饰也很美。跟同学们一起去看京剧演出，看完之后，演员们很热情，跟我们聊京剧，我知道了京剧起源于清朝。

受访学生 F：我对京剧的起源不感兴趣，没有了解过，我不知道京剧的起源。

受访学生 Z：《霸王别姬》是我非常喜欢的电影，看过很多次，跟中国的朋友们一起看这部电影的时候聊到京剧，他们告诉我京剧起源于清朝。

受访学生 D：我知道京剧是由好多戏剧融合产生的，最开始不叫京剧，后来到了北京才改名叫京剧。我选修过京剧课，老师上课讲过。

受访学生 E：我不了解京剧的发展，我喜欢京剧的脸谱，颜色很多，很漂亮。

受访学生 P：我喜欢中国的历史，平时喜欢读历史书，在读到清朝艺术发展的时候，了解到京剧的形成与发展。京剧是湖北的戏剧传到北京形成的，到北京之后，传到皇宫，就成为了宫廷戏，很受欢迎。

受访学生 C：我是京剧迷，我喜欢听京剧，也喜欢唱京剧，才艺课也选修了京剧，学校里艺术节，我都会上台表演，朋友们都夸我表演得特别好，才艺课上，老师介绍了京剧的发展，我就记住了。

受访学生 G：我不太了解。

受访学生 L：京剧的起源是清朝，小的时候母亲就给我讲过，京剧的发展，我还是比较了解的。

受访学生 T：不太了解，但我会唱《北京一夜》，很喜欢这首歌。

由上述访谈内容可以看出，留学生对京剧起源的认知多数来自才艺课上老师的讲解或是朋友介绍，还有少部分人是因为自身的兴趣，例如对中国历史文明的痴迷，从而延伸到中国传统文化，进而对中国的"国粹"京剧产生兴趣，对京剧进行了资料查找；或是出于对京剧影视作品的喜爱，从而对京剧产生兴趣，并进行探究；还有留学生在来华之前就对京剧有过一定的了解，这归功于京剧历时多年的海外传播与发展，使得留学生们对京剧产生了兴趣和探究欲望，在课余时间，会自行查找资料了解京剧的相关知识等。当然还有多数的留学生表示自己对京剧的起源发展并不了解，毕竟京剧起源与发展相较于脸谱、服饰等对视觉冲击较大的方面有一定的难度，并且比较枯燥乏味，这些原因都使得京剧的起源与发展在留学生群体中不甚欢迎。

从访谈结果来看，留学生对京剧起源的了解情况也是参差不齐，但是多数同学都提到才艺课上老师讲过，结合留学生们的京剧认知途径多是来自于教师课堂讲解，更加印证了授课老师对于京剧起源发展的重视，任何一门艺术都有其根源，了解了艺术的根，才能更好地学习探究艺术的本质。访谈过程中提到让受访者深入说一下自己对京剧起源的了解时，多数留学生都表示自己只是对起源时间有一个大概的了解，并不知道其他，这也说明留学生对京剧的起源了解不深，只是知道一些皮毛。总体来说，多数留学生对于京剧起源的认知还是比较浅显，只存在于表层最基本的认知，并没有到很深入的程度。

（2）京剧的发展过程

本人以"京剧是由中国南方一些剧种传入北方融合而成的，您认为这种说法正确吗"为题，对青岛大学留学生对京剧发展过程的认知程度进行调查，得到下图信息：

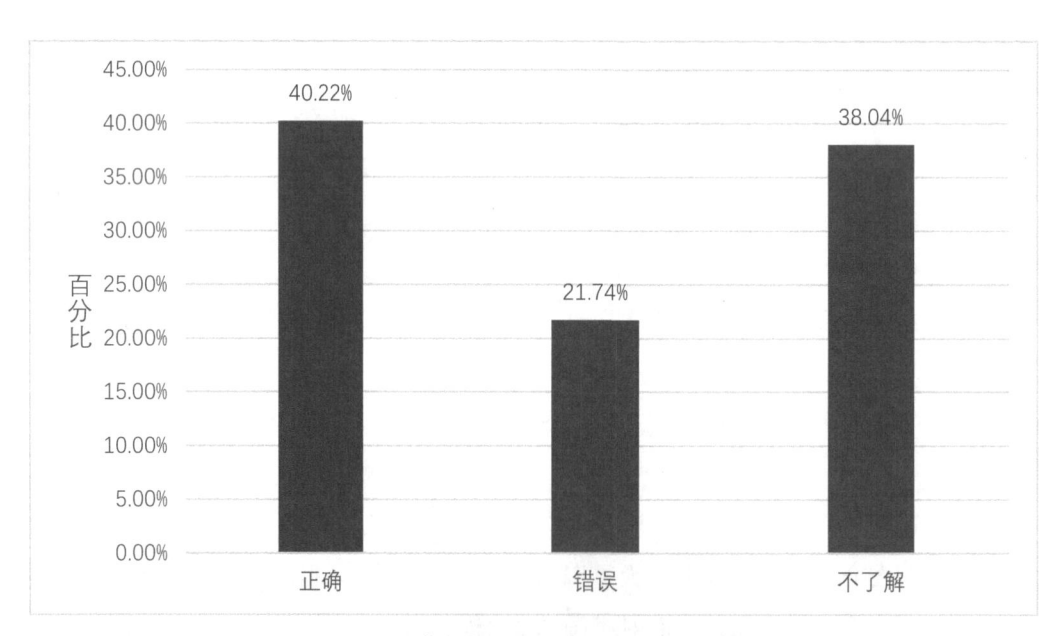

图 5-4　留学生京剧发展过程题目选项统计图

由图可知，选择对京剧发展过程不了解的留学生人数占总人数的 38.04%，答错的留学生占 21.74%，答案正确的留学生人数比例为 40.22%。综合不了解和答错的人数总比例为 59.78%，已过半数，由此得出多半留学生对京剧的发展过程并不了解。京剧的发展跟京剧起源相同，都是京剧中比较枯燥乏味的知识点，需要留学生对京剧有超强的求知欲和探索欲，但多数留学生都不具备这些特点，后续访谈也印证了这一点。

针对问卷中京剧发展过程的认知度，访谈中继续深入，进一步了解留学生对京剧发展过程的认知深度。通过访谈，了解到，留学生对京剧的发展过程了解兴趣不高，多数受访者表示自己并不想了解京剧的发展，对京剧发展的了解也比较少。他们表示，自己喜欢京剧是因为京剧的扮相、服饰、唱腔，并不是京剧的发展历史，他们认为发展过程这类内容太死板，对他们没有吸引力，还有留学生表示自己并没有渠道了解京剧的发展。因为受访者年龄偏小，所以相对而言，对比较枯燥的知识会有本能的排斥，当然受访者中也不乏对京剧极感兴趣或是中华才艺课选修了京剧的留学生，他们表示自己会主动查找资料来了解京剧的发展，但是数量不多，多数受访的留学生都表示自己对京剧的发展不了解。

京剧的发展确实是一项比较枯燥的内容，随着社会的发展进步，留学生们对各种事物的接触渠道和接触面都变得更广，但随之而来的快餐式信息提取也使得留学生们对事物的了解趋于表面。而且个人兴趣是自主了解中很重要的一环，现在的留学生普遍喜欢接受新奇有趣的东西，显然京剧的发展过程不在此列。总体来看，留学生对京剧的发展过程了解很少，了解内容也非常浅显。

（3）**京剧起源的认知度与留学生汉语水平的关系**

本人以"京剧起源时间为清朝，您认为正确吗"为题，得出青岛大学留学生对京剧起源时间的知晓率，并同留学生汉语水平结合起来，得到下图信息：

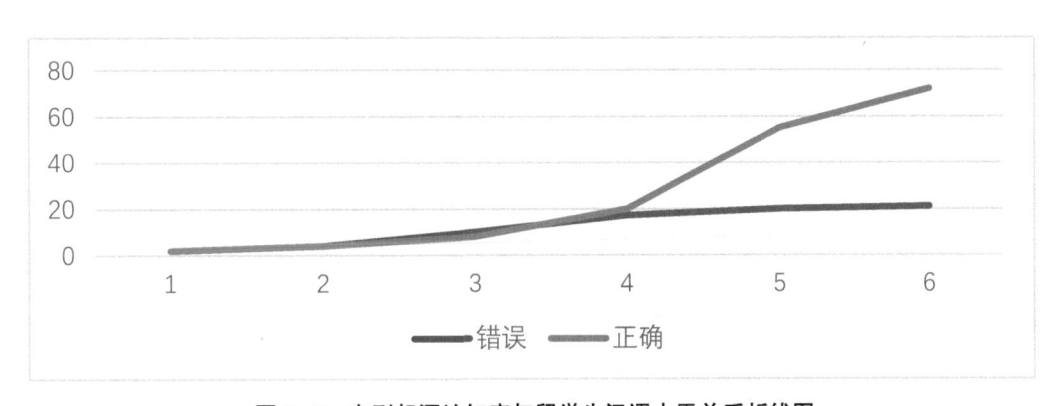

图 5-5　京剧起源认知度与留学生汉语水平关系折线图

由上图可见，Y轴为答题正确或错误的累计次数，X轴为留学生汉语水平等级分布。从正确曲线走向可以得出，汉语水平三级以上正确率陡然增加。从错误曲线走向可见,汉语水平三级以上错误率逐渐放缓。通过两条曲线数据,我们可以得出京剧起源的认知度与留学生汉语水平成正比。汉语水平越高,对京剧起源的知晓率也就越高,相反,汉语水平越低,对京剧起源的了解程度也就越低。

针对京剧起源这一类相对专业的京剧知识,汉语水平的决定性还是很大的。留学生汉语水平过低,对很多京剧文化就心有余而力不足了,想了解但是汉语水平受限,这也会影响知识的获取。相反,汉语水平高的留学生,他们的语言阻碍已经很小,可以随心去探索想了解的知识。授课老师也会考虑到留学生们的汉语水平,对于汉语水平较低的学生,就不会讲解过于深入和晦涩的知识,尤其是这种专业性较强的内容,对汉语水平较高的学生,老师就会相应地传授较深入的文化背景内容,所以留学生们的了解度就相对较深。

2. 京剧脸谱认知

京剧脸谱色彩十分讲究,看来五颜六色的脸谱,品来却巨细有因,绝非仅仅为了好看。不同含义的色彩,绘制在不同图案轮廓里,人物就被性格化了。[①] 本人以"您认为红色脸谱是象征忠义、耿直、有血性吗"和"您认为脸谱颜色中的红色、白色、紫色、黑色都是代表正面人物吗"为题,对青岛大学留学生对京剧脸谱的颜色认知进行调查,得到下图信息:

表5-4 京剧脸谱颜色题目(1)选项统计表

红色脸谱代表忠义吗	百分比
是	57.6%
否	17.4%
不了解	25.0%

表5-5 京剧脸谱颜色题目(2)选项统计

表红白紫黑色脸谱均代表正义吗	百分比
是	21.7%
否	55.4%
不了解	22.8%

由上表可见,第一题选择"是"的留学生超半数占比为57.6%,选择"否"和"不了解"的留学生共占比42.4%。红色脸谱是象征忠义、耿直、有血性,所以答案为

---

① 360百科 [EB/OL]. https://baike.so.com/. 2020年10月14日7:30.

"是",由数据可知,留学生对红色脸谱代表的人物性格较为了解;第二题选择"否"的留学生占比55.4%,选择"是"和"不了解的"共占比44.5%。而白色脸谱代表的人物不是正面形象,是奸诈多疑的贬义形象,所以该题答案为"否",由此可见,超半数留学生对京剧脸谱颜色及代表的人物性格都有所了解。

总体来说,留学生对于脸谱的认知程度较高,但认知水平也只处于浅层。脸谱颜色众多,有红色、黑色、白色、黄色、蓝色、紫色、粉红色、金色、银色、绿色。脸谱作为京剧中的重要一环,在京剧文化中有着举足轻重的地位,也是京剧中比较有意思的一个方面。

访谈内容整理如下:

受访学生N:我对京剧脸谱特别感兴趣,在学校的艺术节上,我第一次接触到京剧,就被表演者们脸上的油彩吸引了,后来我专门跟表演京剧的同学们交流,才知道这叫京剧脸谱,我知道京剧脸谱有红色、黑色、蓝色,还有白色,我还买了好多京剧的脸谱带回国送给朋友们,他们都很喜欢。

受访学生B:我看动漫《戏隐江湖》里面的人物脸上的妆容很特别,就问一起看的中国朋友,他们告诉我,这是京剧脸谱,每一个脸谱颜色代表一种人物性格,脸谱的画法也有好多种,我很喜欢,如果有机会,想在自己脸上画脸谱。

受访学生F:脸谱很漂亮,很独特,我在电视上看过京剧表演,觉得演员们脸上的妆容很有意思,但我没有注意过脸谱具体的颜色。

受访学生E:京剧才艺课上,老师详细讲过京剧的脸谱,京剧脸谱有很多颜色,有红色、黑色、蓝色、紫色、白色,还有其他颜色,我对脸谱很感兴趣,上课时老师带我们画过脸谱,非常有趣。

受访学生A:最开始我不懂京剧是什么,所以我看到京剧演员们脸上的妆容,感觉有点可怕,后来通过朋友的讲解,才慢慢了解到那叫脸谱,代表人物性格,是京剧中非常特别的一部分。

受访学生T:我跟中国朋友去饭馆吃饭,饭馆的墙上挂着许多脸谱,各种各样的,我被吸引住了,想知道那是什么,就问我的朋友,他告诉我那是京剧脸谱,还告诉我每个脸谱都代表一种人物性格。

受访学生X:我特别喜欢《霸王别姬》中程蝶衣给段小楼画脸谱的片段,画的不光是脸谱,更是他们的命运,看电影的时候,就被里面的脸谱吸引,非常美,第一次看电影《霸王别姬》的时候,不知道京剧常识,经过学习和交流之后,对这部电影又有了新的理解,今年韩国要重映,我还要去电影院看。

受访学生R:我跟朋友们去KTV,他们唱《新贵妃醉酒》,看到MV里李玉刚的服装特别华丽,脸上的妆容也很特别,中国朋友告诉我这首歌是京剧改编的京剧流行歌,我觉得特别好听,就去了解了京剧的一些知识,了解到京剧演员们脸上的妆容叫脸谱,但是我不清楚脸谱有多少颜色。

受访学生S:我跟同学们一起去艺术节看京剧演出,那是我第一次听京剧,看到演员们的服饰、脸上妆容,我很激动,看完之后,演员们很热情地跟我们聊京剧,因为我很喜欢,后来还给我画了一个脸谱,我知道脸谱有黑色、白色,其他脸谱颜色,我不了解。

受访学生Y:我是因为《说唱脸谱》这首歌了解京剧脸谱的,第一次听时,我不了解歌词的意思,就去问朋友,他给我解释说歌词里面详细介绍了每一个脸谱颜色的代表人物和性格,我很喜欢这首歌,觉得很有意思。

通过访谈得知留学生对京剧脸谱的喜爱度比较高,多数受访者谈到京剧脸谱都会表示出极大的兴趣和表达欲望。

3. 京剧中"行当"——生旦净末丑的认知

本人以"京剧的行当是生旦净末丑吗"为题,对青岛大学留学生京剧脸谱颜色认知度进行调查,得到下图信息:

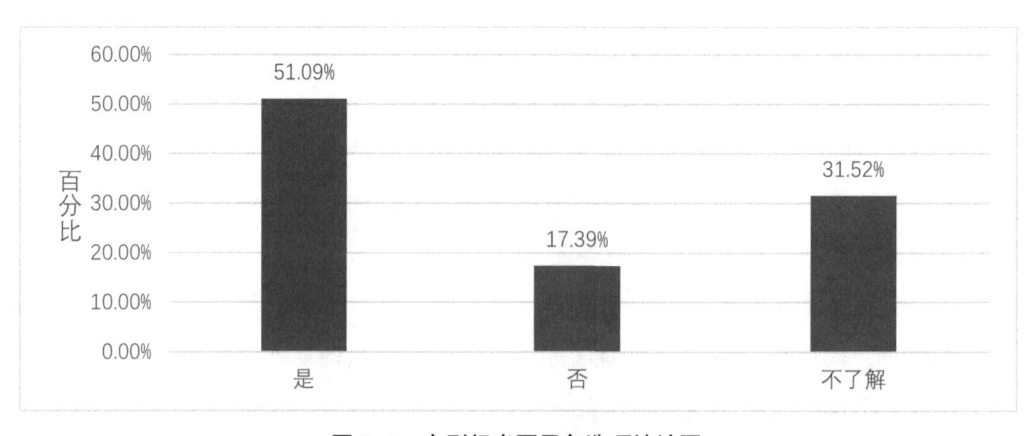

图5-6 京剧行当题目各选项统计图

京剧行当，又称角色，可分为生、旦、净、末、丑共五大行当，后有人把"末"并入"生"行，总合为四大行当。[①] 考虑到留学生的认知程度和四大行当的未普及性，本题仍以"生、旦、净、末、丑"五大行当为准。由上图可见，选择"是"的占51.09%，选择"不了解"的为31.52%，选择"否"的为17.39%。该题的答案为"是"，选择"是"的人数已过半，从数据看出，超半数留学生知道京剧行当是生、旦、净、末、丑。

后通过进一步访谈发现，问留学生们京剧行当的时候不少留学生表示不了解，但问受访者知道"生旦净末丑"吗，他们多数都会回答知道或有过了解。由此可见，留学生对京剧的专业术语了解度不高，只是提到京剧会知道"生旦净末丑"，但并不知道它们是什么。留学生们对京剧行当的了解也只是存在于浅显层面，很少有受访者表示自己专门了解过这五个行当具体表演什么，是什么形象和性格。

访谈内容整理如下：

受访学生 N：我知道"生旦净末丑"，"旦"是女性，"生"是男性，其他的不知道，这其中，我最喜欢"旦"，因为我觉得京剧里面的女性衣服都特别美，还有头饰也很漂亮。

受访学生 B：动漫《戏隐江湖》里面的人物"甲、乙、丙、丁"就是"生、旦、净、丑"的传人，因为我特别喜欢这个动漫，就去网上搜索"生旦净丑"，发现这是京剧的行当。

受访学生 W：上才艺课的时候，老师讲过"生旦净末丑"，这是京剧的行当，就是京剧中的人物角色，"生"是男性、"旦"是女性、"净"是正面人物，"末、丑"是反面人物，像小丑一样的人物。

受访学生 Z：学校组织京剧活动，看了演出后，很新奇，但分辨不出哪个脸谱是哪个行当的，后来戏剧社的同学给我介绍，让我对各种脸谱和行当有了分辨，很有趣，如果学校还组织京剧活动，我要参与到其中去体验。

受访学生 D：因为对京剧华丽的服装和独特的表演方式感兴趣，所以参加了京剧才艺课，但到现在还是分不清这几个行当代表的性格和形象是什么，中国的戏剧文化太复杂了。

---

① 360 百科［EB/OL］．https://baike.so.com/．［2020—10—13］．

4. 京剧中"四功"——唱念做打的认知

京剧的唱念做打，具有严格的程序性，不同的角色行当有不同的规范和路数。本人以"京剧中的四功是唱说做打吗"为题，对青岛大学留学生对京剧四功的认知进行调查，得到下图信息：

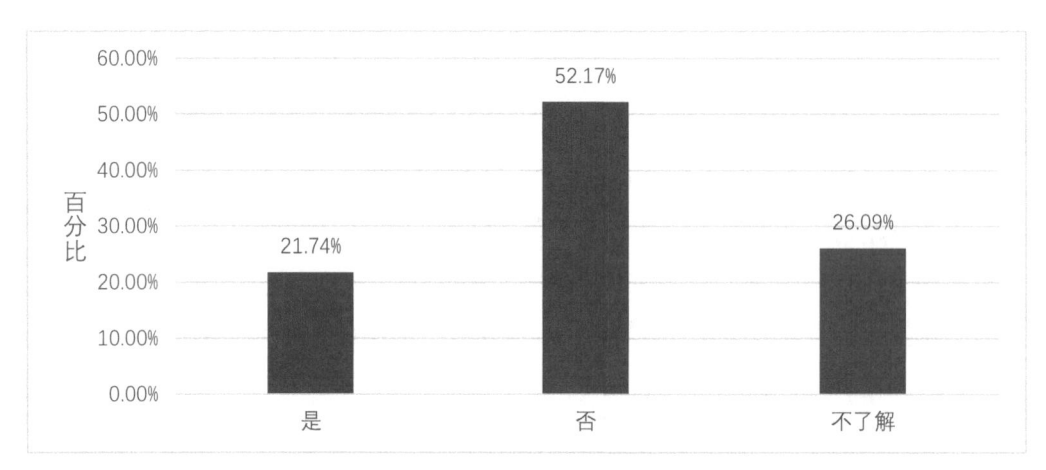

图 5-7 京剧"四功"题目各选项统计图

由上图可见，"否"为正确答案，选择"是"的留学生占比 21.74%；选择"否"的留学生占比 52.17%；选择"不了解"的留学生占比 26.09%。从题目正确率来看，超半数留学生回答正确，这表明留学生们对"唱念做打"有过了解。

"四功"在京剧中属于基本功，与"行当"类似，多数留学生不知道"四功"，但当提到"唱念做打"时，都会说知道或有过了解，由此可见，留学生对于京剧多数处于赏析阶段。后续访谈中也有不少留学生表示对"四功"不是很了解，而且表示"四功"对于留学生来说是一个相对比较难的知识。

访谈内容整理如下：

受访学生 W：我不怎么了解四功，四功是什么，我还是很容易记混，对于我来说，我还是喜欢听京剧，看节目。

受访学生 N：我知道唱念做打，但是不是四功，我就不确定了，而且只是知道京剧中有唱念做打这个专业术语。

受访学生 G：我不确定四功是不是唱说做打，我选择了"是"。

受访学生 L：因为我有一个中国籍的母亲，所以这些基本知识，我在很小的时候，母亲就给我讲过。母亲很喜欢京剧，也经常哼唱，从我记事时起，就对京剧产生了很大的兴趣。对我来说，京剧就好像儿时的童谣，可以很自信地说，对于京剧的了解程度，我比好多中国的同学都要高。

受访学生 R：我知道四功是唱念做打，所以我选择了"否"，并且我知道唱是京剧四功之首，因为我想学习京剧表演，在艺术节上表演，所以唱念做打都是要学习的。

受访学生 Z：我不知道四功是什么，更不会了解唱是不是四功之首了，我只是通过电影才知道的京剧。

5. 京剧四大流派及代表人物认知

（1）京剧四大流派的知晓度

"京剧流派主要是指演员的表演艺术风格和艺术特点，并且这种风格特点得到师承和传播。一个剧种中出现不同的流派是艺术发展的必然产物，多种流派的形成是艺术昌盛的反映。京剧旦角主要分为四大流派：梅派、程派、荀派、尚派。"[1]本人以"京剧旦角的四大流派是梅派、程派、尚派、荀派吗"为题，对青岛大学留学生京剧流派的认知程度进行调查，得到下图信息：

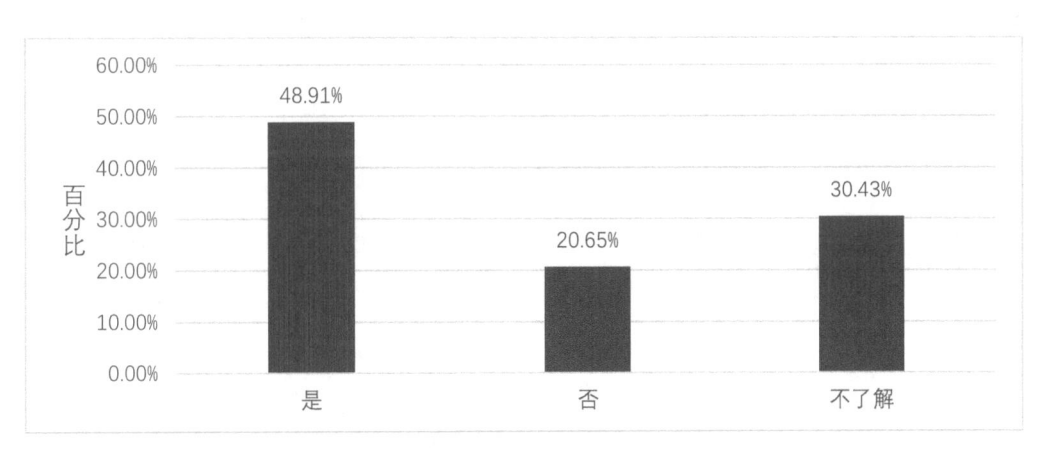

图 5-8 京剧流派题目各选项统计图

由上图可见，选择"是"的占比 48.91%，选择"否"和"不了解"的共占比 51.08%，京剧旦角的四大流派是梅派、程派、尚派、荀派，所以答案为"是"，由此可见，超半数留学生对京剧流派了解很少。流派是京剧中极为专业的知识，对留学

---

[1] 360 百科 [EB/OL]. https://baike.so.com/. [2020-10-14].

生们的知识储备、汉语水平、鉴赏能力、爱好兴趣都有很大的关系,所以留学生们不了解也是意料之中的。通过后面访谈,也可以印证这一结果,多数受访者都表示自己对京剧流派不了解,也有少数受访者因为个人兴趣或是选修京剧课对流派有过了解,但也只是表面,没有深入了解过。

访谈内容整理如下:

受访学生T:我对京剧旦角流派不了解,只知道京剧大师梅兰芳。

受访学生W:上京剧课时,老师讲过,但是同学们对流派都不太感兴趣,老师讲的时候,看我们不感兴趣,也就没有讲很多。

受访学生F:因为喜欢京剧,我自己查过资料,只是知道有四个流派,但是对流派的其他知识,我不太了解,我喜欢梅兰芳,知道他是梅派的创始人,其他流派不了解。

受访学生A:梅派应该是梅兰芳吧,我听说过梅兰芳,但是对流派不了解。

由上述访谈内容可以看出,留学生对京剧流派所知甚少,了解最多的是梅派。因为梅兰芳在国际上具有一定的影响力,多数留学生都听说过梅兰芳的名字,提到京剧,就会想到梅兰芳,但是对梅派的了解也就仅限于此,依然浮于表面,没有深入了解,对其他三个流派的了解就更少了。

(2) **京剧四大流派代表人物的知晓度**

本人以"梅兰芳、新凤霞、旬惠生、杨小楼以上四位都是京剧表演艺术家吗"为题,对青岛大学留学生对京剧代表人物的认知进行调查,得到下图信息:

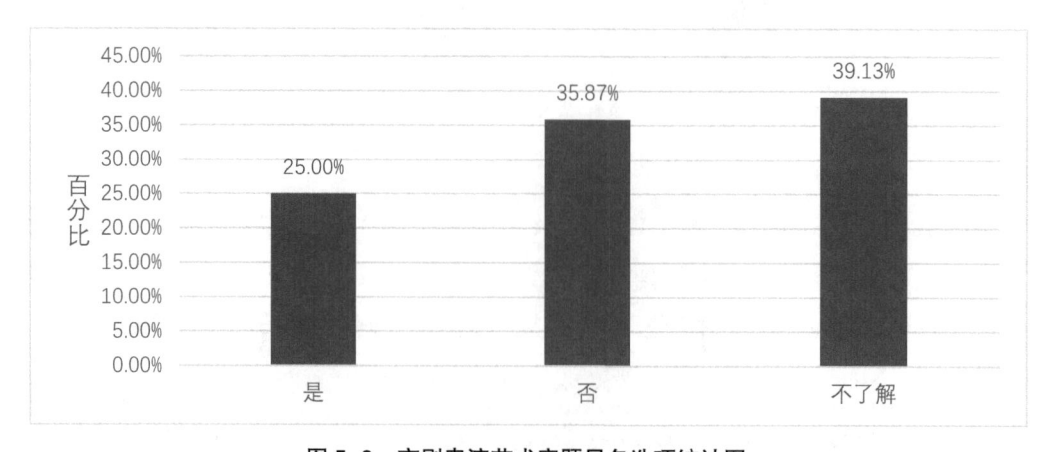

图 5-9　京剧表演艺术家题目各选项统计图

由上图可见，选择"是"的留学生占比25%；选择"否"的留学生占比35.87%；选择"不了解"的留学生占比39.13%。正确答案是"否"，由数据可知，选择错误和不了解的学生占比高达64.13%。对于京剧表演艺术家，除了梅兰芳，其他留学生们都不是很熟悉。其实中国人对京剧表演艺术家也不是全然了解，除去京剧票友以及戏曲从业者，或是对京剧文化了如指掌的学者，普通人很少对京剧演员有深入了解。在后续的访谈中也了解到，大多数留学生对京剧表演艺术家都不是很熟悉，好多都只知道梅兰芳大师，但对于其他的京剧表演艺术家知之甚少。访谈内容整理如下：

受访学生W：我分不清哪位是京剧的表演艺术家，哪位不是，我对京剧的代表人物一窍不通，我只知道梅兰芳是京剧大师。

受访学生M：我不知道这几位是否都是京剧的表演艺术家，可能这几位都是名人，但是不是都是京剧的表演艺术家，我就不确定了。

受访学生N：我对京剧的代表人物了解不多，所以不能给你准确的答案。

受访学生L：我知道梅兰芳大师是京剧的著名的演员。

本人以"京剧的四大名旦是梅兰芳、旬惠生、程砚秋、尚小云吗"为题，对青岛大学留学生对京剧四大名旦代表人物的认知进行调查，得到下图信息：

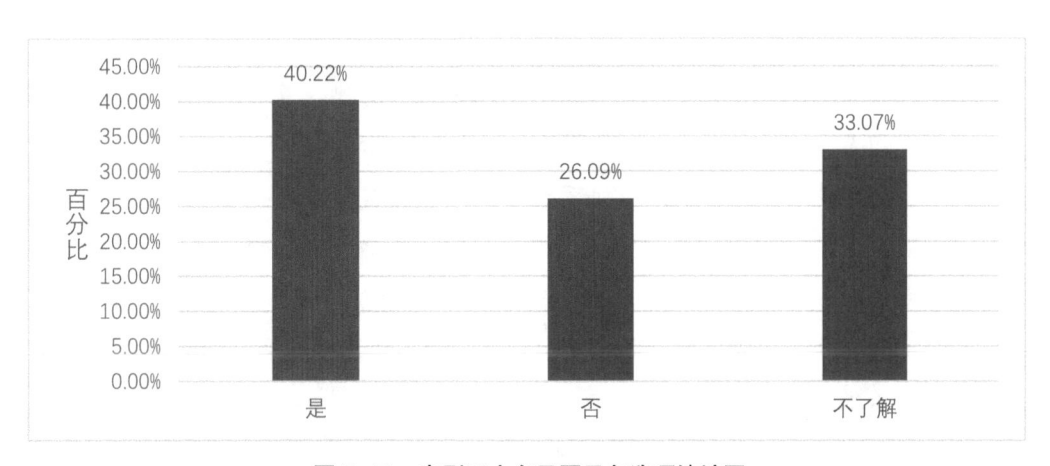

图5-10 京剧四大名旦题目各选项统计图

由上图可见，选择"是"的留学生占比40.22%；选择"否"的留学生占比26.09%；选择"不了解"的留学生占比33.70%。这道题的正确答案是"是"，由上述数据可知，选择错误的留学生占比同样高达59.79%，两个京剧表演艺术家代表人物的问题双双印证了留学生对于京剧的代表人物了解不是很多,可以说是知之甚少。京剧的发展需要传承,需要一位位优秀的表演艺术家去支撑、去发扬,将京剧的文化鲜活地呈现在世人的面前,如果对京剧的表演艺术家不是很了解的话,也可以间接地看出留学生对京剧的发展也是了解甚微,前面文中留学生对京剧发展一题中的数据也体现出这一结论。

6. 小结

以上留学生对京剧流派及代表人物的认知现状可以看出,能够清楚京剧流派的留学生极少,能够准确说出代表人物的更是少之又少,大部分留学生只是听说过一些京剧名角的名字,但是对于他们的了解也只是皮毛,很少有留学生会主动了解京剧的流派。京剧流派等知识在京剧中是比较专业的部分,留学生对此类专业性较强的京剧知识了解很少,除非自己对京剧特别喜爱,不然很少有留学生主动去了解。

(四)青岛大学留学生对京剧的态度

1. 留学生对京剧的情感

虽然留学生们对京剧的了解浮于表面,但是通过调查得知,他们对京剧的态度多是正面的,很少会对京剧产生负面情绪甚至是抵触。

访谈内容整理如下:

受访学生R:京剧给我的第一印象是华丽、震撼,虽然第一次听京剧理解不了,但是独特的舞台效果和华丽的服装头饰深深地吸引了我。

受访学生S:第一次接触到京剧是在一次艺术节,我对京剧的第一印象是这门艺术可能与中国的文化有关,因为其中的服饰可能比较久远,现代没有这种服装。

受访学生G:我听过京剧,对京剧的兴趣不大,我认为这门艺术非常难懂,对于我来说太难了。

受访学生L:受我母亲的熏陶和感染,我记事的时候起就接触到了京剧,那时我就喜欢上了京剧的服装头饰,和独特的演出形式,喜爱与好奇让我慢慢地走近京剧,我发现这是一门博大精深的艺术,我会一直学习下去。

受访学生P:我对京剧的第一印象是这门艺术与中国的文化有关,因为我比较喜欢读中国的历史,我是在读中国的历史的时候接触到京剧,我发现京剧在中国的艺术文化和悠久历史中都有着很重要的地位。

本人以"您会花钱到剧场观看京剧演出吗"为题，对青岛大学留学生的京剧自主观看意愿进行调查，得到下图信息：

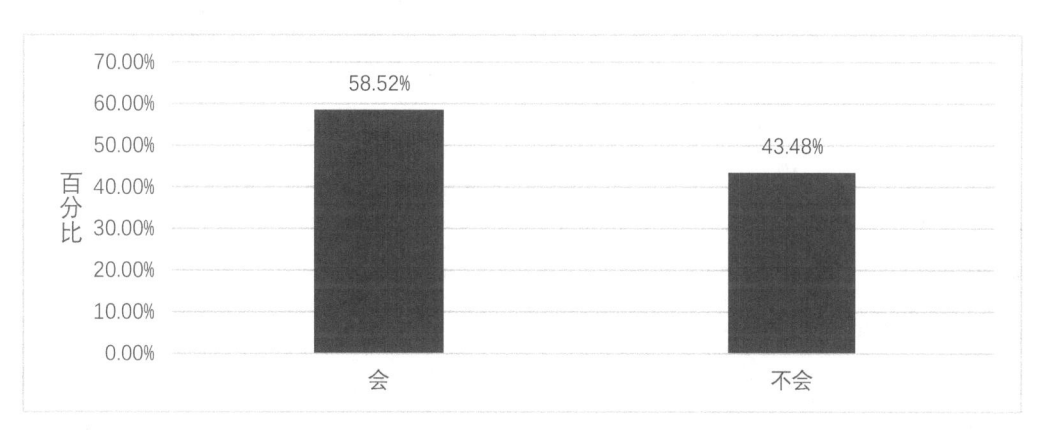

图 5-11　留学生剧场观看京剧意愿统计图

由上图可见，选择会的留学生占比 58.52%；选择不会的留学生占比 43.48%。由数据可知，会花钱到剧场观看京剧演出的留学生超过统计总数据的半数，可见京剧还是比较受留学生欢迎的。

本人以"您到 KTV 会点京剧演唱吗"为题，对青岛大学留学生自主京剧演唱的意愿进行调查，得到下图信息：

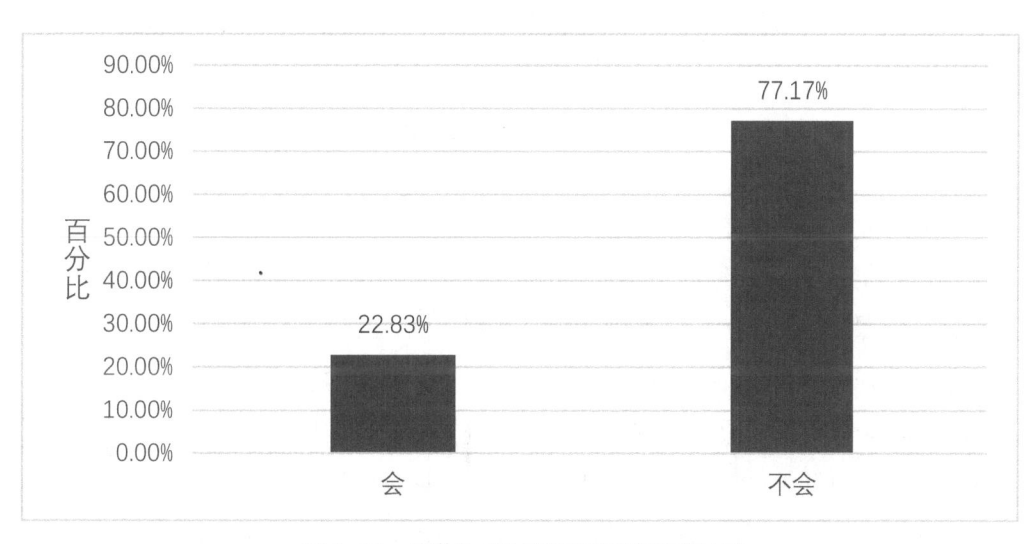

图 5-12　留学生 KTV 演唱京剧意愿统计图

由上图可见，选择"会"的留学生占比22.83%；选择"不会"的留学生占比77.17%，由数据可知，留学生们对于演唱京剧方面的热情不是很高，京剧的演唱对于留学生来说还是有一定难度的。但是留学生们会演唱京剧流行歌，如《新贵妃醉酒》《北京一夜》《花田错》等，这些歌曲难度较低，又很有中国特色，很多留学生都对这些歌曲表现出极大的兴趣，表示会经常听，有时也会自己哼唱。

由上述图表与访谈可见，留学生们对京剧大都呈现正面态度，对京剧的第一印象多数都是积极正面的，也会主动观看京剧表演，但通过调查得知，留学生们对京剧的喜爱具有偏向性，有的留学生在来华前就了解过京剧，且对京剧产生兴趣，但多数留学生都是在来到中国之后才真正接触、了解京剧，但这都不妨碍留学生们对京剧的喜爱。

2. 留学生对京剧课程类型的喜爱度

本人以"以下京剧课程您更喜欢哪一类"为题，对青岛大学留学生的京剧课程类型偏好进行调查，得到下图信息：

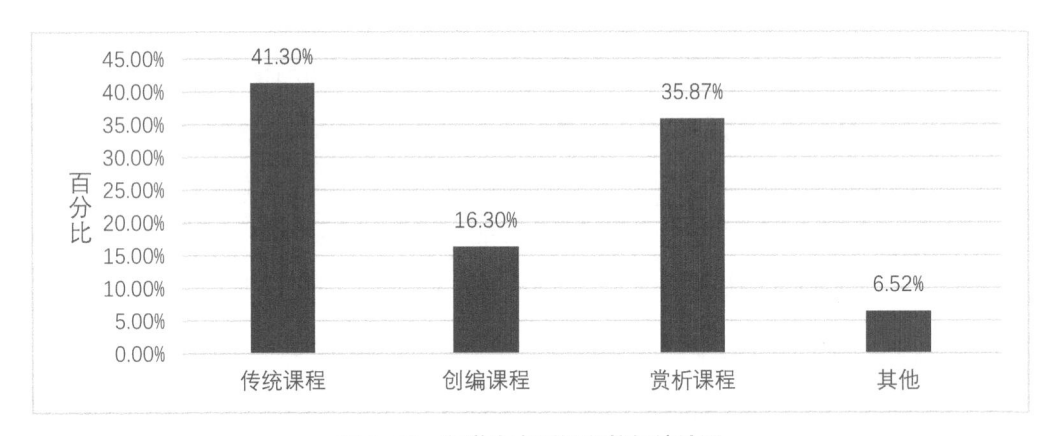

图 5-13　留学生京剧课程偏好统计图

由上图可见，选择传统课程的留学生最多，占比41.30%；其次是赏析课程，占比35.87%；选择创编课程的留学生最少，仅占16.30%。由此可见，多数留学生喜欢京剧传统课程，即讲授京剧基础知识，教授唱段，其次是京剧赏析课程，最后才是创编类课程。前文也提到，留学生们对京剧基础知识的掌握普遍比较薄弱，而赏析课程和创编课程都需要一定的京剧知识积累才能进行，他们更希望在有了一定的知识储备之后再开展进一步的京剧课程。后续访谈也印证了这一结果，留学生们表示想要先了解京剧知识，然后再进行京剧的进一步学习。多数受访者还表示自己更喜欢生动的课程，比如京剧演出视频赏析等，他们认为创编课程难度太高，自己知识储备不足，无法开展。

访谈内容整理如下：

  受访学生W：我喜欢赏析类的课程，放视频赏析比老师用语言讲述更加生动，我选修了京剧课，每次老师上课放京剧视频的时候，同学们都很积极，看得也很认真。

  受访学生Y：我想了解中国传统文化，更喜欢老师多讲一下京剧文化和京剧知识。

  受访学生R：京剧的唱腔很独特，我想学习京剧表演，想尝试京剧的服装和化妆。

  受访学生S：我想参与到创编类课程，我感觉创造的过程也是学习的过程，作为留学生，能参与到京剧的创编学习中，是一件让人兴奋的事情。

  受访学生F：我喜欢中国京剧传统文化，喜欢读中国的历史，也是因为读中国的历史，才让我接触到京剧的文化，让我体会到京剧迷人的地方。

  受访学生A：创编课程太难了，它需要了解京剧的好多知识，我不能记下那么多知识。赏析课程，我很喜欢，可以更多地了解京剧的文化，是个很好的学习过程。

因留学生们的京剧基础知识比较匮乏，所以他们更喜欢传统课程以及赏析课程，这两种课程对京剧专业知识要求较低，且能从中获取京剧知识，受到留学生们的欢迎，创编课程对留学生们的京剧素养要求较高，很多留学生对此望而却步。故京剧基础课程更受留学生们的欢迎。

3. 留学生对参与京剧表演的态度

本人以"您喜欢参加京剧演出表演吗"为题，对青岛大学留学生进行京剧演出喜爱度展开调查和研究，得到下图信息：

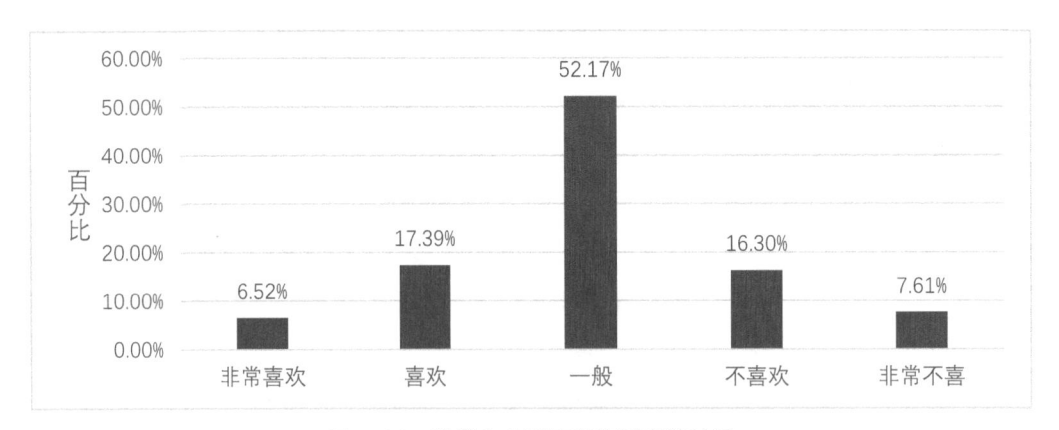

图 5-14　留学生京剧演出喜爱度统计图

由上图数据可见，对于京剧演出表演的喜爱程度的调查，其中"非常喜欢"的留学生占比 6.52%，"喜欢"的留学生占比 17.39%，"一般喜欢"的留学生占比 52.17%，"不喜欢"的留学生占比 16.30%，"非常不喜欢"的留学生占比 7.61%。从上述数据可以看出，留学生对参与京剧演出表演并不是很迫切，也有相当一部分留学生表示不喜欢参与京剧演出。从前期调查可知，留学生们普遍比较喜欢京剧的学习和赏析，如果切身体验去表演京剧，还需要系统的学习，有相当一部分留学生对京剧表演表示排斥，一是自身知识不够，二是对京剧表演抱有敬畏心，三是本身对表演不感兴趣。

4. 留学生对传统京剧与现代京剧态度的对比

传统京剧随着时代的发展，有很多唱词和咬字都与现实交流不同，所以慢慢淡出人们视野，在这种情况下，为了中华传统艺术地传承与发展，五四运动之后，现代京剧应运而生，它不同于传统京剧，现代京剧的吐字更加标准、旋律朗朗上口、内容贴近生活、更便于传唱，如《智取威虎山》《白毛女》等。更有京剧改编的流行歌广为传唱，如《新贵妃醉酒》《说唱脸谱》《刀马旦》等（本文所说的现代京剧包含京剧改编的流行歌曲）。京剧在借鉴西方戏剧艺术特点的基础上保持了传统性，同时也引入了现代思想。这是京剧发展的必经之路，传统的京剧注入了新的现代审美，也为京剧的对外文化传播注入了新的活力。

本人以"您更喜欢传统京剧还是现代京剧"为题，对青岛大学留学生传统京剧和现代京剧的喜爱度对比展开调查和研究，得到下图信息：

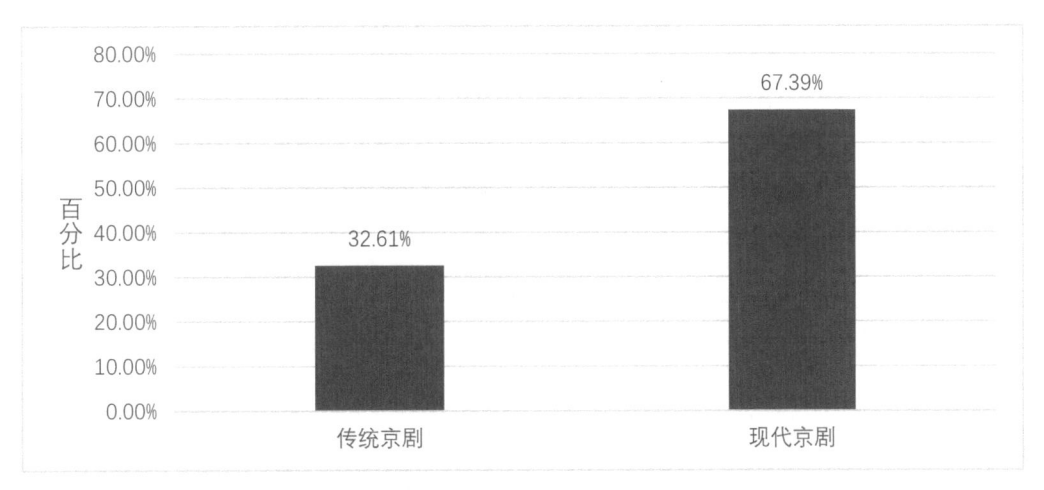

图 5-15　留学生传统京剧与现代京剧喜爱度对比图

由上图数据可见，选择传统京剧的留学生占比 32.61%；选择现代京剧的留学生占比 67.39%，由数据可知，留学生对现代京剧的喜爱度更高一些。由于选择的调查研究对象年龄偏小，他们对传统京剧中的很多唱段不了解，很多发音吐字也听不懂，现代京剧更贴近现代生活，发音也更标准，尤其是京剧改编的流行歌，符合时代潮流、贴合年轻人的喜好，欣赏难度也较小，所以留学生们对现代京剧的喜爱度会更高一些。

本人以"以下歌曲中您接触过的有哪些"为题，对青岛大学留学生接触过的京剧（京剧改编流行歌）曲目展开调查和研究，得到下表信息：

表 5-6　留学生京剧曲目了解度统计表

歌曲名称	百分比
长生殿	14.10%
昭君出塞	16.30%
铡美案	27.20%
穆桂英挂帅	28.30%
红灯记	34.80%
说唱脸谱	51.10%
北京一夜	53.30%
新贵妃醉酒	60.90%

由上表数据可见，听过《长生殿》的留学生占比 14.1%；听过《昭君出塞》的留

学生占比16.3%；听过《铡美案》的留学生占比27.2%；听过《穆桂英挂帅》的留学生占比28.3%；听过《红灯记》的留学生占比34.8%；听过《说唱脸谱》的留学生占比51.1%；听过《北京一夜》的留学生占比53.3%；听过《新贵妃醉酒》的留学生占比60.9%。八首歌曲的排列顺序为前四首为传统京剧，后四首为现代京剧，由此可见，现代京剧在留学生的群体中是受众最多的，现代京剧的播放量也大大超过传统京剧。后期通过访谈，也了解到，传统京剧对留学生来说比较难理解一些，尤其是传统京剧中的咬字发音跟日常生活也不同，他们很难分辨和理解，听不懂传统京剧表达的意思，传统京剧在日常生活中也很难接触到，而现代京剧的收听渠道更广泛，也更容易接受和传唱。

5. 小结

从以上对留学生京剧态度的调查中可以看出，留学生对京剧的印象多数都是正面的，很少有留学生对京剧的第一印象就呈现负面态度，这与京剧在海外的传播基础有很大的关系，京剧在海外的传播是很成功的，很多留学生在没来中国之前就听说过京剧，甚至在剧场看过演出。对于京剧课程类型，留学生们还是比较倾向于传统课程，原因可能是多方面的，一是学校本身课程类型有限，造成了留学生们的选择障碍，二是留学生们语言能力问题，导致他们在课程类型选择上更倾向于传统的京剧课程。留学生们对于京剧演出表演多数都不积极，由于留学生们自己本身对京剧的掌握程度不高，再加上他们多数都对京剧抱有一份敬畏心，认为京剧表演不是游戏，如果表演，就要认真，所以一般不会轻易上台表演。另外从调查结果来看，多数留学生更喜欢现代京剧，因为他们在日常生活中接触比较多的就是现代京剧，比如他们中很多人都会听一些京剧改编的流行歌曲，有的留学生会演唱，甚至是因为这些流行歌曲才爱上了京剧。

（五）青岛大学留学生的京剧需求与参与度

京剧作为中国的国粹，吸引了很多留学生的兴趣，经前期调查，留学生们对京剧活动、京剧课程、京剧教材、师资力量都有一定的需求，虽然青岛大学在京剧教学与京剧活动方面很重视，但还是不能满足留学生们的需求。在京剧参与度方面，前期调查显示，留学生们对京剧活动的整体参与度不高，这也与留学生们本身的活动兴趣有关，因为满足不了需求，从而导致参与度的低下。

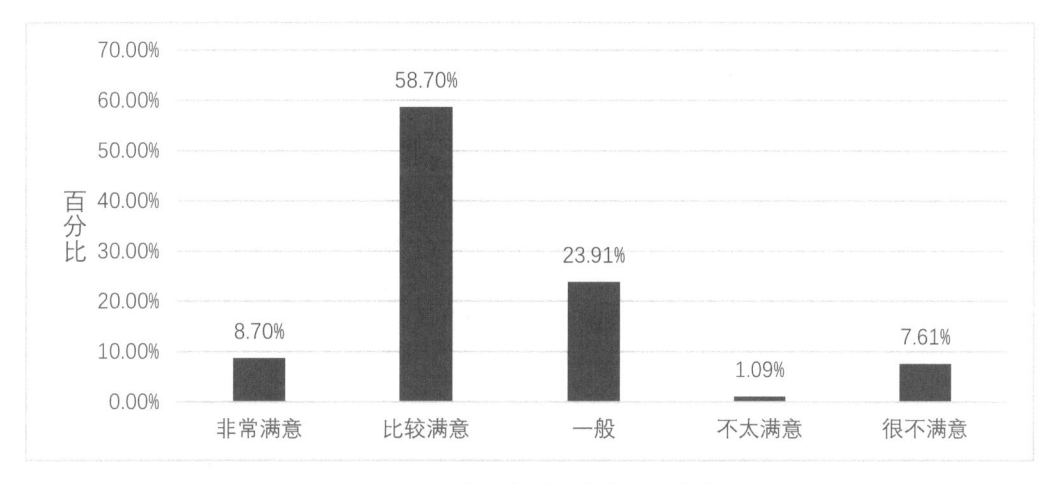

图 5-16　留学生京剧活动满意度统计图

1. 留学生对京剧活动的需求与参与度

本人以"您对学校开展的京剧活动满意吗"为题，对青岛大学留学生京剧活动满意度展开调查和研究。

由上图数据可见，对于学校组织京剧活动的满意度调查，其中表示"非常满意"的留学生占比 8.70%，"比较满意"的留学生占比 58.70%，"一般满意"的留学生占比 23.91%，"不太满意"的留学生占比 1.09%，"很不满意"的留学生占比 7.61%。从上述数据中可以看出，留学生对于青岛大学校内组织的京剧活动还是比较中肯的，后续访谈中针对校内举办的京剧活动这个问题对留学生也进行了相应的调查，部分留学生表示参加过校内组织的关于京剧的活动之后，都或多或少有所收获，有的留学生会因为参加了一次关于京剧的活动之后对京剧产生了浓厚的兴趣，也有一部分留学生表示没有参与过校内举办的京剧活动。以下是关于留学生对校内举办的京剧活动满意度的访谈内容：

受访学生 S：学校组织的京剧活动不多，希望可以多组织一些活动。

受访学生 W：很遗憾，我来这个学校时间不长，还没参加过校内举办的京剧活动。

受访学生 R：在一次学院的晚会上，有一个京剧节目表演，我认为那个京剧表演是那场晚会最好的一个节目，很羡慕表演的同学，我在想我什么时候也能像他们一样参加京剧表演，希望学校可以多组织京剧演出。

由此可知，虽然留学生们对学校组织的京剧活动比较满意，但是这些京剧活动满足不了全部留学生们的需求。

本人以"您更希望开展哪种类型的京剧活动"为题，对青岛大学留学生京剧活动类型的喜爱偏好进行调查，得到下图信息：

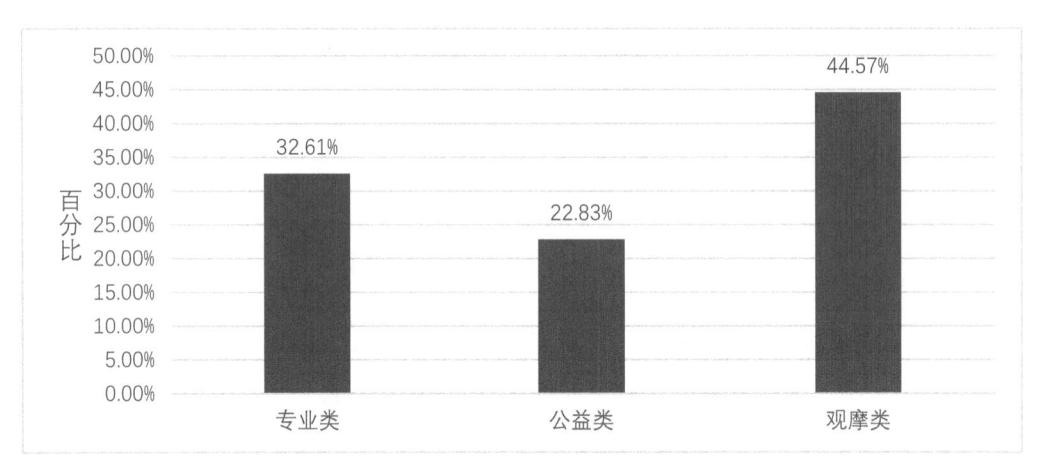

图 5-17　留学生京剧活动需求统计图

上图可见，选择观摩类京剧活动的留学生稍多，占比 44.57%；其次是专业类京剧活动，占比 32.61%；接着是选择公益类京剧活动的留学生，占 22.83%。因而可知，观摩类的京剧活动比较受欢迎，在后期的留学生访谈中也能了解到，多数同学喜欢观摩类的、赏析类的京剧活动，比如脸谱服装赏析、京剧剧照图片展会等，可以从旁观者的角度，更好地欣赏与感受京剧的文化和艺术。访谈中还曾谈到专业类的京剧活动，也有较多同学喜欢参加，比如学院内举办过的留学生京剧知识竞赛，京剧脸谱识别对对碰等活动，都使留学生们在比赛的紧张气氛下学习到了很多专业的京剧知识。

相比较来说，选择公益类京剧活动的留学生要少一些。在后续访谈过程中，也有留学生反馈出很有建设性的建议，比如：可以开展一些外国留学生在中国的京剧汇报表演，演出所得的费用可以做一些公益类的募捐，留学生们都认为这是一件很有意义的事情，做这种公益活动也让他们更加认真地投入到京剧表演当中，同时这种活动也能鼓励留学生们提高京剧专业知识与技能。

本人以"您希望在京剧学习或京剧活动中哪方面得到提升"为题，对青岛大学留学生在京剧学习或京剧活动中希望得到提升的方面进行调查，得到下图信息：

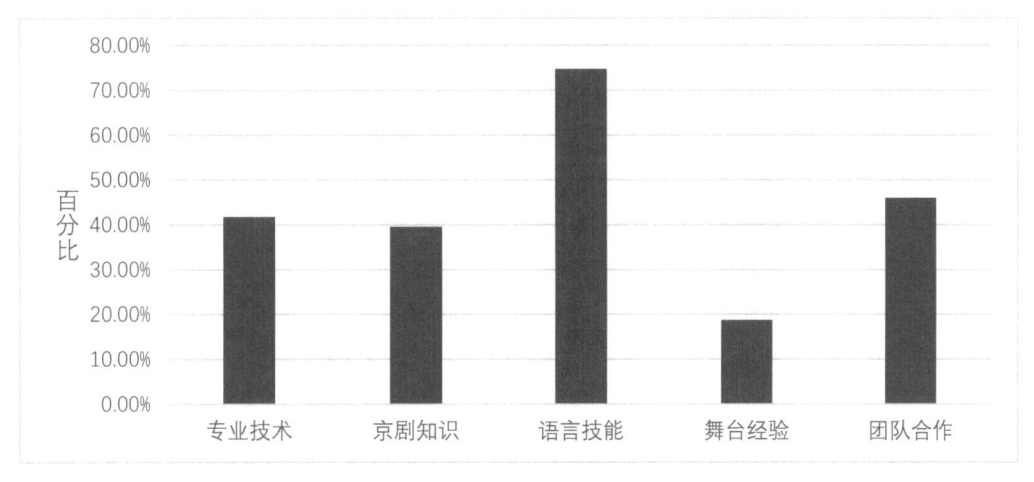

图 5-18　留学生技能提升需求统计图

由上图可见，总体来说，选择希望在京剧学习或京剧活动中提升语言技能的留学生居多，占比 74.73%；其次是团队合作，占比 45.05%；接着是选择希望提升专业技术的留学生，占 41.76%；希望提升京剧知识的留学生，占比 39.56%；最后是希望提升舞台经验的留学生，占比 18.68%。由此可知，大多数留学生希望在京剧学习或京剧活动中提升语言技能，然后是团队合作和京剧专业技术，最后是京剧知识和舞台经验。从以上数据，我们可以看出，对于留学生来说，在京剧活动中更希望提升的是语言技能。

从前文统计的数据来看，留学生汉语水平分布不均，大多数语言水平在三级以上，他们对京剧活动的需求不只局限在好玩有趣，而是在参加活动的同时，可以提高自身的语言水平，能够获得更大的进步。其次就是团队合作，集体生活中团队合作很重要，也有利于中外学生交流，在京剧活动中提高团队合作，可以使彼此相处更加融洽。其次，留学生们想在京剧活动中提升专业技术、京剧知识，京剧的技术和相关知识是京剧的基础，想要真正了解京剧，基础知识是必不可少的，了解更多相关的技术和知识，更有利于留学生们对京剧的学习和了解。最后是舞台经验，对于留学生来说，京剧有足够的吸引力，但大多数人都只停留在欣赏与学习阶段，且京剧与其他国际戏剧不同，它有着独特的表演方式，其舞台经验也无法借鉴，所以留学生们想登台表演还是有一定难度。

本人以"您参加过几次有关于京剧的活动"为题，对青岛大学留学生的京剧活动参与度展开调查和研究，得到下图信息：

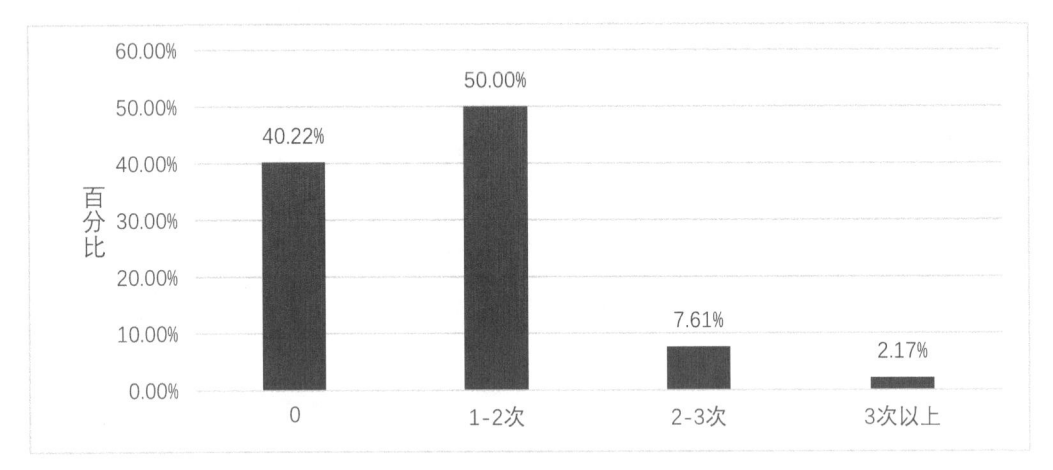

图 5-19　留学生京剧活动参与次数统计图

从图中可以看出，有一半的留学生参加过 1-2 次与京剧有关的活动，其次是没参加过京剧活动的留学生，参与过 2-3 次京剧活动的留学生也占有一定的比例，只有很少部分的留学生参加过三次以上与京剧有关的活动。在后期对留学生进行访谈时发现，有的留学生观看过有京剧表演的晚会、演出等，甚至有的留学生更是参与到京剧表演中，并得到了很好的节目效果。

2. 留学生对京剧课程的需求

本人以"您最想从京剧中了解体验到什么"为题，对青岛大学留学生京剧课程的了解体验需求进行调查，得到下图信息：

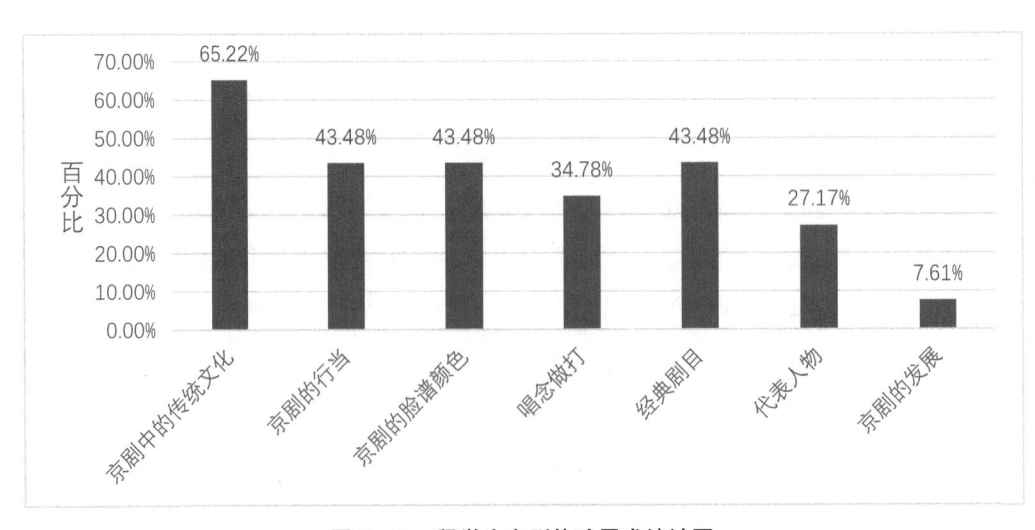

图 5-19　留学生京剧体验需求统计图

由上图可见，选择"京剧中的传统文化"的留学生最多，占比65.22%；其次是"京剧的行当""京剧的脸谱颜色""京剧的经典剧目"，占比43.48%；接着是"唱念做打"以及"代表人物"，分别为34.78%和27.17%，选择"京剧的发展"的留学生最少，仅占7.609%。由此可见，多数留学生喜欢京剧中的传统文化，其次是京剧的行当、京剧的脸谱颜色、京剧的经典剧目，然后是京剧的四功和代表人物，最后是京剧的发展。

通过前文也不难发现，留学生们对"京剧的发展"这一项，自我感觉内容繁多，好多知识对他们来说晦涩难懂，想要学习研究京剧的发展需要阅读大量的关于京剧发展历程的书籍，这也相对繁琐。相反，最受欢迎的是"京剧中的传统文化"，在京剧的传统文化中，屹立着一个个活灵活现的角色，体现出各不相同的人物性格和精神，每一个京剧曲目都代表一个故事，每个鲜活的角色都体现一种人物性格，同样也能侧面映射出中国的传统文化。不是从史书的角度去了解中国的传统，而是从京剧的角度出发去了解中国文化，这种理解方式对留学生来说更加立体、生动。

通过了解留学生对京剧常识的需求，得到下图：

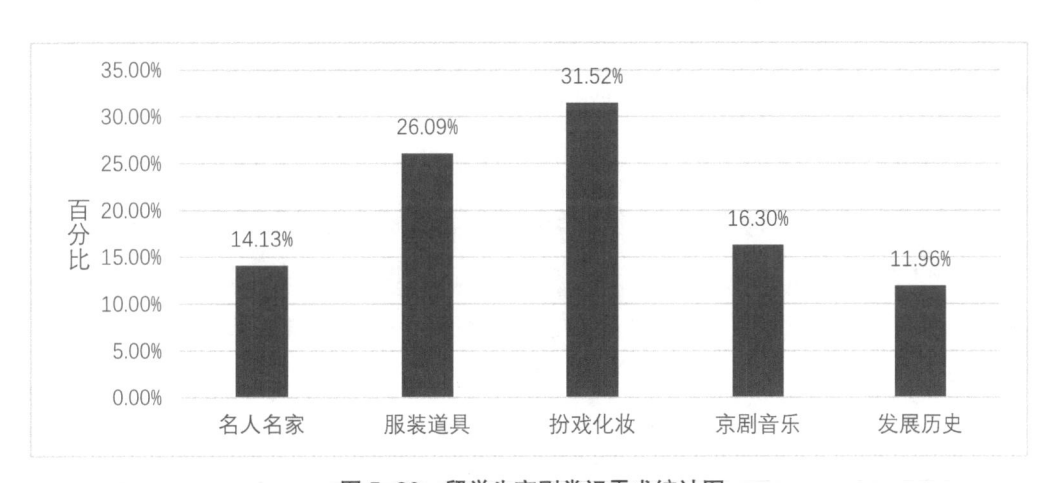

图 5-20　留学生京剧常识需求统计图

由上图可见，希望了解"扮戏化妆"的居多，占比31.52%；其次是"服装道具"，占比26.09%；接着是选择"京剧音乐"的留学生，占16.30%；希望了解"名人名家"的留学生，占比14.13%；最后是希望了解"发展历史"的留学生，占比11.96%。由数据可知，留学生最希望了解的京剧常识是扮戏化妆和服装道具，其次是名人名家和京剧音乐，最后是发展历史。对于留学生来说，华丽又复古的服装，独特的脸谱与扮相更能够吸引他们。相反,跌宕复杂的发展历史和历史长河中伫立的众多名人名家,对留学生来说是晦涩难懂和复杂陌生的。在前面的访谈中,我们了解到,京剧才艺课中,介绍名人名家和发展历史的时候,留学生们的反响不是很大,由此可见,兴趣是最好的老师。

本人以"以下京剧行当中您比较感兴趣或者想深入了解的有哪些"为题,对青岛大学留学生对京剧行当的兴趣进行调查,得到下图信息:

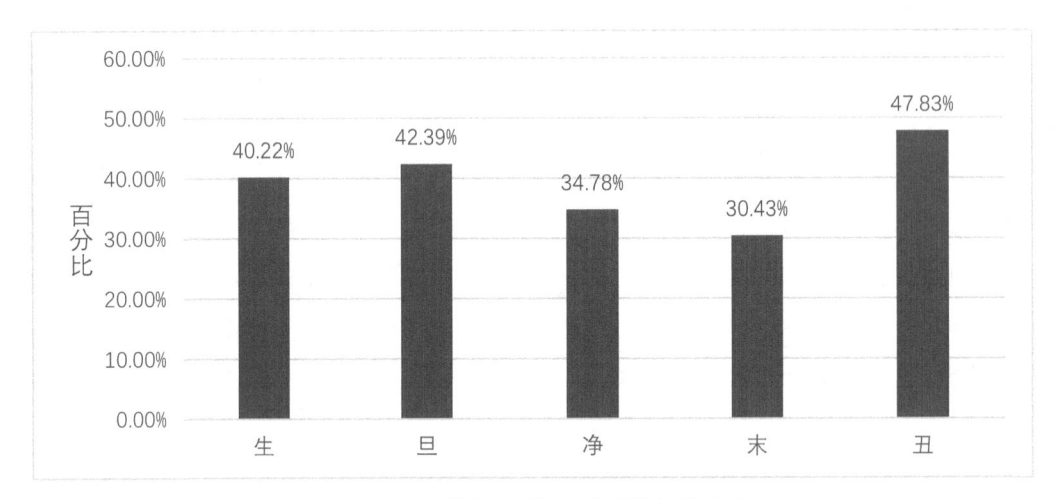

图 5-21　留学生京剧行当喜爱偏好统计图

由上图数据可见,选择行当"丑"的留学生居多,占比 47.83%;其次是"旦",占比 42.39%;接着是选择"生"的留学生,占 40.22%;对行当"净"感兴趣的留学生占比 34.78%;最后是选择"末"的留学生,占比 30.43%。从以上数据了解到,五个行当都有不少留学生想要了解,其中想了解行当"丑"的留学生最多,部分留学生反映他们对行当"丑"不太了解,感觉类似西方的小丑这个角色,因此产生了一定的兴趣,想要深入了解。还有对京剧有一定了解的留学生,他们认为行当"末"和"生"有相同的地方,所以想深入了解"末"和"生"的关系。部分留学生想了解行当中唯一的女性角色"旦"同时表示自己被"旦"华丽的装扮所吸引。

本人以"您觉得一学期学习几首唱段容易接受"为题,对青岛大学留学生一学期学习唱段的需求展开调查和研究,得到下图信息:

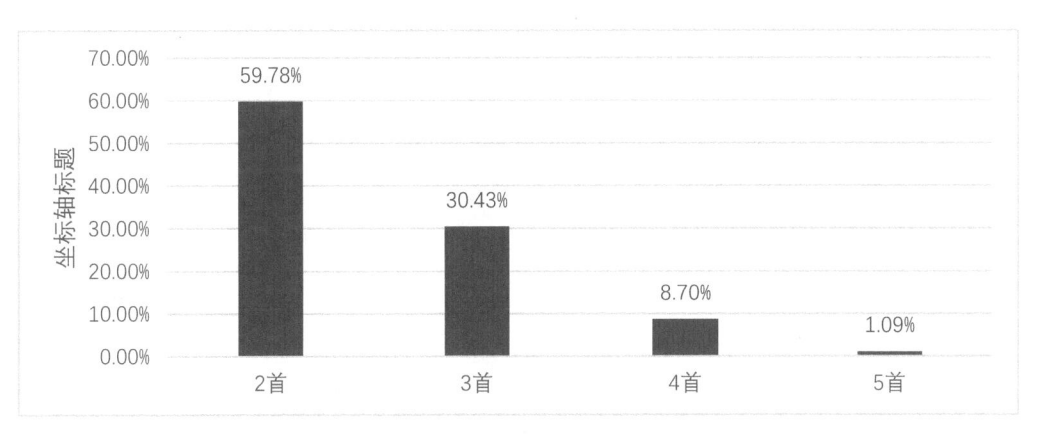

图 5-22　留学生对京剧唱段的需求统计图

由上图数据可见，选择 2 首的留学生居多，占比 59.78%；其次是选择 3 首的留学生，占比 30.43%；接着是选择 4 首的留学生，占 8.70%；选择 5 首的留学生最少，占比 1.09%。从数据中可以看出，每学期可以接受学习两首的留学生最多，选择 3 首、4 首、5 首的留学生依次递减。由此我们看出，不是教授的唱段越多越好，而是要精，要选择具有代表性、对留学生汉语有帮助、简单易学的唱段，一个学期两三首，但是要把唱段讲透，不是会唱就结束了，而是把唱段背后的故事背景、故事内容、牵涉的汉语知识等等都要给留学生们讲解。

后续的访谈中了解到，大多数留学生对京剧演唱的学习能力不是很强，首先需要克服的就是京剧的语言，其次是从来没有接触过的独特的唱法和以前从来没接触过的表演形式等等。也有一些留学生很喜欢舞台表演，想学习多一些的京剧去给家人、同学表演。

本人以"您觉得在学习京剧的过程中以下教学内容哪个最重要"为题，对青岛大学留学生进行京剧教学的侧重点展开调查和研究，得到下图信息：

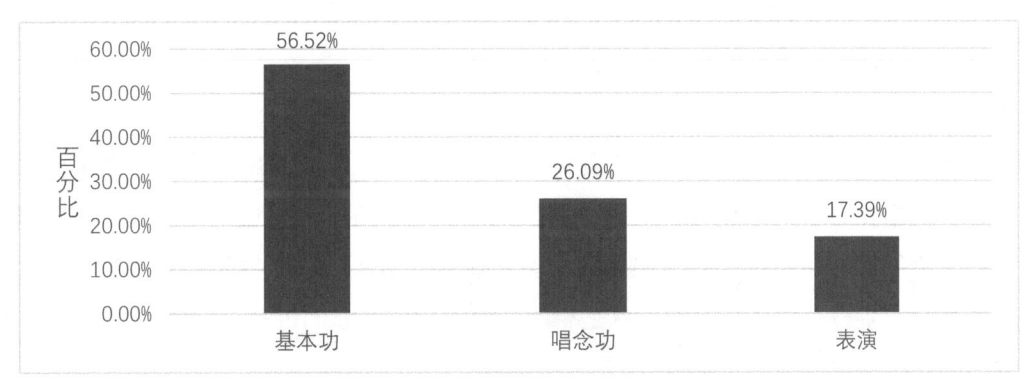

图 5-23　京剧教学内容侧重点统计图

由上图数据可见，对于京剧教学侧重点的调查，选择"基本功"的留学生占比56.52%；其次是选择"唱念功"的留学生，占比26.09%；接着是选择"表演"的留学生，占17.39%。从数据中可知，对于京剧教学侧重点这个问题，多数同学认为"基本功"最重要，其次是"唱念功"，最后是"表演"。由此可以得出，留学生认为学好基本功是学习京剧的基础，唱念功是建立在基本功的基础之上，最后加上舞台的表演，呈现出一场京剧的演出。京剧对于留学生来说，是一门既陌生又充满吸引力的新鲜艺术，要想学习京剧，就要从基本功开始。

通过上述调查得知，留学生们对京剧课程的需求集中在基础部分，他们希望在京剧课程中能够了解基础的京剧知识，能够学到京剧的一些基本功；其次，他们对行当的偏向更多的是"丑"，因为"丑"跟国外的小丑有异曲同工之妙，所以"丑"更能激发留学生们的学习兴趣；再次，他们对京剧中蕴涵的传统文化很痴迷，希望在课程中多讲述京剧中的传统文化部分；最后，一学期内学习的唱段不宜过多，他们更倾向于一学期学习两段并将其学精，这样更便于他们消化和理解。

3. 留学生对京剧教材的需求

京剧进入对外汉语课堂，需要仔细的甄别和挑选。因为京剧唱段繁多，有很多并不适宜向留学生们讲解，比如一些传统京剧唱段，其中很多发音都有一定的音变，在内容上也偏离现代生活，并不适合留学生们欣赏学习。在众多唱段的选择上，单凭教师自己是很难做到的，需要有专门的教材。

访谈内容整理如下：

笔者L：您所学教材是什么？其中有关京剧的内容吗？多不多？

受访学生B：我们的教材是《发展汉语》，京剧内容不多。

笔者L：您所学教材中，有关京剧的内容吗？多不多？

受访学生Y：有，不是很多。

青岛大学并没有专门的京剧教材来为留学生们系统教授京剧，只是授课老师制作课件，给留学生们播放京剧唱段，并教他们演唱，所学内容也不固定，没有明确的教学大纲和教学目标，教学内容混乱。这就体现出专门京剧教材的重要性，一个学期教几首唱段，每个唱段的选取是否有价值，唱段背景的讲解，唱段内容的分析，都需要系统的教材编纂才能做到。

4. 留学生对京剧师资的需求

留学生们对京剧知识的获取很大部分来自教师，通过前面调查也可以看出这一点，留学生们获取京剧知识的最大途径就是学校活动与课堂学习，所以师资是非常重要的。

访谈内容整理如下：

笔者 L：您觉得教师可以满足您对京剧知识的探求吗？

受访学生 Y：我对京剧了解得不多，老师讲的可以学到新知识。

笔者 L：您的学校里有专职京剧教师吗，就是只教京剧的专业的老师？

受访学生 Y：没有。

笔者 L：您觉得教师可以满足您对京剧知识的探求吗？

受访学生 B：有时候问老师一些问题，他的回答，我不满意。

笔者 L：您的学校里有专职京剧教师吗，就是只教京剧的专业的老师？

受访学生 B：没有，我们的京剧老师还教我们阅读课。

笔者 L：您觉得教师可以满足您对京剧知识的探求吗？

受访学生 L：老师讲的基础类知识多一些，对于大多数留学生来说可以满足，但是我想知道更加深入的知识，老师一般不会讲。

笔者 L：您的学校里有专职京剧教师吗？

受访学生 L：没有。

笔者 L：您觉得教师可以满足您对京剧知识的探求吗？

受访学生 E：其实课堂中老师讲关于京剧的知识不是很多。

笔者 L：您的学校里有专职京剧教师吗？

受访学生 X：没有听说哪位是专职的京剧教师，不过学院邀请京剧演员来学校给我们讲过课。

从上述访谈内容可以看出，该高校并没有京剧专职教师，教授京剧的老师同时教授多门课程，有留学生也表示自己的问题很难得到老师的解答。京剧作为一门艺术，有其专业性在，尤其是作为一门表演艺术，专职京剧教师更具有权威性，对京剧知识的掌握也更为全面，更能满足留学生们的需求。

5. 小结

从以上留学生对京剧的需求与京剧活动参与度调查结果可以看出，留学生们多数都对学校开展的京剧活动比较满意，但是他们中的很多人都只参加过一两次活动，参与度不是很高。由于调查主要涉及语言生，所以他们对京剧课程的需求也是以语言学习为主，他们多数都对京剧中蕴含的传统文化很感兴趣，京剧作为中国的国粹，自然在传统文化方面有着独特的地位，尤其是京剧行当中的"丑"，很多留学生对这一京剧角色表示好奇。对于京剧课程，经调查，他们认为教学内容应该侧重于基本功，另外，留学生们普遍认为一学期学习的京剧唱段不宜过多。对于京剧常识，他们更倾向于扮戏化妆，从前期调查发现，留学生们对京剧脸谱普遍非常感兴趣，这也是他们想了解更多京剧扮戏化妆方面知识的原因，还应编撰京剧专门教材，并找到专门的京剧老师来教授京剧，使留学生们的京剧学习更加系统专业。

三、青岛大学留学生的京剧认知特点

留学生们对于京剧的认知程度很浅，认知面也很窄，主要认知来源就是课堂学习、教师讲解。留学生们对京剧中比较有特点、有代表性的方面了解会比较多，如京剧脸谱、京剧名旦"梅兰芳"等，但是对于一些比较枯燥的知识，如京剧的发展历史、京剧的流派等就会比较陌生，而且他们对京剧知识的学习也会有选择性，他们更愿意学习京剧中有趣、生动的内容，对于一些晦涩难懂、枯燥乏味的知识会有抵触。但留学生们对京剧的认知呈现出前进性与上升性，他们有求知的欲望，渴望得到更多的京剧知识。

（一）局限性与选择性

首先，由于留学生们对京剧的认知途径较窄，主要了解来源就是教师的课堂讲解，但是学校内并没有专职京剧教师，这使得留学生们的疑问不能有效解决，从而造成京剧认知的局限，接触面也比较小，导致留学生们对京剧的认知有局限。其次，留学生们对京剧的认知层面也有局限，他们日常接触到的都是京剧的皮毛，自己很难找到途径去学习京剧、了解京剧知识，这就使得多数留学生只知道京剧中广为流传的方面，对于深层的京剧知识没有了解。

访谈内容整理如下：

笔者 L：你对京剧这些现有的认识是从哪种渠道获得的？

受访学生 B：我选修了京剧课，老师讲过，我自己也查过资料。

受访学生 Y：喜欢京剧之后，课余时间，我会读与京剧有关的书。

受访学生 W：课堂老师介绍多一些。

受访学生 Z：我是通过电影接触到的京剧，《霸王别姬》是我非常喜欢的电影，看过好几次，后来在中国历史书中也了解到一些关于京剧的知识。

受访学生 P：主要还是图书馆中看书了解到的，课堂老师也讲过。

受访学生 T：有时跟朋友聊天，他们会告诉我中国传统文化的知识，有时候上网搜索京剧的图片下载下来，感觉很漂亮。

笔者 L：你对京剧这些现有的认识是从哪种渠道获得的？你认为借助什么渠道是了解京剧最直接的方式？

受访学生 S：来中国的时间不算长，所以了解得不多，第一次还是跟同学一起观看艺术节演出接触到京剧的，感觉特别有趣，我感觉还是现场观看更直接一些。

受访学生 E：主要还是才艺课徐崇恩老师教授的，感觉上网查找更方便一些。

以上访谈内容是对留学生们京剧认知途径的访问，多数留学生表示是通过老师的讲解了解京剧的，也有留学生表示是通过上网搜资料、参加活动、看书了解得京剧，加之调查问卷中关于京剧了解渠道的统计，笔者不难得出，课堂老师讲解是留学生们了解京剧的最大途径。留学生们了解京剧的渠道过于单一，这就导致认知的局限性，单单凭借教师讲解，并不能够涵盖京剧的各个方面，上网收集资料或是看书也具有一定的局限性，因为这些渠道也不能保证内容的完备，须得各个渠道相结合，才能做到全面了解。

其次，通过论文前期对于留学生京剧认知广度的调查，笔者发现，留学生们对于京剧的专业知识"脸谱""行当""四功""代表人物""流派"的认知程度很浅，多数留学生对京剧的了解只是浮于表面，对流传度较高、较为普遍的知识有所了解，对其他专业性的京剧知识并不会深入地探知。大多数留学生只是知道京剧是中国的国粹，蕴含着丰富的传统文化，但是对于京剧专业知识的了解真是少之又少。

访谈内容整理如下：

笔者 L：您知道这些行当分别是什么角色和人物性格吗？

受访学生 B：我知道每个行当的性格不同，但我分不清楚。

笔者 L：京剧脸谱，您知道什么颜色？您知道这些颜色代表什么人物性格吗？

受访学生 B：有黑色、白色，代表性格不了解。

笔者 L：您知道京剧的"四功"是"唱念做打"吗？

受访学生 B：我不知道"四功"是什么，"唱念做打"听说过。

笔者 L：京剧的"行当"中哪些是你最熟悉的？

受访学生 W："行当"是什么？

笔者 L：行当就是"生旦净末丑"，其中哪个您最熟悉？

受访学生 M：我知道"旦"，我知道梅兰芳。

笔者 L：您最喜欢哪个行当？为什么？

受访学生 W：我很喜欢"旦"，其他的不了解。

笔者 L：您知道这些行当分别是什么角色和人物性格吗？

受访学生 W：不了解。

笔者 L：京剧脸谱，您知道什么颜色？您知道这些颜色代表什么人物性格吗？

受访学生 W：应该有黑色和白色吧，性格不知道。

笔者 L：您知道京剧的"四功"是"唱念做打"吗？您知道"四功"之首是什么吗？

受访学生 W：是"唱念做打"，才艺课老师提到过，首位应该是"唱"。

笔者 L：京剧脸谱，您知道什么颜色？您知道这些颜色代表什么人物性格吗？

受访学生 J：看过有花脸的，黑脸的，红脸的。

笔者 L：您知道京剧的"四功"是"唱念做打"吗？您知道"四功"之首是什么吗？

受访学生 J："唱念做打"我知道，但是不知道"四功"。

笔者 L：京剧脸谱，您知道什么颜色？您知道这些颜色代表什么人物性格吗？

受访学生 F：脸谱很漂亮，很独特，我在电视上看过京剧表演，觉得演员们脸上的妆容很有意思，但我没有注意过脸谱具体的颜色。

笔者 L：您知道京剧的"四功"是"唱念做打"吗？您知道"四功"之首是什么吗？

受访学生 F：我知道"唱念做打"，但我不知道他们是"四功"，四功之首我不确定。

通过上述访谈得知，很多留学生对京剧专业术语很陌生，他们很多表示自己不知道"四功""行当"是什么，但当说到"唱念做打""生旦净末丑"时都表示自己听说过，这也表示留学生们对京剧文化的了解有一定的局限性。

通过前文调查统计得知，留学生们对京剧的发展普遍了解度不高，对京剧脸谱了解就比较多。

访谈内容整理如下：

笔者 L：您觉得京剧中最吸引您的是什么？

受访学生 X：京剧的服饰华丽，妆也很特别美。

笔者 L：你所接触过的京剧里哪些地方是你不能理解的？为什么不能理解？

受访学生 X：不能理解的应该是有些剧目的词吧，还是很难明白。

笔者 L：你想从京剧中了解体验到什么（中国文化、中国人文思想、"四功"、脸谱、代表人物及剧目、行当）？

受访学生 X：想了解体验京剧脸谱。

笔者 L：你所接触过的京剧里，哪些地方是你不能理解的？为什么不能理解？

受访学生 Z：京剧的专业知识，很多我不了解。

笔者 L：你所接触过的京剧里哪些地方是你不能理解的？为什么不能理解？

受访学生 F：京剧的台词吧，有些台词听不懂，也不明白什么意思。

笔者L：你想从京剧中了解体验到什么（中国文化、中国人文思想、"四功"、脸谱、代表人物及剧目、行当）？

受访学生F：京剧的传统文化，我喜欢中国的传统文化，很悠久，很吸引我。

笔者L：可以谈一谈您对京剧的起源方面了解多少吗？（比如京剧起源的时间、发展等）是通过什么渠道了解的？

受访学生F：起源，我不太了解，没接触到这方面的知识。

这是因为京剧的发展本身就是一个漫长的过程，这也是京剧知识中比较枯燥的部分，学习起来有难度，所以很多留学生因为畏难情绪，在自我了解或是老师讲解过程中，会自动过滤这些知识，只挑自己感兴趣的点进行深入了解；其次，留学生们本身对京剧的重视程度不高，认为京剧只是以兴趣为导向的学习内容，不需要面面俱到、深入探究，所以导致他们对于京剧的发展过程知之甚少。只有很少一部分留学生会主动了解京剧的发展，而这些人普遍都是京剧迷或是对中国的传统文化喜爱度较高的留学生。总体来看，留学生们对于京剧的认知具有主观选择性。

（二）片面性与表面性

当下，留学生们欣赏了解京剧的渠道和方式都有了巨大的改变，时代的发展必然会伴随传统的进化。京剧也不例外，在继承传统的基础上，也顺应了对外传播和时代发展的需要，在传统中融合现代，在现代中又保留传统，适应了时代的需求。

在2009年的世界汉学大会上，由中国剧研究中心、国家歌剧院和中国人民大学艺术团交响乐团共同创作的京剧交响乐"京韵华彩"，成为此次大会的一大亮点，本次演出将交响乐与京剧融合，让东西方艺术在同一个舞台上"对话"，与西方主流文化一起反映中国传统文化。不仅如此，在演出前，还利用大屏幕进行"音乐演绎"，并添加弦乐串词帮助观众理清故事情节，这在其他京剧交响曲和传统京剧表演中是从未出现过的。这种结合东西方艺术智慧的尝试，赢得了全国汉学家的盛赞。

李玉刚，是当下中国京剧旦角的后起之秀，作为中国歌剧舞剧院的著名演员，一直致力于京剧艺术的推广与传承。以其代表作《新贵妃醉酒》为例，李玉刚创造性地采用新颖的表演方式，将中国古典舞、民歌、美声等众多元素运用在其表演艺术当中，受到海内外观众的一致认可。[①]通过表演，观众可以了解京剧的无限魅力和博大精深的中华传统文化。这种创新的京剧表演形式不仅有利于外国人了解中国文化，也是许多外国友人来中国学习汉语的动力。

以上京剧的传播都融合了当代社会潮流和特色，从后续访谈中也印证了这一点。

访谈内容整理如下：

笔者L：您更能接受传统京剧，还是现代京剧？

受访学生B：我不了解什么是传统京剧，什么是现代京剧。

笔者L：您对京剧改编的流行歌曲(《新贵妃醉酒》《北京一夜》《刀马旦》)怎么看？

受访学生B：我很喜欢听《新贵妃醉酒》。

笔者L：您生活中听京剧多吗？

受访学生B：我有一个歌单就是京剧，《新贵妃醉酒》，我还会唱。

笔者L：您更能接受传统京剧，还是现代京剧？您对京剧改编的流行歌曲怎么看？

受访学生N：流行歌曲吧，感觉流行歌曲容易理解一些。

笔者L：您听过《北京一夜》《新贵妃醉酒》《花田错》这些歌吗？您对这些歌曲是什么态度？

受访学生N：《北京一夜》我听过，很好听，还有高音部分。

笔者L：您生活中听京剧多吗？主要是什么类型的京剧(传统京剧、现代唱腔的京剧、京剧元素的流行歌曲)？

受访学生M：不是很多，多数都是流行音乐。

笔者L：您听过《北京一夜》《新贵妃醉酒》《花田错》这些歌吗？您对这些歌曲是什么态度？

受访学生M：《新贵妃醉酒》，我听过，李玉刚唱的，我知道他。

笔者L：您更能接受传统京剧，还是现代京剧？您对京剧改编的流行歌曲怎么看？

受访学生W：流行歌曲，学习难度小。

---

① 李四清、陈树、陈玺强. 中国京剧在海外的传播与影响——翻译与传播京剧跨文化交流的对策研究[J]. 理论与现代化, 2014, (1).

笔者 L：您听过《北京一夜》《新贵妃醉酒》《花田错》这些歌吗？您对这些歌曲是什么态度？

受访学生 W：这几首，我都听过，我都很喜欢。

笔者 L：您生活中听京剧多吗？主要是什么类型的京剧（传统京剧、现代唱腔的京剧、京剧元素的流行歌曲）？

受访学生 S：对京剧感兴趣以后，偶尔会让同学推荐一些京剧听，带有京剧元素的流行歌曲多一些吧。

笔者 L：您选听什么类型的京剧（传统京剧、现代唱腔的京剧、京剧元素的流行歌曲）？

受访学生 L：传统京剧多一些吧，感觉更原汁原味一些。

笔者 L：您听过《北京一夜》《新贵妃醉酒》《花田错》这些歌吗？您对这些歌曲是什么态度？

受访学生 L：听过，感觉改编的曲目也很不错，古代、现代结合。

从上述访谈内容中看出，绝大多数留学生在日常生活中听京剧改编的流行歌曲比较多，也有留学生表示喜欢听传统京剧，因为传统京剧更原汁原味，但这只是特例。由于网络媒体的发达，以及流行音乐的影响，留学生们普遍对现代京剧认知度较高，对传统京剧的认知度稍差。现代京剧更符合社会当下的潮流趋势，由于受访者年龄普遍偏小，所以他们对现代京剧的接受度更高，了解度也更好一些。传统京剧中有很多唱词的发音与现代汉语普通话的发音有所不同，这也加大了留学生们对传统京剧的了解难度，很多留学生本身汉语水平受限，所以更倾向于了解现代京剧。这些都导致留学生们对京剧认知的片面性。

留学生对京剧的认知具有表面性。在了解京剧时只能看到表象，对专业的内容不作深入细致的了解。

访谈内容整理如下：

笔者 L：已经对京剧很了解的你来说，什么是你不能理解或者难懂的。

受访学生 B：京剧的唱词吧，有的古文，我不是很理解。

笔者 L：你从京剧中了解体验到了什么（中国文化、中国人文思想、"四功"、脸谱、代表人物及剧目、行当）？

受访学生L：京剧的表演方式很有代入感，每当观看京剧或听京剧的时候，都有穿越的感觉。

笔者L：说起京剧，你会想到什么，什么方面给你留下的印象最深？

受访学生G：很奇特，第一次见到这种表演形式，很吸引我，京剧脸谱给我留下很深的印象。

笔者L：京剧的行当中，哪些是你最熟悉的？

受访学生W："行当"是什么？

笔者L：行当就是"生旦净末丑"，其中哪个，您最熟悉？

受访学生M：我知道"旦"，我知道梅兰芳。

笔者L：您最喜欢哪个行当？为什么？

受访学生W：我很喜欢"旦"，其他的不了解。

笔者L：您知道这些行当分别是什么角色和人物性格吗？

受访学生W：不了解。

笔者L：京剧脸谱您知道什么颜色？您知道这些颜色代表什么人物性格吗？

受访学生W：应该有黑色和白色吧，性格不知道。

笔者L：您知道京剧的"四功"是"唱念做打"吗？您知道"四功"之首是什么吗？

受访学生W：是"唱念做打"，才艺课老师提到过，首位应该是"唱"。

从上述访谈内容可知，首先，留学生普遍了解京剧都是通过教师上课讲解，由于考虑到学生们的学习水平和接受能力，教师们一般都不会讲述过难的内容，这是导致留学生们京剧认知表面性的一大原因；其次，留学生们认为京剧是很专业很难的，自己会有畏难情绪，认为自己了解京剧不过是满足好奇心，所以在了解京剧时都是点到为止，并不会对京剧知识进行深究；最后，当代社会，京剧的影响力已大不如前，很多中国人对京剧都不甚了解，甚至认为京剧已不符合时代潮流，拒绝观看，这也使得我们对京剧的宣传有所削弱，认为自己都不了解的东西没有必要对外传播，这也是造成留学生们京剧认知表面性的一大原因。

（三）前进性与主动性

留学生们对京剧的认知具有前进性和上升性，他们中的一些在来华之前对京剧有过一定的了解，有些只是知道京剧是中国的"国粹"，但是在来华后，他们对京剧的了解逐渐深入，对京剧的认识也日渐全面，虽然还是处于浅层，但是能感觉到认知的前进性与上升性。

本人以"京剧给您的第一印象是怎样的"为题，对青岛大学留学生对京剧的印象进行调查，得到下图信息：

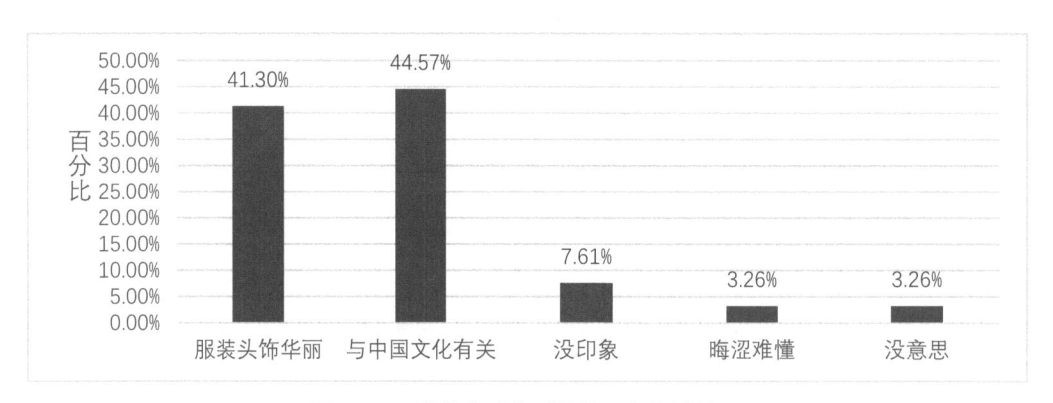

图 5-24　留学生对京剧的第一印象统计图

由上图可见，认为"服装头饰华丽"的留学生占比 41.30%；认为"与中国文化有关"的留学生占比 44.57%；认为"没印象"的留学生占比 7.61%；认为"晦涩难懂"的留学生占比 3.26%；认为"没意思"的留学生占比 3.26%。由数据可知，很多留学生对京剧的第一印象是"与中国文化有关"，这与京剧在海外的传播基础有很大的关系，京剧的海外传播与文化交流已有长久的历史，京剧就是中华优秀传统文化的代表，这一点毋庸置疑；京剧的扮相是接触京剧最容易欣赏，也最没有国家界限的美学享受，所以也有很多留学生对京剧的第一印象是华丽的服饰头饰。绝大多数留学生对京剧的第一印象都是正面的，对京剧的第一印象为负面的极少。

访谈内容整理如下：

笔者 L：说起京剧，你会想到什么，什么方面给你留下的印象最深？

受访学生 L：我的父亲是日本人，我的母亲是中国人，说到京剧，就想起小时候听到母亲播放的京剧，有时候还会哼唱几句，但那时候我还以为是什么歌曲。京剧服装给我的印象最深。

笔者 L：接触过的京剧给你留下怎样的印象？

受访学生 L：随着长大，母亲会跟我聊一些京剧的文化，带着我听一些京剧的剧目，那时候我才知道这就是京剧，奇特的唱法、多样的脸谱让我产生了很大的兴趣。

笔者 L：京剧的行当中，哪些是你最熟悉的？

受访学生 L：我都很熟悉，旦角，我还扮演过。

笔者 L：那生旦净丑这几个行当您知道吗？

受访学生 L：小时候母亲给我介绍京剧的时候就是从这五个行当开始的，每个行当都有独特的表演方式和唱腔。

笔者 L：您知道这些行当分别是什么角色和人物性格吗？

受访学生 L：生和净都是男性角色，旦为女性，丑角还分阴险和幽默两种。

笔者 L：京剧脸谱，您知道什么颜色？您知道这些颜色代表什么人物性格吗？

受访学生 L：颜色我都了解，红、蓝、黑、白、绿、黄、紫，代表了各种性格。

笔者 L：您知道京剧的"四功"是"唱念做打"吗？您知道"四功"之首是什么吗？

受访学生 L：没错是的，四功之首是唱。

笔者 L：这样看，京剧常识方面，您很了解，那后面就不问您京剧常识的问题了，能问下您对京剧的这些知识都是从母亲那里了解的吗？

受访学生 L：不是，小的时候不知道这就是京剧，以为是歌曲的一种唱法，随着长大，发现京剧变成了我的兴趣爱好，来中国后，选修了京剧课，老师在课上系统地讲解京剧知识，现在音乐歌单中京剧是必不可少的。

从上述访谈内容可知，留学生们在来华前对京剧产生兴趣，他们在来华后就会选择主动了解，对自己现有的知识进行深入探究，他们对京剧了解的深入程度跟他们对京剧的兴趣也是呈正相关的。

留学生们对京剧的认知具有主动性，他们在遇到京剧中不懂的地方时，会主动询问老师或中国朋友，也会自己上网查找或翻阅书籍寻找答案。

访谈内容整理如下：

笔者L：可以谈一谈您对京剧起源方面的了解吗？（比如京剧起源的时间、发展等）是通过什么渠道了解的？

受访学生B：京剧起源于清朝，我是对京剧感兴趣之后在网上查的。

笔者L：您会主动和朋友谈论京剧吗？

受访学生A：有时候想了解关于京剧的知识就会问。

笔者L：您觉得京剧中最吸引您的是什么？

受访学生N：脸谱，我对京剧脸谱特别感兴趣，在学校的艺术节上，我第一次接触到京剧，就被表演者们脸上的油彩吸引了，后来我专门跟表演京剧的同学们交流，才知道这叫京剧脸谱，我还买了好多京剧的脸谱带回国送给朋友们，他们都很喜欢。

笔者L：您到KTV会主动点京剧演唱吗？如果点的话，是点什么类型的京剧（传统京剧、京剧元素的流行歌曲、现代唱腔的京剧）？

受访学生R：会的，选的都是京剧唱腔的流行歌曲吧，《新贵妃醉酒》这种。

笔者L：您会和朋友花钱到剧场观看京剧表演吗？您会购买什么位置（区）？

受访学生R：跟朋友一起的话应该会，前排吧。

笔者L：您对京剧的态度是怎样的？

受访学生D：对京剧很感兴趣，想了解更多。

笔者L：您会主动和朋友谈论京剧吗？

受访学生L：会的，有时候还会给他们唱几句。

笔者L：您到KTV会主动点京剧演唱吗？如果点的话，是点什么类型的京剧（传统京剧、京剧元素的流行歌曲、现代唱腔的京剧）？

受访学生L：会点的，不过点的是现代唱腔的京剧。

笔者L：您会和朋友花钱到剧场观看京剧表演吗？您会购买什么位置（区）？

受访学生L：这个也会，如果可以，我喜欢中间位置，看表演，看舞台效果都很清晰。

从上述访谈内容可知，留学生们会主动了解京剧，他们对京剧的态度都是正面的，很少会对京剧有抵触情绪。他们在好奇心的驱使下，会翻阅书籍或是上网查找资料，借此来了解京剧，平时也会和朋友主动交流，多数留学生还表示自己会主动去剧院观看京剧演出，在KTV会主动演唱京剧相关流行歌曲，遇到不懂的问题也会询问老师。

四、青岛大学留学生京剧认知现状存在的问题

留学生们对京剧的认知很不全面，认知程度也相差较大，经过调查，留学生们对京剧的认知途径多来自课堂学习和教师讲解，通过其他途径了解京剧的留学生很少。其次学校开展的京剧活动类型比较单一，留学生们对京剧知识的获取以及京剧活动的需求很难得到满足。最后教师们的京剧知识储备有限，当留学生们提出想要了解京剧相关的知识时，教师不能及时地解答，导致学生们的京剧知识了解需求得不到满足。

（一）留学生认知京剧的途径较为单一

随着时代的发展，传统京剧在现代社会的传播率明显减少，国人对传统京剧的了解和重视程度都有所降低，尤其是年轻一辈的京剧认知更是浅显表面，这是一种必然。快餐式的短视频、片段式地阅读，使得人们很少会花时间深入了解一些知识，也很少看到有专门的节目来介绍传播京剧。这也限制了留学生们对京剧的了解。经过调查得知，留学生们了解京剧多数都是通过课堂学习和教师讲解，显然这种了解途径过于单一，了解的内容也较为片面。

前文提到学校教育宣传活动和课堂学习是留学生了解京剧的主要途径；其次是听京剧流行歌；再次，中国学生中有很多对京剧感兴趣或是自觉承担文化传播使命的学生，他们在日常交流中就会谈到京剧相关内容，这也是留学生们接触了解京剧的重要途径；最后是观看京剧演出、网络媒体和报纸杂志这两个途径。

很多留学生表示自己本身在来中国之前就对京剧有过粗浅的了解，但是更多细节的了解还是通过学校的课程及老师的讲解认识的。自主了解京剧的能动性较低，多数留学生喜欢京剧，但是并不会主动去了解，也有少部分留学生会通过报纸杂志、

网络媒体等途径了解京剧，但居少数。当然传统文化推广在这些方面还是有比较多的局限性，仅凭课堂讲解还是很有限，但由此可以看出，该高校在文化教学方面还是比较重视的，当然课时有限、内容浅显也是问题所在。

（二）留学生对京剧的认知不够全面

"在国家汉办制定的《国际汉语教学通用课程大纲》中，对学生了解中国戏剧文化的程度做出了明确的等级规定，四级的要求规定是，汉语学习者应该了解中国的戏剧种类，尤其是中国的国粹——京剧，以及了解中国京剧的经典唱段曲目与京剧的故事内容，比如《贵妃醉酒》《西厢记》等。五级的要求规定是，学生应掌握京剧艺术的历史，及其发展状况。"[①]因此，京剧艺术的学习和了解应该作为汉语学习者，尤其是在进入高级阶段学习的重要内容之一。

访谈内容整理如下：

笔者L：您觉得京剧中最吸引您的是什么？

受访学生N：脸谱，我对京剧脸谱特别感兴趣，在学校的艺术节上，我第一次接触到京剧，就被表演者们脸上的油彩吸引了，后来我专门跟表演京剧的同学们交流，才知道这叫京剧脸谱，我还买了好多京剧的脸谱带回国送给朋友们，他们都很喜欢。

笔者L：你所接触过的京剧里，哪些地方是你不能理解的？为什么不能理解？

受访学生N：京剧的唱法吧，不是很理解。

笔者L：你想从京剧中了解体验到什么（中国文化、中国人文思想、"四功"、脸谱、代表人物及剧目、行当）？

受访学生N：想多了解一些脸谱方面的知识，朋友们有时候会问我。

笔者L：可以谈一谈您对京剧的起源方面了解多少吗？（比如京剧起源的时间，发展等）是通过什么渠道了解的？

受访学生N：我对京剧的起源时间不太了解，京剧应该是北京的一种戏剧吧，我对京剧的发展只是片面了解。

---

① 綦紫卉. 京剧在汉语国际教学中高级课堂中的应用[D]. 西北师范大学，2015.

笔者L：你对京剧这些现有的认识是从哪种渠道获得的？你认为借助什么渠道是了解京剧最直接的方式（新闻、杂志、课堂老师介绍、有机会与中国朋友一同现场观看、流行歌曲、电影等等）？

受访学生N：流行歌曲，听过几首。

有笔者L：您对京剧的态度是怎样的？

受访学生N：我很好奇。

笔者L：您更能接受传统京剧，还是现代京剧？您对京剧改编的流行歌曲怎么看？

受访学生N：流行歌曲吧，感觉流行歌曲容易理解一些。

经访谈得知，留学生们对京剧知识的了解带有明显的个人喜好偏向，他们对京剧的认知很不全面，多数留学生都没有达到《国际汉语教学通用课程大纲》的规定。留学生们对自己感兴趣的京剧知识会有较多了解，如京剧脸谱等，但是对自己不感兴趣的内容，如京剧的发展历史等了解就很少。这也与教师们的重视程度有关，留学生们通过教师的表述判断京剧知识的重要性，有的知识老师不讲或者几句带过。学生们就会自行判断这些知识不重要，最终造成认知的偏颇。

（三）留学生对京剧活动的需求得不到满足

学校组织的京剧活动也是留学生们接触了解京剧的重要途径，京剧活动可以使留学生们在轻松愉快的氛围中学习京剧知识，了解中华传统文化，丰富他们的课余生活，而且可以激发他们的汉语学习兴趣，让他们领略中华文化的博大精深，从而从真正意义上爱上汉语，爱上中国。

访谈内容整理如下：

笔者L：学校会开展与京剧有关的活动吗？都是什么样的活动？

受访学生X：活动的话我只参加过一次，还是京剧知识竞赛，不过那时候了解得不是很多，没有什么好成绩。

笔者L：还有京剧活动的话，您会参加吗？

受访学生X：当然会，喜欢上京剧之后，很期待能参加一次大型的活动，但是学校的京剧活动很少。

笔者L：学校会开展与京剧有关的活动吗？都是什么样的活动？

受访学生W：开展过活动，我们选修中华才艺课程的同学还表演过节目，不过我没参加过。

笔者L：您为什么没有参加？是不喜欢这种活吗？

受访者W：是的，我不喜欢表演京剧。

笔者L：那学校开展什么样的京剧活动，您会参加呢？

受访者W：脸谱展览或者服装展览我会参加。

笔者L：学校会开展与京剧有关的活动吗？都是什么样的活动？

受访学生S：学校会开展，不过不多，上一次还是和同学一起参加大学生艺术节。我喜欢公益类的活动，但是学校很少有这样的活动。

笔者L：学校会开展与京剧有关的活动吗？都是什么样的动？

受访学生E：应该有，我没参加过。

笔者L：您为什么没有参加呢？

受访者E：我没有得到活动通知。

经过调查得知，首先，留学生们普遍认为学校京剧活动类型较少，很多活动不符合他们现有的知识水平，参与门槛较高，或者活动枯燥乏味，引不起留学生们的参与兴趣，有很多留学生因为活动的贫乏，失去了接触京剧的机会，事实上他们多数都对京剧有很大的兴趣。其次，很多活动宣传不到位，留学生们表示接收不到活动通知，这也使得京剧活动参与度低；最后，学校组织的京剧活动类型比较单一，多数都是鉴赏型或是实践型的活动，可是留学生们更希望从京剧活动中了解传统文化或是基本的京剧常识，这一点学校很少会涉及到，导致留学生们的京剧活动需求得不到满足。

（四）留学生的课堂京剧知识探求得不到满足

对外汉语教师作为对外汉语教育中的重要一环，其知识储备无疑是非常关键的。留学生们不光有专业知识上的疑问，同样，他们对中华传统文化一样有很强的探知欲。留学生们来到中国学习汉语，有的是因为工作需要，但更多的是对中华传统文化的热爱。而且，作为对外汉语教师，其职责不光是教授汉语，而且还担负着传播中华优秀传统文化的使命，所以对外汉语教师掌握传统文化知识变得尤为重要。京剧作为"国粹"特别能激发留学生们的学习兴趣，不管是放在课前活跃气氛还是放在授课过程中讲授，都非常有价值。因为京剧本身的唱词尤其是现代京剧，有很多是日常词汇，能够提高留学生们的汉语能力，增强他们的学习兴趣和学习积极性，提高记忆力。

访谈内容整理如下：

笔者L：您觉得教师可以满足您对京剧知识的探求吗？

受访学生B：有时候问老师一些问题，他的回答，我不满意。

笔者L：您什么地方不满意？

受访者B：我觉得老师的回答解决不了我的问题。

笔者L：您觉得教师可以满足您对京剧知识的探求吗？

受访学生L：老师讲的基础类知识多一些，对于大多数留学生来说可以满足，但是我想知道更加深入的知识，老师一般不会讲。

笔者L：您觉得教师可以满足您对京剧知识的探求吗？

受访学生E：其实课堂中涉及到京剧的知识不是很多。

笔者L：教师在授课过程中会用到京剧吗（比如课堂导入、汉语技能的教授，课堂活动等）？

受访学生E：课上讲到京剧有关的课文时会讲，其他章节没有涉及京剧。

通过访谈笔者发现，留学生们对京剧认知浮于表面的很大原因在于教师。学校里并没有专职的京剧教师，举办的京剧讲座并不能深入讲解京剧知识，加之大多数对外汉语教师本身对京剧的认识就比较浅薄，认识不到京剧作为国粹在中国传统文化中的重要地位，对京剧知识比较忽视，平时也不注意积累，所以当留学生们提出京剧相关问题时，不能及时给予解答，导致学生们对京剧知识的求知欲逐渐降低。

五、青岛大学留学生京剧认知现状应对的策略

留学生学习京剧有利于中华传统文化的推广，其次有利于提高留学生学习汉语的兴趣，还有利于活跃课堂气氛、提高学习者语言水平、增加学习者的词汇量。

重视京剧教学，将京剧引入对外汉语课堂是非常值得，也是非常有必要的。

（一）拓宽留学生京剧认知途径

一是开设专门的京剧课程，该高校虽然已经开设了京剧才艺课，但是并没有专职教师，也没有专门的教材，在课程完备化方面，还有所欠缺。可以开设这种专业的京剧课，请专业的京剧老师按照编撰好的京剧教材来给学生教授一些简单的京剧唱段，并给学生讲述其背后的文化背景知识，从而激起留学生对中华传统文化和对汉语的兴趣。或是利用京剧这一文化要素作为课程辅助教学手段，放在课程中，以京剧欣赏为辅，以语言学习为主，学习唱词中的词汇和语法以及背后的典故，之后通过反复练习来掌握语言。

二是给留学生们介绍京剧书籍和读物，让他们在有趣的氛围中了解京剧、学习京剧，从而内化为自己的知识。使留学生们的京剧学习不光局限于课堂，走出课堂，离开教师，他们依然可以通过阅读书籍了解到京剧，了解到中国的传统文化。如《京剧中国》一书，该书以弘扬国粹为宗旨，是一本向外国友人介绍中国京剧的精巧读物。通过书籍自带的点读笔，读者可以用语音来了解京剧名家的介绍，少了枯燥，多了些趣味，也可以赏析京剧名段，还可以了解京剧相关的历史、乐器、化妆、服饰等知识，内容非常丰富。

三是定期组织留学生们观看京剧电视节目，或是京剧小视频。例如《汉语桥》，该节目是各国大学生学习汉语、了解中国的重要平台，它是由孔子学院主办的节目。这个节目与留学生们息息相关，很多留学生在才艺部分表演京剧；还有一个综艺节目叫做《非正式访谈》，全部都是外国人坐在一起对某种事件发表自己的看法，其中就有传统文化的部分，学校可以组织留学生们观看类似的电视节目，也可以组织学校的留学生们积极参与，这也是留学生们学习了解京剧和其他中国传统文化的有效途径。

（二）增加留学生京剧活动类型

通过访谈，笔者发现很多留学生都对学校的京剧活动不满意，认为活动类型少，可参与活动少等等。因此，学校有必要创设多样的京剧活动供留学生们选择，从而满足留学生们的京剧认知需求。

一是京剧服饰、脸谱展。教师和学生可以一起收集许多京剧服饰、头饰、脸谱等,在活动室的墙上挂上,贴上脸谱画报,组织一场展览,使学生切身实地地感受京剧文化,从而对京剧产生新的美学体验。

二是京剧讲座。学校可以定期举行京剧讲座,邀请京剧艺术家来学校传授京剧知识,也可以邀请京剧艺术家为学生现场绘制脸谱、讲解精美的服饰和头饰等,也可以组织留学生们自主绘制脸谱,不需要刻意死板,让他们按照自己的想法自主创造,发挥想象力。也可以将京剧元素自主制成地毯、T恤衫等等,之后进行义卖,将义卖所得捐给福利院或是红十字。这样不仅可以丰富留学生们的课余生活、学到京剧知识,而且还使这些知识变为了一颗颗的爱心,一举多得。

三是欣赏京剧名段,观看京剧演出表演。可选取京剧中比较有名的唱段,还要考虑唱段的故事背景,最好有一定的教育意义,或是包含语言知识的唱段。

如京剧《智取威虎山》中杨子荣的唱词是:"穿林海,跨雪原,气冲霄汉。抒豪情,寄壮志,面对群山。愿红旗五洲四海齐招展,哪怕是火海刀山也扑上前!"[1]

该唱段中包含多个成语,其中"气冲霄汉"是形容大无畏的魄力和勇气。"霄汉"指高空。"五洲四海"中"五洲"是指欧洲、美洲、大洋洲、非洲、亚洲,"四海"指大西洋、印度洋、太平洋、北冰洋,泛指世界各地。"火海刀山"意思是极其危险和困难的地方。通过欣赏京剧来学习成语,会使成语学习变得更加有趣,也更加简单易懂。欣赏结束后,可组织学生进行汇报演出活动,通过实际体验来感悟京剧的魅力,从而加深语言学习效果。

四是京剧知识大比拼。组织留学生进行京剧知识的比拼,并设置奖杯,可以通过这种方式激发留学生们的学习热情,从而自主学习京剧知识。

(三)加深留学生京剧认知层面

经调查得知,留学生们对京剧的认知处于较低层面,只是对自己感兴趣或者老师课上讲解过的内容有了解,对于深层次的京剧发展、唱词、唱段、典故……了解较少,而恰恰是这些内容对留学生们的语言学习有促进作用,因此要加大加深留学生们的京剧认知层次。对外汉语课堂作为留学生们了解京剧的重要途径,自然要承担起这一重任。

访谈内容整理如下:

---

[1] 360百科[EB/OL]. https://baike.so.com/. [2020-11-14].

笔者L：您希望在汉语课堂学习中加入京剧元素吗？为什么？

受访学生H：还是很希望的，多讲一些文化艺术方面的知识，也可以更多地了解中国。

笔者L：您希望在汉语课堂学习中加入京剧元素吗？为什么？

受访学生N：可以，这样课堂会活跃一些。

笔者L：您希望在汉语课堂学习中加入京剧元素吗？为什么？

受访学生L：希望，把汉语教学和中国文化融合一起，可以学到很多。

笔者L：您希望在汉语课堂学习中加入京剧元素吗？为什么？

受访学生J：我希望，因为了解的不多，所以想多了解一些。

笔者L：您希望在汉语课堂学习中加入京剧元素吗？为什么？

受访学生Z：希望，最好能播放与京剧有关的电影。

笔者L：您希望在汉语课堂学习中加入京剧元素吗？为什么？

受访学生P：可以讲一些有关京剧的知识，相信同学们都会感兴趣。

笔者L：您希望在汉语课堂学习中加入京剧元素吗？为什么？

受访学生W：希望，能提高对汉语和京剧的学习。

笔者L：您希望在汉语课堂学习中加入京剧元素吗？为什么？

受访学生H：还是很希望的，多讲一些文化艺术方面的知识，也可以更多地了解中国。

笔者L：您希望在汉语课堂学习中加入京剧元素吗？为什么？

受访学生T：当然希望，我没有选修"戏剧汉语"，就是因为不是专讲京剧的知识，如果有机会学习，我还是想多学一点。

首先，词汇是对外汉语教学的基础，在课堂教学中，词汇教学也是重中之重。可以将京剧融入到对外汉语词汇教学中，京剧中有很多唱词非常有代表性，将它们与京剧艺术融合，使留学生们在轻松的氛围中感知词汇，这样更能够加深学生对这些词汇的记忆与认知。

比如，京剧《卖水——行行走走行行》中的一段唱词：

这一年四季十二月，听我表表十月花名：正月里无有花儿采，唯有这迎春花儿开。二月里龙抬头，三姐梳妆上彩楼。三月里是清明，人面桃花相映红。

清早起来什么镜子照？梳一个油头什么花香？脸上擦的是什么花粉？头点的胭脂是什么花红？清早起来菱花镜了照，梳一个油头桂花香，……①

在这段唱词中，有数词"一、二、三、四、十、千、万"等，也有时间词"春、夏、秋、冬、年、月"等词语，这恰恰是二语习得者的重难点内容。唱词中还有中国节日词，如"清明、七夕、中秋、重阳"等，有各种花名，如"水仙花、石榴花、菊花、梅花"等词语。还有问答对话，一问一答，非常日常。这些唱段使留学生们在汉语学习中不再枯燥乏味，为对外汉语课堂注入活力，使学生们可以在轻松愉快的氛围里掌握词汇，而且能增加留学生们的词汇量，使他们能够更好地掌握词汇用法。

其次，京剧中有很多表达中国传统道德观念的唱段，教师可以分类介绍给留学生。如，京剧中表达中国传统婚恋观的剧目，如《白蛇传》《状元媒》《花田错》等；表现英勇爱国、女中豪杰的剧目，如《穆桂英挂帅》《杨门女将》等；蕴含伦理道德观念的京剧，如《铡美案》等；包含中国历史的唱段，如《空城计》《贵妃醉酒》《霸王别姬》等；还有有关文学知识方面的剧目，如《正气歌》等。

最后，京剧是一门综合性的艺术，学校在组织留学生们欣赏京剧唱段的同时，要把京剧背后蕴含的深厚知识进行讲解。"京剧配乐实际上就是中国古代音乐的始廓；京剧脸谱中蕴含着中国最古老的绘画雏形；京剧人物的服饰、头饰，场景地布置体现出中国传统的美学欣赏"②，在京剧的一些武戏中，还能欣赏中国武术的魅力。留学生们在观看京剧的同时，也在了解京剧中体现的中华传统文化的各方面。

（四）提高教师的京剧文化素养

留学生们之所以喜爱汉语，很大程度上是因为汉语本身蕴含的文化背景，很多留学生表示他们学习汉语的原动力就是中国五千年的历史以及悠久的文化，所以他们对中国文化表现出浓厚的兴趣和探究欲望，希望在汉语学习中多多了解中华传统文化，这就需要对外汉语教师拥有扎实的传统文化知识。

在汉语国际教学推广中，教师们常常有意无意地避开文化教学，因为文化教学内容多而难，需要教师进行大量的文献查找和积累工作，许多教师认为工作量太大

---

① 360百科［EB/OL］. https://baike.so.com/.［2020-11-14］.
② 赵志安. 传统京剧京胡伴奏艺术研究［D］. 福建师范大学，2002.

就放弃了；还有教师认为对外汉语教学最重要的就是向留学生教授汉语，没有认识到文化教学的重要性，从而选择了放弃。这就导致在学习过程中经常会牵扯到一些比较专业的文化知识或者历史知识，当学生在提出疑问之后，教师很难给予正确合理的解释，并且课堂时间有限，教师备课量大，内容难，学生不好理解，常常只能蜻蜓点水，浅尝辄止，学生也是一知半解，最终导致学生失去学习京剧的兴趣。

此外，对外汉语教师还应掌握对多媒体资料、网络信息等多种资源的获取与整合能力，在课堂教学过程中利用声音、图片、视频等，不断学习世界先进的教学理念，运用现代信息和通讯技术，为学习者创建良好的语言学习环境，突破学习上的地域限制。汉语教师还应多积累课堂教学实践经验，创造丰富的课堂内外活动，有意识地在教学过程中增加关于中国文化的内容，让学生多方面、多渠道地接触中华传统文化。

六、结语

京剧文化是中华传统的重要载体，它在传播中华文化和找寻中华文化根脉方面有着举足轻重的地位。鉴于现代社会对京剧的喜爱和重视程度，京剧的影响力肯定会越来越大，这也为中华文化的传播创造了机会。虽然当前对外汉语教育文化教学已日臻成熟，涉及面也愈发广泛，但是在内容和系统性方面还是有所欠缺，没有形成系统的教学模式，也没有完备的教学内容和教学设计。同时，在文化输出方面也不够重视。本文选择京剧作为研究内容，旨在为对外汉语文化教学充实教学内容，提供新的教学思路，也为留学生学习汉语寻找便捷有趣的途径，提高留学生们的学习兴趣。

因充分考虑到京剧文化在国内外的重要地位及传播历史，故本文选择京剧作为研究对象。京剧有着深厚的文化特征以及广泛而悠久的海外传播基础。京剧的唱词、行当、服饰、历史等特别能满足留学生们的好奇心和探知欲，而且京剧作为一种独具特色的表演艺术，受到世界各国人民地喜爱，自古以来就是文化传播的重要内容，已经有了长久的文化传播交流历史，也有很多外国友人通过京剧来学习汉语，抑或是因为喜爱京剧，所以有了学习汉语的动机和兴趣。无论从什么方面讲，京剧无疑都是极富价值的文化瑰宝，将其引入对外汉语文化教学是非常值得的探索和实践。

经对青岛大学留学生的京剧认知调查，笔者得出以下结论：

首先，青岛大学留学生对京剧的认知处于浅层，且认知面较窄，对京剧的专业知识了解不够深入，对京剧专业名词很陌生。

其次，他们对京剧的认知呈现出局限性、表面性、片面性、选择性以及前进性、上升性和主动性的特征。

再次，通过调查数据得知，留学生们认知京剧的途径较窄、学校的京剧活动类型较少、活动难度大、活动宣传不到位，导致留学生京剧参与度低，满足不了留学生们的京剧活动需求、留学生们对京剧的认知不够全面细致，这也与他们的认知特性有关、由于没有专职的京剧教师，兼职京剧教师现有的京剧知识满足不了留学生们对京剧的探知欲。

最后，笔者对这些问题提出针对性的建议，一是拓宽留学生京剧认知途径，这一点主要是通过开设专门的京剧课程、给留学生们介绍京剧书籍和读物、定期组织留学生们观看京剧电视节目，或是京剧小视频来实现；二是增加留学生京剧活动类型，开展多种多样的京剧活动，如京剧服饰脸谱展、京剧讲座、京剧名段和演出欣赏、京剧知识大比拼等；三是加深留学生京剧认知层面，经调查得知留学生认知京剧的途径主要是教师课堂讲解，所以加深认知层面需要对外汉语教师在课堂中适当的融入京剧知识，主要是从词汇、唱段选择、文化知识三方面来入手，逐步加深留学生们的京剧认知层次；四是提高对外汉语教师的京剧文化素养，经过访谈得知，留学生提出的专业京剧问题很难得到老师的专业性解答，这与教师地京剧知识储备有很大的关系，所以，对外汉语教师务必要提高自己的京剧文化素养，平时注意通过多种途径收集京剧知识并进行整理学习，从而满足留学生们的京剧探知欲。

由于笔者能力有限，对本文的理论研究不够深入，只是对留学生京剧认知各方面进行了总结，并没有进行深层次的探究，在该方面有一定的欠缺；由于本文是一个新的研究方向，在调查材料和参考资料方面非常局限，论述也不够完善，有欠妥之处，恳请批评指正。

语言观察

回顾与展望：中国塔吉克语研究评述

刘丹航

摘　要：自20世纪中叶，中国开展民族识别工作后，针对各民族语言的相关研究方兴未艾。塔吉克语属印欧语系伊朗语族帕米尔语支，按地区分为色勒库尔方言和瓦罕方言，其中色勒库尔方言是我国塔吉克族的主要用语。文章以中国塔吉克语研究为主线，对其在语言使用和传承、语言发展和保护等方面的相关研究成果进行了梳理。从整体来看，中国塔吉克语的研究已形成一批具有历史性的学术成果，其研究深度及广度仍尚待精进。今后，如何更好地推进塔吉克语的本体研究，怎样推广研究的应用以及持续性观察塔吉克语的变迁和转型等议题仍需关注。

关键词：塔吉克语；语言教育；语言人类学

一、引言

"塔吉克"作为自称，其意为王冠。居住在祖国西部边陲帕米尔高原的塔吉克人民，有着反对外来侵略和保家卫国的光荣传统。据2020年第七次人口普查统计，中国塔吉克族人数为50896人[1]，主要生活在新疆南疆部分区县。具体而言，多数人群聚居在帕米尔高原塔什库尔干塔吉克自治县（下文简称"塔县"），少数人群分布在泽普、叶城、莎车、皮山和阿克陶县境内。

塔吉克语为印欧语系伊朗语族的帕米尔语支，我国境内塔吉克语无独立文字，

---

[1] 国家统计局. 中国统计年鉴2021. [2023-8-18]. [EB/OL]. http://www.stats.gov.cn/sj/ndsj/2021/indexch.htm.

常用维吾尔文书写。中国塔吉克语分为"色勒库尔方言"[①]和"瓦罕（塔吉克）方言"。色勒库尔和瓦罕原指地名，也用作当地居民们所使用的语言。[②]中国塔吉克人群中，使用较为广泛的是色勒库尔方言，也是帕米尔高原区塔吉克族使用的主要语言，在语言发展过程中，色勒库尔方言保留其语言特色并吸收部分维吾尔语成分。瓦罕语为跨境语言，我国使用瓦罕语的塔吉克人群主要生活在帕米尔南部和兴都库什山脉北段之间的瓦罕走廊，也有部分在皮山县境内。认识并了解塔吉克语，从而探讨塔吉克语的语法和结构、传播和应用、发展和变迁等学术议题，将更好地理解中国塔吉克社会的历史和文化，加深各民族间的相互沟通与交流。

学术界对中国塔吉克语的研究主要总结为两个阶段：第一阶段为 20 世纪末，基于语言学的语言本体探索和修正阶段；第二阶段为 21 世纪初期，民族学、人类学等多学科理论视域下的语言比较及语言应用分析研究阶段。第一阶段，以高尔锵等专家为代表，将调查的重点放在色勒库尔方言的语音、词汇和语法等语言本体研究，先后出版了《塔吉克语简志》和《塔吉克汉词典》等作品，为中国塔吉克语的研究打下了坚实的基础。第二阶段，随着研究的深入，高尔锵等专家在前期的研究成果上进一步完善，并修正了关于语音部分的内容，西仁·库尔班等学者在前期相关研究的基础上对色勒库尔语的主要特点做了进一步阐述。依凭语言学和民族学的跨学科研究日臻成熟，刘玉屏、周珊、刘明、李素秋和杨海龙等研究者，也较为关注塔吉克语田野资料和数据的收集整理工作。值得引起注意和重视的，还有李兵和候典峰等学者，透过统计学量化的数据，从而论证瓦罕语的内部结构关系。

二、中国塔吉克语的本体研究

在诸多研究成果里，中国塔吉克语的本体研究包括两个主体和多个维度。两个主体分别是色勒库尔方言和瓦罕塔吉克方言的研究，其主要依托语音、词汇、语法（句法[③]）等维度开展。较早进行塔吉克语语言结构研究的学者有高尔锵，其代表作

---

　　① "色勒库尔"由"sariqul"音译而来，也有学者将其译为"萨里库尔"或"萨雷阔勒"，目前学术界多使用"色勒库尔语（方言）"指代我国塔吉克族使用较为广泛的语言。
　　② 高尔锵. 塔吉克语简志[M]. 北京：民族出版社，1985：1.
　　③ 句法是语法的一个分支，集中在句子的构造，语法包括词语、句子、文法和修辞等语言现象。

《塔吉克语简志》在中国塔吉克语后续研究中居功甚伟。特别是，高尔锵在《塔吉克语简志》最后一章中对瓦罕塔吉克语进行了整理，这为之后李兵等学者对瓦罕塔吉克语的研究奠定了基础。

（一）语音

词典既是描述性的，又是规范性的；它记录了字词的读音和含义。《塔吉克汉词典》中共标识了30个辅音音位，14个元音音位，其中6个为单元音，8个为复元音，并用国际音标标记。① 高尔锵指出，塔吉克语实际语音数比字母表中字母数多18个，为压缩字母总数，使用双字母标识。辅音音位标记的双字母为9对，表示元音音位的双字母为8对。

地方志是记录地方历史、文化、社会、经济等内容的著述，有官方性和专业性特征。2005年出版的《新疆通志》中指出，塔吉克语有41个语音音位，辅音较丰富，为32个辅音；有7个单元音，两个复元音；无声调，有重音，绝大部分词的重音在末一个音节上。②

塔吉克族民俗专家西仁·库尔班，在民俗研究的基础上，以"局内人"的角度重新标记了元音与辅音的数量。在其研究中对色勒库尔语的构词法、词类和句法、土语、多种语言词汇进行了分析，阐述其主要特点和规律，并重新界定了元音和辅音。同时，例举出39个音位，其中元音音位8个，辅音音位31个，6个单元音2个复元音。在其成果中可以看出，单元音的数量与之前研究保持一致，复元音为ei、ou。此外，作者还指出，塔吉克语词根的音节为1至3个，一个音节内的元音之前可以有2个相连的辅音，元音之后的辅音可多至3个。③ 色勒库尔方言语音音位差异如表1所示。

---

① 高尔锵. 塔吉克汉词典[M]. 成都：四川民族出版社，1996：2.
② 新疆维吾尔自治区地方志编纂委员会. 新疆通志·民族志[M]. 乌鲁木齐：新疆人民出版社，2009：543.
③ 西仁·库尔班，庄淑萍. 中国塔吉克语色勒库尔方言概述[J]. 语言与翻译，2008：1.

表 1　色勒库尔方言语音音位分类表

出版物及时间	元音 单元音	元音 复元音	辅音
《塔吉克汉词典》1996 年	6 个：i、e、a、u、ɯ、o	8 个：ei、ui、ɯi、oi、iu、eu、ɯu、ou	30 个：p、b、m、w、f、v、θ[ss]、ð[zz]、t、d、n、l、r、s、z、ts、dz、ʃ、ʒ[zy]、q[tʃ]、dʒ、j、k、g、x、ɣ、kh[q]、χ、gh[ʁ]、h[hy]
《新疆通志》2005 年	7 个	2 个	32 个
《中国塔吉克语色勒库尔方言概述》2008 年	6 个：i、e、a、u、ɯ、o	2 个：ei、ou	31 个：p、t、k、q、b、d、g、ts、tʃ、dz、dʒ、m、n、ŋ、r、l、f、θ、s、ʃ、x、χ、h、v、ð、z、ʒ、j、ɣ、ʁ、w

瓦罕方言有六个单元音：i、ə、a、u、ɯ、o，十个复元音：əi、ai、ui、ɯi、oi、iu、əu、au、ɯu、ou。李兵等人在瓦罕方言词重音的研究中，以塔县的瓦罕方言口语为研究对象，采用实验语音学方法，测量并分析了双音节样本词的音强、时长、音高、元音音值等语音特征，确定了双音节词重音的语音特点和位置。研究指出，重音的主要物理相关物是音高，与时长以及音强的相关性不明显。在 41 种不同结构类型音节组合里，第一、第二音节在音高平均值上差异显著，不受词类、语素结构、音节结构和个人语音特点的影响，具有明显的系统性和稳定性；第一音节元音有弱化和脱落现象，但第二音节元音没有；双音节词重音的位置及语音特点与双音节词重音的听感特征基本吻合。①

塔吉克族被冠以"天生的翻译家"的称号，并表现出较强的语言适应能力，日常语言使用中包含了众多外来词汇，其语音本体也在随语言发展而变化。我国学者虽探讨了色勒库尔方言和瓦罕方言的音节、重音等特征，但关于语音音位及其演变的研究屈指可数。

（二）词法

色勒库尔方言词汇较为丰富，且有较多的构词附加成分。其构词附加成分一部分同中亚塔吉克语和伊朗波斯语相同，一部分为该方言所特有，还有一部分是外来借词。我国塔吉克语有名词、代词、数词、形容词、动词、副词、语气词、前置词、

---

① 李兵，胡伟，侯典峰. 瓦罕塔吉克语双音节词重音实验语音学报告[J]. 南开语言学刊，2016,（2）:51-61.

后置词、连词、感叹词等；词组可分为并列、主谓、补充、修饰、说明和强调。

在词法的研究中对于动词语态的研究较为丰富，最早开始塔吉克语词法研究的学者是高尔锵。其在《塔吉克语动词语态特点》一文中指出，塔吉克语动词的时态、体态由词形变化表现出来，其表现方式有词形变化和词的组合两种方式。动词的语态形式由它和主格名词的语义关系决定，分为主动语态、使动语态、被动语态。主动语态由自动词表示不及物性，由他动词表示及物性；使动语态由使役动词表示及物性；被动语态由自动词表示不及物性。动词语态的构成方式主要有：动词原形词干元音、元音和辅音变化再加接尾部 on 和词尾 d；动词未过时词干、词干元音、词干元音和辅音改变再加接尾部 on 和词尾 d。语义关系是动词形式特征以外又一规定语态的要素；使动语态主要通过构词法的途径呈现，在动词原形词干或未过时词干基础上增添构词后缀（或称接尾部）而成。被动语义主要利用造句法的手段，即改变动词的性能与建立被动的语义结构来实现。有语态变化的是行为动词使动语态和被动语态，而与这两种语态对照的主动语态就是语态的基本形式或称原型。此外作者还认为，动词语态在句子结构中的使用与动词的性能差异也有一定的关系，可以利用动词不同判断类别的性能区别特征作为分辨句子不同结构类型的依据。① 同时他还在塔吉克语句子谓语成分的研究中，分析了简单谓语中及物、不及物和联系动词的用法和复杂谓语中的动词原形和情态动词的构成。②

此外，杨海龙等研究者依据摩尔根亲属称谓制度的原理，以中国塔吉克民族的色勒库尔方言母语人为调查对象，整理绘制了塔吉克族亲属称谓词表，并总结了吉克族亲属称谓词的特点，即塔吉克语的亲属称谓反映了塔吉克族的家庭生活模式和婚姻特点。③

在瓦罕方言词法的研究中，李兵、侯典峰等学者的研究较为深入。李兵在《瓦罕塔吉克语概况中》系统的介绍了我国境内瓦罕方言的基本情况，即从语言的语音、词法和语法的基本结构规律，并列出主要的基本词汇。在田野调查中作者发现，达布达尔乡为瓦罕方言的核心区，语言状态相对完好，成人的语言能力较强，儿童大多也能较好地使用语言。④ 同时还与侯典峰在《瓦罕塔吉克语的使动范畴》中总结了瓦罕方言的使动范畴，介绍了使动范畴的构成形式、形态句法特征和语义特点。文中

---

① 高尔锵. 塔吉克语动词语态特点[J]. 民族语文，1990，(2)：56-61.
② 高尔锵. 塔吉克语句子谓语分析[J]. 新疆大学学报，1986，(4)：109-118.
③ 杨海龙，郭利. 中国塔吉克语亲属称谓初探[J]. 和田师范专科学校学报，2014，(6)：90-95.
④ 李兵. 瓦罕塔吉克语概况[J]. 民族语文，2016，(1)：76-97.

例举了其构成形式、形态句法特点和语义特点，讨论了形态性致使和分析性致使两类手段在形态句法方面和使动意义方面的差异，并与伊朗语支部分语言的使动范畴及其标记形式进行了初步比较，结论得出瓦罕方言的使动后缀在语音形式上与西伊朗语差异较大，与东伊朗语较为接近。①

此外，二者还在《瓦罕塔吉克语动词词根语音形式的交替》中根据语素变异、交替与音系过程提出假设，对瓦罕方言动词词根交替做了初步的音系分析。在其研究中发现，导致不规则动词词根交替的主要成因是音系过程；诱发音系过程的因素有音系、形态和语素因素。三因素共同地作用于动词词根，推导出不同形式，且随着音系环境和形态环境变化，以不同形式交替出现。②

（三）句法

塔吉克语句分为单句和复句，句子由主语、宾语、补语和插入语四种成分构成。高尔锵最早在《塔吉克语基本句型分析》中采用了"倒映法"技术观察分析出塔吉克语句型种类及语序规则，并指出"倒映法"无疑可解决伊朗语族诸语言、方言的句型分析等问题，不论对于非伊朗语有形态的语言（如维吾尔语）或无形态的语言研究均有参考价值。分析句型可以从辨认定式动词的形式开始，通过动词人称词尾或词缀的标记，联系它所指称的发出动作或发出判断的人或事物的词，从而将一个表达单位——句从语流中分离出来。③

高尔锵还认为塔吉克语的句法为二元结构关系的一元化组合，即句子由词组围绕"主""谓"两部分核心词，并在这根主轴上分为多个层次而形成。塔吉克语中的词和词仅构成词组，词组和词组结构也仅构成更大的词组。塔吉克语句子具有"独立"和"完整"的特征，句子是话语的基本单位，其结构比单词和词组更为复杂，可以用完整和不完整来辨别句子和词组。塔吉克语句子看似两个词组的结合，但也并不完全由词构成，更不能看作是两个孤立词组外部的拼凑。句子的构成由主语部分的主导名词或作名词的别类词为核心，谓语部分则由一个限定动词或作动词的别类词为核心；主语部分核心词同谓语部分核心词在结构上存在对应关系。④

---

① 侯典峰，李兵. 瓦罕塔吉克语的使动范畴[J]. 民族语文，2018，(5)：3-22.
② 侯典峰，李兵. 瓦罕塔吉克语动词词根语音形式的交替[J]. 民族语文，2020，(3)：3-19.
③ 高尔锵. 塔吉克语基本句型分析[J]. 民族语文，1986，(1)：47-57.
④ 高尔锵. 塔吉克语句子结构[J]. 语言与翻译，1991，(4)：37-41.

(四)多语境的比较研究

语言的比较研究可以相互印证语言研究中单独论述难以发现的问题，其意义在于深入了解不同语言之间的相似之处和差异之处，从而帮助我们更好地理解语言的起源与变迁。同时，在比较研究时可发现语言中共有的结构和规则，从而揭示出语言的普遍性特征，验证或修正现有的理论框架，以提出新的理论假说并推进学科的发展。此外，这种研究路径还将有助于我们理解不同语言具有的表达方式和其使用者的思维方式，了解不同文化背景下的语言使用和语境差异，促进文化间的交流与融合，更好地跨越语言和文化的隔阂。

高尔锵在对塔吉克语语态的研究中，首先将塔吉克语和汉两种语言的语态结构形式进行了对比研究。在《塔吉克语语态结构剖析——塔、汉语言对比刍议》一文中指出：汉语和塔吉克语各自语法虽有特点，但都用相似的语法形式和意义来表现关系，二者均有完整的语义结构。[1]

杨海龙等人在研究中，依照美国人类学家默多克的社会亲属关系结构理论，通过对比分析维吾尔语和塔吉克语的核心亲属称谓词发现，维吾尔语和塔吉克语的核心亲属称谓虽有差异性，但更具相似性。塔吉克语同维吾尔语，在亲属称谓中区分了直系与旁系，二者均属于爱斯基摩制。其亲属关系制度、家庭生活模式、婚姻制度也均存在相似性。[2]

也有学者关注到语言亲缘关系的话题。曾俊敏在其研究中，依照严格的择词和同源判断程序，在田野调查及文献的基础上，整理出色勒库尔方言、瓦罕方言和于阗语的斯瓦迪士一阶核心词表语料，进而运用词汇统计学方法分别计算出色勒库尔方言和于阗语、瓦罕方言和于阗语两组语言间的核心词保留率。作者认为，核心词的保留越高，语言间的亲缘距离越近。研究显示，色勒库尔方言和于阗语之间的保留率远高于于阗语和瓦罕语，由此论证色勒库尔方言和于阗语的亲缘关系更为密切。但该研究中也有一定局限：一是忽略瓦罕语各方言间的差异性；二是由于文献材料中的缺失，可能造成择词环节中"无标记高频"原则难以贯彻；三是出土文书带有明显的偶然性和局限性，加上语料历史跨度较大、体裁和语域不完整等因素，导致在择词环节上所执行的标准和直接面向发音人进行调查的色勒库尔方言及瓦罕方言不

---

[1] 高尔锵. 塔吉克语语态结构剖析——塔、汉语言对比刍议[J]. 语言与翻译, 1994, (2): 15–25.
[2] 杨海龙, 郭利. 中国维吾尔语、塔吉克语亲属称谓对比研究[J]. 语言与翻译, 2015, (3): 25–29.

可能保证完全一致。①

三、塔吉克族语言的使用和发展

（一）塔吉克语的教育与传承

新中国成立初期，学校教育主要以维吾尔语言文字为主；改革开放后，塔县境内逐步开始实施从一年级起的汉语教学。随着我国双语教育体系的日益完善，双语教学的不断普及，目前塔吉克学生的受教育程度稳步提升。

刘玉屏以量化研究的路径分析了塔吉克人在教育传承中的使用情况。作者对塔吉克语聚居区的语言环境、传媒用语、学校教育教学用语等方面进行了有关语言使用及态度的实证研究。调查发现，塔吉克学生除塔吉克语外，维吾尔语程度普遍较好，汉语程度存在城乡差异。语言习得的途径主要有学校社会和家庭，塔吉克语主要在家庭教育中习得，维吾尔语习得场所为学校和社会；汉语习得场所同样是学校和社会；其他语言则多在社交中习得。塔吉克语与维吾尔语、汉语分任内、外部社交用，家庭内部多使用塔吉克语。年龄维度中汉文和维吾尔文的使用出现了分化，年长者善于用维吾尔文字阅读图书、报刊或撰写公文，而年轻一代对维吾尔文字的掌握和使用频率逐步下滑，汉字的掌握和使用逐渐上升。②

周珊在《中国塔吉克族语言教育选择历史与现状调查》中指出，20世纪初期，塔吉克中小学教学模式迎来新改革，新政策的落实为学校教育提供了更加丰富的教学资源。中国塔吉克族青少年在学校教育的语言选择上，出现着因生活语言与教学语言的突出矛盾所引发的语言学习倦怠现象。其原因主要有塔吉克学生面临语言场景的频繁切换，学校教学使用的语言与家庭教育、社会生活中的不同；受限于师生语言能力及塔吉克语言自身属性，课堂教学的有效实施及课外知识的主动延伸受到影响；因语言使用场景的差异，塔吉克学生缺少良好的学习习惯和外在环境，而改变其现状的关键在于激活语言惰性知识。作者对此提出了几点建议，即使用拉丁字母形式拼写塔吉克语，创制"塔吉克语拼音方案"；把握好语言教育的起步时间，开展学前阶段双语教学为语言学习打下坚实的基础；双语教学环境的营造与利用并重，

---

① 曾俊敏. 色勒库尔及瓦罕塔吉克语与于阗语的亲缘距离[J]. 华西语文学刊, 2016, (2): 350-373.
② 刘玉屏. 塔什库尔干塔吉克族语言使用与语言态度调查[J]. 西北民族研究, 2010, (1): 79-86.

拓宽塔吉克族语言学习空间。[1]

克里木江·玉苏普等人的研究也印证塔吉克语在教育传承中的变化情况，其调查了喀什地区塔吉克学生汉语、塔吉克语和维吾尔语使用情况和语言态度。调查显示，塔吉克学生掌握本民族语言的程度存在区域差异化特征，塔县内学生的塔吉克语水平较好，县外基本使用维吾尔语，因此较弱；塔吉克学生的维吾尔语水平普遍较好，但对语言和文字的掌握存在差距；汉语及文字掌握水平相对较弱，但目前越来越多的学生接受汉语或双语教育，汉语言文字水平提高得较快。在塔吉克学生家庭内部，塔吉克语和维吾尔语的使用频率最高，但随着双语教学的普及与推广，汉语使用频率逐渐上升塔吉克语的使用频率逐渐下降。在学校中，使用频率最高的为汉语和维吾尔语，塔吉克语的使用场景主要在社交中。校外因塔吉克语使用人数较少，塔吉克学生几乎不使用塔吉克语交流，使用汉语和维吾尔语频率最高。此外，不同语言使用者的语言使用情况亦存在差异，与维吾尔族交流时，多使用维吾尔语较少使用汉语；与汉族交流时使用汉语，且随着年龄的增长，塔吉克学生多倾向于使用汉语或双语。对于三种语言的态度方面，塔吉克学生本民族语言使用频率虽逐渐减少，但对其仍有感情；维吾尔语使用频率较多，持肯定态度；对汉语主要持亲切和十分认可的态度，并认为极其重要。[2]

李素秋等人以新疆喀什地区塔县普通高校未就业毕业生学员为调查对象，依据语言习得情况、汉语掌握情况、其他语言掌握情况和语言文字熟练程度等方面，剖析了塔吉克族学员的语言调试情况和语言态度。其研究表明，塔县除汉族仅掌握一门语言，其他民族多使用双语，且掌握多种文字。双语使用在塔吉克语区虽然具有普遍性，但也具有不均衡性。[3]

2021年，中南民族大学冯晓峰运用语音实验的方法分析了中国塔吉克语使用者在习得汉语塞音时表现出的发声特点，以嗓音起始时间（VOT）和闭塞段时长（GAP）作为主要研究参量，将其与汉语母语者在发汉语塞音时的VOT值和GAP值进行对比，制成塞音格局图。[4] 该研究通过客观测量的数据，分析了塔吉克学生学习

---

[1] 周珊. 中国塔吉克族语言教育选择历史与现状调查[J]. 民族教育研究, 2011,（3）：107-111.
[2] 克里木江·玉苏普, 果海尔妮萨·阿布力克木. 塔吉克族学生语言使用情况调查研究[R]. 喀什师范学院学报, 2011,（5）：92-96.
[3] 李素秋. 赴援疆省市培养的普通高校毕业生语言使用与语言态度情况调查——以塔什库尔干塔吉克自治县为例[J]. 语言与翻译, 2015,（2）：80-85.
[4] 冯晓锋. 塔吉克族汉语塞音习得研究[D]. 中南民族大学硕士学位论文, 2021.

中的重难点以及产生错误的主要原因。实验结果证实，塔吉克语母语者学习汉语塞音时，送气塞音和不送气塞音之间不存在明显的区分界限，容易产生混淆。在发送气塞音和不送气塞音时，塔吉克母语者的发音状态整体上要比汉语母语者的发音状态松弛，由此导致发音不完全，或者发音错误的情况。

（二）塔吉克语的使用

塔吉克族除本民族语言外，还使用多种语言，如汉语、塔吉克语、维吾尔语和柯尔克孜语等。不同语言使用场景的切换，造就塔吉克族具有较强的语言学习与适应能力。因此，多数学者正逐渐将视线聚焦到塔吉克族双语乃至多语使用及选择的研究中。

安潘明依费希曼社会语言学中双语与双言的关系理论，探究了色勒库尔方言中的双语现象，分析了塔吉克人选择语言的方式及原因，论证了塔吉克语是否存在消失的可能。研究表明：塔县塔吉克族15%的人在家中操用双语，语言使用频率依次为色勒库尔方言、维吾尔语、汉语和瓦罕方言；喀什塔吉克族41%的人在家庭中不使用塔吉克语或把塔吉克语与其他语言混用，儿童群体语言使用频率依次为维吾尔语、汉语、外语和塔吉克语；孜热布夏提塔吉克族只会说维吾尔语，对于不会说母语，他们表现出遗憾，但不强烈。[①]

杨海龙等人以中国塔吉克族聚居区语言生态系统的共时状态为对象，研究了塔吉克族聚居区多语使用的不对等性。作者认为，古丝绸陆路交通枢纽的地位、政治经济的发展、民俗文化的交流为塔吉克语与周边语言接触创造了更多机会，丰富了塔吉克语的语言内涵。然而，塔吉克族分布地区常为多语地区，塔吉克语的地位虽无法替代，但维吾尔语、汉语已成为塔吉克族社会生活与交往的主要语言。塔吉克母语者在本民族群体内部交际时首选塔吉克语母语，其他语言在所处语言生态中的地位也存在差异，且不同年龄段和地区的塔吉克人语言能力也存在差异。因此，塔吉克语在多语的语言生态结构中存在着众多不对等性。[②]

帕提曼·木哈塔尔以喀什泽普县布依鲁克乡的塔吉克人为研究对象，调查了该乡语言使用、语言态度及多语使用的切换等情况。作者指出，随着双语教育的进一步

---

① 安潘明. 喀什地区塔吉克人双语现象研究[J]. 语言与翻译, 2000, (1): 12-15.
② 杨海龙, 郭利. 中国塔吉克族聚居区多语使用的不对等性调查研究[J]. 喀什大学学报, 2017, (1): 55-60.

深入，该乡塔吉克人群中汉语的影响力越来越大。同时，因长期与维吾尔族人群一起生活，塔吉克人双语或多语使用日益频繁。当地兼通维吾尔语和汉语的塔吉克人正变得越来越多，塔吉克语的使用频率逐渐降低。在语言发展中，维吾尔语可能依旧有较为广泛的影响力，但当地塔吉克族对本民族语言仍持积极的态度，这将有助于塔吉克语继续保持平稳发展。此外，塔吉克族对汉语的高度认同有助于促进该乡双语教育的开展，汉语的推广和普及范围也将不断扩大。①

总体来看，塔吉克语的传承与使用，呈现了双语乃至多语并存的现象。塔县之外的塔吉克族，因多与维吾尔、柯尔克孜等其他民族杂居，在不同语境中会使用对方民族的语言沟通交流。在教育传承过程中，学校教育与社会交往时主要使用汉语或维吾尔语，塔吉克语作为本民族精神与意志的纽带仅在家庭教育和本民族群体内部的交流中不断繁衍传承。

四、塔吉克语的变迁和转型

塔吉克语通过双路并进的方式持续传承和发展。随着双语教育的推广和普及，更多的资源为塔吉克族提供了接触更多文化的机会。汉语和外语教学的广泛普及也为塔吉克语与其他语言之间的交流提供了更多路径，进一步激发了语言内部的活力，为其语言的发展带来了更广阔的前景。焦景丹以文化人类学为理论依据，从中亚塔吉克族与新疆塔吉克族的民族起源、形成和发展等方面论述了二者在语言文化等方面的相似性与差异性。作者将文化人类学中涵化概念作为理论依据，以中亚塔吉克族通用语言的发展和新疆塔吉克族语言的发展变迁为视角，阐释了二者语言的使用场景及发展变迁过程；并举民间文学艺术之例，对比分析了中亚塔吉克族与新疆塔吉克族的文化的特征。②

但危与机并存，在宏观社会的发展变革下，中国塔吉克语的发展态势如何，对此学术界也存在较多争议。杨群等人对塔吉克语的发展并不乐观，其在《塔吉克语的使用与保护》中指出，塔吉克族虽有较强的文化适应能力，但塔吉克语却在经济发展

---

① 帕提曼·木哈塔尔. 新疆杂居塔吉克族语言使用现状，原因及对策研究——以喀什泽普县布依鲁克乡为例[J]. 中华少年, 2016, (9): 288.
② 焦景丹. 从文化人类学角度谈中亚塔吉克族与新疆塔吉克族民族形成及语言文化发展[J]. 佳木斯大学社会科学学报, 2014, (4): 149-151.

中逐渐变得弱势和无奈。其原因为家庭传统功能弱化，家庭教育逐渐让位社会教育；语言环境结构引发的语言态度及语言选择问题；双语教学体系下，双语教育教学模式有待完善；塔吉克语在文化传媒中的缺失。[①]

李兵在《瓦罕塔吉克语概况》的研究中也指出，瓦罕方言具备濒危消失语言的特点：帕米尔高原地区人口数量少且封闭，瓦罕方言位于语言社会生活的底层，语言功能严重受限，瓦罕塔吉克人不得不使用色勒库尔方言、维吾尔语和汉语。而城镇年轻一代的塔吉克语能力较弱，在城镇中瓦罕方言也无法得到很好的传承。同时由于语言接触，瓦罕方言中外来的词汇数量明显增多，以上因素均在一定程度影响其语言的良性发展。[②]

刘明认为，塔吉克人虽可选择多种语言，但很难通过一刀切的语言政策来做过多的规划。塔吉克族生计方式的改变，会使社会体系受到影响，其变革在于身份从牧民到农民，生计方式从游牧到农耕。从语言发展来看，塔吉克语文字为达里语，但因客观环境因素未得到普及，因此没能进一步发展。社会转型的外力促使社会结构发生巨大转变，移民搬迁后的生计方式变革又成为新一轮社会转型的判断依据。语言生存的内部条件较为复杂，文字系统和文学传统既有历史的独特因缘际会，也有语言与社会错综复杂的互动交织关系；生计方式的变革会产生新的社会特征，语言的选择也有可能发生变革。因此，有理由担心移民搬迁后，远离语言使用核心区的部分塔吉克人其塔吉克语临近濒危的问题。[③]

杨亦凡等人以"一带一路"倡议视角分析了中国塔吉克语言文字保护与传承问题。从调研结果来看，汉语在塔吉克族群众生产生活中的重要地位。学校的汉语教育十分普及且成功，但家庭教育方面，塔吉克语的传承也受到了一定程度上的影响。同时，语言系统学习的缺失，必定会给高山塔吉克语的保护与传承带来一定的不利影响。[④]

对此问题也有学者呈不同态度。安潘明认为塔吉克语传承与保护问题的关键在于人口稀少。塔吉克人虽持双语，但仅此不足以导致其语言成为濒危语言。塔吉克

---

① 杨群，武沐. 塔吉克语的使用与保护——来自新疆塔什库尔干塔吉克自治县的调查[J]. 北方民族大学学报，2015，（1）：135-139.
② 李兵. 瓦罕塔吉克语概况[J]. 民族语文，2016，（1）：76-97.
③ 刘明. 社会转型和语言发展——基于帕米尔高原塔吉克族民族志的实证研究[J]. 新疆社会科学，2016，（1）：157-164.
④ 杨亦凡，阿不都热合曼·吐尔逊，阿来·藏别克等. 基于"一带一路"倡议视角的中国塔吉克语言文字保护与传承问题分析[J]. 佳木斯职业学院学报，2017，（4）：263-265.

语看似因文字而面临传承问题，但大部分塔吉克人还是生活在稳定的社会环境中，只要双语和双言存在，塔吉克语就不会消失。

周珊等学者也认同其观点，各语种语言环境分布、承担职能和社会功能的不同，塔吉克语种在使用程度以及使用能力上产生了比较明显的差异。在《中国塔吉克族语言使用现状研究》中，针对这些差异总结了塔吉克族在内、外生态环境中存在的主要问题，并提出应着力加强其语言生活的规划与管理；改善语言生活和教育的环境，为语言的发展创造有利条件，以构建和谐多样的社会语言生活。塔吉克族拥有较强的多语表达能力，会通过面部特征或简要问候语快捷判断出对方的民族所属，采用对方民族的语言进行交流。中国的塔吉克族虽然没有文字，但他们会把自己的语言世代传承下去。同时，塔吉克族语言生活现状存在着两类重要差异：城乡双语（多语）使用程度差异；语言与文字使用能力差异。该语言使用的特点：一方面，塔吉克族语言生态环境良好，生态系统运行基本稳定；另一方面帕米尔高原地区塔吉克族因客观环境的限制，语言环境变化相对缓慢。因此，当前塔吉克族总体浸润在良好的语言生态环境中，塔吉克语虽使用范围较少，但仍表现出较强的生命力。[①]

以上学者的观点都基于语言生态和社会发展稳定的角度来讨论，但在历史的洪流中，语言环境及社会文化变迁轨迹存在更多不可控因素。语言的地位和使用往往与历史、社会、政治、经济等因素紧密相关。在微观层面，社群的文化活动和语言传统也是决定塔吉克语持续发展的关键要素。因此，在讨论语言的发展与变迁过程中，切不可过于片面，对于塔吉克语的传承与保护还需得到更多的关注。

五、研究讨论

早期学者在田野中将塔吉克语的基本形态与结构进行了记录与整理，之后的学者则通过多种研究手段在社会的变迁与发展中挖掘其语言的特征。依前期的研究成果可鉴，语言学的基础研究引导我们知悉塔吉克语的渊源，厘清了语言的组织原理及规则，为后续的研究提供了关于起源和发展的重要线索；语言的比较研究揭示了塔吉克语与其他语系的联系，辨析了族群在交往交流交融过程中的差异因素；语言应用的研究剖析了塔吉克语在社会变迁中面临的机遇与困境，并对未来的发展与传

---

① 周珊. 中国塔吉克族语言使用现状研究[J]. 新疆师范大学学报, 2013, (4): 114-120.

承指明方向。这些丰富的成果，有助于促进塔吉克语的发展和保护，并加深不同语言文化间的相互理解和交流。

然而，因塔吉克语使用范围局限，使用人数较少，专门从事相关领域研究的学者更是寥寥无几。因此，塔吉克语研究进程依旧缓慢，大量关于塔吉克语语言现象的问题仍有待解决。

（一）如何深入塔吉克语的本体研究

以往关于塔吉克语本体的研究中，众多学者依从语言学的理论与方法对其语音、词汇、语法等方面的内容进行了较为深度的探讨。相关研究的对话与争辩，使得塔吉克语的内部结构与外在特征逐步清晰。但从已有的研究成果看来，这种对话与争辩仍是有限的。如在语音问题的分析中，元音与辅音的数量仍存在歧义；因缺乏考古材料的支撑，色勒库尔方言及瓦罕方言的类属问题还有待进一步考证。

塔吉克语与其他语言的交融由来已久，而语言的比较研究也应从不同时空、不同视角推进。通过比较研究，在塔吉克语的起源及归属问题方面众多学者已达成共识，杨海龙、曾俊敏等人在塔吉克语的比较研究中为该类研究指明方向做出尝试。多元的语境中，塔吉克语与其他语言之间存在何种关系；在跨文化交流中的塔吉克语有何发展和变化，这也需在进一步的比较研究中找到答案。

（二）何为塔吉克语应用研究的重心

关于塔吉克语的教育与传承研究中，多数学者将研究视角聚焦在塔吉克学生的语言教育的研究中。在这些研究里，我们亦可发现其存在三重维度，即家庭教育、学校教育和社会教育。塔吉克语的传承和习得多在家庭教育中，其次是社会教育。然而，家庭教育和社会教育中，塔吉克人如何习得并实践塔吉克语的路径与范围仍值得关注；在家庭、社会中各种场景使用塔吉克语的真实状态是怎样的；塔吉克语如何作为塔吉克文化的精神纽带，将个体与社会联系在一起等问题还需进一步探索。

其次，在语言应用的研究中可以看出，塔吉克族是多语使用者，各民族间相互交往交流交融，语言作为重要交际工具和桥梁，他们对塔吉克语持何种态度，可否借助语言的应用研究作为方法与经验，促进并加强各民族间的日常生活融合，这些话题还需学者们进一步讨论。

（三）怎样理解塔吉克语在社会转型中的变迁

语言的内在结构与外部特征变化并不是由语言本身决定，而是受到其所处环境客观因素的影响。塔吉克语的发展与其社会形态具有紧密的互动关系，尤其对使用多语的塔吉克族而言，语言内部结构与外在特征必定随社会的变迁发生明显的转变。塔吉克族与汉族、维吾尔族乃至其他民族始终保持着密切的往来，这使得塔吉克语中不断涌现出各种新词、借词，用来表达新的文化现象和社会概念。在文化交往过程中，出现了外来词汇及发音融入语序结构的现象，这些语言现象对塔吉克语的发展趋势来说是机遇，也是挑战；我们可否从多学科的视角增进理解。

此外，对中国塔吉克语是否濒危的争论，学界尚未停止。总体来看，塔吉克语在使用与传播中如何增强语言活力，是诸位学者们较为关注和重视的学术议题。由此，在后续研究中，我们还需关注语言保护的话题。总之，语言传承与保护的路径及其内外效度仍有待加强。

帕米尔高原中国塔吉克社会和文化研究述评

刘 明

摘 要：文章以帕米尔高原中国塔吉克社会和文化研究为中心，回顾并梳理了社会历史研究、语言文学、文化艺术、体质健康和移民搬迁等主题研究的相关文献，探讨了中国塔吉克社会的研究现状、不足以及未来的研究路径。笔者认为帕米尔高原中国塔吉克社会研究已形成一支初具规模的研究队伍，研究成果正逐年增加；同时，应当看到中国塔吉克社会和文化的相关研究仍处于起步阶段，许多学术议题广而不深、介绍性居多、研究性偏少、学科交叉研究尚显不足；仍旧缺乏长期深入实地调研的经典民族志。从西域史观举微发凡，将有助于我们从多元一体，关注不同族群互动；多样路径，重塑社会运作机制；多维视野，形成不同叙述主体。从而，对内广泛凝聚共识，进一步推动铸牢中华民族共同体意识的深入调查研究；向外加强学术交流和文明互鉴，既讲好中国故事，又传播好中国声音。

关键词：帕米尔高原；中国塔吉克；社会和文化；研究述评

中国塔吉克族是中国人口较少民族之一。据 2010 年人口统计，共有 51069 人，主要聚居在新疆维吾尔自治区喀什地区的塔什库尔干县、叶城县、莎车县、泽普县，克孜勒苏柯尔克孜自治州的阿克陶县，以及和田地区的皮山县等地。新中国成立之初，随着 1953 年民族识别工作的开始，有关中国塔吉克族的学术研究才逐步得到发展。当然，20 世纪 50 年代除了以塔吉克族报道性材料为主的文章公开发表之外[1]，还

---

[1] 张仲智. 蒲犁县塔吉克民族的革命一页[N]. 新疆日报，1951-5-7//陈易. 世居葱岭的塔吉克族牧民[N]. 新疆日报，1952-9-27//刘岗. 蒲犁县第三区第一乡塔吉克牧民生活的变化[N]. 新疆日报，1953-8-6//杨克现，张克灿. 塔吉克人的今昔[N]. 人民日报，1959-9-20. 可参见中共新疆维吾尔自治区委员会政策研究室组编. 新疆牧区社会. 北京：农村读物出版社，1988：477-482。

有比较系统的研究，如 1956 年的少数民族语言调查、少数民族社会历史调查①以及 1958 年塔吉克族简史②等资料，为后续深入研究中国塔吉克社会和文化奠定了学术基础。

近年来，随着国家十一五、十二五规划，村寨调查③，扶贫移民搬迁以及非物质文化遗产研究的进一步开展，中国塔吉克族作为人口较少民族日益成为学术界专家学者关注的热点，研究成果层出不穷，内容涉及社会历史、语言文学、文化艺术、体质健康、移民搬迁等诸多主题。本文就笔者目力所及，对帕米尔高原中国塔吉克社会的研究做一初步的述论，以展示帕米尔高原中国塔吉克文化研究的新进展和新成果。

一、社会历史研究

（一）塔吉克人的形成

塔吉克人是中亚古代土著文明居民的一支，属于欧洲人种地中海类型。"说到塔吉克人，就指的是操伊朗语的民族，他们是古代雅利安人的后代。"④学术界一般认为，欧罗巴人的先祖雅利安人公元前 2000 年前在里海以东的中亚草原过着游牧生活，约在公元前 2000 年中期，雅利安人开始大迁徙，一支迁入伊朗高原，一支迁入印度，一支迁入欧洲，还有一支迁入塔里木盆地及其周围地区，这就是活动在塔里木盆地及其周围地区的操东伊朗语的古老部族的来历，他们在帕米尔地区，即现在的塔什库尔干地区定居下来，并创建了自己古老的文化⑤。因此，关于中国塔吉克族的形成就涉及古代的塞人⑥、粟特人等操伊朗语的部族和居民。但是也有学者认为："我国塔吉克族⑦的族源可以分为两支：一支是白种人之伊兰人；另一支是黄种

---

① 新疆维吾尔自治区丛刊编辑组，国家民委民族问题五种丛书之一，中国少数民族社会历史调查资料丛刊.塔吉克族社会历史调查[J]. 乌鲁木齐：新疆人民出版社，1984.
② 国家民委民族问题五种丛书编辑委员会、《中国少数民族》编写组. 中国少数民族[M]. 北京：人民出版社，1981：230-240 塔吉克族 //《塔吉克族简史》编写组. 塔吉克族简史[M]. 乌鲁木齐：新疆人民出版社，1982.
③ 罗家云，赵建国主编. 塔吉克族：新疆塔什库尔干县提孜那甫村调查[M]. 昆明：云南大学出版社，2004.
④ 王治来. 中亚史纲[M]. 长沙：湖南教育出版社，1986：659.
⑤ 西仁·库尔班，马达力汗著，段石羽译. 我国塔吉克的形成及其历史演进[J]. 新疆大学学报，1994，（2）：1-6.
⑥ 王炳华. 古代塞人历史钩沉[J]. 新疆社会科学，1985，（1）：48-58.
⑦ 何星亮. 塔吉克族族称及其早期文化[J]. 西域研究，1994，（3）：81-89.

人之羌人。"①

（二）塔吉克人的历史

中国塔吉克人长期居住在祖国西陲帕米尔高原之上，一些学者也对塔吉克祖先建立的朅盘陀国（历史上长达近600年）有过考证②。清王朝时期③，对帕米尔地区在政治、经济、文化诸方面进行了强有力的经略，政治上"因俗设官"，经济上兴屯田、订赋税、改币制，文化上尊重少数民族的宗教信仰与风俗习惯④。近代以来，帕米尔问题⑤成为英俄帝国主义对中国侵略的结果⑥。一些学者对"帕米尔的有关协议、英俄私分帕米尔的原因、英国入侵坎巨提及其影响以及瓦罕走廊的法律地位"⑦等问题进行了深入的探讨。中华人民共和国成立后，1950年3月，成立了塔什库尔干县人民政府；1954年9月17日，成立了塔什库尔干塔吉克自治县。一些学者曾对塔县成立40年所取得的成就进行了回顾⑧。

关于塔吉克的历史记述，英国探险家扬哈斯本分别于1887年、1889年和1890年三上帕米尔高原，撰写了《帕米尔历险记》⑨。《中国共产党塔什库尔干塔吉克自治县历史大事记（1949.12—2000.12）》则从基本完成社会主义改造时期、开始全面建设社会主义时期、"文化大革命"时期、社会主义现代化建设新时期，按天记录了发生在塔县的重大历史事件⑩。一些研究者还从中国正史、中国古籍和外文书籍三方面广泛

---

① 贺继宏．伊兰人、羌人与我国塔吉克族[M]//.载贺继宏．西域论稿．乌鲁木齐：新疆人民出版社，1996：106–110．
② 肖之兴．葱岭古国朅盘陀考[M]//.载白滨、史金波、卢勋、高文德编．中国民族史研究（二）．北京：中央民族大学出版社，1989：18–29．
③ 李强，纪宗安．十九世纪中后期清政府对帕米尔的政策[J]．西域研究，2004，（3）：39–44．
④ 鄢军涛．从乾隆朝在帕米尔地区的施政方略看其"因俗治边"政策[J]．喀什师范学院学报，2004，（4）：34–38．
⑤ 苏北海．关于帕米尔的历史问题[J]．中国历史地理论丛，1996，（3）．
⑥ 郑史．沙俄武装侵占我国帕米尔地区的历史真相[J]．历史研究，1977，（6）//朱新光．英俄私分帕米尔与清政府的立场[J]．中国边疆史地研究，2000，（1）．
⑦ 许建英．关于帕米尔交涉的几个问题[J]．中国社会科学院研究生院学报，2003，（5）：59–66．
⑧ 洪佳师，米尔扎依·杜斯买买提．塔什库尔干塔吉克自治县发展概况[J]．新疆大学学报，1994，（2）：7–12．
⑨ [英]扬哈斯本著，任宜勇译．帕米尔历险记[M]．本书的原名The Heart of A Continent[M]．乌鲁木齐：新疆人民出版社，2000．
⑩ 塔什库尔干塔吉克自治县党史工作委员会编．中国共产党塔什库尔干塔吉克自治县历史大事记[G]．塔什库尔干塔吉克自治县史志办出版，新疆《喀什日报》印刷厂印刷，2002．

收集塔吉克史料,内容包括地理、历史、语言、民族、宗教、文化等①。对于帕米尔地区②的一些外文历史资料③,中国当代著名民族学家吴泽霖则进行了较好的翻译和整理工作④。

在考古材料方面,1976年7至8月,新疆社会科学院考古研究所对塔吉克自治县进行了调查,特别是对墓葬形制、葬具及葬式、随葬器物等进行了细致研究⑤。1983年8月,又由新疆维吾尔自治区博物馆、北京自然博物馆和新疆维吾尔自治区地质局测绘大队有关专业人员所组成的考察队,在塔什库尔干县城郊发现了一座旧石器时代晚期的文化遗址,并对"遗址的位置和地层概况、文化遗存"等进行了研究⑥。2001年,为了配合塔里木河流域综合治理项目之一:下坂地水利枢纽工程的建设,自治区文物局、新疆文物考古研究所及喀什地区文物管理所等单位派人对分布在塔什库尔干河南北两岸水库淹没区内⑦的古墓葬进行了考古调查,共发现13处墓地⑧。通过考古发现,一些学者对塔什库尔干地区历史文化遗迹吉日尕勒文化遗址、香宝宝古墓⑨、古石头城和公主堡等⑩考察,找到了他们与塔吉克人古代历史文化的内在联系⑪。马苏坤则对帕米尔高原塔吉克人的墓葬文化进行了重点了解和踏勘,共调查墓葬群9处近500多座,并对其中的文化融合现象进行了阐述⑫。

(三)塔吉克族的社会

20世纪80年代,开始转入塔吉克社会和文化的研究。内容主要包括塔吉克族发

---

① 西仁·库尔班,马达力汗·包仑,米尔扎依·杜斯买买提编. 中国塔吉克史料汇编[G]. 乌鲁木齐:新疆大学出版社,2003.
② 张来仪. 沙俄、阿迦汗三世与帕米尔[J]. 新疆社会科学,2006,(1):103-106.
③ 李特文斯基."世界屋脊"上的古代游牧民族[M]. 莫斯科,1972曼德尔施塔姆. 帕米尔及邻近地区历史地理概况资料[J]. 塔吉克共和国历史考古人类学研究丛刊,斯大林纳巴德,1957,(53).
④ [英]柯宗等著,吴泽霖译. 穿越帕米尔高原. 北京:民族出版社,2004.
⑤ 陈戈. 帕米尔高原古墓发掘报告[M]. 考古学报,1981,(2)//另可见新疆文物考古研究所编. 新疆文物考古新收获(1979—1989)[M]. 乌鲁木齐:新疆人民出版社,1995:159-175.
⑥ 王博. 塔什库尔干吉日尕勒旧石器时代遗址调查[J]. 新疆文物,1985,(1)//另可见新疆文物考古研究所编. 新疆文物考古新收获(1979—1989)[M]. 乌鲁木齐:新疆人民出版社,1995:1-3.
⑦ 郭建国. 塔什库尔干下坂地水库区文物调查[J]. 新疆文物,2002,(3)(4).
⑧ 吴勇. 新疆喀什下坂地墓地考古发掘新收获[J]. 西域研究,2005,(1):109-113.
⑨ 韩康信. 塔吉克县香宝宝古墓出土人头骨[J]. 新疆文物,1987,(1).
⑩ 西仁·库尔班,赵建国. 托勒密所说的"石堡"究竟何在[J]. 新疆大学学报,1999,(4):50-52.
⑪ 西仁·库尔班. 塔什库尔干地区主要考古发现与名胜古迹[J]. 新疆大学学报,2002,(3):79-83.
⑫ 马苏坤. 我国塔吉克族伊斯兰墓葬中的文化融合现象[J]. 西域研究,1991,(4):54-60//阿依努尔古力·卡德尔. 塔吉克族麻扎文化研究[D]. 新疆大学硕士学位论文,2011.

展的简要历史、在新中国成立初期的经济社会形态、塔吉克文化特点和风俗习惯以及目前的发展状况等[1]。一些学者还对塔吉克的历史源流、社会经济、物质文化、婚姻与家庭、宗教信仰、文化和艺术、风俗习惯与娱乐活动等做了进一步讨论[2]。随着研究的深入，特别要提到新疆大学西仁·库尔班教授，研究成果颇丰[3]。2008年起，国家民委《民族问题五种丛书》修订本又再次对《中国少数民族简史丛书》《中国少数民族自治地方概况丛书》等进行了修订[4]。

二、语言文学研究

中国塔吉克族使用的语言属印欧语系伊朗[5]语族的东伊朗语支，也叫做帕米尔语支。由于我国的塔吉克族主要分为色勒库尔塔吉克和瓦罕塔吉克两部分；因此，我国的塔吉克语也分为色勒库尔（sarikuj，又译萨里库尔）塔吉克语和瓦罕塔吉克语。高尔锵是我国第一位塔吉克语专家，他编著了《塔吉克语简志》并对塔吉克语基本句型、塔吉克语句子谓语、塔吉克语的名词与格功能、塔吉克语动词语态特点、塔吉克语句子结构、塔吉克语语态结构等塔吉克语法理论进行了深入的研究[6]。曾钫主编了《汉英塔吉克语900句》，推广汉、英、塔吉克语的学习[7]。另外，西仁·库尔班和庄淑萍从"语言学理论角度对中国塔吉克色勒库尔方言的语言、词汇、语法、土语和

---

[1] 肖之兴著. 塔吉克族[M]. 北京：民族出版社，1989//肖之兴著. 塔吉克族[M]. 北京：民族出版社，1996.

[2] 李晓霞著. 塔吉克族[M]. 乌鲁木齐：新疆美术摄影出版社，1996//李晓霞著. 塔吉克族（2版）[M]. 乌鲁木齐：新疆美术摄影出版社，2009. 王钟健主编. 塔吉克族[M]. 乌鲁木齐：新疆美术摄影出版社：新疆电子音像出版社，2009.

[3] 西仁·库尔班，马达力汗，段石羽著. 中国塔吉克[M]. 乌鲁木齐：新疆大学出版社，1994//西仁·库尔班、伊明江·木拉提著. 塔吉克族民俗文化[M]. 乌鲁木齐：新疆大学出版社，2001//西仁·库尔班、李永胜著. 冰山主人：塔吉克族[M]. 昆明：云南人民出版社，云南大学出版社，2003// 西仁·库尔班，马达力汗·包仑著. 鹰的传人[M]. 乌鲁木齐：新疆美术摄影出版社，2004.

[4] 如《塔吉克族简史》修订本编写组编写. 塔吉克族简史[M]. 北京：民族出版社，2008//塔什库尔干塔吉克自治县概况编写组编写. 塔什库尔干塔吉克自治县概况[M]. 北京：民族出版社，2009.

[5] 刘迎胜. 唐元时代中国的伊朗语文与波斯语文教育[M]. 新疆大学学报，1991，（1）：18-23.

[6] 高尔锵. 塔吉克语简志[M]. 北京：民族出版社，1985//高尔锵. 塔吉克语基本句型分析[J]. 民族语文，1986，（1）//高尔锵. 塔吉克语句子谓语分析[J]. 新疆大学学报，1986，（4）//高尔锵. 塔吉克语的名词与格功能[J]. 民族语文，1987，（5）//高尔锵. 塔吉克语动词语态特点[J]. 民族语文，1990，（2）；高尔锵. 塔吉克语句子结构[J]. 语言与翻译，1991，（4）；高尔锵. 塔吉克语句子结构（续）[J]. 语言与翻译，1992，（1）//高尔锵. 塔吉克语语态结构剖析（续）——塔汉语言对比刍议[J]. 语言与翻译，1994，（3）.

[7] 曾钫主编. 汉、英、塔吉克语九百句[M]. 北京：民族出版社，2005.

借词进行了论述并阐述其主要特点及规律"[1]。

上述内容是从塔吉克语言本体进行语言学研究，一些专家、学者则是从社会语言学的角度进行探索，安潘明（Pam Arlund）分析了"萨里库尔塔吉克语中的双语现象，弄清当地塔吉克人会说哪种语言以及如何选择语言，断定其双语程度并算出双言的比率"；并且他还预测"萨里库尔塔吉克语的未来，论证它是否有灭绝的可能"[2]。此外，西仁·库尔班和李永胜对塔吉克语分布状况、内部差异、使用范围、使用情况和发展趋势做了初步讨论[3]。刘玉屏指出，新疆塔什库尔干县的塔吉克族较好地保持了本民族语言。随着交通、通讯、广播电视[4]和教育等事业的发展，塔吉克人的语库逐渐扩大，很多人成为双语人或多语人，在县城及周边地区，兼通塔吉克语、维吾尔语和汉语的塔吉克人正在变得越来越多。塔吉克族对本民族语言的态度有助于塔吉克语继续保持，而其对汉语的高度认同将成为促进汉语教学进一步发展的有利因素。[5]周珊进一步强调，中国塔吉克青少年在学校教育的语言选择上，面临着因生活语言与教学语言的突出矛盾所引发的语言学习倦怠现象，应当加快汉语教学步伐，延展汉语学习空间、拓宽知识传授渠道等思路，以求切实提高塔吉克族的民族教育质量[6]。

在塔吉克文学方面，阿提开姆扎米尔对 20 世纪 50 年代后帕米尔高原塔吉克文学[7]的形成、发展及民族和地方特色的叙述，介绍了一批塔吉克作家和作品[8]。艾布勒艾山罕从形式和题材两方面介绍了塔吉克民间文化的重要组成部分：民间艺术和民间口头文学[9]。蒋宏军、蒋方珍认为"塔吉克族民歌构思模式主要有兴体构思、比体构思、赋体构思三种形式，内容上表现爱情生活方面的伦理、道德、审美、婚恋观，格律上采用了格则勒、柔巴依、玛斯纳维等体式"[10]。西仁·库尔班将塔吉克民间口头文学分为 soug（赛吾格，即故事）和 beyt（比依特，即诗体）两大类，前者包括神

---

[1] 西仁·库尔班，庄淑萍. 中国塔吉克语色勒库尔方言概述[J]. 语言与翻译，2008，(1)：13-19.
[2] 安潘明（Pam Arlund. 喀什地区塔吉克人双语现象研究[J]. 语言与翻译，2000，(1)：12-15.
[3] 新疆维吾尔自治区民族语言文字工作委员会编. 新疆民族语言分布状况与发展趋势[M]. 北京：北京语言大学出版社，2005：203-213.
[4] 杨婧，阿斯买·尼亚孜. 新疆塔吉克族受众接触新闻媒介情况分析[J]. 当代传播，2007，(3)：62-64.
[5] 刘玉屏. 塔什库尔干塔吉克族语言使用与语言态度调查[J]. 西北民族研究，2010，(1)：79-86.
[6] 周珊. 中国塔吉克族语言教育选择历史与现状调查[J]. 民族教育研究，2011，(3)：107-111.
[7] 郎樱. 波斯神话及其在新疆的流传[J]. 新疆大学学报，1988，(2)：88-93.
[8] 阿提开姆扎米尔，李永胜译. 解放后塔吉克文学概况[J]. 新疆大学学报，1994，(2)：13-16.
[9] 艾布勒艾山罕，李永胜译. 塔吉克民间艺术和民间口头文学[J]. 新疆大学学报，1994，(2)：17-20.
[10] 蒋宏军，蒋方珍. 试论中国塔吉克族情歌[J]. 新疆大学学报，2006，(1)：138-140.

话、故事、寓言、笑话和谜语；后者包括抒情诗、柔巴依、颂歌、两行诗和哀歌[①]。还有一些学者对塔吉克文学[②]、民歌[③]给予了关注、收集、整理和比较。

三、文化艺术研究

可以说，塔吉克文化在新疆各民族文化中特色鲜明。段石羽就从自然地理、文化地理、社会生产方式和宗教信仰[④]等方面指出，塔吉克文化特征是：第一，有着最为独异的自然地理环境[⑤]；第二，有着最为独异的文化地理环境；第三，以畜牧为主，以农耕为副的经济生活[⑥]；第四，历史上有过多种宗教信仰[⑦]。西仁·库尔班阐述了鹰与塔吉克文化之间所存在的密切联系[⑧]，并探讨了塔吉克文化中的四大象征[⑨]，肖之兴则描述了塔吉克人生产、生活、婚丧、社交、节日和宗教禁忌[⑩]。热合曼库勒对塔吉克民族传统风俗即家庭婚姻、服饰、房屋建筑、婚丧嫁娶、节日及待客等习俗[⑪]的介绍，从侧面反映了塔吉克人民的社会道德和品质[⑫]。熊坤新、马静和代晓旭对"塔吉克族的人生礼仪、婚姻家庭[⑬]、谚语传说以及塔吉克族传统的爱国思想[⑭]等方面的伦理思想和道德观念进行了提炼和概述"[⑮]，从而大致描述出塔吉克族伦理观念。

[①] 西仁·库尔班. 塔吉克族口头文学简析[J]. 民族文学研究，2006，(4)：101-104.
[②] 阿不力米提·司马依，王又华，王承治. 论塔吉克族文学[J]. 西北民族大学学报，1983，(2) // 西仁·库尔班，李永胜译.〈福乐智慧〉与塔吉克文化之关系[J]. 新疆大学学报，1990，(3)：83-88.
[③] 吕静涛著，李井亚，买得力罕译. 塔吉克族民歌[M]. 乌鲁木齐：新疆人民出版社，1999 // 朱蔡尚. 新疆塔什库尔干县塔吉克族民歌的实地考察与研究[D]. 新疆师范大学硕士学位论文，2009 // 刘涛. 塔吉克族婚俗仪式音乐研究[D]. 中央民族大学硕士学位论文，2011.
[④] 高永久. 西域祆教考述[J]. 西域研究，1995，(4)：77-84.
[⑤] 新疆维吾尔自治区野生动物保护协会. 新疆维吾尔自治区自然保护区[M]. 新疆塔什库尔干自然保护区.
[⑥] 段石羽. 塔吉克族文化特征及其传统风俗[J]. 新疆大学学报，1994，(3)：96-101.
[⑦] 西仁·库尔班，李永胜. 塔吉克民族的原始宗教信仰[J]. 新疆社科论坛，1998，(3)：50-53.
[⑧] 西仁·库尔班. 鹰与塔吉克文化[J]. 新疆大学学报，1993，(2)：75-80.
[⑨] 西仁·库尔班. 试论塔吉克文化中的四大象征[J]. 新疆大学学报，2005，(5)：90-94.
[⑩] 肖之兴. 塔吉克族[M]. 载方素梅主编. 中国少数民族禁忌大观[M]. 南宁：广西民族出版社，1996：285-293.
[⑪] 祖鲁比亚·吾斯曼. 文化融合与传承——孜热甫夏提塔吉克民族乡塔吉克民俗及其变迁[D]. 新疆大学硕士学位论文，2006.
[⑫] 热合曼库勒，李永胜译. 塔吉克民间风俗[J]. 新疆大学学报，1994，(2)：21-24.
[⑬] 马红艳. 塔吉克族的婚礼及婚礼歌[J]. 北方民族大学学报，2011，(4)：58-63 // 木克代斯·哈斯木. 从婚姻习俗透析塔吉克族女性的家庭社会地位[D]. 新疆大学硕士学位论文，2011.
[⑭] 房若愚，葛丰交. 塔吉克族的爱国主义传统[J]. 新疆社科论坛，2006，(3)：92-94.
[⑮] 熊坤新，马静，代晓旭. 塔吉克族伦理思想管窥[J]. 新疆师范大学学报，2006，(3).

在塔吉克艺术方面，关也维研究了塔吉克族的传统音乐[1]，主要讨论了塔吉克族民间音乐[2]（民间歌曲[3]、器乐和舞蹈音乐[4]）、传统音乐和宗教音乐的基本特征主要体现在：第一，在音乐的调式音阶方面，既有七声调式音阶，也有不完整的调式音阶；第二，在音乐的节拍与节奏方面，丰富多彩的节拍与节奏是塔吉克族音乐的主要特征之一，其中，7/8、5/8节拍的广泛运用，则是其他民歌的音乐中所罕见的[5]；第三，在音乐结构方面，无论是民间歌曲，还是舞曲，都较为质朴；以两个相近似的材料和同样终止音的乐句，构成的平行乐段结构则是其典型的特征。

在美术方面，顾炳枢介绍了塔吉克人的头饰艺术[6]，张新泰主编的《中国新疆少数民族民俗风情绘画全集》第6卷中汇集了龚建新、买买提·艾依提、李勇等创作的《塔吉克族民俗风情》[7]中国画、油画等。赵芸认为，"作为塔吉克族区别于其他民族的主要标志之一的民族传统服饰装饰纹样[8]，不仅是其民族文化的重要载体之一，也体现着塔吉克族与众不同的民族文化心理"[9]，而杨青香提出中国塔吉克族服饰文化具有袄教意象[10]。

四、体质健康研究

在人口发展方面，马合木提·吐尔逊根据全国人口普查资料，对塔吉克族人口形势进行了论述，并对塔吉克族人口规模的发展、变化以及人口再生产类型进行了研究[11]，姚卫坤对"部分散杂居的塔吉克人在长期与当地维吾尔人生产、生活交往中

---

[1] 关也维. 塔吉克族传统音乐[M]//.载田联韬主编. 中国少数民族传统音乐（上、下）[M]. 北京：中央民族大学出版社，2001.
[2] 杜亚雄. 盛开在帕米尔高原上的民族音乐之花[J]. 民族之歌，1985，(6)，主要介绍了塔吉克族民间音乐.
[3] 黎蔷. 塔吉克民间音乐述略[J]. 新疆艺术，1993，(6).
[4] 关也维，王曾婉. 塔吉克族音乐[J]. 中国音乐大百科全书·音乐舞蹈卷，1989：627.
[5] 刘成兴. 维吾尔、塔吉克音乐中的调性重叠探微[J]. 新疆艺术，1994，(4).
[6] 顾炳枢. 塔吉克人的头饰艺术[J]. 民族大家庭，2004，(3)：53.
[7] 张新泰主编. 中国新疆少数民族民俗风情绘画全集[J]. 塔吉克族民俗风情，乌鲁木齐：新疆美术摄影出版社：新疆电子音像出版社，2008.
[8] 赵妍，徐东. 塔吉克族传统服饰特征及其文化探源[J]. 天津工业大学学报，2002，(5)//吴世宁. 塔吉克族图案艺术与色彩情结——塔吉克族花帽与头饰艺术赏析[J]. 新疆大学学报，2011，(3).
[9] 赵芸. 论塔吉克族传统服饰装饰纹样的民族文化心理[J]. 美术大观，2011，(2)：67.
[10] 杨青香. 新疆塔吉克族服饰艺术解读[J]. 新疆艺术学院学报，2011，(2)：17-19.
[11] 马合木提·吐尔逊. 中国塔吉克族人口发展初探[J]. 干旱区地理，1995，(3)：72-77.

产生了感情,并组成的混合家庭"进行了研究①。在体育方面,庞辉指出"高原生态环境、多元文化融合、传统生活方式对新疆塔吉克族传统体育具有较大的影响"②,孙刚对塔吉克族传统体育③文化的产生渊源、特征、内涵、价值进行了详细的调查研究和分析④,喻名可、孙成林也指出塔吉克族传统体育现状处于自生自灭状态,其前景令人担忧,亟待扶持⑤。

近年来,塔吉克族体质人类学的研究也取得了一定成绩,较有代表性的有:邵兴周、崔静、王静兰调查了新疆塔什库尔干县塔吉克族成人155人(男100人、女55人),观察24项,测量72项。调查结果表明,塔吉克族有其本民族的特征,如发色黑、波形、胡须多、眉毛发达,头最大宽、面宽、鼻宽均较窄,鼻根高、鼻尖下垂、鼻孔最大横径以斜和矢状位为多,未出现蒙古褶。经比较,塔吉克族与其他黄种人东亚人种较远。由此,他们认为"这些特征与白种人印度—阿富汗类型很接近"⑥。此外,李卫民、张雅玲、郝文亭、王新等人对塔吉克族7~18岁青少年健康状况、塔吉克族初中身体形态、塔吉克族13~17岁女生身体形态和塔吉克族成年人身体素质进行了调查研究和分析,为塔吉克族体质人类学的研究提供了重要依据⑦。

在健康方面,张涛通过调查分析阿克其克村,调研结果表明,该"区域性长寿人口"的形成与该地区独特的自然生存环境和人文生活习俗密切相关⑧。吾斯曼江·米吉提、阿孜古力·祖农、麦乌兰·卡迪尔、王立杰对2007年6月至2008年1月塔什库尔干塔吉克自治县报告的876例流行性腮腺炎临床诊断病例进行了分析后认为:"流行性腮腺炎已成为危害学生和托幼儿童健康的主要传染病之一,发病明显高于计

---

① 姚卫坤. 新疆散杂居塔吉克族混合家庭生活研究[J]. 实事求是,2011,(1):81-83.
② 庞辉. 论多元生态文化圈对新疆塔吉克族传统体育发展的影响[J]. 哈尔滨体育学院学报,2007,(2):9-11.
③ 于杰,庞辉,武杰. 新疆塔吉克族传统体育研究[J]. 体育文化导刊,2008,(5):49-51//于杰. 新疆塔吉克族传统体育的传承研究[D]. 新疆师范大学硕士学位论文,2009.
④ 孙刚. 新疆塔吉克族传统体育文化研究[D]. 新疆师范大学硕士学位论文,2008.
⑤ 喻名可,孙成林. 迁徙入平原后塔吉克族传统体育的传承与发展[J]. 成都体育学院学报,2008,(3):28-30.
⑥ 邵兴周,崔静,王静兰. 新疆塔什库尔干塔吉克族体质特征调查[J]. 人类学学报,1990,(2):113-121.
⑦ 李卫民. 新疆塔吉克族7~18岁青少年体质健康研究[D]. 新疆师范大学硕士学位论文,2009//张雅玲. 中国塔吉克族初中学生身体形态的调研报告[J]. 武汉体育学院学报,2004,(3)//郝文亭,张雅玲,梁剑明. 塔吉克族13~17岁女生身体形态的测量与研究[J]. 海南师范学院学报(自然科学版),2007,(4)//王新. 我国塔吉克民族成年人身体素质调查分析[J]. 乌鲁木齐职业大学学报,2003,(3).
⑧ 张涛. 对阿克其克村塔吉克族长寿人群形成机制的调查分析[J]. 西北民族大学学报,2008,(1):148-151.

划免疫针对疾病,建议开展流行性腮腺炎免疫策略研究,制定合理、规范、科学的接种方案,并加以实施,以提高易感人群免疫水平,从根本上减少流行性腮腺炎发病"[1]。

五、移民搬迁研究

移民搬迁与环境变化有密切关系,杨圣敏认为帕米尔高原上的塔吉克人所处的环境与其传统的社会组织说明:自然环境对人类的社会组织形式会有一定的影响,当一个人类群体的生产力水平较低,又处于一个恶劣的自然环境中时,这种影响就比较大,他们就只能选择那种能有效地帮助他们抵御自然环境所带给他们的重重压力和灾难的社会组织形式,血缘家族就是这样一种组织形式[2]。

对此,白振声、黄华均[3]指出变迁中的塔吉克族社区的法律秩序井然有序,而起着支配作用的主要是家系主义的内控力量[4]。刘正江也注意到在移民搬迁中,塔吉克人从牧民到农民身份的转变[5],努尔古丽·阿不都苏力分析了塔吉克族妇女在家庭经济中的劳动分工和地位[6],吴琼则对开发性生态移民建设中,移民心理危机明显、文化适应慢等问题提出了建设性意见[7],敏俊卿等对生态移民中的社会文化适应给予了关注[8]。与此同时,笔者较为系统地对帕米尔高原塔吉克族因环境变化引起的迁徙与文

---

[1] 吾斯曼江·米吉提,阿孜古力·祖农,麦乌兰·卡迪尔、王立杰. 帕米尔高原一起流行性腮腺炎暴发的流行特征分析[J]. 疾病预防控制通报,2011,(3):20-23.
[2] 杨圣敏. 环境与家族:塔吉克人文化的特点[J]. 广西民族学院学报,2005,(1):2-8//牛锐. 人类学家眼中的和谐社区:塔什库尔干[J]. 中国民族报,2006-11-10(6).
[3] 黄华均,白振声著. 塔什库尔干塔吉克族现状与发展研究[M]. 北京:中国社会科学出版社,2008.
[4] 白振声,黄华均. 贫困与伦理:塔吉克族公法秩序建立的文化阐释——塔什库尔干县农牧区低犯罪率调研实录[J]. 中央民族大学学报,2008,(2):17-23//白振声、黄华均. 单系继嗣:对塔吉克族财产继承习俗的文化阐释——以民族学和应用人类学为研究的视角[J]. 西北民族研究,2008,(1):9-18.
[5] 刘正江. 塔吉克人的文化变迁:从牧民到农民的身份转变[J]. 喀什师范学院学报,2008,(4):34-37.
[6] 努尔古丽·阿不都苏力. 塔吉克族女性在家庭经济中的地位和作用探讨——以塔吉克族自治县调查为例[J]. 喀什师范学院,2009,(3):45-49.
[7] 吴琼. 新疆塔吉克族开发性生态移民建设中的几个问题——基于塔吉克阿巴提镇生态移民搬迁的调研[J]. 新疆大学学报,2009,(5):75-78.
[8] 敏俊卿,努尔古丽. 生态移民的社会文化适应研究——以塔什库尔干阿巴提镇为例[J]. 西北民族研究,2008,(3):25-31.

化适应问题进行了长期实地的调查和研究[①]。

综上所述，中国塔吉克社会和文化的研究是从20世纪50年代开始的，主要是以塔吉克族生产、生活的报道性材料为主；到80至90年代，转入考据考证和民俗文化的研究。随着研究的不断深入，由国内学者进行的研究格外引人注目，研究成果颇丰。此外，还有一些学者从环境的视角进行探析。可见，帕米尔高原中国塔吉克人的社会与文化，正吸引着学术界越来越多民族学、民俗学、人类学、社会学、历史学和文化学研究者的目光，有关中国塔吉克族的研究已形成一支初具规模的研究队伍，研究成果正逐年增加，但应看到塔吉克族的相关研究仍处于起步阶段，有许多问题需要进一步完善[②]。首先，目前对塔吉克族的研究广而不深、介绍性多、研究性少、学科交叉研究尚显不足。其次，塔吉克人正处于社会转型期，目前缺乏长期深入实地调研的经典民族志。通过对塔吉克社会变迁的研究，将有助于我们进一步从整体上把握塔吉克文化的发展动态，并对其未来的发展做出客观的判断和认识。

从中国塔吉克族所居住的文化空间看，研究者可以从西域史观的视角举微发凡，有可能形成一些新的认识和创见。第一，多元一体，关注不同族群互动。中国塔吉克族具有独特的体质特征、生存区域、语言样貌和文化类型，应当着力促进以丝绸之路经济带为枢纽的中国塔吉克社会与中原文化的互动研究，加强中国各民族交往交流交融的学术经验总结及其深化路径探讨。从而，广泛凝聚共识，进一步推动铸牢中华民族共同体意识的深入调查研究。第二，多样路径，重塑社会运作机制。中

[①] 刘明. 环境变迁与文化适应研究述要[J]. 河北经贸大学学报, 2009, (2): 54-58// 刘明. 关于新疆塔吉克族民族学调查的若干思考[J]. 新疆职业大学学报, 2009, (3): 1-4// 刘明. 帕米尔高原塔吉克族水文化调查研究[J]. 新疆社会科学, 2008, (6): 90-98// 刘明. 新疆塔吉克人水环境变迁与文化适应研究[J]. 喀什师范学院学报, 2009, (4): 40-43// 刘明. 新疆塔吉克人水的观念与实践的调查[J]. 生态·环境人类学通讯, 2010, (5): 49-61// 刘明. 新疆塔吉克族农业环境变迁与文化适应调查研究[J]. 新疆社会科学, 2010, (4): 120-128// 刘明. 移民搬迁与文化适应：以帕米尔高原塔吉克牧业文化为例[J]. 新疆社会科学, 2011, (6): 134-139// 刘明. 新疆塔吉克族宗教生活环境的变迁与文化适应调查研究[J]. 喀什师范学院学报, 2011, (2): 36-40// 刘明. 新疆社会转型中塔吉克女性社会化程度研究[J]. 新疆社会科学, 2009, (5): 106-112. 该文被人大复印资料. 民族问题研究[G]. 2009, (12): 59-64全文转载// 刘明. 大同乡阿依克日克村——延续桃源生活[J]. 新疆画报, 2009, (2): 72-75// 刘明. 千里之行, 始于足下——记高原的精灵：牦牛[J]. 生态·环境人类学通讯, 2010, (5): 62-63// 刘明. 新疆塔什库尔干塔吉克自治县经济发展研究[J]. 新疆职业大学学报, 2011, (3): 33-37// 刘明. 新时期灾后移民的民族关系重建及其交往方式探研——以新疆塔吉克阿巴提镇社区为例[J]. 甘肃社会科学, 2011, (5): 250-255// 刘明, 米扬. 帕米尔高原塔吉克民歌传承与保护研究[J]. 甘肃社会科学, 2012, (3) // 刘明, 孙岿. 帕米尔高原塔吉克族的迁徙与生活适应调查研究[J]. 新疆社会科学, 2012, (3): 56-62// 刘明, 木克代斯·哈斯木. 婚俗视域下塔吉克女性社会角色的人类学考察[J]. 新疆师范大学学报, 2012, (5): 32-42// 刘明. 塔吉克族的迁徙与水文化适应[N]. 中国民族报, 2013-6-28// 刘明. 中国塔吉克族亲属关系人类学研究[J]. 新疆社会科学, 2013, (5): 63-68.

[②] 刘明. 迁徙与适应：帕米尔高原塔吉克族民族志[M]. 北京：社会科学文献出版社, 2014.

国塔吉克社会的亲属关系、经济类型、健康观念、建筑空间、艺术教育等一系列机制究竟是如何运作的,这就需要我们突破历史的时间维度,对塔吉克古今文化编码进行深入解读。第三,多维视野,形成不同叙述主体。从既往研究者的身份来说,我们既有中国研究者孜孜以求的学术传统,又不乏西方学者的身影,应当突破地理空间的维度,进一步加强学术交流和文明互鉴。不仅要将外文资料译介进来[①],也要将中国优秀的研究成果译成外文走出去,站在国际的学术舞台上与西方学者沟通和对话。总而言之,既讲好中国故事,又传播好中国声音。

---

① (英)托马斯·爱德华·戈登著,成斌,王曼译,乌鲁木齐:新疆人民出版社,2013.

心中留有对他者的美好:《缄默之疾》随笔

高良敏

一、从"缄默"说起

2023年7月17日晚,在北京飞往昆明的飞机上,我一直在思考刘明师兄让我写一份关于《缄默之疾》随笔之事。这思绪犹如偶遇颠簸的飞机一样,万千却不知何以落笔。其中一个重要原因是距离第一次到坦桑尼亚等东非地区开展田野调研已近八载,突然想到要重拾那些久违的记忆,让我一时抓不着头脑。机舱外呼呼之声,气流和气压带来的强烈压迫感,使悬浮的我尽力保持内心的稳定,尝试给自己鼓气。写吧!

以前我也写过一些田野随笔,但要写关于《缄默之疾》一书的随笔还是一时找不着北。我思索片刻之后,打算尽力去追溯遭遇"缄默"的过程。然而,这一遭遇的过程必然与我为什么去非洲、为什么关注坦桑尼亚艾滋病流行有关。这一过程也是一个层层迭入的过程。然而,在这里我还是先用小篇幅讲讲《缄默之疾》吧,这样大家理解起遭遇的过程和遭遇的意义可能会直接一些。

《缄默之疾》一书研究的议题是关于坦桑尼亚艾滋病广泛流行的社会文化成因。而提到对疾病的关注,不得不指出人类学总是具有颠覆性,它通过阐释社会、文化去挑战人们习以为常的对世界的看法及思考、理解方式。其中,对疾病及其相关的历史社会文化的关注总是让人类学家们乐此不疲。尽管人类学对于疾病的阐释呈现多元,但大致经历了从生物医学意义到社会文化意义的转变。而对于那些流行较为广泛、危害人类健康较为重大疾病的分析,更是多了层层重叠的厚重感。特别是疾病的社会文化建构或阐释时深邃的历史厚度,原因在于"对疾病的理解、反应和应对"都受制于历史文化情境。总之,通过解读"疾病",无疑是再现或重构一个广阔和深邃的"真实"及其"真实"的世界，或者启迪人们继续寻找真实的世界，进而从认识上推动行动的正义。

那么，在人类学意义上，何为"疾病"？与疾病相关的英语和中文翻译大致有三个相关概念，即"disease"（疾病）、"illness"（病患）及"sickness"（患病），但有所区别。"disease"（疾病）更多是单纯生物医学视角下，生理状况偏离正常指标的客观状态，而"illness"（病患）则指偏离正常状态之后的主观感受。更为强调综合的是"sickness"（患病），指人的身心或自我——意识、身体、灵魂或与世界的关系正在经历一种他/她并不想经历的状态，因此对"患病"界定的并不是生物环境因素，而是病人自身的主观感受和价值判断。[①] 也就是说，"患病"将人与其所处的历史社会文化相关联，甚至与物质存在或形而上的宇宙空间关联，呈现彼此的相互依存。

《缄默之疾》一书旨在通过坦桑尼亚巴加莫约县（Bagamoyo District）及周边国家或地区两学年的田野调查，探索艾滋病广泛流行背后的社会文化过程。学界对艾滋病广泛流行的研究视角主要有三个，一是疾病视角，二是文化隐喻视角，三是社会结构视角。疾病视角是生物医学的专利，将艾滋病纳入病理学解释范畴。然而，艾滋病不仅是生物学现象，还充满文化想象力。在这个意义上，我基于田野调查中"邂逅"的种种艾滋病相关的身体表达、身体实践中的"隐喻"，来诠释"隐喻"背后承载的主体性。同时，人们往往将艾滋病同不良生活方式、贫困、愚昧、缺乏道德联系在一起。社会结构视角的代表人物是医学人类学家保罗·法默（Paul Farmer），他提出"结构性暴力"（Structural Violence），认为艾滋病流行的背后是社会结构的后果，也是社会结构施之于身体的暴力，这些结构性因素包括社会制度、阶层、性别、民族和年龄等。

而我一直期望从早已"疲劳性"的"结构"分析中抽离，挖掘主体性，揭开社会文化表达之"缄默"的面纱。这也是《缄默之疾》一书之所以更为关心疾病何以"缄默"（Silence）之所在，旨在批判以上三种视角对艾滋病流行的阐释力之不足。在我看来，不仅有着现代生物医学模式强调"生物—社会"范式及其引发的视域和公共卫生行动不均衡的原因，还有着过于强调社会正义和文化批判的结构性原因，甚至与艾滋病"隐喻"结构性表述有关。尽管政府、学界等一直强调"重视艾滋病防治工作"，但对于导致艾滋病广泛流行的社会文化因素有时采取选择性的态度和防治实践，

---

① [美]罗伯特汉著，禾木译. 疾病与治疗——人类学怎么看[J]. 东方出版社，2010：7.

有时却是冷漠冰霜，甚至一定程度忽视或因为找不到良好药方和适合行动措施而不敢触接深层的疾病流行社会文化"敏感"之域。因此，我之所以取《缄默之疾》之名，是旨在将艾滋病流行相关的生物—社会事实、结构叙事、主体性表达三者进行关联，从这一深层逻辑中去追寻"缄默"及对其抗争与救赎的意义。

然而，我遭遇"缄默"的过程却一直伴随着我的田野过程，也就是说，"缄默"犹如森林之中的神秘风景，唯有经历远看、近看、入林、在林、返林才能看到其中的神秘。而风景的神秘性伴随着观者在哪看、如何看、为何看的一系列过程。正如我破解坦桑尼亚等非洲地区艾滋病广泛流行的神秘密码一样，如果说"缄默"是神秘的密码本身，那么"艾滋病流行广泛"就是那片森林，而一直探寻的"神秘风景"也就未必真是"森林"了。因此，我突然产生这么一个臆想，一旦没有森林，深处的神秘风景也就不复存在。然而，神秘风景可不存在或被破解，但森林却一直会存在。

二、远观

2013年8月，我在清华大学博士研究生报名自荐表上写了这样一段类似意思的话："带着中国艾滋病防治经验，去非洲开展一个对比研究……把之前在工作中应用的现场干预技术和新的实验室检测方法推往非洲！……"，直白表述就是"我"作为从事了5年多的艾滋病研究者和工作者，充满专业自信。在2013年11月的寒风中，我走进社会科学院明斋315考场，老师给了一份地区研究（Area Studies）的英文阅读材料，很多新的概念让我顿时懵了。鉴于学科背景，老师们大多围绕"全球化与疾病"开始对我提问，也就是从那个跌跌撞撞的夜晚起，我开始审视那些信誓旦旦的自荐语。后来，我阅读了清华老师送的《留德十年》，当时我还不能完全理解和感知在异国开展研究对于个人、家人及研究的意味着什么，意义何在。

后来，出于自身和家庭的考虑，导师建议我："你可选择东南亚某个国家进行研究，既可照顾到家庭，也可进入相对熟悉的'地理'领域。"然而，我坚定地选择到非洲去，给出的三条理由是：第一，非洲是艾滋病高度流行的地区，想去看看为何？第二，于我，关于非洲的印象只是从儿时就被植入的存在影视媒体中的模糊印象。最后，在云南有很多研究者关注东南亚的艾滋病，而我想去更遥远的地方。除此之外，选择非洲的巨大挑战来自家庭。事先我并未立刻告诉父母，他们也不太理解和支持我的选择，除了天下父母心外，更多是和众多大众一样对非洲是疾病、战争、贫穷、动乱等的想象，当然，也正是这样的想象强化了我对非洲的选择。在云南长期生活工作及到农村、社区的调研经历，让我坚信遥远的非洲也存在着美好。

2014年9月，开学之后，面对家里突然发生的一些变故，我依旧选择前往非洲，既是本性的固执，也是对向往的承诺。之所以如此，一个重要原因为我接受了"人类学"课程的初步洗礼。第一学期，选择了两门人类学的课，旁听了导师中国文化课程，还在导师推荐下作为公共健康研究中心程教授的助教，期间受到了导师、程教授的多次点拨。第一次系统地、认真地阅读一些社会学、人类学的书，感受到社会与文化之魅力，也体验到跨专业的痛苦与快感。阅读《摩洛哥田野作业的反思》《污秽与危险》《萨摩亚人的成年》《努尔人》等一系列人类学经典，与导师、师兄师姐们讨论问题，慢慢地打破了我对自己多年专业上"固有"知识的认知，感叹原来可以如此思考，可以如此理解世界、社会及文化，逐步打开了我对"异"的欲望。公共卫生、流行病学"规训"了我多年的身体与思维，我不自主地走在一条近乎异类的道路之上，才有了自封"人类学渣"的天真行为。固然，有自我开脱和慰藉之嫌，但更多是一种鞭策。

在去非洲之前，还有一个绕不开的障碍，也是到发展中国家开展深度研究的必修课，就是学习当地语言。本和导师商量好，准备去艾滋病流行最高的博茨瓦纳，然后，就开始通过网络，鹦鹉学舌般地学起博茨瓦纳语，坚持了一个月之久，由于未能找到适合的访学机构，前行非洲之路未卜。幸好，导师国际学术圈人脉广泛，找到刚在清华大学做讲座的坦桑尼亚依法卡拉健康研究所（Ifakara Health Institute, IHI）所长Dr. Salim博士，他爽快地答应帮我推荐到坦桑尼亚。我便开始制定学习斯瓦希里语（Swahili，简称"斯语"）的计划，同时强化自己的英语口语和写作。起初，自学效果不佳，两个月后，找到医学院的两位坦桑尼亚同学作为读伴，每周或者定期向他们请教。后来，还获得刚刚从坦桑尼亚达累斯萨拉姆大学访学归来肖学弟的不遗余力的帮助，使得我的斯语学习才走上正途，也成为后来融入坦桑尼亚社区的敲门砖。

此外，还有三件事情再次刺破我对非洲的想象。第一件，2014—2015年期间西非三国暴发的埃博拉流行。期间，我参加了很多相关的研讨会，还先入为主、兴致勃勃地写了篇文章。埃博拉引起的"国际恐慌"，莫名地再次将从未持有的"贫穷、疾病、愚昧"观植入我的脑海中，付诸我的准备行动中。在2年后看来，确属无知、属想象之自虐。第二件，2015年3月，在中非第五届公共卫生圆桌会议在清华大学举办，因埃博拉而吸引了众多国家学者。期间，我与哥伦比亚大学林同学完成了对参会人员的一系列访谈，虽然访谈聚焦于中非卫生合作，现在看来，当时的访谈并未取得预期效果，原因在于我们均未到过非洲，无法以最基本的非洲情境、认知来开展深入访谈。还有，中非双方官员那些"官腔"十足的口吻和话语无助于对研究议题的认知，但更加挑动了我对遥远的、"无知、无感"的非洲欲望，时刻有一种拨开云雾的冲动和豪情。第三件，行前琐事。我收到邀请函后，于2015年7月初前往坦驻华大使馆办理签证时，前台工作人员直接让到坦桑机场办理3个月的落地签。到坦桑之后，我才得知落地签远远无法在当地合法工作和长期居留。现在想来，仍有责备使馆工作人员为何在我一再解释后，给我这样无知的答案。另外，肖学弟很认真地与我分享了在坦的生活经验，还提供了一个长长的注意事项和准备物品清单。于是，我迎来天天有包裹、日日有快递的购物狂潮。从现金、手机、常用药物、蚊帐、小礼物、迷你电磁炉、旧衣服到两台电脑等一个个"沉重"的包袱，反复在告诉我，要去那个遥远的、未知的大陆了。

在前行一周，我和坦桑尼亚李格雷同学吃饭聊天。一开始，李格雷就批判很多中国人对非洲的无知和恐惧，还拿出纸、笔在餐桌上画了起来，先是一个粗糙的非洲轮廓，从东、西两端画了一条线后说"非洲很大，比中国大、比欧洲大、比美国大，东南西北都是不一样的！有很冷的、很热的、很温暖的地方，即使是一个国家，都不一样，坦桑的乞力马扎罗山附近就比较温暖和寒冷，而海边比较热……你要去的巴加莫约（Bagamoyo）和达累斯萨拉姆（Dar es Salaam，以下称"达市"）完全不一样，那里没有高楼、更穷，但有海风，晚上会凉爽一些！"对于他的言行举止，我并无任何反感之处，也知道或许大部分国民对非洲就是这个印象，也不想去纠结背后的种种，更不想还未进入坦桑就把自己涂抹上厚厚的浓装。

二、近看

"你来坦桑尼亚做什么？"

"你就一个人吗？为什么来做疾病研究？难道中国没有吗？"

这几个问题是我在飞行16个小时后，抵达坦桑尼亚经济首都达市尼雷尔国际机场办理签证时签证官所问。从问题本身来看，为一次普通不过的入关询问，但也从此之后，我正式把"自己"丢进了异文化的熏笼之中。

此时的坦桑尼亚，虽然进入东非意义上的"冬天"，也具备诸如路边枯草、偶尔干燥等特质。然而，当地人却坚持说："这里没有冬天，只有春天和夏天。"后来，随着时间的流逝，我似乎懂了。"热"（Joto）是这里最基本气候特质，一切围绕着"热"来展开。热情作为印度洋边上特有的气候特质而指向一切。虽然9月份为东非冬季，但印度洋沿海一带，气温维持在25-35度，中午的海风吹来也是一股热流。国内朋友还开玩笑地说，我会不会变得更"黑"，显然更多是对非洲固有的认知即"热是皮肤黑的重要原因"。热情体现在斯瓦希里语本身所散发出来的热情与奔放。我在刚刚抵达达累斯萨拉姆尼雷尔国际机场时，卫生检疫官、签证官、警察见到中国人就用各种问题伺候，有时彬彬有礼，有时还不忘调侃一番。走到大街上，时常听到当地人说："Habari, China!"（你好吗？中国人）。

热情还浸润在平时的日常生活。毗邻印度洋，纵使风大、时常尘土飞扬，都挡不住当地小商贩头顶大箱货物售卖（主要是一些当地土豆片、矿泉水、饮料之类），以及街上未穿鞋子嘻闹的孩子们。路上时常出现结伴而行的马赛族人，风中抖闪着的蓝色、红色披肩的格子长衫，手持长棍，走路一颠一颠，让在这个本就充满活力的城市更加生机有趣。热情还体现在当地人喜欢用手抓饭吃。当然，手抓饭不仅在非洲，在印度、泰国及中国西南部分地区也常见；在当地餐厅或当地人家中，也有刀叉供使用。

我问当地朋友为什么不用叉子、刀子或勺子来吃饭，他们回答既体现友好又回避了问题的尴尬，甚至是文化比较。他说："食物，一定得在手里使劲地揉捏在一起，通过揉捏来混溶，才能保证食物的原味，手的温度可以确保食物恒温！不像中国人使用筷子，食物容易冷却。"当然，不是哪只手都可以用来抓饭的，一般右手抓饭，被赋予圣洁之手，而左手是上厕所时使用的，洁净与污秽就在双手之间。热情还体现在无知中。在出关安检时，安检员示意我把行李提过去："里面装了两个大黑色的大东西是什么？"，我说："是做饭用的迷你电磁炉……"起初安检员无法理解，他笑了笑示意我可离开。原先在想象和朋友告知中，在这里生活会出现很多挑战，比如缺少电力、煤气等。然而，现在看起来纯属无知，在租的房子里，有非常好的厨房，电力、煤气等也算充足，虽偶尔停电，但可保证生活之需。

这个没有冬天的冬天里，我还需要跨越一个"彼我"与"此我"。作为曾经完成生物医学教育和实践的我，徘徊在生物医学建构的真理与非理之间。与其说遇到，我更愿说邂逅了一个本质上的困境，一方面对生物医学抱有深层次的暧昧，一直主导着甚至占据着我，考验着我能否完成跨文化的田野调研。直白地说，虽然我尽量去保持不带好恶的偏见，然而却正是长达12年的生物医学训练、实践，让我较为轻松地同"他们"（我的非洲同事们）一起开始了我的田野。

经过一系列事情之后，当我进一步问自己：来坦桑尼亚做什么的时候？我想可以回答这个问题了，谋求对当地文化的体验，在生活日常中获得对当地的认知，进一步理解和阐释研究的关注背后所渗透的强大社会文化动力。首先我得"生活"下去，才能谈如何融入这个异文化之域，才能在细水长流中找到以当地人的视角来理解我的关注。就像这里没有冬天的冬天一般，打破或跨越原有的想象，唯有让自己紧贴东非大地，踏实地生活，方能安心思考。

三、入境

2015年10月中旬，我跟随坦桑尼亚导师来到巴加莫约分所。在巴加莫约镇的小道上（印度街）坐落着印度、阿拉伯风格的建筑，德国、英国的殖民遗址，路边还有炊烟袅袅的渔市，路上时常奔跑的小学生。虽然一些建筑破旧不堪，但完全遮掩不住这个小镇弥漫出来的古巷、历史之斯瓦希里文化气息。

研究所与巴加莫约县医院坐落在印度路的右侧，靠近印度洋。刚刚进入医院时，一个病人见到我，便高举手大声说着中文："你好！"时常在路边行走都会碰到当地人的问候，偶尔还有一两句中文，孩子们也会大喊一声"ho ha!"和比划几个功夫动作和姿势。后来在导师推荐下，我进入了县医院的艾滋病诊疗与关爱中心（HIV/AIDS Care and Treatment Clinics, CTC），和医护人员、同伴教育者朝夕相处后，成为了他们的一员。按照护士吕赫玛（Rehema）的说法："Wewe ni mtoto, mimi ni mama yako! Kazi pamoja, chakula pamoja!"（你是一个孩子，我是你的妈妈，我们一起工作，一起吃饭！）。当然，我成为他们中的一员，得到认可，是建立在一次次突破我固有认知的基础上。在中国时，医生、护士很少和艾滋病人握手，基本不拥抱、拉手、友谊式交谈，固然与中国相对内敛的文化有关，而在这里却成为医患之间的常态和日常，医护人员还积极地给艾滋病儿童或孤儿们洗手。温馨的图景既是社会之日常，也是医患之常态。

在克服种种"差异"后,我虽然摆脱不了自身的内敛,但逐步接受、理解了这里人与人之间的日常互动。"问候、握手、拥抱"之后,我不再是一个遥远的外来者。当然,对我的认同还来自工作上,由于之前在中国从事过艾滋病工作、研究,虽有差异,但凭借之前的家底,我的快速适应和高效,还时常对他们工作方法提出改进建议。比如,在每天下午下班之前都要准备好第二天的病人档案,每天的病人大概150-200人,找档案看似小事,但按照他们的方法,2到4个人至少得花上2个小时才能完成。他们往往抬着大大的随访登记本,在8000多份按顺序排好的档案中挑出所需档案,档案顺序上的时常混乱、手工登记不清、名字混用等成为耗时耗力的主要原因。

在我刚进入CTC开始的第一周,就提议并亲自示范了一种快速完成的方法。从随访登记本上,按照病例编号从大到小,将编号抄到小纸条上,每20个号一组,分发给不同的人,登记不清的、名字不清的、转诊的把病例号和名字同时记下,对比寻找。这样下来,原本需要4个人2个小时的工作,在我的改进建议之后,只需要2个人30分钟。当然,我还参与了发放病历卡片、填写化验单、血清管编号等工作,与医生、护士、病人均积极互动,不到2周的磨合,我得到了他们的认可、认同。我不再是"Mtoto"(孩子),成为"中国医生",也得到了病人亲切的问候:"Habari zako, daktari?"(您好吗?医生!)或者"Shikamoo, daktari!"(尊敬的医生,您好!)

此外,我获得认同的一个重要原因是我愿意用他们的方式与他们进行交流,认同我自己、认同他们。在传统人类学意义上,这里的他们属于"他者"(the other/others),就我而言,虽然有文化上的诸多差异,但是我感受不到那种绝对文化意义上的"他者",而更多是"在一起"工作、生活的"我们",分享彼此的痛苦、快乐、经验和彼此的文化。简单而言,我们的互动过程也就是彼此分享的过程,认同只是一系列过程的结果。因此,人类学意义上的"他者"何在?"异"在何方?

四、在地

对于为何要再思"他者"观?"异文化"在何处?很重要一个原因不仅仅是源于在"海外"框架之下有重新探讨之必要,更重要的一点是源于我在坦桑尼亚等东部非洲调研的一些经历。首先，所谓的"非洲"并非我们从书本、媒体、西方人类学家那里得来的非洲，随着田野的深入，逐步裂解着对固化、刻板非洲的认知。其次，非洲是如此"热情、丰富、多样"出乎我的想象。第三，我体验到的非洲，已经不再是被祖辈们奉在友谊、兄弟之上的非洲，当地人对中国或者中国人的认知出现裂变；第四，亲历后感知，在被殖民者建构的"黑、白"二元世界里，夹杂在中间的"黄色"中国人，如同对非洲、西方未知一样，产生强烈的不适感。

2017年3月初，在坦桑尼亚完成近两学年的田野后，我打算前往卢旺达、乌干达、肯尼亚等进行短期调研，原因有三，一是在近两学年的田野，让我深感此"非洲"非彼"非洲"，这里人民热情、饮食丰富、文化多样和乐观的人生态度，对我来说是不小的冲击，击碎了对非洲的认知，固化、刻板的认知在热情、丰富、多样面前是如此不可理喻；二是坦桑尼亚一国如此，其他周边国家想必也是如此；三是被祖辈歌颂的中坦友谊出现变化。除此之外，在大多数当地人的眼中，中国人都会功夫，也是白人。显然，不管是处于主位的我，还是处于客位的他们，在互为认知上存在巨大鸿沟。基于种种原因，增加了我前往周边国家探知的欲望。

2017年3月27日，我和一位德国朋友共同前往卢旺达。在相互问候后，卢旺达的朋友说了句"you are both Mzungu!"。"Mzungu"为斯瓦希里语，主要有几层意思：一为迷路的人或外来者；二为白人，多指欧洲白人。在欧洲殖民者大举海外殖民后，大部分讲班图语系的非洲国家都用 Mzungu 来特指欧洲白人；三指，也有指除黑人之外的，来自亚洲、印度、中东等地区肤色较浅的人，有着当地人对外来肤色羡慕之意。当然，也有其他一些特定情景下的语义。我曾以此切入剖析了其背后的历史与社会意义及中国人类学家在非洲开展田野调研的价值立场。[①]

旁边的德国朋友听罢，显然不高兴，说到："Mzungu 是指欧洲人、白人，他（指我）是中国人，不属于白人，属于有色人种。"，卢旺达朋友不解到："为什么？在我们的眼里你们都是白人啊。"德国朋友用直白不屑的口吻表示："他是黄种人，属于有色人种。你们不能把他们叫做 Mzungu！"讲解员可能顾及我的感受，笑着说："在我们的眼里，只有白人和黑人，没有更多的有色人种！"，德国朋友耸耸肩表示无奈，说了句"ok,……Mzungu……！"此时的我，仿佛已经感受到了当初殖民者持有的姿态，也感知到当地人被建构的"黑与白"二元世界。于我，似乎被置于"黑与白"

---

① Gao Liangmin: Value orientation of Chinese anthropologists conducting research in Africa. Africa-Asia, 2019.

之间，一个尴尬而不适的空间。虽然，我在坦桑尼亚两了学年，也有很多人，包括小孩见到我就喊Mzungu，但是此刻出现的德国朋友对于我是否为"Mzungu"提出质疑，也在质疑当地人对此的认知，让我产生不适。德国朋友持有的那种不屑、俯视口吻至今仍然萦绕在脑海。

在我经历了强烈的文化冲击和不适感之后，认为有必要审视和再讨论源于西方的人类学核心概念即"他者"和"异文化"，同时，中国正在发生"走出去"、一个跨界的社会事实，也正在触发国人对中国之外的兴趣，可谓是一个刚性需求。今天中国"走出去"的姿态，显然与西方当年殖民主义"走出去"有着本质的差别。

在早期的西方人类学者及当今很多人类学看来，人类学关注的"他者"就是"所指"（signifier）的国外之意涵。"他者"观，是西方人类学家特别一直以来研究"异文化"所倡导的。针对中国的海外人类学，一直有关于"异文化""他者"两个核心概念的争论。西方人类学向来以对"他者"（the other/others）作为学科定位，是绝对文化意义之上、不对等的他者，以对"异文化"的关注作为学科标志，同时以走出国门去海外做研究作为研究者的成年礼。所以，在相当一段时间内，一些西方人类学家对本土研究的价值表示质疑，认为海外研究才是主流人类学的真谛。

在传统人类学家看来，并没有"海外"（oversea）这一词汇。之所以如此，是因为早期如欧洲、日本等国的人类学家，认为人类学研究本身就是去"海外"做田野调查，撰写民族志，并不需要在前面硬生生加一个地理概念。之所以如此，我认为主要有两个原因：一是，欧洲诸国和日本国土面积狭小，普同性较强，多样性较弱，异文化就显然指向了欧洲诸国、日本之外的"他者"。二是，欧洲诸国、日本等殖民扩张、治理等需要，早期的许多人类学者，借助殖民国家提供的经费，获得殖民保护进入殖民地进行研究。例如埃文斯·普理查德《努尔人》这一经典民族志的完成，是在英国殖民当局的刀枪护卫之下进入努尔人地区，调研的目的除了了解努尔人社群文化外，还为殖民当局开展制衡南苏丹丁卡人（Dinka）的措施提供参考素材；拉德克利夫—布朗在调研安达曼岛人时，殖民当局也为其提供安全保障和其他便利，才得以完成民族志《安达曼岛人》；更甚的是，日本为了开展对中国东北的殖民、屯军入侵的需要，日本军国主义为鸟居龙藏等日本人类学家在满洲从事体质调研提供了军事援助。

回顾历史，欧洲人类学研究之初期发展，得益于欧洲探险家、基督教传教士以及殖民地行政官员。这些人的书信、日记、旅行记录、传记、报告以及书籍成为欧洲"座椅人类学"之基础。假若没有欧洲殖民主义的扩张，我们难以想象英国、法国、德国人类学会变成什么模样。当然，早期人类学研究者并非一味迎合殖民政府的需求，也重视他者知识的获得，重视人类整体知识的积累。在整体殖民话语下的人类学，在本质意义上就是对殖民国家以外的殖民地进行研究、满足宗主国对"他者"的兴趣，并无囊括宗主国境内之说，本身就是指"海外"研究。

也正因为如此，在利奇的《社会人类学》一书中，曾以不屑一顾的口吻对费孝通先生的学术路线进行质疑，认为费先生的本土研究不符合人类学对研究异文化的基本要求，以自己的社会为研究对象是否可取？[1] 按照这一逻辑，中国有没有人类学都是一个大问题。当然，利奇的逻辑基于一个荒唐臆想，受到费先生系统的批驳，实为理所应当。费先生正面回应说，研究本身不仅可取，"人心隔肚皮"完全符合人类学意义上的异文化，而且借他们共同导师马林诺夫斯基的话说，还可能标志着人类学这门学科的新发展。[2] 相比之下，美国人类学之初始有大量的本土研究作为支持，摩尔根和博厄斯对印第安人的研究即为例证。由此可见，西方人类学所说的他者或异文化研究之原则，需要接受知识考古学的解剖。以研究他者或异文化作为人类学学科的标志绝对不是一个理性选择的结果，而是一个历史过程建构的学科传统。

从为数不多早期从事海外研究的中国人类学家及其经历可见，多为去英美留学或访学期间完成，大多经历过日本军国主义入侵或统治的时代，大多有在西南少数民族边疆研究的经历，出国留学或访学大多有强烈家国情怀和学术报国的志向。另外，中国早期人类学家通过在英美学习所得进行实践，在异国他乡开展文化多样性研究时，目的旨在探讨中国的社会、民族、文化问题，从中后期开展与中国相关的"乡土人类学"研究便可知晓。许烺光直呼"我是个'边缘人'，随时接触到不同文化，亲身体验不同文化而在内心相互摩擦的边界。"[3] 再如，李安宅虽赴美求学完成印第安人的研究后，嫣然回到中国从事藏族研究及相关工作，其并未食洋不化，可谓家国情怀，求学志在报国。[4] 梁漱溟更是直白地指出"西洋人是有我的，中国人是不要我的"，提出"互以对方为重"的中国人际伦理价值观。[5] 正如，多年从事海外民族志研

---

[1] Leach E. Social Anthropology. London: Fontana, 1983 // 中根千枝. 东亚社会研究·绪言 [M]. 北京大学出版社，1993 年.

[2] 费孝通. 人的研究在中国 [J]. 东亚社会研究，北京大学出版社，1993 年.

[3] 许烺光. 边缘人——许烺光回忆录 [J]. 南天书局，1997.

[4] 汪洪亮. 建设科学理论与寻求"活的人生"——李安宅的人生轨迹与学术历程 [J]. 民族学刊，2010，(1).

[5] 梁漱溟. 东西方文化及其哲学（梁漱溟全集），山东人民出版社，1989.

究的台湾人类学家乔健先生，在1999年9月广西右江"21世纪人类学本土化"国际学术会仪上指出的那样："……到了晚年，我总是要去研究一下自己的文化……"[①] 各种案例，足以展现中国人类学家的家园乡土情怀。在西方人类学面前，中国人类学虽然是意义上的"徒弟"，也曾或现在仍持有"他者"立场来开展海外民族志，但在浓厚的乡土、家国情怀面前，"他者"更多是"'他者'之意，非'他者'之心"。

五、再思

于我，在非洲调研的另一个重要经历，使我认为"他者观"对于中国人类学家开展海外人类学研究的价值立场值得商榷。在我去过的东非大街小巷，很多当地人、小孩除了叫中国人为"Mzungu"外，还会将中国人称之为"Asain"（亚洲人），粗心一过，似乎也恰当。殊不知，这样的称谓直接延续了东非历史上的"亚洲人"称谓。在东非历史上，"Asain"指来自印度次大陆及周边的南亚人，包括今天的印度、巴基斯坦、斯里兰卡等。他们之所以到东非，有两个重要原因，一是，延续在公元1世纪以来的传统，凭借印度洋季风顺风而下，到达东南非，主要从事贸易、经商[②]；二是，在19世纪期间，同为英国殖民属地的印度次大陆，很多人被殖民当局征召进入东非，成为开拓非洲的重要力量，甚至是重要代理人之一。印度人凭借其出色的生产和商业技能，已经深深扎根于东非大地，其身影已经遍布大街小巷，曾经或一直主宰着东非的社会民生，在政治上也有重要影响。由此，东非印度人也有了另外一个称谓，即"dukawalla"，"duka"为斯语，意为商店，"walla"为印地语，意为老板或负责人。[③] 在东非国家逐步独立后，很多印度人为了生存，也主动或被迫选择了东非国籍。当今的坦桑尼亚达累斯萨拉姆、肯尼亚内罗毕、蒙巴萨、乌干达等地的印度人，仍被当地人称为"Indians"印度人或者"Asains"亚洲人，当地的华人华侨则称他们为印巴人（即印度、巴基斯坦人）。由此看来，用历史上的"Asains"来直接称呼中国人，显然不适合，虽然在后来有了"Mchina"（中国人）这一个斯语称谓，但是历史的"Asains"仍旧被广泛用来称呼中国人。由此可见，在东非，中国人既不是"Mzungu"，更不是历史上的"Asains"。除了历史原因外，出现这一现象背后的根本

---

① 周大鸣，乔健. 务实：21世纪人类学本土化趋势[J]. 广西右江民族师范高等专科学校学报，1999：4.
② 李鹏涛，车能. 东非印度人的历史与现状[J]. 世界民族，2016：6.
③ 周倩. 肯尼亚的印度人[J]. 世界民族，2016：1.

原因还在于中非人民或文化之间存在的巨大认知误差、认知不足，显然与中国提倡的美美与共、人类命运共同体以及当下中非交流等完全不相符，完全是"他者"观立场在作祟。

目前，中国人类学确实到了有条件大规模走出国门的时刻，且已有一部分青年学者做出了努力，但仍然沿用"他者"观下定义的"异文化"或"海外"等固有概念，中国的海外民族志研究则将难以做出创新，也难以阐释出新时代人类学的新意义。由于社会科学很大程度建立在事实叙事之上，中国人类学者走向海外积累第一手资料，撰写民族志，无疑将为学科发展注入了新的活力。[1] 同时，中国人类学者进入海外，增强社会科学的想象力，摆脱以往的家乡人类学或者边疆人类学范式的局限，无疑具有重要意义。[2]

费孝通提出"文化自觉""美美与共"等概念内涵彰显巨大张力，成为中国人类学者开展海外研究时依赖的价值立场。从某种意义上来说，曾经作为西方半殖民地的中国，不应该信奉西方人类学绝对意义、不对等的"他者"观，而应该借鉴"美美与共""我们""在一起"，甚至"人类命运共同体"一些相对平等、平视的概念。正如费孝通先生所言："……这些'异文化'，经过消化、改造之后成了各自文明中新的、属于自己的内容，并从宗教、政治和意识形态等方面反映出来。今天的世界上不同文明之间已经是'你中有我，我中有你'……"[3]

从人类学家责任与立场来看，一为弘扬与人类相关的文化多样性，二为坚守文化相对论的立场，也就是文化批判。[4] 而进行文化批判主要有两种方法[5]，一是基于认识论的批判。如萨林斯认为，对文化意义的探讨优于对世间利益和物质关注的探讨，是因为对人类而言，不存在未经文化建构的自然本质、需要、利益或物质利益。[6] 二是跨文化的批判，如米德探讨了美国人普遍认为的青春期骚动在萨摩亚的反例表

---

[1] 高丙中. 海外民族志与世界性社会[J]. 世界民族，2014:1// Gao B, Kipnis A B. Anthropological overseas ethnographies and the development of Chinese social science, 2021.

[2] 高丙中. 凝视世界的意志与学术行动——海外民族志对于中国社会科学的意义[J]. 广西民族大学学报，2014：5.

[3] 费孝通. 美美与共与人类文明（上）[J]. 学术研究，2005,1.

[4] 景军. 穿越成年礼的中国医学人类学[J]. 广西民族大学学报，2012:2// Hu Jun: Increased incidence of perforated appendixes in Hmong Children California[M]. New England Journal of Medicine, 2001// Hu Jun: Under the Knife: Medical noncompliance in Hmong Immigrants[M]. Ph.D. dissertation, Emory University, 2007.

[5] 马尔库斯. 作为文化批评的人类学，王铭铭，蓝达居，译，三联书店，1998.

[6] 萨林斯. 文化与实践理性，赵丙祥 译，上海人民出版社，2002.

现。①这两种方法都主张到海外去发现能够深刻校正我们观念的最为异己的文化。中国人类学进军海外，体悟世界多元文化，记录不同的文化形态，推进人类知识的整体增长，实则是为了文化上的分享。作为中国人类学学科建设之必要，重视人类学学科特质之学术自觉和全球意识观。②

对于中国的海外民族志研究，应该回到何为人类学家的责任及人类学家立场来分析和审视，弘扬文化多样性、坚守文化相对论，但需从"他者"转向"文化分享"（Cultural sharing），借用费先生美美与共的观点，强调新时代人类学促进的文化分享之责任。据此，我认为可以从三大途径来完成文化分享，即继续认识文化多样性之必要、向其他文化学习之必要、汲取其他民族经历的社会文化磨难之必要。文化分享的另外一层意义在于，我们在体验文化多样性的同时，进而深刻反思自身文化的缺失和优势，从而创造真正意义上具有中国性的理论、观点和智慧。在这个意义上讲，中国人类学走出海外，既是反诸自身，研究中国问题，更是服务于人类命运之共同体，达到美美与共，更是完成人类之文化分享。

六、心中留有对他者的美好

2017年8月18日，当我回国不久，收到巴加莫约好友杜拉结婚的消息，从当地朋友发来的照片上看到了整个婚礼流程，食物准备、拜见长辈、浩浩荡荡接亲的摩托车队，简单而不失传统。我通过在坦桑尼亚的中国朋友，转交了30000先令（约100人民币）的礼钱，以示祝贺。他也通过朋友，发回一张收到礼钱的照片。在蓝色的礼包上，写下了一个大大的"囍"。虽然他不能理解其中的含义，但是作为朋友，算是欣慰，也算祝福。杜拉虽然不算富裕，但他并没有同很多当地有钱男子一样成为"糖爹爹"之流。多年以来，他一度因为"疯子、恶魔"般的艾滋妻子将婚姻视为恐惧，将当地女孩视为"问题女孩"，虽如此，不可否认的是在这片充满男性性特权的印度洋边上可谓一股清流。他依靠摩托车载客、卖保险为生，支撑起了一个残缺的家，把孩子送到达市上私立学校，努力工作照顾长辈和亲朋。重要的是找到他心目中的"非问题女孩"，也算圆满。

---

① 米德. 萨摩亚人的成年，周晓虹，李姚军，刘婧 译，商务印书馆，2011.
② 麻国庆. 中国人类学的学术自觉与全球意识[J]. 思想战线，2010：5.

在长长的东非图景中，从终于结婚的好友杜拉，"逃离"被世代框定的生命轨迹的 Houseboy 彼得，过了一把都市生活瘾的马萨伊兄弟，"卖肉身养家"的艾滋妈妈艾丽克丝，到乐观而又隐秘的艾滋病同伴教育员提萨，向死而生、以 CTC 为家的玛利亚，以及那些努力工作着的医护朋友，还有方兴未艾对抗男性特权的二房东内艾玛、好友朱玛尼等，一个个活生生的个体在向世人昭示撒哈拉沙漠以南非洲艾滋病语境下丰满的社会文化生态。

基于此，在《缄默之疾》一书的理论脉络走向呈现两个重要面向。一个是艾滋病之所以走向资源贫瘠的农村、走向弱势的社会底层、走向弱势的女性，甚至还走向广泛的两性之"性"，其背后蕴含着一个逻辑，也就是外在的结构暴力已经嵌套在不平等的社会结构中，发生了深层内化。该书的社会结构为在特定社会情境中的社会地位、经济地位和政治地位。当下，在坦桑尼亚这一特定社会结构、社会情境中，暴力形态已经发生了质的变化，不仅是那些早被外界熟知的来自宏观层面、全球、社会、政治、经济等结构层面外在暴力带来的不平等和不公正，而是伴随着外在暴力同时发生的微观层面、地方社会、地方文化层面的暴力，也就是外在暴力发生内化、走向深层，嵌套在社会结构之中。

我认为外在暴力的多元走向，走向弱势地区、社会底层、弱势性别，更甚的是走向两性之"性"。艾滋病流行走向农村等医疗卫生健康资源贫乏、健康能力弱势地区的过程，实质是"医与医者"之结构性不平等、结构性弱化等暴力形态走向一个被长期形塑了的、定型化了的健康城乡结构的过程，艾滋灾难就是其重要后果之一。在一系列内化过程中，根植于深邃历史中既定的社会城乡结构扮演了重要角色，资源贫乏的农村地区、对外界抵抗弱化的社会阶层、男权社会中的弱势性别以及那些懵懂的女孩往往容易成为暴力走向的受害方。撒哈拉沙漠以南以异性之"性"为主要流行模式的艾滋病得以广泛流行、异性间普遍发生的肛门性交两个事实，向我们逐步呈现了暴力内化的一系列逻辑。暴力内化有着深邃的社会历史空间，有着特定的地方文化内涵和文化生态，在特定的社会文化空间中，暴力得以依托地方社会的文化认知，不仅仅呈现丰富的地方文化隐喻，还与文化之文化来完成了并接，实则是一种隐喻着的不平等的文化权力关系，使得暴力最终走向深层、细微，带来广泛的健康灾难。

除此之外，理论脉络的另一面向则为，与暴力发生内化、走向深层的逻辑类似，暴力也会被消解。坦桑尼亚艾滋病流行呈现"三降一升"整体积极态势的社会事实告诉我们，有暴力的存在，就有对抗暴力的力量，而且对抗的力量在增加、增强，才导致暴力消解为积极、阳光之力。通过辩证分析后，基于坦桑尼亚的社会情境，对抗暴力和消解暴力的力量呈现多元，来自相关主体，不仅来自国际社会的援助，也有国家的付出和努力，还有文化层面的自组织之间的互惠互助、医护之仁爱、人间之温暖，当然还有方兴未艾对抗男权的女性个体。因此，我认为审视诸如撒哈拉沙漠以南非洲这样一个特定地区的健康结果，不应该落入既定的好似一片阴暗的学术传统之中，应该有辩证之思维。简单而言，非洲艾滋病议题不仅指向"社会阴暗、人间苦难"的内化暴力，还指向了来自国际、国家和民间的力量，指向对社会不公平的自我救赎与抗争。

同样，回顾人类应对重大瘟疫的历史，不难发现，不管是欧洲中世纪的麻风病，还是清朝末期的东北鼠疫大流行，瘟疫大流行固然多指向的阴暗面向，但是另外的一面却是不被抛弃的麻风军团、麻风战地医院的组建、弥留之际的清朝政府却举全国之力抗疫等等。同样，当审视非洲历史上最大的、被学界和世人垢病的"艾滋瘟疫"时，我们也应有辩证的思维和阳光的分析，看到瘟疫苦难中积极、阳光之面向。

正如我层层迭入的田野过程和对"自我"的反思一样，我遭遇"缄默"，但并未陷入"缄默"的泥沼之中，而是如同阴暗与阳光一样，我心中留有对"他者"付出与努力的美好憧憬。或许这也属于森林深处神秘风景的一部分。大道至简，正如景军老师给《缄默之疾》赐的序中提及的一样："其（该书）魅力源于作者的三个转向。第一是从流行病学转向人类学，第二是从本土转向海外，第三是从对暴力的关注转向对悲悯的关注。转向的结果即是该书的结晶。"

将缄默作为方法——评读《缄默之疾——坦桑尼亚艾滋病流行的人类学研究》

刘 明

摘 要：在追求话语权和眼球经济的时代，缄默如何作为一种文化力量赋能疾病乃至流行病医学；这既是一种崭新的学术命题，又是锻造学术新方法的可行路径。文章通过对高良敏《缄默之疾——坦桑尼亚艾滋病流行的人类学研究》一书的研读，从缄默的表达、遥远的非洲和疾病的力量三位一体的符号意向出发，指出缄默作为一种无声的语言，既是坦桑尼亚社会底层人群的社会实践，又是人际之间暴力常态的文化资源；既是研究者书写地方的历史记忆，也是其社会地位和文化阶层在话语权力领域的式微。

关键词：缄默；非洲；疾病；坦桑尼亚；人类学

时下，在一个追求话语权和眼球经济的时代，缄默如何作为一种文化力量赋能疾病乃至流行病医学？这既可能是一种崭新的学术命题，又是锻造学术新方法的可行路径。溯古，战国时期桓公病入骨髓，扁鹊望候而走。世人皆评韩非散文精妙之处在于由讳疾忌医到为政者正视现实。若以望闻问切观之，从姬缓初见、复曰、三出、已逃的行动慎思，则留给众人"医不叩门，易不空出"的行业智慧。如今，清华大学国际与地区研究院高良敏博士携其新作《缄默之疾——坦桑尼亚艾滋病流行的人类学研究》（下文简称《缄默之疾》）又将带给我们怎样的启发和洞见呢？

一、缄默的表达

就普通人而言,非洲与艾滋病的联想似乎总是源于贫困,导致个体生命的苦难常常被落后的经济水平、糟糕的卫生条件和有限的卫生知识所替代。毋庸讳言,这是我们对非洲的无知和恐惧。如果将贫穷、疾病和愚昧作为非洲的标签,虽管中窥豹,却是人们脑海里常有的印象。的确,从表象上来看,越是贫穷的区域,艾滋病的流行就越肆虐。坦桑尼亚就处于艾滋病广泛流行的重点区域。从传播途径来分析,血液接触、母婴垂直传播都不及性接触传播对巴加莫约县(Bagamoyo District)的危害大。性又与借由金钱或物质"糖爸爸"有着内在且深刻的历史关联。那么,这种缄默是如何出现的?

缄默作为一种无声的语言,既是坦桑尼亚社会底层人群的社会实践,又是人际之间暴力常态的文化资源;既是研究者书写地方的历史记忆,也是其社会地位和文化阶层在话语权力领域的式微。作为学术分析框架,高良敏从结构性暴力着手追问公共健康的历史,由暴力的内化过程透视公共健康的底层视野,在暴力内化结果与自我救赎的讨论中,一方面看到艾滋风险的底层与性别之维,另一方面则另辟蹊径地指出国际援助、国家努力和民间力量在健康与悲悯中的贡献。

具有风险的性传播是如何与坦桑尼亚的社会、历史、经济和文化勾连起来的?既往研究的经典范式围绕疾病、文化隐喻和社会结构通往探赜之路。诚如作者所言:"一直期望从早已'疲劳性'的'结构'分析中抽离,挖掘主体性,揭开社会文化表达之'缄默'的面纱"。无疑,每个人都在说,却没有人在听。选择性的态度、冷若冰霜的表情、不敢接触的麻木都预示着研究者誓将生物—社会事实、结构叙事和主体性表达进行到底,在追寻"缄默"的田野中抗争,从而回归救赎的生命意义。

语言不是人类的专利,准确的语言也许会使其丧失弹性。当人们依赖语言表达时,缄默却有了厚重的力量;当声音表情都是虚假,缄默却成为唯一的真实。缄默,是今晚的巴加莫约!由此可见,语言沟通促成文化分享,文化多样性催生文化相对论(文化批判)。尽管"缄默"作为社会行动是一种表达;作为个体,尤其是人类学研究者,高良敏还是塌下心来认真学习当地社会的语言。从作者通过网络鹦鹉学舌般地学起博茨瓦纳语,再到他开始制定学习斯瓦希里语(Swahili),甚至他还强化英语口语和书面语。确实,令人对这位未来可期的人类学家充满敬意:他"得'生活'下去,才能谈如何融入这个异文化之域"!

二、遥远的非洲

缄默作为一种表达，还源自异文化的陌生感。对于大多数国人脑海中的非洲印象，始于影像作品。20世纪80年代初，一部《上帝也疯狂》（The Gods Must be Crazy）横空出世。影片在描述非洲卡拉哈里地区人们生活方式——挖树根、收集清晨树叶的露珠、打猎为生——的同时，也将现代事物——从天而降的可乐瓶——带入布须曼人部落。自此，可乐瓶一方面作为上帝的馈赠（礼物）、可吹出美妙的声音（乐器）、可用作磨蛇皮（机器），另一方面也引发人们为独占而争吵，甚至大打出手。当现代性进入部落社会时，我们看到一系列规则制度的复杂性生成及其连锁反应。如果说《上帝也疯狂》是非洲大地邂逅现代化的模式；那么，《走出非洲》则是西方主动介入非洲的范本。

20世纪80年代中期，由梅丽尔·斯特里普（Meryl Streep）出演的《走出非洲》（Out of Africa）就讲述了女主人公远嫁肯尼亚的情感故事。影片里，她承担经营庄园的任务，并在劳动过程中与种植园里的仆人们产生深厚的友谊。非洲之于观众，是悠远辽阔的大草原、成群结队过河的角马、忠心耿耿的仆人和气势磅礴的自然景象。在非洲作为自然和社会的文化幕布时，西方社会的爱恨情仇才是焦点。以至2013年《为奴十二年》（12 Years a Slave）上映时，大众对非洲无法抹去的印像仍旧是农奴制。人作为财产，稀松平常，黑奴被视为一种常态，由来已久、天经地义，并合乎法律。当主人公所罗门·诺萨普抱怨"这不该是他生活的现实"时，之于观者则会强烈地诘问：究竟现实中的非洲是怎样的？

作为人类发源地的非洲，重视实地调研的人类学者早已涉足并生产了丰富的学术佳作。20世纪30年代末，埃文斯·普理查德《努尔人》（Nuer）一书透过生态、时空、政治、宗族和年龄组等制度安排探究在没有国家和政府统治的非洲部落中，社会是如何被组织起来的。20世纪70年代末，保罗·拉比诺（Paul Rabinow）将其在摩洛哥田野工作过程作为民族志叙述对象，从而讨论社会科学知识生产过程中人类学家和研究对象交流、理解、文化制作和认知方式的异同。1983年，奈吉尔·巴利（Nigel Barley）前往西非喀麦隆多瓦悠部落进行田野考察后，以自身经历完成《天真的人类学家——小泥屋笔记》（The Innocent Anthropologist: Notes from a Mud Hut）的撰写。无可否认，上述研究著述经典却都是西方人类学的非洲研究，非洲本土人类学和中国人类学亟待崛起并发声。

透过《缄默之疾》一书，首先破除了我们对非洲铁板一块的思维桎梏，甚至看到了新一代年轻学人的身影。良敏去过坦桑尼亚的大街小巷，乃至卢旺达、乌干达和肯尼亚，也有他短期调研的影踪。首先，在时间流变过程中，坦桑尼亚城乡医学实践和演变：从外来殖民医学到以外来主导—原住民参与的模式，再到原住民主导的转型；这一切都预示着坦桑尼亚医学的发展和主权的获得。其次，社会底层与弱势性别群体在社会建构中抗风险能力：通过家仆和女孩社会化以及"性与非性"文化认知的维度审视；让我们看到了被弱化的底层、性别和身体表达。再次，从外在结构性暴力到暴力内化的健康后果：艾滋病如何成为健康灾难。最后，消解暴力的社会支持其实是国际援助、国家付出、民间力量和个体抗争的合力所为。

非洲人的意识、心智和人格是一种迷思，其影响深藏于非洲社会文化的复杂性之中。非洲之所以能作为他山之石，是因为非洲历史长期受到国际巨变的影响：无论是种族主义、殖民主义、资本主义、全球化等社会过程，还是政治、经济、社会权力关系的不平等。从奴隶贸易到殖民时代，非洲几乎成为西方权力、经济利益的玩具和工具；族群、传统和语言更是被肆意地整合到国家体制。从全球宏观审视，撒哈拉沙漠以南非洲承载的既是最为沉重的疾病负担和贫乏的健康资源，也是人类苦难记忆和社会过程的历史缩影：社会、制度、文化和个体应当纳入社会事实并成为阐释的重点。

三、疾病的力量

疾病已不再是简单的生物医学概念，还有其历史社会文化的深邃阐释。诚然，清华大学景军教授指出该作品研究的三个转向：流行病学到人类学、本土到海外、暴力到悲悯；进一步，该书基于坦桑尼亚艾滋病流行"三降一升"的辩证思考，其研究乃是基于坦桑尼亚完成医学人类学调查材料，讨论艾滋病流行如何受制于结构暴力深层内化以及引发怎样的社会文化反应。由此，其议题关注的核心是疾病与暴力的互动关系。从生物医学到社会文化意义的转变，才是人类学关注疾病的颠覆性学术贡献。

较之于医学人类学的四种经典范式：健康的社会阶梯、社会文化建构、生物权利和地方生物医学，疾病与暴力的互动内涵关涉：第一，从健康社会梯度到结构暴力。坦桑尼亚艾滋病流行关乎的是农村、社会底层和弱势女性的健康不平等、不公正问题。第二，从社会文化建构到外在暴力。将非洲置于整个世界体系（World System Theory）之内，正是发达国家的盘剥导致落后国家的依赖（Dependency Theory）。第三，从生物权利到内化暴力。施行暴力、性剥削、风险环境乃至身体暴力越来越为某些群体所垄断。第四，从地方生物医学到暴力苦痛。社会结构化了的暴力嵌套在政治、经济和地方社会中，引发广泛的健康风险；暴力越是温和，越不容易为人所察觉。

暴力掩埋在社会结构里，稳定的制度和经验规范成为"羊皮"；人们理解世界的方式成为看不见却又无所不在的结构力量。这种力量，我们将其称为"文化"；其表现方式如此"缄默"，使得"缄默"应当并可以作为方法。资源、政治、权力、教育、法律、地位等均与社会公正、社会压迫、社会机制、社会制度休戚相关；同理可证，健康（疾病）与结构暴力的互动也是窥其一斑的路径。理论上，既往疾病研究过于追求"结构"分析路径，而无法较为完整地呈现结构与主体之间的张力；因而，无法在认识论上实现超越。实践上，底边社会不再是人群经济的结构边缘，也不简单是性别身份的话语建构，还是重回历史、社会、文化场域的文化表达，意即艾滋病流行引发的社会文化反应。

四、结语

犹记得，书中在描述坦桑尼亚联合共和国基本情况时写道："1983年在坦桑尼亚的卡盖拉省首次报告了艾滋病感染者，1987年蔓延至全国。"艾滋病之所以蔓延至农村、社会底层和女性，其文化逻辑究其根本乃是"外在结构暴力已嵌入不平等的社会结构中并深层内化（微观、地方社会和文化）"。城乡之间的结构过程塑造了医生和患者的结构性不平等；艾滋病既是社会阴暗的表现，又是人间苦难的后果。更为令人省思的是，不仅艾滋病，还有其他流行病呢？不仅非洲坦桑尼亚，还有其他国家和区域呢？

当然，哪里有阴暗，哪里就需要阳光。其研究让我们看到了坦桑尼亚政府和人民的努力，也看到了人类社会抗争与救赎的希望。社会分层在制造社会闭关的同时，其未预结局在于多元主体的主动性，意即医者仁心、民间力量和社会反思的合力。

遥远的异地是中国人类学者走向海外的"他者"学术初心和旨趣；重要的是当面对异文化时，我们不仅存在语言、思维和认知的挑战，还有应对艾滋病的医学和人类学学科智慧。当智慧的光芒穿透地域的阻隔，"缄默之疾"的缄默才会显得如此沉重，却又无比有力。